XIJI YEARBOOK 2018

西吉年鉴

（2018）

西吉县党史地方志编纂委员会办公室　编

方志出版社
Publishing House of Local Records

图书在版编目（CIP）数据

西吉年鉴. 2018 / 西吉县党史地方志编纂委员会办公室编 . -- 北京：方志出版社，2020.7

ISBN 978-7-5144-4256-4

Ⅰ. ①西… Ⅱ. ①西… Ⅲ. ①西吉县—2018—年鉴 Ⅳ. ① Z524.34

中国版本图书馆 CIP 数据核字（2020）第 150564 号

西吉年鉴（2018）

编　　者：西吉县党史地方志编纂委员会办公室
责任编辑：张　颢

出 版 者：方志出版社
地址　北京市朝阳区潘家园东里 9 号（国家方志馆 4 层）
邮编　100021
网址　http://www.fzph.org
发　　行：方志出版社图书经销中心
电话　（010）67110500
经　　销：各地新华书店
排　　版：北京中文天地文化艺术有限公司
印　　刷：北京中科印刷有限公司

开　　本：889 × 1194　　1/16
印　　张：24.25
字　　数：760 千字
版　　次：2020 年 7 月第 1 版　2020 年 7 月第 1 次印刷

ISBN 978-7-5144-4256-4　　**定价**：280.00 元

序

贫困问题一直是困扰人类社会发展的重大问题。中国作为世界上最大的发展中国家，为解决贫困问题进行了长期不懈的努力。改革开放以来，特别是党的十八大以来，以习近平同志为核心的党中央把脱贫攻坚作为全面建成小康社会的底线任务和标志性指标，纳入“五位一体”总体布局和“四个全面”战略布局，以前所未有的力度推进精准扶贫、精准脱贫，扶贫开发成就举世瞩目，显著改善了贫困地区和贫困群众生产生活条件，具有重大的现实意义和深远的历史意义。身处中华民族几千年发展历史上将首次整体消除绝对贫困现象的伟大时代，如何更好地发挥地方志的存史、育人、资政的作用，是新时代全国地方志系统必须深入研究和着力解决的重大课题。

党的十八大以来，在党中央国务院的正确领导下，全国地方志系统深入学习贯彻习近平新时代中国特色社会主义思想，紧紧围绕党和国家事业发展需要，深入推进地方志改革创新发展，凝心聚力，稳扎稳打，勇于担当，主动作为，全国地方志形势和地方志工作者的精神面貌发生了深刻变化，取得了优异成绩。其中，为贯彻落实《全国地方志事业发展规划纲要（2015—2020 年）》，经中国地方志指导小组领导批准，中国地方志指导小组办公室于 2015 年、2017 年先后启动民族地区与贫困地区志书、年鉴出版资助工程（以下简称“志鉴出版资助工程”），对国家级贫困县（区、旗、县级市），中西部地区、少数民族边疆地区面临出版经费困难的志书和综合年鉴给予出版资助。实施志鉴出版资助工程是紧扣时代脉搏、坚持创新发展、传承弘扬中华优秀传统文化的一项创举，不仅有力推动了“两全目标”的实现，而且数十部资助出版的志书、年鉴及时记述了民族地区与贫困地区在全面建成小康社会伟大征程中取得的新成绩和新经验、出现的新情况和新问题、涌现的优秀人物和典型事迹，留住地方文化的“根”和“魂”，为这些地区的经济社会发展、地域文化传播、爱国主义教育、精神文明建设等提供了历史借鉴和智力支持，对全面提升民族地区与贫困地区文化建设水平、确保民族地区与贫困地区和全国其他地区同步全面建成小康社会具有重要意义。

尤为可喜的是，志鉴出版资助工程促成了一批扶贫志书的编纂出版，在文化脱贫攻坚中发挥了独特的作用。例如，《贵州省减贫志》全面系统客观记述了从 1978

年至2015年贵州省扶贫、减贫工作的历程及取得的经验，为贵州省实施大扶贫战略提供了有力的资政辅治参考，集中体现了地方志工作因时而动、顺势而为的新作为。前不久，由福建省地方志编委会和人民网共同编纂的《闽宁扶贫协作图志》，是全国首部扶贫协作图志，图文并茂、直观立体、全方位地展现闽宁扶贫协作波澜壮阔的历程，弘扬“闽宁一家亲”“携手奔小康”的深厚情谊和滴水穿石、久久为功的精神，是贯彻落实习近平总书记扶贫工作重要论述精神，服务国家精准扶贫、精准脱贫战略的有力举措。希望各地以此为鉴，编纂出版更多、更好的扶贫志书、年鉴，助力国家精准扶贫、精准脱贫战略的实施，充分展现地方志的独特价值和作用。

当前，我国脱贫攻坚已进入全面决战决胜的关键时期，尚未脱贫的贫困地区集中分布在中西部深山区、极端干旱山区、高寒阴湿地区等，文化建设还比较薄弱，文化产品还不够丰富，文化精品更是少之甚少。同时，这些地区往往是民族文化、历史文化、红色文化、生态文化富集区，具有发展文化旅游、推进文化扶贫的巨大潜在优势，也是繁荣发展地方志事业的巨大文化宝库。要发挥好文化扶贫凝聚人心的优势，善于利用方志文化优势为贫困地区“赋能”，在脱贫攻坚中做出方志人应有的贡献。要发挥好中国名镇志文化工程、中国名村志文化工程的引领作用，大力加强乡镇村志编纂，让百姓记得起乡情、记得住乡愁，凝聚贫困乡镇村庄的强大民心，补齐贫困乡镇村庄的文化短板，以“扶智”的方式“扶志”，践行习近平总书记强调的“扶贫先扶智，扶贫必扶志”的重要理念。

求木之长者，必固其根本；欲流之远者，必浚其泉源。扶贫扶起的是志气骨气，传承的是家国情怀，守护的是绿水青山。扶贫既要富口袋，也要富脑袋。必须坚持文化脱贫和物质脱贫两手抓，筑牢贫困地区文化之基，补足信仰精神之钙，引领脱贫发展之舵。全国地方志系统要围绕中心、服务大局，坚决投入脱贫攻坚这场必须打赢的硬仗，积极参与脱贫攻坚战，发挥优势和特长，深入挖掘文化资源，着力补齐文化短板，努力帮助民族地区与贫困地区的文化建设实现较大的发展提升，在全面建成小康社会、实现中华民族伟大复兴中国梦的征程中贡献方志人的力量。

是为序。

中国社会科学院院长
中国地方志指导小组组长　谢伏瞻

民族地区与贫困地区年鉴出版资助工程领导小组

组　　　长：高　翔

常务副组长：冀祥德

副　组　长：高京斋　邱新立

民族地区与贫困地区年鉴出版资助工程领导小组办公室

主　　　任：冀祥德

副　主　任：邱新立

成　　　员：于伟平　刘永强　冷晓玲　李　静

《西吉年鉴（2018）》编纂人员

主　　编：刘文强

副 主 编：王蔚蔚　马宏智

特邀编辑：张明鹏

编纂人员：李万强　杨永琴　苏　慧　马兴元
　　　　　朱彩英　左　琦　谢耀文

摄　　影：师庆和　叶阑珊

编辑说明

一、《西吉年鉴（2018）》由中共西吉县委员会、西吉县人民政府主办，《西吉年鉴》编审委员会承办，西吉县党史地方志编纂委员会办公室编辑出版，是具有政府公报性质的县情年刊，创刊于2006年。

二、本年鉴以马克思列宁主义、毛泽东思想、邓小平理论、“三个代表”重要思想、科学发展观、习近平新时代中国特色社会主义思想为指导，坚持辩证唯物主义和历史唯物主义的立场、观点和方法。深入学习贯彻落实中共十九大精神，坚持新发展理念，以建设经济繁荣、民族团结、环境优美、人民富裕新西吉为奋斗目标，以脱贫攻坚为统领，以服务西吉为宗旨，顺应全县人民建设小康社会的步伐，根据2017年各部门所做的工作编纂的一部具有鲜明地方特色的综合年鉴。

三、本年鉴汇集2017年度西吉县政治、经济、文化、社会、生态和党的建设等各项事业发展的基本资料和重要信息，资料翔实、体例规范、内容丰富、特色鲜明、可读性强，是各界人士认识西吉、了解西吉的权威性工具书，具有较强的资政、存史、教化作用和收藏价值。本鉴所刊载的资料由各乡（镇）、县直各部门（单位）、区市直属部门（单位）提供，并经各主管部门审核，经过县党史地方志编纂委员会办公室按照年鉴编辑体例和要求对部分内容进行整改、审定、编纂定稿成书。

四、本年鉴采取分类编辑法，以类目、分目、条目组成框架结构的主体部分。全书条目标题统一用黑体字加【 】表示，设概述、专载、大事记、组织机构与领导名录、中国共产党、县人大、县政府、县政协、纪检监察、法治、城乡建设、军事、群众团体、民族宗教、农业与农村经济、财税　金融、经济管理　产业园、商贸、教育　体育　卫生计划生育、文化　旅游　广电　科技、社会管理、乡（镇）、先进名录、附录24个类目。

五、本年鉴专设2017年县委常委简介，人大常委会党组书记、主任简介，政协党组书记、主席简介，先进人物等分目。“组织机构与领导名录”（时限为2017年1月1日至2017年12月31日）收录全县行政、事业、企业单位及中央、区、市直属单位副科级以上（含副科级）领导干部。

六、本年鉴记述时限为2017年1月1日至2017年12月31日，部分工程建设、图片资料、表彰奖励记述到2018年或上溯至2016年。本年鉴中部门提供的个别数据与统计部门的数据或有不一致，以《西吉县2017年国民经济和社会发展统计公报》数据为准。

七、《西吉年鉴（2018）》严格执行《出版物汉字使用管理规定》、法定计量单位、出版物数字用法、标点符号用法等规定，力求规范统一。使用“宁夏回族自治区”“固原市”“西吉县”称谓时，有时简称为“全区”“全市”“全县”。

八、《西吉年鉴（2018）》在编纂过程中，各级领导给予高度关注和大力支持，自治区方志办、固原市方志办予以精心指导，同时，也得到各乡（镇）、县直各部门（单位）高度重视和支持，特别是县委办、政府办、县委组织部、县委宣传部、县文广局等部门（单位）提供大量的文字、图片资料，为本年鉴的编纂充实了资料来源。值此，我们一并表示诚挚的感谢。

由于时间仓促、任务紧迫，部分单位提供资料不够及时、准确，加之我们编辑水平有限，难免出现错误、纰漏或重复之处，敬请广大读者批评指正。

西吉县地图

西吉县简介

政区　西吉县隶属固原市，位于固原市西部，总面积4000平方千米，下辖4镇，15个乡，乡镇以下设296个村委会，8个居委会。

资源环境　西吉县地势北、东、西三面较高，向南逐渐降低，海拔高程1 688～2 632米，2016年年平均气温6.9℃，年降水量300.5毫米，年日照时数2537.4小时，年平均风速1.8米/秒，矿产以建筑石料为主。

社会经济　截至2016年末，辖区总人口34.66万人，其中汉族14.43万人，占总人口41.62%；回族20.22万人，占总人口58.35%。同上一年相比人口自然增长率11.44‰。2016年，地区生产总值55.43亿元，其中第一产业生产总值14.79亿元，第二产业生产总值12.00亿元，第三产业生产总值28.65亿元，人均地区生产总值16052元/人，地方财政收入1.52亿元，城镇居民人均可支配收入21411元，比上一年增长7.2%，农民人均纯收入7566元，比上一年增长10.3%。宁夏粮食作物播种面积和薯类产量最大的县市区，被称为“中国马铃薯之乡”，工业以农副产品加工和建材为主，马铃薯淀粉加工居各县市区之首。

名胜古迹　火石寨国家地质公园、党家坝震湖、中国工农红军将台堡会师纪念碑、单南清真寺、钱币博物馆等。

2017年12月

宁夏国土资源厅（测绘地理信息局）编制

重要活动

2017 年 5 月 12 日，“5 · 12” 地震应急演练西吉中学现场

2017 年 7 月 1 日，在将台堡庆祝中国共产党成立 96 周年文艺演出

2017 年 7 月 7 日，陕甘宁晋考察团在西吉县考察宁夏旱作农业

2017 年 8 月 12 日，马铃薯推介会现场

2017 年 9 月 26 日，宁夏西吉中学斩获 2017 年第六届全国全民健身操舞大赛特等奖

2017 年 10 月 22 日，中央电视台国防军事频道《乡村大世界》栏目走进西吉龙王坝录制现场 1

2017 年 10 月 22 日，中央电视台国防军事频道《乡村大世界》栏目走进西吉龙王坝录制现场 2

马铃薯测产现场

全县“精准扶贫杯”农民运动会篮球比赛

丰收的喜悦之一

丰收的喜悦之二

月亮山风力发电场

永清湖公园

火石寨之夏

火石寨印象

百千米蔬菜产业带

西吉县城全貌

县内移民安置点新貌之一

县内移民安置点新貌之二

西吉县吉强镇龙王坝村旅游扶贫模式

震湖碧波

特色产业

特色冷凉蔬菜助农增收

万寿菊采摘

“企业 + 合作社 + 农户”扶贫模式——黑山羊养殖

全株玉米机械化收割青贮暨粮改饲项目现场

新品种马铃薯育种

林下特色养殖

肉牛养殖

标准化肉羊养殖

粉条晾晒

马铃薯加工

青贮玉米种植

黄岔村旱作节水农业建设

2017 年秋季干部、职工义务植树

人工造林

固西高速建成通车

将台堡镇新区一角

固西高速一角

新建的什字敬老院

治理后的葫芦河

省道 202 线

新建体育场

目　录

特　载

大事记

西吉概览

组织机构与领导名录

党委　人大　政府　政协

西吉县人民政府

综 述

政府会议

政协西吉县委员会

综 述

政协会议

纪检监察

法 治

政法委及综治

公 安

邮 政

移 动

联 通

军 事

人民武装

武警中队

消防大队

群众团体

总工会

共青团

市场监管

国土资源管理

审　计

统　计

农村调查

安全生产

住房公积金管理

宁夏吉德慈善产业园

商 贸

供 销

烟草专卖

石油经销

盐业管理

教育 体育 卫生计划生育

教育体育

卫生计划生育

文化 旅游 广电 科技

综 述

附 录

特　载

县委工作报告

——马志宏在县委十四届三次全体会议上的报告

（2017 年 12 月 18 日）

党的十九大是在全面建成小康社会决胜阶段、中国特色社会主义进入新时代的关键时期召开的一次十分重要的大会，习近平新时代中国特色社会主义思想是我们必须长期坚持的指导思想，党的十九大报告为我们描绘了决胜全面小康社会、夺取新时代中国特色社会主义伟大胜利的宏伟蓝图。全面学习贯彻党的十九大精神是当前和今后一个时期的首要政治任务，坚决拥护党的领导核心、坚定不移坚持党的指导思想、坚持不懈实现党的宏伟蓝图是我们毫不动摇的政治站位，也是开好这次县委全会根本的政治立场、政治方向和政治原则。

这次全会的主要任务是：坚持以习近平新时代中国特色社会主义思想为指引，全面学习宣传、深入贯彻落实党的十九大精神，认真贯彻落实自治区第十二次党代会、十二届三次全会和市委四届二次、三次全会精神，回顾总结 2017 年工作，谋划部署 2018 年工作，审议《中共西吉县委关于深入学习宣传贯彻党的十九大精神的意见》和《中共西吉县委 2018 年工作要点》，动员全县各级党政组织和广大党员干部群众，不忘初心，牢记使命，围绕建设经济繁荣、民族团结、环境优美、人民富裕新西吉目标，坚持以脱贫攻坚为统领，坚决打好“六场硬仗”，深入实施“六大工程”，为决战脱贫攻坚、全面建成小康社会而努力奋斗。

现在，我代表县委常委会向全会报告工作。

一、2017 年工作回顾

2017 年，是党的十九大胜利召开、开启新时代中国特色社会主义新征程的奠基之年，是我县负重前行、爬坡越坎、缩小差距的攻坚之年，是十四届县委担负新使命、展现新作为、开创新局面的开局之年。面对新老叠加的困难和问题，面对艰巨繁重的任务和压力，面对转型发展的机遇和挑战，坚持党对一切工作的领导，认真学习贯彻党的十八大、十九大精神，认真学习贯彻习近平总书记系列重要讲话特别是来宁视察重要讲话精神，认真学习贯彻自治区第十二次党代会、市委四届二次全会精神，按照“五位一体”总体布局和“四个全面”战略布局要求，牢固树立“四个意识”，增强“四个自信”，全面落实“4156”工作思路，把方向、谋大局、定政策、促改革，总揽全局、协调各方，全县各项工作扎实推进，经济较快增长、民生持续改善、民族团结进步、社会和谐稳定。预计全年完成地区生产总值62亿元，增长9%；完成全社会固定资产投资82亿元，增长15%；实现社会消费品零售总额16.5亿元，增长9%；完成地方一般公共财政预算收入1.64亿元，增长7.8%，财政支出50.08亿元，增长11.7%；城镇居民人均可支配收入23131元，增长8.0%；农村居民人均可支配收入8361元，增长10.5%。

脱贫攻坚取得实效。始终把脱贫攻坚作为首要政治任务和第一民生工程来抓。健全机制，确保责任到位，坚持县级领导包乡抓到村、部门（单位）包村抓到户、乡村干部负责实施的“三级联动”工作机制，层层明确责任、传导压力；每半月召开一次脱贫攻坚工作协调推进会，每月一次督查通报会，每两月一次领导小组会，每季度县委常委会研究一次，分析研判形势，解决突出问题。落实人员，确保帮扶到位，安排266个帮扶单位、238个驻村工作队、480名干部驻村帮扶，7315名机关干部职工与28876户建档立卡贫困户结对帮扶，实现第一书记、帮扶责任人、驻村工作队“三个全覆盖”。创新方式，脱贫路径到位，县委充分发挥各级组织、干部群众的创造性、积极性，探索和推广了“43210”精准脱贫模式，特别是在主导产业中推广的“六大带富模式”，已成为创新脱贫攻坚的有效形式，发挥了积极作用。制定措施，确保政策到位，出台了财政涉农资金整合、任务责任分工、产业扶持补贴、脱贫销号“回头看”等一系列政策措施，确保项目资金精准到村到户，通过基础设施建设、主导产业培育、环境综合整治、公共设施配套、金融贷款支持、教育健康扶贫全覆盖，集中力量夯基础、补短板、促增收，有效解决了25万人“行路难”、26.8万人“饮水难”、5545户“住房难”、因学因病致贫等问题，完成62个村销号3.43万人脱贫任务，贫困发生率下降到11.5%。

特色产业协调发展。始终把产业作为富民强县的根本支撑。特色农业提质增效。按照自治区“一特三高”和固原市“1+4”特色农业布局，持续推进“五百工程”提档升值，因地制宜，合理布局，分区域建设规模化、标准化种养基地和示范园区，围绕基地组建技术研发中心，加大技术服务支撑，提高了良种良法、高新技术的综合组装配套能力，稳定提升产业发展关联度和产业增收稳定性。继续培育发展种养大户、合作社、龙头企业和产地市场，推行“市场 + 合作社 + 基地”“龙头企业 + 合作社 + 农户”产加销经营模式。坚持不懈塑造和推介农产品品牌，放大增值效应，成功举办宁夏西吉马铃薯产业高峰论坛，“西吉马铃薯”获“2017最受消费者喜爱的中国农产品区域公用品牌”。全年粮食总产达28.5万吨，牛羊饲养量达20.8万头和68.5万只。生态工业稳中有进。突出发展农产品加工业，重点围绕马铃薯主食产品开发、肉牛肉羊屠宰、蔬菜多元化加工，形成了特色食品加工链条。签约实施招商引资项目42个，成功引进一批综合实力雄厚的企业，北京汇源集团在将台堡镇建设汇源产业园区和千亩果蔬基地，泽艾堂生物科技有限公司实现了年内投产见效，山东水发集团即将落户西吉。全县规模以上工业企业发展到11家，预计实现工业增加值1.79亿元。第三产业厚积薄发。以特色旅游和商贸物流为重点的服务业快速发展，积极构建全域旅游大格局，以红色游、乡村游、休闲游为重点，重点打造了以吉强镇龙王坝、兴平乡高崖村等为代表的一批特色旅游小镇、美丽村庄、旅游重点扶贫村和重点景区，以串景点、连景区、通环路为重点，建成了一批旅游公路和配套项目，全域旅游环线基本形成，年内接待游客130.46万人次，旅游综合性收入达9.78亿元。积极发展以物流为主的现代服务业，凯益达家居物流中心、金通汽贸物流园等一批服务业龙头企业运营良好。

基础设施明显改善。把基础设施建设当作打基础、利长远、增后劲的关键举措。深入开展“项目建设年”活动，实行重点工作、重点项目“责任清单”和“四个清零”行动，112个投资500万元以上重点项目全部开工，完成投资61.5亿元。交通方面，续建六盘山片区交通扶贫攻坚示范试点县农村公路17条114.9千米，完成投资2.3亿元；加快建设S60线西吉至会宁（宁甘界）高速公路；投资3.5亿元续建S204线海原至西吉公路等干线公路；着力加强公共交通运输服务水平，投资1254万元，采购投放20辆新能源公交车，完成原有城市公交运营机制转换工作。水利方面，全面建成中南部引水西吉受水区连通及配水工程，新建了什字等一批抗旱应急水源、高效节水灌溉、水土流失治理项目，城乡安全饮水和产业发展用水难问题得到有效破解。电子信息方面，深入实施国家电子商务进农村综合示范项目，培育电商销售企业、销售实体店和覆盖县乡村的电子商务服务站，打通了农副产品线上线下销售渠道。实现行政村和自然村光网全覆盖，4G覆盖率达80%。

城乡面貌显著改观。完成“三规合一”及“多规融合”规划及县城防汛、排涝、绿地系统专项规划。实施了一批城镇路网、商贸服务、防汛排涝、绿化亮化及休闲娱乐、棚户区改造等功能性、服务性、保障性城镇建设项目，城镇综合功能显著提升。全面启动将台堡小城镇建设项目，面向全国公开招聘规划设计单位并完成《将台堡小城镇建设规划》的设计和审定工作，实施了将台堡纪念广场改造、服务设施功能提升工程，为将台堡红色旅游小镇建设奠定了基础。加大棚户区改造和美丽村庄建设力度，完成体育广场、民族广场、永清湖广场的提升改造，完成大桥路东延伸段、大桥路西延伸段4条道路建设并配套给排水，新建美丽村庄8个。加强城乡综合管理，开展了“严厉打击违法用地、违章建设”专项行动，健全完善了严管、严查、严打的常态化制度，有效遏制违建势头，城乡整体形象得到显著改观。

生态治理初显成效。绿水青山就是金山银山。大力实施生态立区战略，推进生态文明。全面推行河长制，建立了县乡村三级“河长制”治理体系和层级分明、职责清晰，属地管理、综合治理的工作机制，实现全县所有河道、水库等河长制全覆盖。扎实推进大气污染防治，落实最严格的生态环境保护政策，积极开展“碧水蓝天”行动，“管、防、治”结合，坚决实施封山禁牧、秸秆垃圾禁烧，年度空气优良天数达320天。开展环境综合整治，全面开展“绿盾2017”专项行动，火石寨国家自然保护区生态建设成果不断巩固。大力实施葫芦河流域综合治理，葫芦河出水断面水质达标排放。持续推进城乡环境整治，严控面源污染，环境质量明显改善。大力实施造林绿化，实施了六盘山400毫米降水线造林、退耕还林、荒山造林、补植补造和移民迁出区生态修复等生态建设工程，推进主干道路绿化及街道、村庄、学校绿化工程，全县森林覆盖率达14.78%。

民生保障持续改善。深入贯彻以人民为中心的发展思想，人民幸福感和获得感显著增强。坚持教育优先发展，投入8亿多元，实施了“全面改薄”、义务教育学校标准化建设，全县义务教育均衡发展通过自治区人民政府验收。推进医疗卫生事业，全面实施“先诊疗、后付费”模式，投入1.63亿元，实施乡村卫生院改扩建项目，群众就医条件进一步改善。落实民生保障制度，严格最低生活保障准入机制，实现动态管理下的应保尽保、应退尽退；加快棚户区改造步伐和住房保障供应体系建设，妥善解决了中低收入群体住房难问题。加大城乡劳动力培训力度，实现转移就业11.59万人，创收23.07亿元。推进精神文明建设，大力培育和践行社会主义核心价值观，将台堡红军长征会师纪念碑被确定为全国爱国主义教育示范基地，县人民法院、检察院获得全国文明单位；推动移风易俗，树立文明新风，社会风气明显好转；中央电视台《“厉害了我的国”西吉电商扶贫行动》《乡村大世界》《记住乡愁》等节目成功录制，进一步扩大了西吉的对外知名度和影响力。

社会大局和谐稳定。打造共建共享的社会治理格局，社会安全稳定形势持续向好。加强民主政治建设，支持人大依法履职、参与中心工作，支持政府依法行政、转变职能，支持政协民主协商、参政议政，支持司法机关依法独立公正行使职权，充分发挥工商联、工青妇等群团组织的桥梁纽带作用，深入开展国防教育、加快军民融合发展，形成了民主团结、相互支持、共谋发展的生动局面。大力实施社会治理工程，深化“平安西吉”建设，扎实开展安全生产和信访突出问题专项整治，创新推广“1+N”矛盾纠纷多元化解机制和村级“联合办公日”制度，全县信访维稳和安全生产形势平稳，公众安全感、群众满意度进一步提升。全面做好民族宗教工作，扎实开展民族团结进步创建“八进”活动，“两个共同”“三个离不开”“五个认同”思想扎根各族群众心中；落实大型宗教活动“八不准”制度和“3342”管理模式，基层党组织“五联五促”制度在全区推广，促进了民族和睦、宗教和顺、社会和谐，维护了团结稳定大局。

党的建设全面加强。强化从严治党的主业主责，层层落实管党治党责任。进一步加强思想教育，扎实推进“两学一做”学习教育常态化制度化，广大党员的理想信念更加坚定，党性更加坚强；围绕“创新驱动怎么做、脱贫富民怎么干、生态立区怎么办”主线，组织开展了“振奋精神、实干兴宁”大讨论活动，进一步统一了全县干部群众的思想和行动。进一步加强基层党组织建设，整合资金1410万元，新建、维修村级活动场所130个，实现贫困村阵地建设全覆盖；投入1.2亿元建设村级文化服务中心298个，实现行政村全覆盖，全面提升了村级活动阵地。扎实开展基层服务型党组织星级创建活动、软弱涣散基层党组织专项整治和村级党组织“三大三强”行动，深化实施“两个带头人”工程，西吉县吉强镇龙王坝村、马莲乡张堡塬村被列为全国贫困地区培育脱贫致富带头人和全区“两个带头人”工作现场会观摩点。进一步做好干部任用管理，严格按照习近平总书记“20字”好干部标准，坚持在脱贫攻坚主战场发现、培养、锻炼和识别干部、选好干部、配强班子，全年调整任免干部170人。创新“负面清单”问责机制，先后对13名临近计分黄牌的党政领导干部进行处理和组织提醒，对工作不力的5名乡镇党政正职和工作不在状态的4名乡镇领导干部改任非领导职务，对1名执行值班纪律不严的部门主要领导予以免职。进一步抓好干部作风建设，集中开展了干部作风大整顿活动，着力解决了不作为、慢作为、乱作为问题，问责力度持续加大，约谈干部19名，党纪处分5名。进一步加强党风廉政建设，坚持把纪律和规矩挺在前面，压实党风廉政建设“两个责任”，推进全面从严治党向基层延伸。进一步巩固和深化全县贯彻落实中央八项规定精神成果，严防“四风”反弹回潮。发挥巡察利剑作用，在全区率先实现乡镇巡察全覆盖。

一年来，县委在总揽全局、协调各方的同时，高度重视自身建设。在全面从严治党上从自身抓起，勇担管党治党主体责任，制定常委会议事规则，出台全面从严治党意见，以上率下解决弱化淡化虚化党的领导的突出问题，坚定“四个自信”，强化“四个意识”，做到“四个看齐”。在领导科学发展上从自身做起，坚持战略思维、创新思维、辩证思维、法治思维、底线思维，坚决执行中央和区市党委一系列决策部署，带头调查研究、带头督导检查、带头推动工作。在改问题补短板上从自身改起，对中央、区、市督查巡视反馈及自查发现的问题，勇于直面对待、勇于刮骨疗毒，挂牌销号逐项解决。在推进作风建设上从自身实起，出台深入贯彻中央八项规定精神、加强改进领导干部作风建设的若干意见和问责问效办法，带头推进“两学一做”学习教育常态化制度化，带头开展整治干部作风优化发展环境专项活动，坚决纠正和破除干部作风方面的顽瘴痼疾。在党风廉政建设上从自身严起，分工负责落实“两个责任”“三个清单”，出台巡察办法，实现乡镇巡察全覆盖，坚决整治群众身边腐败问题。通过常委会一年来的自我净化、自我完善、自我革新、自我提高，带动和促使全县各级党组织担负起抓党建促脱贫的主体责任，全县党的政治领导力、思想引领力、群众组织力、社会号召力进一步增强。

历经风雨的硕果愈加盈实，来之不易的成绩弥足珍贵。一年来的进步与收获，是以习近平同志为核心的党中央举旗定向、亲切关怀的结果，是区市党委、政府坚强领导、大力支持的结果，是县四套班子团结共事、真抓实干的结果，是全县上下凝心聚力、攻坚克难的结果。在此，我代表县委常委会，向长期以来关心支持西吉发展的各级领导和各界人士，向各位委员和同志们，向全县广大党员干部群众表示诚挚敬意和衷心感谢！

惜功以期戒骄，疏弊以期正行。对取得的成绩和存在的问题必须清醒地、辩证地看待，当前，我县经济总量小，人均水平低，财政保障能力弱，办大事、攻难题缺乏实力；脱贫攻坚的基础还不厚实，贫困面大、贫困程度深、脱贫攻坚任务繁重；特色农业在促进深加工、延长产业链、提高附加值方面仍属短板，工业缺少大企业、大项目的支撑和拉动，现代服务业发展水平低、市场竞争力弱，调结构、抓转型、促升级的任务依然艰巨；作风不实、担当不够、履职不强、执行不力仍然是影响工作落实的突出问题；从严治党压力传导不够、问责不严、懒政现象仍有发生，影响了全县经济社会发展，等等。这些困难和问题，制约着西吉脱贫攻坚进程、质量和成效，如期脱贫摘帽的时间紧、任务重、压力大。我们必须坚持问题导向，尽锐出战、靶向施策，针对瓶颈、破题解难，趟出路子、冲出重围，加快全县经济社会创新发展、协调发展、绿色发展、开放发展、共享发展的步伐。

二、2018年总体要求和目标任务

2018年，是全面贯彻落实党的十九大精神的开局之年，是改革开放40周年和自治区成立60周年，是决战脱贫攻坚、全面建成小康社会的关键一年。全县各项工作要紧紧围绕学习贯彻党的十九大精神来展开，坚决贯彻区、市党委“落实落实再落实”的工作要求，找准切口、精准发力、靶向突破，一门心思抓好落实，总体要求是：以习近平新时代中国特色社会主义思想为指引，深入学习贯彻党的十九大精神，坚持新发展理念，全面落实自治区第十二次党代会及十二届三次全会、市委四届二次和三次全会精神，按照自治区党委“三大战略”“五个扎实推进”和市委“六场硬仗”“四个示范市”的部署，把握生态优先、富民为本、绿色发展定位，围绕建设经济繁荣、民族团结、环境优美、人民富裕新西吉目标，以脱贫攻坚为统领，坚决打好脱贫富民决胜战、创新驱动攻坚战、生态环境保卫战、城乡统筹大会战、民生改善持久战、改革开放突围战“六场硬仗”，深入实施产业升级、基础提升、文化振兴、人才培育、社会治理、凝心聚力“六大工程”，全面从严治党，在建设西部地区绿色发展示范市中走出西吉路子、在建设全国脱贫攻坚示范市中展现西吉作为、在建设全国生态文明示范市中树立西吉形象、在建设全国民族团结进步示范市中提供西吉经验，不忘初心、牢记使命，

振奋精神、实干兴宁，奋力夺取决战脱贫攻坚、全面建成小康社会的胜利。

主要预期目标是：实现全县地区生产总值增长 8%；全社会固定资产投资增长 13%；社会消费品零售总额增长 9%；地方一般公共财政预算收入增长 8%；城镇居民人均可支配收入增长 8%；农村居民人均可支配收入增长 10%。完成自治区、固原市下达的各项约束性指标。

三、在学懂弄通做实上下功夫，切实把思想行动统一到党的十九大精神上来

党的十九大在中国共产党的历史上和中华人民共和国的发展史上都具有重要的里程碑意义，必将对我们党团结带领人民决胜全面建成小康社会，夺取新时代中国特色社会主义伟大胜利产生重大而深远的影响。习近平总书记强调，“学习宣传贯彻党的十九大精神是全党全国当前和今后一个时期的首要政治任务”“贯彻落实党的十九大精神，在新时代坚持和发展中国特色社会主义，要求全党来一个大学习”“要在学懂弄通做实上下功夫”。我们要深刻领会、准确把握、坚决贯彻总书记的要求，全县各级党组织要加强组织领导，周密安排部署，开展党的十九大精神大学习，切实学懂弄通做实，真正使党的十九大精神成为推动我县各项事业发展的强大思想武器。

（一）开展“大学习”，在学懂上下功夫。学懂是前提。党的十九大提出了许多新思想、新判断、新目标、新要求，需要通过学习来准确领会，采取理论和实践、历史和现实、当前和未来相结合的方法，入耳入脑入心入行，真正掌握党的十九大精神的政治意义、历史意义、理论意义、实践意义。要抓好中心组学习，领导干部先学一步、学深一层，发挥带头示范作用，引导带动全县上下掀起“大学习”热潮。要全方位开展宣讲解读，县级领导带头深入基层、深入联系点、深入群众，把党的十九大精神讲清楚、讲明白，让老百姓听得懂、能领会、可落实，推动党的理论创新成果走近群众，凝聚党心民心、扩大社会共识。要开展多形式、分层次的干部轮训，通过专题讲座、辅导报告、学员论坛、课题调研、研讨交流等形式，切实增强学习效果。

（二）做到“大融会”，在弄通上下功夫。弄通是关键。要联系地而不是孤立地、系统地而不是零散地、全部地而不是局部地理解党的十九大精神，把学习贯彻党的十九大精神同学习马克思主义基本原理贯通起来，同把握党的十八大以来我们党进行伟大斗争、建设伟大工程、推进伟大事业、实现伟大梦想的实践贯通起来，同把握党的十九大作出的各项战略部署贯通起来，同学习贯彻自治区第十二次党代会及十二届三次全会、市委四届二次和三次全会精神贯通起来，同学习贯彻县委十四届三次全会精神贯通起来，切实增强学习贯彻的整体性、关联性、协同性。

（三）推进“大落实”，在做实上下功夫。做实是目的。各乡镇、各部门要自觉行动起来，结合各自实际，把党的十九大提出的战略部署转化为本乡镇本部门的工作任务，制订工作方案，排出任务表、时间表、路线图，分清轻重缓急，有计划有秩序扎实推进。各级领导干部要带好头，拿出实实在在的举措，真抓实干，埋头苦干，一个时间节点一个时间节点往前推进，以钉钉子精神全面抓好落实。要把“做实”真正体现到打好“六场硬仗”、实施“六大工程”上来，在建设西部地区绿色发展示范市中走出西吉路子，在建设全国脱贫攻坚示范市中展现西吉作为，在建设全国生态文明示范市中树立西吉形象，在建设全国民族团结进步示范市中提供西吉经验。

四、坚决打好“六场硬仗”，为决战脱贫攻坚夯基垒台

党的十九大报告指出，“发展是解决我国一切问题的基础和关键，发展必须是科学发展，必须坚定不移贯彻创新、协调、绿色、开放、共享的发展理念”。我们要以打好“六场硬仗”为切入点和主攻点，把新发展理念贯彻落实到转变发展方式、优化经济结构、转换增长动力的生动实践中。

（一）坚决打好脱贫富民决胜战。让贫困人口和贫困地区同全国一道进入全面小康社会是我们党的庄严承诺。完成今年脱贫任务后，全县还有65个贫困村4.87万人尚未脱贫，这些贫困村和贫困人口是真正的贫中之贫、困中之困、坚中之坚。我们必须把坚决打好脱贫富民决胜战作为全面建成小康社会的底线任务，大力实施脱贫富民战略，全面落实自治区“脱贫富民36条”，以背水一战的决心坚决打赢这场输不起、不能输的硬仗，不获全胜不收兵，不破楼兰终不还，切实做到脱真贫真脱贫，确保小康路上一户不少、一人不落，如期实现脱贫摘帽目标。坚持高位推进，严格责任落实。深化落实县级领导包乡抓到村、部门（单位）包村抓到户、乡村干部负责实施的“三级联动”工作机制，保持上下通畅、严密配合、协同推进。要实行最严格的脱贫责任制，落实帮扶单位的定点帮扶责任，充分发挥“第一书记”、驻村工作队、帮扶人的作用。要坚持“每月召开一次脱贫攻坚工作协调推进会，每两个月召开一次脱贫攻坚领导小组会，每季度县委常委会研究一次脱贫攻坚工作”制度，及时发现问题、研判问题、解决问题。建立正向激励和反向问责机制，严格执行“月督查、季通报、半年考核”责任考评制，开展逐乡逐村、逐户逐指标式督查，挂牌督办、整改销号，跟踪问效、失责追究，确保脱贫攻坚工作有序推进。抓住脱贫攻坚关键环节和脱贫攻坚关键人物，真正做到关注脱贫一线、重视脱贫一线、支持脱贫一线，形成勇挑重担、狠抓落实的鲜明导向。坚持因地制宜，培育脱贫产业。重点围绕发展方式转型升级、绿色产业体系构建、一二三产业融合发展，在休闲农业、乡村旅游、特色种养、农产品精深加工等方面下功夫，进一步做强产业品牌、延长产业链条、提升产品附加值。坚持“有土”扶贫和“离土”扶贫两手抓，在“有土”扶贫上，围绕马铃薯、草畜、蔬菜、杂粮四大产业，调整完善产业扶贫政策，继续实行全产业链扶持补贴；针对不同贫困程度、贫困类型、脱贫需求的贫困户，实行差异化特色产业帮扶，宜种则种、宜养则养、种养结合、多元互补，扶持建档立卡贫困户发展到户产业，全面提高种养业收入。在“离土”扶贫上，加大劳务输出力度，抓好劳动力素质提升，提高劳动力质量；研究制定扶持政策，加大对有带动能力、有责任担当、讲创新发展的本地企业培育扶持力度，增强就地就近吸纳就业的能力，使群众走得出、有门路、能致富，全面提高工资性收入；全面落实“十三五”易地扶贫搬迁，进一步推动跨区域移民，做好县内外移民搬迁工作，着力培育增收产业，积极促进就业创业。坚持加大投入，筑牢脱贫根基。加大基础设施建设，做好对标文章，积极争取中央和区市在基础设施建设项目、资金等方面给予西吉更多支持；整合各类资金、加大投入力度，大力补齐基础设施短板；本着“缺什么补什么”的原则，全面完成贫困村村组道路建设、农村安全饮水入户工程、危房危窑改造，彻底解决贫困群众行路难、饮水难和住房不安全问题，切实改善贫困人口生产生活条件。强化金融支撑作用，全面加强银政合作，增强群众造血功能；坚持“财政＋金融＋产业”的金融扶贫长效机制，继续通过“一简一降一提一延”的办法，为脱贫销号村的贫困户发放5万元以下、3年以内、免担保免抵押、基础利率放贷、政府贴息的扶贫小额信贷，支持贫困户发展符合自身意愿、能力、需求的脱贫产业。坚持以人为本，提振脱贫信心。教育扶贫断穷根，继续实施学前教育“一免一助”农村全覆盖、义务教育阶段“三免一补两餐”、普通高中

"一免一助"、中职教育"三免一补一助一计划"、高职教育"雨露计划"、本科教育社会资助政策，保障贫困学生接受教育、阻断贫困代际传递。健康扶贫解民忧，进一步提高贫困患者大病保险报销比例；将特困供养人员、孤儿、弃婴、流浪乞讨人员、"五保"对象及精神病患者门诊费用给予90%救助，住院费用给予100%救助；"扶贫保"、人身意外伤害保险和大病医疗补充保险实行所有建档立卡贫困户全覆盖。社保兜底惠民生，提高社会救助兜底保障标准，完善城乡低保、农村五保、灾害救助、医疗救助等社会救助体系，将符合条件的农村低收入家庭和建档立卡贫困残疾人全部纳入低保范围，实现应保尽保，对无法依靠就业和产业扶持脱贫的实行政策性保障兜底。要通过精准、稳定、可持续脱贫，确保如期攻克深度贫困堡垒、实现脱贫销号目标，为党和人民交上一份满意答卷，在建设全国脱贫攻坚示范市中展现西吉作为。

（二）坚决打好创新驱动攻坚战。创新是引领发展的第一动力，是建设现代化经济体系的战略支撑，解决的是发展动能问题。自治区第十二次党代会把创新驱动作为宁夏未来五年发展的第一大战略，核心要义就是要解决"发展靠什么、转型怎么转、转到哪里去"的问题，实质上就是加快新旧动能转化。具体到西吉，当前最核心的就是要明确"要发展什么、能发展什么、怎么去发展"的问题，解决好缺乏现代产业体系支撑的问题。要大力实施创新驱动战略，全面落实自治区"创新驱动30条"，以传统观念、传统要素、传统路径的大突破促富民产业大转型、大升级。特色农业方面，要做好"接二连三"文章，开展"10亿元农业产业集群培育行动"，至少引进2家产值过亿的农产品精深加工企业，重点延伸马铃薯、草畜、冷凉蔬菜、特色种养的产业链、提升附加值；加快农业新型经营主体培育，扶持壮大农业合作社、家庭农场，推进多种形式的适度规模经营；实施目标市场开拓行动，至少加盟1家全国性知名农产品批发市场，建成1个农产品冷链物流体系；推进汇源产业园项目尽快投产运营；加快培育区域农产品公用品牌，打响"中国马铃薯之乡""中国西芹之乡"等西吉金字招牌。生态友好型工业方面，坚持生态、环保、节水优先原则，大力实施"规上企业突破"与"非公经济提升"计划，在抓好招商引资的同时，出台《西吉县关于扶持中小微企业发展的若干意见》，年内培育发展前景好、带动能力强的本土朝阳企业、龙头企业5家以上，新增规上工业企业3家以上。服务业方面，要推进旅游向全景全业全时全民的全域旅游转变，突出资源整合、内涵挖掘、品位提升、产业融合，以红色将台堡为支点推进旅游环线建设，改造提升火石寨、龙王坝等重点景区景点，积极开发红色游、生态游、休闲避暑游等项目，至少打造1条特色旅游街区和精品夜市、1个城市旅游综合体，推进旅游全要素发展，不断增加旅游综合性收入；大力发展现代物流业，加快发展生产生活资料等专业市场，促进装饰建材、汽车销售等中高档消费市场发育；大力发展电商产业，出台支持电商发展助推脱贫攻坚的扶持政策，打造好县电商孵化园，构建特色农产品电商销售网络体系。要通过推动产业优化升级、构建现代产业体系，形成以创新为引领的经济体系和发展方式，在建设西部地区绿色发展示范市中走出西吉路子。

（三）坚决打好生态环境保卫战。始终坚持绿水青山就是金山银山的理念，像对待生命一样对待生态环境。要大力实施生态立区战略，全面落实"生态立区28条"，坚决打好污染防治攻坚战，深入开展全域绿化、碧水蓝天、生态富民"三大行动"。加快实施六盘山400毫米降水线造林绿化工程，建成葫芦河两岸"水系绿化带"，继续实施退耕还林和移民迁出区生态修复，坚定不移地抓好封山禁牧，做好生态管护工作；全面推行河长制，以葫芦河流域综合治理为重点，全部关闭直接入河流（沟道）的企业污水直排口，完成县城、城镇污水处理厂全部提标改造，确保葫芦河流域水质达标并稳定提升；加大大气污染防治力度，严格扬尘控制，加强机动车污染整治，全部淘汰城市建成区燃煤小锅炉；抓好农业面源污染和固体废物污染防治，严禁秸秆焚烧。围绕“一棵树、一株苗、一枝花、一棵草”产业发展思路，分区域多点建设一定规模的试验示范园，构建科技含量高、资源消耗低、环境污染少的生态经济体系，大力发展绿色致富产业。要通过扎实推进绿色发展、着力解决突出环境问题、加大生态系统保护力度、完善生态环境监管机制，在全社会弘扬和践行社会主义生态文明观，为保护生态环境做出我们这代人的努力，在建设全国生态文明示范市中树立西吉形象。

（四）坚决打好城乡统筹大会战。党的十九大报告指出，“要坚持农业农村优先发展，按照产业兴旺、生态宜居、乡风文明、治理有效、生活富裕的总要求，建立健全城乡融合发展体制机制和政策体系，加快推进农业农村现代化”。要坚持新型城镇化和乡村振兴并重，跳出城乡二元分割的思维，建立区域统筹、城乡融合、产城互动发展机制和政策体系，推进城乡公共资源均衡配置。全面加快大县城建设，突出生态园林和文化旅游城市定位，编制完成《西吉县空间规划》，加快棚户区改造和西吉县城次中心将台堡旅游小城镇建设。打造葫芦河流域发展极，力争将其建设成特色产业发展的集聚区、生态文明建设的示范区、新型城镇化的样板区、创新驱动的先行区、绿色发展的引领区。大力实施乡村振兴战略，与打赢脱贫攻坚战有机结合，促进农村一、二、三产业融合发展，支持和鼓励农民就业创业，拓宽增收渠道；加快农村危窑危房改造进度，加强农村突出环境问题综合治理，开展农村人居环境整治行动和农村人居环境示范村创建活动，打造人与自然和谐共生发展新格局；加大农村基层基础工作力度和农村基础设施、社会事业、公共服务建设力度，提升乡村自治、法治、德治水平和农村民生保障水平；加强农村精神文明建设，深入开展移风易俗行动，焕发乡村文明新气象，努力实现城乡“发展同步、服务同质、管理同化”。

（五）坚决打好民生改善持久战。党的十九大报告指出，“保障和改善民生要抓住人民最关心最直接最现实的利益问题，既尽力而为，又量力而行，一件事情接着一件事情办，一年接着一年干”。必须多谋民生之利、多解民生之忧，在发展中补齐民生短板、促进社会公平正义，在幼有所育、学有所教、劳有所得、病有所医、老有所养、住有所居、弱有所扶上不断取得新进展。坚持把教育事业放在优先发展位置，推动城乡义务教育均衡发展，缩小城乡校际差距，促进教育公平，完善职业教育和培训体系，健全学生资助制度；开展“教师素质、教育质量双提升”行动，深化“名师、名校、名校长”培育工程，提升教育教学质量；新建一批幼儿园和农村“校中园”，加快推进“全面改薄”，确保义务教育均衡发展通过国家验收。加快健康西吉建设，深化医药卫生体制改革，健全现代医院管理制度，预防控制重大疾病，实施食品安全战略；开展“医师素质、医疗质量双提升”行动，加强基层医疗卫生服务体系和全科医生队伍建设，改善基层医疗条件。完善社会保障体系，深入推进双创行动，建成1家“双创”示范基地和众创空间，新增创业创新主体2000户，创业带动就业8000人。推进全民参保计划，实现城乡养老保险、医疗保险、最低社会保障制度相统一。加快建立社会养老服务体系，鼓励和支持社会力量创办养老服务机构。高度重视残疾人事业发展。

（六）坚决打好改革开放突围战。改革开放是决定当代中国命运的关键一招，也是决定实现

“两个一百年”奋斗目标、实现中华民族伟大复兴的关键一招。要坚定不移走改革开放之路，让改革开放成为我们的思维方式和工作方法，坚决破除保守思想的禁锢，摆脱传统路径的依赖，突破体制机制的藩篱，冲出空间地域的局限，为经济社会发展注入强大动力和生机活力。要深化农村改革，完善承包地“三权分置”制度，推进农村土地承包经营权、农民住房财产权抵押贷款，推行农村集体资产股份权能（投改股）改革。出台壮大村集体经济发展政策，逐步消灭“空壳村”。坚持不懈推动“放管服”改革，深化行政审批制度改革，大力推行“不见面马上办”审批，上半年不见面审批的政务服务项目达到80%。加强政府性债务管理，做好清理化解工作。坚持开放招商劲头不松、势头不减，开展“招商引资年”活动，优化服务环境，落实招商引资奖励政策，跟踪抓好全国工商联常委会西吉招商引资签约的17个项目落地，全年招商引资到位资金80亿元。加强与各地工商联、商会、协会的联络，注重发挥在外西吉老乡和曾在西吉工作、创业人士的作用，引进一批投资规模大、产业关联度高、带动能力强的产业项目。

五、深入实施“六大工程”，为决战脱贫攻坚厚积成势

党的十九大报告指出，“坚持人人尽责、人人享有，坚守底线、突出重点、完善制度、引导预期，完善公共服务体系，保障群众基本生活，不断满足人民日益增长的美好生活需要，不断促进社会公平正义，形成有效的社会治理、良好的社会秩序，使人民获得感、幸福感、安全感更加充实、更有保障、更可持续”。我们要以实施“六大工程”为出发点和落脚点，把以人民为中心的思想落实到共建共享、为民造福的具体工作中。

（一）深入实施产业升级工程。坚持质量第一、效益优先的原则，以供给侧结构性改革为主线，推动经济发展质量变革、效率变革、动力变革，把发展经济的着力点放在加快产业转型升级上，大抓特抓、狠抓长抓。加快农业转型升级。从农业供给侧结构性改革上发力，充分发挥市场在资源配置中的决定性作用，着力解决产业层次不高、市场竞争不强的问题。实施特色农产品品牌工程，着力构建现代农业产业体系、生产体系、经营体系，坚定不移地促进马铃薯、草畜、蔬菜、杂粮四大特色优势产业转型升级，把“西吉马铃薯”“西吉芹菜”等品牌做大做强。鼓励龙头企业、合作社、行业协会申报证明商标、地理标志，打造“西吉三粉”“西吉小秋杂粮”等新的特色农产品品牌。加快工业集聚带动。积极探索市、县共建共享产业园机制，按照“规模化、集群化、链条化、循环化”的发展路子，扶持一批开展主食化产品研发的企业，突出发展农产品精深加工业。通过招商引资，充分发挥大型企业带动作用，积极对接北京汇源集团在西吉投产运营，助推西吉县特色产业快速发展。加快服务业多级发展。以争创全域旅游示范县为契机，总结提升推广龙王坝休闲旅游的成功经验，突出“吃住行游购娱”全要素打造，全面推行“旅游+”模式，推进旅游业“全景、全业、全时、全民”发展。加快培育新兴服务业，顺应多元消费需求，发展健康养老、教育培训、家政服务等新业态。加快提升传统商贸餐饮业，打造集聚发展老字号、品牌餐饮、风味小吃、民俗文化、品牌演艺等全新业态。

（二）深入实施基础提升工程。决战脱贫攻坚、决胜全面小康社会，基础设施建设必须先行，要持续加大基础设施建设力度，为全县经济社会发展夯实基本保障。交通基础设施建设方面。加快高速、国省道公路的连接贯通和等级提升，构建对外通畅、覆盖广泛、管养规范、安全适用、服务高效的交通运输体系，加快西吉至会宁高速公路、省道204线火石寨至西吉公路、省道312线将台至平峰公路和贫困村通村公路建设及宁夏南部山区智慧交通示范试点西吉县智慧交通运行监管与服务平台等项目建设步伐。水利基础设施建设方面。加快推进水利工程建设，坚持开源和节流并重，构建节水、引水、供水“三位一体”水利基础设施体系，全面提升水资源保障能力和利用效率。实行库坝塘井窖蓄水联用，加快实施淤地坝除险加固、小流域治理工程和库井灌区高效节水改造，从根本上解决城乡安全饮水和产业发展用水问题。加快天然气普及使用。加大清洁能源更新，积极鼓励引导全县城市居民、商服、工业等用户进行天然气置换，并逐步向乡村延伸。加快信息基础设施建设。构建电子政务和电子商务信息平台，促进信息数据资源共享，加强农村信息基础设施建设，超前规划和建设电力基础设施，继续推进城乡电网改造和标准化与智能化建设。

（三）深入实施文化振兴工程。党的十九大报告指出，“文化自信是一个国家、一个民族发展中更基本、更深沉、更持久的力量”“不忘本来、吸收外来、面向未来，更好构筑中国精神、中国价值、中国力量，为人民提供精神指引”。对我们贫困地区讲，增强全民文化自信意义非凡，要从脱贫富民的持久性、地方发展的持久性、民族团结的持久性、社会和谐的持久性方面认识文化自信的重大意义，牢固树立“大文化、大认同、大发展”的理念，以文化自信支撑和带动决战脱贫攻坚、全面建成小康社会的自信、自觉和自强。要落实意识形态工作责任制，加强理论武装，推动新时代中国特色社会主义思想深入人心。培育和践行社会主义核心价值观，坚持全民行动、干部带头，从家庭做起，从娃娃抓起，把社会主义核心价值观融入社会发展各方面，转化为人们的情感认同和行为习惯。做强中国首个“文学之乡”品牌，彰显西吉浓厚文化底蕴，创作更多富有西海固特色和西吉历史人文元素的优秀精品，讲好西吉故事。培育发展文化产业，集中力量打造本土特色文化旅游产品，重视非物质文化的保护和传承，引导非物质文化遗产走市场化道路。持续开展移风易俗，抵制腐朽落后文化侵蚀，树立健康文明新风尚。

（四）深入实施人才培育工程。党的十九大报告指出，“人才是实现民族振兴、赢得国际竞争主动的战略资源”。我们必须把人才工作放在突出位置，大兴识才、爱才、敬才、用才之风，充分发挥人才在推动县域经济社会发展中的重要支撑作用。加大实用人才引进和培育力度。坚持不求所有、不求所在、但求所用，出台更加积极、更加开放、更加有效的人才政策，采取“柔性引进、刚性干事”的引才引智办法，加大招才引智力度，引进一批符合西吉发展需求的专业技术人才。同时，在全县各行各业广泛开展“素质、质量双提升”行动，加大现有人才培育提升。大力实施劳动力素质提升工程。加大农村实用技术和就业技能培训，完善农村劳动力素质教育培训体系，在全县开展“农民教育培训年”活动，全面提升农民社会就业、科技致富、外出务工、自我组织、当家理财、自立自强和自我发展等方面的能力，不断提升培训人员的素质和就业率，拓宽群众增收渠道。大力实施“两个带头人”工程。着力在“选、育、管、用”上下功夫，不断壮大农村“两个带头人”队伍。坚持“有土”带头向“有土”“离土”带头并重转变，使“带头人”愿带、会带、能带，充分发挥示范引领作用，形成穷人跟着带头人走、带头人跟着产业走、产业跟着市场走的良性循环。

（五）深入实施社会治理工程。创新社会治理方式，完善党委领导、政府负责、社会协同、公众参与、法治保障的社会治理体制，提高社会治理社会化、法制化、智能化、专业化水平。加强法制教育，扎实开展“七五”普法，全面推进依法治县，让法治思维和法治方式成为生活方式，推动依法行政。加强预防和化解社会矛盾机制建设。深化“网上信访”和村级“联合办公日”制度，依法处置非正常上访及越级上访，引导群众依法逐级走访，努力做到早发现、早预防、早处置，提高对社会各类矛盾的预防和化解。深化“平安西吉”建设。盯牢四项约束性指标，落实综治责任，完善社会治安综合治理体制机制，深入推进“雪亮工程”建设，构建立体化社会治安防控体系，严厉打击各种违法犯罪活动，加强命案防控，加大禁毒执法管控力度，进一步提升公众安全感和满意度。严格抓好安全生产。健全公共安全体系，严格落实安全生产“一票否决”制度，安全生产主要控制指标控制在区、市下达的控制指标以内，坚决遏制重特大安全事故，提升防灾减灾救灾能力。全面加强安全生产和食品药品安全，维护人民群众生命财产安全。

（六）深入实施凝心聚力工程。决战决胜脱贫攻坚、全面建成小康社会，核心在加强党的领导，根本在凝聚人民力量。必须把调动人的内动力、创造力、战斗力作为前提和抓手，坚持不懈地推进凝心聚力工程。加强民主政治建设，坚持党的领导、人民当家做主、依法治国有机统一，推进政治文明建设。支持人大及其常委会依法行使职权，支持人大代表更好发挥作用；加快法治政府建设，提高政府工作法制化水平；坚持和完善中国共产党领导的多党合作和政治协商制度，支持政协依章履行职能。落实基层群众自治制度，扩大公民有序政治参与。加强和改进党对群团工作的领导，扎实推进群团改革。坚持党管武装，促进军民融合。加强基层党建工作，以提升组织力为重点，着力破解基层党组织虚化、弱化、边缘化问题，把基层党组织建设成为宣传党的主张、贯彻党的决定、领导基层治理、团结动员群众、推动改革发展的坚强战斗堡垒。加强宣传文化工作，坚持党管宣传、党管意识形态、党管媒体不动摇，牢牢掌握意识形态工作领导权，加强阵地建设、管理和运用，旗帜鲜明反对和抵制各种错误观点。提高新闻舆论传播力、引导力、影响力、公信力，深入开展习近平新时代中国特色社会主义思想和中国梦宣传教育，传播正能量。加强互联网内容建设，建立网络综合治理体系，营造清朗的网络空间。持续开展民风建设，大力发扬勤俭持家、艰苦奋斗、自力更生的优秀传统，积极弘扬“团结包容、奋进创新”的西吉精神，着力破解大操大办婚丧嫁娶、高额彩礼、婚育低龄化等陋习，培育团结包容、奋进创新的良好新风。加强民族团结创建，全面贯彻党的宗教工作基本方针，坚持宗教中国化方向，坚持保护合法、制止非法、遏制极端、抵御渗透、打击犯罪；深入开展“拥护核心感党恩、同心携手奔小康”主题教育，做靓“回汉儿女一家亲”品牌；进一步深化落实大型宗教活动“八不准”制度和“3342”管理模式，严厉打击非法宗教渗透活动，促进宗教领域和谐稳定。加快民族团结进步示范县创建，按照民族团结“58585”创建模式，促进民族团结精神向人文化、大众化、实体化方向深入发展，为固原市建设全国民族团结进步示范市提供西吉经验。

六、坚持全面从严治党，为决战脱贫攻坚提供坚强保障

党的十九大报告指出，“打铁必须自身硬。党要团结带领人民进行伟大斗争、推进伟大事业、实现伟大梦想，必须毫不动摇坚持和完善党的领导，毫不动摇把党建设的更加坚强有力”。这是新时代党的建设总要求，也是马克思主义执政党的政治属性和全面从严管党治党的大思路、大方略，具有鲜明的时代特色和崭新的理论特色，是指导新时代党的建设的总纲领和总遵循。我们必须认真学习、深刻领会、准确把握，坚定不移地抓好贯彻落实。

（一）加强思想政治建设。党的政治建设是党的根本性建设，决定党的建设方向和效果。要提高政治站位，坚持和维护党中央权威和集中统一领导，坚定执行党的政治路线，严格遵守政治纪律和政治规矩，切实增强“四个意识”，自觉做到“四个看齐”，始终同以习近平同志为核心的党中央保持高度一致。要尊崇党章，严格执行新形势下党内政治生活若干准则，着力增强党内政治生活的政治性、时代性、原则性、战斗性。要把坚定理想信念作为党的思想建设的首要任务，教育引导党员干部牢记党的宗旨，解决好世界观、人生观、价值观问题，做“四讲四有”合格党员。严格执行民主集中制，完善常委会议事规则和决策程序，提高科学决策、民主决策、依法决策水平。严格党内监督，认真执行党内监督条例，突出对“一把手”和重点领域、重要岗位、关键环节的监督。弘扬马克思主义学风，推进“两学一做”学习教育常态化制度化，以县处级领导干部为重点，开展“不忘初心、牢记使命”主题教育，用党的创新理论武装头脑，推动党员领导干部更加自觉地为实现新时代党的历史使命不懈奋斗。

（二）加强各级领导班子和干部队伍建设。坚持党管干部原则，坚持德才兼备、以德为先，落实好习近平总书记“20字”好干部标准，坚持正确的选人用人导向，突出政治标准，提拔重用具有学习本领、政治领导本领、改革创新本领、科学发展本领、依法执政本领、群众工作本领、狠抓落实本领、驾驭风险本领的干部，选优配强各级领导班子。按照自治区党委“五个注重”的要求，大力发现储备年轻干部，注重在脱贫攻坚主战场考察识别、选拔使用干部，充分尊重基层的意见，提拔重用品行端正、勤奋敬业，激情干事、勇于担当，长期在基层一线、默默无闻的干部。坚持严管和厚爱结合、激励和约束并重，完善干部考评机制，落实激励机制和容错纠错机制，旗帜鲜明的为敢于担当、踏实做事、不谋私利的干部撑腰鼓劲，主动为他们排忧解难。

（三）加强基层组织建设。党的基层组织是确保党的路线方针政策和决策部署贯彻落实的基础，我们要严格党的组织生活，认真落实“三会一课”、民主生活会和组织生活会、谈心谈话、民主评议党员等制度，用好批评和自我批评有力武器。党支部要担负好直接教育党员、管理党员、监督党员和组织群众、宣传群众、凝聚群众、服务群众的职责，引导广大党员发挥先锋模范作用。突出抓党建促脱贫攻坚，深入开展村级党组织“三大三强”行动，深化农村“两个带头人”工程，加强基层服务型党组织评星定级工作，建立正向激励、反向监督机制，打造带领群众脱贫致富奔小康的坚强战斗堡垒。统筹抓好社区、机关、学校、国有企事业单位、非公有制经济组织和社会组织等领域基层党建工作，创新基层党组织设置形式，实现党的组织和党的工作全覆盖。

（四）加强作风建设。风正则百官皆守，风不正则百弊俱生。作风关系民心向背，决定事业兴衰，必须紧紧围绕保持党同人民群众的血肉联系，增强群众观念和群众感情，不断厚植党执政的群众基础。坚持以上率下，巩固拓展落实中央八项规定精神成果，继续整治“四风”问题，要在全县继续开展“干部作风转变年”和“干部素质提升年”活动，坚决反对“四风”反弹回潮。党员领导干部要带头深入基层、深入一线，与群众近距离接触、与干部面对面交流，倾听群众呼声，不图虚名、不务虚功，用求真务实的行动，给群众办好事实事，为群众排忧解难，切实解决好“最后一公里”的问题。加强纪律教育，强化纪律执行，让党员干部知敬畏、存戒惧、守底线，坚持惩前毖后、治病救人，运用监督执纪“四种形态”，抓早抓小、防微杜渐。要大力弘扬中华民族优秀传统文化，督促各级党员领导干部带头树立良好家风，以党的作风持续向好带动社风民风持续向上向善。

（五）加强反腐倡廉建设。认真履行“两个责任”，强化“三级同述”和“三级包抓”制度落实，压实管党治党政治责任。强化纪律教育和日常监督管理，让党员干部自觉做到“四个服从”，牢记“五个必须”，防止“七个有之”。要坚持无禁区、全覆盖、零容忍，坚持重遏制、强高压、长震慑，充分发挥巡视利剑作用，持续开展巡察工作，加大整治群众身边腐败问题力度，着力构建不敢腐、不能腐、不想腐的有效机制。要加大扶贫领域监督执纪问责，开展扶贫民生领域专项整治，严肃查处贪污挪用、截留私分、优亲厚友、虚报冒领、雁过拔毛、强占豪夺问题，对胆敢向扶贫民生、救济救灾款物伸手的绝不手软。深化监察体制改革，实现对所有行使公权力的公职人员监察全覆盖。加强纪检监察干部队伍建设，严肃查处纪检监察干部违纪违法问题，坚决防止“灯下黑”。

各位委员、同志们：风劲潮涌自当扬帆破浪，任重道远更需策马加鞭。让我们更加紧密地团结在以习近平同志为核心的党中央周围，认真学习贯彻习近平新时代中国特色社会主义思想，在区市党委、政府的坚强领导下，切实把思想行动、智慧力量统一到党的十九大精神要求上来，不忘初心、牢记使命，振奋精神、实干兴宁，以更加昂扬的精神状态、更加奋发的战斗姿态、更加务实的工作作风，为建设经济繁荣、民族团结、环境优美、人民富裕新西吉而努力奋斗，夺取决战脱贫攻坚、全面建成小康社会的胜利！

名词解释：

1. **“4166”工作思路：**围绕建设经济繁荣、民族团结、环境优美、人民富裕新西吉目标，以脱贫攻坚为统领，坚决打赢脱贫富民决胜战、创新驱动攻坚战、生态环境保卫战、城乡统筹大会战、民生改善持久战、改革开放突围战“六场硬仗”，深入实施产业升级、基础和提升、文化振兴、人才培育、社会治理、凝心聚力“六大工程”。

2. **“五位一体”：**是对全面推进经济建设、政治建设、文化建设、社会建设、生态文明建设的概括表述。

3. **“四个全面”：**是对全面建成小康社会、全面深化改革、全面依法治国、全面从严治党的概括表述。

4. **“四个意识”：**政治意识、大局意识、核心意识、看齐意识

5. **“四个自信”：**道路自信、理论自信、制度自信、文化自信。

6. **“四个清零”行动：**积极开展项目审批、在建项目入库、重点项目开工、建设资金拨付“四项”清零行动。

7. **“三规合一”：**指只有一个城市空间，在规划安排上互相统一，同时加强规划编制体系、规划标准体系、规划协调机制等方面的制度建设，强化规划的实施和管理，使规划真正成为建设和管理的依据和龙头。

8. **大型宗教活动“八不准”制度：**不准党员干部参加大型宗教活动、不准国家公职人员参加大型宗教活动、不准未成年人特别是学生参加大型宗教活动、不准老弱病残参加大型宗教活动、不准请外坊寺人员参加本坊寺举办的大型宗教活动、不准以部门单位名义参加大型宗教活动、不准以部门单位名义赞助大型宗教活动、不准宗教团体及个人借大型宗教活动之机进行非法渗透活动。

9. **大型宗教活动“3342”管理模式：**“三申报”（场所申报、乡镇申报、县政府申报）；“三审查”（材料审查、规模审查、依规仪轨审查）；“四管理”（依法管理、制度管理、自我管理、随行管理）；“两责任”（落实主办地乡镇人民政府和举

办宗教活动场所的主体责任）。

10. 民族团结“58585”创建模式：围绕落实“五大目标”（中华民族共同体意识进一步增强，各族群众交往交流交融进一步深入，民族团结宣传教育水平进一步提高，民族团结进步创建活动的覆盖面和影响力进一步扩大，先进典型的示范引领作用进一步增强）；全面实施“八项工程”（学校民族团结育苗工程、幸福社区共建共享工程、乡村和谐发展工程、党政干部民族工作能力建设工程、企业民族团结互助共赢工程、军民互学共建工程、和谐寺观教堂创建工程、民族团结进步舆论引导工程）；建立健全“五项推进机制”（组织领导机制、考核评价机制、督促检查机制、典型引领机制、政策保障机制），完成全县85%的单位创建命名工作。

11. 基层党组织“五联五促”工作制度：基层党组织联系宗教事务部门，促进党的民族宗教政策落实；联系宗教活动场所，促进“和谐寺观教堂”创建；联系宗教界人士，促进宗教人士积极作用发挥；联系宗教活动场所民主管理组织成员，促进事务规范管理；联系广大信教群众，促进各族群众团结和睦。

12.“三大三强”：加大投入力度，强化基本保障；加大培训力度，增强能力素质；加大选拔力度，选优配强基层党组织书记。

13.“一免一补”：学前教育免除保教费，补助伙食费。

14.“三免一补两餐”：义务阶段教育免教科书费，免学杂费，免费提供教辅资料，补助营养晚餐，提供营养早餐和营养午餐。

15.“三免一补一助一计划”：中职教育免除中职一、二、三年级学费，免住宿费，免课本费，补助生活费。发放国家助学金，享受雨露计划。

16. 村级“联合办公日”制度：乡镇包片领导、第一书记、包村干部和村党支部、村委会、村监会“三委”班子成员，每周确定1天时间，到村部集中办公，面对面解决群众诉求，开展矛盾问题乡村组三级联调。

17.“三个清单”：责任清单、问题清单、问责清单。

18.“一简一降一提一延”办法：简化贷款程序，降低贷款门槛、提高贷款额度，延长偿还周期。

19.“空壳村”：集体经济薄弱，财政亏空的村子。

20.“双融”行动：加快融入全区全国旅游网，加快旅游与各次产业融合。

21.“四讲四有”：讲政治、有信念，讲规矩、有纪律，讲道德、有品行，讲奉献、有作为。

22.“五个必须”：必须维护党中央权威，必须维护党的团结，必须遵循组织程序、必须服务组织决定，必须管好亲属和身边工作人员。

23.“四个服从”：党员个人服从党的组织，少数服从多数、下级组织服从上级组织、全党各个组织和全体党员服从党的全国代表大会和中央委员会。

24.“网上信访”：通过信访部门构建在互联网上的信访平台向党委和政府反映的情况、提出的意见建议或者投诉请求。

25.“三权分置”制度：承包地所有权、承包权、经营权三权分置、经营权流转的制度。

26.“放管服”：简政放权，放管结合、优化服务的简称。

27.“雪亮工程”：以县、乡、村三级综治中心为指挥平台，以综治信息化为支撑，以网格化管理为基础，以公共安全视频监控联网应用为重点的群众性治安防控工程。

28.“两个坚持”：坚持和加强党的全面领导，坚持党要管党、全面从严治党。

29.“四个以”：以加强党的长期执政能力建设、先进性和纯洁性建设为主线，以党的政治建设为统领，以坚定理想信念宗旨为根基，以调动全党积极性、主动性、创造性为着力点。

30.“5+2”的总体布局：全面推进党的政治建设、思想建设、组织建设、作风建设、纪律建设，把制度建设贯彻其中，深入推进反腐败斗争。

31.“五句话”：始终走在时代前列、人民衷心拥护、勇于自我革命、禁得起各种风浪考验、朝气蓬勃的马克思主义执政党。

32.“八个方面”：把党的政治建设摆在首位、用新时代社会主义思想武装全党、建设高素质专业化干部队伍、加强基层组织建设、持之以恒正风肃纪、夺取反腐败斗争压倒性胜利、健全党和国家监督体系、全面增强执政本领。

33.“五个注重”：注重发扬“尽职”精神、注重倡导“务实”之风、注重弘扬“创新”精神、注重树立“自强”意识、注重树立“清廉”意识。

34.“三级同述”和“三级包抓”制度：市、县、乡三级党组织主要负责人述廉述责和市、县、乡三级纪委班子成员联系包抓党风廉政建设、反腐败工作的制度。

35.“四种形态”：让咬耳朵、扯袖子、红红脸、出出汗成为常态，党纪轻处分、组织调整成为大多数，重处分、重大职务调整的是少数，而严重违纪涉嫌违法立案审查的只是极少数。

36.“七个有之”：一些人无视党的政治纪律和政治规矩，为了自己的所谓仕途，为了自己的所谓影响力，搞任人唯亲、排斥异己的有之，搞团团伙伙、拉帮结派的有之，搞匿名诬告、制造谣言的有之，搞收买人心、拉动选票的有之，搞封官许愿、弹冠相庆的有之，搞自行其是、阳奉阴违的有之，搞尾大不掉、妄议中央的也有之。

政府工作报告

——在西吉县第十七届人民代表大会第二次会议上

（2017 年 12 月 22 日）

西吉县人民政府县长　武维东

各位代表：

现在，我代表县人民政府，向大会作政府工作报告，请予审议，并请各位政协委员和列席人员提出意见。

2017 年工作回顾

本届政府换届以来，面对脱贫攻坚的艰巨任务，面对经济下行的巨大压力，面对改革发展的繁重任务，在区、市党委、政府和县委的坚强领导下，全县上下认真学习贯彻党的十九大精神，在习近平新时代中国特色社会主义思想指引下，坚决贯彻区市和县委决策部署，全面落实“4156”工作思路，紧密团结和依靠全县干部群众，振奋精神，苦干实干，圆满完成了县十七届人大一次会议确定的目标任务。预计全年实现地区生产总值 62 亿元，增长 9%；全社会固定资产投资 82 亿元，增长 15%；社会消费品零售总额 16.5 亿元，增长 9%；完成地方一般公共财政预算收入 1.64 亿元，增长 7.8%，同口径增长 29%；财政支出 50.08 亿元，增长 11.7%；城镇居民人均可支配收入 23131 元，增长 8%；农村居民人均可支配收入 8361 元，增长 10.5%。

脱贫攻坚纵深推进。始终把脱贫攻坚作为首要政治任务和第一民生工程来抓，压实责任、精准施策、狠抓落实，完成 62 个贫困村销号 3.43 万人脱贫，贫困人口持续减少，贫困发生率下降到 11.5%。机制保障不断夯实。“三级联动”机制进一步做实，制定出台脱贫攻坚系列方案和产业扶持政策，打出政策组合拳，实现精准扶贫到村、到户、到人。认真开展贫困户复查复核，新识别996户4226人，退出714户2767人。资金整合效应倍增。瞄准“两不愁、三保障”“五通八有”，本着“缺什么、补什么”的原则，上争外引，精准发力，整合财政涉农资金11.68亿元，有效解决了25万人“行路难”、26.8万人“饮水难”、5545户“住房难”等问题。产业扶贫成效显著。实施“四个一”示范带动工程，落实19类42项全产业链扶持补贴，培育产业扶贫示范村19个，扶贫龙头企业13家，扶贫产业合作社106个，致富带头人385名，带动贫困人口就业3万余人。龙王坝、张堡塬村列为全国贫困地区培育脱贫致富带头人观摩点，全区“两个带头人”工作现场会在我县召开。金融扶贫增资扩面。注入风险补偿金1.2亿元，发放扶贫小额信贷12.24亿元，户均4.3万元，覆盖80%以上建档立卡贫困户。实现贫困户人身意外伤害保险和大病医疗补充保险全覆盖。补贴特色产业保险1237万元，参保农户1.5万户，有效降低了贫困户种养业意外风险。易地扶贫攻坚克难。建成县内移民就近安置点45个，搬迁742户3074人；回购幸福佳苑、西吉娇子、世纪家和县城劳务移民安置房2263套，安置7976人。全面完成2168户9443人县外移民搬迁安置任务。出台易地扶贫激励政策，向新疆生产建设兵团转移安置167户685人，向天元锰业集团输送804人。帮扶工作扎实有效。266个帮扶单位、238个驻村工作队、480名第一书记和工作队员驻村帮扶，7315名机关干部职工与建档立卡贫困户结对帮扶。深化闽宁协作，加强与交通部、商飞集团对接，落实对口帮扶资金1508万元，建成闽宁示范村5个，专项扶贫、行业扶贫、社会扶贫“三位一体”大扶贫作用日益彰显。

产业效益显著提升。始终把产业作为富民强县的重要支撑，推进一、二、三、产业融合发展。特色农业提质增效。立足“一特三高”，持续推进“五百工程”，全县播种农作物219.8万亩，粮食总产达28.5万吨，马铃薯最高单产6246.98千克，创全区最高纪录。成功举办宁夏（西吉）马铃薯产业高峰论坛，“西吉马铃薯”获“2017最受消费者喜爱的中国农产品区域公用品牌”。大力实施“粮改饲”，实现“见犊补母”政策全覆盖，养殖规模居全市第一，全县牛羊饲养量达20.8万头、68.5万只。种植特色蔬菜15万亩，发展覆膜保墒旱作农业61万亩，建成覆膜保墒旱作农业综合示范园10个，种植小杂粮60万亩。马铃薯、草畜等四大产业提供农民人均可支配收入3400元。大力实施品牌战略，黑山羊、珍珠鸡、红军粉等农特产品畅销区内外，实现农业总产值36.3亿元。工业经济稳中有进。引进泽艾堂、港生生物、伊尔德等市级以上特色农产品加工企业17家，培育融信电力等规上企业4家，全县规上企业发展到11家，实现工业增加值1.79亿元。加快推进佳立公司2万吨马铃薯精淀粉迁建、震湖5000吨小杂粮加工、单家集2000吨清真牛肉加工等生产线改造升级，华电月亮山一、二期、融信偏城梁风电项目并网发电，年发电3.6亿千瓦时。第三产业活力显现。出台加快全域旅游实施意见，设立全域旅游发展专项基金1000万元，实施将台堡红军长征纪念园基础设施建设项目，将台堡被中宣部命名为全国爱国主义教育示范基地。举办丁香花节、采摘节、垂钓节等，年内接待游客130.46万人次，旅游综合性收入近10亿元。深入实施国家电子商务进农村示范县项目，电子商务网络实现县乡村全覆盖。不断优化金融环境，引进宁夏银行，建行西吉支行、汇发村镇银行投入运营。

城乡面貌明显改观。深入开展“重点项目推进年”活动，全力以赴改善基础设施，带动城乡发展。项目建设取得新进展。打响项目建设大会战，全年争取资金44.54亿元，落实项目148个18.42亿元，开工建设500万元以上重点项目112个，列入固原市22个重点项目全部开工，完成投资61.5亿元，位居全区前列。城乡面貌发生新变化。征迁2086户，超额完成棚户区改造任务。大力开展环境整治专项行动，拆除违章建筑435户10.2万平方米，改造提升体育广场、民族广场、永清湖广场，建成县城西北环线道路11条，城镇综合功能显著提升。完成新营乡美丽小城镇建设和将台西坪村等8个美丽村庄建设任务。完成六盘山片区交通扶贫攻坚示范县公路续建项目17条114.9千米，S60西会高速、S204海西公路等干线公路开工建设；城乡客运一体化调度中心、农村客运站等建成投入使用，城乡公交线路进一步织密，通行状况明显改善，西吉县入选全国城乡交通运输一体化示范县。完成中南部城乡饮水安全连通和配水工程管网试（通）水任务，集中供水率、供水保障率和水质达标率95%。跨越“信息鸿沟”，实现行政村和自然村光网全覆盖，4G覆盖率达86%。招商引资实现新突破。健全招大引强机制，出台招商引资优惠政策、考核奖励办法，有重点、多批次、高精准招商，引进了汇源集团、秋实农业、水发集团等一批带动力强、产业链长的大企业，落地马铃薯循环产业园暨全产业链金融建设项目等一批符合西吉产业发展方向的大项目。实施招商引资项目42个，到位资金32.81亿元，增长13.5%。

生态环境持续改善。贯彻绿色发展理念，落实最严格生态环境保护制度，扎实整改环保督查反馈问题，全民抓生态文明建设的意识和合力进一步增强。环境质量稳步改善。建立县、乡、村三级河长制体系，实现河道、湖泊、水库等各类水域河长制全覆盖。集中整治河道违章建筑，关停采砂场56家，拆除违章建筑3600多平方米。综合整治葫芦河夏寨至兴隆段河道56千米，实施国土整治3万亩，完成大岔等16座骨干坝除险加固、小南川等10.96平方千米坡耕地水土流失综合治理，新增节水灌溉面积8700亩。完成县城第一污水处理厂提标改造，启动建设县城二污、葫芦河流域水环境综合整治氧化塘、人工湿地工程等一批生态环保项目，关停万吨以下马铃薯淀粉厂19家，葫芦河出境断面水质实现达标排放。强力推进大气污染防治，完成县城集中供热脱硫除尘改造任务；加强秸秆禁烧巡查力度，淘汰黄标车165辆，集中整治油烟污染餐饮56家，空气质量持续改善，年度空气优良天数达320天，居全市第一。加大畜禽粪污、农用残膜治理，有效遏制农村面源污染。绿色发展初见成效。完成六盘山400毫米降水线造林绿化工程3.85万亩，全区现场会在西吉县召开。实施补植补造3万亩，退耕还林3.65万亩，全县森林覆盖率达14.43%。完成“绿盾2017”自然保护区清理整治专项行动，生态建设成果不断巩固。打造国家级林下经济示范基地2个、自治区级3个，发展油用牡丹、万寿菊等23万亩，产值1.4亿元，生态富民效益初步显现。

民生福祉不断提升。坚持以人民为中心的发展思想，民生投入45.19亿元，占财政总支出89.2%，群众获得感、幸福感不断增强。教育事业加快发展。投入8亿多元，实施“全面改薄”、义务教育学校标准化建设等一批重点项目，义务教育均衡发展通过自治区验收。新改建幼儿园69所，乡镇学前教育实现全覆盖。招考特岗教师170人、学前教师166人，师资力量不断壮大。全面落实教育扶贫政策，投入1700多万元，实现农村户口从学前教育到高等教育资助全覆盖，建档立卡贫困户子女无辍学。在全区率先创建了虚拟现实教学实训基地，职业中学被评为“国家中等职业教育改革发展示范校”。医疗卫生健康发展。深化医疗卫生体制改革，全面实行“先诊疗、后付费”模式，有效解决群众“看病难”问题。加强医疗卫生服务体系建设，迁建县中医院，新建县人民医院妇儿综合大楼、妇幼保健计划生育服务中心住院部及偏城、王民卫生院改扩建项目，建成乡镇卫生院中医馆14所、标准化卫生室44所，群众就医条件进一步改善。落实妇幼卫生“七免一救助”，受益3.1万人次。免费健康体检50周岁以上城乡居民4888人，孕前优生健康检查3308对，白内障复明手术142例。社会保障扩面提标。深入推进“大众创业、万众创新”，建设创业孵化示范基地，发放全民创业、妇女创业贷款9400万元，培育小企业86个，“小老板”208人，创造新岗位803个，创业带动就业1486人，城镇新增就业2650人。农村劳动力转移就业11.59万人，创收23.07亿元。全面落实“五险合一”经办体制改革，累计筹措被征地农民养老保险金1.5亿元，城乡居民养老保险、新型医疗保险参保率分别达到90%、95%；建立救助对象保障机制，实现医疗救助“一站式”全覆盖，最低生活保障应保尽保。留守儿童关爱点行政村全覆盖。完善退役士兵工资待遇增长机制，有效保障退役士兵合法权益。建成公租房7788套，分配保障性住房7540套。完成劳动监察体制改革，依法追回农民工工资484万元。文化事业蓬勃发展。村级综合文化服务中心和文化活动场所实现全覆盖，全区贫困村综合文化服务中心启动会在西吉县召开。深入推进精神文明建设，建成社会主义核心价值观教育实践基地20个。推动移风易俗，树立文明新风，开展农村公益数字电影放映3800场次，文化下乡70场次，不断丰富人民群众精神文化生活。注重文艺精品打造，《丁香花开》进京演出，出版《中国首个文学之乡典藏丛书》。中央电视台“厉害了我的国”西吉电商扶贫行动和《过年了》《乡村大世界》《记住乡愁》等节目录制播出，进一步提升了西吉知名度和影响力。

社会大局和谐稳定。深入推进平安西吉建设，大力开展命案防控、预防打击“两抢一盗”专项治理，大力推进禁毒示范县创建，重拳打击各类违法犯罪行为，依法快速处置了一批群体性案（事）件，实现了刑事、治安案件双降。招录事业编民警53名、公安辅警75名，充实了基层公安力量。扎实开展“七五”普法，群众法制意识明显增强。全面做好信访维稳工作，大力开展“五大一创新”百日攻坚行动、“网上信访”等，“三率”水平大幅提升，一批信访积案得到妥善解决。严格落实安全生产网格化管理责任制，成立安全生产执法监察大队，深入开展安全生产隐患排查专项治理，全县安全生产形势平稳向好。强化市场准入管理，建成食品药品检测中心，食药监管进一步加强。坚持宗教中国化方向，依法加强宗教事务规范化管理。建立完善民族宗教矛盾纠纷排查调处“四级网络”，宗教氛围和顺平静。扎实开展民族团结“八进”和“中华民族一家亲·同心共筑中国梦”“讲好民族团结故事”等民族团结创建活动，使“两个共同”“三个离不开”“五个认同”思想扎根各族群众心中。

自身建设不断加强。深入学习宣传贯彻党的十九大精神，切实抓好政府党组学习，班子成员带头学习、带头思考、带头贯彻。坚决落实县委决策部署，持续推进法治政府建设，自觉接受人大依法监督、政协民主监督和社会舆论监督，人大议案、政协提案、民生实事办理成效明显。深化“放管服”改革，成立行政审批服务局，推进59项政府机构改革任务，划转集中审批事项130项，办结各类政务事项5.4万件。成立政务公开办公室，推广应用“331”监管平台，实现行政村电子政务外网全覆盖，打通服务群众“最后一公里”。扎实推进“两学一做”学习教育常态化制度化，围绕“创新驱动怎么做、脱贫富民怎么干、生态立区怎么办”主线，开展“振奋精神、实干兴宁”大讨论活动。严格落实领导干部包抓责任制和“四个清单”制度，促进区市和县委决策部署落实落地。抓好党风廉政建设责任制，驰而不息改进“四风”，营造了风清气正、干事创业的良好环境。

各位代表，过去的一年，我们克服了诸多不利因素和影响，付出了很多艰辛和努力，城乡面貌显著改善，群众生活水平大幅提升，各项社会事业稳步发展，社会大局和谐稳定。这些成就的取得，昭示着西吉县在脱贫攻坚、全面建成小康社会进程中迈出了坚实步伐，极大地增强了全县广大干部群众建设西吉、发展西吉的信心和决心！这些成就的取得，离不开党中央、国务院的亲切关怀，离不开区、市党委、政府和县委的坚强领导，离不开各位代表、各位委员的大力支持和监督，离不开全县50万人民的辛劳和智慧。在此，我代表县人民政府，向全县人民、人大代表、政协委员，向离退休老同志、民主党派、工商联、各人民团体，向驻县部队、武警官兵和政法干警，向长期以来关心支持西吉发展的社会各界人士，致以崇高的敬意和衷心的感谢！

同时，必须清醒看到，我们的工作还存在许多不足，也面临不少困难和挑战。主要是：贫困面积大、贫困程度深的现状依然突出，基础设施滞后、生态环境脆弱，增收渠道不宽、致富产业不强、内生动力不足，脱贫任务依然艰巨；特色优势产业附加值低、工业经济总量不足、三次产业融合程度不深；经济总量小，财政自给率低，创新能力不强，缺乏可持续发展动力；谋发展视野不开阔，思想观念依然保守，工作作风还需持续改进，干事创业的激情和担当意识还需进一步加强等。这些问题，我们必须高度重视，采取有效措施，切实加以应对和解决。

2018年重点工作

2018年是全面贯彻党的十九大精神的开局之年，是改革开放40周年和自治区成立60周年，是决战决胜脱贫攻坚、全面建成小康社会的关键一年。做好2018年的政府工作，责任重大，使命光荣。新的一年，我们要进一步振奋精神、苦干实干，奋力谱写脱贫攻坚、全面建成小康社会新篇章。

总的指导思想是：以习近平新时代中国特色社会主义思想为指引，深入学习贯彻党的十九大精神，坚持新发展理念，全面落实自治区第十二次党代会及十二届三次全会、市委四届二次和三次全会精神，按照自治区党委“三大战略”“五个扎实推进”和市委“六场硬仗”“四个示范市”的部署，把握生态优先、富民为本、绿色发展定位，围绕建设经济繁荣、民族团结、环境优美、人民富裕新西吉目标，以脱贫攻坚为统领，坚决打好脱贫富民决胜战、创新驱动攻坚战、生态环境保卫战、城乡统筹大会战、民生改善持久战、改革开放突围战“六场硬仗”，深入实施产业升级、基础提升、文化振兴、人才培育、社会治理、凝心聚力“六大工程”，不忘初心、牢记使命，奋力夺取决战脱贫攻坚全面建成小康社会的新胜利。

主要预期目标是：地区生产总值增长8%；全社会固定资产投资增长13%；社会消费品零售总额增长9%；地方一般公共财政预算收入增长8%；城镇居民人均可支配收入增长8%；农村居民人均可支配收入增长10%。

围绕总的指导思想和目标任务，我们要坚决打好“六场硬仗”，实现六个突破；深入实施“六大工程”，夯实六大基础。

一、坚决打好脱贫富民决胜战，在精准脱贫上实现新突破。对标自治区脱贫富民战略“36条”和固原市“35条”，统筹实施“五个一批”，做到六个精准，销号贫困村43个、减贫2.5万人。压实脱贫责任。深化“三级联动”，执行最严格的脱贫责任制，建立起横向到边的“任务清单”、纵向到底的“工作清单”、可核可查的“进展清单”和直观明确的“问题清单”，建立起自上而下的责任体系，确保脱贫工作务实、脱贫过程扎实，脱贫成果真实。夯实脱贫基础。整合财政涉农资金11亿元以上，瞄准贫困村、贫困户精准施策，聚焦产业发展、基础设施补齐短板，改造危房3200户，建设村组道路300千米，完成自来水入户0.8万户，安装太阳能热水器1.5万台。加大扶贫资金专项审计、检查和问题整改力度，强化经常性资金监管措施。对2016年已销号的44个贫困村和58个非贫困村进行“回头看”，保持脱贫攻坚政策延续性，确保补齐短板、稳定退出。厚植富民根基。细化产业扶贫政策，给予贫困户多方位、全产业链扶持，落实18类55项种养补贴，培育养殖示范贫困村20个、马铃薯一级种示范贫困村10个，做好产业扶贫“插柳成荫”文章。深化“政府注资、担保跟进、银行放大、保险护航”金融扶贫模式，确保贫困户贷款全覆盖。大张旗鼓开展“先进脱贫户评选表彰”等活动，激发群众内生动力，树立脱贫光荣良好风尚。加快易地搬迁。全面完成县内移民搬迁安置任务，抓好移民户籍迁转、子女就学、产业培育、技能培训等后续工作，确保“搬得出、稳得住、逐步能致富”。巩固发展好转移就业，加大向新疆生产建设兵团、天元锰业等输送力度，让更多贫困群众走出大山、摆脱贫困。深化社会帮扶。积极加强与国家部委和央企对接，深化闽宁对口扶贫协作，推广“闽宁返乡创业园”扶贫模式，建设闽宁协作扶贫车间，实现贫困户就地脱贫。构建大扶贫格局，引导全社会关注扶贫、支持扶贫、参与扶贫，在建设全国脱贫攻坚示范市中展现西吉作为。

二、坚决打好创新驱动攻坚战，在转型发展上实现新突破。坚定不移走科技推动、创新发展之路，全面落实区市创新驱动战略“30条”，深化产业结构调整，做好“接二连三”文章，推进三次产业融合发展。大力培育生态友好型工业。坚持生态、环保、节水优先，抓住龙头企业这个关键，加强与汇源集团合作，把西吉打造成汇源集团果汁原材料供应基地；开工建设马铃薯循环产业园，建成单家集定点屠宰加工厂。实施目标市场开拓行动，至少加盟1家全国性知名农产品批发市场，建成1个农产品冷链物流体系。实施“规上企业突破”“非公经济提升”计划，促进民营经济发展，扶持伊尔德、泽艾堂、港生、勇兴三粉等企业做大做强，新增规上企业3家，工业产值突破3亿元。大力发展全域旅游。围绕全景全业全时全民和“旅游+”，立足红色资源、自然资源，建立链接全域、融入区市、辐射周边的旅游大环线。全面完成将台堡红军长征旧址公园、长城公园、革命旧址堡墙抢险加固项目，用好将台堡爱国主义教育基地和陕义堂国防教育基地，不断提升西吉红色旅游品牌。做靓火石寨、震湖等独特自然景观游，做大龙王坝、雷家湾、毛家沟等乡村休闲避暑游，打响“天高云淡六盘山·多彩西吉分外娇”旅游品牌，力争年内接待游客140万人次、旅游业收入突破10亿元。大力发展现代服务业。实施“服务业提升”计划，加快发展生产生活资料等专业市场，促进装饰建材、汽车销售等中高档消费市场发育，重点推进商贸流通、金融保险、电子商务等服务业，打造老字号、品牌餐饮、风味小吃、民俗文化、品牌演绎等全新业态，建成运营中科广场、金通汽车商贸物流园，加快将台堡镇综合服务市场建设，做活电商扶贫创业孵化园，不断改善消费环境，促进消费回流。大力实施生态富民行动。围绕“一棵树、一株苗、一枝花、一棵草”产业发展，创新“绿色+”模式，大力发展林下经济，培育壮大林下经济实体3家，营造经济林1万亩，发展林下养鸡15万只，种植油用牡丹3万亩、万寿菊2万亩、花椒3000亩，积极培育苹果、中药材、核桃、艾草等高品质经济林，不断提升林业经济贡献率，打造农民增收新的增长极。

三、坚决打好生态环境保卫战，在生态建设上实现新突破。像保护眼睛一样保护生态环境，牢固树立社会主义生态文明观，全面落实自治区生态立区战略“28条”和固原市“30条”，还自然以宁静、和谐、美丽。开展碧水行动。坚持绿水青山就是金山银山的发展理念，严格落实中央环保政策，抓好中央、区、市环保督察反馈问题整改。严格落实“水10条”和河长制，对境内29条河流及震湖进行常态化巡查。以治水治污为目标，加快推进葫芦河水环境“54321”综合治理工程，全面完成流域内56千米综合整治，建设生态湿地13处58.3公顷，绿化河滩43处111.9公顷，坚决杜绝污水直排，建成运行第二污水处理厂，确保出水断面水质稳定达到Ⅳ类以上，把葫芦河流域打造成全区水环境综合治理示范工程。实行最严格水资源管理制度，积极推行“互联网+人饮”模式，管好、用好水资源。开展蓝天行动。认真贯彻落实“大气10条”，强化燃煤（烟尘）污染治理，完成6座热源站、49座换热机房“煤改气”任务，全部淘汰县城燃煤小锅炉和茶浴炉；全面治理城市餐饮油烟污染，严控城市扬尘污染，严禁秸秆焚烧，使城区$PM_{2.5}$、PM_{10}平均浓度控制在33微克/立方米和87微克/立方米之内，确保空气质量优良天数稳定在90%以上。开展净土行动。深入开展国土整治行动，整治国土5万亩，严格落实耕地占补平衡制度，实行建设用地定额指标管理，严控新开工项目用地，全面清理闲置土地，提高土地集约节约利用水平。严格自然保护区管理，加大封山禁牧力度，推进“绿盾”自然保护区清理整治专项行动，守护好生态建设成果。全面加强农药化肥、生活垃圾、农用残膜等面源污染治理，改造提升规模养殖场畜禽粪便无害化处理50家。通过综合施策，让西吉的水更清、天更蓝、空气更清新，在建设全国生态文明示范市中树立西吉形象。

四、坚决打好城乡统筹大会战，在宜居宜业上实现新突破。坚定不移走城乡一体、协同发展之路，形成以城带乡、城乡一体的新型城乡关系。做精城乡规划。坚持规划引领，按照固原市“1411”城镇布局，立足生态园林和文化旅游城市定位，编制完成《西吉县空间规划》。完善基础建设，拉开城市框架，拓展发展空间，抓好大县城建设，做优做强特色集镇，把葫芦河流域打造成特色产业集聚区、生态文明示范区、新型城镇样板区、创新驱动先行区、绿色发展引领区。提升城市颜值。做好“两山一湖三路”绿化美化亮化，完成农民街、林苑小区等棚改任务2500户，新改建滨河路、幸福路等城市道路，加快西吉智慧交通系统建设和运行监管，畅通县城内循环路网。加快天然气普及使用，做好城区天然气入户，并逐步向农村延伸。加大违章建筑打击力度，下大力气解决乱停乱放、私搭乱建、占道经营、噪声污染等影响市容市貌突出问题，对主要道路、繁华地段实行全天候清扫保洁，改观人居环境。打造秀美乡村。实施乡村振兴战略，将公共财政投入向农村倾斜，促进城乡资源均衡配置。建成将台堡、马莲、偏城3个特色小镇和万崖、三合等8个美丽村庄，把将台堡镇打造成产城融合、宜居宜业的县城次中心和红色旅游小镇。深入开展农村环境综合整治和“厕所革命”攻坚行动，营造优美宜居环境，让农村成为“望得见山、看得见水、记得住乡愁”的生动写照，在建设西部地区绿色发展示范市中走出西吉路子。

五、坚决打好民生改善持久战，在全民共享上实现新突破。坚定不移走改善民生、共享发展之路，全面落实区市民生计划，办好西吉县10件民生实事，不断满足人民美好生活需要。优先发展教育事业。加大教育投入力度，全面改造农村薄弱学校130所，新改建农村幼儿园77所。加大教学硬件投入，加强教师培训力度，不断提升教育教学质量。推进教育扶贫，提升义务教育控辍保学水平，将幼儿教育“一免一补”政策覆盖到农村人口，将高职和三本学生补贴统一补齐到

4000元，实现教育各个学段“三个全覆盖”和贫困学生上学“三不愁”，坚决阻断贫困代际传递，确保通过义务教育均衡发展国家验收。加快“健康西吉”建设。深入推进医药卫生体制改革，落实《健康宁夏2030发展规划》，开展爱国卫生运动，争创自治区级卫生县城。加快建设县人民医院兴隆院区、安康怡养苑老年服务中心，提升公共服务保障能力。全面落实健康扶贫政策，推进建档立卡贫困患者医疗救助全覆盖，大病保险报销起付线由8400元下调至3000元，大病救助上线由8万元提高到16万元，年度内住院医疗费用实际报销比例不低于90%或当年住院自付费用累计不超过5000元。加快发展社会保障事业。健全城乡社会救助体系，实现全县特困群众救助全覆盖。积极推进全民参保计划，实现城乡养老保险、医疗保险、最低社会保障制度相统一，促进扶贫政策与低保制度有效衔接。深入推进“军民融合”发展，扎实做好“双拥”工作。深入实施“十三五”老龄事业发展规划，关爱留守儿童，维护妇女合法权益。实施生态殡葬、老年饭桌、民生社区等项目，持续增强群众获得感。

六、坚决打好改革开放突围战，在发展环境上实现新突破。坚定不移走改革突围、开放发展之路，深化供给侧结构性改革，把内优环境、外树形象摆在更加突出位置，为经济社会发展注入强大动力和生机活力。全面深化农村改革。积极稳妥推进农村“三权分置”，引导土地经营权有序流转，真正让农户承包权稳起来、让经营权活起来。深化农村集体产权制度改革，建成农村产权交易中心，不断壮大村集体经济，逐步消灭“空壳村”。建立农业用水精准补贴制度和节水激励机制，健全最严格的林地、湿地保护制度，加快推进国有林场和集体林权改革，着力激发农村发展活力。全面推动“放管服”改革。做好行政审批“加减乘除”，取消、合并一批行政审批事项，做到政企分开、政社分开、政事分开，释放更多改革红利，激发市场主体活力。大力推行“一站式”“不见面”审批模式和“互联网+”政务服务，加快项目建设“多评合一、多图联审”改革，实现“进一个门、办所有事”，年内“不见面”审批的政务服务项目在80%以上。加强政务公开力度，推进“331”监管平台建设，让权力在阳光下运行。全面扩大对外开放。深入开展“招商引资年”活动，实施招商引资奖励政策，前置土地、环评等项目审批程序，优化招商环境，创造“拎包入住”条件，最大限度地为企业提供方便，努力构建“亲”“清”新型政商关系。紧盯大招商、招大商，精准招商、挂图招商，主动承接东部沿海发达地区大企业、大集团的资本和产业转移，积极寻求与汇源集团、秋实农业、水发集团、新世纪集团更大范围、更高层次、更宽领域合作，跟踪抓好全国工商联常委会西吉招商引资签约项目落地，争取年内达成意向性协议资金130亿元，落地企业30家，招商引资到位资金突破80亿元。

七、深入实施产业升级工程，不断夯实经济发展基础。围绕“一特三高”特色农业，做足“土豆烧牛肉”产业文章。实施“10亿农业产业集群培育”行动，大力推进农业科技创新，做精马铃薯产业，做大草畜产业，做优冷凉蔬菜产业，做强杂粮产业，加速特色优势产业步入“快车道”，力争实现农业产值48亿元，提供农民人均可支配收入3800元以上。实施马铃薯“三个一”工程，不断完善脱毒种薯三级繁育体系，实现总产180万吨。建设马铃薯工程技术研究中心，推广马铃薯气雾法生产，使马铃薯原原种气雾法繁育技术达到国内领先水平。建成现代化马铃薯交易市场2个、马铃薯贮藏窖1万座，用好网络交易平台，力促马铃薯种植规模化、贮藏集约化、销售现代化。种植饲草50万亩，建设饲草料配送中心6个，扶持壮大专业养殖示范村20个，巩固提升草畜产业节本示范点50个，全县牛、羊、禽饲养量分别达21万头、70万只、200万羽。推广高效节水灌溉技术，种植冷凉蔬菜15万亩，建设标准化蔬菜冷库15个。种植杂粮65万亩，建设杂粮标准化示范基地10个，扶持精深加工企业5家。培育“西吉三粉”“西吉小秋杂粮”“单家集牛肉”等新特优农产品品牌，加强市场监管，打响品牌保卫战。

八、深入实施基础提升工程，不断夯实城乡融合基础。以大项目统筹城乡基础大提升，全年新（续）建重点项目113个，完成全社会固定资产投资92.5亿元。加快推进S60西会高速，开工建设S103海原红羊至西吉段、将台至平峰等重要通道。推进城乡交通运输一体化，力争乡村客车通达率在90%以上，实现贫困村全覆盖。实施中型水库、骨干坝除险加固和坡耕地水土流失综合治理项目，完成43个贫困村和58个非贫困村农村饮水安全巩固提升工程，农村自来水普及率95%以上。开展全域绿化行动，完成六盘山400毫米降水线造林绿化工程3.85万亩、荒山造林4万亩、封山育林2万亩、移民迁出区生态恢复2万亩、义务植树造林1000亩，力争全县林地面积达到169万亩，森林覆盖率在15%以上。超前规划建设信息和电力基础设施，推进城乡电网改造。

九、深入实施文化振兴工程，不断夯实文明新风基础。以习近平新时代中国特色社会主义思想和中国梦宣传教育为主，大力培育和践行社会主义核心价值观，持续开展各类道德模范选树活动，打造核心价值观主题公园（街）和教育示范基地。弘扬“红船”精神，讲好红色故事。开放将台堡长征会师纪念园，广泛开展革命传统教育和爱国主义教育。更加注重中华优秀传统文化传承发展，完善“一约四会”制度，深入推进移风易俗和民风建设，革除大操大办婚丧嫁娶、高额彩礼、低龄婚育等陋习。加快“五馆一中心”建设，用好村级综合文化活动中心，广泛开展送欢乐下基层等群众性文体活动，丰富群众精神文化生活。培育发展文化产业，打造刺绣、剪纸、手工艺等创意文化旅游产品。创建西吉文学艺术创作基地，完成“中国首个文学之乡文学馆”布展，设立文学艺术奖励基金，开展系列文学艺术活动，推出一批精品力作，擦亮“中国文学之乡”品牌。

十、深入实施人才培育工程，不断夯实战略支撑基础。加大实用人才引进和培育力度，出台更加积极、更加开放、更加有效的人才政策，引进一批符合西吉发展亟须的专业技术人才；探索与名校联合办学模式，加快推进校企联合办学，设立特色学科，打造西吉职业教育品牌。大力实施劳动力素质提升工程，打造西吉清真餐饮、西吉回乡刺绣、西吉家政服务、西吉工程机械等劳务品牌，开展大规模职业技能培训1.65万人，取得国家职业资格证书3300人，转移就业率达90%，实现培训一人、就业一人，脱贫一家的目标。解决结构性就业矛盾，出台中小微企业扶持发展意见，发放创业贷款在1亿元以上，培育中小微企业80个，“小老板”220人，创造就业岗位850个，新增城镇就业2200人，转移农村劳动力10万人以上，创收20亿元。大力推进“两个带头人”工程，培育一批农村致富人才。

十一、深入实施社会治理工程，不断夯实和谐稳定基础。深化“平安西吉”建设，加快“雪亮工程”进度，安装视频监控1000路，推进乡村（社区）网格化管理。严厉打击传销、非法集资、金融诈骗等违法犯罪活动，强化禁毒管控措施。严格落实“属地管理、分级负责”信访责任制，拓宽网上信访渠道，加大重点地区涉访、越级上访整治和矛盾纠纷排查化解力度，健全重点信访事项化解机制，提高初信初访办结率。开展农民工工资清欠专项行动，保障农民工合法权益。加强社区建设与治理，做实村民代表大会制度。全面推行“联合办公日”模式，把问题解决在一线、矛盾化解在一线，努力营造良好的社会发展环境。加强重点行业、重点领域安全生产隐患排查和整治工作，坚决遏制重特大事故发生。加强食品药品安全监管，确保人民群众“舌尖上的安全”。全面贯彻党的宗教工作基本方针，依法依规管理宗教事务，深化西吉县大型宗教活动“八不准”和“3342”大型宗教活动安全管理模式，抓好“3+19”宗教人士和教职人员教育培训，严厉打击非法宗教渗透活动，促进宗教领域和谐稳定。深入开展民族团结进步宣传教育，促进各民族像石榴籽一样紧紧抱在一起，打造“六盘儿女一家亲”品牌，唱响“共同团结奋斗、共同繁荣发展”时代主旋律，争创全区民族团结进步示范县，在建设全国民族团结进步示范市中提供西吉经验。

十二、深入实施凝心聚力工程，不断夯实团结实干基础。县委有要求，政府有行动。要围绕中心服务大局，提高政治站位，站稳政治立场，把程序意识、法治意识和红线意识贯穿工作始终，自觉维护县委权威，掷地有声落实县委决策部署，始终与县委保持一致。要坚定信心勇于担当，坚定加快发展的信心，坚定干事创业的信心，坚定脱贫攻坚的信心，在落实好自治区“两个先行区”“两个示范区”“三大战略”“五个扎实推进”和固原市“四个示范市”“六场硬仗”“四个加强”以及县委“4166”工作思路上，勇于担当、敢于担责，凝聚起干事创业的磅礴力量。要凝聚人心苦干实干，进一步解放思想，扎实开展“2018 作风提升年”活动，掀起政府系统干部“头脑风暴”，提振精气神，展现新作为，以良好政风带民风转作风，始终与全县人民同呼吸、共命运、心连心。

重任千钧唯担当。人民对美好生活的向往，就是我们的奋斗目标，我们必须深刻理解把握新时代、新思想、新目标、新要求，进一步加强政府自身建设，不断提高施政能力和服务水平。

提高以学资政能力。深入学习宣传贯彻党的十九大精神，在学懂弄通做实上下功夫，坚持用习近平新时代中国特色社会主义思想武装头脑、指导实践、推动工作，树牢“四个意识”，增强“四个自信”，做到“四个服从”，高度认同核心，忠诚维护核心、坚决服从核心、自觉紧跟核心，始终同以习近平同志为核心的党中央保持高度一致。加强政府党组建设，扎实开展“不忘初心、牢记使命”主题教育，深入推进“两学一做”学习教育常态化制度化，大力倡导真抓实干和求真务实的工作作风，确保各项决策部署落到实处。

提高依法行政能力。推动法治政府建设，自觉运用法治思维和法治方式思考工作、谋划工作、推动工作。坚决服从县委领导，坚持重大事项向县委报告、重大决策向人大报告制度，依法接受人大及其常委会的法律监督，自觉接受政协的民主监督。认真执行人大议案，办理代表建议、政协提案。完善“三重一大”决策监督机制，认真贯彻县委的决策部署，快节奏、高效率落实，对认准的事和决定的事，不争论、不推诿、不扯皮，立说立行、一以贯之、一抓到底。

提高廉洁从政能力。坚持把纪律和规矩挺在前面，正确行使权力，始终敬畏权力，保持清正廉洁。严格落实中央八项规定实施细则，坚决遏制“四风”问题反弹。严格履行主体责任和“一岗双责”，自觉把党风廉政建设落实到政府各项工作、各个环节，加强审计监督和财政监管，强化项目投资、土地出让、政府采购、工程招投标、产权交易等重点领域和关键岗位的监督，从源头上防控腐败。落实国务院“约法三章”，树立“过紧日子”思想，严控“三公”经费支出，坚持勤俭办一切事。加强廉洁自律，培养造就一支信念坚定、为民服务、勤政务实、敢于担当、清正廉洁的公务员队伍。

各位代表：新时代要有新气象，新征程要

有新作为。让我们更加紧密地团结在以习近平同志为核心的党中央周围，以习近平新时代中国特色社会主义思想为引领，在区市党委、政府和县委的坚强领导下，紧紧依靠全县人民的智慧和力量，以奋发有为的精神，攻坚克难的勇气，矢志不渝的决心，不忘初心、牢记使命，走好新的长征路，坚决打赢脱贫攻坚战，为建设经济繁荣、民族团结、环境优美、人民富裕新西吉，与全国全区同步建成全面小康社会而努力奋斗！

名词解释：

1. **“四个服从”**：党员个人服从党的组织，少数服从多数、下级组织服从上级组织、全党各个组织和全体党员服从党的全国代表大会和中央委员会。

2. **“两个共同”“三个离不开”“五个认同”**：“两个共同”即共同团结奋斗，共同繁荣发展；“三个离不开”即汉族离不开少数民族，少数民族离不开汉族，各少数民族之间也互相离不开；“五个认同”即认同伟大祖国、认同中华民族、认同中华文化、认同中国共产党、认同中国特色社会主义道路。

3. **国务院“约法三章”**：政府性的楼堂馆所一律不得新建，财政供养人员只减不增，公费接待、公费出国、公费购车只减不增。

4. **“两不愁三保障”“五通八有”**：“两不愁三保障”即不愁吃、不愁穿，义务教育、基本医疗和住房安全有保障；“五通八有”即通路、通水、通信息、通广播电视、通客车，有增收的支柱产业、有经济合作组织、有综合服务网点、有文化体育活动场所、有标准化卫生室、有集体经济收入、有团结干事的两委班子、有驻村工作队。

5. **“三规合一”“多规融合”**：“三规合一”即把国民经济和社会发展规划、土地利用总体规划、城乡规划协调融合为一；“多规融合”即以经济社会发展规划、城市总体规划、土地利用规划等为基础，与产业布局规划、环境保护规划等其他专项规划相融合，通过接口形式与规划、国土资源、发展和改革、环境保护等子系统相对接，形成业务配合、环节契合、信息共享、协同审批的协调机制和业务平台。

6. **“大气 10 条”**：国务院大气污染防治 10 条措施。

7. **“水 10 条”**：国务院印发的《水污染防治行动计划》中 10 条 35 项具体措施。

8. **“放管服”**：简政放权，放管结合、优化服务的简称。

9. **行政审批“加减乘除”**：做足加法，加大行政审批制度改革力度，加强对行政审批权力监督制约；做足减法，大力削减现有行政审批事项，最大限度减少行政裁量权；做足乘法，大幅减少和下放行政审批事项，真正向市场放权，减少对微观事务干预，激发经济社会发展活力；做足除法，坚决消除简政放权中的种种乱象，剔除全力留恋症和部门利益色彩。

10. **“雪亮工程”**：中央政法委推动实施的群众性治安防控工程，取群众眼睛是雪亮之意，即充分利用和整合现有视频监控资源，接入数字电视终端，发动社会力量和广大群众共同监看视频监控，共同参与治安防范，实现治安防控全覆盖、无死角。

11. **“三权分置”**：形成农村土地所有权、承包权、经营权三权分置、经营权流转的格局。

12. **信访“三率”**：按期办结率，及时受理率，群众满意率。

13. **创新驱动战略“30 条”**：即自治区和固原市《关于推进创新驱动战略的实施意见》中提出的助推创新驱动发展的三十条指导意见。

14. **脱贫富民战略“36 条”“35 条”**：自治区和固原市《关于推进脱贫富民战略的实施意见》中分别出台的进一步加大财政金融支持，从产业、就业、创业、健康、教育、社保等方面三十六项、三十五项惠民政策。

15. 生态立区“28条”“30条”：自治区和固原市《关于推进生态立区战略的实施意见》中分别出台的实施生态保护修复、环境污染防治攻坚、推进体制机制改革、加强管控和督查、强化组织保障等二十八项、三十项指导措施。

16. 自治区“四个一”示范带动工程：建设100个产业扶贫示范村、培育100家扶贫龙头企业、规范培育1000家扶贫产业合作社、提升发展10000名致富带头人，重点在生态移民村积极培育扶贫龙头企业、产业合作社、致富带头人，充分发挥“两个带头人”作用，带动贫困户发展特色产业，拓宽农民致富路。

17. 自治区“五险合一”经办体制改革：统一登记、统一征缴结算，待遇统一支付、基金统一稽核。

18. 固原市“1411”城镇布局：加快构建1个副中心城市，4个县域中心城市、10个中心小城镇、100个美丽村庄。

19. “接二连三”：依托工业，发展第三产业，不断提升特色农业发展水平。

20. “331”监管平台：3，即三级备案，县（区）各涉农部门、乡镇、行政村分别制定涉农惠农项目实施方案，进行一、二、三级备案；3，即三级审核，各行政村对项目受益农户、乡镇对各村上报的花名册、涉农部门对各乡镇上报的花名册进行一、二、三级审核；1，即一个平台监管，对三级备案内容和三级审核流程全部通过监管平台进行网上公开和线上审批，农户通过监管平台手机客户端随时随地查看本村所有农户享受涉农惠农项目情况，并就涉农惠农项目进行咨询和投诉。

21. “三级联动”：县级领导包乡抓到村、部门单位包村抓到户、乡村干部负责实施的工作机制。

22. “粮改饲”：2017年农业部印发《粮改饲工作实施方案》，粮改饲主要采取以养带种方式推动种植结构调整，促进青贮玉米、苜蓿、燕麦、甜高粱和豆类等饲料作物种植，收获加工后以青贮饲草料产品形式由牛羊等草食家畜就地转化，引导试点区域牛羊养殖从玉米籽粒饲喂向全株青贮饲喂适度转变。

23. “一特三高”：特色农业和高品质、高端市场、高效益。

24. “五百工程”：百万亩马铃薯提档增值工程、百万头（只）牛羊扩量提质工程、百公里冷凉蔬菜优化升级工程、百万亩小杂粮增效升值工程、百万亩覆膜保墒旱作节水农业示范引领工程。

25. 马铃薯“三个一”工程：建设原种基地1万亩、一级种基地10万亩，马铃薯种植面积稳定在100万亩。

26. “空壳村”：集体经济薄弱，财政亏空的村子。

27. “两个带头人”：农村党组织带头人，农村致富带头人。

28. “全面改薄”：全面改善贫困地区义务教育阶段薄弱学校基本办学条件项目。

29. “七免一救助”：指开展婚前医学免费检查、农村孕产妇免费住院分娩、新生儿代谢性疾病免费筛查、新生儿听力障碍疾病免费筛查、先天性疾病患儿免费治疗、农村妇女乳腺癌免费筛查、农村妇女宫颈癌免费筛查，对农村孕产妇急救和农村妇女乳腺癌、宫颈癌治疗给予救助。

30. “43210”精准脱贫模式：设计“肉牛＋马铃薯＋X”“黑山羊＋马铃薯＋X”“珍珠鸡＋马铃薯＋X”“马铃薯＋肉驴＋X”4种产业脱贫路径；做好资源、市场、生态3篇文章；以激活“内生动力”、增强“外部助力”为2个脱贫保障；全面深化驻村帮扶、金融扶贫、能人引领、龙头带动、科技支撑、休闲旅游、托管种养、全赠半返、红利反哺、劳务创收10种模式。

31. “联合办公日”：即乡镇包片领导、第一书记、包村干部、村党支部、村委会、村监会“三委”班子成员全部到村部集中办公，与群众面对面，彻底解决历史遗留的各类矛盾和问题，变群众上访为干部下访，方便群众办事，为村民营造了宽松的生活环境，为农村创造了良好的社会发展环境。

32. “五大一创新”：即集中100天时间，在全县范围内深入开展矛盾纠纷大排查、领导干部大接访、疑难问题大化解、规范办理大提升、信访责任大落实、创新工作求突破。

33. “四个责任清单”：县级重点项目、县级领导重点工作、乡镇重要任务、县直部门重点任务“四个责任清单”。

34. 大型宗教活动“八不准”制度：不准党员干部参加大型宗教活动、不准国家公职人员参加大型宗教活动、不准未成年人特别是学生参加大型宗教活动、不准老弱病残参加大型宗教活动、不准请外坊寺人员参加本坊寺举办的大型宗教活动、不准以部门单位名义参加大型宗教活动、不准以部门单位名义赞助大型宗教活动、不准宗教团体及个人借大型宗教活动之机进行非法渗透活动。

35. 学前教育“一免一补”：免除保教费（1500元/年）；补助伙食费（900元/年）。

36. 教育各个学段“三个全覆盖”：从学前教育到研究生教育所有学段全覆盖，公办民办学校全覆盖，家庭经济困难学生全覆盖。

37. 贫困学生上学“三不愁”：实现家庭经济困难学生入学前、入学时和入学后不愁。

38. 葫芦河水环境“54321”综合治理工程：河道治理工程、污水治理工程、生态湿地净化工程、环境提升工程、配套工程“五项工程”；河道防洪系统、排水管网系统、污水处理系统、生态修复系统“四大系统”；支流截污治理、沿岸工厂改造、沿岸固废处理“三项完善”；涵养生态湿地+氧化塘“两个保障”；实现防洪安全、河流畅通、交通便利、水质达标（Ⅳ类水质）、生态环境优美“一个目标”。

39. “两山一湖三路”：南北两山公园，永清湖、秀山路、滨河路、吉强中路。

40. “五馆一中心”：“五馆”即图书档案馆、博物馆、体育馆、民俗馆、文学馆，“一中心”即文化艺术宣传中心。

41. “3342”大型宗教活动管理模式：严格“三申报”（宗教场所申报、乡镇申报、县政府申报），严把“三审查”（材料审查、规模审查、依规仪轨审查），强化“四管理”（依规管理、制度管理、自我管理、随行管理），落实“两责任”（宗教活动举办地乡镇和宗教活动场所主体责任）。

42. “一约四会”：村规民约，红白理事会、道德评议会、禁毒禁赌会、村民议事会。

人大常委会工作报告

——在西吉县第十七届人民代表大会第二次会议上

（2017年12月23日）

县人大常委会主任　李　聪

各位代表：

我受县十七届人民代表大会常务委员会委托，向大会报告工作，请予审议。请列席会议的同志提出宝贵意见。

2017年工作回顾

2017年，是党的十九大胜利召开、开启新时代中国特色社会主义新征程的奠基之年，是我县打好脱贫攻坚战、全面建成小康社会的攻坚之年，是县十七届人大常委会担负新使命、展现新作为、开创新局面的开局之年。一年来，县人大常委会在区、市人大常委会的精心指导下，在县委的坚强领导下，在“一府两院”的积极配合下，在县政协的相互支持下，在继承和拓展历届人大工作的基础上，紧扣县委“4156”发展思路和工作部署，结合县乡人大工作实际，确立了“1345”人大工作思路，依法履行各项职权，全力配合中心工作，促进了人大制度建设、经济社会发展和民主法治建设。一年来，县十七届人大常委会召开党组会议7次，常委会议8次，主任会议17次；组织视察、执法检查和专题调研29次，涉及全县重点工作21项；听取和审议“一府两院”专项工作报告25项，转交审议意见89条；按照县委人事安排要求，依法任免干部113名，进一步依法而忠实地履行了地方国家权力机关的重要职责，进一步实践和诠释了坚持党的领导、人民当家做主、依法治国的有机统一。

一、坚持党的领导，政治定力进一步增强

县人大常委会正确处理坚持党的领导、充分发扬民主、严格依法办事的关系，按照县委要求、按照法律规定、按照人大工作规则行使各项职权，保证人大主责主业始终沿着正确的政治方向、法律轨道和工作程序运行。县委、县政府对人大工作高度重视，县委主要领导经常过问、指导和关心人大工作，并亲自参加指导人大党组民主生活会，乡镇人大工作经费和代表活动经费纳入财政预算全力保障。

（一）以讲政治的高度，落实县委决策部署。注重政治建设，始终突出围绕中心、服务大局、忠诚履职这一要求，始终在政治立场、政治方向、政治原则上同县委保持高度一致，对人大需要召开的重要会议、开展的重大活动、决定的重大事项，事先向县委请示报告，按照县委要求抓好组织实施。特别是把“五位一体”总体布局、“四个全面”战略布局和“四个意识”细化转化到人大工作的各方面、各环节，对县委历次常委会议定的需要人大直接落实和参与落实的重要事项，都召开党组会议和主任会议专门研究部署、分工负责落实。注重理论学习，坚持周二理论学习、交流情况、部署工作“一揽子计划”，对习近平总书记系列重要讲话及中央、区、市、县召开的重要会议及时传达学习，结合实际，认真贯彻。通过坚持不懈地理论学习和思想建设，不断提高政治觉悟和政治能力，不断用新精神、新理念、新要求来指导和推进人大工作。注重工作融合，把工作监督、法律监督、决定重大事项、人事任免、代表工作以及自身建设等人大重点工作放在全县工作大局中去谋划、部署和推进，使人大工作与县委中心工作相适应、与全县发展要求相适应、与人民群众期待相适应，做到思想上与县委同心、政治上与县委同向、行动上与县委同力，使人大工作成为推动全县经济社会发展的重要力量。

（二）以顾大局的姿态，参与全县中心工作。实行问题清单、任务清单、责任清单制，把县委“4156”工作思路与人大的调研、视察、检查、询问等活动对标对接起来，按月制定计划，逐项组织实施。按照县委“11+1”考核安排和“一月一督查、一季一通报”要求，由人大常委会四位副主任分别带队，围绕环境综合整治、基础设施建设、重点项目建设、劳动力素质提升等重点工作，开展专项督导检查16次，提交督查通报16份，有力促进了全县重点工作。由人大常委会一位副主任担任组长，对6个乡镇开展了专项巡察，发现问题30多条，提出了限期整改要求。人大常委会带头落实县委关于联乡包村的总体要求及

一系列工作部署，深入一线，进村入户，宣传政策，调研摸排，指导乡镇对照贫困户“两不愁三保障”“七有”、贫困村“五通八有”标准，梳理脱贫攻坚中存在的问题短板，协调推动扶贫项目落地实施，为包扶的5个乡镇8个贫困村联系协调帮扶资金480余万元，实行“1+5”结对帮扶贫困户150户，解决实际问题和困难36个，推动精准扶贫工作深入开展。

（三）以主人翁的精神，发挥参谋助手作用。注重发挥人大代表的主体地位和主人翁作用，邀请市县人大代表、乡镇人大主席参与视察检查、列席人大全委会，收集代表意见，及时转交办理，跟踪问效反馈。根据县委统一安排，结合人大工作实际，人大常委会领导分别带队，围绕“振奋精神、实干兴宁”大讨论活动深入开展专题调研，形成了创新人大工作、加强司法监督推进司法公正、人大代表工作、全域旅游工作、脱贫富民工作5个专项调研报告，及时提交县委，资助决策参考。先后组织人大常委会委员、部分人大代表、乡镇人大主席和相关部门负责人赴云南、江苏等省市考察脱贫攻坚、城镇化建设、特色产业、生态环境、民族宗教及人大工作，考察成果专报县委，发挥参谋助手作用。

二、坚持服务大局，监督效力进一步彰显

县人大常委会坚持为党尽职、为民造福，坚持围绕中心、服务大局，把县委要求干的、“一府两院”需要干的、人民群众期盼干的事情作为履职重点，树立监督就是支持、监督就是参与、监督就是保护的理念，从内容、方式、手段上探索改进，努力增强监督的规范性、针对性和时效性。

（一）围绕民生事项热点，进行工作视察。坚持把关注民生、保障民生、改善民生作为监督工作的重中之重，先后对产业提升、农村安全饮水、精准扶贫、安全生产、困难群众生产生活救助、公共文化服务工程建设等进行视察检查，对2017年15件民生实事办理情况进行专项检查，听取和审议“一府两院”专项工作报告20项，听取和审议县人大常委会视察检查组专项检查报告20项，转交审议意见72条。通过对民生热点的监督，解决了一些困难和问题，架起了党群政群之间的“连心桥”，改善了民生，维护了稳定，促进了和谐。

（二）围绕法治建设重点，进行执法检查。以促进治理体系和治理能力现代化为目标，以推动“一府两院”依法行政和公正司法为重点，先后对《中华人民共和国职业教育法》《中华人民共和国环境保护法》贯彻实施情况及“七五”普法工作进行了执法检查，对县人民法院工作、县人民检察院工作进行了专项检查。听取和审议执法司法专项工作报告5项，向“一府两院”转交审议意见17条，行政机关依法行政、司法机关公正司法意识进一步增强，有效保障了法律法规的贯彻实施。邀请专家举办法治专题讲座，进一步提高人大代表法律素养和依法履职能力。

（三）围绕经济运行特点，进行审议决定。在审议决定全县经济社会发展重大事项中，注重了解把握经济运行的大背景、大环境和新趋势、新特点，努力提高科学审议、民主审议、依法审议的质量和效果。2017年以来重点听取和审议了县人民政府年度财政决算和上半年财政预算执行情况的报告、上半年国民经济和社会发展计划执行情况的报告、年度财政预算执行和其他财政收支情况的审计工作报告、财政预算调整情况的报告，批准财政决算、调整计划指标和财政收支预算，规范和促进了预算编制、预算管理等工作，保障了全县经济健康平稳运行。

（四）围绕干部工作焦点，进行依法任免。坚持党管干部原则与人大依法任免相统一，是人大行使好任免权的焦点所在，也是我们坚定不移遵循的一条工作准则。按照干部政策和法律规

定，对提请人大常委会任命的人员，严格任前调查、供职发言、会议审议、集体表决、颁发任命书、宪法宣誓等程序，把县委意图通过法律程序变成人民意志，促进了人事任免工作的民主化法制化规范化。全面了解被任命干部遵守宪法法律、贯彻人大常委会决议决定、执行办理代表议案建议和履行“一岗双责”等情况，把对干部的监督落在日常、落到实处。今年以来113名干部的任免工作，符合干部政策、符合县委意图、符合法定程序、符合工作实际。

（五）围绕监督工作难点，进行专题询问。为破解监督难题、增强监督实效，组织人大常委会组成人员和基层代表，就农村道路建设、城乡客运发展、危窑危房改造、生活垃圾处理、冬季取暖等22个事关群众生产生活的问题，对相关部门进行了专题询问。询问前紧扣社会关切认真选题、调研沟通、充分准备；询问中坚持询问与审议相结合、答复与承诺相结合、销号与续办相结合；询问后加大跟踪督办，确保询问事项件件有着落、事事有回音，认真回应代表与群众的关切和期盼。

三、坚持功能导向，代表活力进一步激发

顺应新形势、新任务对代表工作的新要求，我们把人大代表这一法定职务的功能侧重到作用发挥、服务发展上来，按照“拓宽联系渠道、丰富活动内容、激发代表活力”的要求，搭建平台，完善制度，加强指导，探索创新，进一步调动和激发人大代表的主体作用。

（一）搭建平台抓履职，发挥代表工作在中心工作中的参与助力作用。坚持多渠道为基层人大代表开展活动搭建平台，推动视察、检查、评议等工作常态化长效化开展。一是搭建阵地平台。在完善已有的19个乡镇“人大代表之家”和30个行政村“人大代表工作室”的基础上，按照“六有”标准新建了30个行政村“人大代表工作室”，下发了《关于组建区市县乡四级人大代表活动小组的通知》，以乡镇选区为单位，组建了60个代表活动小组。各乡镇人大主席团制定活动计划、建立活动制度，定期召开主席团会议和代表小组会议。二是搭建制度平台。完善和落实学习培训制度、联系选民制度、视察检查制度、议案建议督办制度、代表述职评议制度和代表工作经费保障制度，用制度体系保障代表依法履职。分两批组织人大常委会委员、乡镇人大主席赴全国人大深圳培训中心进行履职培训，对300多名乡镇人大代表进行专题培训。总结推广沙沟乡网格化联系选民、白崖乡“三个平台”建设发挥代表“双联”作用典型做法，将60个代表活动小组划分为19网296格，实行分片管理、网状联系、走访选民、服务群众。人大常委会每两月组织一次视察检查，乡镇人大主席团每季度组织一次视察检查，交办审议意见63条。人大常委会召开议案建议督办会2次，重点抓住交办、督办、答复3个环节，努力提高议案建议办结时效和办理质量。重视代表向选民述职工作，乡镇人大主席团组织开展述职评议活动13场次。三是搭建宣传平台。规范“西吉人大”微信公众平台，开设了政策理论、法律法规、代表风采、乡镇动态、人大知识等专栏，年内编发各类图文消息760多条、报道代表履职事迹40多件、发布“代表风采”30多期、总结推广履职经验20多条，累计点击量83万次以上。在区、市人大工作座谈会和在我县召开的全市乡镇“人大代表之家”建设工作现场会上，西吉县都做了经验交流，《让乡镇人大真正“接地气、扎实根”》在《宁夏人大》刊登。

（二）聚焦脱贫抓“双联”，发挥人大代表在脱贫攻坚中的示范带动作用。把开展“双联”活动、发挥代表作用的切合点与着力点放在助推精准扶贫上，使县乡人大工作更好地与组织要求同向、与发展大局同步、与人民群众同心。一是参与推动。坚持以“双联”活动为抓手，动员引导人大代表在脱贫攻坚主战场贡献才智、历练本领、为民造福，目前已有1000多名县乡人大代表投身脱贫攻坚第一线，结对帮扶贫困户4500多户，帮助解决“五通八有”“两不愁三保障”等方面的困难问题183个。二是监督驱动。县乡人大始终把脱贫攻坚作为视察、检查、调研等各项监督工作的重点，2017年以来开展扶贫领域的专项检查6次，交办贫困村水、路、房、产业、信贷等方面的意见建议18条。三是示范带动。把发挥基层人大代表作用与“两个带头人”工程紧密结合起来，扶持培育有创业意愿、有发展基础、有带动能力的基层人大代表成为“两个带头人”，目前已从基层人大代表中培育“两个带头人”150多名，发展各类合作社54个，帮扶带动贫困户1620户。

（三）依法治理抓稳定，发挥县乡人大在团结稳定中的凝心聚力作用。坚持把县乡人大代表作为维护稳定、促进和谐的重要力量，积极发挥县乡人大代表集民智、顺民心、聚民力的重要作用。一是通过引导民风凝心聚力。把推动移风易俗、树立文明乡风作为依法治县、综合治理的基础性工作，鼓励代表深入群众，加强宣传引导，倡导婚俗新风，简办丧葬礼俗。组织开展基层民主法治建设专项检查，特别是加大对普法宣传、禁毒禁赌、环境整治等方面的监督力度，教育引导群众学法守法、遇事找法。二是通过改善民生凝心聚力。加大对民生工程实施、民生实事办理的监督检查力度，及时发现民生问题，提出改进工作建议，今年以来各级人大代表提出民生领域意见建议86条，目前解决83条。三是通过化解矛盾凝心聚力。坚持把人大工作与政法综治、平安建设、信访维稳相结合，探索推行“人大代表接访室”“联合公开办公日”等做法，组织代表参与矛盾纠纷的排查化解，形成了“选民有话跟代表讲、有结找代表解、有难找代表帮”的良好局面。各级代表参与化解各类矛盾纠纷83件，化解成功率95%以上。四是通过开展活动凝心聚力。按照全县创建全国民族团结进步示范县要求，人大常委会充分发挥自身职能作用，组织人大代表对全县民族团结创建工作进行了调研视察，组织开展了“民族团结杯”人大知识有奖问答活动，推送活动信息、政策资料23篇，参与答题5046人，提高了民族政策知晓率，增强了加快发展正能量。

四、坚持从严治党，履职能力进一步提升

坚持“信念坚定、依法履职、务实为民、敢于担当、清正廉洁”的人大工作队伍建设目标和要求，以提高政治站位为根本，以增强履职能力为核心，以密切与代表和群众的联系为重点，全面从严治党，加强自身建设，不断提升推进人大工作、服务发展大局的质量和水平。

（一）抓学习提高能力素质。坚持把思想政治建设摆在首位，在每周二集体学习的基础上，充分利用召开党组会、主任会、支部会等时机，采取领导领学、干部自学、点题发言、专题培训、互动交流等多种形式，组织学习了党的十九大精神特别是习近平新时代中国特色社会主义思想、《党章》等党规党纪、区市县重要会议精神、人大有关法律法规及业务知识，提升了人大常委会组成人员和机关干部的理论水平、业务素质和依法履职能力。

（二）抓制度提高管理水平。坚持用制度管理干部、用制度规范工作、用制度保障人大代表依法履职，顺应新的形势，结合工作实际，本着务实管用的原则，修订完善了人代会会议制度、党组会议制度、常委会会议制度、主任会议制度和机关工作制度等，审议印发了《西吉县人大常委会规范性文件备案审查暂行办法》，进一步健全人大工作制度体系，使各项工作有法可依、有章可循，促进了人大常委会工作的法制化、规范化、程序化。

（三）抓作风提高工作效能。把推进“两学

一做”常态化制度化与落实县委“4156”决策部署结合起来，认真开展“学在先、走在前、干在实”和“整治干部作风、优化发展环境”主题活动，在“学”中锤炼党性、坚定理想信念，在“做”中转变作风、服务中心工作。认真落实人大党组主体责任，坚决贯彻中央八项规定精神和区市县关于党风廉政建设的各项规定，扎实整改有关问题，机关内部规矩意识、纪律意识、责任意识、廉政意识进一步增强。

各位代表，一年来，县人大常委会各项工作之所以能够有序、有力、有效推进，这是县委正确领导、高度重视的结果，是县人大常委会组成人员开拓创新、依法履职的结果，是“一府两院”密切配合、担当作为的结果，是县政协同心协力、互相支持的结果，更是全县各级人大代表、广大人民群众积极参与、充分信任的结果。在此，我谨代表县人大常委会，向所有关心支持人大工作的各位领导、各位代表、各方同志和各界人士表示衷心感谢、致以崇高敬意！

各位代表，报告工作是为了大家更好的知政、议政、督政，指出问题，提出意见，共同做好新时代的人大工作。县人大常委会经过调研与反思，认为当前人大工作的困难和问题主要表现为“两缺三难”：代表活动阵地缺，全县行政村“人大代表工作室”覆盖低、缺口大，难以满足工作需求；人大专业人才缺，人大常委会工作委员会缺乏财经、金融、法律等方面的专业人才，乡镇人大缺少专职工作人员；代表活动开展难，代表小组活动形式单一、频次不多、效果欠佳，一些代表依法履职、服务群众的能力和水平还需进一步提高；监督工作推进难，常规的、一般性监督手段运用得多，刚性监督形式运用不够，依法监督的约束、促进、导向作用没有充分发挥，同时乡镇人大工作制度还不健全、程序还不规范，开展监督工作比较难；议案建议办理难，议案建议的落实主要靠项目资金支持，一旦议案与项目脱节，就出现应当办而又无钱办的“两难”境地，议案建议考核评价机制也不完善，有的议案建议办理质量与实效不高。这些困难和问题，我们将高度重视、认真研究，采取有效措施，切实加以改进。

2018 年工作任务

2018 年，是全面贯彻落实党的十九大精神的开局之年，是全县决战决胜脱贫攻坚、全面建成小康社会的关键一年，也是开启新时代人大工作新征程的承启之年。做好新一年的工作，意义重大，责任重大。县人大及其常委会工作的总体要求是：紧密团结在以习近平同志为核心的党中央周围，坚持以党的十九大精神特别是习近平新时代中国特色社会主义思想为指导，认真学习贯彻自治区第十二次党代会及十二届三次全会、市委四届二次和三次全会、区市人代会、县委十四届三次全会精神，以坚持党的领导、人民当家做主和依法治国有机统一为主题，以推进社会主义民主政治制度化、规范化、程序化为主线，以党政所急、群众所需、法律所赋、人大所能为主责，以脱贫攻坚为统揽，不忘初心、牢记使命，围绕中心、服务大局，紧扣全县“4166”发展思路行使好决定权、监督权、任免权，扎实推进全面从严治党，着力打造依法履行职责能力强的工作机关、联系服务群众能力强的代表机关，充分发挥人大机关及人大代表在中心工作中的参与助力作用、在依法行政中的监督促进作用、在脱贫攻坚中的示范带动作用、在团结稳定中的凝心聚力作用，奋力开启新时代人大工作新征程。

一、贯彻“六字”要求，坚定不移地用党的十九大精神指引新时代人大工作

习近平总书记强调，要把学习贯彻党的十九大精神作为第一堂党课、第一堂政治必修课，要在“学懂弄通做实”上下功夫。我们要认真领悟和践行习近平总书记关于学习贯彻党的十九大精神的“六字”要求，坚定不移地用习近平新时代

中国特色社会主义思想武装头脑、指导实践、推动工作，自觉把思想和行动统一到党的十九大精神上来、统一到落实党的十九大提出的各项目标任务上来、统一到落实县委“4166”发展思路上来，切实把学习贯彻的成效转化为工作动力和发展成果。

（一）要真学，确保“学懂”。学懂是前提。只有真学，才能学懂。要按照中央和区、市、县委的部署要求，采取理论和实践、历史和现实、当前和未来相结合的方法，原原本本读原文，原汁原味悟原理，学思践悟，真学真懂，真正掌握党的十九大精神的政治意义、历史意义、理论意义、实践意义，真正掌握党的十九大提出的新思想、新论断、新任务和新举措，不断推进“两学一做”常态化制度化，认真开展“不忘初心、牢记使命”主题教育，综合运用集中领学、专家辅导、专题培训、学习研讨、点题交流、讲党课、“西吉人大”微信平台宣传等多种形式，有计划、分步骤、多层次地开展学习活动，让党的十九大精神真正渗透到每一位党员、每一位干部、每一位代表的头脑和工作中，形成“大学习”的浓厚氛围和持久状态。

（二）要真信，确保“弄通”。信则通，通则信。坚持联系地、系统地、贯通地学习理念和思维方式，不搞就事论事，不搞实用主义，教育引导机关干部和人大代表把学习贯彻党的十九大精神同学习马克思主义基本原理贯通起来，同把握党的十八大以来我们党进行伟大斗争、建设伟大工程、推进伟大事业、实现伟大梦想的实践贯通起来，同把握党的十九大作出的各项战略部署贯通起来，同党的十九大对新时代人大工作的理论分析和政策指导贯通起来，同西吉县近年来的发展变化及面向新时代县委确立的“4166”发展思路贯通起来，切实增强学习贯彻的整体性、关联性、协同性，真正把学习贯彻党的十九大精神、坚决拥护习近平同志核心地位作为一种内心的自觉和坚守，真正把带头打好“六场硬仗”、深入实施“六大工程”作为一种应有的担当和本色。

（三）要真用，确保“做实”。真学、真信，都是为了真用，“做”是关键，“实”是落点。要紧紧围绕县委“4166”发展思路来谋划推进人大工作，充分发挥人大机关及人大代表在中心工作中的参与助力作用、在依法行政中的监督促进作用、在脱贫攻坚中的示范带动作用、在团结稳定中的凝心聚力作用。要认真贯彻落实党的十九大报告关于新时代社会主义民主政治建设、深化依法治国实践以及人大工作的新论述、新部署和新要求，将其准确、深入、常态地体现到人大工作的各方面、各环节，进而转化为谋划工作的新思路、推动工作的新举措、实现目标的新动力。

二、正确行使“三权”，打造全面担负宪法法律赋予职责的工作机关

党的十九大报告指出：“发挥人大及其常委会在立法工作中的主导作用，健全各级人大组织制度和工作制度，支持和保证人大依法行使立法权、监督权、决定权、任免权，更好发挥人大代表作用，使各级人大及其常委会成为全面担负起宪法法律赋予的各项职责的工作机关，成为同人民群众保持密切联系的代表机关。”这是对新时代人大工作的把向定位及部署要求，我们必须深刻领会、深入贯彻，始终在习近平新时代中国特色社会主义思想的指引下，在法律制度框架内，在全县发展大局下，在确保人大工作法律性、严肃性、程序性的前提下，对监督权、决定权、任免权三项法定职权，逐一对标完善相应的操作程序和办法，通过集体行权和法定形式，在实践中保证这些职权用得恰如其分、恰到好处，着力打造依法履行职责能力强的工作机关。

（一）正确行使监督权。坚持贯彻新发展理念，坚持用制度体系保证人民当家做主，坚持

监督、支持、参与相融合，使监督过程成为统一思想、形成合力、推动工作的过程。一是专题调研，重点围绕打好“六场硬仗”、实施“六大工程”以及破解当前人大工作难题、推进新时代人大工作，确定专题，分项调研，形成成果，转化运用；二是工作视察，将“六场硬仗”“六大工程”细化分解，按月制订计划，逐项视察检查，交办意见建议，推动工作落实；三是审议审查，重点对经济社会发展计划执行情况、财政预决算执行情况、县委要求监督的重点工作、政府提交的重大事项进行审议审查，规范决策，促进工作；四是执法检查，重点对《中华人民共和国环境保护法》《中华人民共和国食品安全法》《中华人民共和国药品管理法》《中华人民共和国公共文化服务保障法》《中华人民共和国监察法》等法律法规贯彻实施情况进行专项检查，推进依法行政和公正司法；五是专题询问，重点围绕脱贫攻坚、民生计划、环境保护、深化改革、议案建议办理、向本级人大报告重大事项、规范性文件备案审查等，听取和审议政府专项工作报告，开展专题询问，加大督办力度，确保议而有决、决而有行、行而有果。在综合运用上述常规性监督方法的同时，视情探索运用考评、听证、质询、特定问题调查等刚性监督手段，把法律监督与人大监督、监督人与监督事、程序性监督与实质性监督结合起来，提高监督能力和监督质量。

（二）正确行使决定权。认真贯彻落实中央和区市县委《关于健全人大讨论决定重大事项制度、政府重大决策出台前向本级人大报告的实施意见》，促进科学决策、民主决策、依法决策。依照宪法法律规定，围绕县委决策部署，在深入调研的基础上，讨论决定我县经济建设、政治建设、文化建设、社会建设、生态建设等方面的重大事项。坚持把听取和审议“一府两院”工作报告、审查批准本级国民经济和社会发展计划、财政预算作为行使重大事项决定权的重点，依法认真负责地审议并作出决定决议。根据区市县委统一部署，认真做好监察体制改革工作，依法赋予县监察委员会职责权限和调查手段，探索建立监察工作监督制度，实现对所有行使公权力的公职人员监察全覆盖。

（三）正确行使任免权。把坚持党的领导、充分发扬民主和严格依法办事有机统一起来，把落实党管干部原则与人大依法选举任免有机结合起来，认真、准确地贯彻县委意图，完善工作制度，规范任免程序，严格把好任前调查、供职发言、会议审议、集体表决、颁发任命书、宪法宣誓等环节，确保依法任免工作符合县委意图、符合法定规程、符合工作需要。改进和完善任后监督机制，加强对人大任命干部的履职监督，督促国家工作人员不忘初心、牢记使命、依法履职、担当为民。通过依法任免和监督，进一步增强被任命人员的法治意识、人大意识和公仆意识，为建设“好干部”队伍贡献人大力量。

三、培养“五员”代表，打造同人民群众保持密切联系的代表机关

积极探索代表活动开展、代表管理监督、代表作用发挥的新途径新方法，力促基层人大代表当好依法行政的监督员、政策入户的宣传员、社情民意的观察员、脱贫攻坚的服务员、矛盾纠纷的调解员，进一步把人大代表的动力活力激发起来、主体作用发挥出来，着力打造联系服务群众能力强的代表机关。

（一）突出“一个主体”，提高代表履职能力。坚持人大代表在人大工作中的主体作用，以学习贯彻党的十九大精神以及区市党代会和人代会、县委十四届三次全会精神为重点，采取请进来与走出去相结合、专题讲座与考察学习相结合、观摩交流与视察检查相结合、典型示范与以案说法相结合等多种形式，依据县委中心工作和人大常委会审议议题，分专题、分层级、分批次安排培训，在全面轮训的基础上增加专题班次，不断提高代表素质和履职能力。为代表定期寄送《宁夏人大》《常委会公报》《人大工作》等学习资料，丰富代表学习内容，拓宽代表业务领域。

（二）深化“双联活动”，充分发挥代表作用。按照“1名委员联系5名代表、1名代表联系30名选民”的要求，推行网格化管理模式，拓宽双联领域，完善双联机制，进一步密切人大常委会组成人员与代表、代表与选民的联系，使人大成为民有所呼、我有所应的重要民主渠道。完善代表履职评价、联系选民、走访群众、监督管理等制度，分层分批开展代表调研、集中视察、小组活动、述职评议等工作，为代表履行职责创造条件，为选民监督代表提供机会。探索委员与代表、代表与选民联结、互动、融合的新途径新方法，不断提高双联的紧密度和满意度，督促代表更好履行“人民选我当代表、我当代表为人民”的庄严承诺，保障人民知情权、参与权、表达权、监督权。

（三）破解“三个难题”，增强代表履职实效。坚持问题导向，针对当前人大工作和代表履职中的“三难”，大胆探索，靶向施策，久久为功，补齐短板。一是抓载体。继续抓好阵地、制度、宣传“三个平台”建设，丰富和完善代表履职载体。实施“百家代表工作室”工程，对现有60个提档提质提效的同时，新建40个。认真组织代表开展闭会期间的各项活动，定期向代表通报有关工作。继续邀请基层代表列席人大常委会会议，参与视察、检查和评议等工作。探索建立代表履职档案，调动和激发代表履职积极性创造性。综合运用有线电视、门户网站、微信平台、走访调查、联席互动等方式，为代表更好知政、议政、督政提供更加合理、便捷、有效的平台。二是抓基层。坚持和完善人大常委会领导联系乡镇人大工作制度，全面加强对乡镇人大工作的联系、指导和监督。邀请乡镇人大主席列席人大常委会议，参加常委会开展的视察、检查等相关活动，加大乡镇人大主席、工作人员和基层代表的系统化专业化精细化培训。指导乡镇人大完善工作思路，健全工作制度，提升阵地建设，探索建立监督激励机制，帮助解决实际困难和问题，提高乡镇人大工作的制度化规范化长效化水平。三是抓督办。探索建立联动主体多级化、代表参与层次化、活动形式多样化、监督手段法治化的上下级人大联动监督机制，进一步明确监督与被监督的主体责任，采取“点对点”办理、“面对面”答复、约期视察、跟踪督办、结果公布等形式，努力破解监督难题，提高议案建议办结率和满意率。四是抓典型。鼓励支持乡镇人大借鉴吸收先进经验，因势、因事、因地制宜抓典型、创亮点，择一发力，抓点带面。挖掘提炼宣传人大工作与中心工作同向同力、代表“双联活动”与“两个带头人”工程互融互促等方面的典型事迹，营造良好氛围。

四、落实“五个加强”，提高全面从严治党质量和人大工作整体水平

按照县委十四届三次全会关于全面从严治党“五个加强”的部署要求，毫不动摇地坚持党的领导，毫不动摇地落实新时代党的建设总要求，毫不动摇地全面从严治党，打造“双强机关”，增强“八种本领”，不断提高机关党建质量和人大工作水平，更好体现新时代人大工作作为党的执政载体的价值取向、政治站位和使命担当。

（一）把思想政治建设摆在首位。以政治建设为根本，以思想建设为基础，提高政治站位和政治定力，严守政治规矩和政治纪律，增强“四个意识”，做到“四个看齐”，坚定“四个自信”，在政治立场、政治方向、政治原则、政治道路上同以习近平同志为核心的党中央保持高度一致。把增强党的政治领导力、思想引领力、群众组织

力、社会号召力作为人大工作的政治统领，把对党忠诚、为党分忧、为党尽职、为民造福作为根本政治担当，坚定不移地拥护县委始终总揽全局、协调各方。突出理想信念这个精神支柱和政治灵魂，继续推进“两学一做”常态化制度化，扎实开展“不忘初心、牢记使命”主题教育，用党的创新理论武装头脑，自觉做习近平新时代中国特色社会主义思想的坚定信仰者和忠实实践者。自觉尊崇党章，严格执行新形势下党内政治生活若干准则，增强党内政治生活的政治性、时代性、原则性、战斗性。

（二）把党员干部管理抓在日常。加强人大常委会党组和机关党支部建设，严格执行“三会一课”、民主生活会和组织生活会、谈心谈话、民主评议党员和机关内部管理等制度，把教育管理监督工作抓在日常、严在经常。探索完善人大专委会组织建设和功能设置，争取充实专业人才力量，努力破解专委不“专”短板，提高专委会工作专业化精准化水平。采取聘请、委托、联挂、兼职等方式，组建财经、金融、法律等议事咨询机构，健全财经预算联网监督机构设置，弥补工作短板和不足。

（三）把正风肃纪工作落在细处。认真落实主体责任，严格贯彻中央八项规定精神和区市县委关于正风肃纪、反腐倡廉的规定要求，落实领导干部调查研究、联系基层、接访下访、请示报告、带班值班、请销假等制度，完善机关接待、公车、财务等管理制度和工作制度，持之以恒纠“四风”，持续用力转作风。强化政治纪律和组织纪律，带动廉洁纪律、群众纪律、工作纪律、生活纪律严起来，让党员干部知敬畏、存戒惧、守底线，习惯在受监督和约束的环境中工作生活。

各位代表，初心蕴含责任，使命呼唤担当。让我们更加紧密地团结在以习近平同志为核心的党中央周围，高举习近平新时代中国特色社会主义思想伟大旗帜，紧紧围绕全县“4166”发展思路，不忘初心、牢记使命、忠诚履职，奋力开启新时代人大工作新征程，为决战决胜脱贫攻坚、全面建成小康社会贡献人大力量！

名词解释：

1.“4156”战略部署：围绕建设“四个西吉”战略目标，以脱贫攻坚为统领，坚决打赢脱贫攻坚战、基础提升战、产业升级战、环境整治战、项目大会战“五大战役”，深入实施劳动力素质提升、两个带头人、民生改善、金融扶贫、社会治理、凝心聚力“六大工程”。

2.“1345”人大工作思路：县乡人大工作始终坚持围绕中心、服务大局这一主题，努力为基层人大代表搭建阵地平台、制度平台、宣传平台“三个平台”，积极发挥人大机关及人大代表在中心工作中的参与助力作用、在依法行政中的监督促进作用、在脱贫攻坚中的示范带动作用、在团结稳定中的凝心聚力作用“四大作用”，力促基层人大代表争当依法行政的监督员、政策入户的宣传员、社情民意的观察员、脱贫攻坚的服务员、矛盾纠纷的调解员“五员代表”。

3.“11+1”考核：脱贫攻坚战、基础提升战、产业升级战、环境整治战、项目大会战、劳动力素质提升工程、两个带头人工程、民生改善工程、金融扶贫工程、社会治理工程、凝心聚力工程和创建民族团结进步示范县考核。

4.“两不愁三保障”：“两不愁”即不愁吃、不愁穿，“三保障”即保障义务教育、基本医疗、安全住房。

5.贫困户“七有”：有一到两项增收产业，家庭主要劳动力掌握1—2门实用技术，有安全住房和安全饮水，冬季取暖有保障，贫困家庭学生完成义务教育后无因贫辍学学生，家庭人口全部参加合作医疗，有帮扶责任人。

6. 贫困村“五通八有”：通路、通水、通信息、通广播电视、通客车，有增收的支柱产业、有经济合作组织、有综合服务网点、有文化体育活动场所、有标准化卫生室、有集体经济收入、有团结干事的两委班子、有驻村工作队。

7.“1+5”结对帮扶：机关一名干部帮扶5户贫困户。

8. 人大代表工作室“六有”：有场所、有门牌、有制度、有计划、有专人、有记载。

9.“双联活动”：人大常委会委员联系人大代表，人大代表联系选民。

10.“两个带头人”工程：农村党组织带头人，农村致富带头人。

11.“两学一做”：学党章党规、学系列讲话，做合格党员。

12.“好干部”标准：信念坚定、为民服务、勤政务实、敢于担当、清正廉洁。

13.“双强机关”：依法履行职责能力强的工作机关、联系服务群众能力强的代表机关。

14.“八种本领”：学习本领，政治领导本领，改革创新本领，科学发展本领，依法执政本领，群众工作本领，狠抓落实本领，驾驭风险本领。

15.“四个看齐”：向党中央看齐、向习近平总书记看齐、向党的理论和路线方针看齐、向党的各项决策部署看齐。

16.“三会一课”：定期召开支部党员大会、支部委员会、党小组会，按时上好党课。

17.“四风”：形式主义、官僚主义、享乐主义和奢靡之风。

政协工作报告

——在政协西吉县第十一届委员会第二次全体会议上的工作报告

（2017年12月21日）

马天英

各位委员、同志们：

受政协西吉县第十一届委员会常务委员会委托，我向大会报告工作，请予审议。

2017年工作回顾

2017年，在中共西吉县委的坚强领导下，在区、市政协的关心指导下，在县人大、政府和社会各界的大力支持下，县政协认真学习贯彻党的十八大、十九大精神和习近平总书记系列重要讲话特别是来宁夏视察重要讲话精神，全面贯彻落实区、市、县党委重要会议精神和各项决策部署，紧紧围绕县委、县政府中心工作，以脱贫攻坚为统领，以推进“两学一做”学习教育常态化制度化为契机，牢牢把握团结、民主两大主题，带领政协参加单位和全体政协委员，不忘初心、牢记使命、振奋精神、务实苦干，充分发挥了人民政协作为协商民主重要渠道和专门协商机构作用，调查研究扎实深入、协商议政有序推进、民主监督务实开展，全面完成了县政协十一届一次全体会议确定的各项工作任务，为西吉县经济社会发展做出了积极贡献。

一、坚持把理论武装贯穿到政协工作中，切实提高政治站位

县政协始终坚持把党的政治建设摆在首位，坚定正确的政治方向，做到与县委同心、同向、同行。

开展理论学习、强化政治自觉。坚持把加强学习摆在突出位置，通过常委会议专题学习、机关集体学习、专题学习培训班等形式，积极组织

政协委员深入学习贯彻党的十八大、十九大精神和习近平总书记系列重要讲话精神，认真贯彻落实区、市、县党委重要会议精神。党的十九大胜利召开后，组织政协委员和机关干部职工及时传达学习党的十九大精神，深刻领会习近平新时代中国特色社会主义思想的精髓要义，积极引导政协委员坚定理想信念、提高政治站位、把牢政治方向，牢固树立“四个意识”、做到“四个看齐”、增强“四个自信”，更加坚定地在思想上政治上行动上始终同以习近平同志为核心的党中央保持高度一致。

加强委员培训、积极研讨交流。县政协把加强委员学习培训作为一项经常性、基础性工作来抓，组织委员开展专题辅导、研讨交流等各种形式的培训活动。在常委会议、主席会议、协商座谈会上，引导委员围绕习近平总书记系列重要讲话精神和治国理政新理念新思想新战略，围绕党的十九大报告中的重要思想、重要观点、重大论断、重要举措特别是习近平新时代中国特色社会主义思想的丰富内涵，围绕县委战略部署和中心工作及人民群众普遍关心的热点、难点问题，结合各自工作实际开展交流发言，认真撰写心得体会，提升了政治素养和理论水平，提高了政治觉悟和政治能力，为更好地履行职能奠定了坚实基础。

不忘奋斗初心、牢记使命担当。在理论学习和思想建设的基础上，积极引导政协委员和机关干部职工主动对标新战略、新部署、新要求，紧紧围绕县委“4156”战略部署，把政协工作放在全县经济社会发展大局中去思考谋划和助推落实，一年来，集中开展了25项协商议政活动。坚持把改进调查研究作为提升整体履职水平的切入点，对具体问题把脉、诊断、开方环环相扣，调研、协商、监督相互贯通，努力增强建言深度和实效，切实发挥了政协组织在服务中心工作中的参与助力、凝心聚力、牵线搭桥、扩大共识的作用。

二、坚持把协商民主贯穿到履职过程中，服务发展成效显著

县政协不断强化协商民主理念，紧紧围绕事关全县经济社会发展的重大课题，真诚协商、务实监督、有效议政，推动协商民主广泛、多层、制度化发展。

扎实开展视察工作。围绕年初制订的年度协商工作计划，精选视察课题，组织政协委员对脱贫攻坚、生态环境保护、重点项目建设、本土企业发展等工作开展专题视察8次，引导委员在了解情况、深入思考的基础上，通过常委会议专题协商、主席会议重点协商，提出了进一步延伸产业链条、提升农产品附加值，强化管护、加大生态环境保护力度，加强引导、优化本土企业发展环境等科学、前瞻、符合实际的工作建议30条，视察结束后及时形成专题视察报告8篇，报送县委、县政府参阅。

深入开展专题调研。一年来，坚持“选题准、调查细、研究深、建议精”的要求，组织委员围绕抗旱与春耕生产、城市建设、养老服务体系建设和职业教育、学前教育等工作开展专题调研9次，形成专题调研报告9篇，提出了科学谋划、提升城市建设规划水平，整合资源、加强职业教育教师队伍建设，创新思路、探索养老服务模式等建议36条。以全县开展“振奋精神　实干兴宁”大讨论活动为契机，县政协领导班子成员围绕创新驱动、脱贫富民、生态立区战略深入调查研究，撰写调研报告5篇，为县委、县政府科学决策提供了参考依据。

抓紧抓实提案工作。十一届一次全体会议期间共收到委员提案98件，审查立案27件，确定重点提案8件、提案19件。县委、县政府主要领导对提案办理情况及时进行批阅，提出办理要求。县政协加强提案办理协商，商请政府分管领导现场督办水源地保护、城市管理、校园安全、草畜产业发展等重点提案，增强了办理实效。8件重点提案和19件提案办复率为100%。年底，组织委员召开提案征集座谈会，认真学习党的十九大精神，委员们围绕全县中心工作和民生问题，充分讨论、精准建言，为征集到高质量的提案奠定了基础。

积极参与中心工作。县政协领导班子成员坚持把政协工作与全县整体工作相结合，经常深入到所联系的乡镇和部门（单位）检查指导工作。根据县委统一安排部署，积极参与将台堡小城镇建设、环境整治战、金融扶贫工程、民生改善工程等重点工作督查督导和党风廉政建设巡察工作。深入吉强、兴隆、平峰、震湖等乡镇开展专项督查督导12次，提交督查通报12篇，积极协助县委、县政府掌握情况、查找问题，推进了重点工作落实。

三、坚持把为民理念贯穿到实际行动中，促进民生持续改善

始终坚持“以人民为中心”的履职理念，充分发挥政协组织联系广泛的优势，认真听取群众意见，真实反映群众诉求，积极协助县委、县政府保障和改善民生福祉。

助力脱贫攻坚改善民生。按照县委关于联乡包村的要求和工作部署，县政协领导班子成员自觉带头，深入各自包扶的平峰、西滩、红耀、兴隆等乡镇调研走访50余次，精心指导乡、村两级查漏补缺，积极协调解决困难。年初组织政协委员召开“迎新春　话脱贫”座谈会，围绕我县脱贫攻坚中存在的突出问题讨论交流，会后整理委员建议形成专题报告及时报送县委、县政府，引起了县委主要领导的高度重视，并做出重要批示。组织开展“送温暖　献爱心”“送政策、送科技、促脱贫”活动，邀请农牧专家在平峰镇沿坪村开展专题实用技能培训，帮助养殖户掌握相关技术，提高科学养殖能力，营造助推脱贫攻坚的浓厚氛围。组织机关干部职工深入平峰镇沿坪村扎实开展联户帮扶工作，与122户贫困户拉家常、讲政策、算收入、话脱贫，掌握了贫困户实际情况，宣传了扶贫政策，引导贫困群众增强了发展意愿和信心；从办公经费中拿出2万元帮扶资金解决平峰镇沿坪村部分特困群众生产生活困难；购置5000余元的办公用品，帮助改善沿坪村办公条件。积极争取宁夏政协“兴华爱心基金重特大疾病救助资金”，为全县13名受助群众发放救助金24万余元。

反映社情民意关注民生。积极引导委员密切联系群众，深入了解民情、反映民意，不断拓宽社情民意收集渠道、完善社情民意反馈机制。全年共收到委员提交的社情民意和相关信息共80条，经县政协整理筛选，将其中的“关于解决县客运西站供暖管网建设的建议”“关于清除农田废旧地膜的建议”“关于解决县城公共停车场建设的建议”等14条以《社情民意》形式报送县委、县政府主要领导和分管领导及区、市政协办公厅（室）。

开展界别活动惠及民生。严格按照区、市政协关于区、市、县三级政协委员基层联系点建设要求，结合我县实际和深化“平安西吉”工作，将基层联系点建设作为政协委员开展界别活动的重要平台，充分发挥政协在基层协商中的作用。以委员基层联系点为载体，组织界别委员围绕基础提升、产业升级、社会治理、致富带头人培育等课题开展协商活动，围绕社会关注、群众关心的热点、难点问题开展调查研究，凝聚智慧服务发展。积极向群众宣传党的各项惠民政策以及县委、县政府的重大决策，通过委员信箱、热线电话等方式，多渠道与群众交流沟通，为深化“平安西吉”建设畅通社情民意表达渠道。

四、坚持把团结民主贯穿到各项实践中，广泛汇聚各方力量

牢牢把握团结和民主两大主题，注重协调各方关系、汇聚各界力量，共求最大公约数、共画最大同心圆。

深化联络联谊。一年来，积极配合全国政协和区、市政协对我县脱贫攻坚、葫芦河流域综合治理、特色产业发展、全域旅游发展、非公经济发展、农村生活垃圾处理等重点工作开展视察、调研和提案督办15次。配合区、市政协分别在我县开展“移风易俗助推脱贫攻坚”文化会演、种植养殖实用技能培训等活动5次。配合山东省政协、中卫市政协、海原县政协等区内外省、市、县政协考察组对我县精准脱贫、马铃薯主食化发展、休闲农业、优质农产品供给与质量安全监管等工作专题考察13次。

借鉴发展经验。他山之石，可以攻玉。县政协高度重视考察学习活动，一年来，派出考察学习组赴山东省考察政协工作和职业教育发展情况，赴甘肃省“两县一区”考察非公有制经济企业发展情况，赴东北三省考察政协工作、特色农业和小微企业发展情况。通过考察学习，促进了交流、增长了见识、扩大了影响、树立了形象。考察结束后，及时形成了高质量的考察报告3篇，在加强交流、宣传西吉的同时为进一步改进各项工作提供了借鉴和参考。

维护民族团结。认真贯彻落实党的民族宗教政策，坚持宗教中国化方向，积极引导民族宗教与社会主义社会相适应。切实加强与民族宗教人士的联系、交流和沟通，在重要节日期间开展走访慰问活动，鼓励宗教界委员教育引导信教群众积极投身经济社会建设，为打赢脱贫攻坚战凝聚合力。积极配合区内外政协组织来我县调研民族特色文化旅游发展、民族宗教服务管理等工作。认真总结经验，全力维护民族团结、促进宗教和顺。

做好文史工作。充分发挥政协文史工作“存史、资政、团结、育人”的功能。年初，举办了政协委员“履职尽责、建言献策”征文活动，组织委员围绕全县重点工作及民生问题，深入基层认真调查研究，从不同角度、不同层面撰写有深度、有见解的理论文章，全年共收集到高质量的委员理论文章18篇、心得体会10篇。按照区、市政协理论研讨会要求，围绕反映社情民意和提案工作，在自治区政协反映社情民意工作座谈会、市政协提案工作经验交流会上分别作了交流发言。

五、坚持把优化服务贯穿到自身建设中，履职水平全面提升

主动顺应新时代、适应新常态、贯彻新要求，坚持全面从严治党，把加强自身建设摆在重要位置，努力提升政协工作科学化水平，为政协事业创新发展夯基垒台。

充分发挥委员作用。高度重视对政协委员中中共党员的教育引导，突出政治学习、党性锻炼、思想交流。注重履职能力建设，制定出台了《中国人民政治协商会议西吉县第十一届委员会委员履职情况考评（暂行）办法》，切实加强了委员履职管理与服务。注重发挥委员在界别群众中的代表作用，在开展各类履职活动中，帮助委员知情明政，引导委员围绕中心工作和民生问题深入思考、缜密分析、研究论证、聚智聚力，为助力脱贫攻坚奠定了良好的基础。

切实提升专委会工作水平。建立完善专委会联系部门制度，主席会议定期听取专委会工作汇报，多次召开专委会联系部门和界别委员代表座谈会，总结交流情况、认真研究问题。各专委会围绕常委会和主席会议的工作部署，充分发挥自身优势，认真开展各项活动，密切加强与联系部门和界别委员的联系，不断激发工作活力。

持续加强政协机关建设。以推进“两学一做”学习教育常态化制度化为载体，结合全县干部作风大整顿，切实加强机关干部队伍的政治建设、思想建设、组织建设、作风建设和纪律建设。进一步完善学习、办文、办会、档案管理、考勤等工作制度，坚持“三会一课”、民主生活会、组织生活会制度，认真落实谈心谈话制度，通过开展专题辅导、座谈研讨、交流发言、讲党课等多种形式的学习活动，结合工作实际锤炼党性，更加坚定理想信念。坚决贯彻中央八项规定精神和区、市、县关于党风廉政建设的各项规定，在履职尽责中改进工作作风，进一步提升了机关干部职工的政治素养、理论水平和服务能力。

各位委员、同志们，县政协一年来取得的成绩，是县委坚强领导的结果，是县人大、政府大力支持的结果，是各乡镇、各部门（单位）积极协助的结果，是社会各界密切配合的结果，也是县政协各参加单位、全体政协委员和机关干部职工共同奋斗的结果。在此，我代表县政协常委会，向所有关心和支持政协工作的同志们、朋友们，致以崇高的敬意和衷心的感谢！

在回顾成绩、总结经验的同时，我们也清醒地认识到工作中存在的问题和不足，主要是：调研视察还不够深入，参政议政成果转化有待加强，政协理论研究还需进一步深化，界别优势和委员主体作用发挥还不够充分等，这些都需要我们高度重视、认真研究，并在今后工作中切实加以解决。

2018 年工作思路

各位委员，2018 年是全面贯彻落实党的十九大精神的开局之年，是改革开放 40 周年和自治区成立 60 周年，是决战决胜脱贫攻坚、全面建成小康社会的关键一年。县政协 2018 年的总体工作思路是：紧密团结在以习近平同志为核心的党中央周围，以习近平新时代中国特色社会主义思想为指引，在中共西吉县委的坚强领导下，全面贯彻落实党的十九大精神，牢固树立和践行新发展理念，认真贯彻落实自治区第十二次党代会及十二届三次全会、市委四届二次和三次全会、县委十四届三次全会精神，围绕建设经济繁荣、民族团结、环境优美、人民富裕新西吉目标，以脱贫攻坚为统领，认真服务脱贫富民决胜战、创新驱动攻坚战、生态环境保卫战、城乡统筹大会战、民生改善持久战、改革开放突围战“六场硬仗”和产业升级、基础提升、文化振兴、人才培育、社会治理、凝心聚力“六大工程”，牢牢把握团结、民主两大主题，团结带领政协参加单位和全体政协委员，不忘初心、牢记使命，为奋力夺取决战脱贫攻坚全面建成小康社会的新胜利做出新的贡献。

一、不忘初心，紧扣新主题，始终坚持党的领导

县政协将把学习贯彻落实党的十九大精神作为当前和今后一个时期的首要政治任务，继续组织政协委员和机关干部职工认真学习贯彻党的十九大精神，坚持在学懂弄通做实上下功夫，形成“大学习、大融合、大落实”的持久状态。全面贯彻落实县委十四届三次全会精神，深刻领会县委确定的战略重点和目标任务，切实把思想行动统一到县委的决策部署上来，把智慧力量凝聚到县委十四届三次全会确定的目标任务上来，切实增强新时代人民政协工作的责任感、使命感。要努力做到学有所用、学以致用，切实把加强政治理论学习同联系实际、推动工作结合起来，真正使学习的过程成为汇聚智慧、增进团结的过程，成为研究问题、改进工作的过程。

二、牢记使命，聚焦新部署，奋力助推脱贫攻坚

坚持把政协工作放到全县工作大局中去谋划和推进，发挥独特优势，积极为助推脱贫攻坚、全面建成小康社会献策出力。围绕全县脱贫攻坚工作，突出重点难点问题特别是短板问题，按照“从大处着眼、小处着手”的原则，组织委员深度调研，真正把问题找准、把原因理清、把建议提实，努力使调研成果转化为促进脱贫攻坚的有

力举措。动员广大政协委员和社会各界人士积极投身脱贫攻坚，到贫困村、贫困户中，深入开展实用技能培训活动和产业扶持、捐资助学、医疗救助等形式多样的帮扶活动，以实际行动为脱贫攻坚贡献智慧和力量。

三、振奋精神，强化新理念，认真履行政协职能

继续发挥好协商民主重要渠道和专门协商机构的作用，以协商民主引领政协工作水平不断提升。围绕县委、县政府“4166”战略部署，聚焦“六场硬仗”“六大工程”，制定并组织实施年度协商工作计划，积极开展专题协商、对口协商、界别协商、提案办理协商，逐步拓展协商形式，加强协商互动和讨论沟通，在发扬民主、深化协商中广泛凝聚发展共识。切实增强践行新发展理念的自觉性和坚定性，坚持把新发展理念落实到政协工作的各个环节，做到协商有高度、监督有力度、议政有深度。围绕全县发展大局特别是脱贫富民、创新驱动、生态环境、基础提升、全域旅游、乡村振兴等重点工作，积极搭建平台，引导委员如实反映情况、坦诚提出意见。

四、真抓实干，顺应新期待，不断增进民生福祉

进一步坚定履职为民的信念，切实做好协调关系、凝聚人心、理顺情绪、化解矛盾工作，努力为民生福祉尽责出力。在组织开展委员界别活动时，要贴近实际、贴近群众，围绕民生问题，想办法、谋实招，促进民生实事的办理和落实。进一步加强提案督办和社情民意工作，创新提案督办方式、拓宽社情民意收集渠道，及时了解并反映社会各界群众的愿望和诉求。进一步做好区、市、县三级委员基层联系点工作，完善主席、副主席联系委员制度，以委员基层联系点为载体，继续组织界别委员开展技能培训、医疗义诊、文化惠民、法律援助等活动，充分发挥委员作为界别群众代表的作用。

五、加强团结，营造新环境，凝聚改革发展合力

把团结和民主贯穿到政协工作的全过程中，汇聚同心同德、共谋发展的智慧和力量。充分发挥政协组织包容性强的优势，把不同界别、不同阶层、不同民族、不同信仰的社会力量，团结在县委统一领导下，聚集到加快经济社会更加持续发展的各项事业中。认真落实党的民族宗教政策，充分发挥少数民族、宗教界代表人士作用，听取宗教界委员意见，帮助解决实际问题，维护民族团结、宗教和顺、社会稳定的大好局面。主动加强与区、市政协的联系，积极配合区、市政协开展各项工作；加强与兄弟政协的交流合作，通过学习考察等活动，增进团结、加强联谊、交流经验、开阔眼界。

六、继续前进，落实新要求，全面加强自身建设

认真落实县委十四届三次全会对坚持全面从严治党的部署要求，加强思想政治建设，提高政治站位，严守政治规矩和政治纪律，扎实开展“不忘初心、牢记使命”主题教育，持续改进工作作风。强化委员学习培训，完善委员履职服务管理办法，健全委员联络制度，激发委员履职热情，发挥委员主体作用。充分发挥专委会在政协工作中的基础性作用，健全专委会与界别联系互动机制，加强与有关部门的对口联系，建立界别活动的激励机制和交流机制，完善界别活动的办法，加强对界别活动的组织、协调、服务工作，增强政协工作活力。巩固“两学一做”学习教育成果，切实加强机关干部队伍建设，严格执行“三会一课”、民主生活会等制度，不断提高机关干部政治素质和业务能力，为政协委员履行职能提供优质服务和可靠保障，展现政协组织新风貌、树立政协组织新形象。

各位委员、同志们！新起点开启新篇章、新

时代展现新作为。让我们更加紧密地团结在以习近平同志为核心的党中央周围，以习近平新时代中国特色社会主义思想为引领，在中共西吉县委的坚强领导下，认真学习贯彻党的十九大和中共西吉县委十四届三次全会精神，以更加饱满的政治热情、更加强烈的责任意识、更加务实的工作作风、更加严谨的履职态度，不忘初心、牢记使命，为我县决胜脱贫攻坚、全面建成小康社会，实现经济繁荣、民族团结、环境优美、人民富裕新西吉目标做出新的更大的贡献。

大事记

1月

4日　全县部门（单位）驻村帮扶和第一书记工作推进会在会议中心召开。县委副书记王林、人大常委会副主任吴健雄、政协副主席李西平出席会议，各乡镇、各部门（单位）驻村帮扶负责人、驻村第一书记参加会议。

△　县长武维东到兴隆镇氧化塘工地检查指导工作。

5日　县政协党组召开“两学一做”学习教育民主生活会。会议由政协主席、党组书记马天英主持，党组副书记刘东海，党组成员李西平、张国义参加会议。市委常委、县委书记马志宏，县纪委、县委组织部负责人应邀出席并指导会议，各专委会负责人列席会议。

6日　县人大常委会党组召开2016年度民主生活会。市委常委、县委书记马志宏，县纪委、县委组织部负责人应邀出席并指导会议。会议由县人大常委会党组书记、主任李聪主持，人大常委会党组成员郭满福、吴建雄、高月琴和人大常委会各委室负责人列席会议。

9日　自治区团委副书记汤瑞带领团委组织部长周丽梅一行到定点帮扶村王民乡红太村开展新春慰问活动，为全村71户建档立卡贫困户村民送去米、面、油等慰问品，总价值达2万余元。

11日　县教体局组织全县各小学五年级学生进行教学质量监测考试。县委常委、副县长梁秋明及教体局负责人深入西吉一小、西吉三小和大滩小学3个考点进行巡视。全县五年级统一监测共设考场272个，7055名考生参加考试。全县下派70余名工作人员对各片区考点进行巡视。

△　团市委书记喜晓林、副书记马小路带领团市委相关部室负责人一行先后到西吉县第一小学、西吉县电商孵化园、西吉县大学生志愿者协会和将台堡红军长征会师纪念园，分别就西吉县基层团组织建设、基层团组织工作开展情况、少先队工作、青年创业就业、志愿服务等工作进行调研指导。团县委书记陈国涛陪同调研。

12日　西吉县义工联合会在实验中学多功能厅举办2016年年会。团委、宣传、文广、教育等部门负责人，爱心人士、部分企业代表及义工联合会全体成员参加年会。应邀出席年会的领导为获得“义工之星”“优秀义工”“爱心会员”“先进进步会员”称号的义工及爱心企业颁奖。

△　全县2017年春运道路交通安全管理工作启动仪式在政府三楼会议室举行。县委常委、副县长陈钟，全县春运道路交通安全管理工作各成员单位、各乡镇负责人参加启动仪式。

△　吉强镇召开2017年宗教人士培训会。县委常委、统战部部长马保师及宗教局、吉强镇负责人，村干部及各宗教场所寺管会主任、宗教教职人员参加培训班。培训班特邀县律师事务所律

师高登峰、党校讲师王金全分别就宗教工作法律法规、党的十八届六中全会精神及全国宗教工作会议上习近平总书记重要讲话精神作专题讲座。

13日 县政府办在政府三楼会议室召开民主生活会，县委常委、常务副县长马宗正及县委组织部负责人应邀出席并指导会议。

16日 震湖乡召开2017年脱贫攻坚动员大会暨李章村种养产业表彰大会。县委组织部、宣传部、扶贫办相关负责人及乡党委、乡政府班子成员，各村第一书记及村干部，李章村受表彰奖励的致富带头人、种养大户等相关人员共计300余人参加会议。

△ 县统战部、宗教局分别在什字乡、王民乡、西滩乡召开2017年冬季宗教人士培训会。培训会特邀县律师事务所律师李耀强就宗教与法律法规之间的关系、政府在宗教方面的管理等相关法律法规，县党校讲师王金全就党的十八届六中全会精神从坚定不移的维护党的领导核心和全面从严治党方面分别作了详细阐述，学习了习近平总书记系列重要讲话精神和全国宗教工作会议精神。县委常委、统战部部长马保师参加会议。

17日 自治区副主席、公安厅厅长许尔锋和自治区办公厅副秘书长黄明旭、公安厅副厅长李德生、公安厅交警总队队长苏发坤及相关处室负责人到西吉县吉强镇大坪村、夏寨路口春运交通安全检查点、车站、吉强镇派出所等进行调研慰问。副市长、市公安局局长刘文戈，县长武维东，县委常委、县公安局局长李平，县委常委、吉强镇党委书记王社保陪同调研慰问。

18日 县人大常委会主任李聪，副主任郭满福、马桂英、吴健雄及部分乡镇人大主席组成检查组，在县委常委、常务副县长马宗正及县民政局、人社局、安监局负责人的陪同下，先后到县人社局社会保障服务大厅、将台乡西坪村、将台乡民生服务中心、吉强镇大滩村、吉强镇民生服务中心、富力城购物中心、商城烟花爆竹经营店、吉源天然气有限公司、县汽车站等，对全县困难群众生产生活救助工作、安全生产工作、医疗保险和养老保险工作开展情况进行检查。

△ 县委常委、宣传部部长马金平到马莲乡开展春节慰问活动。民政局负责人陪同进行慰问。

△ 市人大常委会副主任云生元、朱培忠、成世杰分别到西吉县开展春节慰问活动。县委常委、宣传部部长马金平，副县长穆春及民政局、总工会负责人陪同进行慰问。

△ 县长武维东和县委副书记张亚萍，县委常委、组织部部长王生尧及政府办、民政局负责人组成的慰问组，先后对全县各客运公司、物业公司的困难职工，吉强镇部分困难党员、优抚对象、残疾人、劳模、离退休老干部和兴隆镇陕义堂清真寺、兴隆镇敬老院进行走访慰问。

△ 市委常委、县委书记马志宏在县委常委、吉强镇党委书记王社保及县委办负责人的陪同下，对吉强镇夏寨村和杨坊村的困难群众进行春节前看望慰问，并为他们送去米、面、油、糖果等慰问品和慰问金。

△ 县委副书记、政法委书记张亚平在硝河乡高塬村开展春节前慰问活动。

△ 县政协主席马天英，县委常委、纪委书记王维强，县政协副主席李西平带领慰问组，到平峰镇、县中心敬老院、县儿童福利院、吉德慈善园看望慰问离休老干部、困难党员、孤寡老人、低保户、优抚对象等困难群众及部分企业职工代表。

△ 自治区妇联主席董玲和副主席高鹏及相关处室负责人到西吉县开展春节慰问活动。市妇联主席王萍，县委常委、组织部部长王生尧及县人大常委会副主任、妇联主席高月琴陪同慰问。

19日 自治区水利厅厅长白耀华和相关处室负责人一行先后到西吉县河峃水厂和北山水厂调研水利工作。副县长李喜生及县水务局负责人陪同调研。

△ 市委常委、政法委书记、市安委会副主任李志达带领市安监局、消防支队、交警支队、运管局等相关部门负责人，检查督导西吉县春节、“两会”期间安全生产工作。副县长穆春陪同检查。县安监、公安、交通、建环、国土、水务、教育、市场监管、商经、供销社、公路管理、交警大队、消防大队、运管所等部门负责人参加了督查汇报会。

△ 县国税局召开2016年税收工作总结暨表彰会议。县委常委、副县长刘镇晶，市国税局副局长王宏，县人大常委会副主任吴健雄，政协副主席李西平及县国税局全体干部职工参加会议。

△ 市人大常委会副主任童全成一行到西吉县兴平乡、兴隆镇开展春节慰问活动，县民政局负责人陪同慰问。

△ 副市长曲峰一行到西吉县田坪乡开展春节慰问活动，县民政局相关负责人陪同慰问。

△ 县人大常委会主任李聪在民政局负责人的陪同下，先后到偏城乡敬老院、城乡监察大队、新营乡等地，走访慰问“五保”老人、退休老党员、在职干部职工及部分困难群众。

20日 县政协召开平峰镇2017年度脱贫攻坚工作协调会。县政协主席马天英，副主席李西平，平峰镇党委、政府领导班子成员，部分帮扶单位负责人和平峰镇部分村支书，致富带头人及在外创业成功人士参加会议。

△ 市委常委、县委书记马志宏和县委常委、人武部部长任升虎及县委办、民政局负责人，走访慰问部分离退休老干部、劳模及县消防大队、武警中队、人武部全体驻地官兵，并为他们送去慰问品和慰问金。

△ 县人民法院召开2016年度工作总结暨表彰会。县委副书记、政法委书记张亚萍，人大常委会副主任马桂英，政协副主席李西平应邀出席会议，法院党组书记、院长张尚祎及班子成员、全院干警职工参加会议。

21日 自治区党委常委、统战部部长马廷礼到西吉县开展春节慰问活动。市委常委、县委书记马志宏，县长武维东，县委常委、吉强镇党委书记王社保陪同慰问。

22日 市委常委、纪委书记纳冰一行先后到西吉县偏城乡曹塬村、姚庄村，将台乡包庄村等地，对残疾家庭、“五保”老人、困难党员、低保群众、优抚对象进行走访慰问。县委常委、组织部部长王生尧，县委常委、纪委书记王维强及民政局负责人陪同慰问。

23日 全县2017年新春团拜会在西吉大饭店宴会厅举行。市委常委、县委书记马志宏，人大常委会主任李聪，政协主席马天英及全体在家县级领导与全县各界人士代表欢聚一堂，共迎新春佳节。新春团拜会由县委副书记张亚萍主持。县委常委、常务副县长马宗正通报2016年全县经济社会发展情况。

△ 县委常委、宣传部部长马金平，县委常委、吉强镇党委书记王社宝和民政局负责人，对政府应急办，气象局、电视台、夏寨春运检查点，人民银行西吉支行、农行、黄河银行等单位职工开展春节前慰问活动。

△ 市委常委、县委书记马志宏和县人大常委会主任李聪，政协主席马天英，县委常委、人武部部长任升虎，人武部政委刘文平一行前往固原军分区，代表县四大机关和全县人民开展春节慰问活动，并为他们送去了慰问品。

△ 县政协召开“迎新春、话脱贫”主题座谈会。县政协主席马天英，副主席刘东海、宋兆吉、张国义及全体政协常委、政协专委会负责人及各界政协委员代表参加座谈会。会议传达学习了自治区“两会”精神和自治区主席咸辉在固原市脱贫攻坚工作座谈会上的重要讲话精神。

26日 由县扶贫办主办，县体委、兴隆镇承办的西吉县“精准扶贫杯”农民运动会在兴隆镇兴隆村体育场开幕。县委常委、宣传部部长马金平，统战部部长马保师，吉强镇党委书记王社宝，人大常委会副主任高月琴，副县长海丽，政协副主席张国义及县扶贫、人社、兴隆镇党委政府负责人参加开幕仪式。开幕仪式由马保师主持，海丽致开幕辞。

2月

3日　全县领导干部学习班开班。市委常委、县委书记马志宏，县长武维东，人大常委会主任李聪，政协主席马天英及全体在家的县级领导和全县副科级以上领导干部参加学习班，开班仪式由县委副书记张亚萍主持。学习班特邀市纪委常委范克钧作题为《学习贯彻党的十八届六中全会精神、切实担起全面从严治党主体责任》的专题辅导。市委常委、县委书记马志宏作重要讲话。

4日　县十七届人民政府第一次全体会议在会议中心一会议室召开。县长武维东，县委常委、副县长陈钟、马宗正，副县长李喜生、海丽、穆春、谢国玉、李晓东，园区管委会主任马耀红及各乡镇、政府组成部门单位负责人参加会议。县委副书记张亚萍、人大常委会副主任马桂英、政协副主席刘东海应邀列席会议。县委常委、副县长马宗正主持会议。会上，副县长穆春与各乡镇、各部门签订了安全生产目标管理责任书。

5日　十四届县委召开2017年第二次常委会议。

△　市委常委、县委书记马志宏，县委常委、宣传部部长马金平一行到兴隆村全县“精准扶贫杯”农民运动会比赛现场与观众一同观看比赛。

△　副市长周文贵和市农牧、水务部门负责人一行，到西吉县调研旱情墒情、人畜饮水等情况。副县长谢国玉陪同调研。

7日　自治区党委常委、市委书记纪峥和市长马汉成，市委副书记王刚，副市长吴会军、何炜及相关部门负责人到西吉县调研。在会议中心一会议室召开汇报座谈会。市委常委、县委书记马志宏，县长武维东，人大常委会主任李聪及全体在家县级领导和各相关乡镇、部门负责人参加会议。马志宏就2017年工作谋划和重点工作进行了详细汇报。纪峥主持会议并做了重要讲话。

8日　十四届县委召开2017年第三次常委会议。

9日　全县2016年度效能目标管理考核暨政法、组织、宣传、统战工作会议在会议中心会堂召开。市委常委、县委书记马志宏，县长武维东，人大常委会主任李聪及全体县级领导，各乡镇、县直各部门（单位）领导班子成员，区、市驻县各单位主要负责人参加会议。县委副书记、政法委书记、县效能目标管理考核领导小组组长张亚萍宣读《关于表彰2016年度全县效能目标管理考核先进集体的决定》，安排部署了2017年度政法综治和维护稳定工作；县委常委、宣传部部长马金平安排部署2017年度全县宣传思想和精神文明建设工作；县委常委、统战部部长马保师对民族统战宗教工作进行安排部署；县委常委、组织部部长王生尧对基层组织和“两个带头人”工作进行安排部署。会议由武维东主持，马志宏讲话。

△　县第十四届纪律检查委员会第二次全体（扩大）会议在会议中心会堂召开。主要任务是：认真贯彻落实中央纪委十八届七次全会、区纪委十一届八次全会和市纪委四届二次全会精神，全面总结2016年全县党风廉政建设和反腐败工作，安排部署2017年工作任务。市委常委、县委书记马志宏，县长武维东，人大常委会主任李聪及全体县级领导，县纪委委员，各乡镇党委书记、乡镇长、纪委书记，县直各部门（单位）党政主要负责人、纪委书记（纪检组组长），区市驻县各单位主要负责人、纪检组组长参加会议。县委

常委、纪委书记王维强代表县纪委常委会作工作报告。平峰镇、发改局负责人分别作了述廉述责报告。马志宏、武维东分别与县委和政府班子成员、各乡镇、各部门签订了党风廉政建设责任书。会仪由武维东主持，马志宏讲话。

△ 市妇联主席王萍一行先后到吉强镇锦绣社区、万崖村“妇女之家”实地调研西吉县妇联基层组织建设情况。

12日 全县“精准扶贫杯”农民运动会胜利闭幕。县长武维东，县委常委、宣传部部长马金平，县委常委、统战部部长马保师，政协副主席张国义观看了篮球比赛的最后激烈角逐，并参加“精准扶贫杯”农民运动会闭幕仪式。

13日 市委常委、县委书记马志宏和县长武维东，县委副书记张亚萍，县委常委、副县长马宗正，副县长海丽，政协副主席刘东海及相关部门负责人对大县城建设改造情况进行专题调。

△ 国家林业局林改司司长江机生和专家调研组一行，在县长武维东、副县长李晓东、市林业局副局长王宏等陪同下，先后到西吉县兴隆苗圃、水岔湾养殖合作社、心雨林下产业合作社、宝义林下产业合作社、天合林下产业合作社、绿源种植合作社等地调研西吉县林业产业及林下经济发展情况。

△ 市司法局党组书记、局长马天峡和市司法局相关科室负责人一行，调研西吉县基层司法行政工作情况。

15日 中央统战部二局局长马利怀一行到西吉县考察调研统战工作。

17日 由自治区党委宣传部组织的“温暖中国2017网络媒体新春走基层”系列报道小组一行先后到吉强镇套子湾村、红耀乡井湾村进行采访报道，县委宣传部及相关乡镇负责人陪同采访。

18日 全县领导干部专题学习班暨西吉县金融助力脱贫攻坚专题讲座在会议中心会堂举行。自治区金融工作局副局长刘正虎、副市长曲峰、县长武维东、县委副书记张亚萍及全体在家县级领导，各乡镇部分村支部书记和区、市、县各金融机构负责人聆听讲座。会上，县委常委、副县长刘镇晶与金融机构负责人共同签订《村级互助担保基金战略合作协议》，武维东主持会议。

△ 西吉汇发村镇银行隆重开业。西吉汇发村镇银行股份有限公司是经中国银监会批准，由陕西定边农村商业银行发起设立的股份制商业银行，业务范围包括吸收公众存款、发放中短期贷款、借记卡业务等。自治区金融局副局长刘正虎，副市长曲峰，县委副书记张亚萍，县委常委、副县长刘镇晶，人大常委会副主任马桂英，政协副主席刘东海及区、市、县相关部门负责人、企业代表参加开业庆典。县长武维东、陕西定边农村商业银行监事长张继红共同为银行揭牌。

19日 深圳市九八传奇科技有限公司的员工和众心永恒爱心团队，在县义工联合会人员的带领下，到西吉县部分乡镇的贫困、孤残和留守儿童家中，“一对一”发放1000元到4000元不等的助学款共3万元，实现结对帮扶6户21名贫困学生。本次爱心人士来自香港、深圳、北京、甘肃等十几个省市。

21日 县人大常委会主任李聪带领县人大常委会办公室、新营乡负责人到新营乡二府营村调研精准扶贫工作。

22日 全县乡镇人大工作培训暨安排部署会在人大五楼会议室召开。人大常委会主任李聪，副主任郭满福、马桂英、吴健雄、高月琴及人大常委会组成人员、各乡镇人大主席参加会议。

△ 自治区人社厅副厅长孙晓军带领相关处室负责人一行在市人社局负责人的陪同下，调研西吉县劳动力转移就业和职业技能培训等工作。在政府三楼会议室召开座谈会，副县长李晓东及人社、农牧、扶贫等部门负责人参加座谈会。

△《中国企业报》集团相关负责人带领宁夏

银龙实业集团公司成员到西吉县就“精准扶贫”具体帮扶措施进行实地调研。县委常委、常务副县长马宗正陪同调研。

△ 市委常委、纪委书记纳冰一行到西吉县调研“两个责任”落实情况。

23日 十四届县委召开2017年第四次常委会议。

△ 市人大常委会副主任范霞、童全成带领部分市人大常委会委员，在市粮食局负责人的陪同下，对西吉县粮食工作进行检查。县委常委、副县长吴鹏，县人大常委会副主任吴建雄及粮食局负责人陪同检查。

△ 县人大第十七届二次会议在人大五楼会议室召开。会议听取和审议《县人民政府关于全县困难群众生产生活救助工作开展情况的报告》《县人大常委会检查组关于全县困难群众生产生活救助工作开展情况的检查报告》《县人民政府关于全县医疗保险和养老保险工作开展情况的报告》《县人大常委会检查组关于全县医疗保险和养老保险工作开展情况的检查报告》《县人民政府关于2016年财政预算执行情况和调整2017年年初预算报告》《县人大常委会财政经济委员会关于2016年财政预算执行情况和调整2017年年初预算的审查报告》；讨论通过《县人大常委会关于调整2017年年初预算的决议（草案）》。县委常委、常务副县长马宗正在会上提交人事任免议案，并就有关人事任命作了说明。会议表决通过吴鹏的任职决定，任命吴鹏为政府副县长。人大常委会主任李聪为通过任职的人员颁发任命书，新任职人员作供职报告，并向宪法进行宣誓。

22—23日 县委常委、统战部部长马保师带领全县有关乡镇、部门及全县民族团结进步示范社区、学校、企业负责人和部分清真寺寺管会主任、阿訇一行30余人到吴忠市青铜峡鸿乐府拱北、利通区国税区、东塔寺乡穆民新村、利通区十一小、上桥镇牛家坊农耕博物馆、胜利镇永昌社区、吴忠古城清真寺和吴忠市回民中学等地观摩学习。

24日 市委常委、县委书记马志宏，县长武维东和相关部门负责人专题检查指导“四大精品”生态工程。“四大精品”生态工程，即以北山市民休闲森林公园、夏寨水库湿地公园建设为主的休闲“绿景”工程；以海西公路、固西高速公路绿化带建设为主的道路“绿带”工程；以改造提升永清湖公园、滨河公园为主的城市“绿肺”工程；以月亮山水源涵养生态修复工程为主的水源“绿库”工程。通过实地查看和听取相关部门、企业负责人关于“四大精品”生态工程设计理念和思路的汇报。

27日 县委副书记张亚萍在政府三楼会议室主持召开全县2017年棚户区改造工作推进会。人大常委会副主任郭满福、副县长海丽、政协副主席宋兆吉及相关部门负责人和相关工作人员参加会议。

△ 市政协副主席杨彦文带领部分市政协委员，在红耀乡参加脱贫攻坚实用技能培训会开班仪式，到市政协包扶的红耀乡井湾村进行调研。县政协副主席宋兆吉及红耀乡负责人陪同调研。

△ 在县委党校五楼会议室举行全县村党组织书记培训班。县委副书记张亚萍，县委常委、组织部部长王生尧，县委党校负责人出席培训班开班仪式，兴隆、田坪、马建、震湖、兴平、白崖6个乡镇的组织委员和98个村的党支部书记参加培训班。开班仪式由王生尧主持。

△ 全县2017年环境整治攻坚月活动启动会在县委五楼会议室召开。县委副书记张亚萍、人大常委会副主任郭满福、副县长海丽、政协副主席宋兆吉及各乡镇、各相关部门负责人参加启动会。

△ 西吉县“幸福家苑”承建商宁夏启鸿房地产开发有限公司总经理李启斌一行在西吉二中

会议室为贫困学生捐赠300套校服和21000元助学金，同时学校为宁夏启鸿房地产开发有限公司赠送锦旗。

3月

1日　全县农业工作会议在会议中心会堂召开，主要任务是贯彻中央、自治区一号文件精神和中央、全区农村工作会议精神，总结2016年农牧业工作，全面安排部署2017年工作。县委副书记王林、人大常委会副主任吴建雄、副县长谢国玉、政协副主席刘东海及各乡镇乡镇长和县直相关部门、区市驻县有关单位负责人、全县农牧业企业、合作社负责人、种养殖大户代表、农牧系统全体干部职工参加会议。

△　由副市长吴会军带领的相关部门负责人组成的环境督查组督查西吉县环境保护与治理工作。副县长海丽及建环局负责人陪同督查。

△“迎接党的十九大”系列网络媒体活动之“脱贫攻坚看宁夏”大型主题采访活动第三站在西吉县马莲乡陆家沟村进行采访活动。县委常委、宣传部部长马金平及扶贫办、马莲乡负责人陪同采访。

△　全县脱贫攻坚推进会在会议中心会堂召开。主要任务是全面贯彻落实区、市脱贫攻坚推进会议精神，正视全县脱贫攻坚工作中存在的问题，进一步夯实脱贫攻坚工作责任，对深入推进脱贫攻坚进行再动员、再部署。县长武维东、政协主席马天英及全体在家县级领导，各乡镇党委书记、乡镇长、分管领导，县直各部门单位和区、市驻县各单位主要负责人，238个贫困村第一书记，84个销号村党支部书记参加会议。县委副书记王林主持会议，县长武维东在会上作讲话。

2日　全县2017年全面治理拖欠农民工工资工作会议在会议中心一会议室召开。县长武维东、县委副书记张亚萍、人大常委会副主任郭满福、副县长李晓东、政协副主席刘东海及各乡镇、县直各部门（单位）主要负责人参加了会议。

△　县政协主席马天英带领政协办、发改局、统计局等相关部门负责人，到平峰镇指导脱贫帮扶工作，并看望慰问部分困难群众。

4日　由农业部兽医局副局长刁新育带领的调研组，到西吉县开展2017年“百乡万户调查”活动。农牧厅首席兽医师晁向阳、农牧厅兽医局局长张和平及市有关部门负责人陪同调研。在政府三楼会议室召开座谈会，副县长、农牧局局长谢国玉，兴隆镇、红耀乡及县农牧局各站所负责人参加会议。

6日　全县第二期村党组织书记培训班在县委党校开班。市委常委、县委书记马志宏出席开班仪式，吉强、将台、什字、红耀、西滩、沙沟、火石寨7个乡镇的组织委员和99个村的党组织书记参加培训班。开班仪式由县委常委、组织部部长王生尧主持。

△　西吉县举行首批新能源公交投入试运营通车仪式。副县长李晓东，政协副主席及交通、交警、路政及相关部门负责人参加仪式。

△　全县“庆‘三八’，送温暖，树新风”活动在将台乡举行。市委常委、县委书记马志宏，市妇联副主席张秀桂，县委常委、组织部部长王生尧、人大常委会副主任、妇联主席高月琴，副县长海丽，政协副主席张国义及将台堡镇负责人和各乡镇妇联主席、将台乡各村妇代会主任、贫困妇女，将台乡部分群众共计500余人参加了活动。

△　县人大主任李聪到红耀乡小庄村调研精准扶贫和基层人大建设工作。

△　市委常委、县委书记马志宏调研将台乡西坪村美丽乡村建设前期拆迁工作。副县长海丽，政协副主席、交通局局长刘东海及建环局、

文广局、将台乡负责人陪同调研。

7日　县人大常委会在人大三楼会议室召开开展干部作风大整治启动会。人大常委会主任李聪，副主任郭满福、马桂英、高月琴，人大常委会“一办四委”负责人及全体干部职工参加了会议。

△　县委中心组专题辅导报告会在会议中心一会议室召开。市委常委、县委书记马志宏，县长武维东，人大常委会主任李聪、政协主席马天英及全体在家县级领导和各乡镇、县直各部门、各金融机构负责人、企业代表聆听了报告会。光大证券办公室副主任兼文秘部总经理李天志和光大证券相关人员应邀出席报告会。报告会由县委常委、副县长梁秋明主持。报告会特邀光大证券投行部董事、总经理焦劲军作了题为《全方位投资银行业务》的专题辅导。

△　市人大常委会副主任云生元一行到兴平乡调研扶贫工作。县人大常委会副主任郭满福及兴平乡负责人陪同调研。

8日　县委党校特邀县委副书记王林为第二届村党支部书记培训班作专题辅导讲座。

△　自治区党委常委、市委书记纪峥和副市长周文贵及相关部门负责人一行到S60西吉至会宁高速公路施工现场，通过听取汇报、实地查看，对西吉县公路建设情况进行调研。纪峥还就夏寨水库周边违建情况进行调研，并强调要形成合力，对违法乱建行为进行严厉打击，绝不姑息。市委常委、县委书记马志宏，县长武维东，副县长李晓东陪同调研。

9日　县政协副主席宋兆吉、李西平、张国义和县委常委、副县长吴鹏，带领白崖乡主要负责人及部分政协委员前往银川市金凤区丰登镇调研对接半子沟村移民搬迁事宜。金凤区委常委、丰登镇党委书记陈伟龙向调研组就安置建设、移民信息对接、就业培训及配套产业等情况作了详细汇报。

△　福建省总工会党组书记、副主席丁文清带领相关处室负责人一行在自治区总工会财务部部长马玉山，固原市委常委、副市长陆菁，市政协副主席、总工会主席呼延俊杰的陪同下到西吉县将台堡红军长征纪念园、宁夏吉德慈善产业园开展交流走访活动。县委常委、副县长蔡志，人大常委会副主任、总工会主席吴健雄，宁夏吉德慈善产业园管委会主任马耀宏，县长助理陈海防及县总工会负责人陪同交流走访活动。

△　县委领导班子召开落实自治区效能目标管理考核整改要求专题民主生活会。市委常委、县委书记马志宏主持会议，武维东、李聪、马天英、张亚萍等全体在家县领导和各相关部门主要负责人参加了会议。自治区党委组织部干部五处处长马天兵、自治区党委办公厅信息调研处调研员马金、市委督查室副主任邓彦辉、市委组织部非公有制经济组织工委专职副书记马成文莅会指导。会上，自治区党委办公厅信息调研处调研员马金通报了全区2016年度效能目标管理考核情况。市委常委、县委书记马志宏代表县委常委班子从存在的主要问题、问题产生的原因、今后努力方向和整改措施3个方面进行了对照检查。县长武维东、人大常委会主任李聪、政协主席马天英、县委副书记张亚萍及县委领导班子成员和政府领导班子成员分别结合各自分管的工作，进行了深刻的自我剖析，并提出了整改措施和今后努力方向。

10日　自治区农牧厅副厅长赖伟利带领相关厅局负责人一行，在市农牧局负责人的陪同下，先后到吉强镇万崖村马铃薯产业园、将台蔬菜育苗中心、马莲向丰等对西吉县农业工作进行实地调研。副县长谢国玉及农牧局负责人陪同调研。

△　全县打击违法建设行为动员会在会议中心一会议室召开。市委常委、县委书记马志宏，县长武维东，人大常委会主任李聪，政协主席马天英，县委副书记张亚萍及有关县级领导、夏寨

水库区域内打击违法建筑联合执法指挥部成员单位负责人参加了会议。武维东主持会议并宣读了《西吉县打击违法建设行为联合执法专项行动工作方案（夏寨水库区域）》，市委常委、县委书记马志宏对全县打击违法建设行为作了全面动员部署，提出明确要求。

13日 十四届县委召开2017年第五次常委会议。专题传达自治区党委常委、市委书记纪峥主持召开的关于西吉县违建情况的书记办公会议精神和纪峥的重要讲话精神，安排部署西吉县贯彻落实意见。

△ 全县第三期村党组织书记培训班开班仪式在党校五楼会议室举行。县委副书记、党校校长张亚萍，县委常委、组织部部长王生尧及党校负责人出席培训班开班仪式，新营、硝河、偏城、马莲、平峰、王民6个乡镇的组织委员和99个村的党支部书记参加了培训班。开班仪式由王生尧主持。

14日 市委常委、县委书记马志宏主持召开2016年度效能目标管理考核末位乡镇、部门党政主要负责人约谈会。县领导武维东、李聪、马天英、张亚萍、李平、王生尧、王维强、谢国玉、马耀宏及相关乡镇、部门主要负责人参加了约谈会。

△ 2017年全县教育工作会在教育局五楼会议室召开。县委常委、副县长梁秋明、人大常委会副主任高月琴，政协副主席张国义及教育体育局班子成员和全体干部职工、各中小学校负责人参加了会议。

△ 市委常委、县委书记马志宏主持召开全县重点工作督查督导部署会议。县领导武维东、李聪、马天英、张亚萍、马金平、马保师、王生尧、王维强、郭满福、马桂英、吴建雄、高月琴、宋兆吉、张国义及县委办、政府办、人大办、政协办、组织、宣传、纪委、统战、政法等部门负责人参加了会议。会议主要是为切实推动“4156”工作部署，抓好“五大战役”、“六大工程”“22件工作大事”落地生根，有力推进以脱贫攻坚为核心的改革发展任务。县委决定由县委、人大、政协领导组成20个专项督查督导组，专项负责全县重点工作、重点项目、重点改革任务的督查督导，每月向县委汇报工作进展情况。县委副书记张亚萍就具体相关事宜进行了安排部署，马志宏作了重要讲话。

15日 自治区团委书记赵涛一行在县委常委、组织部部长王生尧及商经局负责人的陪同下，到西吉县电商扶贫创业孵化园，对孵化园的建设及电商发展情况进行调研。

△ 自治区党委党史研究室主任宋建钢和副主任饶彦久、郭小涛，副巡视员任建耀一行，到吉强镇酸刺村开展扶贫助学活动，为酸刺小学的学生送去书包及学习用品，并在酸刺村委会主持召开座谈会，县委常委、宣传部部长马金平，吉强镇负责人及酸刺村村支书、驻村书记王峰和部分致富带头人参加了座谈会。马金平就全县马铃薯、养殖种植产业扶持方针、政策作了说明。

△ 全县2017年交通运输工作会议在县职业中学报告厅召开。县委副书记王林，县委常委、副县长陈钟，人大常委会副主任马桂英，副县长李晓东，政协副主席、交通局局长刘东海，各乡镇、县直各部门、客运企业负责人及全县交通系统全体干部职工参加了会议。会议由李晓东主持。

△ 固原市委常委、宣传部部长、统战部部长王正儒带领市委宣传部、市文广局负责人一行到西吉县调研综合文化服务中心和文化大院创建工作。县委副书记张亚萍，县委常委、宣传部部长马金平及县文广局和相关乡镇负责人陪同调研。

16日 由自治区教育厅政府教育督导室专职副主任衡鸣带领的督查组一行，在市教育局负责人和县人大常委会副主任高月琴、副县长海丽及县教体局负责人陪同下，督查西吉县义务教育均衡发展工作。先后深入硝河中学、将台中学和兴隆中学，对各学校的办学情况、师资队伍建设、教育教学设施等现场询问学校负责人、代课教师和学生，并汇总记录了学校在义务教务均衡发展工作方面存在的问题。督查组在政府三楼会议室召开座谈会，县长武维东、副县长海丽及相关部门负责人和各学校校长参加了会议。海丽就全县义务教育均衡发展情况进行了汇报。

△ 市人大常委会主任罗永红、副主任朱培忠带领市人大专委会负责人调研《关于健全人大讨论决定重大事项制度、各级政府重大决策出台前向本级人大报告的实施意见》贯彻落实情况。在县人大三楼会议室召开座谈会，县人大常委会主任李聪，县委常委、副县长梁秋明，人大常委会副主任郭满福、马桂英、吴建雄、高月琴，检察院检察长穆存祥，人大各专委会负责人及发改、财政、司法、建环等部门负责人参加了座谈会。

18日 由自治区体育局主办的2017年全民健身季“送培到基层”暨“第三届健身嘉年华”宁夏健美协会系列活动走进西吉。在西吉中学体育馆，来自全县各中小学校的部分教师、基层社区体育健身爱好者、部分西中学生等600余人参加了培训。来自宁夏健美协会的4名专业健身教练以国家体育总局推广的《12套广场舞》《全国中小学校园啦啦操规定动作》、中学生《踏板操规定动作》为主要培训内容，对健身操、广场舞、啦啦操的套路进行了耐心细致的讲解和教学。

20日 全县新一轮第一书记培训班开班仪式在党校会议室举行。市委常委、县委书记马志宏，县委常委、组织部部长王生尧及全县第一批驻村第一书记参加了开班仪式。王生尧主持开班仪式，马志宏作了重要讲话。

△ 全县领导干部大会在会议中心一会议室召开。传达学习全国两会及自治区领导干部大会精神，安排部署西吉县贯彻落实工作。市委常委、县委书记马志宏，县领导武维东、李聪、马天英、张亚萍、王林及全体在家的县级领导和各乡镇、各部门主要负责人参加会议。马志宏主持会议并传达学习李建华书记在自治区领导干部大会上的讲话精神，县长武维东传达学习马汉成市长审议及访谈精神；人大常委会主任李聪传达学习全国十二届人大五次会议精神；政协主席马天英传达学习全国政协十二届五次会议精神。

△ 政协主席马天英主持召开县政协十一届一次常委会议。政协副主席刘东海、宋兆吉、张国义和全体政协常委出席会议。人大常委会副主任马桂英，副县长穆春应邀出席会议；政府办、农牧、交通、建环、教体、扶贫等部门和相关乡镇负责人及参加第一季度调研的政协委员列席了会议。

△ 市委常委、纪委书记纳冰在县委常委、纪委书记王维强的陪同下督查西吉县纪委工作开展情况。

20—21日 县人大常委会主任李聪和副主任郭满福、马桂英、吴建雄、高月琴及部分人大常委会委员、人大代表、乡镇人大主席组成的检查组，对全县教育、金融扶贫、医改等工作进行考察。县委常委、副县长吴鹏陪同考察。

21日 自治区扶贫办副主任丁建懿应邀为西吉县驻村第一书记做专题讲座。县委副书记王林及驻村第一书记聆听了讲座。

△ 县委副书记王林在新一轮驻村第一书记培训班上作题为《西吉县脱贫攻坚及农业产业扶持政策》专题辅导讲座。

△ 副市长、市公安局局长刘文戈一行到火石寨乡小川村调研脱贫攻坚工作。县委常委、县公安局局长李平，检察院检察长穆存祥，火石寨乡负责人及小川村驻村工作队陪同调研。

△ 县委常委、常务副县长马宗正在政府三楼会议室主持召开2017年第一季度经济运行分析会。县统计、发改、人社等相关部门负责人参加

会议。

22日　全县肉牛产业现场观摩推进会在会议中心一会议室召开。自治区农牧厅总兽医师罗晓瑜、畜牧工作站站长吴彦虎一行到会指导。县委副书记王林、副县长谢国玉及全县肉牛产业发展领导小组成员、各乡镇相关负责人参加了会议。

△　自治区主席咸辉在自治区党委常委、市委书记纪峥，市长马汉成，县委书记马志宏、县长武维东及区市相关厅（局）负责人的陪同下，调研西吉县工作。

△　全县2017年人民武装工作会议在教育局五楼会议室召开。县委常委、吉强镇党委书记王社宝，人大常委会副主任高月琴，副县长穆春，政协副主席李西平，人武部政委刘文平及各乡镇人武部长参加了会议。会议由人武部政委刘文平主持。

△　国家林业局退耕办副主任、巡视员张秀斌和国家林业局退耕办工程处处长吴转颖一行，在自治区退耕办副主任朱继平的陪同下，调研西吉县新一轮退耕还林工作开展情况。副县长李晓东及林业局负责人陪同调研。

△　宁夏旅游投资集团党委书记、董事长白建平一行调研西吉县全域旅游产业情况。市委常委、副市长陈济丁，六盘山旅游扶贫试验区管委会副主任、旅游委员会主任张宗信，宁夏六盘山旅游集团有限公司董事长王周，县委常委、副县长吴鹏及县文广局负责人陪同调研。

△　自治区党委常委、宣传部部长赵永清和固原市委常委、宣传部部长、统战部部长王正儒及吴忠、固原、中卫三市九县区相关领导，先后到震湖乡党家岔堰塞湖、新营乡金山文化苑、将台堡红军长征会师纪念园、兴隆镇下范村等实地调研西吉县宣传思想文化工作。县领导张亚萍、马金平陪同调研。

23日　自治区工商局党组成员、副局长王为民，纪检组组长赵怡军带领相关处室负责人、银川开发区工商局和宁东工商局负责人一行33人，到西吉县什字乡杨庄村结对帮扶60余户建档立卡贫困户。

△　十四届县委召开2017年第六次常委会议。会议传达学习了全区组织部长会议及盛荣华在固原调研时的讲话精神；咸辉主席在西吉县考察调研胡芦河流域水环境污染综合治理工作专题会上的讲话精神；全区老干部工作先进集体和先进工作者表彰大会、全区老干部局长会议精神，研究西吉县贯彻落实意见。

△　市人大常委会主任罗永红和副主任云生元、市人大常委会秘书长王晓明及部分市人大委员一行，先后到西吉县兴隆镇葫芦河整治工程现场、震湖乡博怡塑业有限责任公司、县城污水处理厂、硝河乡关庄村、将台乡西坪村等地，检查西吉县就《中华人民共和国环境保护法》贯彻实施情况和城乡环境整治、主要河流污染治理、农用塑料残膜回收利用情况及精准扶贫工作开展情况。县人大常委会主任李聪、副主任郭满福、副县长穆春及市、县相关部门负责人陪同检查。

22—23日　自治区主席咸辉一行到西吉县，以走村入户、实地勘察、召开现场会等形式，对葫芦河流域综合治理及脱贫攻坚工作进行调研。自治区党委常委、市委书记纪峥，自治区政府秘书长，办公厅、发改委、财政厅、水利厅、环保厅、住建厅、扶贫办负责人，市县领导马汉成、马志宏、武维东、海丽陪同调研。

24日　全县“推动移风易俗、树立文明乡风”誓师暨精神文明建设表彰大会在会议中心会堂召开。市委常委、县委书记马志宏，县长武维东，人大常委会主任李聪，县委副书记张亚萍及全体在家的县级领导出席会议。各乡镇党委书记、乡镇长，县直各部门（单位）、区市驻县各单位主要负责人、受表彰的模范个人和集体代表参加会议。武维东主持会议。

△　全县义务教育均衡发展攻坚大会在会议

中心会堂召开。市委常委、县委书记马志宏，县长武维东，人大常委会主任李聪，县委副书记张亚萍及全体在家的县级领导出席会议。各乡镇党委书记、乡镇长，县推进义务教育均衡发展工作领导小组成员单位负责人，县教育体育局班子成员及全体干部职工，各中小学校（园）长、主管教学副校长、主管后勤副校长、教务主任（义教员）、会计共400余人参加了会议。武维东主持会议，马志宏作了重要讲话。

△　自治区科协党组书记、主席李晓波一行，先后到西吉县吉强镇龙王坝心雨林下科技服务协会、袁河中学、向阳梅花鹿驯养繁殖专业协会、县中药材产业协会等地，实地调研西吉县科协组织建设、基层科普工作及科普信息化建设、基层科技助力精准扶贫等工作情况。县委常委、宣传部部长马金平及县科协负责人陪同调研。

25日　西吉县火石寨景区、将台堡、龙王坝、马兰刺绣等企业推介人员参加在西安大唐西市广场举行的“天高云淡六盘山·宁夏固原”2017年旅游专项推介会活动。活动现场，企业推介人员通过播放宣传片、发放宣传资料和现场推介，对西吉县旅游资源和旅游商品进行全面宣传推广。

27日　市委常委、县委书记马志宏和副县长谢国玉及县委办、扶贫办负责人先后深入红耀、马建、田坪乡调研精准扶贫工作。县委常委、公安局局长李平，县委常委、纪委书记王维强，人大常委会副主任吴建雄分别在各自包扶乡村陪同调研。

28日　县人武部召开干部退休命令大会。固原军分区政委宋晓国，县委副书记张亚萍，县委常委、人武部部长任升虎，县委常委、副县长刘镇晶及国动委成员单位，各编兵单位负责人、各乡镇人武部长，人武部全体干部参加了会议。会议由人武部政委刘文平主持。宋晓国宣布了中央军委国防动员部对任升虎的退休命令，并代表固原军分区对任升虎30年军旅生涯特别是在西吉县人武部工作期间取得的优异成绩、为人武部建设和全县民兵基层建设做出的突出贡献进行了高度评价和充分肯定。

△　县人大常委会主任李聪带领县人大办公室、林业局、新营乡政府负责人调研新营乡车路湾村精准扶贫工作。

29日　市人大常委会主任罗永红带领市委办、人大办、扶贫办等相关部门负责人，在市委常委、县委书记马志宏，县人大常委会副主任郭满福及相关部门负责人的陪同下，先后到田坪乡腰庄村和马建乡台子村，督查西吉县脱贫攻坚重点工作开展情况。

30日　2017年政府系统建议提案交办会在政府三楼会议室召开。县委常委、常务副县长马宗正主持会议。县人大常委会副主任郭满福、政协副主席张国义、人大代选委负责人、政协提案委负责人、县财政、文广等相关部门负责人参加了会议。

△　自治区妇联主席董玲和副主席李咏梅、区妇联相关处室负责人一行，在市妇联负责人的陪同下，调研西吉县妇联工作开展情况。在县人大常委会副主任、妇联主席高月琴，副县长海丽的陪同下，到将台乡东坡村和火集村进行实地调研，随后，在偏城乡双羊套村村委会主持召开座谈会。市委常委、县委书记马志宏出席座谈会。

△　由市人大常委会副主任杨大素、市中级人民法院院长张仁、市人民检察院检察长樊百安及部分市人大常委会委员、人大代表，市政法委、司法局、人民银行、律师事务所负责人组成的检查组，检查西吉县法院执行工作和检察院刑事执行检察工作。县人大常委会副主任马桂英、县法院院长张尚祎、县检察院检察长穆存祥陪同检查。

4月

1日　市委常委、县委书记马志宏在县委五楼会议室主持召开将台堡小城镇建设规划评审会。县领导马天英、张亚萍、马金平、李平、马宗正、海丽及各相关部门、乡镇负责人参加了评审会,《中国企业报》集团全媒科技公司董事长陈秀明应邀出席会议。

6日　全县涉农惠农资金监管平台推广应用暨查处涉农扶贫领域腐败问题专项行动动员部署会议在会议中心一会议室召开。县委副书记、政法委书记张亚萍，县委常委、常务副县长马宗正，县委常委、纪委书记王维强及各乡镇、县直各部门（单位）负责人参加了会议。

△　全县2017年第一季度信访联席会议在会议中心一会议室召开。县委副书记、政法委书记张亚萍，县委常委、常务副县长马宗正，信访督办局负责人及各乡镇、县直各部门负责人参加会议。

△　西吉县2017年宁夏统一战线“助力脱贫攻坚”行动村企对接工作会在县委五楼会议室召开。县委常委、统战部部长马保师，县委常委、副县长陈钟，人大常委会副主任吴建雄，政协副主席宋兆吉及自治区统战部相关处室负责人参加了会议。自治区党委统战部经济联络处副处长刘长松介绍了宁夏统一战线“助力脱贫攻坚”行动相关情况。

△　全县2017年春季义务植树工作动员会在教育局五楼会议室召开。县委副书记、政法委书记张亚萍，人大常委会副主任高月琴，副县长李晓东，政协副主席宋兆吉出席会议。县直各部门（单位）负责人、林业局技术骨干参加了会议。

△　县人大常委会主任李聪到新营乡调研精准扶贫和义务教育均衡验收工作进展情况。

7日　交通运输部综合规划司副司长苏杰带领相关处室人员到西吉县开展回访调研活动。在县委常委、副县长陈忠及区市县交通厅（局）负责人的陪同下，走访了S204线海原至西吉段及S60西吉至会宁（宁甘界）高速公路施工现场，针对中办督查室《习近平总书记宁夏考察首次回访调研报告》中指出的宁夏在加快发展、保持社会稳定等工作中存在的交通基础设施不畅等问题进行专题回访调研。

△　国务院扶贫办开发指导司副司长杨刚、全国扶贫宣传教育中心培训二处处长刘少峰、华中科技大学减贫与发展研究院副院长洪邵华及自治区扶贫办培训中心主任南子强一行在副市长周文贵，县委常委、组织部部长王生尧及市县相关部门负责人的陪同下。调研西吉县农村“两个带头人”工程工作情况。

△　由市人大常委会副主任范霞带领的督查组，到正在施工的S204省道、S60西会高速公路A1合同段、县城棚户区改造区和将台乡棚户区改造区等施工现场，实地督查西吉县重点项目施工情况，并在县委二楼会议室召开座谈会。县委副书记张亚萍，县委常委、副县长吴鹏，人大常委会副主任吴健雄及县财政、国税、发改等部门负责人陪同督查。

△　自治区党委常委、市委书记纪峥和市委常委、宣传部部长、统战部部长王正儒，市旅游发展委员会主任张宗信及相关部门负责人调研西吉县将台堡建设情况。中国企业报社社长吴昀国、中国企业报全媒科技公司董事长陈秀明应邀陪同调研。调研组在市委常委、县委书记马志宏，县长武维东，县委常委、常务副县长马宗正，副县长海丽，政协副主席刘东海及相关部门负责人的陪同下到将台堡，通过实地查看、听取汇报、召开座谈会等形式对将台堡修缮规划、工程进度等情况进行详细了解，并就相关问题进行现场研究，提出具体意见和建议。

10日　汇源果汁集团董事长朱新礼带领考察团，在自治区党委常委、统战部部长马廷礼，市委常委、县委书记马志宏，县长武维东，县委常委、统战部部长马保师，副县长谢国玉，园区管委会主任马耀宏的陪同下，到旺泉食品有限公司、勇兴三粉、宁夏国圣食品有限责任公司开展考察，在县委五楼会议室召开座谈会。市长马汉成，市委常委、县委书记马志宏及县领导武维东、马天英、马保师、谢国玉、马耀宏及和相关乡镇、部门负责人参加了座谈会。

△　由自治区党委办公厅副巡视员于平带领的督查组一行，督查西吉县2017年自治区重点工作项目和“放管服”改革等任务推进情况。在县委二楼会议室召开座谈会。县委副书记张亚萍，县委常委、常务副县长马宗正，副县长海丽及发改、城建等相关单位负责人参加了会议。

△　公益电影《风催着太阳》开机仪式在震湖乡商业文化广场举行。县委常委、宣传部部长马金平，电影导演兼总制片人荀君，出品人单志国等电影负责人及震湖乡负责人参加了开机仪式。

11日　西吉县全面深化改革工作推进会在县委五楼会议室召开。县委副书记王林及县直各部门负责人参加了会议。

△　市政协副主席杨志荣一行，先后到西吉县吉强镇套子湾村、套子湾村肉驴养殖基地等，实地调研西吉县农村土地“三权分置”改革情况。副县长穆春及农牧局、吉强镇相关负责人陪同调研。

△　市政协党组书记、主席马玉芳带领调研组调研西吉县政协工作。在县政协召开座谈会。县政协主席马天英，副主席宋兆吉、张国义及县政协全体干部职工参加了座谈会。

12日　市政协副主席马宝福带领督查组督查西吉县全域旅游与民族团结创建工作。副县长穆春及宗教、文广部门负责人陪同督查。

△　全区六盘山400毫米降水线造林绿化工程启动会在西吉县火石寨乡扫竹岭造林示范区举行。自治区林业厅厅长马金元、副厅长平学智，市县领导马志宏、云生元、周文贵、杨彦文、武维东、李晓东；国家林业局三北局、自治区国土、农牧、水利、扶贫、农林科学院等部门负责人，自治区林业厅相关处室、直属事业单位负责人；各相关市、县（区）政府分管领导，林业（园林）局局长和技术负责人；六盘山、南华山、罗山、哈巴湖国家级自然保护区管理局负责人及新闻媒体记者参加了启动仪式。启动仪式由马金元主持。县长武维东致欢迎辞，平学智安排部署六盘山400毫米降水线造林绿化工程工作，市副市长周文贵、自治区林业厅厅长马金元分别作了讲话，启动仪式结束后，全体参会领导共同参加了义务植树活动。

△　市长马汉成，市委常委、常务副市长黄思明一行，调研西吉县将台堡红军长征会师广场建设项目进展情况。市委常委、县委书记马志宏，县长武维东，副县长海丽，政协副主席刘东海及文广、建环、交通负责人陪同调研。

△　市人大常委会主任罗永红带领市人大办、扶贫办等相关部门负责人，对西吉县脱贫攻坚重点工作开展情况进行督导检查。县委副书记、政法委书记张亚萍，县委常委、吉强镇党委书记王社宝，副县长谢国玉及相关部门负责人陪同督导检查。

△　自治区文化厅副厅长刘浩带领督察组，督查西吉县乡镇文化站和村综合文化服务中心建设情况。县委常委、宣传部部长马金平陪同督查。

13日　自治区高院党组副书记、副院长李金英一行在市中级人民法院院长张仁的陪同下，调研西吉法院工作和结对帮扶工作。市委常委、县委书记马志宏，县长武维东，县法院院长张尚祎陪同调研。

△　全县安全生产、消防安全工作暨县安委会第二季度全体（扩大）会议在会议中心一会议室召开。县委常委、公安局局长李平，副县长穆春，各乡镇乡镇长、县安委会和消防安全委员会领导小组成员单位负责人及部分重点企业负责人参加了会议。

△ 市委常委、副市长刘学武一行，先后到震湖乡、老年活动中心、硝河乡硝河村、兴隆中心敬老院等地，调研指导西吉县民政工作。副县长谢国玉及相关部门负责人陪同调研。

△ 全县妇女创业担保贷款工作推进会在会议中心一会议室召开。县委常委、组织部部长王生尧，人大常委会副主任、妇联主席高月琴，副县长海丽，政协副主席张国义，妇女创业担保贷款工作领导小组各成员单位、各乡镇负责人及乡妇联主席、部分村妇代会主任参加了会议。

△ 由市政协副主席杨自平带领的第十重点工作调研督导组，先后到六盘山400毫米降水线造林绿化工程扫竹岭示范区、将台乡牟荣村葫芦河中下游片区农村饮水配套工程项目区和兴隆镇玉桥村氧化塘项目区，对西吉县重点工作开展情况进行调研督导。县政协副主席宋兆吉及水务、林业、环境监测站负责人陪同调研。

15日 副市长周文贵带领市农牧、水利、科技等部门负责人一行，先后到马莲乡四丰万亩绿源养殖场、将台乡小义种植合作社、红耀乡文山肉驴繁育基地等企业和部分农户家中实地调研西吉县农业农村工作。副县长谢国玉及县农牧、水利等部门负责人陪同调研。

16—17日 自治区人大常委会副主任孙贵宝带领自治区汇源集团综合扶贫开发项目调研组，在县长武维东，县委常委、常务副县长马宗正的陪同下，先后到万家灯火集团公司建设基地、华林公司种植基地、佳立公司、向丰循环养殖示范园区、国圣食品有限公司、旺泉食品厂、勇兴三粉、龙王坝等地，就西吉县部分企业的种养殖规模和生产销售进行实地调研。在会议中心一会议室召开座谈会。县领导武维东、李聪、马天英、张亚萍、蔡志、李晓东、马耀宏及各相关乡镇、部门、企业负责人参加了座谈会。会议由自治区经信委副主任张宏年主持。

17日 斌凝祥融集团助推教育均衡发展活动启动仪式在沙沟乡中心小学举行，斌凝祥融集团副总裁张伟、集团副总尚金花、事业渠道部总监张华良及乡政府、学校负责人及全校师生参加了启动仪式。

18日 由财政部驻宁专员办副专员常保升、监督处处长张瑞、业务三处副处长刘晶带领的检查组，对西吉县2015—2016年财政扶贫资金进行专项检查。在政府三楼会议室召开财政扶贫资金专项检查会议，副县长谢国玉及县纪委、财政、扶贫办等相关单位负责人参加了会议。

19日 市人大常委会副主任朱培忠，市政法委常务副书记、秘书长、综治办主任马学明一行代表市委、市政府督导调研西吉县平安建设工作推进情况。县领导张亚萍、王社宝、马桂英、张尚祎陪同调研。

20日 自治区党委常委、副主席马顺清带领相关厅局负责人，在市长马汉成，市委常委、县委书记马志宏，县长武维东的陪同下，到宁夏向丰现代循环农业示范园区实地查看肉牛养殖、蔬菜种植等情况。

△ 由自治区扶贫办副主任米超，银川市扶贫办主任郝希奋、副主任陈立人，金凤区党委常委、丰登镇党委书记陈伟龙及金凤区各部门主要负责人一行，到西吉县就白崖乡半子沟村移民搬迁事宜进行对接调研。县委副书记、政法委书记张亚萍，副县长谢国玉及扶贫办等相关部门负责人参加了对接会。

△ 由自治区扶贫办副主任米超、自治区检察院正处级检察员俞季锋一行组成的督查组，在副县长谢国玉及扶贫办负责人的陪同下，先后到平峰镇上庄移民安置点、庙坪移民安置点、西吉骄子住宅工程项目建设工地，对西吉县扶贫资金使用管理情况进行督查。并在政府三楼会议室召开座谈会，扶贫办、检察院、财政局、农牧局等相关单位负责人参加了会议。

21日 全县“民族团结杯”职工运动会在县

体育馆开幕。县委常委、统战部部长马保师及总工会负责人和全体运动员、裁判员参加了开幕式。

22日　自治区文联副主席刘伟带领相关处室负责人调研西吉县“全国青少年美育工程”工作。县文联负责人陪同调研。

24日　市委常委、副市长陈济丁带领相关负责人在西吉县主持召开旅游环线工作座谈会。县委常委、副县长刘镇晶及水务、文广、林业等部门负责人参加了会议。

△　全县“推动移风易俗、树立文明乡风”誓师暨精神文明建设表彰大会在会议中心会堂召开。市委常委、县委书记马志宏，县长武维东，人大常委会主任李聪，县委副书记张亚萍及全体在家县级领导出席会议。各乡镇党委书记、乡镇长，县直各部门（单位）、区市驻县各单位主要负责人以及受表彰的模范个人和集体代表参加会议。

25日　自治区人大常委会代工委副主任杨振义、代工委办公室主任冯建军一行，到西吉县检查指导基层“人大代表之家”运行情况。县人大常委会副主任郭满福及市县人大相关专委会负责人陪同调研。

26日　由中国农业发展银行扶贫综合业务部副总经理侯永健带领的中国农业发展银行政策性金融支持致富带头人工作调研组，调研西吉县扶贫工作开展情况。副市长周文贵及市政府办、财政局和中国农业发展银行固原分行相关负责人，县委常委、副县长刘镇晶，副县长谢国玉及县财政局、兴隆镇负责人陪同调研。在县委五楼会议室召开座谈会，县农牧、畜牧中心、扶贫办、金融办、县惠民投融资公司、民生担保公司、农牧业产业化服务中心负责人和吉强镇部分致富带头人参加了座谈会。

27日　县人大常委会在会议中心举办专题法制讲座。县人大常委会主任李聪，副主任郭满福、马桂英、高月琴及人大全体干部职工、经人大常委会议任命的“一府两院”领导人员、各乡镇人大主席等共计150余人聆听了讲座，李聪主持会议。讲座特邀自治区人大常委会委员、自治区人大常委会农业与农村工作委员会主任姚文明主讲。

△　由自治区党委副秘书长李文华、自治区档案局局长王耘带领的督查组就西吉县对《国家档案行政法检查组反馈意见整改方案》落实情况进行督查。县委副书记、政法委书记张亚萍陪同督查。

28日　县人大常委会主任李聪主持召开县十七届人大常委会第三次会议。副主任郭满福、马桂英、高月琴及人大常委会委员出席会议。县委常委、副县长吴鹏，政协副主席张国义，检察院检察长穆存祥列席会议。

28—29日　由市林业局、县文化馆、平峰镇主办，平峰镇平峰村承办的以“广场文化助推精准扶贫”为主题的广场舞、秦腔清唱比赛在平峰村村部举行。来自兴平乡、平峰镇，静宁县原安乡、三合乡等多个村共39支广场舞代表队和45名秦腔爱好者参加了比赛。

31日　由宁夏金融局主办的全区资本市场专题培训暨园区企业融资对接活动西吉专场培训班在会议中心一会议室举行。县委常委、副县长刘镇晶，园区管委会、发改、商经、农牧、工商联、金融办、人行、农行、农商行、邮储银行、汇发村镇银行及各企业负责人参加了培训会。

△　市委常委、县委书记马志宏先后到兴坪乡韩堖村、友爱村、高崖村，平峰镇平峰村、庙坪村、沿坪村、王堖村，对2017年县委确定的脱贫销号村精准扶贫、精准脱贫工作进行调研。政协主席马天英、县委副书记张亚萍及县委办、政协办、农牧局、扶贫办负责人陪同调研。

5月

1日　团县委、建环、文广、林业、体育中

心、自行车运动协会联合举办“捷安特杯”“生态西吉、绿色出行”环城骑行主题活动，60多名骑行爱好者报名参加。

3日　宁夏东方学子教育书城携手西吉县宝宝书店，为西吉县学子捐赠了13000余册图书。捐赠仪式在新营乡中心小学举行，宁夏红立方商贸有限公司总经理张少华、东方学子教育书城总经理张陈，银川长雄商贸有限公司、西吉宝宝书店负责人及县民政、教育等部门负责人参加了捐赠仪式。

△　市政协副主席杨彦文带领调研组一行，先后到硝河乡关庄肉牛养殖示范村、隆堡脱贫销号村、众旺养殖专业合作社、西吉县向阳梅花鹿驯养繁殖基地、红耀乡井湾村万亩马铃薯种植基地，并分别在硝河乡关庄村、红耀乡井湾村村部召开座谈会，专题调研西吉县围绕助推脱贫产业提质增效增加农民收入情况。县领导谢国玉、张国义及扶贫、农牧、人社、农调队等相关部门负责人陪同调研。

△　全县“五四”表彰暨“青春助力脱贫攻坚”动员会在职业中学报告厅举行。县委常委、组织部部长王生尧，县委常委、副县长吴鹏，人大常委会副主任高月琴，政协副主席宋兆吉及县直各部门、区市驻县单位负责人、各乡镇团组织负责人、县城各学校团组织负责人、受表彰的先进集体和个人代表及职业中学部分师生代表参加会议。会议由吴鹏主持。

△　副市长吴会军、市环保局局长岳华一行，在副县长海丽及县建环局、火石寨管理处、党家岔管理处负责人陪同下，先后到火石寨国家级自然保护区大石城、月亮山风力发电基地、万方石料厂实地查看并听取整改情况的工作汇报。迎接中央第八环境督查组到宁夏“回头看”工作。

△　县委副书记王林带领农牧局、山东伯乐庄园开发有限公司等部门负责人一行，先后到将台牟荣蔬菜育苗中心、明荣设施蔬菜基地、向丰家庭农场、牟荣露地蔬菜基地等，开展蔬菜生产调研工作。

△　自治区党委书记石泰峰和党委副书记姜志刚，党委常委、副主席马顺清，秘书长何健及相关厅局负责人，在自治区党委常委、市委书记纪峥，市长马汉成的陪同下到西吉县调研。市委常委、县委书记马志宏，县长武维东，县委副书记张亚萍，副县长谢国玉陪同调研。石泰峰一行首先到将台堡，向红军长征会师纪念碑敬献花篮，瞻仰了红军长征纪念碑，参观了三军会师纪念馆和中南海情系西海固展馆。随后考察调研硝河乡关庄村脱贫销号工作，与县乡帮扶干部、驻村第一书记和贫困群众交流，查实情，访民意。他指出：脱贫攻坚来不得半点虚假，干部要履职尽责、主动担当，把脱贫攻坚这项重大民生实事办实办好，务求帮扶对象实、工作举措实、监督管理实、脱贫成效实，切实落实脱贫攻坚责任制，强化扶贫资金和项目监管，严防“被动脱贫”“数字脱贫”，确保扶贫成效让群众满意、经得起历史检验，如期实现脱贫摘帽。

4日　西吉县现代农业产业园论证会在政府三楼会议室召开。县委常委、常务副县长马宗正，副县长谢国玉、李晓东，规划设计单位相关人员及政府办、园区管委会、发改、财政、农牧等单位负责人和部分涉及乡镇负责人参加了会议。规划设计单位负责人从规划背景、范围、土地、水利状况、基本思路、主导产业定位、功能定位、布局、内容、保障措施8个方面向与会人员做了详细介绍，与会人员就项目构架整体情况进行了讨论。

△　县人大常委会主任李聪带领人大办负责人一行，先后到沙沟乡、沙沟乡新荣村、白崖乡、白崖乡白崖村、兴平乡、兴平乡王湾村等地。视察人大代表之家运行、代表工作室建设及人大工作开展情况。

5日　市委常委、县委书记马志宏主持召开

十四届县委2017年第九次常委会议，专题研究全县脱贫攻坚工作，听取了全县重点工作专项督查情况的汇报，听取了义务教育均衡发展工作汇报，研究贯彻落实意见。县长武维东，县委副书记张亚萍、王林，县委常委李平、王生尧、王维强、王社宝出席会议，人大常委会主任李聪、政协主席马天英等县领导，各乡镇党委书记、县直相关部门单位主要负责人列席会议。

△ 自治区扶贫办巡视员谈秋生带领相关处室负责人一行，调研西吉县移民搬迁工作，在政府三楼会议室召开座谈会。副县长谢国玉及县扶贫、农牧、水利等相关部门负责人参加了会议。

△ 全县“慧战——赢得竞争的打法”专题讲座在会议中心一会议室举办。市委常委、县委书记马志宏，县长武维东，县人大常委会主任李聪及全体在家的县级领导和各乡镇、县直各部门单位主要负责人聆听了讲座。汇源果汁集团副总裁曲军带领考察团成员出席了讲座。讲座由武维东主持。汇源果汁集团年度品牌定位及设计顾问袁奇主讲。

6日 市委常委、县委书记马志宏主持召开全县脱贫攻坚专题会议。县长武维东，人大常委会主任李聪，政协主席马天英，县委副书记王林，县委常委、吉强镇党委书记王社保，副县长谢国玉及各乡镇党政负责人、各相关部门、金融机构负责人参加了会议。

7日 新营乡召开精准扶贫工作推进会，县人大常委会主任李聪出席并指导会议。新营乡全体乡村干部、驻村第一书记及工作队员参加了会议。李聪在会上作了讲话。

8日 全区宣传思想文化系统“深化走转改·见证新发展”集中观摩采访活动在银川启动后，来自《人民日报》、新华社等中央驻宁媒体及《宁夏日报》、宁夏广播电视台等自治区媒体的40多名记者到西吉县新营乡金山文化苑进行实地观摩采访活动。县委常委、宣传部部长海丽陪同观摩采访活动。

10日 甘肃省定西市政协常委、安定区政协主席、党组书记贾记贤带领考察组，考察西吉县马铃薯主食化发展情况。县政协主席马天英，县委常委、副县长吴鹏，县政协副主席宋兆吉及县政协农业农村与资源环境委员会、文广局、农牧局等负责人陪同考察。考察组一行先到将台堡，向红军长征会师纪念碑敬献花篮，参观了三军会师纪念馆，随后到马莲乡向丰现代农业循环示范园参观考察，详细了解西吉县马铃薯“种薯繁育、鲜薯外销、淀粉加工、主食开发”产业发展情况。

△ 自治区财政厅厅长陈春平带领相关处室负责人一行，先后到硝河乡关庄村、隆堡村和向丰现代化循环产业园区等地，实地调研西吉县产业发展、精准扶贫、精准脱贫工作。市委常委、县委书记马志宏，县委常委、常务副县长马宗正陪同调研。

△ 由自治区党委办公厅副主任廉平、督查室督察一处调研员罗建颖一行组成的督查组，对西吉县贯彻落实习近平总书记在宁夏视察重要讲话精神和中央领导在中办回访调研报告上批示精神进行督查。在市委常委、县委书记马志宏，市委副秘书长靳华斌，县委副书记王林及相关部门负责人的陪同下，先后到西会公路施工现场、将台堡红军长征会师纪念园、将台乡西坪村、马莲乡四丰绿源千头肉牛生态养殖园等，通过实地察看、听取汇报和观看展板等方式进行全面督查。

△ 市旅游发展委员会主任张宗信一行，先后到龙王坝村、火石寨大庄村震坡生态庄园，聂家河休闲山庄等乡村旅游点，听取各景点负责人对景点资源、特色亮点、发展规划和游客接待等情况的汇报，实地察看各景点的建设改造，调研西吉县乡村旅游业发展情况。县文广局负责人陪同调研。

△ 全县民兵应急连组织整顿点验大会在会

议中心会堂举行。固原军分区参谋长王保贵，县委常委、副县长吴鹏，人武部政委刘文平及人武部民兵应急连全体民兵参加会议。刘文平宣读了县民兵应急连干部的任职命令并作了讲话，吴鹏以“牢记强军目标，忠实履行使命，努力为建设‘四个西吉’做出新贡献”为主题，从民兵的性质、地位和作用以及如何做合格的民兵等方面作了讲话。

12日 市委常委、县委书记马志宏在会议中心一会议室主持召开全县推进“两学一做”常态化制度化暨县级党员领导干部第一次专题研讨会。县长武维东、人大常委会主任李聪、政协主席马天英及全体在家的县级领导、各乡镇、县直各部门负责人参加了会议。

△ 全县扶贫开发成效考核反馈问题整改暨脱贫攻坚“回头看”工作推进会在会议中心一会议室召开。主要任务是根据反馈和自查，重点解决脱贫工作不实、不准、不稳定的问题，进一步安排部署整改工作。市委常委、县委书记马志宏，县长武维东，人大常委会主任李聪，政协主席马天英及全体在家的县级领导、各乡镇、部门负责人参加了会议。县委副书记王林主持会议。

△ 市政协副主席呼延俊杰带领走访组一行，先后到西吉县硝河乡隆堡村绿发蔬菜种植专业合作社和兴隆镇单南村，通过实地察看和听取情况介绍等方式，走访市政协四届一次全会《关于加强蔬菜合作社建设的建议》和《关于建设西吉县兴隆镇单家集民族团结园的建议》两件提案办理情况。副县长海丽、政协副主席张国义陪同走访。

13日 县政协举行宁夏政协“兴华爱心基金重特大疾病救助资金”发放仪式。政协主席马天英，副主席宋兆吉、李西平、张国义及政协办、政协各专委会、扶贫办、民政局、人社局负责人及受助群众代表参加仪式。发放仪式由政协副主席李西平主持。宁夏政协“兴华爱心基金重特大疾病救助资金”是针对全区建档立卡贫困户中的大病患者启动实施的一项慈善扶贫工程，资金主要来源为宁夏燕宝慈善基金会每年捐赠300万元和社会募捐，该资金对因住院发生的医疗费用在基本医保、大病保险、商业健康补充保险和民政医疗救助保障后仍承担不起的患者，给予一定比例救助。张国义宣读了救助人员名单，与会领导为受助群众代表现场发放救助金。此次发放仪式上，共向符合条件的13名受助群众发放救助金共计24万余元。

15日 共青团固原市委书记喜晓林、副书记马小路一行到西吉县观摩考察。县委常委、副县长吴鹏及团县委负责人陪同考察。

16日 市人大常委会主任罗永红带领市有关部门负责人一行督查西吉县金融扶贫工作。县人大常委会主任李聪，县委副书记张亚萍陪同督查。

△ 自治区民政厅党组书记妥永苍带领民政厅相关处室负责人一行，先后到西吉县硝河乡硝河村、县老年活动中心项目建设地和县城中心敬老院等，调研西吉县民政工作。市委常委、副市长刘学武，县长武维东，副县长谢国玉及市县民政局负责人陪同调研。

△ 西吉县与光大证券股份有限公司“证券+期货+保险”帮扶合作框架协议签约仪式在会议中心一会议室举行。光大证券股份有限公司党委副书记、监事长刘济平和光大证券股份有限公司相关负责人，副市长曲峰、宁夏证监局巡视员李建良、宁夏金融工作局局长助理马飞、宁夏证监局机构处处长王海燕及县领导武维东、王林、刘镇晶、梁秋明、郭满福、李西平和相关部门、金融机构、保险机构负责人参加了签约仪式。签约仪式由县委常委、副县长梁秋明主持。武维东在签约仪式上作了致辞，曲峰作了讲话。

16—17日 由自治区政协副主席蔡国英带领的自治区港澳台侨和外事委员会主任王中，自治区政协常委、宁夏红十字会会长刘静，文化厅副厅长、文物局局长卫忠，林业厅副巡视员王宁，旅游发展委员会副主任万学道，旅游投资集团纪委书记李雪峰，港澳台侨和外事委员会办公室主任赵云组成的调研组，调研西吉县全域旅游建设情况。市政协副主席杨自平及相关部门负责人陪同调研。在市委常委、县委书记马志宏，县长武维东（只调研了火石寨国家地质森林公园），副县长李晓东，政协副主席张国义的陪同下，先后到新营乡卧龙山、金山文化苑，吉强镇龙王坝龙泉湾山庄，硝河乡回乡文化园，将台堡红军长征会师纪念园，县钱币博物馆和火石寨国家地质森林公园，通过听取汇报、观看展板、实地察看等方式，调研西吉县生态保护、文物保护、文学馆建设、小城镇建设、文学之乡展馆建设及国家级旅游景区保护和运营情况。

17日　市委常委、县委书记马志宏，县长武维东，副县长李晓东到省道204线袁河至火石寨段，调研旅游环线公路建设情况。

18日　福建省总工会副主席张彩珍一行，在自治区总工会副主席马启宁及市总工会负责人陪同下，先后到西吉县将台堡红军长征会师纪念园、闽宁工业园区、汇丰塑业有限公司生产车间等进行交流考察。县委常委、副县长梁秋明，园区管委会主任马耀宏，县长助理陈海防陪同考察。

△　由县人大常委会主任李聪，副主任郭满福、马桂英及部分人大常委会委员、人大代表、乡镇人大主席组成的检查组，在县委常委、副县长吴鹏及国土、司法、扶贫等部门负责人的陪同下，先后到沙沟乡中口村、沙沟下坪水库、沙沟乡政府、白崖乡白崖村、市场监督管理局、司法局等地，对全县精准扶贫工作进展、国土整治项目实施及“七五”普法工作开展情况进行检查，并在司法局五楼会议室召开座谈会。

19日　全县信访维稳工作会议在县委五楼会议室召开。县委副书记、政法委书记张亚萍，县委常委、统战部部长马保师，人大常委会副主任马桂英，副县长海丽，政协副主席李西平及各乡镇党委书记、县直相关部门（单位）主要负责人参加了会议。

△　全国公安系统英雄模范立功集体表彰大会在北京人民大会堂举行。中共中央总书记、国家主席、中央军委主席习近平亲切会见并发表重要讲话。西吉县公安局一大队被评为全国优秀基层单位，一大队大队长马明学代表西吉县公安局参加了表彰大会。

22日　县人大常委会组织召开第十七届一次议案、建议办理情况汇报会。县委常委、常务副县长马宗正，县人大常委会副主任郭满福、马桂英、高月琴、“一办四委”负责人，议案建议承办部门及各有关乡镇负责人参加了会议。马宗正代表政府作了表态发言。

△　市委常委、县委书记马志宏，县委副书记、政法委书记张亚萍，县委常委、公安局局长李平，接见了从全国公安系统英雄模范立功集体表彰大会载誉归来的一大队大队长马明学，并送上鲜花。在公安局三楼会议室召开座谈会，马明学传达了习近平总书记在全国公安系统英雄模范立功集体表彰大会上的重要讲话精神，马志宏在会上作了重要讲话。

23日　自治区人民政府参事梅廷彦带领督察组代表自治区党委、政府对西吉县脱贫攻坚工作进行专项督查，并在会议中心一会议室召开汇报会。市委常委、县委书记马志宏及县领导武维东、马天英、王林、王生尧、王社保、郭满福、高月琴、谢国玉和各乡镇、相关部门单位负责人参加了汇报会。会议由自治区政府督查室调研员李东洲主持。

△　宣布新任职干部会议在县委五楼会议室召开。市委常委、县委书记马志宏主持会议并作了重要讲话。市委组织部副部长郭隗宣布了市委

的任命决定。海丽任西吉县委常委、马天峰被提名为西吉县政府副县长。县长武维东及全体在家的县级领导和相关部门负责人参加了会议。

24日　副市长曲峰专题调研西吉县金融扶贫工作。县委常委、副县长刘镇晶及县金融办负责人陪同调研。调研组在政府三楼会议室召开座谈会，人行、邮政邮储、农行、农村商业银行负责人参加了座谈会。

△　由县人大常委会副主任郭满福、马桂英及人大相关专委会负责人、部分乡镇人大主席组成的检查组，先后到西滩道堂、硝河乡民族团结文化园、钰秀社区、新营乡金山文化产业苑、县文广局等，对全县民族团结进步创建工作开展情况进行专项检查。副县长穆春陪同检查。

25日　县检察院与中国邮政集团公司西吉分公司联合举办的“预防职务犯罪邮路”专项活动在平峰镇三合村正式启动。市检察院副检察长白万钧、县检察院检察长穆存祥及市县邮政公司负责人和检察院相关工作人员参加了活动。

△　自治区国土资源厅副巡视员张黎一行，先后到白崖乡鹞子川村、将台堡镇和吉强镇大滩村，实地调研西吉县地质灾害和土地资源治理工作。县委常委、宣传部部长海丽及县国土局负责人陪同调研。

26日　爱心慈善家、感动宁夏2015年度人物张国帅及宁夏宏晟源工贸有限公司董事长马自刚、吴忠市心连心爱心协会副会长马晓林一行，在县教育、宣传部负责人的陪同下，先后到白崖乡小坡小学、兴隆镇王河小学和下范小学举行捐赠活动。本次捐赠活动是由自治区文明办、宁夏日报报业集团、宁夏广播电视台、五市文明办等单位主办，宁夏六盘山圆梦爱心服务中心和宁夏伊品生物科技股份有限公司承办，主题为“为梦想助跑，助力脱贫攻坚”爱心志愿服务活动，活动得到了多省慈善组织、企业的积极响应。此次捐赠由深圳市花样盛年慈善基金会与宁夏伊品生物科技股份有限公司联手，涉及西吉县30余所贫困小学。

△　自治区人力资源和社会保障厅党组成员、社保局局长李明一行，在县人社局、社保局负责人的陪同下，到西吉县平峰镇检查指导工作。

△　西藏自治区民宗委考察组一行在自治区民委副主任李文明、副县长穆春及市县民宗局负责人的陪同下，先后到县文化局、马莲乡四丰万亩绿源家庭农场、兴隆镇陕义堂清真寺实地参观考察西吉县民族团结工作。

△“助力教育信息化”精准扶贫活动捐赠仪式在教育体育局举行。中国孔子基金会传统文化教育分会明日之星教育基金会助学部部长张永福、副部长姜文浩，县委常委、统战部部长马保师，县政协副主席张国义及县扶贫办、教育体育局负责人、各学校（园）总支（支部）书记及教育体育局全体干部职工80余人参加捐赠仪式。仪式上，明日之星教育基金会向西吉县捐赠了价值40万元的教学管理软件和平板电脑等助学物资。

△　以“美丽家乡、吉祥西吉”为主题的全县第十八届文化广场活动在体育广场启动。县委常委、统战部部长马保师，人大常委会副主任高月琴及文广局、统战部负责人参加启动活动。

27日　十四届县委召开2017年第十一次常委会议

△　全县禁毒工作暨创建全区禁毒示范县（城镇）动员部署会议在会议中心一会议室召开。会议由县长武维东主持，市委常委、县委书记、县禁毒委主任马志宏在会上作了重要讲话。参加会议的还有县委副书记张亚萍，县委常委、公安局局长李平，人大常委会副主任马桂英，政协副主席李西平及各乡镇党委书记、乡镇长及禁毒专干、专职工作人员；县禁毒委各成员单位负责人，县禁毒办全体工作人员，公安派出所所长、司法所所长及特邀禁毒义务宣传员和禁毒志愿者。

△　全县金融扶贫工作推进会在会议中心会堂召开。县委副书记王林主持会议，县长武维东在会上作了讲话，县委常委、常务副县长马宗正，县委常委、副县长刘镇晶，人大常委会副主任高月琴，政协副主席李西平及各乡镇党委书记、乡镇长、分管金融扶贫的副乡镇长，各村委会主任；县直各部门（单位）及区市驻县各单位主要负责人，人行、农行、农商行、邮储银行、汇发村镇银行等金融机构，人保、人寿、大地等保险公司负责人参加了会议。

31日　西吉县召开2017年保障农民工工资支付工作推进会。县委副书记、政法委书记张亚萍，人大常委会副主任马桂英，副县长李晓东，政协副主席宋兆吉出席会议。李晓东主持，县直相关部门、各乡镇负责人参加了会议。

6月

1日　县委常委、副县长吴鹏，副县长李晓东带领县文化扶贫工程工作领导小组成员单位负责人及各乡镇主要负责人组成的观摩团，先后到震湖乡毛坪村、堡玉村、河滩村，平峰镇沿坪村、庙坪村、李岔村综合文化服务中心进行观摩交流。观摩结束后，在县会议中心一会议室召开全县村综合文化服务中心建设观摩推进会。会议由李晓东主持。

△　全县新任职干部集体谈话会议在会议中心一会议室召开。市委常委、县委书记马志宏出席会议并作了讲话。县委常委、组织部部长王生尧主持会议，县委副书记张亚萍作了任前廉政谈话，人大常委会主任李聪，政协主席马天英，县委常委、常务副县长马宗正及县乡领导班子换届后新调整任职的干部参加了会议。

1—2日　市委常委、县委书记马志宏主持召开全县脱贫攻坚专题会议。人大常委会主任李聪、政协主席马天英及全体在家的县级领导和各乡镇党政负责人、各相关部门、金融机构负责人参加了会议。

2日　全县2017年招生委员会会议在教育局五楼会议室召开。会议传达了区市有关招生考试会议精神，通报了2016年高考、中考及2017年全县中高考报名准备情况，并向各成员单位安排部署了有关2017年中、高考期间的具体工作，明确了责任分工。县委常委、宣传部部长、县招委会主任海丽及县教育各成员单位负责人参加了会议。

5日　县政协召开十一届二次常委会议。县政协主席马天英，副主席宋兆吉、李西平、张国义和部分政协常委出席会议。县人大常委会副主任马桂英、副县长李喜生应邀列席会议，法院、检察院、政府办、扶贫办、文广局等部门单位负责人列席会议。会议由马天英主持。

6日　全县2017年普高招生考试工作暨考务培训会在县职业中学报告厅召开。自治区高考巡视员宁夏大学人文学院党委副书记金玉河，副县长穆春分别作了指导讲话；宁夏大学人文学院辅导员潘巍、新华学院学生处副处长席博、人大常委会副主任高月琴、政协副主席张国义出席会议。区市高考巡视组成员，市县教育体育局相关负责人，县监察局、公安局、保密局负责人及全体监考教师参加了培训会议。

△　自治区人社厅副厅长张宏伟带领自治区农民工工作领导小组，在市人社局负责人的陪同下，督查西吉县农民工工资治欠保支推进工作。副县长李晓东及县人社、教育等部门负责人陪同督查，并在政府三楼会议室召开座谈会。

7—8日　县政协副主席张国义带领县建环、人社、教育、民政、卫计等相关部门负责人，先后到吉强、偏城、硝河、将台、王民、西滩、兴平、平峰、震湖、马建、红耀、新营等乡镇，针对各乡镇危房危窑改造、村文化服务中心、美丽村庄建设、村组道路硬化、阳光沐浴工程、村卫生场所，村小控辍保学、劳动力素质提升等各项民生改善工程工作进展情况进行督查。

12日　西吉县召开全县领导干部大会，传达学习贯彻自治区第十二次党代会精神。全体县级领导、各乡镇、各部门（单位）党政主要负责人及参加自治区第十二次党代会的全体代表参加了会议。县委书记马志宏就全县做好学习宣传贯彻落实自治区第十二次党代会精神及自治区党委书记石泰峰指示作了详细安排部署。

13日　全区青少年“阳光校园　我们是好伙伴”主题演讲征文比赛总决赛在县一小北校区举行。自治区教育系统关工委秘书长、自治区教育厅基础教育处调研员尚继军，县教体局负责人及来自全区的演讲征文比赛评委、全区各市县选拔出的演讲比赛选手及辅导教师、青少年学生和教师代表参加比赛开幕式。

△　县第十七届人大常委会第四次会议在人大五楼会议室召开。

14日　由《中国青年报》、山西电视台等多家报社、电视台组成的媒体采访团。在县委宣传部、扶贫办负责人的陪同下，先后到龙泉湾山庄、震湖乡义丰养殖专业合作社、宁夏山屲屲孔雀生态养殖有限公司、将台堡红军纪念园进行集中采访活动。本次采访活动的媒体记者都是近两年中国新闻最高奖——“长江韬奋奖”获得者，长江韬奋奖是经中央批准常设的全国优秀新闻工作者最高奖，由中华全国新闻工作者协会组织评选，授予新闻传媒界从业人员的全国性最高奖项。

△　海原县政协主席郭吉武带领考察组，先后到火石寨国家地质森林公园、吉强镇龙王坝龙泉湾山庄、将台堡红军长征会师纪念园等地，考察西吉县全域旅游业发展情况。县政协副主席李西平、张国义及文广局负责人陪同考察。

△　自治区人大常委会委员、民宗外侨工委主任杨勇和自治区人大常委会委员王珍、张志敏、曹国建及相关工作人员一行，在市人大副主任胡杰的陪同下，检查西吉县民族教育条例贯彻实施情况。县人大常委会主任李聪，县委常委、常务副县长马宗正，人大常委会副主任高月琴及教育局负责人陪同检查。

△　十四届县委召开2017年第十二次常委会议。会上，固原市非公有制企业党工委专职副书记马成文宣读了固原市委关于刘克虎任西吉县委常委的任命决定。

15日　全市乡镇“人大代表之家”建设现场会在西吉县召开。市人大常委会副主任朱培忠、胡杰带领市人大常委会副秘书长、代工委负责人、全市各县区人大常委会主任、分管代工委的副主任、部分乡镇人大主席组成的观摩团，先后到沙沟乡“人大代表之家”、沙沟乡欣荣社区“人大代表工作室”、白崖乡“人大代表之家”和白崖村“人大代表工作室”进行现场观摩。观摩团下午在县会议中心一会议室召开座谈会。市人大常委会主任罗永红、县人大常委会主任李聪，副主任郭满福、马桂英、高月琴参加了会议。

16日　县人大常委会主任李聪，到新营乡调研精准扶贫和重点项目建设进展情况。先后到新营乡车路湾村、二府营村，深入项目施工现场，详细了解二府营村河道整治及文化广场改造提升工程进展情况，并就项目施工过程中存在的绿化树种的选择、墙面文化元素的设计、下水配套等细节问题。最后到新营乡精准扶贫办公室，调研精准扶贫工作进展情况。

△　自治区教育工委书记、教育厅党组书记房全忠带领督查组，在市政府督查室主任朱鹏飞的陪同下，督查西吉县关于贯彻国务院重大决策部署落实情况。在政府三楼会议室主持召开情况反馈会。县长武维东，县委副书记张亚萍，县委常委、常务副县长马宗正及相关部门负责人参加会议。随后，督察组先后到红耀乡关儿岔村、实验中学、将台堡镇西坪村、兴隆镇王河村，实地

走访督查西吉县易地扶贫搬迁、“全面改薄”、农村公路建设、阳光沐浴工程建设等情况。

18日　全县“儿童之家”现场观摩会在吉强镇套子湾村举行。市民政局副局长王泽稷及相关科室负责人、县民政、吉强、教体、总工会、团委、妇联等部门负责人和相关乡镇分管领导、民政助理员、关爱留守儿童督导员及义工联合会志愿者参加会议。

19日　自治区妇联“落实党代会精神，树立文明家风”家庭教育百场巡讲活动在吉强镇大滩小学举行。自治区妇联副主席马英、自治区家庭教育讲师左海芸分别进行宣讲。自治区妇联相关处室负责人，县人大常委会副主任、妇联主席高月琴及吉强镇、教育局负责人和300余名学生家长参加了活动。

△　自治区妇联主席董玲一行，在县委常委、吉强镇党委书记刘克虎的陪同下，先后到吉强镇苟庄村、河洼村和杨坊村，实地考察西吉县妇女创业就业工作。

△　自治区组织部组织一处处长白学贵一行，在市组织部负责人的陪同下，对西吉县“五联系五促进”、基层党组织建设、“两个带头人”工程等工作进行调研。首先到兴平乡召开“五联系五促进”座谈会。县委副书记张亚萍，县委常委、统战部部长马保师及兴平乡领导班子成员和部分宗教人士代表参加了会议。随后深入兴平乡赵垴村、韩垴村、震湖乡天合家庭农场、震湖乡河滩村、孟湾村、李章村、蒙集村、吉强镇龙王坝村等地进行实地调研。

20日　县政协主席马天英，县委常委、纪委书记王维强，县检察院检察长穆存祥一行开展“七一”和“开斋节”慰问活动。慰问组一行先后到吉强镇丁香花园和平峰镇新堡村圪川组慰问部分老党员和困难党员；到平峰镇王庆村凡山湾清真寺和王堡子清真寺慰问了宗教人士。

△　全县治理拖欠农民工工资突出问题联席会议在会议中心一会议室召开。旨在进一步做好农民工工资支付工作，确保农民工按时足额拿到工资报酬。副县长李晓东主持会议，县委副书记张亚萍、人大常委会副主任郭满福及各乡镇、各部门负责人参加了会议。

△　西吉县向新疆生产建设兵团转移就业安置职工工作会议在会议中心一会议室召开。会议由副县长李晓东主持。县委副书记王林、人大常委会副主任郭满福及各乡镇、各部门负责人参加了会议。

△　自治区扶贫办主任梁积裕、扶贫办副巡视员谈秋声一行，先后到震湖乡天合家庭农场、鹏强杂粮种植专业合作社、珍珠鸡养殖大户家中、犇牛木业有限公司、博怡塑业有限公司，调研西吉县主导产业发展和脱贫攻坚工作。还实地调研了龙王坝村林下经济产业发展和企业扶贫帮困等工作。县委副书记王林、副县长谢国玉陪同调研。

△　自治区妇联主席董玲一行先后到西吉县继民手工编织有限公司、马兰妇女创业发展协会、吉强镇大滩村妇女促进会，实地西吉县妇女的创业就业空间，手工艺制品以及产品的经销情况。县委副书记张亚萍，人大常委会副主任、妇联主席高月琴陪同考察。考察结束后，董玲一行还到偏城乡双羊套村参加了爱心物资捐赠仪式，为每个孩子送去了鞋、衣服等生活学习用品。

21日　副市长周文贵带领市农牧局、科技局负责人一行，先后到向阳梅花鹿养殖合作社、万崖子万亩马铃薯种薯繁育基地、红耀乡大堡村、小庄村、震湖乡山缶缶孔雀养殖合作社、义丰养殖合作社、鹏强小秋杂粮种植合作社、天合农场、硝河乡隆堡露天蔬菜标准园、将台镇小义蔬菜种植基地、佳立马铃薯产业园、马莲乡牧草引种实验基地、什字乡玉丰青贮玉米实验基地等，对西吉县特色养殖、种植产业发展、马铃薯种薯繁育、马铃薯产业发展及各专业合作社、园区建设规划设计、运行等情况进行全面实地调研。副县长谢国玉及农牧局负责人陪同调研。

△ 自治区政协副主席张乐琴一行，在市政协副主席杨自平，县政协主席马天英，县委常委、常务副县长马宗正，政协副主席宋兆吉的陪同下。先后到兴隆镇氧化塘工程项目、兴隆镇单南村、兴隆镇垃圾填埋场、将台堡镇西坪村美丽村庄等，视察监督西吉县农村生活垃圾处理、污水处理、改厕和“农村小康环保行动计划”“农村环境连片整治示范省区”“美丽乡村”建设等项目实施情况。视察组在会议中心一会议室召开汇报座谈会，自治区政协经济委员会专职副主任刘兴华主持会议。市委常委、副市长陈济丁，县委常委、常务副县长马宗正分别就固原市和西吉县农村生活垃圾处理工作作了详细汇报。

21—22日 江西省上饶市万年县政协副主席胡洪贞带领考察组一行，先后到沙沟拱北、将台堡镇明台村丹凤山关帝庙、兴隆陕义堂清真寺等地，考察西吉县民族宗教服务管理工作。县政协副主席张国义及县委统战部、县政协民族宗教与群团法制委员会、宗教局负责人陪同考察。

△ 由自治区发改委基建管理处调研员马志武和自治区广电局副局长王永斌带领的相关业务专家组，对西吉县北山广播电视转播台基础设施建设改造项目工程主体、供排水、电力配备、机房布局等进行全面验收。副县长李晓东及县文广、消防、国土、发改等部门业务人员陪同验收。

22日 隆德县人大常委会副主任杨智军带领隆德县人大相关专委会负责人和各乡镇人大主席组成的观摩组，先后到沙沟乡人大代表之家、沙沟乡欣荣社区人大代表工作室、白崖乡人大代表之家、白崖乡白崖村人大代表工作室，对西吉县乡镇人大建设工作进行现场观摩。县人大常委会副主任郭满福陪同观摩。

△ 市科技局党组书记马有芳带领驻村工作组成员到帮扶联系点——吉强镇水岔村开展“七一”慰问活动。随后，带领村“两委”班子成员一行到马莲乡张堡源村向丰养殖专业合作社观摩学习。

△ 县禁毒委在购物中心广场开展集中宣传活动。县委副书记、政法委书记张亚萍，县委常委、公安局局长李平，县人大常委会副主任马桂英出席宣传活动。

23日 市长马汉成到硝河乡联系点，为基层党员干部、群众代表作自治区十二次党代会精神专题辅导。市政府秘书长何永吉，县长武维东，县委常委、统战部部长马保师及全体乡村两级干部、驻村第一书记聆听了讲座。讲座结束后，马汉成带领市人大常委会副主任范霞、市政协副主席呼延俊杰到兴隆镇单家集村民单志效、杨发明、马万仓家中开展节前慰问活动。

△ 县委常委、吉强镇党委书记刘克虎带领全镇领导班子成员、各村村支书、10个村的驻村书记、7个社区书记一行60余人，先后到将台堡红军长征会师纪念园、马莲乡向丰农业循环示范园、原州区张易镇大店村、伊脉水业有限公司、宋家巷社区、寨科乡蔡川村等地，对产业发展、新农村建设、基础设施建设、精准扶贫精准脱贫及党建工作方面的5个示范点进行观摩学习。

29—30日 由市委常委、县委书记马志宏和县领导武维东、张亚萍、王维强、刘克虎、穆存祥、马耀宏及县直各单位党组织书记、各乡镇党委书记、副书记、组织委员组成的观摩团对全县基层党建工作进行观摩。

30日 市经济技术合作局全体党员干部及对口帮扶的新营乡二府营村全体党员、致富带头人等一行40余人，先后到六盘山长征纪念馆、隆德县陈靳乡新和村和红崖村老巷子民俗文化街等。重点就旅游文化发展、美丽村庄建设、精准扶贫等方面工作进行观摩学习。

△ 自治区外事办公室党组书记康占平带领

办公室各处室党员、干部职工一行，到西吉县开展“庆‘七一’，迎十九大”诗歌朗诵活动。县长武维东、常务副县长马宗正参加了活动。主题活动在西吉大饭店三楼宴会厅举行。

△　受自治区党委常委、统战部长、银川市市长白尚成的委托，市委常委、县委书记马志宏代表区市党委对县内部分老党员进行走访慰问。

△　新疆建设兵团第七师人社局副局长史永峰带领相关部门负责人组成的代表团到西吉县调研。在政府三楼会议室召开座谈会，县委副书记王林、副县长李晓东、政协副主席李西平及相关乡镇、部门负责人参加了座谈会。会上史永峰代表新疆建设兵团第七师代表团向与会人员详细介绍了第七师的地理位置、自然环境、产业结构等情况和就劳动力转移就业安置工作中与老百姓息息相关的政策。县人社局负责人代表西吉县向第七师代表团介绍了西吉县的地理环境、风土人情以及县情。随后双方就移民的户口迁移问题、子女的教育政策享受、社会福利、住房及土地等问题进行了讨论。

△　全县提升建筑工程质量安全管理水平暨质量安全标准化施工现场交流观摩会在安康医院颐养苑老年服务中心建设项目现场召开。副县长马天峰，市住建局、质监站和县安监局、建环局及有关建设单位、施工企业、监理企业负责人和在建项目部管理人员200余人参加现场会。现场会上，在建工程项目负责人、总监代表分别作了经验交流，县安监局、建环局负责人就如何抓好建设工程质量安全分别作了表态发言。会后，与会人员先后到安康医院颐养苑老年服务中心项目、妇幼保健院项目、西吉六中项目建设现场进行实地观摩交流。

7月

1日　市委常委、县委书记马志宏在县委常委、吉强镇党委书记刘克虎等的陪同下，到吉强镇王召村王文连、酸刺村老党员王维岐等家中，走访慰问老党员和困难党员。

△　为纪念中国共产党成立96周年，西吉县召开全县争做抓党建促脱贫攻坚表率暨“七一”表彰大会。县长武维东主持会议，市委常委、县委书记马志宏在会上作了讲话。全体在家的县级领导，各乡镇党委书记、乡镇长、副书记、组织委员，各村（社区）党支部书记、第一书记，县直各部门（单位）党员领导干部，区、市驻县各单位主要负责人，受表彰的优秀党务工作者、优秀共产党员、优秀农村致富带头人和优秀驻村帮扶工作者参加了会议。

△　全市“不忘初心，走好新的长征路”纪念建党96周年主题党日活动在西吉县将台堡镇红军长征会师广场举行。自治区党委常委、市委书记张柱出席活动并作了讲话，市长马汉成、市人大常委会主任罗永红、市政协主席马玉芳及市在职厅级党员领导干部，各县区党委书记、县（区）长、市直各有关部门党组织负责人，西吉县四大机关党员主要领导、县直部门党组织负责人、乡镇党委书记、乡镇长、村党支部书记、第一书记及党员代表参加了活动。纪念活动由市长马汉成主持。活动首先向红军长征会师纪念碑敬献花篮，重温了入党誓词。

3日　中卫市妇联观摩团一行，先后到大滩村妇女促进会编制培训中心、蓝天民族刺绣培训中心、继民手工编制有限公司等地，观摩西吉县促进妇女创业就业、妇女手工制品产业发展等工作。随后观摩团到将台堡红军长征会师纪念园，在纪念碑前重温入党誓词，缅怀革命先烈。县人大常委会副主任、妇联主席高月琴陪同观摩。

4日　市委常委、宣传部部长、统战部部长王正儒，市人大常委会副主任杨大素，副市长周文贵，市政协副主席马宝福带领市直有关部门负责人、各县（区）统战部部长、分管民族宗教工作的副县（区）长及民族宗教局相关负责人一行先后到县检察院、文化旅游广电局、回民中学、新营乡金山文化园、西滩乡道堂，观摩指导西吉县民族团结进步创建工作。县委常委、统战部部长马保师，副县长穆春陪同观摩。

△ 市委常委、组织部部长景瑜一行调研西吉县“两个带头人”工程。景瑜一行先后到马莲乡向丰循环农业示范园、吉强镇龙王坝村，通过观看展板、实地查看、听取介绍等形式详细了解西吉县农村“两个带头人”工程作用发挥情况。县委副书记王林，县委常委、吉强镇党委书记刘克虎及县委统战部、马莲乡负责人陪同调研。

△ 市委常委、县委书记马志宏到什字乡李海村、杨庄村，对精准扶贫、精准脱贫工作进行调研。副县长谢国玉及县委办、农牧局、扶贫办负责人陪同调研。

△ 市委常委、县委书记马志宏到将台堡镇宣讲自治区第十二次党代会精神。

5日 市委常委、县委书记马志宏在会议中心一会议室主持召开全县领导干部会议。专题传达学习固原市委常委会精神和自治区党委常委、市委书记张柱的重要讲话精神。人大常委会主任李聪，政协主席马天英，县委副书记张亚萍、王林及全体在家的县级领导、各乡镇、各部门单位主要负责人参加了会议。

△ 县人大常委会主任李聪到新营乡宣讲自治区第十二次党代会精神。

△ 县委副书记张亚萍，县委常委、吉强镇党委书记刘克虎，检察院检察长穆存祥带领县直各单位党组书记、相关单位负责人一行40余人，先后到市场监督管理局、检察院、司法局、吉强派出所、城乡建设监察大队、西吉中学。采取实地查看、听取介绍、查阅资料、现场点评的方式，对党组织建设等重点工作进行了集中“观摩解剖”。随后在西吉中学党员活动室召开党建观摩推进会。

6日 中国青少年发展基金会捐助部部长严石，带领捐助方及相关负责人，到西吉县开展希望小学捐建前期考察活动。县教育局、团县委负责人陪同考察。先后到吉强镇夏大路村、大坪村、硝河乡隆堡村、兴隆镇范沟村、什字乡山庄村等村小，实地考察了学校的建设情况。听取学校相关情况的汇报，了解学校需要解决的困难。捐助方通过中国青基会向西吉县教育事业共捐赠150余万元，用于5所村小的教学楼建设。

△ 十四届县委召开2017年第十三次常委会议，传达学习习近平总书记在深度贫困地区脱贫攻坚座谈会上的重要讲话精神、石泰峰重要批示精神、张柱在四届市委第20次常委会上的讲话精神，研究西吉县贯彻落实意见，会议还研究了其他事项。

△ 参加甘陕宁晋四省区第八届旱作农业协作会议的全国农技中心、农业部种植业管理司及甘肃省、陕西省、宁夏回族自治区、山西省等省区的38名代表先后到西吉县将台堡镇牟荣特色蔬菜标准园、马莲乡向丰农业社会化综合服务站和现代农业循环示范园、万崖子马铃薯种薯繁育示范园等地，对西吉县旱作农业推广、旱作农业新品种新技术试验示范、现代农业循环发展、马铃薯种植繁育等情况进行现场观摩。县委副书记张亚萍、副县长谢国玉陪同观摩。

7日 自治区党委常委、市委书记张柱到西吉县调研。市领导马汉成、马志宏、景瑜陪同调研。在西吉至会宁高速公路出入口建设工地，张柱仔细察看项目规划方案，详细了解西吉县道路建设情况。在马莲乡向丰现代生态循环农业产业示范园，实地察看了园区建设、运营模式及肉牛养殖等情况。在佳立公司马铃薯繁育基地、将台堡镇的牟荣特色蔬菜标准化种植示范园，详细了解马铃薯繁育和蔬菜育苗、种植、销售等情况。在将台堡镇崔中村，先后到贫困户王俊友和致富带头人杨天祥家中，详细询问他们的家庭收入、子女教育、产业发展等情况。新营乡吴家沟村宁夏富民油用牡丹种植基地是西吉县招商引资项目，张柱详细询问了企业经营、油用牡丹种植和带动当地群众增收情况。张柱一行还调研了吉德慈善产业园泽艾堂生物科技有限公司、仁初包装制品公司、勇兴三粉加工有限公司等企业。

8日 市委常委、纪委书记纳冰到西吉县偏城乡马湾村，宣讲自治区第十二次党代会精神。县委常委、副县长吴鹏、偏城乡全体干部、各驻村第一书记、各村支部书记、市县乡党代表及部分群众代表聆听了宣讲。

△ 2017年全国基层院团戏曲会演在北京举行。由西吉县创拍的大型现代眉户剧《丁香花开》代表宁夏倾情献艺。这部以扶贫、文化、旅游、团结为内容的艺术精品，宣传宁夏精准扶贫、民族团结、全域旅游等靓丽工作取得的丰硕成绩。文化部副部长董伟，艺术司副司长周汉萍，宁夏文化厅党组成员、演艺集团总经理范晋国，原文化厅副巡视员贺亚平，县长武维东，国家一级编剧、自治区戏剧家协会副主席杨建国，文化厅艺术处副处长马姗姗等领导观看了演出。《丁香花开》以西吉县“中国最美休闲乡村”龙王坝村和享有“中国的科罗拉多大峡谷”美誉的火石寨丹霞等为取景地，以精准扶贫、文化旅游为主题，将花儿和眉户音乐艺术进行融合与创新。该剧从策划、剧本、舞美等多方面，都体现创新发展。根据龙王坝村的“两个带头人”的生活原型，结合精准扶贫人物典型事例，融入了文化旅游产业发展，驻村第一书记和村民致富带头人，情暖农村，情系百姓，克服重重困难，为村民谋福利、谋发展。是西吉县委、县政府及其宁夏宁红集团为自治区乃至全国奉献的一台精美剧作。该剧剧目结构由序幕、卖牛、摸底、帮扶、开发、挂牌、尾声组成。此次会演由中宣部、文化部主办，全国32台优秀戏曲剧目经层层选拔后赴京会演，每个剧目演出2场。

10日 全县首次“抵制毒品 真爱生命”卧尔兹演讲比赛在会议中心一会议室举行，县委常委、吉强镇党委书记刘克虎及统战、宣传、宗教、伊协等部门负责人、宗教界人士、各乡镇禁毒干事参加了活动。

△ 西吉县组织白崖等11个乡镇90户459人建档立卡贫困户搬迁安置到青铜峡市叶盛镇、邵刚镇移民安置区。在青铜峡市叶盛镇稻香园门前，青铜峡市举行了隆重的欢迎启动仪式。市委常委、县委书记马志宏，青铜峡市人大常委会主任姬文泽、政协副主席王洋，吴忠市扶贫办副主任张炜宁，县委副书记王林、副县长谢国玉及西吉县、青铜峡市相关人员参加启动仪式。仪式上，青铜峡市人大常委会主任姬文泽致欢迎词，吴忠市扶贫办副主任张炜宁作了讲话，马志宏作了致辞。

11日 自治区质监局副局长马远征带领相关处室负责人到西吉县调研吉德慈善产业园工作，在吉德慈善产业园召开座谈会。县委常委、副县长吴鹏，园区管委会主任马耀宏及县市场监督管理局、园区企业负责人，部分人大代表和政协委员参加了座谈会。

12日 县委常委、统战部部长马保师，副县长穆春及教育、宗教部门负责人带领部分中小学校长，先后到彭阳县第三幼儿园、职教中心、泾源县第一中学、黄花乡平凉庄小学、原州区十三小观摩学习民族团结创建示范校先进经验和做法。

△ 全县2017年全县行政执法人员资格培训考试在实验中学开考，县委常委、常务副县长马宗正莅临考场，对考试工作进行检查巡视。

△ 自治区组织部副部长、离退休党工委书记、老干局局长高瑞莉带领组织部相关处室负责人一行，到西吉县马建乡同化村调研精准扶贫工作。县委副书记张亚萍及县委组织部、老干局、马建乡负责人陪同调研。

△ 全国政协副主席卢展工带领特邀常委视察团一行，在自治区党委常委、市委书记张柱，自治区政协副主席崔波及市、县领导马玉芳、马志宏、杨彦文、马天英、王林、刘克虎、谢国玉、李西平和区、市、县相关部门负责人的陪同下，视察西吉县“少数民族地区精准扶贫”工作。在吉强镇龙王坝村，视察团听取了市委常委、县委书记马志宏就西吉县脱贫攻坚工作情况的汇报，并通过观看展板、听取情况介绍、实地察看等方式，详细了解西吉县精准扶贫工作开展情况及龙王坝村特色产业、产业扶贫措施、经营管理模式、带动群众脱贫成效等基本情况。在龙泉湾山庄演艺大厅，视察团一行观看了评书表演，并为吉强镇龙王坝村和将台堡镇红军长征会师纪念馆题词留念。

△ 县委常委、宣传部部长海丽到西滩乡宣讲自治区第十二次党代会精神。海丽围绕自治区党代会提出的“一个核心、两条底线、三大战略行动、四大发展引擎、五大生态建设”的总体要求进行了讲解。

△ 县委常委、常务副县长马宗正到沙沟乡宣讲自治区第十二次党代会精神。

13日 县政协主席马天英、副主席李西平到平峰镇宣讲自治区第十二次党代会精神。马天英围绕党代会报告主题从重大意义和精神实质、今后五年工作的总体要求和奋斗目标、加快“两个先行区”“两个示范区”建设，准确把握“三大战略”、提升发展层次和水平，准确把握“五个扎实推进”等方面作了深入解读。

△ 由县委宣传部、文广局主办，西吉广播电视台承办的西吉县首届民族团结暨“固原黄金珠宝城杯”少儿才艺大赛复赛第一场在县体育场拉开帷幕。县政协主席马天英，县委常委、统战部部长马保师，县委常委、副县长吴鹏，县委常委、宣传部部长海丽，人大常委会副主任高月琴与广大干部群众观看了比赛。

△ 西吉县召开自治区第十二次党代会精神宣讲报告会。报告会邀请自治区宣讲团成员、自治区扶贫办副主任张吉忠以《振奋精神、实干兴宁》为题进行专题宣讲。宣讲结束后，县委副书记王林就迎接国务院督察事宜做了安排部署。县委常委、宣传部部长海丽主持会议。人大常委会主任李聪，政协主席马天英，县委副书记张亚萍及全体在家的县级领导，各乡镇、县直各部门（单位）副科级以上领导干部，区、市驻县各单位主要负责人参加了宣讲会。

△ 自治区林业厅副厅长平学智一行到西吉县督察林业有害生物防控工作。在政府三楼会议室召开座谈会。副县长李晓东及林业局、森防站及各林场负责人参加了会议。

14日 县人大常委会主任李聪和副主任郭满福、马桂英、吴健雄、高月琴及部分人大常委会委员、人大代表、乡镇人大主席组成的检查组，在县委常委、副县长吴鹏的陪同下，先后到将台堡镇牟荣村蔬菜标准化种植示范园、将台堡纪念园、北山市民休闲生态公园、幸福佳苑三期工程项目施工现场、红耀乡驮昌村移民安置点、吉强镇袁和村村综合文化服务中心等地，对县文化、农牧、扶贫办等部门相关工作开展、全县公共文化服务工程建设、产业提升工作开展等情况进行全面检查。随后，检查组在文广局四楼会议室召开座谈会。各相关部门负责人就工作开展情况及存在的困难向检查组作了汇报，针对易地扶贫移民搬迁、蔬菜产业化发展、公共文化基础设施建设等方面存在的问题，与会人员共同研究商讨。

17日 甘肃会师儿女心连心公益协会联合西吉县义工联合会、援心公益队，在将台堡纪念碑前开展以“缅怀革命先烈　践行善之弘”为主题的纪念活动。甘肃会师儿女心连心公益协会会长康瑞通过拜读祭文，表达对革命先烈的深切悼念和无限敬仰，义工联合会负责人、志愿者代表分别作了表态发言，表达了自己对革命烈士的哀思。随后，全体义工向纪念碑敬献花篮，参观了纪念园，重温革命先烈的英雄事迹。

△　国家发改委西部司副巡视员赵志带领国家林业局、发改委相关处室负责人组成调研组一行，在副市长周文贵及市发改委、林业部门负责人的陪同下，先后到红耀乡井湾村、小堡村、吉强镇龙王坝村实地调研西吉县退耕还林落实、林下经济发展、退耕还林农民补贴等情况。副县长李晓东陪同调研。

△　宁夏安格斯肉牛繁育基地建设推进会在西吉县兴隆镇召开。由自治区扶贫基金会理事长赵廷杰带领的区发改委、科技厅、农牧厅、水利厅、扶贫办等相关厅局负责人现场观摩了兴隆镇安格斯肉牛基地，并召开座谈推进会。市委常委、县委书记马志宏在会上作了表态讲话，赵廷杰在会上作了重要讲话，推进会由宁夏扶贫基金会副理事长李文录主持。宁夏扶贫基金会理事长赵廷杰、宝塔石化集团党委书记周生信、区农牧厅总畜牧师罗晓瑜及相关厅局、处室、企业负责人出席会议。县长武维东、常务副县长马宗正及市县相关单位、部门负责人参加会议。

△　自治区水利厅副厅长朱云，在副县长李喜生及县水务局负责人的陪同下，到白崖乡鹞子川组检查石坡淤地坝水毁现场。

18日　国家疾控中心传染病防治处副处长李中杰带领甘肃、四川等省份的疾控中心寄生虫病防治所专家，在自治区疾控中心、市卫计局负责人的陪同下，对西吉县包虫病防治工作进行综合督导检查。在卫计局召开情况汇报反馈会。副县长穆春、县防治包虫病领导小组成员单位负责人参加了会议。

19日　由自治区农科院院长周东宁带领的农科院相关处室负责人组成的检查组，在副县长李晓东的陪同下，先后到将台乡牟荣村、马莲乡张堡源村、将台乡明星村和硝河乡郎岔村，实地检查芹菜节本增效及冬蒜苗复种一年两茬模式试验示范、马铃薯淀粉加工废水及养殖粪便肥料化利用试验示范、主食化马铃薯病虫草害绿色防控试验及增产增效综合技术集成示范、草畜耦合及种养循环模式示范、马铃薯产业与草畜产业融合发展技术集成示范等情况。随后在政府三楼会议室召开座谈会，周东宁在会上作了讲话。

△　县委副书记、政法委书记张亚萍主持召开政法委员会（扩大）会议。县委常委、公安局局长李平，政法委员会副书记、委员，政法各部门领导班子成员参加会议。会上，张亚萍传达学习了自治区第十二次党代会精神，传达学习了《政法机关党组织向党委请示报告重大事项规定》，通报了上半年全县平安建设工作整体情况，政法各部门围绕2017年上半年工作开展情况及下半年主要打算分别作了详细的汇报；会议集体研究了法院提交的司法救助有关事项，讨论了基层政法干警“大走访大化解大转变”活动实施方案和动员大会各项议程，研究成立了西吉县公共安全视频监控联网应用（“雪亮工程”）项目建设工作筹备小组。

△　宁夏燕宝慈善基金会顾问何永清一行，在县委常委、宣传部部长海丽，人大常委会副主任高月琴，副县长穆春的陪同下，先后到西吉中学、县生源地贷款资助中心等地，对西吉中学的教学环境、校园基础设施建设、燕宝慈善基金办公地点的设立、燕宝慈善基金实施情况、生源地贷款相关情况进行调研。

△　中卫市政协副主席茹小侠带领考察组，考察西吉县旅游扶贫工作。市政协副主席马宝福，县政协主席马天英，县委常委、副县长吴鹏，政协副主席李西平陪同考察。

20日　国务院召开全国安全生产电视电话会议，县长武维东、副县长穆春及县安委会成员单位负责人在会议中心第二会议室集中收听收看了会议。会议结束后，武维东就全县安全生产工作做了讲话。穆春主持召开了2017年县安委会第三次全体（扩大）会议。通报了1—6月全县安全生产情况，安排部署了下阶段重点工作。

20—21日　县人大常委会主任李聪，副主任郭满福、马桂英、吴建雄、高月琴，县人大常委会“一办四委”负责人和议案审查委员会全体成员，在县委常委、副县长吴鹏，政府办及相关部门负责人的陪同下，对市四届人大一次会议确定的议案、重点建议和县十七届人大一次会议期间确定的议案、部分建议办理工作进行检查。

21日　市人大常委会主任罗永红带领市委办、人大办、扶贫办等相关部门负责人，先后到兴平乡赵垴村，平峰镇高赵村、庙坪村等地，对西吉县脱贫攻坚工作中产业扶贫推进、资金到户、村集体经济发展等开展情况进行督导检查。县人大常委会主任李聪，县委常委、常务副县长马宗正及扶贫办相关负责人陪同督查。

△　白崖乡半子沟村生态移民搬迁动员会在半子沟村党员活动室召开。金凤区委常委、丰登镇党委书记陈伟龙及金凤区相关工作人员召开对接会议。县委副书记王林、人大常委会副主任吴健雄、副县长谢国玉、政协副主席李西平及相关单位负责人和半子沟全体村民参加了动员会。会议安排部署半子沟村移民搬迁事宜，围绕移民点选址建设、搬迁资格审核、自筹款缴纳、民政救助统计、学生入学统计、计划生育统计等方面对移民搬迁工作准备情况进行了通报，并对《白崖乡半子沟村移民搬迁方案》进行了解读。

22日　由自治区党委宣传部、区体育局、文化厅主办、县人民政府承办的体育扶贫健身器材配发暨捐赠仪式在新营乡硷滩村文化广场举行。自治区体育局副局长梁纪籽及区党委宣传部、区体育局相关处室负责人，市文化体育新闻出版广电局局长李鹏霄，县委常委、宣传部部长海丽，县政协副主席张国义及全县138个贫困村综合文化服务中心专管员300余人参加了捐赠仪式。仪式上，梁纪籽及与会领导向全县全民健身活动中心捐赠体育器材设备购置经费，向全县138个贫困村综合文化服务中心发放体育健身器材，山西澳瑞特健康产业有限公司总经理郝虎山代表捐赠单位向西吉县捐赠五副篮球架、维修工具和工作服。

23日　十四届县委召开2017年第十四次常委会议。

24日“全国卫视看宁夏”大型主题采访组（固原组）走进西吉县，在县委宣传部、文化旅游广电局相关负责人的陪同下，分别走访了将台堡红军长征会师纪念园、西吉县向丰家庭农场和龙王坝休闲山庄。此次大型主题采访活动由中央电视台和全国30多家卫视的140多名记者组成。来自福建省广播影视集团东南频道、广西卫视、四川电视台、广东广播电视台、新疆生产建设兵团广播电视台、《宁夏日报》、宁夏广播电视台、宁夏新闻网多家媒体记者，通过手中的笔和镜头，记录了西吉县全域旅游、脱贫富民工作。“全国卫视看宁夏”大型主题采访活动由自治区党委宣传部与中国电视艺术家协会共同主办。活动将借助全国卫视频道这一平台，以“振奋精神、实干兴宁，为实现经济繁荣、民族团结、环境优美、人民富裕、与全国同步建成全面小康社会目标而奋斗”为主题，生动展现自治区深入贯彻落实习近平总书记来宁视察和东西部扶贫协作座谈会重要讲话精神情况的新举措新成效。

△　浙江大学研究生干部到西吉县开展社会实践活动启动仪式在政府三楼常务会议室举行。县委常委、副县长吴鹏，浙江大学研究生干部讲习所赴西吉县社会实践成员，团县委，将台堡、什字乡、白崖乡、文广局、农牧局等相关乡镇、部门单位负责人参加座谈会。会上，团县委负责人介绍了西吉县县情、产业发展等情况，浙江大学研究生社会实践团团长张文生介绍了本次实践团成员，并就此行目的和有关事项作了详细说明。本次浙江大学研究生干部社会实践团里有

4位成员将会扎根基层，挂任王民乡小湾村、什字乡杨庄村、将台堡镇西坪村、白崖乡白崖村4个村第一书记的助理职务，帮助各村更好地开展各项工作。

△ 县水务、国土、公安、建环、城管等多部门联合打击非法开采河沙资源行为。县委常委、常务副县长马宗正，副县长李喜生、马天峰到现场指导整治工作。联合执法共拆除违建沙厂56家、违章建筑6处、砖厂1家、拌和站8家、预制厂10家、采砂船5艘、屠宰房1间、河道电杆厂1家、洗菜场2家、太阳灶厂1家、过水路面3处及1家环境污染严重的淀粉厂。

△ 自治区住建厅督查组在自治区总工程师岳国荣带领下，对西吉县就自治区第十二次党代会关于城市规划建设管理方面要求、城市工作会议精神贯彻落实情况和自治区党委、政府《关于加强城市规划建设管理工作的实施意见》重点任务落实情况开展督查调研。在政府三楼会议室主持召开情况汇报反馈会。县长武维东、副县长马天峰及城建、发改、国土等相关部门单位负责人参加会议。会上，武维东从2016年清水河产业带重点项目建设、规划建设用地管控，城市建成区违法建设查处、建筑设计方案审查决策机制建立执行、园林绿化建设及开展生态修复、城管执法体制改革、城乡建设重点工作开展过程中遇到的问题与困难等方面做了详细汇报。督查组成员就危房危窑改造、城乡建设项目资金使用、规划用地、城市执法体制改革、房地产去库存等方面的情况，通过查阅资料、详谈交流、现场问答等方式进行全面的了解，并就工作中存在的问题进行了现场反馈。随后，督查组到西吉三中项目建设、将台堡西坪村对项目进度、美丽城镇建设等情况进行了实地调研。

△ 山东省政协副主席翟鲁宁带领考察组一行，考察西吉县“采取稳定脱贫措施，建立扶贫长效机制”情况。自治区政协党组副书记、副主席崔波，市委副书记、市长马汉成，市政协主席马玉芳，市委常委、县委书记马志宏，县委副书记、县长武维东，县政协主席马天英、副主席李西平及相关部门负责人陪同考察。考察组先后深入将台堡红军长征会师纪念园、硝河乡关庄村、西吉县职业中学、火石寨乡元咀村，详细了解西吉县金融、教育、产业扶贫工作开展情况。

25日 葫芦河流域治水治污实施方案评审会在县委五楼会议室召开。市委常委、县委书记马志宏出席会议并作了讲话。评审会上，中机十院国际工程有限公司、北京国环清华环境工程设计研究有限公司、中国市政工程西北设计研究院有限公司按照抽签顺序分别围绕葫芦河污染综合整治工程的现实意义、生态修复、景观设计等方面对葫芦河流域治理设计方案进行了详细陈述。与会领导对设计方案进行评审，最终北京国环清华环境工程设计研究有限公司获得西吉县葫芦河流域治水治污的设计权。县委常委、常务副县长马宗正主持会议。县领导李聪、马天英、郭满福、李喜生、马天峰、宋兆吉、马耀宏及相关乡镇、部门负责人参加了会议。

△ 自治区副主席、公安厅厅长许尔锋带领自治区政府副秘书长黄明旭及政府办公厅、公安厅相关处室负责人在市公安局负责人的陪同下，到西吉县调研指导工作。在县委常委、公安局局长李平，县委常委、吉强镇党委书记刘克虎的陪同下，深入吉强镇大坪村，了解“农村两个带头人”作用的发挥及在扶贫过程中的工作措施和扶贫成效。到吉强镇民生服务大厅，了解禁毒、信访、综治、民生等工作开展情况。随后，许尔锋在吉强镇政府会议室就自治区第十二次党代会精神进行宣讲。许尔锋一行还深入西滩道堂和西滩乡派出所，调研民族团结工作和基层警务工作。

△ 自治区司法厅副厅长鲍焕军带领调研组，对西吉县法律援助及基层司法工作进行调研督查。市司法局党组书记、局长马天峡，县委副

书记、政法委书记张亚萍及司法局相关负责人陪同调研。调研组先后到吉强司法所、法律援助中心、道路交通事故损害赔偿人民调解委员会，对法律援助工作开展及申请程序、法律援助经费使用、案件调解、“四张网”建设、星级司法所创建攻坚年活动进展等情况进行调研督查。

26日　自治区农牧厅厅长王文宇带领自治区相关厅局及处室负责人，各市、县（区）分管农业和扶贫工作的副市长、副县（区）长及相关专家和工作人员组成的观摩团，到西吉县将台堡牟荣蔬菜产业扶贫基地，就西吉县特色产业精准扶贫工作进行观摩。市委常委、县委书记马志宏，县委副书记王林，副县长李晓东陪同观摩。

26—27日　自治区副主席姚爱兴带领区政府办公厅、教育厅、文化厅等厅局负责人一行，督查西吉县文化及教育工作。在市委常委、县委书记马志宏，县长武维东的陪同下，姚爱兴副主席一行先后到吉强、震湖、硝河、将台堡、沙沟、白崖等乡镇部分村级综合文化服务中心和村幼儿园，详细了解全县村级综合文化服务中心及村幼儿园建设情况。

27日　民进宁夏区委会西吉县脱贫攻坚民主监督及调研座谈会在县会议中心一会议室召开。会议由民进中央副主席、自治区政府副主席、民进宁夏区委会主委姚爱兴主持。民进宁夏区委会副主委、自治区发改委副主任李斌，自治区政协副秘书长、民进宁夏区委会副主委杨立华，民进区、市委相关领导及专家出席会议。县长武维东、人大常委会主任李聪、政协副主席李西平及相关部门、乡镇负责人参加会议。会上，武维东就全县脱贫攻坚工作做了详细汇报；杨立华就近日深入部分乡镇调研内容及存在的问题等情况做了通报。姚爱兴在会上做了重要讲话。

△　参加全市县域经济观摩暨上半年经济形势分析会的代表在西吉县观摩。市领导马汉成、罗永红、马玉芳、马志宏、杨文、王正儒、纳冰、景瑜、刘学武、黄思明等市在职厅级领导，各县区党委、政府主要负责人，市直部门单位主要负责人等参加观摩。观摩团先后到西吉骄子劳务移民安置区、西吉县马铃薯、蔬菜农业综合科技示范园、将台堡镇西坪村、兴隆镇单南村的西吉县万家壹品有限公司进行观摩。西吉县观摩结束后，副市长周文贵及彭阳县及市扶贫办、环保局分别对西吉县产业发展、脱贫攻坚等工作进行了点评。

△　市安监局副局长曹效贤带领相关处室负责人组成的督查组一行，督查西吉县安全生产工作情况。在政府三楼常务会议室召开安全生产督查座谈会，副县长穆春及县安委会各成员单位负责人参加了会议。

△　全县总河长第一次会议在会议中心一会议室召开。市委常委、县委书记马志宏，县长武维东，人大常委会主任李聪，县委副书记张亚萍及全体在家的县级领导，县直各部门（单位）、区、市驻县各单位主要负责人参加了会议。武维东主持会议。会议传达学习了自治区总河长第一次会议、自治区全面推进河长制工作电视电话会议和固原市总河长第一次会议精神；听取全县全面推行河长制工作进展汇报；审议西吉县全面推进河长制实施方案、县级河长设置方案、河长制办公室及日常工作机构设置方案、全面推行河长制有关制度及全面推行河长制2017年工作要点。马志宏在会上作了讲话。

△　全县信访维稳工作专题会议在会议中心一会议室召开。市委常委、县委书记马志宏，县长武维东，人大常委会主任李聪，县委副书记张亚萍及全体在家的县级领导，各乡镇党委书记，县直各部门（单位）主要负责人，区、市驻县各单位主要负责人参加了会议。会议由马志宏主持。会议传达了达中央和区市信访维稳工作会议精神；听取了信访维稳工作情况汇报。

28日　县人大常委会召开第十七届人民代

表大会第一次会议议案、建议执行办理督办会。

△ 由自治区金融局局长助理马飞带领督查组，督查西吉县金融扶贫工作。在政府三楼会议室召开座谈会，县委常委、副县长刘镇晶出席会议并就全县金融扶贫工作做了详细汇报。县财政、扶贫、金融办及部分乡镇和各金融机构负责人参加了会议。

△ 天津市政协常委、市政协社会和法制委员会主任何江带领天津市政协考察组，在自治区政协相关处室负责人和市政协副主席杨志荣的陪同下，先后到将台堡镇红军长征胜利纪念园、宁夏佳立马铃薯种植基地、马莲乡向丰农场、将台堡镇牟荣蔬菜基地和吉强镇龙王坝，通过听取情况介绍、实地考察和观看展板，对西吉县马铃薯产业、特色蔬菜产业、乡村旅游等产业发展情况及精准扶贫、农村农业工作开展情况进行实地考察。副县长穆春、政协副主席刘东海陪同考察。

29日 宁夏润宇塑业有限公司总经理金玉龙一行，到白崖乡红套村开展扶贫济困捐赠活动。捐赠仪式上，宁夏润宇塑业有限公司为红套村捐赠了价值28900元的办公设备一套。

31日 边防学院（原西安陆军学院）少将李业平教授在西吉县作题为《国家安全环境与强军目标下国防军队建设》的国防教育讲座。围绕我国当前面临的新形势，就机遇和挑战，强军目标下国防和军队建设，维护国家安全的战略要求做了重点论述。县长武维东、人大常委会主任李聪、县委副书记张亚萍及全体在家的县级领导、各乡镇、各部门单位负责人和部分驻地官兵聆听了讲座。讲座由县委常委、宣传部部长海丽主持。

△ 在“八一”建军节到来之际，市委常委、县委书记马志宏，县长武维东，人大常委会主任李聪，副县长谢国玉代表四大机关走访慰问县人武部、县中队及公安消防大队全体驻地官兵。

△ 在“八一”建军节到来之际，县委副书记、政法委书记张亚萍，县委常委、常务副县长马宗正，县人大常委会副主任郭满福、吴建雄，副县长穆春，政协副主席张国义分别深入新营、红耀、震湖、田坪、马建乡、吉强、偏城、白崖、沙沟、火石寨、平峰、西滩、王民、兴平等乡镇看望慰问部分退伍老军人及革命烈士家属。

△ 原州区政协主席何锟和各副主席、各专委会负责人考察西吉县脱贫攻坚工作。在县政协主席马天英、副主席李西平及县扶贫办负责人的陪同下先后到火石寨乡元咀村、吉强镇龙王坝村、将台堡镇牟荣蔬菜基地、西坪村、将台堡镇红军长征纪念园等地，详细了解西吉县企业引领、产业培育等精准脱贫措施实施情况。

8月

1日 市人大常委会副主任杨大素带领全市各县区司法局负责人组成的观摩团，观摩西吉县基层司法工作建设情况。县委副书记、政法委书记张亚萍及司法局相关负责人陪同观摩。观摩团先后到吉强司法所、法律援助中心、道路交通事故损害赔偿人民调解委员会、硝河乡关庄村，对西吉县法律援助、普法宣传、法律服务、纠纷调解、“四张网”建设、星级司法所创建活动进展实地观摩。

2日 自治区教育工委书记、教育厅党组书记房全忠在教育厅人事与老干部处处长谢波、副处长张永丽，教育厅办公室副主任黄子平及县委常委、副县长吴鹏等的陪同下到西吉县震湖乡调研教育扶贫攻坚和义务教育均衡发展等工作。县教体、扶贫等单位和震湖乡党政主要负责人参加了调研。

3日 市委常委、县委书记马志宏主持召开2017年第十六次常委会议，传达学习中央、区、市有关文件、会议精神，安排部署西吉县贯彻落实意见。县长武维东，县委副书记张亚萍、王林，县委常委马保师、李平、刘镇晶、梁秋明、马宗正、王维强、吴鹏、刘克虎出席了会议，政协主席马天英及县领导郭满福、李喜生、谢国玉、李晓东及各乡镇、各部门单位主要负责人列席会议。

△ 自治区党委常委、组织部部长盛荣华，区党委组织部副部长王少林一行在市长马汉成，市委常委、组织部部长景瑜的陪同下，调研西吉县基层党建和“两个带头人”工程及抓党建促脱贫富民工作。盛荣华一行到西吉县后，在市委常委、县委书记马志宏，县长武维东，县委副书记张亚平的陪同下，先后到震湖乡孟湾村、义丰养殖专业合作社和天合家庭农场，就基层党建和“两个带头人”工程进行实地调研。到马莲乡张堡源村向丰现代农业示范园，调研指导抓党建促脱贫富民工作。并在现代农业综合服务中心召开部分基层党组织书记抓党建促脱贫富民座谈会。各乡镇党委书记、组织委员、驻村第一书记及村党支部书记代表100余人参加了座谈会。会议以深入贯彻落实自治区第十二次党代会精神为主题，总结交流各级党组织书记加强农村基层党建工作、促进脱贫富民的经验做法。马志宏就西吉县组织建设情况和抓党建促脱贫富民情况作了汇报；白崖乡、兴平乡负责人代表乡镇就抓党建促脱贫作了交流发言；硝河乡关庄村党支部书记（苏祥羽）、马莲乡马蹄沟村党支部书记（马旭琪）及震湖乡李章村第一书记李进海、新营乡二府营村第一书记柳春梅就如何发挥农村“两个带头人”作用及如何做好驻村帮扶工作作了交流发言。

△ 西吉县对万吨以下马铃薯淀粉生产加工企业进行专项整治。县委常委、常务副县长马宗正，副县长李喜生带领由建环、发改、公安、国土、水务、供电等部门组成的专项工作组，先后到兴隆、将台堡、马莲、新营等乡镇的20家马铃薯淀粉生产加工企业，通过宣传节能减排、环境保护等方面的法律法规和政策精神，与辖区内万吨以下马铃薯淀粉加工企业负责人进行约谈，教育引导企业在规定的时间内自行关停，并将生产设备拆解、撤离原厂区，同时，向企业下发限期拆除书。整治现场，公安部门拉起了警戒线，水务、供电部门现场对20家万吨以下马铃薯淀粉生产企业全部断水、停电，拆除供电供水设备设施。

4日 浙江大学研究生干部社会实践宁夏西吉基地正式挂牌成立，挂牌仪式在会议中心一会议室举行。浙江大学党委研工部副部长沈玉，县委副书记张亚萍，县委常委、副县长吴鹏，浙江大学研究生干部社会实践团成员及有关部门、乡镇参加了挂牌仪式。挂牌仪式由吴鹏主持，张亚萍致欢迎词，沈玉作了讲话。仪式结束后，研究生干部社会实践团一同到将台堡红军长征会师纪念园和兴隆镇单家集毛主席夜宿旧址参观。

△ 全县基层政法干警“大走访大化解大转变”活动启动会在会议中心一会议室召开。县委副书记、政法委书记张亚萍，县委常委、公安局局长李平，县委常委、副县长梁秋明，法院院长张尚祎及各乡镇负责人、政法部门分管领导、基层法庭庭长、司法所所长及派出所所长、教导员参加了会议。会议由梁秋明主持。

△ 由文化厅原副巡视员贺亚平带领的自治区文化厅第三评估组，到西吉县开展第六次全国公共图书馆评估定级工作。在县委常委、副县长吴鹏的陪同下，先后对县图书馆图书室、自习室、电子阅览室等馆室进行实地检查和现场评估，并就县图书馆资料规范化进行了详细检查。随后在文广局召开反馈会，文广局负责人就西吉县图书馆工作情况作了汇报，评估组就检查情况进行了反馈。

5日 县长武维东在吉强镇宣讲自治区第十二次党代会精神，县委常委、吉强镇党委书记刘克虎及全体镇村干部、社区工作者、驻村第一书记参加了宣讲会议。

6日　县委副书记王林，县委常委、副县长吴鹏带领各乡镇、县直部门（单位）组织的48户196人进疆转移就业安置。同时慰问西吉籍在疆务工人员见义勇为抢救落水女童英勇牺牲的王亚强家属；回访看望2017年年初向新疆和田市输送的便民警务站协警人员的就业、生活；考察和田市面向社会招录事业性岗位工作人员情况；考察新疆兵团第三师红旗农场、四十六团的用工、安置职工条件等情况。

7日　县政协主席马天英在县政协五楼会议室主持召开视察座谈会。相关部门（单位）围绕全县交通重点项目建设、生态建设、本土企业发展、基层卫生计生服务能力建设等工作分别作了汇报，视察组成员针对以上四项重点工作存在的问题、不足和困难"对症下药"、建言献策，并结合本县实际，提出了许多具有科学性、前瞻性的意见和建议。

7—8日　县政协主席马天英，副主席刘东海、李西平带领部分县政协常委、委员，对全县交通重点项目建设、生态建设、本土企业发展、基层卫生计生服务能力建设等重点工作进行了视察。副县长穆春、李晓东及相关部门（单位）负责人陪同视察。视察组先后到马莲乡、吉强镇、火石寨乡、新营乡、震湖乡、白崖乡等视察点，通过深入实地走访查看、听取相关部门（单位）的情况介绍、听取政协委员意见建议等方式详细了解了部分重点工作开展情况。

8日　中国曲协专家组一行在自治区文化馆副馆长季妍的陪同下，到西吉县调研地方曲艺发展与传承情况。县文广局相关负责人陪同调研。在将台堡镇牟荣村马堡子农村文化大院，专家组现场观看当地花儿、地摊戏、秦腔等艺术表演，并与基层曲艺表演人员交流曲艺唱法、创作等情况。

9日　市委常委、政法委书记李志达带领市委督查室、综治办、信访局、公安局、禁毒办等部门负责人组成的督查组，对西吉县综治信访维稳工作督查指导。在县委副书记、政法委书记张亚萍的陪同下，督查组先后到硝河乡、县汽车站和吉强镇综治中心，听取相关单位负责人关于信访接待、矛盾纠纷排查、治安维稳工作开展情况及综治信访维稳工作制度落实情况的汇报。随后，督查组在县委二楼会议室召开座谈会。县领导张亚萍、李平、穆存祥及县委、综治、禁毒办等相关负责人参加了座谈会。

△　自治区林业厅厅长马金元、副厅长徐庆林带领相关处室负责人一行，先后到月亮山水源涵养林区、火石寨景区、扫竹岭400毫米降水线造林绿化区、震湖乡党家岔湿地保护区和吉强镇湿地公园待建区进行实地考察调研。县委常委、常务副县长马宗正，副县长李晓东及林业局、火石寨森林公园和党家岔湿地保护区管理处负责人陪同调研。

△　全区法院系统组织的观摩团到西吉县观摩。观摩团在县法院院长张尚祎的陪同下，实地观摩了法院诉讼服务中心、信访服务中心、执行服务中心等，调研法院审判流程管理、司法公开、执法办案、司法责任制改革、司法公开、信息化建设和队伍建设等情况。

△　市人大常委会副主任李志菊带领部分市人大常委会委员，市人大常委会教科文卫工委，市社保、卫计、教育等部门负责人组成的检查组，对西吉县医改和7项民生实事落实进展情况进行检查，县人大常委会副主任高月琴、副县长穆春陪同。

10日　中国商飞公司总经理助理兼上海飞机设计研究院院长、中俄国际商用飞机有限责任公司总经理郭博智一行到西吉县考察。县长武维东，县委常委、副县长梁秋明，园区管委会主任马耀宏陪同考察。郭博智一行首先到商飞集团帮扶点将台堡镇西坪村，就帮扶脱贫工作进行实地考察。随后到吉德产业园区，对园区企业规模、经营、生产、销售等情况进行了实地考察。郭博智一行还瞻仰了红军长征胜利会师纪念碑，参观了六盘山长征会师纪念馆，将台堡三军会师纪念馆及中南海情系西海固展览馆。

△ 自治区人大常委、农工党宁夏区委会主委戴秀英带领自治区农工党宁夏区委相关处室、科室负责人一行，在市人大常委会副主任朱培忠的陪同下，调研西吉县社保工作开展及全县城乡居民医保有关情况。县人大副主任马桂英、副县长穆春及社保局负责人陪同调研。戴秀英一行先后到县医院、社保中心、兴隆镇罗庄村卫生室、兴隆镇卫生院，全面了解西吉县城乡居民在参保缴费、报销比例、用药目录、实际享受的医疗服务等方面的情况和医保管理体制、筹资机制、医保支付方式、医保中过度医疗、医疗监管方面的情况及存在的困难与问题，并就存在的突出困难进行了全面分析和反馈，提出相应整改意见。

11日 市委常委、县委书记马志宏和县长武维东、副县长马天峰及国土、城建、发改等部门负责人，对县城重点工程建设情况进行调研。马志宏一行先后到省道202线、县城第二垃圾填埋厂、第一污水处理厂、农民街、西吉人家棚户区项目改造区、滨河路、产业园区、袁河路口、省道204线等地进行实地调研，听取有关情况汇报，了解各项目进展情况，现场办公，协调解决工程建设事宜。

△ 县委副书记王林，县委常委、副县长吴鹏带领县人社局、就业局相关部门负责人赴新疆博乐市看望慰问见义勇为务工青年王亚强的家属。西吉县吉强镇团结村一队王亚强原在博乐市一家工厂上班，2016年辞职后在博乐打工，7月30日晚8:00，王亚强与岳父在第五师87团五连打工，突然发现有一个小女孩掉入了湍急的渠水中，当时的王亚强没有考虑任何后果就跳进水渠抢救，结果女孩得救了，王亚强被水冲走，直到7月31日凌晨，才找到王亚强的遗体。在王亚强家中（新疆），县委副书记王林一行看望慰问了王亚强的家人，并与他们详细交谈，了解事发当时的情况及相关部门的后续安置工作，并代表县委政府及全县人民为他们送去了慰问金及心理安慰。

12日 全区马铃薯产品推介会在西吉县召开。全国农业技术推广服务中心副书记刘信等全国农业部门领导、专家，陕西省农业厅副厅长王韬，陕西省农业种植业处处长李思训，青海及甘肃省农牧厅相关负责人；自治区农牧厅副厅长赖伟利，市委常委、县委书记马志宏，市人大副主任云生元、副市长周文贵、市政协副主席杨彦文及全区各市县农牧局、农技推广中心负责人，西吉县全体县级领导、各乡镇、县直各部门、区市驻县各单位负责人和部分区内外马铃薯供销合作组织负责人等共计320多人参加了会议。推介会由县长武维东主持。市委常委、县委书记马志宏，全国农业技术推广服务中心副书记刘信，副市长周文贵，自治区农牧厅副厅长赖伟利分别作了致辞。马志宏为西吉县马铃薯产业发展首席顾问金黎平颁发了聘书。中国优质农产品服务协会副会长岳春利为“2017最受消费者喜爱的中国农产品区域公用品牌”授牌。最后，西吉县与客商现场签订了13份农产品产加销项目协议，资金总额达71850万元。

△ 为提升西吉乃至宁夏马铃薯产业发展水平、推进马铃薯主粮化战略，西吉县举行马铃薯高层论坛，参加论坛的有国内从事马铃薯生产推广、科研教学、加工营销等方面的知名专家、学者和马铃薯主产省（区）农业（牧）厅领导。会议由自治区农牧厅副厅长赖伟利主持。会上县长武维东作了致辞，随后，中国农科院蔬菜花卉所研究员、马铃薯产业体系首席专家金黎平作了《中国马铃薯产业发展现状与前景分析》，中国农

科院农产品加工所研究员、马铃薯主食加工首席专家张泓作了《宁夏固原如何聚焦马铃薯产业》，中国农科院区划所研究员、马铃薯产业体系岗位科学家罗其友作了《供给侧改革下马铃薯生产与市场营销》，国家马铃薯工程中心主任、研究员谢开云作了《马铃薯种薯质量控制体系的构成与作用》，中国科学院兰州化学物理所研究员、马铃薯产业体系岗位专家刘刚作了《马铃薯营养、安全与加工研究进展》的学术报告。与会人员还观看了西吉县马铃薯产业宣传片。

△“韩红爱心·百人援宁”白内障复明手术公益活动在县人民医院正式启动。

12—13日 由县委副书记王林，县委常委、副县长吴鹏带领的考察团一行7人考察新疆兵团第三师红旗农场、四十六团用工落户政策。8月12日，王林一行实地考察红旗农场二连木纳格葡萄种植园；农场一连1000头养牛养殖小区和10万羽鸽子厂建设项目施工现场；1000亩标准化耕地改良田现场；投资1180万元新建第三师红旗农场民族文化一条街暨双创基地项目；参观了维吾尔民族特色家庭住宅房屋和场部安康小区职工住宅楼。13日，考察团实地考察了第三师四十六团六连肉鸽养殖示范基地；二连红枣园精品园；八连、九连棉花种植基地及连队新招录职工安置住房情况；团部“塞外江南”小区新录用职工居住生活小区及团部中学、医院；并与四十六团团领导及科室负责人进行了座谈交流，初步达成转移就业安置职工合作意向。

12—19日 “韩红爱心基金会”将带领百人医疗援助爱心团队，为西吉县提供专业的医疗救助，为建档立卡贫困患者开展白内障手术。来自浙江大学附属第二医院的8名眼科专家及工作人员，带着超声乳化机和角膜内皮细胞计数仪等医疗设备于11日晚抵达西吉，12日已经成功完成手术16例。公益活动手术时间为8月12日至19日，全县200例符合条件的白内障患者将接受复明手术。手术前的筛查和术后恢复均在西吉县人民医院完成。

13日 由西吉县全民健身领导小组主办的2017年“体彩杯”暨“成都钓鱼人”一战成王百万店长争夺赛钓鱼比赛在西吉县干沙河钓鱼比赛基地开幕。宁夏回族自治区钓鱼协会主席李小林、副主席王文宁，甘肃省钓鱼协会副主席陈保明，中国钓鱼协会甘肃省会员管理中心副主任、平凉市金龙渔业有限公司董事长蒋小平，成都钓鱼人公司广告部总监唐杨，固原市文化体育广播电视新闻出版局局长李鹏霄，副县长穆春，市县体委负责人及300余名钓鱼运动员参加开幕式。

14日 由中央民族大学博士生导师丁宏教授带领的十余位博士研究生组成的调研组，到西滩乡道堂调研民族宗教工作。在西滩道堂，县委常委、统战部部长马保师就西吉县民族宗教情况及西吉县在民族宗教工作中所采取的新举措向调研组进行了介绍。西滩道堂负责人就道堂的历史沿革、经堂教育、管理制度、社会服务及道堂、清真寺在民族团结方面所发挥的作用进行了详细汇报。随后，丁宏教授受邀以《中亚东干人的生计方式选择及其文化内涵》为题，结合宁夏地区伊斯兰教文化史的发展，就弘扬爱国爱教传统、维护民族团结宗教和睦的重要意义，穆斯林信仰与和谐社会的关系等方面为伊学院学生和部分宗教界人士讲了一堂生动的民族宗教课。

△ 参加西吉马铃薯产品推介会的成员组成观摩团，深入将台堡牟荣蔬菜标准化示范园、宁夏佳立马铃薯产业园、种薯繁育基地、向丰循环农业示范园等地，实地观摩西吉县马铃薯产业和特色产业发展情况。

△ 市委常委、县委书记马志宏和副县长李喜生及水利、国土、林业、建环等部门和设计单位负责人调研葫芦河流域治理情况。马志宏一行在将台堡镇召开葫芦河流域治理安排部署会。会上，李喜生对当前葫芦河流域治理情况进行了通

报。县委常委、公安局局长李平及各相关乡镇、发改、财政等部门负责人参加了会议。

15日　由固原市委宣传部、市文广局举办的固原市首届文化大院文艺调演暨第六届移风易俗树文明新风小品小戏大赛“我是乡村大明星”西吉专场在固原市人民广场拉开帷幕。县委常委、宣传部部长海丽及市、县文广局负责人观看了比赛。

16日　西吉县城市管理综合执法局暨城市管理综合执法大队举行揭牌仪式。揭牌仪式上，自治区城市管理综合执法局局长褚广宇、县长武维东、市建设局副局长霍进财、县人大常委会副主任郭满福共同为西吉县城市管理综合执法局和城市管理综合执法大队揭牌。副县长马天峰主持揭牌仪式，县委副书记张亚萍作了致辞，建环局负责人作了表态发言，城市管理综合执法大队工作人员进行了宣誓。

△　自治区食品药品监督管理局局长马云海一行在市食品药品监督管理局负责人的陪同下深入王民乡小湾村和三岔村，看望慰问驻村扶贫工作队员，调研村扶贫工作开展情况。副县长穆春及县市场监管局负责人陪同调研。

17日　自治区党委老干部局组织老艺术家们，到马建乡同化村，开展“心系基层群众助力脱贫攻坚”慰问演出活动。70多岁高龄的国家一级演员秦腔表演艺术家郭双胜，为大家演唱了经典秦腔唱段，将现场气氛推向高潮，随后，自治区党委老干部局副局长韩爱萍为同化村评选的“好媳妇”“好婆婆”“好妯娌”进行表彰奖励，为全村营造了“爱老、敬老、团结、和谐”的良好风尚。

△　宁夏文化扶贫工程西吉县村综合文化服务中心文化器材发放仪式在县北山广播电视转播台举行。发放仪式上共为全县139个村综合文化服务中心配发了音响、功放、二胡、板胡、唢呐、干鼓、抱鼓、苏铰和秧歌服等价值278万余元的文化活动器材。

△　西吉县白崖乡半子沟村首批138户577名移民群众搬离大山，入住银川市金凤区丰登镇润丰村的新房，开启他们的新生活。在银川市金凤区丰登镇润丰村举行入住仪式。银川市政协主席马凯、银川市委副书记周云峰及自治区各相关厅局负责人，固原市县领导马志宏、周文贵、武维东及此次搬迁的半子沟全体村民出席入住仪式。入住仪式上，市委常委、县委书记马志宏，金分区党委书记李全才分别作了致辞，移民代表王小龙作了发言。此次搬迁中，得到了社会各界的大力支持，其中神华宁夏煤业集团捐款901万元用于资助建设润丰神华爱心小学、润丰幼儿园等基础设施建设。仪式结束后，马志宏一行前往移民新居，实地察看了房屋建设和村民搬迁入住情况。

18日　县长武维东深入硝河乡就自治区第十二次党代会精神进行专题宣讲。

19—20日　自治区环保厅厅长刘军带领相关处室工作人员在县长武维东和火石寨管理处负责人陪同下，先后到火石寨国家级自然保护区、党家岔湿地保护区现场督查指导工作。

20日　兴平乡聂家河第三届乡村旅游推介暨“民族团结杯”摄影垂钓活动正式开幕。自治区供销社原副主任、巡视员马霆，市旅游委员会副主任杜彦荣、王悦琴及县领导马保师、吴鹏、海丽、高月琴、张国义、陈海防和兴平乡、文广、宗教局负责人参加了开幕式。吴鹏主持开幕式，海丽致辞。

△　国家防总工作组张新玉一行在区市水务部门相关负责人的陪同下，到西吉县检查指导工作。检查组一行先后到白崖乡石坡水保淤地坝、吉强镇夏寨水库、马建乡白台水保淤地坝等地，现场询问并详细查看了库坝的防汛度汛措施，责任落实和预警体系运行情况，并听取了县水务部门负责人关于全县防汛工作的汇报。

22日　市委常委、县委书记马志宏深入火石寨乡，就中央第八环境督察组反馈问题整改情况进行实地调研。

△　市委常委、县委书记马志宏主持召开“振奋精神　实干兴宁”专题研讨会。与会人员以“振奋精神、实干兴宁”为主题，围绕“创新驱动怎么做、脱贫富民怎么干、生态立区怎么办”的主线，结合各领域工作职责，就如何紧盯目标、进一步解放思想、创新思维，振奋精神，实干兴县等内容进行深入研讨。县领导李聪、马天英、王林、马保师、李平、刘镇晶、马宗正、王维强、吴鹏、海丽、穆春、马耀宏及各乡镇、部门（单位）负责人参加了会议。

△　由自治区妇联主办的宁夏和谐婚姻家庭大讲堂百场巡讲活动在西吉县会议中心举行。宣讲活动特邀宁夏和谐婚姻家庭辅导咨询中心主任、婚姻家庭咨询师协会会长、银川市兴庆区婚姻家庭纠纷调解委员会主任、国家二级婚姻家庭咨询师李晓文为参会的广大妇女同胞就如何“调教”出疼娃又顾家的老公、如何拥有和谐家庭和好配偶两方面内容做了生动细致的讲解。

23日　县人大围绕“振奋精神、实干兴宁”大讨论活动，组织机关退休干部，先后到将台堡红军长征会师纪念园、将台堡镇西坪村、马莲乡向丰循环农业示范园，实地视察红色旅游、精准扶贫、农业产业发展等重点工作。人大常委会副主任吴建雄陪同视察。

△　西吉县在政府三楼常务会议室举行《政银合作框架协议》签约仪式，县长武维东与宁夏银行党委委员、副行长沙建平签订了《政银合作框架协议》。县领导王林、马宗正、刘镇晶、吴建雄、李喜生、穆春、陈海防、王垚升及县直相关部门、宁夏银行相关业务部负责人参加了签约仪式。

△　甘肃省定西市人大常委会主任郑红伟一行21人，到西吉县考察马铃薯淀粉企业汁水、还田还林还草工作。市人大常委会主任罗永红、副主任云生元，县人大常委会主任李聪、副县长穆春陪同考察。在万里淀粉有限公司，考察组一行到生产车间、试验田地实地考察马铃薯淀粉加工汁水还田试验进展情况。在宁夏佳立生物科技有限公司，展览馆、种薯培育基地，详细了解种薯培育、产品开发情况。双方企业负责人还就马铃薯淀粉加工、汁水还田利用过程中涉及的具体技术指标、设备选择等做了探讨交流。随后，考察组一行还参观了将台堡红军长征会师纪念园、兴隆单家集清真寺红色教育基地。

23—24日　县人大常委会副主任郭满福带领部分乡镇人大代表赴固原市各县区考察小城镇和美丽村庄建设、种养殖业发展模式、工业园区发展经验、河道流域治理工程、旅游服务和乡镇人大工作开展经验。考察组先后对隆德县杨河乡小城镇建设和串河养牛专业合作社、六盘山工业园区爱丽纳地毯、人造花、电子商务中心、渝河县城段治理工程。泾源县大湾乡杨岭村特色示范村、20千米旅游服务带、宁夏伊源肉牛养殖有限公司、卧龙山森林公园。彭阳县为民阳光牧业有限公司、美丽茹河建设、草庙乡第一人大代表小组活动室、赵洼整村推进示范村，原州区中庄河流域水环境综合治理、沈家河水库水生态治理工程、彭堡冷凉蔬菜产业链建设项目进行了实地考察。

24日　由自治区党委组织部副部长王少林带领自治区相关厅（局）负责人、各市组织部部长和各县（区）委书记及组织部部长组成的观摩团，先后到西吉县吉强镇龙王坝村龙泉湾山庄、马莲乡张堡源村向丰现代循环农业示范园，现场观摩交流西吉县“两个带头人”工程、产业规模及乡村旅游发展优势等情况。市长马汉成，市委常委、县委书记马志宏，县长武维东，县委副书记张亚萍陪同观摩。

△　行政审批服务局正式挂牌成立。县长武

维东、县委副书记王林共同为“西吉县行政审批服务局”揭牌。县委常委、常务副县长马宗正，人大常委会副主任吴健雄，政协副主席宋兆吉及县直相关部门负责人及行政审批服务局全体职工出席揭牌仪式。

25日　西吉县与中国邮政储蓄银行西吉支行、宁夏为方村级互助担保基金签约仪式在吉强镇龙王坝村窑洞会议室举行。县长武维东和中国邮政储蓄银行西吉支行行长毛国栋、宁夏为方村级互助担保基金执行总裁李光辉共同签订了合作协议。自治区金融工作局副局长刘正虎、县委副书记张亚萍、副县长李晓东、园区管委会主任马耀宏、县长助理王垚升和中国邮政储蓄银行宁夏分行、固原分行、西吉支行、宁夏为方村级互助担保基金负责人及县委组织部、发改局、吉强镇、马莲乡主要负责人和吉强镇、马莲乡的致富带头人出席了签约仪式。

26日　西吉县召开开展创建全国民族团结进步示范县推进会暨民族团结月活动启动会。首先由人大常委会主任李聪及县领导张亚平、马保师、刘克虎、郭满福、穆春、张国义和各乡镇党委书记、乡镇长、各部门单位负责人组成观摩团，先后到新营乡金山文化产业苑、西滩道堂、将台堡镇西坪村、红军长征胜利会师纪念园、兴隆镇单家集医院、硝河乡关庄村、县检察院进行实地观摩民族创建工作。观摩结束后，在会议中心会堂召开会议，县长武维东出席会议并作了讲话，李聪对观摩情况进行了点评，县委副书记张亚萍主持会议。马保师就西吉县民族工作进行了安排部署。政协主席马天英及全体在家县级领导参加了会议。

27日　泾源县政协主席胡秀德带领泾源县政协考察团一行，先后到火石寨国家地质（森林）公园、吉强镇龙王坝村、震湖乡党家岔村、将台堡红军长征会师纪念园等地，对西吉县旅游产业发展和政协工作开展情况进行实地考察。县政协副主席张国义及相关专委会负责人陪同考察。

△　西吉县青春助力脱贫攻坚暨2017年“希望工程·圆梦行动”助学金发放仪式在会议中心会堂举行。县委常委、宣传部部长海丽，县委常委、副县长吴鹏，人大常委会副主任高月琴，政协副主席宋兆吉和宣传部、团县委、民政局等部门负责人及捐款爱心企业负责人、部分受资助的学生、家长代表参加会议。会议由海丽主持。2017年全县“希望工程·圆梦行动”已筹措各类助学金项目资金120万元，资助学生400余人。

28日　县长、县编委会主任武维东在政府三楼会议室主持召开全县机构编制委员会2017年第二次会议。副县长、编委会成员李晓东及县编办、县委办、政府办、财政、人社、教体等相关部门负责人参加了会议。

△　西吉县十四届委召开2017年第18次常委会议。

29日　广西河池市政协副主席徐钦恒带领部分政协委员一行10人，在市政协相关负责人的陪同下，先后到火石寨国家地质（森林）公园、将台堡红军长征会师纪念园，考察西吉县红色旅游、旅游开发等工作的创新做法和成功经验。县政协副主席张国义陪同考察。

△　市政协秘书长张骞带领市政协委员、市政协机关工作人员一行，到西吉县红耀乡井湾村开展贫困学子圆梦助学活动。向井湾村2017年考取本科院校的10名家庭贫困学子每人3000元助学金，为专科学生每人捐赠1000元，共捐赠4.1万元。县政协副主席张国义，市政协办副主任、井湾村第一书记黄占刚参加了活动。

9月

1日　中共十二届、十四届中央委员，第六届、第七届全国人大代表，全国政协第九届、第十届委员会常委，宁夏回族自治区原党委书记黄璜到西吉县调研。县长武维东、人大常委会副主任吴建雄陪同调研。在单家集清真寺，黄璜聆听了毛主席夜宿单家集、红军与当地群众鱼水一家亲的故事。在将台堡红军长征纪念园瞻仰了红军长征会师纪念碑、参观了三军会师纪念馆，在葫芦河边登高俯瞰西吉县城全貌，对西吉发生翻天覆地的变化表示感叹。

5日　市委常委、县委书记马志宏带领副县长马天峰及发改、财政、水利、国土、林业、建环等部门单位负责人调研葫芦河流域治理工作。

△　全县中共十九大和中阿博览会消防安全保卫动员部署会议在会议中心一会议室召开。会上县公安负责人就近期公安部、公安部消防局召开中共十九大消防安全保卫动员部署会议精神、8月28日许尔峰副主席在中共十九大和中阿博览会消防安全保卫工作约谈会上的讲话精神及固原市“8·29”会议精神向与会人员做了传达学习，消防大队负责人根据西吉县当前面临的消防安全形势，就做好中共十九大和中阿博览会期间消防安全保卫工作做了详细安排部署。副县长马天峰与各乡镇人民政府及有关部门签订了《西吉县党的十九大消防安全保卫工作责任状》，并作了讲话。县公安、消防及各成员单位负责人参加了会议。

6日　自治区政协经济委员会主任徐占海带领调研组，就西吉县深度贫困问题进行专题调研。徐占海一行到偏城乡马湾村走村入户，实地了解脱贫攻坚工作。随后在马湾村村部主持召开座谈会。副县长谢国玉、政协副主席李西平及偏城乡党委班子成员、发改、交通、建环、扶贫办等相关部门负责人和马湾村村干部、部分群众代表参加了座谈会。

△　县政协召开十一届三次常委会议。

△　中国流动科技馆全国巡展暨宁夏西吉县第二届青少年科学节、乡村科技馆开馆启动仪式在龙王坝举行。启动仪式上，宁夏科技馆馆长刘玉杰作了讲话。县委常委、宣传部部长海丽致辞。展览共放置声光体验、电磁探秘、运动旋律、生命奥秘、球幕影院、科普剧表演、机器人表演等展示内容。自治区科协科普部部长赵文象、反邪教协会秘书长李世茂、市科协副主席王社宝及县科协、教体局、文明办等单位负责人和学生代表参加了启动仪式。

7日　副市长朴凤兰带领市文广、旅游等部门负责人一行，先后到偏城乡烂泥滩村、马湾村、高崖村和硝河乡关庄村、红泉村等地，专题调研西吉县村级文化活动中心建设情况。县委常委、副县长吴鹏及县文广、宣传部负责人陪同调研。

8日　县四大机关领导分四组开展教师节慰问活动。对在教育一线的支教老师、困难教师、骨干教师及离退休老教师进行慰问，并向他们送去了慰问金及节日祝贺。

△　市委常委、县委书记马志宏和副县长马天峰及县委办、组织部、教育局负责人，首先来到西吉二中，就学校基础设施建设、学校管理、党建工作、教育均衡验收准备情况等进行了实际调研。马志宏随后看望慰问了在西吉县支教的支教教师以及困难教师、骨干教师和离退休老教师，给他们送去了慰问金，并向他们致以节日的问候。

△　县长武维东和县委常委、宣传部部长海丽及教育局负责人先后到硝河中心小学、将台中学和实验中学开展教师节慰问活动。

△　县人大常委会主任李聪带领教育局负责人深入新营中心小学、袁河中学、西吉二小开展教师节慰问活动。

△　西吉县庆祝第33个教师节暨教育教学质量表彰大会在县会议中心会堂召开。市委常委、县委书记马志宏出席会议并讲话。县长武维东主持会议。会议通报了2016—2017学年度全县教育教学工作；宣读了《关于表彰奖励2017年教育

教学先进集体和先进工作者的决定》并为2017年教育教学先进集体和先进工作者代表进行了颁奖；会上，县委副书记王林还就自治区督察检查西吉县扶贫工作进行了安排部署。人大常委会主任李聪及全体在家的县级领导，各乡镇党委书记、乡镇长，县直各部门（单位）、区市直属部门负责人，全县各中小学校（园）长、专职书记，受表彰的先进个人代表共400余人参加了会议。

△　由市委宣传部、市旅发委、市网信办主办，宁夏新闻网、固原发布、宁夏星秀文化传媒有限公司承办，原州、西吉、泾源县（区）委宣传部、六旅集团协办的第四季“网络达人浪固原”活动走进西吉。本次活动通过网上招募，从全国选拔出各大媒体和网络达人共70人组成大型采访团，通过网民“看固原发展”“观固原文化”“品固原生活”“尝固原美食”“游固原美景”等角度感知固原，加强固原在网民中的记忆度和点击率。

9日　市委常委、县委书记马志宏带领副县长马天峰及水利局负责人调研葫芦河流域治理工作。

10日　自治区督查组到西吉县开展脱贫攻坚相关工作落实情况检查督查。在县委二楼会议室召开会议。市委常委、县委书记马志宏，县长武维东，县委副书记王林，副县长谢国玉及相关部门单位负责人参加了会议。此次检查督查主要是查实国务院扶贫办提醒谈话通报指出问题及暗访核查发现的问题、检查督查审计署2016年度中央预算执行和其他财政收支审计整改落实情况、脱贫攻坚组合政策落实情况、扶贫资金管理使用情况、2017年脱贫攻坚任务进展情况、因村因户精准帮扶落实情况。检查督查方式主要通过实地调查、查阅资料和召开反馈会。

△　县长武维东在政府三楼会议室主持召开县人民政府第十三次常务会议。会议听取了县人民政府第十二次常务会研究事项落实情况。会议听取并审议了政府办公室关于进一步加强政务公开工作有关情况、县编办关于县公安局划转事业编制用于专门招录事业编制基层一线警务人员、县民政局关于2016年度复核政府安排工作条件退役士兵安置情况、县林业局关于北山市民休闲森林公园项目和海西公路景观绿化项目等其他相关事宜，并对相关工作进行了安排部署。

12日　教育系统“全面从严治党　全面从严治教”主题宣讲会在职业中学报告厅举行。宣讲会特邀宁夏建设职业技术学院党委委员、纪委书记梁旌作宣讲报告。教体局领导班子成员，局机关党员干部、各中小学校（园）党组织书记、校（园）长、县城学校（园）党员教师代表300余人参加了会议。

13日　全区人畜共患病防控培训班在县财政局举行。培训班特邀宁夏疾病预防控制中心专家，采取现场授课的形式讲授各类人畜共患病特征、流行形势、病情诊断、监测、流行病学调查、防控策略及防控工作中存在的问题和解决方案等。自治区农牧厅兽医局局长张和平、全区各市县动物疾病预防控制中心负责人及西吉县动物疾控预防控制中心全体干部职工参加了培训会。

△　市政协主席马玉芳带领调研组，先后到西吉县污水处理厂提标改造工程项目区、葫芦河综合整治工程和生态修复工程土地整理项目硝河乡马昌村过境段、兴隆镇玉桥村氧化塘项目区，实地调研西吉县葫芦河流域综合治理情况。县政协主席马天英，县委常委、副县长吴鹏，政协副主席李西平及相关单位负责人陪同调研。

△　国家档案局副局长王绍忠、全国人大教科文卫委文化室主任朱兵、国务院法制办政法国防司副调研员石珺一行，在自治区党委副秘书长李文华、区档案局局长王耘、自治区人大教科文卫委副主任刘万韧、市档案局局长曹芳的陪同下。检查西吉县档案局就依法履职、经费保障、档案馆建设等情况。在县委二楼会议室召开座谈

会。县长武维东、县委副书记张亚萍、人大常委会副主任郭满福及县财政、发改、建环等相关部门负责人参加了会议。张亚萍就西吉县档案局基本情况、项目进展、存在的问题及下一步工作重点进行了汇报。

△ 自治区发改委副主任王凌带领脱贫攻坚专项检查督查组，在西吉县召开脱贫攻坚结果检查督查反馈会。会议由自治区发改委副主任王凌主持。市委常委、县委书记马志宏，县长武维东及在家的县级领导、各部门，各乡（镇）负责人参加了会议。会上，自治区发改委副主任王凌就西吉县督察情况作了反馈说明，并提出整改意见和要求。市委常委、县委书记马志宏在会上作了表态讲话。

13—14日　自治区动物疾病预防控制中心在西吉县开展“弘扬长征精神，深入贯彻自治区第十二次党代会精神，锻造科学防控利剑，争做服务‘三农’先锋”的主题党日活动。全区各市县区动物疾病预防控制中心负责人和各乡镇畜牧兽医站党员代表参加了活动。活动特邀自治区第二次党代会代表刘学军宣讲自治区第十二次党代会精神，自治区动物疾病预防控制中心党支部书记马军讲党课。

14日　全区检察机关“法治进校园”巡讲活动在西吉中学餐厅举行。自治区“法治进校园”宣讲团成员于川、张楠，市检察院未成年人检察处处长马建华、副处长张家萍，县委常委、宣传部部长海丽，检察院检察长穆存祥及教育体育局负责人参加了启动仪式。

△ 县人民政府召开葫芦河流域综合治理工作推进会。县长武维东，县委常委、常务副县长马宗正，副县长李喜生及各乡镇、相关部门负责人参加了会议。

△ 中央电视台《记住乡愁》栏目制片人王海涛带领摄制组到西吉县震湖乡，通过走访调研、询问知情人士、勘测地貌地形等方式，对1920年海原大地震发生时的情景进行真实客观的记录和了解。为团队制作出最完美的《海原大地震》纪录片，进行前期拍摄考察。

15日　全县全株玉米机械化收割青贮暨粮改饲项目启动会在马莲乡向丰家庭农场举行。自治区畜牧工作站副站长张凌青及相关处室负责人、市畜牧技术推广服务中心主任张国坪和县农牧局负责人及各乡镇分管领导、全县规模养殖场、饲草配送中心负责人、畜牧、农技、农机技术人员参加启动会。

△ 西吉县十四届县委召开2017年第十九次常委会议。

18日　县网信办联合县委宣传部、团西吉县委、公安局、教体局、文广局、总工会、各银行、禁毒办等部门，共同举办了以“网络安全为人民，网络安全靠人民”为主题的2017年西吉县网络安全宣传周启动仪式。市委宣传部副部长、网信办主任孙建军，县委常委、副县长吴鹏，县委常委、宣传部部长海丽，政协副主席宋兆吉，各乡镇、各部门单位分管网络安全工作负责人、网络管理员参加了活动。

△ 全县农村宅基地和房屋统一确权登记颁证工作启动仪式在西滩乡举行。自治区遥感测绘勘查院业务人员就农村宅基地使用权和房屋所有权登记办事流程、房屋确权原则、宅基地上建造的农村房屋基本信息调查等内容向与会人员作了培训。

19日　《求是》杂志社总编辑陶骅一行在自治区党委宣传部副部长彭生选的陪同下到西吉县专题调研脱贫攻坚工作。陶骅一行首先到吉强镇龙王坝村，对乡村旅游带动脱贫攻坚工作进行实地调研。在硝河乡隆堡村永久性蔬菜基地，调研产业发展情况及助推扶贫工作情况；到将台堡镇向红军长征胜利会师纪念碑敬献了花篮，参观了三军会师纪念馆，到兴隆镇单家集毛泽东夜宿单家集遗址，听取了当年红军长征路过西吉发生过的动人事迹。市县领导马志宏、曲峰、海丽、刘克虎、谢国玉陪同调研。

△ 全区法院家事审判方式和工作机制改革推进会在西吉县法院召开。自治区高级人民法院院长李彦凯、副院长王兆元，市中级人民法院院长张仁，自治区高级人民法院、审判委员会专职委员乔生彪及区、市、县各法院负责人参加了会议。市委常委、县委书记马志宏，县委副书记张亚萍及区妇联、关工委、政法委、检察院、公安厅、民政厅、司法厅、团委等相关单位部门负责人应邀出席会议。王兆元主持会议，马志宏致辞，李彦凯作了讲话。固原中院、兴庆区法院、平罗县法院、沙坡头区法院、西吉法院负责人分别作了经验交流发言，介绍了家事审判方式和工作机制改革试点情况。随后与会人员观看了西吉县人民法院家事审判工作改革纪实专题片。实地参观了家事审判大厅、心理辅导室、母婴室、“客厅式、圆桌式”家事审判庭、情感修复室、家事文化长廊，翻阅了家事审判台账。区妇联副巡视员王立、区党委政法委法制建设室副主任郭祥、司法厅基层工作指导处处长汤宁、宁夏大学政法学院教授腾明荣对全区法院家事审判方式和工作机制改革工作分别作了点评。

20日 彭阳县委常委、统战部部长马文山带领彭阳县民族团结进步示范创建观摩团，在县委常委、统战部部长马保师，副县长穆春和检察院检察长穆存祥的陪同下到西吉县检察院，在讲解员的带领下，先后走进检察院民族团结创建室、党性教育室、廉政教育警示基地、道德讲堂，观摩西吉县民族团结进步创建工作开展情况及工作中的有效做法。

21日 卫生部原副部长彭玉、中纪委驻国家计生委原纪检组组长吴景春、国家人口计生委原副主任李宏规等一行，到西吉县调研卫生计生事业医疗工作进展情况。自治区卫计委纪检组组长开永安、副县长穆春陪同调研。

△ 县第十七届人大常委会召开第六次会议。

△ 自治区交通运输厅总工程师张凌云带领相关处室负责人一行，到西吉县督查“四好农村路”建设工作。县委副书记张亚萍、人大常委会副主任吴建雄、副县长李晓东、政协副主席宋兆吉及县交通运输局负责人陪同督查。

21—22日 由县委宣传部主办的以“网络安全为人民，网络安全靠人民”为主题的2017年国家网络安全宣传进社区活动在吉强镇钰秀社区和兴隆镇兴隆社区举行。县网信办、居委会、禁毒办、科协等工作人员参加活动并发放宣传材料。

22日 市委四届二次全会精神宣讲团成员刘东、杨廷文、赵永刚、柳小林等到西吉县兴隆镇、王民、白崖乡、农牧、林业局就市委四届二次全会精神分别进行专题宣讲。

△ 由自治区农牧厅科教处、西吉县农业广播电视学校共同组织的自治区首批高级职业农民认定工作在龙王坝村农民田间学校举行。此次认定对象是参加过2016年西吉县新型职业农民培育工程教育培训结业合格的学员。结合职业素养、教育培训情况、知识技能水平、生产经营规模和生产经营效益等参考要素，依照《西吉县新型职业农民认定及扶持管理办法》中的新型职业农民认定条件，根据初、中、高3个等级的认定标准，对2016年新型职业农民学员进行筛选，确定具体分类的认定对象。此次首批高级职业农民共认定20名高级职业农民，将入农业部新型职业农民认定库进行管理，同时享受相应的国家、区、市、县对高级职业农民的扶持优惠政策。

24日 全县脱贫攻坚领导小组推进会在政府三楼会议室召开。县长武维东主持会议，会议传达了自治区脱贫攻坚会议问题整改通报，对环境整治资金使用、就近安置点工程建设、城乡居民医疗保险、危房危窑改造、移民工作进行了安排部署。副县长谢国玉传达了咸辉主席、马顺清副主席在9月20日全区脱贫攻坚会议上的讲话精神，并就全县脱贫攻坚工作进行了安排部署。各乡镇、相关单位主要负责人参加。

25日　自治区工商联党组书记魏莉、主席何晓勇带领调研组一行，在市工商联负责人的陪同下到西吉县就民营企业发展、定点帮扶、百企帮百村等工作开展调研。调研组一行先后到明星出租公司、勇兴三粉加工公司、吉强镇龙王坝村龙泉湾山庄等地进行实地调研。调研组一行还到定点帮扶村红耀乡小岔沟村，实地查看驻村工作队员的工作生活及脱贫攻坚工作的进展情况。到硝河乡关庄村调研了“百企帮百村”工程项目——德尚养殖专业合作社的建设情况，到将台堡镇西坪村实地参观了美丽村庄建设情况。县长武维东，县委常委、统战部部长马保师，政协副主席、工商联主席宋兆吉及工商联负责人陪同调研。

26日　由刘苗苗导演的电影《花红绿叶》在西吉县白崖乡鹞子川开机。县委常委、宣传部部长海丽，白崖乡村干部、剧组成员及白崖乡鹞子川村民近百余人参加了开机仪式。《花红绿叶》是一部乡村爱情剧，它改编自西海固著名回族作家石舒清的短篇小说，影片将视角放在了西海固人们的内心感情、生活方式和生活状态上，其剧情主要演的是本来两个互不相识的人，在家人介绍下相识并组建家庭，经历种种生活坎坷后又走到一起过上幸福日子的纯朴爱情故事，也突出了西吉县农村生活风貌及努力走上小康之路的过程。

△　市长马汉成到硝河乡对市委四届二次全会精神进行专题宣讲。县长武维东及全体乡村干部、驻村帮扶第一书记、“两代表一委员”、“两个带头人”代表等聆听了讲座。

27日　全县综治信访维稳工作推进会在会议中心一会议室召开。会议由县委常委、常务副县长马宗正主持。县委副书记、政法委书记张亚萍在会上作了讲话。县领导马保师、李平、刘克虎、马桂英、李西平及县直有关部门单位、各乡镇负责人参加了会议。

△　由自治区住建厅副巡视员纳新平、人社厅劳动保障监察稽查局局长殷锐带领自治区构建劳动关系暨拖欠职工（农民工）工资突出问题专项整治第三督察组到西吉县督查《关于构建和谐劳动关系的若干意见》（宁党办发〔2016〕71号）文件落实情况、2017年度拖欠职工（农民工）工资突出问题专项整治情况、拖欠职工（农民工）工资案件办理情况，并召开督察反馈会议。县委副书记张亚萍、人大常委会副主任郭满福、政协刘东海及农民工工资领导小组成员单位负责人参加会议。

28日　全县“民族团结一家亲·同心共筑中国梦”为主题的2017年民族团结专场文艺演出在体育场举行。

29日　由副县长穆春带领县安监、交通、建环、文广、公安等部门单位负责人组成的督查组，对全县安全生产工作进行全面督查。以火石寨旅游区、中石油袁河加油站、祥龙农村客运、富力城购物中心、西吉骄子建设项目工地、吉源天然气有限公司等辖区各企业为重点对象，从安全生产管理责任落实、安全生产管理制度建立和执行、安全风险管控、隐患排查治理、应急管理等方面开展“清单式”大排查，随后，督查组召开第四季度安委会全体（扩大）会议暨第四季度消防工作会议。县委常委、公安局局长李平及各乡镇和辖区企业安全负责人参加了会议。

△　十四届县委召开2017年第20次常委会议。

10月

9日　上海市慈善基金会大城小爱——荣耀

之箱落地捐赠仪式在西吉县将台中学举行。上海市慈善基金会大城小爱项目负责人及县委常委、副县长吴鹏，县教体局、团县委、将台堡镇负责人参加了捐赠仪式。荣耀之箱是上海市慈善基金会大城小爱目前主推的一个创意慈善项目。旨在采取更有公信力的模式，提供极具创意的集装箱建筑，该项目具有生产透明化、周期短、成本低、高品质等特点。

10日　根据龙王坝村“两个带头人”的生活原型创拍的大型现代眉户剧《丁香花开》在龙王坝村进行首场巡演。县领导刘镇晶、吴鹏、海丽、刘克虎、宋兆吉及县文广局负责人、游客、村民近百余人观看了演出。

11日　全县县级党员领导干部“两学一做”学习教育常态化制度化第二次专题研讨会在县委五楼会议室召开。市委常委、县委书记马志宏，县长武维东、县委副书记张亚萍及全体在家的县级领导，四大机关办公室、县委各部室负责人参加了研讨会。会议集中学习了《习近平关于制度治党、依规治党论述摘编》学习提纲；习近平总书记在省部级主要领导干部“学习习近平总书记重要讲话精神；迎接党的十九大”专题研讨开班式上的重要讲话精神；党章党规和习近平总书记关于做政治合格纪律合格党员的有关论述摘编。武维东、张亚萍、马宗正、高月琴分别围绕研讨会主题做了交流发言。

△　太平洋产险宁夏分公司党委书记、总经理周晖，太平洋寿险宁夏分公司党委书记、总经理杨来强，太平洋产险宁夏分公司副总经理、工会主席田静一行，到西吉县兴隆镇大岔社区，举行“太平洋保险助推脱贫攻坚”爱心捐赠活动。副县长谢国玉及市民族宗教局、县扶贫办负责人陪同捐赠活动。

△　中央维稳组武艳阳一行，在自治区第四维稳督导组组长李永禄，副市长、公安局局长刘文戈的陪同下，检查指导西吉县维稳工作。县委副书记、政法委书记张亚萍，县委常委、常务副县长马宗正及相关部门负责人陪同检查。

△　全县脱贫攻坚百日会战动员大会在会议中心会堂召开，主要目的是发动全县上下对标脱贫任务，大干快干，集中攻坚，确保全面完成2017年脱贫攻坚各项工作任务。市委常委、县委书记马志宏出席会议并讲话，县长武维东主持会议并就落实好会议精神提出了明确要求。副县长谢国玉宣读了《西吉县脱贫攻坚百日会战实施方案》和《关于开展精准扶贫精准脱贫档案资料查漏补缺整改规范专项行动的通知》，对全县开展脱贫攻坚百日会战工作进行了安排部署。在家的全体县级领导，各乡镇党委书记或乡镇长、分管领导、扶贫专干，县直各部门（单位）、区市驻县各单位主要负责人，20个督导组组长及成员，238个贫困村第一书记和58个非贫困村管理档案资料的村干部共400余人参加会议。

12日　国家民委舆情中心主任赵至敏和由舆情监测处处长宛景森、政务公开处处长欧木几参加的调研组，先后到兴隆镇陕义堂清真寺、将台堡长征胜利会师纪念园和硝河乡关庄村，调研民族团结创建、经济发展及民族信息工作。县委常委、统战部部长马保师，市宗教局局长海连鹏及县宗教局负责人陪同调研。

△　全县2017年秋季农田水利基本建设和植树造林现场会在硝河乡举行。县长武维东出席现场会并作了讲话，县委副书记张亚萍主持现场会。副县长李晓东对全县2017年秋季农田水利基本建设和植树造林工作作了安排部署。人大常委会副主任马桂英、政协副主席宋兆吉及各乡镇、各部门单位负责人和施工企业代表参加现场会。

13日　由福建莆田中华职业教育社组织，湄洲湾职业技术学院、福建华峰实业有限公司参与的莆田、西吉“东西联动合作办学”活动签约仪式在西吉县职业中学举行。福建莆田市政协副主席林惠忠及福建莆田相关地区人大、政协和有关部门负责人，县政协副主席刘东海、县长助理陈海防参加活动。

△ 十四届县委召开2017年第21次常委会议。

△ 自治区党委党史研究室主任宋建钢和副主任饶彦久、郭小涛，机关党委副书记、副巡视员任建耀一行调研西吉县党史研究工作。在县史志办负责人的陪同下，先后到兴隆镇陕义堂清真寺、将台堡镇红军长征会师纪念园，实地调研西吉党史研究工作。随后，宋建钢一行到对口帮扶村吉强镇酸刺村召开座谈会，调研脱贫帮扶工作。到酸刺小学为学生赠送价值3万余元的书包、棉衣及学习用品。

14日 自治区党委副书记姜志刚带领调研组，先后到马莲乡张堡塬村向丰现代循环农业示范园区和吉强镇龙王坝龙泉湾山庄，调研西吉县农村“两个带头人”工程和乡村旅游产业发展促脱贫富民情况。市长马汉成，市委常委、县委书记马志宏，县长武维东陪同调研。

16日 全县迎接宣传贯彻中共十九大主题宣传工作动员会议在县委五楼会议室召开。各乡镇、县直有关部门（单位）负责人，宣传文化系统科级以上干部参加了会议。县文广局、公安局负责人分别作了表态发言。县委常委、宣传部部长海丽主持会议并讲话。

17日 自治区政府政务公开办主任陆生宏带领督查组一行到西吉县督查政务公开工作。在政府三楼会议室主持召开座谈会。县长武维东，县委常委、常务副县长马宗正及政府办、县委宣传部、编办等部门、各乡镇负责人参加座谈会。

17—18日 自治区党委统战部经联处副处长杨培华、自治区工商联扶贫和法律服务中心主任王岳强在县委常委、统战部部长马保师，政协副主席、工商联主席宋兆吉等陪同下，调研2017年自治区统一战线“百企帮百村”助力脱贫攻坚行动帮扶的10个村帮扶措施实施及项目对接、落实情况。

18日 自治区文化厅副厅长刘浩带领督查组督查西吉县农村综合文化服务中心建设情况。在政府三楼会议室召开督查反馈会。县领导武维东、王林、海丽、李晓东及县文广局、扶贫办、财政局等各相关单位和各乡镇负责人参加了会议。会上，刘浩反馈了督查情况，武维东作了表态发言。

19日 九三学社固原市委主委、市人大常委马保相带领市九三学社调研组一行，先后到将台堡红军长征会师纪念园、王民丰谷原农业公园和西吉电商产业孵化园调研双创及农业旅游产业发展情况。县委常委、统战部部长马保师陪同调研。

△ 市政协主席马玉芳带领市文广、财政局负责人，先后到西吉县金山文化产业园、吉强镇大滩村妇女促进会、红耀乡井湾村马铃薯农机农艺融合机械化生产示范园区调研西吉县基层文化大院、公共文化服务工作和农村精神文明建设情况。政协主席马天英，县委常委、副县长蔡志及文广局负责人陪同调研。

△ 市政府教育督导检查西吉县义务教育均衡发展验收工作反馈会在会议中心一会议室召开。市政府教育督导室主任张毅、副主任杨维东，市教育局工会主席宋满林及相关单位负责人出席会议。人大常委会副主任高月琴、副县长马天峰，义务教育均衡发展工作领导小组成员单位主要负责人，全县义务教育阶段各学校校长共计百余人参加了会议。会上，马天峰就西吉县义务教育均衡发展工作做了汇报；宋满林和市教育局相关科室负责人及泾源县教体局负责人分别通报了督查情况，张毅作了总结讲话。

△ 全县向新疆生产建设兵团转移就业安置职工欢送会在会议中心举行。县委副书记王林主持会议，副县长李晓东介绍向新疆生产建设兵团转移就业安置职工情况。自治区人社厅创业就业

处处长张斌和赴新疆群众代表分别作了讲话和发言。区市相关处室、部门负责人，县就业创业领导小组成员单位负责人，各乡镇主要领导、劳务站长，赴新疆人员及家属参加了欢送会。

△ 自治区党委常委、政法委书记徐广国带领区政法委负责人一行，先后到省道202线、硝河乡综治中心、兴隆镇公安检查站，实地调研指导西吉县综治维稳工作。并在硝河乡召开座谈会。自治区相关部门通报了西吉县综治信访维稳重点工作完成情况。副市长、公安局局长刘文戈，县长武维东，县委副书记、政法委书记张亚萍分别就西吉信访维稳工作进行了简要汇报。县委常委、公安局局长李平陪同调研。

20日 全县脱贫攻坚和信访维稳安全生产工作推进会在会议中心一会议室召开。县长武维东传达学习了十九大报告精神。在脱贫攻坚会议上，扶贫办负责人就自治区扶贫政策落实会议精神落实情况进行汇报。副县长谢国玉，县委常委、纪委书记王维强，县委副书记王林分别就脱贫攻坚进行安排部署。在信访维稳安全生产工作会上，信访督办局、维稳办、安监局负责人分别就当前信访、维稳、安全生产工作进行汇报。县委副书记、政法委书记张亚萍主持会议并作了讲话。政协主席马天英及全体在家县级领导、各乡镇、县直各部门、区市驻县各单位负责人参加了会议。

△ 由县政府、纪委、组织部、宣传部主办，县文广局、电视台承办的“谈民生·转作风——西吉县2017年广场问政”活动在县体育场举行。县委常委、纪委书记王维强，县委常委、常务副县长马宗正出席活动。县扶贫、建环、农牧、水务、民政、交通、教育和人社8个部门的负责人进行了现场解答。

22日 全县学校食堂安全工作会议暨学校、食堂管理人员培训会在职业中学报告厅召开。县食安委副主任、副县长穆春及教育、市场监管局、各乡镇负责人及全县各中小学校校长、食堂管理负责人参加了会议。

23日 全县贫困村妇联主席培训班在吉强镇会议室举行。县人大常委会副主任、妇联主席高月琴及142个贫困村妇联主席参加了培训班。

△ 国家开放大学“长征带”教育精准扶贫工程西吉电大2017级新生开班仪式在县职业中学举行。宁夏职业技术学院、宁夏广播电视大学副校长陈明文，县委组织部、教育局、扶贫办、职业中学负责人及全体学员参加了开班仪式。

23—24日 县政协主席马天英，副主席刘东海、宋兆吉、李西平带领部分县政协常委、委员，先后到将台堡、兴隆、吉强、田坪、新营等乡镇，对全县劳动力素质提升工程实施、食品药品安全监管、饮水安全、养老服务体系建设等四项重点工作进行调研。县委常委、副县长吴鹏，副县长李喜生、穆春及政府办、政协办、人社局、市场监督管理局、水务局、民政局等部门（单位）负责人陪同调研。

24日 市妇联主席王萍、副主席高秀萍一行，先后到将台堡镇牟荣村红祥蔬菜种植专业合作社，吉强镇大滩村妇女促进会、万崖村便民服务中心，调研妇联阵地建设、妇联改革工作、妇女之家建设、人员分配、群团建设等情况。县人大常委会副主任、妇联主席高月琴陪同调研。

△ 市委常委、组织部部长景瑜到西吉县马莲乡罗曼沟村宣讲中共十九大精神。市委组织部副部长安祯、县委副书记张亚萍、马莲乡领导班子成员及罗曼沟全体党员代表参加了宣讲会。宣讲活动由县委副书记张亚萍主持。

△ 自治区检察院党组副书记、副检察长田云鹏一行到兴隆镇开展“下基层”调研工作。

25日 自治区食安委督查组一行到龙王坝村龙泉湾山庄开展旅游景区食品安全专项治理督查工作。副县长穆春及市场监管局负责人陪同督查。

26日　西吉县第十七届人大常委会召开第七次会议。

△　民族团结杯有奖征文颁奖典礼在县文化旅游广电局演艺厅举行。县委常委、统战部部长马保师，县委常委、副县长吴鹏及财政、文广、教体、宗教、文联等单位负责人及部分学生参加了颁奖典礼。马保师和吴鹏为获得一等奖的马强和姚志忠颁发了荣誉证书，马福成、朱培祯获得二等奖，张世平、尤焜瀚、王晓云获得三等奖，刘德飞、苏娟娟、牛丽萍等获得优秀奖。

△　由自治区教育工委书记、教育厅党组书记房全忠，中央组织部公务员管理办公室副巡视员张艾兵，国家宗教事务局三司司长马劲，甘肃省民政厅党组书记、厅长李志勋，共青团青海省委书记王华杰组成的中央党校第43期中青班调研组，到西吉县开展社会实践、调研指导工作。在县委二楼会议室召开座谈会。县长武维东，县委常委、统战部部长马保师，副县长谢国玉及县委办、政府办、组织部、发改、民宗等部门负责人参加了会议。武维东就西吉县基本县情和脱贫攻坚工作进行了汇报。随后，调研组到吉强镇龙王坝村，就乡村旅游发展、农家乐运营情况和精准扶贫等工作进行了调研；到硝何乡关庄村走访看望了部分贫困户，到马莲乡向丰农业循环示范园调研循环经济及现代农业发展情况。调研组一行还瞻仰了将台堡红军长征会师纪念园。

△　市河长制办公室带领市水务局、住建局、环保局、国土局单位负责人组成督导组，先后到县城污水处理厂、葫芦河综合治理工程现场、硝河乡政府、硝河乡隆堡村、何岊水厂等对西吉县包括县、乡、村三级河长制组织体系、责任体系、管理体制机制、河湖分级名录建立情况；县、乡河长制办公室机构设置、人员及编制、办公场所落实情况；河湖污染现状及污染源情况调查、台账建立、“一河一策”规划、河长制工作手册编制、河长公示牌设立、公众投诉平台建立、经费落实、宣传、培训、督导检查及信息、报表报送等河长制基础工作开展情况，河长制各部门重点任务落实情况等进行实地督导检查。

27日　自治区伊协常务副会长田玉福带领全区“卧尔兹”巡回演讲团一分团到西吉县西滩道堂礼拜厅进行演讲活动。西滩乡各清真寺开学阿訇、寺管会成员，西滩义学师生共300多人聆听了演讲。

△　全县首届“龙泉山庄杯”乒乓球邀请赛在龙王坝村龙泉湾山庄举行。自治区乒协秘书长季平、市乒协秘书长张昌林及县体育中心、乒协、龙泉湾山庄负责人、全体运动员、裁判员参加了开幕式。

△　西吉县向宁夏天元锰业有限公司组织转移就业人员欢送会在永清湖广场举行。县委副书记张亚萍出席欢送会并做了讲话，副县长李晓东主持欢送会。人大常委会副主任郭满福，政协副主席刘东海及县就业创业领导小组成员单位负责人，各乡镇主要领导、劳务站长参加了欢送会。

△　自治区人社厅党组副书记、副厅长马军生带领督察组，督察西吉县人社局2017年重点工作任务落实情况。在人社局会议室召开座谈会，县委常委、副县长蔡志参加了会议。

△　全县领导干部大会在会议中心会堂举行。会议传达学习党的十九大精神，安排部署学习宣传、贯彻落实工作。市委常委、县委书记马志宏，县长武维东、人大常委会主任李聪、政协主席马天英及全体在家的县级领导及各乡镇、各部门（单位）副科级以上党员领导干部参加了会议。

28日　全县“敬老月”文化体育比赛颁奖活动在县民政局举行，来自全县各系统各行业的50多位老人参加了颁奖活动。此次“敬老月”文化体育比赛从10月18日开始至24日结束，共吸引80多名老人参赛，年龄最大的86岁。

30日　县长武维东主持召开县人民政府第

十四次常务会议。

31日　自治区人大常委会副主任孙贵宝带领自治区环保厅负责人，先后到西吉县污水处理厂、将台堡镇残膜回收点、葫芦河流域洋氧化塘及生态湿地，对西吉县环境保护工作进行调研。详细察看环境整治、污水处理厂运行、残膜处理及河长制工作进展等整体情况。市人大常委会副主任云生元，副市长吴会军，县人大常委会主任李聪、副主任吴建雄，副县长马天峰陪同调研。

△　固原市九三学社主委马保相带领社内相关林业专家一行调研西吉县兴平乡山楂产业种植情况。县委副书记王林，县委常委、统战部部长马保师，县委常委、副县长吴鹏及县林业局、兴平乡负责人陪同调研。

11月

1日　县委政法委联合县法院、检察院、公安、司法、维稳办、文广、教体、交通、市场监管、卫计等20多个部门（单位）在县商城广场开展《反间谍法》集中宣传活动。

2日　市委常委、县委书记马志宏和县人大常委会副主任吴建雄、副县长李晓东一行调研指导葫芦河流域综合治理工作。县林业、水务及施工企业负责人陪同调研。

△　自治区妇联主席董玲、副主席李咏梅带领自治区妇联各处室负责人到西吉县开展十九大精神宣讲和调研基层妇联改革工作。市妇联主席王萍，县人大常委会副主任、妇联主席高月琴陪同调研。

2—3日　县政协副主席张国义带领提案督办组，先后到永清湖广场、吉强中街、富力城四楼网吧、商业广场、回民中学、鑫祥世城、北山公园、秀屿广场、将台堡镇少文废旧农膜加工厂、将台堡镇毛沟村、下坪水库、偏城乡马湾村等地，对县政协十一届一次全体会议审查通过的提案及重点提案进行督办。县委常委、副县长刘镇晶、吴鹏陪同督办。

3日　十四届县委召开2017年第22次常委会议。

5日　全县公立医院综合改革工作推进会议在会议中心一会议室召开。副县长穆春、县医改领导小组成员单位、县级公立医院、县疾控中心、妇幼保健计划生育服务中心、卫生计生综合监督所及各乡镇卫生院、社区卫生服务站负责人参加了会议。

△　中央电视台财经频道直播活动走进西吉，通过新闻报道、网络直播等形态推荐西吉马铃薯等农产品，为西吉县马铃薯、蔬菜、杂粮等特色农产品的销售及电商扶贫带来了新的契机。直播以“电商扶贫‘薯’我精彩，厉害了我的国，厉害了我的西吉”为主题，对西吉县产业扶贫、电商扶贫情况进行介绍，对马铃薯、蔬菜、杂粮、珍珠鸡蛋、芹菜汁、勇兴三粉等特色产品和新技术、新成果、新设备进行展示，通过致富带头人讲述带动全县农民种植马铃薯脱贫致富的亲身经历，马铃薯主食化加工及马铃薯主食化烹饪大赛等内容，对全县特色农产品进行推介。

6日　2017年自治区精准扶贫成效第三方调查评估西吉县工作启动会在会议中心会堂举行。国家统计局银川市调查队队长王克清、副队长刘玉忠，县领导王林、马桂英、谢国玉、李西平及评估组成员、各乡镇、各部门（单位）、评估村主要负责人和驻村第一书记参加了会议。启动会由县委副书记王林主持。会上，国家统计局银川市调查队副队长刘玉忠就此次评估的范围、内容、主要方式及工作职责作了详细说明，县扶贫办负责人作了脱贫攻坚工作的汇报。国家统计局银川市调查队队长王克清在会上讲了话。

7日　“保险大篷车市县行保险知识普及专题培训活动”在西吉县举行，此次培训活动特别邀请了金融局证券保险处、人保财险宁夏分公司、中国人寿宁夏分公司的三位专家到会授课。县委常委、副县长刘镇晶作了总结发言，自治区金融工作局证券保险处副处长王喆及县发改、财政、农牧、工商联、民政、文广、人社等部门和各乡镇、医院、金融机构、保险公司及学校负责人参加了活动。

9日　全县2017年度“119”消防宣传日启动仪式在西滩乡广场举行。县委常委、统战部部长马保师，县委常委、副县长吴鹏，公安局、消防大队负责人及西滩乡全体乡村干部、生态护林员、道堂宗教界人士、中心小学师生参加了启动仪式。

△　西吉县召开构建和谐劳动关系暨保障农民工工资规范化支付专题培训班。培训班为期两天，重点培训《治欠保支政策解读》《学习贯彻劳动保障法律法规　依法维护劳动者合法权益》《依法实施劳动合同管理》《劳动保障监察网格业务探讨》等。县委副书记张亚萍、自治区人社厅劳动保障监察稽查局局长马东璟及各乡镇、各部门（单位）分管工程项目负责人、各施工企业和非煤矿山负责人及相关工作人员参加了培训。

△　西吉县组织19个乡镇94户484名移民群众搬离故土，入住宁东劳务移民安置小区，开启他们的新生活。

12日　由环境保护部西北督查中心副主任马国林带领的“绿盾2017”专项行动第八巡查组第二组到西吉县巡查。副市长吴会军、县长武维东、副县长马天峰陪同巡查。巡查组一行先后到火石寨乡黑窑拱北停车场、北门生态停车场、北门居民区、沙岗子林场管护站、万方石料厂，就卫星遥感出的部分问题进行巡查。实事求是地指出西吉县在环境保护工作中存在的问题。

14日　自治区司法厅副厅长李春劳、社区矫正局局长吴建新一行在固原市司法局负责人的陪同下，调研西吉县司法行政工作。调研组一行先后到永清湖法治主题公园、吉强司法所、社区矫正和安置帮教前置过渡基地、建业律师事务所、法援中心及公证处，实地考察调研西吉县司法行政机关学习宣传贯彻中共十九大精神情况、2017年各项重点工作完成情况、工作中存在的问题及对策。县委常委、公安局局长李平，县委常委、吉强镇党委书记刘克虎陪同调研。

△　全县脱贫攻坚领导小组会议在县委五楼会议室召开。会议听取国家和区市检查督查反馈关于西吉县脱贫攻坚未整改完成问题，分析问题、解决问题，并坚持问题导向、任务导向、责任导向，增强责任感、紧迫感，强化担当意识，细化工作措施，按照时间节点，狠抓落实，确保整改到位。

△　固原市政府教育督导室主任张毅、市教育局副局长张树宏一行对西吉县义务教育均衡发展工作进行检查指导。张毅一行先后到回民中学和西吉中学，通过实地察看、听取汇报、观看展板、与师生交流等方式，详细了解西吉县义务教育均衡发展成果及基础设施建设等情况。

15日　湖南电视台党委书记、台长吕焕斌一行在宁夏广播电视总台党委委员、副台长牛中奇、付湘宁及市县领导罗永红、马志宏、李志达、海丽的陪同下，到西吉县将台堡开展“缅怀先烈、不忘初心、走好新的长征路”活动。瞻仰红军长征会师纪念碑，实地参观三军会师纪念馆和中南海情系西海固展馆。

△　中国建设银行西吉支行成立座谈会在县委二楼会议室召开。建行宁夏分行党委书记、行长张敏，副行长王斌，县长武维东，县委副书记王林，县委常委、副县长刘镇晶，副县长谢国玉及区市建行相关领导参加了会议。武维东主持会议并就西吉县经济状况、民生情况、文化发展及产业发展情况作了汇报。张敏作了讲话。座谈会后，建行西吉支行举行开业仪式。建行宁夏分行党委书记、行长张敏，市委常委、县委书记马志宏，固原市副市长曲峰，建行宁夏区分行副行长

王斌，县长武维东，人大常委会主任李聪，政协主席马天英，人民银行固原市中心支行行长姚景超，固原市银监分局局长李雪涛及市县相关领导出席开业仪式。仪式上，市银监分局负责人宣读了开业批复文件；李雪涛为中国建设银行股份有限公司西吉支行颁发金融许可证；武维东和王斌分别做了致辞；建行西吉支行负责人作了表态发言。张敏、马志宏、曲峰为建行西吉支行揭牌。

△ 县政协召开十一届四次常委会议。

16日　县委中心组中共十九大精神专题学习研讨会在县委五楼会议室召开。县委常委、宣传部部长海丽传达中共十九大报告精神；县委常委、常务副县长马宗正传达党章党规和习近平总书记关于做品德合格发挥作用合格党员的有关论述摘编。人大常委会主任李聪，政协主席马天英，县委常委、纪委书记王维强结合各自分管领域工作实际就中共十九大报告精神分别作了交流发言，县委常委刘克虎、人大常委会副主任郭满福、政协副主席李西平分别就发挥作用合格、品德合格、学哲学、用哲学方面作了交流发言。市委常委、县委书记马志宏主持会议并讲话。县长武维东及全体在家的县级领导、四大机关办公室和县委各部室负责人参加了会议。

△ 中国商飞集团总经理助理、上海飞机制造有限公司总经理沈卫国一行到对口帮扶村——将台堡镇西坪村开展捐赠活动。沈卫国一行首先到将台堡三军会师纪念馆，瞻仰红军长征会师纪念碑，实地参观三军会师纪念馆和中南海情系西海固展馆。在将台堡西坪村，中国商飞集团为西坪村小学捐赠校服100套，为村党支部赠送“党员之家”办公家具和设备，并为西坪村“党员之家”揭牌。县委常委，副县长梁秋明出席了捐赠活动。

△ 十四届县委召开2017年第23次常委会议。

△ 自治区环保厅考核组一行，就西吉县2017年国家重点生态功能区县域生态环境工作开展情况进行专题调研和考核。在县政府三楼会议主持召开座谈会，副县长马天峰及县建环、林业、发改等部门参加会议。会后，考核组先后实地查看调研葫芦河河流域水污染生态综合治理、县污水处理厂污水处理改造和月亮山生态林业区建设情况。

△ 市人大常委会副主任胡杰带领市人大常委会代表工作委员会主任马一平及部分市人大代表，到西吉县对市委四届人大一次会议上《关于对西吉县偏城乡小城镇西入口河道进行整治的议案》和《关于重建西吉县沙沟至下堡桥头二级公路的建议》等办理情况进行检查。县人大常委会主任李聪，县委常委、副县长吴鹏，人大常委会副主任郭满福及市、县政府办、发改、财政、住建、水务、林业等部门负责人陪同检查。

17日　北京秋实农业股份有限公司董事长杜大雪一行到西吉县考察调研。县长武维东、园区管委会主任马耀宏陪同考察调研。杜大雪一行先后到工业园区和县职业中学，就园区环境、厂房建设、学院人才培训等情况进行详细调研。

△ 县人民检察院被中央文明委授予第五届“全国文明单位”荣誉称号。全国文明单位评选活动是由中央文明委组织的精神文明建设综合性评选活动，每三年评选表彰一次，是精神文明建设奖励的最高奖项。

19日　自治区旅游发展委党组书记、主任徐晓平带领区市调研组，到吉强镇龙王坝特色产业示范村和将台堡红军长征会师纪念园，对西吉县全域旅游发展工作进行实地调研。县长武维东，县委常委、副县长吴鹏，县委常委、宣传部部长海丽及文广局负责人陪同调研。

20日　县人大常委会主任李聪，副主任郭满福、马桂英、高月琴及部分县人大常委会委员、人大常委会各委办负责人、部分乡镇人大主席、人大代表组成的检查组，在副县长穆春陪同下，先后到吉强镇酸刺村后湾组、兴隆镇氧化塘、单民小学、马莲乡万里淀粉厂、硝河乡文化站、震湖乡创业孵化园、县妇幼保健院和污水处理厂等，对2017年政府15件民生实事办理落实和《中华人民共和国环境保护法》贯彻实施情况进行专项检查。

△ 全县湿地产权确权登记工作推进会在县会议中心一会议室召开。自治区湿地办副主任翟昊对湿地产权确权的相关政策及如何解决目前试点工作中出现的有关难点、工作流程和权证收集工作进行讲解。县委常委、副县长吴鹏，自治区林业厅湿地办副主任翟昊，市林业局副局长李江宁及县有关部门、乡镇分管领导，站所负责人和技术协助单位工作人员参加了会议。

△ 县长武维东到吉强镇宣讲中共十九大精神。县委常委、吉强镇党委书记刘克虎及全体镇村干部、社区工作者、驻村第一书记聆听了宣讲会。

21日 县长武维东主持召开县人民政府第十五次常务会议。

22日 自治区党委常委、市委书记张柱到西吉县震湖、田坪、红耀三乡，调研脱贫攻坚、产业发展、基层组织建设等工作。市县领导马志宏、周兆川、周文贵、武维东、谢国玉陪同调研。

△ 自治区扶贫办副主任丁建懿在县委副书记王林的陪同下先后到将台堡镇西坪村、硝河乡关庄村检查指导扶贫工作。

23日 由自治区住房城乡建设厅总工程师岳国荣带领的美丽乡村考评组一行到西吉县检查指导美丽乡村建设工作。在政府三楼常务会议室主持召开座谈会，并仔细查阅了各乡镇美丽乡村建设相关资料。会后，考评组一行到新营乡、吉强镇龙王坝村等地，实地察看了美丽乡村建设工作进展情况。副县长马天峰和建环、发改等相关部及乡镇负责人陪同检查。

△ 市人大常委会副主任云生元带领部分市人大常委会委员、市人大代表，在市政府办、扶贫办负责人的陪同下，到西吉县检查脱贫攻坚工作。云生元一行先后到将台堡镇西坪村、硝河乡关庄村、幸福家苑二期建设现场对西吉县脱贫攻坚工作进行了检查。县委常委、副县长蔡志，县人大副主任郭满福，县人大办、财经委、扶贫办负责人陪同检查。

△ 全县2017年建档立卡动态调整和贫困村、贫困户退出工作部署会在会议中心一会议室召开。县委副书记王林主持会议，县长武维东出席会议并讲话，副县长谢国玉就脱贫攻坚重点工作进行了安排部署。各乡镇党政主要负责人、分管扶贫领导、扶贫专干、各相关部门主要负责人参加了会议。

△“雷沃公益——关爱留守儿童计划”宁夏站助学金第五次发放仪式在西吉县王民中心小学举行。发放仪式上，县委副书记王林致欢迎辞，与会领导和嘉宾向受资助学生代表发放了助学金；宁夏农牧厅农业机械管理局局长虞景龙代表受资助方向雷沃阿波斯集团赠送了锦旗。

24日 银川海关党组成员、政治部主任杨海一行，为基层帮扶点——兴平乡王湾村捐赠了拖拉机、液压翻转犁、马铃薯播种机、马铃薯收获机、青贮铡草机等总价值13万元的农机具。

25日 国家宗教局《中国宗教》杂志社刘金光社长一行到西吉县调研民族宗教工作。县委常委、统战部部长马保师，政协副主席张国义及县宗教、文广　和将台堡、兴隆等部门乡镇负责人陪同调研。

28日 由中国舞蹈家协会、宁夏文联主办；宁夏舞蹈家协会、固原市文联、中共西吉县委宣传部承办；固原市舞蹈家协会、西吉县新营乡党委政府、西吉县教育体育局、西吉县文联、西吉县回民小学、西吉县将台镇中心小学、西吉县新营乡中心小学协办的“共筑中国梦·温暖农村娃”新农村少儿舞蹈美育工程——少数民族舞蹈课堂宁夏启动仪式在西吉县新营小学举行。自治区文联党组成员、副主席刘伟，自治区舞协常务副主席张伟，县委常委、宣传部部长海丽及市、县文联负责人、新营小学全体师生参加启动仪式。

29日　全县全面深化改革工作第二次推进会在县委五楼会议室召开。县委副书记王林，县委常委、公安局局长李平，副县长谢国玉及全县全面深化改革小组成员单位负责人参加了会议。

△　全县脱贫攻坚领导小组会议在县委五楼会议室召开。

30日　市长马汉成带领市环保部门负责人一行先后到火石寨丹霞地貌国家级自然保护区和西吉安康医院，调研西吉县环保问题整改情况。市委常委、县委书记马志宏，县长武维东，副县长马天峰陪同调研。

△　宁夏共享集团在火石寨沙岗村举行捐赠扶持村集体经济发展资金活动。捐赠仪式上，宁夏共享集团为沙岗村捐赠20万元用于发展村集体经济，火石寨乡负责人为宁夏共享集团赠送了锦旗。县委常委、统战部部长马保师，检察院检察长穆存祥，火石寨乡负责人，宁夏共享集团公司工作人员及沙岗村三委班子成员参加了捐赠活动。

12月

3日　全县2017年脱贫攻坚考核准备工作会在会议中心一会议室召开。市委常委、县委书记马志宏出席会议并讲话，县长武维东主持会议并从紧盯时间节点抓时效、突出重点求成效、强化环节促实效3个方面进行强调和安排部署。县委副书记王林、副县长谢国玉分别传达学习了自治区2017年脱贫攻坚考核准备工作暨督查专题会议精神，安排部署全县脱贫攻坚考核督查迎验工作。人大常委会主任李聪、政协主席马天英、县委副书记张亚萍及全体在家的县级领导、各乡镇党委书记、乡镇长、县直各部门和区市驻县各单位主要负责人参加了会议。

△　十四届县委召开2017年第24次常委会议。

4日　由普法办、司法局牵头组织，全县20多个部门（单位）参加的以“学习贯彻党的十九大精神，全面推进法治西吉建设”为主题的国家宪法日集中宣传活动在县城广场举行。县委常委、政法委书记张亚萍，人大常委会副主任马桂英亲临现场指导活动。

4—5日　由自治区人民政府教育督导室专职副主任衡鸣、自治区教育厅基教处处长张可生带领自治区人民政府教育督导室、自治区教育厅基教处、自治区教育厅装备中心及抽调的各市专家组成的验收组，对西吉县义务教育均衡发展工作进行全面评估验收。市、县领导马志宏、朴风兰、武维东、海丽、马桂英、李喜生、马天峰、张国义及市县教育部门负责人陪同验收。此次验收组分领导巡视、经费使用、评估验收、群众满意度测评4个小组，先后到县财政局、教体局、各学校（教学点）开展验收工作。

5日　县妇联第十二次代表大会在会议中心会堂召开。市委常委、县委书记马志宏，市妇联主席王萍出席会议并分别作了讲话。县人大副主任、妇联主席高月琴代表县妇联第十一届执行委员会向大会作了题为《巾帼心向党　建功新时代　为打赢脱贫攻坚战　全面建成小康社会而努力奋斗》的工作报告。县领导张亚萍、马宗正、刘东海出席会议。

6日　西吉县妇女第十二次代表大会圆满完成各项议程，在会议中心一会议室胜利闭幕。会议选举产生了新一届妇联领导班子，县委副书记张亚萍出席会议并作了讲话，县人大常委会副主任、妇联主席高月琴主持会议。

△ 市河长办组织市水务、环保、国土和海绵城市建设中心对西吉县河长制工作进行考核验收。

△ 由自治区人社厅副厅长孙晓军带领自治区农民工工作领导小组，对西吉县农民工工作推进情况进行专项督查。在政府三楼会议室召开座谈会。副县长李晓东就全县农民工工作开展情况进行了专题汇报。县委副书记张亚萍、人大常委会副主任郭满福、政协副主席张国义及全县农民工工作领导小组各成员单位负责人参加了座谈会。会后，督查组一行到国圣食品有限公司、民生家园和吉强镇，对农民工生产生活、住房、就业、子女上学等情况进行专项调研。

△ 自治区党委宣传部常务副部长杜银杰一行到兴隆镇开展“下基层”调研活动。

8日 固原市学习贯彻中共十九大精神宣讲团到西吉县开展宣讲活动。固原市学习贯彻中共十九大精神宣讲员、固原市旅游发展委员会副主任王乔松分别在县委五楼会议室和农牧局进行了宣讲。固原市学习贯彻中共十九大精神宣讲员、市委讲师办公室主任、副教授马军在建环局进行了宣讲。固原市学习贯彻中共十九大精神宣讲员杨风军在消防中队进行了宣讲。固原市学习贯彻中共十九大精神宣讲员侯军在职业中学进行了宣讲。固原市学习贯彻中共十九大精神宣讲员杨廷文在回民中学进行了宣讲。固原市学习贯彻中共十九大精神宣讲员海明贵在工业园区进行了宣讲。

△ 全县2017年保障性安居工程跟踪审计进点会议在政府三楼会议室召开。会议由固原市审计组组长李国安主持。副县长马天峰汇报了西吉县2017年保障性安居工程工作情况。县发改、建环、审计、财政、公安、民政、国土及各乡镇相关负责人参加了会议。

9日 全县2017年脱贫攻坚考核准备工作会在会议中心一会议室召开。县委副书记王林主持会议，市委常委、县委书记马志宏出席会议并讲话，并对全区脱贫攻坚考核准备工作会议精神及自治区党委书记石泰峰和自治区党委常委、市委书记张柱的讲话精神进行了传达学习。副县长谢国玉宣读了全县迎接2017年国家脱贫攻坚年度考评工作方案的通知并就考核准备工作进行安排部署，县长武维东作了强调。人大常委会主任李聪，政协主席马天英及全体在家的县级领导和各乡镇党委书记，乡镇长，各部门单位主要负责人参加了会议。

△ 县扶贫办、县妇联举办的“广东省阳光雨露公益助学促进会”助学金发放仪式在县扶贫办会议室举行。自治区扶贫办、自治区妇联、县扶贫办、县妇联相关负责人和受助村第一书记、受助学生代表参加了发放仪式。2017年，经自治区扶贫办争取，广东省阳光雨露公益助学促进会是关注贫困留守儿童的慈善公益平台，为西吉县兴隆镇黑大庄村、马莲乡南川村、偏城乡双羊套村的29名贫困留守儿童争取到5.8万元资助金，每名学生2000元，可连续资助5年，帮助困难家庭学生完成学业。

△ 县委常委、常务副县长马宗正到沙沟乡宣讲中共十九大精神。

10日 由自治区政协常委、民盟宁夏区委会副主任、自治区高级人民法院副院长贺耀带领的调研组，在政协副主席宋兆吉的陪同下，先后到月亮山防沙治沙示范区、六盘山400毫米降水线造林绿化工程扫竹岭示范区及龙王坝龙泉湾山庄，调研西吉县开展中部荒漠草原防沙治沙区及六盘山养护通道规划。

11日 十四届县委召开2017年第26次常委会议。

△ 市委常委、县委书记马志宏带领县委副书记王林及相关部门负责人到兴隆镇撒家湾村看望慰问撒风虎家属（撒风虎，男，回族，西吉县兴隆镇人。1977年9月出生，原任县扶贫开发办公室项目股副股长，由于患有糖尿病，并长期带

病坚持工作，于12月10日凌晨5时，因劳累过度突发心力衰竭不幸去世）。

12日　由自治区法制办法制监督指导处处长李增民带领的验收组一行，验收西吉县法治政府示范县创建工作。在政府三楼会议室主持召开座谈会，并查看部分创建资料。县长武维东，县委常委、常务副县长马宗正及县法治政府示范县创建活动领导小组成员单位参加座谈会。会后，验收组一行先后到行政审批局、永清湖广场和城市综合管理执法大队等地，实地查看西吉县法治政府示范县创建工作进展情况。

14日　西吉县伊斯兰教第六次代表大会第一次全体会议在会议中心会堂召开。会议选举产生新的一届伊斯兰教常务委员会委员，刘生珍阿訇当选为会长、苏怀玉等人当选为副会长。市伊斯兰教协会常务副会长臧斌、副县长穆春分别作了讲话。县委常委、统战部部长马保师、人大常委会副主任郭满福，政协副主席张国义及全体代表出席会议，各乡镇分管领导、县直有关部门负责人列席会议。

15日　市委常委、副市长金敬东到吉强镇宣讲中共十九大精神。吉强镇党委班子成员、全体镇村干部、驻村第一书记、社区工作者聆听了讲座。

△　国务院扶贫办党组成员、副主任洪天云带领国务院扶贫办、科技部、农业部等全国相关部门及28个省份的140多位代表观摩西吉县“两个带头人”工程实施情况。在市县领导马汉成、马志宏、武维东、张亚萍、谢国玉等领导的陪同下，洪天云一行先后观摩了龙王坝村发展旅游业带动群众脱贫致富和马莲乡张堡塬村发展现代循环农业带动群众脱贫工作。在龙王坝村，市委常委、县委书记马志宏详细介绍了西吉县大力实施“两个带头人”工程，助力打赢脱贫攻坚战工作开展情况及取得的成效。致富带头人焦建鹏结合自身发展经历和带领村民发展乡村旅游心得体会等方面向观摩团一行作了汇报。在马莲乡张堡塬村，马莲乡负责人就马莲乡“两个带头人”工程实施和“复合型”带头人苏相锋“321”带领群众发展模式做了详细汇报，副县长谢国玉对全县产业发展情况等做了详细介绍。

△　县长武维东在政府三楼会议室主持召开县人民政府第十六次常务会议。

16日　市委常委、县委书记马志宏主持召开了十四届县委2017年第27次常委会议。

△　西吉县武术协会举办第一届年会暨武术表演赛。200余名武术爱好者参加。

18日　由自治区发展改革委副主任王凌带领自治区扶贫办副主任米超及相关厅局、处室负责人组成的脱贫攻坚考核第二组一行，就西吉县脱贫攻坚考核情况反馈会在县委五楼会议室召开。自治区发展改革委副主任王凌主持会议并作了讲话。随后，马志宏主持召开了整改落实座谈会并讲话，副县长谢国玉传达了自治区有关文件精神，县委副书记王林针对考核组提出的六个问题四点建议做了剖析和安排部署。

△　市委常委、县委书记马志宏主持召开会议，听取中共西吉县委十四届三次全委会各组召集人分组讨论情况汇报。人大常委会主任李聪、政协主席马天英、县委副书记张亚平及县委常委马保师、李平、刘镇晶、梁秋明、马宗正、蔡志、吴鹏、刘克虎参加了会议。

19日　自治区住建厅督查组到西吉县督查危房改造工作。在政府三楼会议室召开座谈会。副县长马天峰及相关部门负责人就全县农村危房改造工作完成情况、涉农资金拨付使用、农村危房相关问题整改、建档及危改户信息录入等工作作了汇报。县建环、发改、财政、审计、扶贫、民政、残联等部门负责人参加了会议。

△　县人民医院与18家乡镇卫生和社区服务站签署医联体合作协议，标志着由县级公立医院、社区卫生服务站、乡镇卫生院组成的医疗联

合体正式成立。

20日　县政协主席马天英、副主席李西平带领部分委员，在公安局负责人的陪同下视察全县禁毒工作。

21日　西吉县第十七届人民代表大会第二次会议在县会议中心会堂举行预备会议。会议由县人大常委会主任李聪主持。市委常委、县委书记马志宏，县人大常委会副主任郭满福、马桂英、高月琴、吴建雄在主席台就坐。政协主席马天英及全体代表出席会议。

△　中国人民政治协商会议第十一届西吉县委员会第二次全体会议在会议中心会堂隆重开幕。市委常委、县委书记马志宏，人大常委会主任李聪，政协主席马天英，县委副书记张亚萍、王林，政协副主席刘东海、宋兆吉、李西平、张国义出席会议并在主席台前排就座。在主席台就座的还有政协西吉县第十一届委员会常委，县委、人大、政府、人武部、法院、检察院的县级领导和县政协历届领导。会议还邀请了在西吉县工作的区、市政协委员，区、市伊协常委，县直各部门（单位）的负责人，驻西吉的区、市直属机构负责人。大会由政协副主席刘东海主持。县政协主席马天英作政协西吉县第十一届委员会第二次会议开幕词并代表政协第十一届西吉县委员会常务委员会向大会作了《顺应新时代　展现新作为　为夺取决战脱贫攻坚全面建成小康社会的新胜利做出政协组织新贡献》的工作报告。

△　县人大常委会在会议中心一会议室举行第十七届人民代表大会代表履职能力提升培训会。会议邀请市人大常委会副主任朱培忠作了题为《弘扬十九大精神，推进人大工作展现更大作为》的培训。培训会由县人大常委会副主任郭满福主持。县第十七届人民代表大会全体代表参加了培训。

22日　西吉县第十七届人民代表大会第二次会议第一次大会在会议中心会堂隆重召开。大会的执行主席是马志宏、李聪、马天英、马保师、刘克虎、郭满福、马桂英、吴建雄、高月琴。在主席台就座的还有：主席团成员，县委、人大、政府、政协、法院、检察院、宁夏吉德产业园管委会的领导和特邀离退休老干部。列席本次大会的有：出席县政协十一届二次会议的委员，不是县人大代表的县委部门、人大机关、政府部门、群众团体、区市驻县单位、武警中队、消防中队及各乡镇负责人。大会由执行主席、主席团常务主席马志宏主持。县长武维东向大会作政府工作报告。

△　县第十七届人民代表大会第二次会议主席团第二次会议在会议中心一会议室召开。会议由大会主席团常务主席马志宏主持。县委副书记王林、政府领导、政协领导、法院院长、检察院检察长、县委办、政府办主任、发改、财政局局长、政协讨论组召集人、大会组织组负责人列席会议。

23日　县十七届人大二次会议主席团举行第三次会议。会议由大会主席团常务主席马志宏主持。会议听取了各代表团和政协讨论组关于对县人大常委会、县人民法院和县人民检察院三个工作报告的审议讨论情况的汇报；听取了各代表团汇报酝酿讨论各职候选人、总监票人和监票人、选举办法（草案）情况的汇报；通过了各职正式候选人名单（草案）；通过了总监票人和监票人名单（草案）；听取了选举程序的说明；讨论通过了《关于西吉县2017年国民经济和社会发展计划执行情况与2018年国民经济和社会发展计划（草案）》《西吉县2017年财政预算执行情况与2018年财政预算（草案）》《西吉县2018年民生计划（草案）》和代表议案建议的审查报告（草案）。

△　政协西吉县第十一届委员会第六次常委会议在政协五楼会议室召开。政协主席马天英，副主席刘东海、宋兆吉、李西平、张国义参加会

议。会议由政协主席马天英主持。会上，各小组召集人就参会人员参加会议和分组讨论政府、政协工作报告情况进行了汇报。会议以举手表决的方式通过政协西吉县委员会2018年度协商工作计划（草案）；通过政协西吉县第十一届委员会提案审查委员会关于十一届二次全体会议期间提案审查情况的报告（草案）；通过政协西吉县第十一届委员会第二次全体会议决议（草案）。

△ 中国人民政治协商会议西吉县第十一届委员会第二次全体会议于12月23日下午在会议中心会堂胜利闭幕。市委常委、县委书记马志宏，县长武维东，人大常委会主任李聪，政协主席马天英，县委副书记张亚萍、王林，县政协副主席刘东海、宋兆吉、李西平、张国义出席会议并在主席台前排就座。在主席台就座的还有县委、人大、政府、法院、检察院、宁夏吉德产业园管委会的县级领导以及政协西吉县第十一届委员会常务委员。政协主席马天英主持会议。大会听取并审议通过了政协西吉县第十一届委员会2018年度协商工作计划、政协西吉县第十一届委员会提案审查委员会关于十一届二次全体会议期间提案审查情况的报告、政协西吉县第十一届委员会第二次全体会议决议。市委常委、县委书记马志宏，政协主席马天英在闭幕大会上分别作了讲话。

△ 政协西吉县第十一届委员会第十二次主席会议在政协三楼会议室召开。会议由政协主席马天英主持。会议审议了政协西吉县委员会2018年度协商工作计划（草案）；审议政协西吉县第十一届委员会提案审查委员会关于十一届二次全体会议期间提案审查情况的报告（草案）；审议政协西吉县第十一届委员会第二次全体会议决议（草案）。副主席刘东海、宋兆吉、李西平、张国义出席会议，政协办及各专门委员会负责人参加会议。

△ 市委常委、县委书记马志宏在会议中心一会议室主持开召葫芦河“一河一策”实施方案评审会。县领导武维东、马宗正、刘克虎、李喜生、穆春、李晓东、马天峰及各相关乡镇、部门、审计单位负责人参加了评审会。

24日 西吉县第十七届人民代表大会第二次会议举行闭幕大会。大会的执行主席有：马志宏、李聪、马天英、张亚萍、马保师、海丽、刘克虎、郭满福、马桂英、吴建雄、高月琴。大会由会议执行主席李聪主持。会议对以下八项决议草案进行举手表决:《关于西吉县人民政府工作报告的决议（草案）》《关于西吉县2017年国民经济和社会发展计划执行情况与2018年国民经济和社会发展计划的决议（草案）》《关于西吉县2017年财政预算执行情况与2018年财政预算的决议（草案）》《关于西吉县2017年民生计划执行情况与2018年民生计划的决议（草案）》《关于西吉县人大常委会工作报告的决议（草案）》《关于西吉县人民法院工作报告的决议（草案）》《关于西吉县人民检察院工作报告的决议（草案）》《关于代表议案的决定（草案）》。市委常委、县委书记马志宏在闭幕大会上做了讲话。闭幕后，市委常委、县委书记马志宏及县领导在县委办公楼前参加了西吉县监察委员会揭牌仪式。揭牌仪式由县委常委、纪委书记、县监察委员会主任王维强主持。马志宏、李聪共同为西吉县监察委员会揭牌。参加揭牌仪式的还有市纪委相关负责人、县监察委员会全体成员。

△ 共青团西吉县第十三次代表大会在会议中心会堂开幕。市委常委、县委书记马志宏，县长武维东，人大常委会主任李聪，政协主席马天英，团市委副书记穆小平，县委副书记张亚萍，人大常委会副主任高月琴，政协副主席宋兆吉及部分单位负责同志参加了会议。

△ 共青团西吉县第十三次代表大会主席团第二次会议在会议中心一会议室召开。

△ 西吉县第十七届人民代表大会第二次会议选举大会在会议中心会堂召开。会议选举

产生县监察委员会主任、副主任、委员，补选县人大常委会委员。会议由大会执行主席、主席团常务主席马志宏主持。大会执行主席马志宏、李聪、马天英、张亚萍、马保师、海丽、刘克虎、郭满福、马桂英、吴建雄、高月琴在主席台前排就座。选举产生王维强为县检察委员会主任。补选了4名人大常务委员会委员。会议期间，马志宏在会议中心一会议室主持召开主席团第四次会议，会议以举手表决方式通过了八项有关报告的决议（草案）；人大常委会主任李聪在会议中心第二会议室，主持召开十七届人大常委会第九次会议，会议进行了有关人事任免，投票选举产生了县监察委员会副主任、监察委员会委员。随后，县人大常委会主任李聪在会议中心会堂为新当选的监察委员成员和补选的人大常委会委员颁发了证书。新当选的县监察委员会主任王维强作了表态发言。

25日　县公安局举行警犬基地揭牌仪式。县委常委、公安局局长李平，四维金盾保安公司负责人及民警代表参加了揭牌仪式，李平和四维金盾公司负责人共同为警犬基地揭牌。

26日　自治区信访局副局长马振林一行到兴隆镇调研联合办公日开展情况。

27日　西吉县第七届残疾人联合会代表大会在会议中心一会议室召开。政协主席马天英，市残联理事长李荣善，县委副书记、政法委书记张亚萍，人大常委会副主任吴建雄，副县长谢国玉及政办、财政、民政、卫计、工青妇等部门负责人出席了开幕大会。谢国玉主持会议，县科协负责人代表人民团体致贺词，张亚萍作了讲话，县残联理事长王庭文代表县残联第六届主席团向大会作了题为《与时俱进　开拓创新　全面推进残疾人事业和谐发展》的工作报告。

28日　县供销合作社第四次代表大会在会议中心一会议室召开。自治区供销合作社监事会办公室主任李敬君、固原市供销合作社副主任余正军、县委副书记王林、县人大副主任吴建雄、副县长谢国玉、政协副主席李西平出席了大会。会上，王林宣读了市委常委、县委书记马志宏向大会发来的贺信。供销社负责人作了题为《抢抓机遇　凝心聚力　努力开创西吉供销合作社事业新局面》的工作报告。

△　县委常委、常务副县长马宗正主持召开第十七次常务会议。会议传达学习了《习近平总书记关于进一步纠正“四风”、加强作风建设重要批示的通知》精神；传达学习了自治区第五次安委会（扩大）电视电话会议精神；听取了全县安全生产、信访维稳、环境保护工作汇报；听取了审计署对2018年贯彻落实国家重大政策措施情况审计及2017年审计发现问题的汇报；听取了县发改关于全县“两节”期间物资储备情况汇报；审定了《西吉县人民政府购买动物防疫社会化服务工作实施方案》，并对相关工作进行了研究和安排部署。

西吉概览

【概　览】 西吉县地处宁夏回族自治区南部、六盘山西麓，位于北纬35° 35′ ~36° 14′，东经105° 20′ ~106° 04′。东与固原市原州区接壤，距固原市63千米；南与隆德、甘肃静宁县毗连，距隆德县91千米，距静宁县73千米，南至陕西西安市450千米；西与甘肃会宁为邻，距会宁县132千米，西距甘肃兰州市272千米；北同海原县相依，距海原县城96千米，北去银川391千米。县境东西长67千米，南北长74千米，总面积3130平方千米，耕地面积16.30万公顷。地势南低，北、东、西渐次增高，海拔1688~2633米。西吉县地处陇西黄土高原腹地。地貌分三种类型：黄土丘陵区分布最广、面积最大，占总土地面积的83.5%；中部葫芦河川道区地势平坦，占总面积的6.1%；东北部为月亮山和六盘山余脉的土石山区，占总面积的10.4%。境内群山连绵，峰峦叠嶂，沟壑纵横，山势错落。月亮山是境内最高山峰，形似弧月而得名，主峰海拔2633米，呈西北往东南走向。葫芦河、清水河、祖厉河3条水系过境。葫芦河为境内最大河流，发源于县境西北边缘的月亮山南麓，状如葫芦，曲流南下，经新营、吉强、硝河、将台、兴隆等乡镇流入甘肃静宁经秦安注入渭河，境内全长97千米，流域面积1358.5平方千米；清水河发源于偏城乡双羊套和白崖乡九条沟堖，经固原、同心抵中宁流入黄河，境内全长30千米，流域面积565平方千米；祖厉河发源于震湖、田坪、马建、红耀、新营等地，经甘肃会宁等地汇入黄河，流域面积491平方千米。近年（截至2008年年底）由于干旱和地下水位的下降，这三条河系大部分地段已干涸或断流。

2017年全县辖4镇15乡，8个居委会，296个村民委员会。年末全县户籍总人口495768人。其中，城镇人口72066人，乡村人口423702人；汉族人口203841人，占总人口的41.1%，回族人口291751人，占总人口的58.8%。年末常住人口347376人。其中，城镇人口88164人，乡村人口259212人。2017年全县实现地区生产总值61.50亿元，比上年增长7.8%。其中，第一产业增加值15.1亿元，第二产业增加值14.57亿元，第三产业增加值31.83亿元。人均地区生产总值17723.0元，全年全县一般公共预算收入1.68亿元，增长32.4%，全县一般性公共预算支出51.23亿元，增长14.3%。

2017年全县完成农业总产值33.24亿元。全年粮食种植面积161.1万亩，全年粮食总产量为284933吨，同比增长5.3%。全年猪、牛、羊、禽等肉产量25534吨，比上年增长12.2%。全年全部工业增加值43282万元，全年累计完成固定资产投资82.04亿元，同比增长15.2%。全年全县实现社会消费品零售总额16.28亿元。年末全县金融机构各项存款余额为101.37亿元，同比增加13.37亿元，增长15.19%；全县金融机构各项贷款余额为45.35亿元，同比增加10.07亿元，增长

28.54%。全县城镇居民人均可支配收入23240元，同比增加1829元，增长8.5%；农村居民人均纯收入8404元，同比增加835元，增长11.0%。年末全县各类学校349所，教职工4805人。年末全县共有医疗卫生机构390个，卫生技术人员996人。

【脱贫攻坚】 始终把脱贫攻坚作为首要政治任务和第一民生工程来抓，压实责任、精准施策、狠抓落实，完成62个贫困村销号3.43万人脱贫，贫困人口持续减少，贫困发生率下降到11.5%。机制保障不断夯实。“三级联动”机制进一步做实，制定出台脱贫攻坚系列方案和产业扶持政策，打出政策组合拳，实现精准扶贫到村、到户、到人。认真开展贫困户复查复核，新识别996户4226人，退出714户2767人。资金整合效应倍增。瞄准“两不愁、三保障”“五通八有”，本着“缺什么、补什么”的原则，上争外引，精准发力，整合财政涉农资金11.68亿元，有效解决了25万人“行路难”、26.8万人“饮水难”、5545户“住房难”等问题。产业扶贫成效显著。实施“四个一”示范带动工程，落实19类42项全产业链扶持补贴，培育产业扶贫示范村19个，扶贫龙头企业13家，扶贫产业合作社106个，致富带头人385名，带动贫困人口就业3万余人。龙王坝、张堡塬村被列为全国贫困地区培育脱贫致富带头人观摩点，全区“两个带头人”工作现场会在西吉县召开。金融扶贫增资扩面，注入风险补偿金1.2亿元，发放扶贫小额信贷12.24亿元，户均4.3万元，覆盖80%以上建档立卡贫困户。实现贫困户人身意外伤害保险和大病医疗补充保险全覆盖。补贴特色产业保险1237万元，参保农户1.5万户，有效降低了贫困户种养业意外风险。易地扶贫攻坚克难，建成县内移民就近安置点45个，搬迁742户3074人；回购幸福佳苑、西吉娇子、世纪家和县城劳务移民安置房2263套，安置7976人。全面完成2168户9443人县外移民搬迁安置任务。出台易地扶贫激励政策，向新疆生产建设兵团转移安置167户685人，向天元锰业集团输送804人。帮扶工作扎实有效，266个帮扶单位、238个驻村工作队、480名第一书记和工作队员驻村帮扶，7315名机关干部、职工与建档立卡贫困户结对帮扶。深化闽宁协作，加强与交通部、商飞集团对接，落实对口帮扶资金1508万元，建成闽宁示范村5个，专项扶贫、行业扶贫、社会扶贫“三位一体”大扶贫作用日益彰显。

【产业提升】 始终把产业作为富民强县的重要支撑，推进一、二、三产业融合发展。特色农业提质增效，立足“一特三高”，持续推进“五百工程”，全县播种农作物219.8万亩，粮食总产达28.5万吨，马铃薯最高单产6246.98千克，创全区最高纪录。成功举办宁夏（西吉）马铃薯产业高峰论坛，“西吉马铃薯”获“2017最受消费者喜爱的中国农产品区域公用品牌”。大力实施“粮改饲”，实现“见犊补母”政策全覆盖，养殖规模居全市第一，全县牛、羊饲养量达20.8万头、68.5万只。种植特色蔬菜15万亩，发展覆膜保墒旱作农业61万亩，建成覆膜保墒旱作农业综合示范园10个，种植小杂粮60万亩。马铃薯、草畜等四大产业提供农民人均可支配收入3400元。大力实施品牌战略，黑山羊、珍珠鸡、红军粉等农特产品畅销区内外，实现农业总产值36.3亿元。工业经济稳中有进，引进泽艾堂、港生生物、伊尔德等市级以上特色农产品加工企业17家，培育融信电力等规上企业4家，全县规上企业发展到11家，实现工业增加值1.79亿元。加快推进佳立公司2万吨马铃薯精淀粉迁建、震湖5000吨小杂粮加工、单家集2000吨清真牛肉加工等生产线改造升级。华电月亮山一、二期，融信偏城梁风电项目并网发电，年发电3.6亿千瓦时。第三产业活力显现，出台加快全域旅游实施意见，设立全域旅游发展专项基金1000万元，实施将台堡红军长征纪念园基础设施建设项目，将台堡被中宣部命名为全国爱国主义教育示范基地。举办丁香花节、采摘节、垂钓节等，年内接待游客130.46万人次，旅游综合性收入近10亿元。深入实施国家电子商务进农村示范县项目，电子商务网络实现县乡村全覆盖。不断优化金融环境，引进宁夏银行、建行西吉支行、汇发村镇银行投入运营。

【城乡建设】 深入开展“重点项目推进年”活动，全力以赴改善基础设施，带动城乡发展。项目建设取得新进展。打响项目建设大会战，全年争取资金44.54亿元，落实项目148个18.42亿元，开工建设500万元以上重点项目112个，列入固原市22个重点项目全部开工，完成投资61.5亿元，位居全区前列。城乡面貌发生新变化。征迁2086户，超额完成棚户区改造任务。大力开展环境整治专项行动，拆除违章建筑435户10.2万平方米，改造提升体育广场、民族广场、永清湖广场，建成县城西北环线道路11条，城镇综合功能显著提升。完成新营乡美丽小城镇建设和将台西坪村等8个美丽村庄建设任务。完成六盘山片区交通扶贫攻坚示范县公路续建项目17条114.9千米，S60西会高速、S204海西公路等干线公路开工建设；城乡客运一体化调度中心、农村客运站等建成投入使用，城乡公交线路进一步织密，通行状况明显改善，西吉县入选全国城乡交通运输一体化示范县。完成中南部城乡饮水安全连通和配水工程管网试（通）水任务，集中供水率、供水保障率和水质达标率95%。跨越“信息鸿沟”，实现行政村和自然村光网全覆盖，4G覆盖率达86%。招商引资实现新突破。健全招大引强机制，出台招商引资优惠政策、考核奖励办法，有重点、多批次、高精准招商，引进了汇源集团、秋实农业、水发集团等一批带动力强、产业链长的大企业，落地马铃薯循环产业园暨全产业链金融建设项目等一批符合西吉产业发展方向的大项目。实施招商引资项目42个，到位资金32.81亿元，增长13.5%。

【生态环境】 贯彻绿色发展理念，落实最严格生态环境保护制度，扎实整改环保督查反馈问题，全民抓生态文明建设的意识和合力进一步增强。环境质量稳步改善。建立县乡村三级河长制体系，实现河道、湖泊、水库等各类水域河长制全覆盖。集中整治河道违章建筑，关停采砂场56家，拆除违章建筑3600多平方米。综合整治葫芦河夏寨至兴隆段河道56千米，实施国土整治3万亩，完成大岔等16座骨干坝除险加固、小南川等10.96平方千米坡耕地水土流失综合治理，新增节水灌溉面积8700亩。完成县城第一污水处理厂提标改造，启动建设县城二污、葫芦河流域水环境综合整治氧化塘、人工湿地工程等一批生态环保项目，关停万吨以下马铃薯淀粉厂19家，葫芦河出境断面水质实现达标排放。强力推进大气污染防治，完成县城集中供热脱硫除尘改造任务；加强秸秆禁烧巡查力度，淘汰黄标车165辆，集中整治油烟污染餐饮56家，空气质量持续改善，年度空气优良天数达320天，居全市第一。加大畜禽粪污、农用残膜治理，有效遏制农村面源污染。绿色发展初见成效。完成六盘山400毫米降水线造林绿化工程3.85万亩，全区现场会在西吉县召开。实施补植补造3万亩，退耕还林3.65万亩，全县森林覆盖率达14.43%。完成“绿盾2017”自然保护区清理整治专项行动，生态建设成果不断巩固。打造国家级林下经济示范基地2个、自治区级3个，发展油用牡丹、万寿菊等23万亩，产值1.4亿元，生态富民效益初步显现。

【民生福祉】 坚持以人民为中心的发展思想，民生投入45.19亿元，占财政总支出的89.2%，群众获得感、幸福感不断增强。教育事业加快发展，投入8亿多元，实施“全面改薄”、义务教育学校标准化建设等一批重点项目，义务教育均衡发展通过自治区验收。新改建幼儿园69所，乡镇学前教育实现全覆盖。招考特岗教师170人、学前教师166人，师资力量不断壮大。全面落实教育扶贫政策，投入1700多万元，实现农村户口从学前教育到高等教育资助全覆盖，建档立卡贫困户子女无辍学。在全区率先创建了虚拟现实教学实训基地，职业中学被评为“国家中等职业教育改革发展示范校”。医疗卫生健康发展，深化医疗卫生体制改革，全面实行“先诊疗、后付费”模式，有效解决群众“看病难”问题。加强医疗卫生服务体系建设，迁建县中医院，新建县人民医院妇儿综合大楼、妇幼保健计划生育服务中心住院部，完成偏城、王民卫生院改扩建项目，建成乡镇卫生院中医馆14所、标准化卫生室44所，群众就医条件进一步改善。落实妇幼卫生“七免一救助”，受益3.1万人次。免费健康体检50周岁以上城乡居民4888人，孕前优生健康检查3308对，完成白内障复明手术142例。社会保障扩面提标，深入推进“大众创业、万众创新”，建设创业孵化示范基地，发放全民创业、妇女创业贷款9400万元，培育小企业86个，“小老板”208人，创造新岗位803个，创业带动就业1486人，城镇新增就业2650人。农村劳动力转移就业11.59万人，创收23.07亿元。全面落实“五险合一”经办体制改革，累计筹措被征地农民养老保险金1.5亿元，城乡居民养老保险、新型医疗保险参保率分别达到90%、95%；建立救助对象保障机制，实现医疗救助“一站式”全覆盖，最低生活保障应保尽保。留守儿童关爱点行政村全覆盖。完善退役士兵工资待遇增长机制，有效保障退役士兵合法权益。建成公租房7788套，分配保障性住房7540套。完成劳动监察体制改革，依法追回拖欠农民工工资484万元。文化事业蓬勃发展，村级综合文化服务中心和文化活动场所实现全覆盖，全区贫困村综合文化服务中心启动会在西吉县召开。深入推进精神文明建设，建成社会主义核心价值观教育实践基地20个。推动移风易俗，树立文明新风，开展农村公益数字电影放映3800场（次），文化下乡70场（次），不断丰富人民群众精神文化生活。注重文艺精品打造,《丁香花开》进京演出，出版《中国首个文学之乡典藏丛书》。中央电视台“厉害了我的国”西吉电商扶贫行动、《过年了》《乡村大世界》《记住乡愁》等节目录制播出，进一步提升了西吉知名度和影响力。

【社会和谐】 深入推进平安西吉建设，大力开展命案防控、预防打击“两抢一盗”专项治理，大力推进禁毒示范县创建，重拳打击各类违法犯罪行为，依法快速处置了一批群体性案（事）件，实现了刑事、治安案件双降。招录事业编民警53名、公安辅警75名，充实了基层公安力量。扎实开展“七五”普法，群众法制意识明显增强。全面做好信访维稳工作，大力开展“五大一创新”百日攻坚行动、网上信访等,“三率”水平大幅提升，一批信访积案得到妥善解决。严格落实安全生产网格化管理责任制，成立安全生产执法监察大队，深入开展安全生产隐患排查专项治理，全县安全生产形势平稳向好。强化市场准入管理，建成食品药品检测中心，食药监管进一步加强。坚持宗教中国化方向，依法加强宗教事务规范化管理。建立完善民族宗教矛盾纠纷排查调处四级网络，宗教氛围和顺平静。扎实开展民族团结“八进”和“中华民族一家亲·同心共筑中国梦”“讲好民族团结故事”等民族团结创建活动，使“两个共同”“三个离不开”“五个认同”思想扎根各族群众心中。

【自身建设】 深入学习宣传贯彻中共十九大精神，切实抓好政府党组学习，班子成员带头学习、带头思考、带头贯彻。坚决落实县委决策部署，持续推进法治政府建设，自觉接受人大依法监督、政协民主监督和社会舆论监督，人大议案、政协提案、民生实事办理成效明显。深化“放管服”改革，成立行政审批服务局，推进59项政府机构改革任务，划转集中审批事项130

项，办结各类政务事项5.4万件。成立政务公开办公室，推广应用“331”监管平台，实现行政村电子政务外网全覆盖，打通服务群众“最后一公里”。扎实推进“两学一做”学习教育常态化制度化，围绕“创新驱动怎么做、脱贫富民怎么干、生态立区怎么办”主线，开展“振奋精神、实干兴宁”大讨论活动。严格落实领导干部包抓责任制和“四个清单”制度，促进区市和县委决策部署落实落地。抓好党风廉政建设责任制，驰而不息改进“四风”，营造了风清气正、干事创业的良好环境。

组织机构与领导名录

中共西吉县委

固原市委常委、西吉县委书记：
马志宏（回族）
县委副书记、县长：武维东
县委副书记、政法委书记：张亚萍（女）
县委副书记：王　林（回族，挂职）
县委常委、统战部部长：马保师（回族）
县委常委、公安局党委书记、局长：
李　平
县委常委、组织部部长：
王生尧
县委常委、副县长：
梁秋明（挂职）
县委常委、常委副县长：
马宗正（回族）
县委常委、纪委书记：王维强
县委常委、副县长：蔡　志（挂职）
县委常委、宣传部部长：
马金平（回族，7 月离职）
海　丽（女，回族，5 月任职）
县委常委、吉强镇党委书记：
王社宝（回族，7 月离职）
刘克虎（回族，7 月任职）
县委常委、副县长：
吴　鹏（苗族，挂职，2 月任职，11 月离职）
县委常委、人武部部长：
任升虎（3 月退休离职）
县委常委、副县长：
陈　钟（挂职，4 月离职）
县委常委、副县长：
刘镇晶（满族，挂职，8 月离职）
县委常委、副县长：
祖国军（挂职，2 月离职）

西吉县第十七届人民代表大会常务委员会

党组书记、主任：李　聪
党组副书记、副主任：郭满福（回族）
副主任：马桂英（女，回族）
吴建雄
高月琴（女）

西吉县人民政府

县委副书记、县长：武维东
县委常委、常务副县长：马宗正（回族）
县委常委、副县长：
陈　钟（挂职，4 月离职）
刘镇晶（满族，挂职，8 月离职）
祖国军（挂职，2 月离职）

梁秋明（挂职）
蔡　志（挂职）
吴　鹏（苗族，挂职，2月任职，11月离职）
副县长：李喜生（8月任职）
海　丽（女，回族，7月离职）
穆　春（回族）
谢国玉
李晓东
马天峰（回族，7月任职）
县长助理：陈海防（挂职）

中国人民政治协商会议西吉县第十一届委员会

党组书记、主席：马天英（女，回族）
副主席：刘东海（回族）
宋兆吉
李西平
张国义（回族）

纪委监察委

县委常委、纪委书记　监察委主任：王维强
纪委副书记、监察委副主任：马存林（回族）
纪委副书记、监察委副主任：雷　平（7月任职）
监察委委员、第一纪检监察室主任：王生荣
纪委常委、监察委委员、第二纪检监察室主任：
马　梅（女，回族）
纪委常委、监察委委员、信访室主任：
吴学瑞（女）
纪委常委、监察委委员、案件审理室主任：
马常林（回族）

组织部

县委常委、组织部部长：王生尧
副部长：郑风洲
副部长、老干部局局长：刘继珍
副部长、机关工委书记：杨建富

宣传部

县委常委、宣传部部长：
马金平（回族，5月离职）
海　丽（女，回族，5月任职）
副部长、县文明办主任：马学义（回族）
副部长：马爱萍（女，回族）

统战部

县委常委、统战部部长：马保师（回族）
副部长：马一林（回族）
马秀花（女，回族）

政法委

县委副书记、政法委书记：张亚萍（女）
常务副书记、综治办主任：周玉平
副书记：张恩礼
副书记、综治办副主任：杨　梅（女，回族）

人武部

县委常委、人武部部长：任升虎（3月退休）
人武部部长：靳玉强（7月任职，12月退休）
政委：刘文平（7月调离）
王继军（12月任职）

法　院

党组书记、院长：张尚祎
副院长：王俊国（回族）
赵启哲
纪检组组长：蒙彦峰

检察院

党组书记、检察长：穆存祥（回族）
副检察长：李世英（回族）
郭　军
纪检组组长：马三忠（回族）
检委会委员、办公室主任：马占海（回族）
检委会专职委员：苏正清（回族）
张富春

宁夏吉德慈善产业园管理委员会

主任：马耀宏（回族）
副主任：段耀武

顾耀清（回族）

政研室

主任：高凌贵（回族，6月离职）

朱宁政（6月任职）

副主任：陈海君（回族）

郎凤明

编　办

主任：吴国强

副主任：姚仓海

老干部局

局长：刘继珍

副局长：黄　武（回族）

关心下一代工作委员会

主任：马正文（回族）

副主任：马德清（回族）

党校（行政学院）

县委常委、政法委书记、党校校长：

张亚萍（女）

常务副校长：马彦华

副校长：王庭昌

吴俊升

档案局

局长：王国俊（回族）

副局长：靳　和

王转社（女）

总工会

人大常委会副主任、主席（兼）：吴建雄

常务副主席：高志荣（回族，6月任职）

副主席：席俊杰

经审会主任：马锦海（回族）

团　委

书记：陈国涛（回族）

副书记：马小龙（回族）

妇　联

人大常委会副主任、主席（兼）：高月琴（女）

副主席：康淑英（女）

工商联

人大常委会副主任、主席（兼）：宋兆吉

党组书记、常务副主席：　马雪松（女，回族）

副主席、秘书长：程振祺

科　协

主席：张　勇（回族）

副主席：李国强

残　联

理事长：王庭文

副理事长：马存林（回族）

伊　协

常务副会长：苏怀玉（回族）

副会长：苏发国（回族）

文　联

副主席：樊文举

陈　静（女）

发改局

党委书记、局长：祁　刚

副局长、粮食局局长：吴晓伟

副局长：马欣妍（女，回族）

王　莹

人力资源和社会保障局

党总支书记、局长：单辉（回族）

副局长：赵国杰

沙文祥（回族）

薛立斌

劳动人事争议仲裁院院长：冯正斌

社会保险事业管理局

局长：金学峰

副局长：郭永红

卢　军

劳动就业局

局长：赵红军

审计局

局长：陈贵祥

副局长：马　忠（回族）

刘晓飞
高　强

财政局

党组书记、局长：张　杰
党总支书记、副局长：薛鼎琳
副局长：袁存福（回族）
　　赵玉德

民政局

局长（老龄办主任）：谢志东
副局长：张飞鹏
　　安智全
社工委专职副书记：马志清（回族）
老龄办副主任：李智忠

教育局

党委副书记、局长：王自元
党委书记、副局长：马少存（回族）
纪委书记、工会主席：樊学武
副局长：马学红（女，回族）
　　马兴林（回族）
政府教育督导室主任：伏彦林

公安局

县委常委、公安局党委书记、局长：李　平
党委副书记、政委：马秀奇（回族）
党委委员、副局长：杨小平（回族）
　　韩旭阳
　　陈进军（回族）
　　王志杰
党委委员、国保大队长：马学明（回族）
党委委员、警务保障室主任：李登成

林业局

局长：马鹏祥（回族）
党委书记、纪委书记、副局长：胡国忠（回族）
副局长：金玉山（回族）
　　安　辉
工会主席：董　平

水务局

局长：赵宗荣（5月离职）
党委书记、副局长：田玉才（回族）
副局长：单　军（回族）
　　王百灵
纪检组长：马　存（回族）
防汛抗旱指挥部办公室主任：何　云

水保站

站长：冯立锋

交通局

党委书记、局长：
　刘东海（回族，4月离职）
　董金壁（4月任职，11月离职）
副局长：马学孔（回族）
　　禹建斌（回族，8月任职）
　　段彦君（4月离职）
　　窦新伟
　　张志高

公路管理局

党支部书记、局长：
　禹建斌（回族，8月离职）
　刘国玺（8月任职）
副局长：朱进学
　　姬恒胜
　　贾效辉
工会主席：杨振川

统计局

党组书记、局长：陈贵祥（6月离职）
　　邵永栋（6月任职）
党支部书记、副局长：李效虎
副局长：冯志强

建环局

党委书记、局长：高志荣（回族，6月离职）
党委副书记、副局长：李九定
副局长：马文雍（回族）
　　段彦君（6月任职）

牛克虎（8 月任职）
工会主席：马旭升（回族）

国土局

党组书记、局长：陶志明
副局长：王永平（回族）
王汉珍

宗教局

党组书记、局长：马正忠（回族）
副局长：马栋林
马建明（回族）

农牧局

局长：谢国玉（4 月离职）
党组书记、副局长：
马　杰（回族，4 月任职）
党委书记、纪委书记：杨映文
副局长：王建树（8 月离职）
马福学（回族）
李维星
高泽宇（8 月任职）

卫计局

党组书记、局长：杨青鸿（回族）
党委书记、纪委书记：戴玉聪
副局长：白东城（回族）
马永珍（回族）
张　堃

县人民医院

院长：李军义
党支部书记、副院长：任巧卓（女）
副院长：李金凡（回族）

中医医院

院长：王　刚（回族）
党支部书记：许敏霞（女，回族）

疾病预防控制中心

主任：梁玉成
党支部书记：马国良（回族）

妇幼保健计划生育服务中心

所长：吴作霖
党支部书记：张彦峰

卫生计生综合监督所

所长：乔富贵
党支部书记：李亮亮（女）

文广局

党组书记、局长：马国荣（回族）
党委书记、副局长：姚国雄
副局长：何永红（女）
孙艳丽（女）
摆小龙（回族）
工会主席：赵良杰

广播电视台

台长：焦启明
党支部书记：李晓斌

文化馆

馆长：刘成才
党支部书记：樊平义

博物馆

馆长：摆小龙（回族）
党支部书记：杜　斌

扶贫办

党组书记、主任：苏占成（回族）
副主任：胡志魁
喜卫平（回族）
马辉兴（回族）
何进洲（6 月任职）
冀晓华（8 月任职）

司法局

党组书记、局长、法制办主任：
马建安（回族）
副局长：张　朴
马双琴（女，回族）

安全生产监督管理局

局长：陈　杰

副局长：马辉峰（回族）
　　　　靳巧红（女）

行政审批局

局长：马晓军（回族）

副局长：马存福（回族）
　　　　王凤奇
　　　　梁　红（女）

市场监督管理局

党组书记、局长：马海鹏（回族）

副局长：马存虎（回族）
　　　　邹国强
　　　　高海忠（回族）

纪检组长：张继伟

史志办

主任：刘文强

副主任：王蔚蔚（女）
　　　　马宏智（回族）

地震局

局长：陈永范（11月离职）
　　　董金璧（11月任职）

副局长：石志成
　　　　马晓玲（女，回族）

住房公积金管理中心

副主任：李振奇（回族）

火石寨国家地质森林公园管理处

主任：云里飞（回族）

副主任：张彦仁
　　　　顾耀斌

西吉县公安消防大队

大队长：马　强（回族，8月离职）
　　　　何玉玺（8月任职）

教导员：张　明（回族，8月离职）
　　　　马晓明（回族，8月任职）

武警西吉中队

中队长：陈　悠（侗族）

指导员：任永超（8月离职）
　　　　郭　凯（8月任职）

供销社

书记、主任：伏育荣

商业总公司

支部书记、总经理：陈尚祯

自治区、固原市直属机构

国税局

党组书记、局长：温　波（9月离职）
　　　　　　　　张万金（9月任职）

副局长：陈　琳（3月离职）
　　　　白旭军
　　　　胡振明
　　　　牛世雄
　　　　陈贵平（3月任职）

纪检组组长：胡庭帅

国家统计局西吉调查队

队长：陈　岩

副队长：李小菊（女）

纪检监察员：韩舒伊（11月任职）

人民银行西吉支行

党组书记、行长：王垚升

党组成员、纪检组组长、副行长：刘汉荣

党组成员、副行长：马红广（回族）

农业银行西吉支行

党委书记、行长：杨忠昌（回族）

党委委员、纪委书记、副行长：杨全政

党委委员、副行长：张怀昌
　　　　　　　　　陈奇峰
　　　　　　　　　周学良（5月任职）

农村商业银行

党委书记、董事长：李建宁

党委副书记、行长：吕安忠

党委委员、监事长：李维成

党委委员、副行长：马耀江（回族）

胥中军

党委委员、纪委书记：勉礼德（回族）

西吉县住房公积金管理中心

主任：杨志强

气象局

局长：魏广泱

副局长：李淑霞

供电公司

经理：张维亚

书记：张怀垠

副经理：毕世宗（回族）

盛红军

邮政局

局长：任万洲

副局长：兰春晨（回族）

中国邮政储蓄银行

行长：毛国顺

副行长：杨　斌

王亚丽（女）

移动公司

经理：李小兵

联通公司

经理：杨　亮

电信公司

总经理：张让琼

广电网络公司

经理：许怀东（回族）

新华书店

经理：张继川

副经理：白　旺

盐业局

支部书记、局长（经理）：韩文勤

副经理、工会主席：苏文明（回族）

副局长：马　军（回族）

烟草专卖局

党支部书记、局长（经理）：王福有（回族）

副局长：叶治国

副经理：张宗义

财保公司

经理：陈生杰（2月任职）

人寿保险公司

经理：徐志远

中石油天然气宁夏固原销售分公司西吉经销部

经理：王　斌

党支部书记：周春林

乡　镇

吉强镇

县委常委、党委书记：

王社宝（回族，7月离职）

刘克虎（回族，7月任职）

党委副书记、镇长：张国军

人大主席：武冠华（6月离职）

张生宏（6月任职，11月离职）

副书记：张生宏（6月离职）

周　丽（女，回族，6月任职）

纪委书记：周　丽（女，回族，6月离职）

杨文博（6月任职）

副镇长：马明云（回族）

单哈三（回族）

兰亚海（11月任职）

组织委员：苏兴林（回族）

武装部部长：喻文远（11月离职）

兴隆镇

党委书记：马　杰（回族，4月离职）

慕　凤（4月任职）

党委副书记、镇长：慕　凤（4月离职）

金玉山（回族，4月任职）

人大主席：康彦勇（7月离职）

马天雄（回族，7月任职）

党委副书记：李学智（回族，6月离职）
李国文（6月任职）
纪委书记：马天雄（回族，7月离职）
马兴科（回族，7月任职）
副镇长：禹丽娟（女，回族）
丁　鹏（回族，7月任职）
朱萧杰（7月任职）
组织委员：王军江

平峰镇

党委书记：梁亚明
党委副书记、镇长：王钰铤（女）
人大主席：李智强
党委副书记：王学景
党委副书记：曹　荣（挂职）
纪委书记：李永飞
副镇长：张金霞（女）
尹廉明
组织委员：赵文斌
人武部部长：吴小红（女）

将台堡镇

党委书记：冯永福
党委副书记、镇长：马永虎（回族）
人大主席：马思东
党委副书记：杨国奇（回族，7月离职）
吴建宁（7月任职）
纪委书记：马锦芳（女，回族，7月离职）
单　毅（回族，7月任职）
副镇长：单　毅（回族，7月离职）
马效武（回族）
高芳弟（女）
侯建军（7月任职）
组织委员：伏正强
人武部部长：侯建军（7月离职）
黄彦山（8月任职）

新营乡

党委书记：张　瑞
党委副书记、乡长：马银明（回族）
人大主席：马志佐（回族）
党委副书记：陈旭升
纪委书记：王国芳（女）
副乡长：段振强
王富军
段炳强
组织委员：何彩霞（女）
人武部部长：邓　智

偏城乡

党委书记：马绍瑞（回族）
党委副书记、乡长：陈志伟（回族）
人大主席：马林选
党委副书记：马存平（回族）
纪委书记：马志勇（回族）
副乡长：吴振刚
李　劼（女）
闫　霖（女）
组织委员：高士平
人武部部长：赵　强

什字乡

党委书记：陈丽霞（女，回族）
党委副书记、乡长：赵君郁
人大主席：田存福（回族）
党委副书记：袁阜霖（回族）
纪委书记：马　宁（回族）
副乡长：冉　泓
苏晓铮（回族）
王明贵（回族）
组织委员：王　贵（回族）
人武部部长：苏广前（回族）

马莲乡

党委书记：魏廷峰
党委副书记、乡长：
陈　礼（回族，4月离职）
王宏忠（回族，4月任职）

人大主席：马福兴（回族）
党委副书记：单泽民（回族）
高 科（挂职）
纪委书记：王如林（回族）
副乡长：马 霞（女，回族）
鲜重真（回族）
王宁之
组织委员：马学武（回族）
人武部部长：郭春强

兴平乡

党委书记：鲜瑞芳（女，回族）
党委副书记、乡长：麻志虎（回族）
人大主席：王庭孝（7月离职）
刘 强（7月任职）
党委副书记：刘 强（7月离职）
杨国奇（回族，7月任职）
纪委书记：柯良贵（回族）
副乡长：张志芳（女，回族）
马 雄（回族）
于 辉（回族）
组织委员：马发义（女，回族，7月离职）
王 芳（女，回族，7月任职）
人武部部长：穆小平（回族）

震湖乡

党委书记：李 景
党委副书记、乡长：冯良斌
人大主席：李全林
党委副书记：刘喜君
纪委书记：周丰财
副乡长：胡 凡
赵志杰
户鼎文
组织委员：刘治斌
人武部部长：陈晓宁

马建乡

党委书记：谢瑞启
党委副书记、乡长：王忠权（回族）
人大主席：喜文莲（女，回族）
党委副书记：杨 洁
纪委书记：王江平
副乡长：张进军
张 营
杨治国
组织委员：马嘉潞（女，回族）
人武部部长：马宏雄（回族）

硝河乡

党委书记：苏忠义（回族）
党委副书记、乡长：赵现瑞
人大主席：刘芳芳（女）
党委副书记：马玉虎（回族）
纪委书记：王宇宙（回族）
周文斌（挂职）
副乡长：王 芳（女）
蒙 科
苏玉军（回族）
组织委员：杨 俊（回族）
人武部部长：马占兵（回族）

田坪乡

党委书记：冯建洲
党委副书记、乡长：杨秀玲（女）
人大主席：马炳良
党委副书记：杨东宏
纪委书记：何成玉
副乡长：刘红霞（女）
何红伟（女）
组织委员：李学健
人武部部长：董向红

红耀乡

党委书记：王旭东
党委副书记、乡长：周建元（8月离职）
王建树（8月任职）
人大主席：郭建宁

党委副书记：冀晓华（8月离职）
高君琴（女，8月任职）
纪委书记：安永峰
副乡长：王　悦
潘宏强
组织委员：左　瑾

西滩乡

党委书记：袁荣富（回族）
党委副书记、乡长：王志玉（回族）
人大主席：任鹏军
党委副书记：于霞（女，回族）
纪委书记：程林林
副乡长：马文元（回族）
何俊明（回族）
组织委员：马晓宇（回族）
人武部部长：丁怀远（回族）

王民乡

党委书记：马　君（回族）
党委副书记、乡长：李鹏强（12月离职）
王　剑（12月任职）
人大主席：王英丽（女，回族）
党委副书记：李　锋
贾奇斌（挂职）
纪委书记：吴卫和
副乡长：马文梅（女，回族）
王　炯
组织委员：李　凯（女，蒙古族）
人武部部长：姚建生（回族）

火石寨乡

党委书记：王生海（回族）
党委副书记、乡长：谢　祎
人大主席：杜富洲
党委副书记：李忠林（回族）
纪委书记：马学文（回族）
副乡长：田麦盛
苏鸿瑜（回族）
组织委员：马旭琴（女，回族）
人武部部长：单红蓉（回族）

白崖乡

党委书记、人大主席：蒙彦瑞
党委副书记、乡长：丁力东（回族）
人大主席：马瑞玲（女，回族）
党委副书记：马权武（回族）
苏晓银（回族，挂职）
纪委书记：李虎荣
副乡长：杨玉梅（女，回族）
许永军（回族）
组织委员：李洪先
人武部部长：王建平（回族）

沙沟乡

党委书记：马鹏程（回族，7月离职）
王庭孝（7月任职）
党委副书记、乡长：
刘东阳（回族，7月离职）
李学智（回族，7月任职）
人大主席：柯占花（女，回族）
党委副书记：王天鹏
纪委书记：姬邵虎（回族）
副乡长：杨泽华
王文宁
马金刚（回族）
组织委员：梁肇楠
人武部部长：马小军（回族）
党委委员：马进林（回族）

党委　人大　政府　政协

中国共产党西吉县委员会

【概　况】 2017年全县实现地区生产总值61.96亿元，增长9%；完成全社会固定资产投资81.9亿元，增长15%；实现社会消费品零售额16.5亿元，增长9%；完成地方财政预算收入1.61亿元，增长5.8%，财政支出49亿元，增长9.3%；城镇居民人均可支配收入预计达23130.5元，增长8.0%；农村居民人均纯收入8360.7元，增长10.5%。

【精准扶贫】 全面贯彻落实中央和区市党委、政府一系列决策部署，认真贯彻落实习近平总书记在全国深度贫困地区脱贫攻坚座谈会上的重要讲话和视察宁夏时的重要讲话精神，把打赢脱贫攻坚战作为首要政治任务，集中抓好84个贫困村脱贫销号，全力推动责任落实、整村推进、产业扶贫、金融扶贫、社会帮扶等工作取得新进展、新成效，确保年底减少贫困人口3.98万人。一是脱贫硬性保障进一步增强。全面落实县级领导包乡抓到村、部门（单位）包村抓到户、乡村干部负责实施的“三级联动”网络机制，做到了脱贫攻坚工作有人抓、有人干、有成效；制定下发整村推进脱贫销号、责任分工、产业扶贫以及考核销号村“回头看”4个实施方案，做到内容清晰、分工明确、责任到人；实行“县委常委会、政府常务会每月研究一次脱贫攻坚工作，县脱贫攻坚领导小组每两月听取一次脱贫攻坚工作汇报，全县每季度召开一次脱贫攻坚推进会”工作制度，发现问题、研判问题、解决问题，确保脱贫攻坚各项工作任务有序有效推进。二是脱贫攻坚合力进一步增强。整合资金12.16亿元，围绕“两不愁三保障”和“五通八有”脱贫标准，对标2017年84个脱贫销号村实际需要，本着“缺什么补什么”的原则，实施基础设施建设、增收产业培育、环境生态改善、社会事业及公共服务4大类21项配套项目建设，着力推进贫困人口生产生活设施条件升级达标。2017年完成535.86千米村组道路建设，完成自来水入户7903户，完成危房危窑改造1334户，完成文化活动广场建设84处，建成综合服务网点84处，新建村党员活动室4处、维修80处。三是脱贫产业支撑进一步增强。整合资金4亿多元落实19类42项种养补贴，紧紧围绕马铃薯、草畜、蔬菜、杂粮四大产业，对建档立卡贫困户实行全产业链扶持补贴，已兑付各类补贴1.19亿元，其中兑付扶贫到户资金11175户5145.07万元，户均0.46万元。在贫困村建设原种繁育基地1万亩、一级种繁育基地10万亩，推广一级种薯15万亩；发放地膜60.75万亩；建设了12个500亩以上的杂粮示范基地，使建档立卡贫困户家家都有致富增收产业。开展“四个一”示范带动工程，培育平峰八岔等19个产业扶贫示范村，培育宁夏佳立等13家扶贫龙头企业、70个扶贫产业合作社、300名致富带头人，累计带动贫困人口8300户29600人。四是发展资金短板进一步补齐。新引进金融机构4家，注入扶贫小额信贷风险补偿金1.2亿元，各金融机构为全县建档立卡贫困户发放小额扶贫贷款28073户12亿元，户均4.27万元，覆盖面达到77.97%；在19个乡镇296个行政村建立信用协会，完成5.13万户评级授信工作，其中3.6万户建档立卡贫困户评级授信全覆盖；贫困户特色优势产业保险投入685万元，降低了贫困户种养殖业意外风险；新增78个互助社，向32个村增资扩面，拨付资金1140万元，累计向134个村22851户社员发放借款1.18亿元。五是脱贫攻坚力量进一步强化。全县安排266个帮扶单位、238个驻村工作队、480名干部驻村帮扶，7315名机关干部职工与28876户建档立卡贫困户建立结对帮扶关系，做到第一书记、帮扶人员、驻村工作队“三个全覆盖”；通过换届，充实了村“两委”班子，每个销号村还选派了2名农业科技人员，培育了2—3名“两个带头人”，使村级脱贫攻坚常规力量达到10人，蹲点推进脱贫攻坚工作。六是易地扶贫攻坚进一步推进。结合建档立卡贫困户实际需求，采用就近安置生态移民和政府统一回购房安置劳务移民相结合的方式。县内移民方面，开工建设就近安置点45个，搬迁安置742户3074人。建设县城劳务移民安置小区3个，计划回购商住房2263套，安置建档立卡贫困户2263户7976人。完成3个商住小区已开工建设3076套，其中1116套已完成主体封顶，县外移民方面，完成1868户8003人的县外搬迁安置任务。七是内生动能进一步增强。紧盯“素质提升”，累计完成精准脱贫建档立卡家庭劳动力职业技能培训7424人。举办全县驻村第一书记、村支书、村主任培训班共8期，培训人数830人。“雨露计划”资助建档立卡家庭中高职院校在校学生4450人。实施建档立卡家庭劳动力驾驶员培训，完成培训1120人；紧盯“带头引领”，开展“两个带头人”工程，新培育、招回、引进农村致富带头人376人，带头人总数达到1432人。建成返乡人士创业园区、协会、合作社35个，返乡创办经济实体的务工人员达4300人，带动就业近3万人。八是社会扶贫进一步强化。不断深化闽宁协作，协调落实对口帮扶资金970万元用于支持农业产业化发展、闽宁产业园区企业培训和小城镇建设等项目。加强与交通部、商飞集团帮扶对接，充分发挥国家部委和央企资源助力本地脱贫攻坚。全面落实第十三届中国企业发展论坛暨首届中国企业扶贫（西吉）峰会，开展“百企百村互助西吉行动”。各级帮扶工作队为西吉县贫困村投钱投物累计金额达1875.88万元，协调项目资金10797.57万元，帮扶责任、投入、效果都较往年有明显提升。九是扶贫对象更加精准。加强脱贫攻坚档案资料管理，印制《西吉县脱贫攻坚惠民利民政策宣传手册》《西吉县2017年建档立卡户扶持项目明白卡》《西吉县干部结对帮扶联系卡》等表、册、卡等10.8万份。驻村第一书记、工作队员、帮扶责任人、乡村干部进村入户，完善精准脱贫“一计划、三方案”，帮助贫困村户理清了脱贫“明白账”；进一步完善“可进可出”的贫困村、贫困户进入退出机制，强化过程记录和动态调整，通过对象核实和数据清洗，全县新识别建档立卡贫困户996户4226人，退出不符合建档立卡贫困户714户2767人，确保不漏一户，不落一人。十是整改落实扎实开展。严格对照国家脱贫攻坚督查考核和第三方评估、国务院扶贫办谈话提醒、审计署审计检查、新华社国内动态清样以及区市脱贫攻坚检查督查反馈和发现的54个问题，认真开展了脱贫攻坚工作“回头看”自查自纠专项行动，特别是针对“因病致贫”问题，把贫困患者大病保险报销起付线由8100元下调至3000元，对贫困患者大病保险报销比例在现行基础上再提高5个百分点；对患有20种特殊病种的贫困患者，在此基础上报销比例再提高2个百分点；将特困供养人员、孤儿、弃婴、流浪乞讨人员、“五保”对象及精神病患者门诊费用给予90%救助，住院费用给予100%救助。人身意外伤害保险和大病医疗补充保险投入1016万元，实现所有建档立卡贫困户全覆盖。各类问题已整改完成和取得明显成效的48个，6个问题正在整改，年底整改到位。

【产业转型升级】 坚持把产业转型升级作为富民强县的源头性、根本性、长效性举措，抓住基地、品牌、市场等关键环节，延长产业链，提高融合度。一是以四大特色优势产业为支撑的农业质效双增。坚持以推进农业供给侧结构性改革为主线，以产业转型升级为目标，以农民增收为核心，出台《西吉县农牧业产业扶贫政策》，按照农牧业“3456”〔优化“三大区域”产业布局（葫芦河川道区、西部黄土丘陵区、东北部土石山区），加快“四大产业”转型升级（马铃薯产业、草畜产业、蔬菜产业、杂粮产业），推进“五百工程”提质增效（推进百万亩马铃薯提档增值工程、推进百万头〈只〉牛羊扩量提质工程、推进百公里冷凉蔬菜优化升级工程、推进百万亩杂粮增效升值工程、推进百万亩旱作农业示范引领工程），促进“六种模式”协调发展（推广品牌农业发展模式、推广循环农业发展模式、推广休闲农业发展模式、推广全产业链发展模式、推广“三三制”发展模式、推广多元互补发展模式）〕发展思路，优化西部黄土丘陵区、葫芦河川道区、东部土石山区三大区域产业布局，培育壮大马铃薯、草畜、蔬菜、杂粮四大特色优势产业，推进百万亩马铃薯提档增值、百万头（只）牛羊扩量提质、百千米冷凉蔬菜优化升级、百万亩杂粮增效升值、百万亩覆膜保墒旱作农业示范引领“五百工程”提质增效，推广品牌农业、循环农业、休闲农业、全产业链、精品农业、多元发展6种模式，集中力量构建现代农业产业体系、生产体系、经营体系，特色优势产业快速发展，生产能力稳步提升，科技支撑不断增强，农业产业化水平不断提高，农村改革全面推进，农业产业扶贫成效显著，农业农村经济保持平稳增长态势。全县马铃薯种植115万亩、特色蔬菜15万亩、杂粮80万亩、牧草52万亩。预计粮食总产达到55万吨。全县牛饲养量达45万头，羊饲养量100万只。全县实现农业总产值36.3亿元。二是以农产品加工为重点的工业聚集发展。坚持把工业经济作为促进县域经济发展的一项重点工作来抓，通过打造工业发展平台、培育支柱产业、做大做强企业规模、大力推进项目建设、加大招商引资和着力优化经济发展环境等一系列措施，使全县工业经济呈现出较快的发展势头，形成了以马铃薯淀粉、清真牛羊肉等特色农产品加工、建筑建材、食品加工以及风力发电等新能源开发为主的地方工业发展体系，实施招商引资项目35个，引进泽艾堂生物、伊尔德农业发展有限公司等一批综合实力雄厚的企业，投资31.74亿元，特别是与中国汇源集团就“宁夏西吉汇源综合扶贫开发项目”顺利签约，将促使西吉县农业产业延伸到农产品的精深加工，“产加销”相结合。全县规模以上工业企业发展到11家。2017年规模以上工业实现总产值4.2亿元，实现工业增加值1.2亿元，同比增长26%。三是以特色旅游和商贸物流为重点的服务业加快发展。认真贯彻落实全国第二届全域旅游推进会、全区全域旅游推进大会和固原市全域旅游发展会议精神，出台了《西吉县加快发展全域旅游实施意见》，按照“1416”（建成以县城为主体的游客集散服务中心；构筑“火石寨奇观 · 生态旅游、震湖湿地 · 田园风光旅游、会师胜地 · 追忆长征精神旅游和民族民俗 · 乡村旅游”四大旅游板块空间布局；打造须弥山—火石寨—县城—硝河—将台—兴隆—单家集—隆德的西吉旅游主轴线；打造“火石寨奇观 · 生态观光环线、会师胜地·追忆长征精神环线、民族民俗·乡村游南环线、民族民俗·乡村游北环线、震湖湿地·田园风光·乡村游西环线和县城环线六条旅游环线）的发展思路，启动全域旅游环线建设项目、全域旅游——乡村游步道建设工程；启动将台堡纪念园基础设施建设项目，实施纪念广场改造、给排水及供电等服务设施功能提升；成功举办了第七届西吉火石寨丁香花节和兴平乡聂家河第三届乡村旅游节等活动，全县接待游客122.21万人次，营业收入4455.33万元；凯益达家居物流中心、金通汽贸物流园等一批服务业龙头企业运营良好。

【基础设施建设】 坚持把抓项目作为抓发展的主抓手，紧盯“水、路、绿、居”等瓶颈问题，深入开展“项目建设年”和“脱贫攻坚百日会战”活动，建设500万元以上各类重点项目114个，年度计划投资121.58亿元。交通方面：续建六盘山片区交通扶贫攻坚示范试县农村公路17条114.9千米，完成投资2.3亿元；加快建设S60西吉至会宁（宁甘界）高速公路、西吉至毛家沟公路兴隆至玉桥段；续建S204线海原至西吉公路（火石寨至西吉段）等干线公路，完成投资3.5亿元；新建2017年84个销号村通村公路548.6千米，解决了9134户39906人贫困人口的“行路难”问题；着力加强公共交通运输服务水平，投资1254万元，采购投放20辆新能源公交车，完成原有城市公交运营机制转换工作；全面提升公路养护保障能力，共列养等级公路294条2386.53千米，等级公路列养率达100%。水利方面：中南部引水西吉受水区连通及配水工程农村片区全面建成，中庄水源正式向西吉供水。新建了什字等一批抗旱应急水源、高效节水灌溉、水土流失治理项目。一批小流域综合治理项目不断落地，累计治理水土流失面积54.82平方千米，农村生态环境得到大幅度改善。实施脱贫销号村农民饮水安全巩固提升工程，解决了44个贫困村246个自然组7888户3.61万人的饮水安全问题。生态方面：完成六盘山400毫米降水线造林绿化3.85万亩，补植补造3万亩，退化林分修复1.75万亩，新一轮退耕还林3.65万亩；完成育苗1.5万亩、城区环境及城乡接合部绿化300亩；扶持发展林下经济合作社6家，流转林地3000亩，发展林下种药1.1万亩，林下养殖生态鸡10万只；国有林场改革持续推进，将林场周边生态移民迁出区面积全部纳入国有林场，新增国有林场管理面积8.16万亩，总经营面积达41.36万亩。城镇化方面：完成“三规合一”及“多规融合”规划及县城防汛、排涝、绿地系统专项规划；完成县城棚户区改造房屋征收1446户，支付房屋征收款6.25亿元；完成体育广场、民族广场、永清湖广场的提升改造，完成大桥路东延伸段、大桥路西延伸段4条道路建设并配套给排水；保障安居工程分配入住5589套，发放公租补贴2101户；新建美丽村庄8个，改造农村危窑危房2919户；加强城乡综合管理，开展“严厉打击违法用地、违章建设”专项行动，共查处违法建筑86户，面积12569.6平方米，全面推进查违控违工作，有效遏制违建势头，城乡整体形象得到有效改善。信息化方面：深入实施国家电子商务进农村综合示范项目，扶持宁夏万众创惠电子商务及电信等5家公司开展电子商务业务，培育电商销售企业4家，电商销售实体店15家。建成县级电子商务服务运营中心1个，乡镇电子商务服务站点19个，村级电子商务服务站284个。

【改善民生】 坚持把改善民生作为一切工作的出发点和落脚点，从解决群众最关心最直接最现实的利益问题入手，办好年初承诺的15件民生实事，做好普惠性、基础性、兜底性民生建设，全面提高公共服务共建能力和共享水平，满足老百姓多样化的民生需求，织就密实的民生保障网，不让一个贫困群众在小康路上掉队。一是教育教学质量不断提高。以提高教育教学质量为中心，以教育改革为动力，奋力推进教育大县向教育强县转变，各类教育协调发展，2017年中考成绩平均分比上年提高22分，位居全市第四位，共参加高考4700人，本科上线2566人，上线率54.6%，比上年提高8.36个百分点，高职院校分类考试录取率96.8%；投入3.67亿元用于解决义务教育均衡发展资金缺口问题，投资2960万元，实施“薄改项目”学校72所，办学条件显著改善，实现了教育强县创建和基本普及高中阶段教育；拿出近300万元表彰奖励了34个教育先进集体、666名优秀个人和1个教育世家，营造了浓厚的尊师重教、狠抓质量的教育氛围。二是群众精神文化生活不断丰富。持续推进精神文明建设，深化社会主义核心价值观教育实践活动，建设社会主义核心价值观教育实践基地20个；把推动移风易俗工作纳入全县经济社会发展考核评价体系，推动移风易俗树立文明乡风活动，高额彩礼等不良风气得到有效遏制；抓好村级文化综合服务中心建设，完成139个贫困村文化综合服务中心建设；原创现代眉户剧《丁香花开》入选2017年全国基层院团戏曲会演在北京民族文化宫大剧院开演；《走进西吉》和《吉祥西吉》文化旅游丛书出版；CCTV-7《过年了》农民新春联欢会、《乡村大世界》春节系列节目、《海原大地震》、《记住乡愁》等节目在西吉完成录制；成功录制中央电视台财经频道联合国内30家网络直播平台同步直播的“厉害了我的国”西吉电商扶贫行动；启动了主题为“美丽家园·吉祥西吉”的第十八届广场文化演出活动，举办了“迎新春”本土书法家送春联、社火大拜年、庆元宵“民族团结杯”秦腔大展演等系列活动，极大地丰富了人民群众文化生活。三是卫生与健康事业加快发展。以解决群众“看病难、看病贵”为出发点和落脚点，全面推进公立医院改革，取消县级公立医院药品加成，破除以药补医，全县医疗机构全部实施药品零差率销售，全年向患者让利956.5万元；投资8145万元，完成县人民医院妇儿综合大楼、妇幼保健计划生育服务中心住院部大楼主体工程及王民乡卫生院改扩建等项目建设。投资700万元，新建标准化村卫生室35所，医疗卫生服务体系建设进一步加强；投入465.3万元，大力实施妇幼卫生“七免一救助”项目，2.9万人次受益。实行“先诊疗、后付费”和“先住院、后付费”的惠民政策，“一站式”结算方式为2.18万名患者免收住院押金1426.07万元，受益患者达26万人次。四是社会保障体系日趋完善。出台了城乡居民最低生活保障分类施保（试行）办法、低保专项核查工作实施方案等制度性文件，严格最低生活保障准入和退出机制，实现动态管理下的应保尽保、应退尽退，适时调整最低生活保障标准，深入推进分类施保。全年共清理不符合低保对象8036人，新纳入2900人，并对确定的84个脱贫销号村约0.8万名建档立卡特困群众的低保实行兜底；搞好城乡医疗救助制度与新型农村合作医疗制度有效衔接，在19个乡镇卫生院实行医疗救助“一站式”服务，实行日常救助与大病救助相结合的救助模式；全面推进社会养老服务体系建设，全县每千名老年人拥有养老床位数提升到22张，城市社区居家养老服务站点实现全覆盖，农村居家养老服务网点建成比例达31.6%，县城中心敬老院二期工程、老年活动中心，什字中心敬老院工程主体已完成。五是创业就业工作效果明显。坚持以“民生为本，人才优先”为工作主线，以就业创业、社会保障、人事人才、劳动维权等工作为重点，全县城镇新增就业2049人，城镇登记失业率控制在4%以内，农村劳动力转移就业11.51万人，实现工资收入20.25亿元；发放创业担保贷款1365万元，培育小企业81个、小老板198人，创业能力培训310人，创造新岗位738个，创业带动就业1722人；深入实施劳动力素质提升工程，培训城乡劳动力18623人，鉴定15788人。

【社会治理】 一是社会治理取得新进展。依法治县扎实推进，出台《政府重大行政决策程序规定》等规范文件，全面公开行政部门权责清单，建立行政执法主体和行政执法人员资格制度，组建县行政审批服务局，加快推进依法行政；社会矛盾有效化解，积极探索矛盾纠纷排查化解新机制，创立了“1+N”矛盾纠纷多元化解机制、家事审判、村级“联合办公日”制度等，变“群众上访”为“干部下访”，既畅通了群众诉求表达渠道，理顺了群众情绪，又密切了干群关系。全县共排查调处各类矛盾纠纷1987件，化解1908件，化解成功率达96%；平安西吉建设持续发力，集中整治群众反映强烈的治安乱点和治安突出问题。全县各类刑事案件共立案374件，破案305件，抓获犯罪嫌疑人192人，打掉各类犯罪团伙8个25人；充分发挥安全生产网格化监管和联合检查依法治理工作机制作用，以道路交通、人员密集场所、非煤矿山等十大行业领域为重点，全面开展安全专项整治和隐患排查治理，依法严惩违法违规行为114起，从源头上解决一大批影响社会和谐稳定的突出问题，群众安全感得到进一步提升。二是民族团结进步示范县创建稳步推进。不断深化民族团结进步教育“八进”活动，开展各类宣讲培训100余期1万余人次，主办“民族团结月”“中华民族一家亲，同心共筑中国梦”等系列主题活动47场次；不断拓新创建载体，重点打造“两馆两园一百零六个示范点”，在将台堡红军纪念园开设“红军长征中的民族工作档案展”，成为全国首家采用档案形式展现党的民族政策起源发展的红色教育基地；坚持抓经验总结机制创新，《基层党组织五联系五促进制度》在全区进行经验推广；全面助力脱贫攻坚，全力开展“统一战线助力脱贫攻坚行动”，协调全区10家非公有制企业精准对接帮扶西吉县10个贫困村，落实帮扶资金200余万元，受惠建档立卡户1000余户6000多人，宗教人士积极参与社会公共事业建设，主动维护民族团结环境，投身脱贫攻坚战的氛围形成。

【全面改革】 坚持统筹兼顾、重点突破的原则，持续推进全面深化改革任务，不断巩固改革成果、提高改革质量。农村土地承包经营确权、国有林场改革、小型水利工程管理体制改革等工作圆满完成，特别是在深化“放管服”改革方面，探索推行电子营业执照，实现网上申请、受理、审核、公示、发照等全程电子化登记管理。成立行政审批服务局，整合21个部门部分职能，设置46个服务窗口，划分5个业务区，集中办理315项政务服务事项。推进“互联网＋政务服务”建设，在巩固提升315项政务服务事项运行的基础上，对划转的140项行政许可事项、27项公共服务事项和25项村级代办事项进行流程重组优化，标准化录入自治区“政务云”平台，实现行政许可事项网上受理办理。推进网上办事大厅建设，完成电子政务外网建设697条，纵向连通区、市政务服务中心和19个乡镇民生服务中心、296个村级便民服务代办点，横向连接进驻部门，形成互通共享的政务服务网络体系。

【从严治党】 坚持党要管党、从严治党，深入实施凝心聚力工程，全面落实党（工）委（党组）书记抓党建工作《专项述职评议制度》《责任制考核办法》，以党的建设引领、推动、保障经济社会发展。一是抓“两学一做”转作风。坚持把“两学一做”学习教育作为一项政治任务，融入党员教育管理新常态，与脱贫攻坚等中心工作深度融合，以学促做。县委常委会率先垂范，带头学习研讨、讲党课，宣讲中共十九大、自治区第十二次党代会和固原市委四届二次全会精神，推动全体党员干部打牢“学”这个基础。各级党组织建立每周“学习日”制度，依托微信等自媒体开发微党课、微讲座等组织开展在线学习，实现线上线下良性互动。积极开展“党建促进月”活动，共组织理论学习1900余场次，开展“振奋精神、实干兴宁”专题讨论90余场次，讲党课635

场次，形成调研报告73篇，全县干部学风、作风得到进一步提升。二是抓班子队伍激活力。坚持党管干部原则，坚持德才兼备、以德为先，严格按照习近平总书记提出的“20字”好干部标准，注重在脱贫攻坚主战场发现、培养、锻炼和识别干部，着力选准用顺干部，配优配强班子，切实做到知人善任、人岗相适、人尽其才，在全县形成优者上、庸者下、劣者汰的良好局面。2017年先后共提拔调整干部147名。坚持组织口调训与业务口专训两种资源相互补充、课堂培训与实践锻炼两种平台相互支撑、学习成果与工作成果两种成果相互印证，多种渠道、多种手段提升干部能力素质。围绕新时期的发展理念、县域治理、新型城镇化等内容举办全县领导干部专题学习班4期，共培训领导干部1600多人次；选派235名党政领导干部参加区市组织的各类主体班次和专题培训学习，2名乡镇科级领导干部在区直机关和外省挂职学习，6名年轻干部到县信访局挂职锻炼，有力提高了领导干部的履职能力。出台《西吉县党政领导干部问责问效暂行办法（试行）》，并结合全县重点工作、重点责任清单落实，由12名县级领导担任组长进行督查，对13名党政领导干部给予计分和组织提醒，对上半年考核处在末位、问责计分达到组织处理且不适宜担任现职务的2名乡镇党政正职改任非领导职务，对工作不在状态的2名乡镇副职改任非领导职务。三是抓基层基础强保障。扎实开展村级党组织“三大三强”，兑付为民服务资金、村级办公经费、村干部任职补贴4527.62万元，保证了基层组织建设正常有序开展；整合资金1410万元，新建村级活动场所9个，维修121个，实现贫困村阵地建设全覆盖；着力开展“村霸”专项整治，有力维护了农村社会和谐稳定；加强党员队伍建设，发展党员206名，扎实开展党员组织关系集中排查工作，党员管理不断规范；全力实施“两个带头人工程”，在“选育管用”上下功夫，全县共培育农村“两个带头人”1432名，其中党组织带头人283名，致富带头人1149名，辐射带动全县19个乡镇1.5万农户5.8万余农民脱贫致富，其中建档立卡贫困户9000户3.5万人。创建了兴隆镇、震湖乡、新营乡3个“两个带头人”示范乡镇，马莲乡张堡源村、吉强镇龙王坝村等19个“两个带头人”示范村，建成返乡人士创业园区、协会、合作社35个，返乡创办经济实体的务工人员达4300人。四是抓纪律规矩促廉政。坚持把纪律和规矩挺在前面，压实“两个责任”，推进从严治党责任向基层延伸。印发《中共西吉县委员会关于推进全面从严治党若干问题的意见》和《贯彻落实区、市党委〈关于推进全面从严治党若干问题意见〉任务分工方案》，县委常委会、县委中心组先后16次组织学习研究有关党风廉政建设工作；出台《西吉县委巡察办法》，成立巡察工作领导小组，由县级领导带队分两个巡察组开展巡查2次，巡察单位12个，第一次巡察发现问题42个，第二次巡察正在进行中；创新干部平时考核机制，制定负面清单量化问责机制，出台了《西吉县问责问效实施办法（试行）》，借鉴驾照交规计分办法对通报批评、约谈提醒、诫勉谈话、纪律处分等违纪处理结果给予相应扣分，并依据扣分情况作出相应的组织处理等措施，以达到问责的震慑作用。对主体责任落实不力的4名乡镇党委、纪委书记进行约谈，对干部监督管理不力的3个单位进行了通报；抓好作风建设巩固落实中央八项规定精神成果，围绕重点节点，开展专项检查、交叉督查8次，制定《西吉县党员干部操办婚丧事宜九不准》，发出《西吉县推动移风易俗·树立文明乡风倡议书》，整治干部作风优化发展环境活动得到有效开展；加大对不作为行为的问责力度，对不作为的19名干部进行了约谈，对5名干部给予党纪处分，并全县通报，严格做到有权必有责，有责就担责，失责必问责

【重要会议】 中共西吉县委2017年第一次常委

会议于2017年1月17日召开，会议由市委常委、县委书记马志宏主持，研究议定下列事项：1.传达学习习近平总书记、李克强总理在中央经济工作会议上的讲话精神，研究贯彻落实意见；2.传达学习习近平总书记2017年新年贺词，研究贯彻落实意见；3.传达中央政法工作会议精神，研究贯彻落实意见；4.传达全区“两会”精神，研究贯彻落实意见；5.传达学习马廷礼常委在县委常委班子2016年度民主生活会上的讲话精神，研究贯彻落实意见；6.听取全县脱贫攻坚情况汇报；7.研究确定《西吉县2017年春节慰问工作方案》；8.研究确定《2017年全市重点工程项目包责任清单》《2017年西吉县重点工作责任清单》。

中共西吉县委2017年第二次常委会议于2017年2月4日召开，会议由市委常委、县委书记马志宏主持，研究议定下列事项：1.听取全县抗旱情况汇报；2.听取2017年项目建设工作汇报；3.传达《关于加强和改进新形势下全区保密工作的实施意见》精神，研究贯彻落实意见。

中共西吉县委2017年第三次常委会议2017年2月8日召开，会议由市委常委、县委书记马志宏主持，研究议定下列事项：1.传达中央和区、市纪委全会精神，研究贯彻落实意见；2.传达区、市有关会议精神，研究贯彻落实意见（传达全区政法综治信访维稳工作会议精神；传达全区统战部长会议精神；传达市委工作会议精神）；3.研究《西吉县加快发展全域旅游实施意见》；4.听取《关于全县2016年度效能目标管理考核情况的汇报》；5.研究有关干部处理的请示。

中共西吉县委2017年第四次常委会议于2017年2月23日召开，会议由市委常委、县委书记马志宏主持，研究议定下列事项：1.传达全区领导干部学习贯彻中共十八届六中全会精神专题研讨班精神，研究贯彻落实意见；2.传达区、市脱贫攻坚推进会精神，研究贯彻落实意见和2017年全县脱贫攻坚相关工作；3.传达全区宣传思想文化工作会议精神，研究贯彻落实意见；4.通报2016年度自治区机关及市、县效能目标管理考核结果，传达自治区约谈会议精神，研究贯彻落实意见；5.研究《关于对效能目标管理考核末位乡镇、部门（单位）进行问责处理的建议》，研究召开西吉县委领导班子落实自治区效能目标管理考核整改要求专题民主生活会相关事项；6.研究《关于集中开展全县干部作风大整顿的通知》《关于推进我县全面从严治党向纵深发展的思路建议》《西吉县党政领导干部追责暂行办法》《西吉县党风廉政建设巡察工作实施办法（试行）》；7.研究有关干部事项。

中共西吉县委2017年第五次常委会议于2017年3月13日召开，会议由市委常委、县委书记马志宏主持，研究议定下列事项：传达固原市委书记纪峥办公会精神，研究贯彻落实意见。

中共西吉县委2017年第六次常委会议于2017年3月23日召开，会议由市委常委、县委书记马志宏主持，研究议定下列事项：1.传达区、市组织部部长会议及盛荣华在固原调研时的讲话精神，研究贯彻落实意见；2.传达咸辉在西吉县考察调研葫芦河流域水环境污染综合治理工作专题会上的讲话精神，研究贯彻落实意见；3.传达全区老干部工作先进集体和先进工作者表彰大会、全区老干部局局长会议精神，研究贯彻落实意见；4.听取与《中国企业报》集团对接相关工作情况的汇报，研究贯彻落实意见；5.听取全县教育均衡验收准备情况的汇报，研究贯彻落实意见；6.研究《西吉县贯彻落实中央第八环境保护督察组督察反馈问题整改方案》；7.研究召开全县推动移风易俗、树立文明乡风誓师暨精神文明建设表彰大会相关事项。

中共西吉县委2017年第七次常委会议于2017年4月6日召开，会议由市委常委、县委书记马志宏主持，研究议定下列事项：1.研究《全县深入开展查处涉农扶贫领域腐败问题专项行动的实施方案》；2. 研究有关干部处理的请示；3. 研究有关干部事项。

中共西吉县委2017年第八次常委会议于2017年5月4日召开，会议由市委常委、县委书记马志宏主持，研究议定下列事项：1. 传达中共中央、中央纪委和自治区纪委关于部分干部违纪、违反中央八项规定精神及落实全面从严治党责任不力等问题的通报，研究贯彻落实意见；2. 传达《中共中央　国务院关于推进安全生产领域改革发展的意见》和全国及区、市有关安全生产会议精神，听取第一季度全县安全生产工作情况，研究贯彻落实意见；3. 传达国务院、自治区政府廉政会议精神，研究贯彻落实意见；4. 传达自治区党委书记石泰峰到西吉考察工作时的重要指示精神，研究贯彻落实意见；5. 传达区、市2017年第一季度经济形势分析会精神，研究贯彻落实意见；6. 传达全区推进“两学一做”学习教育常态化制度化工作电视电话会议和全区组织系统深化“两学一做”学习教育开展“四严四实”主题实践活动电视电话会议精神，研究贯彻落实意见；7. 传达全区推动移风易俗树立文明乡风现场推进会和全市宣传思想文化工作会议精神，研究贯彻落实意见；8. 传达全市创建全国民族团结进步示范市推进会暨全市宗教工作会议精神，研究贯彻落实意见；9. 研究《2017年全县伊斯兰教领域涉政治安全风向防控责任分工方案》《西吉县创建民族团结进步示范点建设方案》；10. 听取全县重点工作专项督查情况的汇报；11. 研究《关于违反会议纪律情况的通报》。

中共西吉县委2017年第九次常委会议于2017年5月5日召开，会议由市委常委、县委书记马志宏主持，研究议定下列事项：1. 听取全县重点工作专项督查情况的汇报；2. 听取义务教育均衡发展工作情况汇报；3. 研究《关于调整县社会保险事业管理局机构规格及撤并党家岔湿地自然保护区管理处的请示》；4. 研究西吉县将台乡撤乡设镇有关事项；5. 传达学习《2016年省级党委和政府扶贫开发成效考核反馈问题整改方案》《关于开展脱贫攻坚专项督查的通知》，研究贯彻落实意见；6. 研究有关干部处理事项。

中共西吉县委2017年第十次常委会议于2017年5月18日召开，会议由市委常委、县委书记马志宏主持，研究议定有关干部事项。

中共西吉县委2017年第11次常委会议于2017年5月27日召开，会议由市委常委、县委书记马志宏主持，研究议定下列事项：1. 传达学习自治区党委第一巡视督办组督查反馈意见，研究贯彻落实意见；2. 传达学习纪峥在市委中心组（扩大）学习会议上的讲话精神和市委、市政府《关于整治干部作风优化发展环境活动的实施方案》，研究贯彻落实意见；3. 研究《西吉县城市管理执法体制改革实施方案》；4. 研究《西吉县劳动保障监察综合行政执法体制改革方案》；5. 研究《西吉县2017年度“五大战役”“六大工程”及创建民族团结进步示范县考核意见》；6. 研究有关干部事项。

中共西吉县委2017年第12次常委会议于2017年6月14日召开，会议由市委常委、县委书记马志宏主持，研究议定下列事项：1. 传达学习石泰峰在自治区党委十一届十次全体会议结束时的讲话精神，研究贯彻落实意见；2. 传达区、市宣传部部长座谈会议精神，研究贯彻落实意见；3. 听取西吉党政代表团赴莆田市涵江区考察工作的通报；4. 听取人大党组关于外出考察民族宗教、城镇化建设和人大工作情况的报告；5. 听取政府党组关于赴新疆考察对接转移就业安置职工情况的报告；6. 听取政协党组关于赴山东省考察学习的报告；7. 研究《西吉县争做抓党建促脱贫攻坚表率暨“七一”表彰大会工作方案》《西吉县关于做好“七一”前走访慰问老党员、生活困难党员的方案》；8. 研究有关干部处理的请示；9. 研究有关干部事项。

中共西吉县委2017年第13次常委会议于2017年7月6日召开，会议由市委常委、县委书记马志宏主持，研究议定下列事项：1. 传达习近平总书记在深度贫困地区脱贫攻坚座谈会上的重要讲话精神，研究贯彻落实意见；2. 传达石泰峰批示通报精神，研究贯彻落实意见；3. 传达张柱书记在四届市委第20次常委会上的讲话精神，研究贯彻落实意见；4. 研究《关于调整部分县委常委工作分工的请示》；5. 研究《第四届宁夏·西吉马铃薯节实施方案》；6. 通报全县脱贫攻坚工作进展情况汇报，研究贯彻落实意见；7. 研究有关干部处理的请示。

中共西吉县委2017年第14次常委会议于2017年7月23日召开，会议由市委常委、县委书记马志宏主持，研究议定下列事项：1. 传达习近平总书记在深度贫困地区脱贫攻坚座谈会上的讲话精神；听取国务院扶贫开发领导小组脱贫攻坚督查组督查情况汇报；听取分管县级领导贯彻落实西党发〔2017〕7号和西党办发〔2017〕13号文件要求抓脱贫攻坚工作进展情况汇报，研究贯彻落实意见；2. 传达《关于认真学习贯彻新修改的〈中国共产党巡视工作条例〉的通知》精神，研究贯彻落实意见；3. 传达石泰峰、咸辉在中央办公厅值班室《中央领导同志指示通知》上的批示精神，研究贯彻落实意见；4. 传达《关于认真学习贯彻石泰峰在自治区纪委监察厅调研时讲话的通知》精神，研究贯彻落实意见；5. 听取西会高速公路建设进展情况汇报；6. 听取葫芦河流域综合治理及县委〔2017〕9号专题纪要落实情况汇报；7. 听取上半年乡镇考核情况汇报；8. 听取上半年信访工作汇报；9. 研究《关于对优秀公务员给予嘉奖和记三等功的请示》；10. 听取督查全县双休日值班情况汇报；11. 安排全县“振奋精神，实干兴宁”大讨论活动；12. 研究有关干部处理的请示。

中共西吉县委2017年第15次常委会议于2017年7月27日召开，会议由市委常委、县委书记马志宏主持，研究议定下列事项：研究有关干部事项。

中共西吉县委2017年第16次常委会议于2017年8月3日召开，会议由市委常委、县委书记马志宏主持，研究议定下列事项：1. 传达中央纪委扶贫领域监督执纪问责工作电视电话会议精神，研究贯彻落实意见；2. 传达全区脱贫攻坚工作观摩及贫困县（区）委书记座谈会精神，研究贯彻落实意见；3. 传达石泰峰在自治区党委常委会议听取上半年经济运行情况汇报时的讲话精神；传达全市县域经济观摩暨上半年经济形势分析会精神，研究分析上半年全县经济形势并安排部署工作；4. 传达盛荣华在部分基层党组织书记抓基层党建促脱贫富民座谈会上的讲话精神，研究贯彻落实意见；5. 传达全区民族团结进步暨和谐寺观教堂创建互观互检现场观摩经验交流会议精神，研究贯彻落实意见；6. 传达全区特色产业精准扶贫现场会精神，研究贯彻落实意见。

中共西吉县委2017年第17次常委会议于2017年8月7日召开，会议由市委常委、县委书记马志宏主持，研究议定下列事项：1. 传达习近平总书记在省部级主要领导干部专题研讨班开班式上的重要讲话精神，研究贯彻落实意见；2. 传达《关于深入贯彻中央八项规定精神进一步加强和改进自治区党委常委会作风建设的若干意见》，研究贯彻落实意见；3. 研究有关干部事项。

中共西吉县委2017年第18次常委会议于2017年8月28日召开，会议由市委常委、县委书记马志宏主持，研究议定下列事项：1. 传达习近平总书记关于信访工作的重要指示精神，听取全县信访工作汇报，研究贯彻落实意见；2. 传达全区国有企业党的建设工作会议精神，研究贯彻落实意见；3. 传达全区开展“三大三强”行动推广“两个带头人”工程经验促脱贫富民战略实施工作会议精神，研究贯彻落实意见；4. 传达全区脱贫攻坚政策落实工作会精神，通报全县脱贫攻坚工作进展情况，研究贯彻落实意见；5. 传达自治区纪委《关于叶铁强严重违纪案件的通报》；传达市纪委关于第四次双值班督查问题初步处理意见暨第五次、第六次督查情况的通报，通报全县值班值守情况，研究贯彻落实意见；6. 研究《西吉县创建全国民族团结进步示范县主要目标任务责任分工方案》；7. 研究《关于成立西吉县安全生产执法监察大队〈西吉县安全生产应急救援指挥中心〉的请示》；8. 研究《关于招录公安协勤解决公安专业化队伍建设要求的请示》；9. 研究《西吉县妇联改革方案》《西吉县总工会改革方案》《共青团西吉县委改革方案》；10. 研究《中共西吉县委员会常务委员会工作规则》；11. 研究《关于申请解决保障性安居工程有关问题的请示》；12. 研究有关干部处理的请示；13. 研究有关干部事项。

中共西吉县委 2017 年第 19 次常委会议于 2017 年 9 月 15 日召开，会议由市委常委、县委书记马志宏主持，研究议定下列事项：1. 传达咸辉在调研葫芦河流域综合治理工程时的讲话精神，研究贯彻落实意见；2. 传达《自治区党委印发〈关于激励干部想干事能干事干成事的若干意见〉的通知》，研究贯彻落实意见；3. 研究《关于认真学习宣传贯彻市委四届二次全体会议精神的意见》《西吉县贯彻落实市委〈关于深入学习贯彻落实自治区第十二次党代会精神的意见〉的任务分工方案》；4. 审定将台堡镇小城镇建设有关事宜。

中共西吉县委 2017 年第 20 次常委会议于 2017 年 9 月 29 日召开，会议由市委常委、县委书记马志宏主持，研究议定下列事项：1. 传达自治区实施创新驱动战略推进会精神，研究贯彻落实意见；2. 传达自治区深化医改卫生体制改革领导小组第三次会议精神，研究贯彻落实意见；3. 传达自治区金融工作会议精神，研究贯彻落实意见；4. 传达全市信访维稳安全生产工作推进会精神，听取全县综治信访维稳和安全生产工作情况汇报；5. 听取宁夏西吉汇源综合扶贫开发项目前期工作开展情况的汇报；6. 研究《关于成立中国共产党西吉县非公有制经济组织和社会组织工作委员会的请示》；7. 研究《西吉县火石寨丹霞地貌国家级自然保护区扶贫生态移民搬迁方案》；8. 研究有关干部处理的请示。

中共西吉县委 2017 年第 21 次常委会议于 2017 年 10 月 13 日召开，会议由市委常委、县委书记马志宏主持，研究议定下列事项：1. 传达《关于五年来中央政治局贯彻执行中央八项规定并以此带动全党加强作风建设情况的报告》精神，研究贯彻落实意见；2. 传达《关于西吉县等地方和部门（单位）巡视督查反馈问题整改情况的通报》精神，研究贯彻落实意见；3. 传达自治区第十二届人大代表选举第十一届政协委员协商提名工作座谈会精神，研究贯彻落实意见；4. 听取国庆节、中秋节放假期间信访维稳安全生产工作情况汇报，安排部署中共十九大期间有关工作；5. 研究《进一步创新和加强产业招商的实施方案》《西吉县招商引资工作目标责任制考核奖励办法》；6. 听取全县巡察工作情况汇报。

中共西吉县委 2017 年第 22 次常委会议于 2017 年 11 月 3 日召开，会议由市委常委、县委书记马志宏主持，研究议定下列事项：1. 传达学习自治区党委十二届二次全会精神，研究贯彻落实意见；2. 传达学习自治区党委网络安全和信息化领导小组第四次会议精神，听取西吉县党委（党组）网络意识形态工作汇报；3. 通报《关于司继涛严重违纪案件的通报》《关于刘治全同志违纪问题的通报》精神；4. 研究《西吉县贯彻落实市委四届二次全会精神工作任务项目责任清单》；5. 研究《关于开展"三大三强"行动深化"两个带头人"工程促脱贫富民实施方案》；6. 研究《关于建立正向激励容错纠错机制支持干部想干事能干事干成事的实施办法（试行）》；7. 研究《西吉县科协深化改革实施方案》；8. 研究《西吉县残疾人联合会换届工作方案》。

中共西吉县委 2017 年第 23 次常委会议于 2017 年 11 月 6 日召开，会议由市委常委、县委书记马志宏主持，研究议定下列事项：1. 传达学习自治区实施脱贫富民战略推进会精神，研究贯彻落实意见；2. 传达学习自治区实施生态立区战略推进会精神，研究贯彻落实意见；3. 传达学习全国推开国家监察体制改革试点工作动员部署电视电话会精神，研究贯彻落实意见；4. 传达自治区党委办公厅印发《关于市县（区）党委建立巡查制度的实施意见》的通知，研究贯彻落实意见；5. 听取《关于赴甘肃省“两县一区”考察学习情况的报告》；6. 研究《关于召开共青团西吉县第十三次代表大会的请示》；7. 研究《关于召开西吉县妇女第十二次代表大会的请示》；8. 研究《关于成立发改局等政府组成部门和县总工会党组的请示》。

中共西吉县委 2017 年第 24 次常委会议于 2017 年 12 月 3 日召开，会议由市委常委、县委书记马志宏主持，研究议定下列事项：1. 传达中共中央印发《中共中央政治局关于加强和维护党中央集中统一领导的若干规定》的通知精神，研究贯彻落实意见；2. 传达中共中央办公厅　国务院办公厅关于印发《中共中央政治局贯彻落实中央八项规定实施细则》的通知精神，研究贯彻落实意见；3. 传达学习自治区深化国家监察体制改革试点工作动员部署会议精神，研究贯彻落实意见；4. 传达学习自治区全域旅游发展推进会精神，研究贯彻落实意见；5. 传达学习全国精神文明建设表彰大会精神，研究贯彻落实意见；6. 听取全县全面深化改革工作情况汇报；7. 听取全县环境保护工作情况汇报；8. 研究《关于建立正向激励容错纠错机制支持干部想干事能干事干成事的实施办法（试行）》；9. 研究《关于西吉县妇女第十二次代表大会有关事宜的请示》；10. 研究《关于召开西吉县伊斯兰教第六次代表会议的请示》；11. 研究《关于县供销合作社组织机构设置和人事安排方案的请示》。

中共西吉县委 2017 年第 25 次常委会议于 2017 年 12 月 7 日召开，会议由市委常委、县委书记马志宏主持，研究议定下列事项：研究有关干部事项。

中共西吉县委 2017 年第 26 次常委会议于 2017 年 12 月 11 日召开，会议由市委常委、县委书记马志宏主持，研究议定下列事项：1. 传达学习习近平总书记、李克强总理等中央领导和石泰峰、咸辉等自治区领导《批示通报》精神，听取全县清欠农民工工资情况汇报；2. 传达学习中共中央办公厅印发《习近平总书记关于进一步纠正“四风”加强作风建设重要批示的通知》精神，研究贯彻落实意见；3. 传达学习全区深度贫困地区脱贫攻坚座谈会精神，研究贯彻落实意见；4. 研究《关于追授撒风虎同志“全县优秀共产党员”称号的请示》；5. 听取全县党风廉政建设工作情况汇报；6. 听取全县党管武装工作情况汇报；7. 听取全县拥军优属工作情况汇报；8. 听取全县食品安全工作情况汇报；9. 研究《关于共青团西吉县第十三次代表大会有关事宜的请示》；10. 研究《关于召开西吉县供销合作社第四次代表大会有关事宜的请示》；11. 研究有关干部事项。

中共西吉县委 2017 年第 27 次常委会议于 2017 年 12 月 16 日召开，会议由市委常委、县委书记马志宏主持，研究议定下列事项：1. 学习习近平总书记署名文章《弘扬“红船精神”走在时代前列》；传达学习弘扬“红船精神”座谈会精神，研究贯彻落实意见。2. 传达学习自治区民营经济发展推进会精神，研究贯彻落实意见。3. 传达学习四届市委第 30 次常委会精神，研究贯彻落实意见。4. 听取人大党组、政府党组、政协党组、法院党组、检察院党组工作汇报。5. 研究关于召开中共西吉县委十四届三次全体会议有关事项，审定《中共西吉县委关于深入学习贯彻党的十九大精神的意见（讨论稿）》；审定《中共西吉县委十四届三次全体会议报告（讨论稿）》和《中共西吉县委 2018 年工作要点（讨论稿》；研究《关于召开中共西吉县委十四届三次全会会议的请示》）。6. 研究关于召开西吉县第十七届人民代表大会第二次会议有关事项，审定有关程序性材料及《人大常委会工作报告（讨论稿）》；审定《政府工作报告（讨论稿）》《西吉县 2017 年民生计划执行情况和 2018 年民生计划（草案）的报告》《关于西吉县十七届人民代表大会第一次会议代表议案建议办理情况的报告（讨论稿）》；审定《县法院工作报告（讨论稿）》；审定《县检察院工作报告（讨论稿）》；听取关于 2017 年国民经济和社会发展计划执行情况与 2018 年国民经济和社会发展计划（草案）编制情况的汇报；听取关于 2017 年财政预算执行情况和 2018 年财政预算（草案）的汇报；研究《关于西吉县监察委员会组成人员建议名单的请示》；研究《关于西吉县第十七届人民代表大会第二次会议候选人建议名单的请示》；研究《关于召开西吉县第十七届人民代表大会第二次会议的请示》）。7. 研究关于召开政协西吉县第十一届委员会第二次全体会议有关事项，审定有关程序性材料及《政协常委会工作报告（讨论稿）》《政协常委会提案工作报告（讨论稿）》《政协西吉县委员会 2018 年度协商工作计划（草案）》；审定《关于政协西吉县十一届一次全体会议委员提案办理情况的报告（讨论稿）》；研究《关于递补政协西吉县第十一届委员会委员建议名单的请示》；研究《关于召开政协西吉县第十一届委员会第二次全体会议的请示》。8. 研究《关于追授撒风虎同志“全县优秀共产党员”称号的请示》《关于开展向撒风虎同志学习活动的请示》。9. 研究《关于健全人大讨论决定重大事项制度、政府重大决策出台前向县人大常委会报告的实施意见》。10. 研究《关于召开西吉县残疾人联合会第七次换届会议有关事项的请示》。11. 研究有关干部事项。

（马建宁）

组织工作

【“两学一做”】 坚持把“两学一做”学习教育作为一项政治任务，融入党员教育管理新常态，与脱贫攻坚等中心工作深度融合，以学促做。一是高度重视，周密安排。制定方案，及时召开全县推进“两学一做”学习教育常态化制度化工作启动会议进行安排部署，分阶段召开县级党员领导干部专题研讨会议。各乡镇、县直各部门（单位）参照县级党员领导干部学习研讨的做法同步进行。二是丰富载体，抓好学习。县委常委会率先垂范，带头学习研讨、讲党课，宣讲自治区第十二次党代会和固原市委四届二次全会精神，推动全体党员干部打牢“学”这个基础。各级党组织建立每周“学习日”制度，通过“三会一课”、主题党日活动；依托微信、QQ 群等自媒体开发微党课、微讲座、微视频、微电影，组织开展在线学习，实现线上线下良性互动；结合“党建促进月”开展了重温入党誓词、重写入党志愿书、重走长征路等多种形式多样的活动。全年共组织理论学习 1900 余场次，开展“振奋精神、实干兴宁”专题讨论 90 余场次，讲党课 635 场次。三是知行合一，示范带动。紧紧抓住“做”这个关键，认真落实基层党建重点任务，把焦裕禄、廖俊波、侯金知等先进人物的典型事迹作为“两学一做”学习教育的重要内容和生动教材，并针对机关事业单位、农村、社区、非公有制经济和社会组织等不同领域，灵活设计活动载体，引导党员干部知贤思齐、立足岗位、主动作为、苦干实干、树好形象、做好表率，全面提升基层党建工作整体水平。

【“两个带头人”】 坚持把农村“两个带头人”工程作为脱贫富民的主要抓手，在“选、育、管、用”上下功夫，不断壮大农村“两个带头人”队伍。一是打造“发展型”班子。结合村“两委”换届，选拔了296名“五强”优秀人才担任村党组织书记，把122名懂技术、善经营、会管理的致富能人和35名大学生村干部充实到村级班子，从机关推荐选拔238名作风扎实的优秀干部担任新一轮驻村第一书记，按照“五有”标准，筛选培养村级后备干部684人。全年举办村党组织书记、村委会主任和第一书记培训班8期，对830人次进行了全员培训，切实优化班子结构，提高村级党组织的服务能力。2017年9月18—30日，组织84个脱贫销号村的第一书记、党组织带头人、致富带头人分两批赴福建省涵江区学习发达地区的先进理念和经验，进一步解放思想，开阔眼界。二是打造“带富型”标兵。打破地域、行业、身份界限，把本村培养、跨村带动、联村经营、异地召回等各种渠道都用起来。全县共培育农村“两个带头人”1432名，其中党组织带头人283名，致富带头人1149名，辐射带动全县19个乡镇1.5万农户5.8万余农民脱贫致富，其中建档立卡贫困户9000户3.5万人。创建了兴隆镇、震湖乡、新营乡3个“两个带头人”示范乡镇，马莲乡张堡源村、吉强镇龙王坝村等19个“两个带头人”示范村，建成返乡人士创业园区、协会、合作社35个，返乡创办经济实体的务工人员达4300人。三是打造“服务型”队伍。坚持把日常管理、定期考核作为有力抓手，制定出台《西吉县扶贫开发驻村第一书记和工作队员管理暂行办法》《西吉县脱贫攻坚第一书记联席会议制度（试行）》，转发《农村党组织第一书记和扶贫开发驻村工作队员召回调换办法（试行）》，采取明察暗访、随机抽查的形式，对各乡镇贫困村驻村第一书记和工作队员履职及到岗情况进行全面多轮督查，确保第一书记和工作队员下得去、蹲得住、干得好。四是打造“推广型”模式。依托马铃薯、草畜、特色蔬菜、小杂粮四大主导产业，根据东部土石山区草畜为主、中部葫芦河流域特色种养为主、西部黄土丘陵区设施农业为主的产业布局，积极探索推广“公司＋基地＋农户”的“龙头带动型”、“合作社＋协会＋农户”的“协会拉动型”、“支部＋党员＋农户”的“支部推动型”、“金融＋龙头＋农户”的“金融撬动型”、“技能培训＋带头人＋农户”的“技能助推型”、“托管种养＋分红＋农户”的“托管互助型”六大带富模式，使全县“两个带头人”工程遍地开花。

【基层党建】 坚持党要管党、从严治党，认真贯彻执行党内各项规章制度，严肃党内政治生活，切实增强各级党组织创造力、凝聚力、战斗力。一是落实党建目标责任制。压实各级党组织从严治党主体责任和各级党组织书记第一责任人责任，年初县委与各党（工）委签订党建目标管理考核责任书，严格落实乡镇党委书记抓基层党建工作述职评议考核制度，不断强化担当意识和履责意识，做到真管真严、敢管敢严、长管长严，推动责任落实全覆盖。二是深化基层星级创建。强化“三查三创三评三挂钩”机制，对各领域基层党组织分类排队、分级定标，扎实推进基层服务型党组织星级创建。落实村干部年度目标述职、奖惩激励等制度，把村干部报酬与基层服务型党组织星级创建结果相挂钩。对评星定级为软弱涣散的基层党组织开展专项整治，分别由一名县级领导包抓，制定整顿方案和整顿台账，明确整顿措施、时限和责任人，整顿转化扎实推进。三是强化基层经费保障。认真贯彻《关于进一步加强农村基层党建工作的若干意见》，扎实开展村级党组织“三大三强”，推动力量、投入、资源向基层下沉。2017年为民服务资金、村级办公经费、村干部任职补贴4527.62万元分两批全部拨付到各乡镇，保证基层组织建设有序正常开展。四是夯实村级阵地基础。围绕村级活动场所发挥“六个中心”作用，制定下发《西吉县2017年84个销号村村级活动场所新建维修实施方案》《西吉县2014—2015年46个脱贫销号村村级活动场所新建维修实施方案》，整合资金1410万元，新建村级活动场所9个，维修121个，10月底全部完成建设任务。五是丰富“党建促进月”活动。集中开展了自治区第十二次党代会精神宣讲、基层党建“找不足”活动、下基层“三个一次”活动、生活困难党员慰问、“3+X”主题党日活动、全县争做抓党建促脱贫攻坚表率暨“七一”表彰大会等10项活动，热烈庆祝建党96周年，表彰先进基层党组织30个，优秀党务工作者、致富带头人等先进个人200名，进一步增强了各级党组织和广大党员的责任感和使命感。六是开展“村霸”专项整治。制定下发了实施方案，成立了领导小组，对重点领域、重点人群，分阶段、按步骤严肃整治，有力维护了农村社会和谐稳定。七是加强党员队伍建设。2017年发展党员175名，其中农牧渔民党员115名。以党组织和党员信息采集工作为契机，扎实开展党员组织关系集中排查工作，党员管理不断规范。八是深化“联合党委”工作机制。制定下发《关于推行社区“大党委”工作机制的通知》和《关于加快建立社区“联合党委”和在职党员到社区报到开展服务的通知》，着力规范8个社区“联合党委”运营机制，严格落实社区机关事业单位在职党员到社区开展服务制度，探索建立社区党群工作站，着力提升社区党建工作水平。九是严肃党内政治生活。制定下发《西吉县严肃党内政治生活实施方案》，严格落实“三会一课”、民主生活会、民主评议党员、发展党员、党费收缴管理使用、党务公开等12项制度，着力增强党内政治生活的政治性、时代性、原则性、战斗性，让党内政治生活真正严起来。十是提升“两个覆盖”率。不断深化“双强六好”创建、“挂牌评星”活动等重点任务，聚焦主业、精准施策，突出问题导向，坚持务实创新，在实现“有形覆盖”向“有效覆盖”转变上下功夫，不断加强非公有制经济组织和社会组织党建工作，推动“两个覆盖”水平有效提升。十一是建强现代远程教育。全县共有农村现代远程教育站点304个，其中农村站点296个、社区站点8个，震湖乡孟湾村、马莲乡张堡源村、硝河乡关庄村等62个村为远程教育示范站点。建立党员教育培训联席会议制度，从县委党校、党政机关、事业单位、职业中学领导干部和业务骨干中择优选聘46名，建立全县党员教育培训师资库，形成党员教育培训整体合力。

【干部管理】 2017年调整任免干部147人，其中提拔57人、调整交流60人、免职30人。一是围绕脱贫攻坚选用干部。从有基层工作经历的部门副职中提拔担任乡镇正职干部2名，从脱贫攻坚一线的第一书记岗位上提拔干部5名，从能力突出、敢于担当、勇于干事、干部群众公认的部门副职中提拔担任部门一把手干部5名，从企业、事业单位调任到行政机关干部6名。二是围绕能力建设培训干部。2017年先后围绕新时期的发展理念、县域治理、新型城镇化等内容举办全县领导干部专题学习班4期，共培训领导干部1600多人次（每期400多人）；选派235名党政领导干部参加区市组织的各类主体班次和专题培训学习，2名乡镇科级领导干部在区直机关和外省挂职学习，6名年轻干部到县信访局挂职锻炼；组织县卫计、教育等部门240名党员干部赴江西干部学院接受红色教育；组织全县1400多名公务员参加了网络教育培训；安排12名县直部门干部到基层一线、复杂岗位培养锻炼；分3期安排18名选调生赴江西干部学院培训学习，已有3名提拔担任乡镇副职，其他选调生也都成为全县乡镇的主要业务骨干。三是围绕从严管理监督干部。制定《西吉县党政领导干部问责问效暂行办法（试行）》，并结合全县重点工作、重点责任清单落实，由12名县级领导担任组长进行督查，把脱贫攻坚作为首要督查任务，严查实督、严肃问责。对13名党政领导干部给予计分和组织提醒，对上半年考核处在末位、问责计分达到组织处理且不适宜担任现职务的2名乡镇党政正职改任非领导职务，对工作不在状态的2名乡镇副职改任非领导职务。坚持全程纪实和任前谈话制度，对2016年县乡领导班子换届以来提拔、交流的124名干部进行了集体谈话，对提拔任用的40名干部进行全程纪实。认真执行干部工作“四项监督制度”和“凡提四必”，严把干部选拔任用资格条件；认真落实“一报告两评议”和离任审计制度，加强对选人、考察、决策各环节的监督，委托县审计局对25名干部进行了经济审计。做好干部群众来信来访的调查处理工作，对公示期间有群众举报反映的1名干部暂缓任职。

【人才工作】 一是积极申报争取人才项目3个，批复资金55万元，建立专家服务基地4个，农村实用人才实训基地10个，搭建专家结队服务和实训平台。分产业、分地域创建校地结合型、校村结合型、校企结合型农民“田间学校”33个，培训各类农村实用人才2.7万人，培养示范户3000多个，辐射带动1.5万农户。积极实施“基层之光”“专家服务团”等人才培养计划，选拔推荐“基层之光”研修人员6名，“六盘名师”7名，“六盘名师”工作室2个。举办各类社会人才培训班35期，培训1956人次。召开企业人才招聘会，为20多家民营企业和9家工商联合会会员企业招聘经营管理人才60多名。二是重点围绕马铃薯、冷凉蔬菜、小秋杂粮等主导产业和教育医疗卫生等重点行业领域，打造“专家团队＋领军人才＋实用人才”的智力支撑团队，引进农业专家服务团队6批17人次，指导培训1180余人次；引进对口医疗人才团队8批38人次，结队帮建重点科室和优势特色科室4个，诊疗患者381人次；组建“县域专家”“研训中心”“骨干教师”3个层面的教育工作者团队，签约免费师范生6名，录用特岗教师169名，招聘学前教师275名。建立创新型企业和创新人才名册，实行领导干部联系企事业单位和人才制度。建立西吉籍在外创业成功人才库，实施人才“回归”工程，召回并扶持外乡创业优秀青年创办企业50多家，提供就业岗位2000多个。

（张　举）

统战工作

【民族工作】 一是思想基石更加牢固。在不断深化民族团结进步教育“八进”活动成果的同时，持续开展以各级党员干部为重点的民族宗教政策法制教育，以中小学为重点的民族认知教育，以宗教人士为重点的守法意识教育，以信教群众为重点的民族互尊互信教育，以非公有制经济人士为重点的互助教育等各级各类宣讲培训100余期10000余人次；主办“民族团结月”“中华民族一家亲，同心共筑中国梦”和新“卧尔兹”演讲比赛、首届民族团结杯少儿才艺大赛、民族政策知识有奖问答、广场文化会演等形式多样、群众喜闻乐见的系列主题活动，促进民族团结宣传教育的广度、深度不断拓展，民族团结进步已成为各族干部群众的思想自觉、行动自觉。二是创建载体不断拓新。结合自治区“585”民族团结进步创建计划，采取“点上扎根、面上开花”的方式，深入开展民族团结进步示范乡镇、示范单位、示范社区、示范村、示范学校、示范企业、和谐寺观教堂和先进个人8个领域的创建活动，努力把找准务实载体、创新活动途径、人人能够参与作为推动创建工作的主动力。在将台堡红军纪念园开设“红军长征中的民族工作档案展”，成为全国首家采用档案形式展现党的民族政策起源发展的红色教育基地；组织开展第一书记讲民族团结教育党课活动，把民族团结教育落实到296个基层村的每个角落；打造19个乡镇街道“民族团结文化墙”，组织美术工作者采用图文并茂的形式，让各族群众在潜移默化中受到影响、耳濡目染中受到教育，使民族团结观念更加深入人心、融入社会。全县共树立民族团结进步示范点106处，有5家单位获自治区民族团结进步创建活动示范单位命名，有8家单位获固原市级示范单位称号。

【宗教工作】 一是坚持宗教中国化方向，坚持教育引导并重，依托“3+19”宗教人士培训平台，采取“请进来”“带出去”“走下去”的方式送培训到乡镇、入村、进场所36期次，培训县乡村干部、宗教人士3000余人次，进一步提升了干部干事能力，开拓了宗教人士眼界、提升政策知晓度和执教水平。二是坚持总结创新推动工作，总结过往经验，研究出台《西吉县参加大型宗教活动“八不准”制度》获全区统战系统理论实践创建成果奖，进一步提炼完善“3342”大型宗教活动管理模式作为全区宗教工作实践经验在区、市各级专题会议上交流，《基层党组织五联系五促进制度》在全区进行经验推广。

【非公有制经济】 在全县范围内开展了“守法诚信”为主题的非公有制经济人士教育实践活动，组织企业代表赴甘肃省和宁夏原州区等地区学习取经，招商引资；多次深入各非公有制经济企业实地调研，及时协调有关方面解决企业发展瓶颈困难问题，着力于构建“亲”“清”政商关系，不断提升非公有制经济人士对中国特色社会主义的信念、对党和政府的信任、对企业发展的信心、对社会的信誉。

【精准扶贫】 主动协调全区“统一战线助力脱贫攻坚行动”10家非公有制企业精准对接帮扶西吉县10个贫困村，落实帮扶资金200余万元，受惠建档立卡户1000余户6000多人；组织开展本县非公有制企业开展“抱团帮扶贫困村”活动，累计捐资捐物近50万元，为建档立卡户提供就业岗位100余个；2017年9月，协调县佛协、道协、伊协向全县宗教界发出《助力脱贫攻坚战的倡议书》和《抵制高额彩礼倡导婚育新风》的倡议书，倡导宗教人士积极参与社会公共事业建设，主动维护民族团结环境，投身脱贫攻坚战，引导信教群众自觉为“盲目攀比”“朝觐热”降温，念好致富、教义“两本经”，有些宗教人士带头抵制不良风气，得到很好的社会反响；县内各清真寺“小过、合过、就近过”尔麦力活动，切实减轻了信教群众的负担，仅2017年，西吉县赴兰州、平凉参加的两次尔麦力和县内尔麦力活动，参与人数较2016年分别减少了24%、29%和25%。扎实开展对硝河乡关庄村的定点帮扶工作，先后筹措11万元帮助村支部用于村部建设和帮扶困难群众。

（马晓坡）

宣传工作

【理论武装】 一是开展理论学习。以学习宣传贯彻中共十九大精神、自治区第十二次党代会精神、固原市委四届二次全会精神为重点，制定下发《2017年全县干部理论学习安排》，抓实抓好全县干部理论学习；制定下发《中共西吉县委（党组）理论学习中心组学习实施细则》，明确各级党委（党组）中心组学习的管理、考核、问责制度；制定下发《2017年西吉县委理论学习中心组学习安排》，明确各级党委（党组）中心组成员学习的内容、形式和要求。以县委中心组学习为龙头，带动促进全县各级党委（党组）中心组学习，认真落实中心组学习考核制度，探索建立旁听点评制度，共召开中心组学习会16次，举办全县领导干部专题学习班6次、邀请区、市专家学者进西吉讲座4次，党支部书记讲党课、村两委班子及驻村第一书记专题学习班等系列专题辅导培训班9批次。二是开展理论宣讲活动。组织区、市、县三级宣讲组对全县干部群众进行宣讲。中共十九大代表马志宏、何桂琴专题宣讲中共十九大精神4场次，市厅级党员领导宣讲12场次，县级领导基层宣讲31场次，市委宣讲团宣讲12场次，县宣讲组宣讲51场次，驻村第一书记、帮扶单位负责人等宣讲300场次，宗教场所宣讲19场次，中共十九大精神累计宣讲400余场次，受教干部群众20000余人次。顺利完成自治区第十二次党代会和市委四届二次全会宣讲，中共十九大精神学习宣讲按计划有序推进；同时，向全县党员干部群众发放《党的十九大报告辅导读本》《中国共产党第十九次全国代表大会文件汇编》《党的十九大精神职工学习问答》《中国共产党章程》《党的十九大精神宣传手册》等学习用书5000余册。三是多种载体推进学习。11月下旬，县委宣传部举办全县“不忘初心　牢记使命”学习贯彻中共十九大知识竞赛活动，共有48支代表队参加比赛；组建文艺小分队，编排十几个节目下乡巡演，以文艺形式宣传中共十九大精神；积极筹备“以习近平新时代中国特色社会主义思想为引领，奋力开创西吉改革发展新局面”主题征文和“不忘初心　牢记使命”理论研讨活动；举办“拥抱新时代、开启新征程”大型诗歌朗诵暨书画展活动。多载体推进学习宣传中共十九大精神。围绕“振奋精神、实干兴宁”开展大讨论活动，分9个专题调研组，分别由分管县级领导带队，深入基层开展调研，形成高质量的、对西吉县经济社会发展有指导意义的调研报告。

【新闻宣传】 紧紧围绕县委政府脱贫攻坚、生态保护、招商引资等中心工作开展新闻宣传报道，2017年中央电视台媒体共刊发稿件70余篇，《宁夏日报》共刊登稿件40余篇，《固原日报》180篇，其他网络媒体刊发稿件350余篇。中央电视台公益广告固原马铃薯和西吉芹菜拍摄顺利完成并成功播出。中央电视台财经频道“双十一”电商扶贫网络直播顺利举行，为西吉马铃薯赢得良好声誉和市场。圆满完成了“2017年CCTV-7《过年了》农民新春联欢会西吉主现场”和《乡村大世界》录制活动，都取得了很高的收视率，中央电视台《记住乡愁》《影像方志》栏目在西吉顺利完成拍摄任务。“网络达人浪固原”活动再次走进西吉；媒体频频聚焦西吉，为西吉县经济社会发展营造了良好的宣传氛围。

【文明创建】 一是深化社会主义核心价值观教育实践活动。先后建设20余个社会主义核心价值观教育实践基地，在迎宾大道、滨河路设置醒目的核心价值观展示牌，打造核心价值观示范路。在县城主要街道制作社会主义核心价值观、移风易俗等公益广告文化灯箱，各乡镇打造各具特色的文化墙。举办“道德讲堂”，加大公益广告刊播力度。着力推动社会主义核心价值观落细落小落实。二是推进公民思想道德建设工程。持续开展“最美西吉人”“最美家庭”等最美系列和“西吉好人”等各类道德模范选树活动，表彰了一批最美西吉人、道德模范、西吉新乡贤、民风建设模范户和扶贫济困明星企业等模范群体。李相文获第六届全国道德模范候选人，硝河乡村民石和玺等6人入围“中国好人榜”候选人。兴隆镇村民边万忠等4人被评为自治区道德模范和“宁夏好人”，吉强镇教师马常贵等4人入选固原市道德模范。三是推动移风易俗树立文明乡风。扎实开展推动移风易俗、树立文明乡风专项行动，把推动移风易俗工作纳入全县经济社会发展考核评价体系。“一约一会”建设实现行政村全覆盖，花大力气推动“道德文化墙”建设，大部分乡镇和村广泛开展了“最美”系列评选表彰活动，把全县30%的村打造成民风建设示范村，以“三个美起来”为主推进美丽乡村建设，编排了以抵制高额彩礼为主题的话剧《兰兰的婚事》和脱贫攻坚为主题的花儿歌舞剧《丁香花开》在全县进行巡演。积极组织开展了抓党风促政风带民风、“我心中的治家格言”和崇廉好家风故事征集展示活动。四是开展文明单位、文明村镇创建活动。把文明单位创建与动态管理紧密结合，新申报市级文明单位、村镇和校园16个，西吉县人民法院和西吉县人民检察院被命名为全国文明单位，全县各级文明村镇总数为103个，占村镇总数的32.6%。将台堡镇西坪村被授予“全区美丽乡村文明创建工程示范村”荣誉称号。五是做实学雷锋志愿服务活动。培育了西吉大学生志愿者协会、西吉义工联合会、西吉爱心社等一批有影响的志愿服务团队，“爱心送考”成为品牌志愿服务活动，西吉明星出租车公司被区党委宣传部命名为“全区学雷锋活动示范点”。六是深化未成年人思想道德建设。不断深化“做一个有道德的人”主题实践活动，开展了“童心向党”“中国梦”歌咏比赛，以“六一”儿童节为契机，组织开展“喜迎十九大——我向习爷爷说句心里话”主题活动。以推进“乡村少年宫”项目实施为抓手，强化基础建设。以“升国旗”突出开学第一课德育教育。

【网络管理】 一是抢占网络舆论主阵地。积极主动抓好以“两微一端”为主的新媒体矩阵的管理运用，加强网评员队伍建设，抢占网络舆论宣传主阵地。二是开展多种网媒宣传工作。开展“网络空间清朗”专项整治。安排专人负责网络舆情监管，加强对网上敏感舆情、热点问题和突发事件的监控、研判和处置。通过自查和组织专业人员抽查等方式对三类网络突出问题进行集中整治，删除有害信息600余条，对3家自媒体平台暂停信息发布，责令整改；召开西吉县网络宣传工作会议，表彰奖励十佳政务微信、政务微博、十佳优秀网络管理员、十佳网络宣传贡献媒体；召开2017年通讯员暨新媒体技能培训班，“@西吉发布”被评为2017年全国十佳基层政务微博；开展“2017年网络安全宣传周”活动，各乡镇和相关部门共发放宣传材料20000余份，2017年10月9日，中央网信办在上报中央领导《2017年国家网络安全宣传周总结报告》上写道：“宁夏回族自治区西吉县发动所辖4镇15乡同时举办宣传周”活动，对西吉县宣传周活动深入基层给予肯定；12月1日召开的全市网络管理员培训班，西吉县代表作交流发言。2017年共收到网络问政117件，已全部办结。三是持续推进各项常规工作。组织实施网络公益工程，联合县内政务新媒体、传统媒体、自媒体成立西吉新媒体联盟，打造网络公益宣传平台；开展“落实网站主体责任自查”“争做中国好网民”“网络安全法宣传普及”“‘一带一路’高峰论坛网上宣传”“党的十九大网上学习宣传”等工作；继续深入开展净化舆论环境、“扫黄打非”、打击电信网络诈骗等专项行动。

【文化惠民】 全县139个贫困村综合文化服务中心已于9月底全面建成；以弘扬和传承红色文化为主，对将台堡纪念园、中南海情系西海固布展进行重新修订完善；举办“迎新春”本土书法家送春联、社火大拜年、庆元宵“民族团结杯”秦腔大展演等系列活动，极大地丰富人民群众文化生活；以西吉“两个带头人”为原型编排的脱贫攻坚主题原创现代眉户剧《丁香花开》代表宁夏赴北京参加全国基层文艺院团会演，获得成功。组织人员编纂出版了《红军长征将台堡会师资料汇编》《走进西吉》《吉祥西吉》等文化丛书，启动了主题为“美丽家园·吉祥西吉”的第十八届广场文化活动，举办首届少儿才艺大赛和戏曲进校园，组建文艺小分队赴各乡镇以文艺形式宣传中共十九大精神等活动。完成广场文化演出20场次、送戏下乡50场次；着力培养西吉本土文学人才，全力做好“中国首个文学之乡典藏丛书”的编辑出版发行工作。

（苏新月）

政策研究

【政策宣传】 一是县政研室认真学习贯彻中共十八大、十九大和习近平总书记系列重要讲话精神及习近平总书记到宁夏视察重要讲话精神，进一步强化理论学习，不断加强思想宣传及精神文明建设，大力发扬“不到长城非好汉”的宁夏精神和“团结包容、奋进创新”的西吉精神。中央和自治区“一号文件”出台后、自治区第十二次党代会、市委四届二次全会相继召开后，县委、县政府高度重视，采取多种有效形式，认真传达学习，县委政研室编印《西吉县“三农”政策解读手册》，要求全县广大干部群众身体力行，学通、读懂、吃透文件精神，并贯彻落实到实际工作中。举办县乡干部专题学习班，聘请专家学者讲授解读，促使县、乡干部进一步学懂文件、吃透精神、领会实质。多次举办培训班，轮训村两委干部、驻村扶贫第一书记、农村致富带头人913人，同时，组织全县广大干部观看《将改革进行到底》和《榜样》等大型专题片，用实例教育了干部，用政策理论武装农村广大干部群众，进一步提升广大干部的政策理论水平。二是根据中央和区、市、县党委的部署要求，结合政研室实际，制定印发了《关于推进“两学一做”学习教育常态化制度化实施方案》（西党政发〔2017〕14号），将“两学一做”学习教育与2017年机关干部“下农村、送政策、促发展”活动、调查研究、定点帮扶等相结合，开展了“两学一做”学习教育，进一步增强了全体党员干部干事创业的积极性和主动性，提升干部职工的政治素养，进一步加深党对农村的各项方针、政策的理解，全面提升为民服务的能力和水。截至2017年年底，单位讲党课5次（节），集中学习57次。

【组织协调】 按照区市相关要求，在全县范围内扎实开展了2017年干部“下农村、送政策、促发展”活动，各部门（单位）超额完成了《农村工作通讯》和《农民文摘》任务，实现296个村全覆盖。扩大覆盖面，加大各惠民利民政策宣传力度，县农办组织编印了《西吉县“三农”政策解读手册》和《西吉县脱贫攻坚惠民利民政策》，共发放16.5万册，做到县乡村干部人手一册，种养大户、致富能手和村民实现全覆盖。让广大农民群众享受更多政策优惠，促进农业增效、农民增收。全县19个乡（镇）、县直各部门（单位）有序推进，狠抓落实，走访农户8.4万余户，累计召开动员会80多场次，开展政策培训398场，帮助制订发展计划154个，排查化解矛盾纠纷133件，收集群众提出的意见建议202条。群众对政策的知晓率达到95%。“送政策”活动进一步增强了宗旨意识，提升为民服务的积极性，为基层社会经济发展注入了活力，增添了动力。

【调查研究】 2017年，县委研究室撰写编辑印发《调研与参考》36期，其中《西吉县“金融扶贫”模式》《西吉县“科技支撑”模式》《攻难点 补短板 脱贫攻坚再发力》《培育壮大“两个带头人”队伍 助推脱贫攻坚》《白崖乡改革创新“联合办公日”机制 加快推进脱贫富民进程》和《西吉县探索创新“五联系五促进”工作机制 搭建和谐稳定共促发展服务平台》等多篇调研报告以新颖、创新、超前被全县学习和借鉴，并由宣传部转发至《西吉宣传》网络平台中交流学习。经过搜集整理将《调研与参考》汇编形成合订本，为全县借鉴与参考。

【宣传推介】 政研室还先后多次选派干部参加全区政研干部培训班，参加宁蒙陕甘比邻地区第十四届年会等，进一步加强对外交流，不断解放思想，学习先进典型经验做法，创新工作思路，改进工作方式，提高工作效率；参加培训班的同志认真撰写了《学人之长 补人之短 巧借他山之石提升我县农业之玉》心得体会文章，以《调研与参考》印发交流和学习。

【廉政建设】 县研究室以“讲纪律、守规矩”、开展“两学一做”专题教育活动为载体，精心组织，周密部署，扎实开展了群众评议机关干部和干部作风大整顿活动，进一步促进干部作风转变；根据《中共固原市委办公室关于在全市开展贯彻落实中央八项规定精神“回头看”的通知》精神，及时召开了“落实中央八项规定　重申有关纪律”的会议，落实党风廉政建设责任制，领导干部分别填写个人自查表及承诺书，在改进工作作风、密切联系群众等方面狠下功夫，引导干部真正做到为民、务实、清廉，对中央八项规定精神进行“回头看”工作，真正把“回头看”活动的成果体现到解决问题、促进工作上来。

【部门职责】 一是根据县委主要领导的批示精神，组织各相关部门单位认真讨论完善，向区、市党委农办呈报《关于加快农业现代化实现全面小康目标的意见》《西吉县2017年农业农村工作总结及2018年工作计划》等文件。二是起草完成了《西吉县2017年特色产业升级战考评办法》《西吉县2017年特色产业升级战考评细则》和《关于开展2017年机关干部下农村送政策促发展活动的通知》。

【整体推进】 一是按照《自治区全面深化改革领导小组2017年工作要点》和《固原市全面深化改革领导小组2017年工作要点》文件，县改革办结合全县实际，制定印发《西吉县全面深化改革领导小组2017年工作要点》（西党办发〔2017〕36号）改革文件，参加了全区农村改革现场推进会，并受市委常委、县委书记、县全面深化改革领导小组组长马志宏的委托，县委副书记、县全面深化改革领导小组副组长兼办公室主任王林主持召开了西吉县全面深化改革暨重点改革任务推进会。会议认真传达学习全市农村重点改革工作推进会精神，听取了西吉县农村重点改革工作进展情况汇报，研究部署全县重点改革推进等事宜，积极向区、市改革办汇报了全县改革推进情况、存在问题和下一步推进举措，并针对工作进展情况和困难问题以及下一阶段重点工作进行了安排部署。二是农村改革各项工作成效明显。农村土地承包经营权确权登记颁证工作已基本完成，建立了农村集体产权交易中心，推进农村土地承包经营权流转16.61万亩。在6个行政村开展土地股份制度改革和农村集体股份权能改革工作。2017年新培育新型农业经营主体、专业合作社12家，使全县规范运营农民合作经济组织达到了508家；新培育家庭农场3家，全县家庭农场达到了51家；培育专业大户150个。建设四丰、绿源、春发等5个农业社会化服务站，开展农资供应、测土配肥、统防统治等社会化服务。基本完成了国有林场改革，并将林场周边生态移民迁出区面积全部纳入国有林场管理，新增面积8.2万亩，总面积达41.3万亩，完成了国有林场土地确权登记颁证工作。三是小型水利工程管理体制改革工作已圆满结束。四是全县19个乡镇296个行政村已全部建立村级信用协会，完成评级授信5.13万户，实现了建档立卡户评级授信全覆盖。五是按照《西吉县全面深化改革领导小组2017年工作要点》（西党办发〔2017〕36号）、《2017年西吉县委督查工作要点》（西党办发〔2017〕16号）及《关于成立重点工作督查督导组的通知》（西党办发〔2017〕17号）文件精神，深化改革督察组对全县2017年有深化改革任务的25个牵头部门（单位）的55项改革事项进行了全面督查，对督查发现的问题，逐项分析原因，提出下一步措施和建议42项。

【工作创新】 1.根据《自治区党委办公厅　人民政府办公厅关于印发〈宁夏农业现代化暨农村全面小康建设综合考评方案（试行）〉的通知》（宁党厅字〔2017〕13号）和县委、县政府主要领导指示精神，县农村工作领导小组决定，将《宁夏农业现代化暨全面小康建设综合考评方案》和全县各相关对应部门考评责任清单一并印发，实行上下对口，责任到人，并建立考评指标体系责任清单制度，明确各责任部门的职责，促使各相关部门加强与区市相关部门对接与汇报，为全县农业现代化和农村全面小康建设迈上新台阶做出应有贡献。2. 大力发展现代生态农业，促进产业转型升级。一是产业扶贫全力推进。2017 年县委、县政府出台了《农牧业产业扶贫政策》，对马铃薯、草畜、蔬菜、杂粮四大产业及残膜回收、社会化服务等 16 个方面 42 项实施补贴，使有产业发展意愿的农户可享受到最高 1 万元 / 户养殖补贴、6500 元 / 户的种植补贴，为贫困户增收提供了有力支撑。二是生态农业深入推进。全面落实“一控两减三基本”行动计划。加大残膜回收治理力度，已回收残膜 3600 多吨，加工 1500 余吨，加工颗粒 230 吨。实施“阳光沐浴工程”项目，在 19 个乡（镇）117 个村安装太阳能热水器 28104 台。三是特色产业发展加快。扎实推进马铃薯脱毒种薯三级繁育体系建设，建成原种繁育基地 1 万亩、一级种薯繁育基地 10 万亩、推广种植一级种薯 70 万亩。全县种植马铃薯 115 万亩。成功举办了西吉马铃薯产品推介会，有效提升了西吉马铃薯的知名度和影响力。“西吉马铃薯”荣获“2017 最受消费者喜爱的中国农产品区域公用品牌”、首届“宁夏农产品区域公用品牌”。建成 12 个饲草种植基地，种植牧草 52 万亩；加快良种基础母畜扩繁和畜禽品种改良，“见犊补母”政策实现全覆盖；重点建设了 19 个养殖示范村和 41 个规模养殖场，2017 年全县牛饲养量 38.88 万头，羊饲养量 84.93 万只，家禽饲养量 253.56 万只；建成了 16 个露地蔬菜示范园区和 7 个设施蔬菜示范园区。全县种植特色蔬菜 15 万亩；建成了 20 个小秋杂粮标准化种植示范基地。全县种植杂粮（油料）90 万亩。四是科技支撑显著增强。以脱贫销号村为重点，推广覆膜保墒旱作农业 60.75 万亩。建成 20 个村级农业信息服务站，在 7 个蔬菜示范园区和肉牛规模养殖场配套了农业物联网技术。建成马铃薯、玉米、西芹机械化生产示范园区 10 个。建成 20 个农民田间学校，共培训农民 1.2 万人次，为 84 个脱贫销号村每个村派驻 2 名农技服务人员，主推“三农”技术服务到户、到田、到圈舍，有效提高了群众农业科技水平和自我发展能力，为农牧业发展提供良好的科技支撑。3. 抓协调、抓考核是农村工作领导小组办公室的一项重要职责。在区、市主任座谈会及年终农业农村工作汇报中，西吉县都能根据研究制定的《西吉县 2017 年农业农村工作要点》认真推进各项重点工作，对全县农业农村各项重点工作完成情况进行了全面督查，有力促进农业农村工作的健康发展。为了加快推进特色产业发展步伐，将产业升级战指挥部设在政研室，制定出台了产业升级战考评办法和细则，坚持公平、公正、公开的原则，实事求是地按照相应标准进行测评，对考评考核发现的问题，及时采取措施，限时进行了整改，确保各项目标任务全面完成。

（王　艳）

机构编制

【概　况】 西吉县编办全称西吉县机构编制委员会办公室，挂西吉县事业单位登记管理局牌子，核定行政编制 10 名，后勤事业编制 1 名，2017 年办公室共有 11 名工作人员（10 名为占行政编制公务员、1 名为“三支一扶”人员）。2017 年，机构编制工作紧紧围绕“4156”战略目标和县委、县政府中心工作大局，在区市编办的大力支持下，以深化改革为主线，持续简政放权，加大推进重点领域改革步伐，进一步优化机构编制资源配置，重点抓好“三项”改革，严控盘活机构编制资源，提高编制使用效益。

【“放管服”改革】 一是持续推进简政放权。完善行政审批事项“审管分离”运行体制，继续削减行政审批等职权事项，对权责清单不断“瘦身”。2017 年，全县共取消调整行政职权 47 项，县本级行政职权事项减少为11项，行政许可事项由167减少到164项，建立权力清单动态管理办法，公开县级权力清单，亮出政府“家底”。探索“审管分离”，深入推进“互联网+权力清单”，规范权力清单和行政审批事项的管理。二是积极推进相对集中行政许可权改革试点工作。加强对试点工作的协调指导，经过近一年时间的紧张筹备，西吉县行政审批服务局于2017年8月24日正式挂牌成立，标志着西吉县相对集中行政许可权改革试点工作迈上新台阶。新成立的西吉县行政审批服务局，将发展和改革局、市场监督管理局等18个部门的130项行政审批事项审批权划转集中实施，将公安、建环等部门的30项行政许可事项采取整建制进驻县政务服务大厅集中办理，彻底结束了审批多头跑路、互为前置的问题，解决审批周期长、效率低的难题，破解群众办事“门难进、脸难看、事难办”的顽疾，实现了“一窗受理、一站服务、一章审批”的目标。

【重点领域改革】 一是推进公立医院编制备案制管理，探索实行公立医院事业编制审批管理与人员总量备案管理相结合的管理机制。根据国家关于创新事业单位机构编制管理和深化事业单位人事制度改革的要求，按照“总量控制、备案管理”的原则，创新公立医院人员编制管理机制，实行公立医院人员总量管理，建立健全机构编制、人事管理联动机制。二是严控总量、盘活存量、优化结构、增减平衡。2017年5月配合林业局完成了全县国有林场改革，制定并下发国有林场机构编制方案。2017年12月重新制定党校等51个单位的机构编制方案，进一步理清了事业单位的功能定位和职责边界，规范了事业单位机构编制管理，优化了配置事业机构编制资源，促进事业单位更好地为全县经济建设和社会事业发展服务。三是配合做好城市管理、劳动监察、卫生计生等行业的综合行政执法改革。深入推进城市管理执法体制改革，解决城市管理面临的突出矛盾和问题，理顺西吉县城市管理执法体制，配合相关部门提出合理的“三定”方案，依法建立城市管理综合执法局的权力清单，并实行动态管理和更新调整，确保城市管理综合执法局后期的运行完善。四是稳步推进承担行政职能事业单位改革试点工作。2016年5月，西吉县被中央编办和自治区确定为承担行政职能事业单位改革试点县，按照中央的安排部署和自治区的要求，对全县承担行政职能事业单位进行了摸底调查，对承担行政职能事业单位的法律法规依据进行了梳理。根据中央、自治区相关文件的精神和要求，结合实际，制定试点方案。确定西吉县共19个承担行政职能的事业单位，其中3个事业单位纳入此次改革试点范围，16个承担行政执法职能的事业单位纳入下一步综合执法体制改革统筹推进。县编办将事业单位登记管理局等3个事业单位清理出来的8项行政决策、行政监督、行政许可、行政裁决等行政职能全部划归主管部门，并对机构进行了调整：将西吉县事业单位登记管理局并入西吉县编办，挂西吉县事业单位登记管理局牌子；将西吉县人民政府教育督导室并入西吉县教育体育局，保留西吉县人民政府教育督导室牌子；将西吉县农村合作经济经营管理站承担的行政职能剥离划归西吉县农牧局，单位保留。试点完成后，全县事业单位减少2个。

【机构编制管理】 一是切实严管严控机构编制。严格落实中央“财政供养人员只减不增”的总要求，在严管严控机构编制的同时，进一步加大动态调整力度，积极盘活机构编制存量。在审批新设事业单位时，坚持“增一减一，增减平衡”，不再新设承担行政职能和从事生产经营活动的事业单位。对各部门提出的增编要求，除个别急需增编的情况外，均采取动态调整、内部挖潜的方式予以解决。全年共收回75名事业编制，根据行政事业单位的职责变化，动态调整行政事业人员编制。按照自治区编办统一部署，核减全县129名事业编制。坚持日常检查和专项督查相结合，进一步发挥机构编制监督检查对落实控编减编工作的推动作用。积极配合区、市专项督查和机构编制审计工作，对部门职责履行情况进行了评估检查，依托审计监督平台开展监督检查，发现问题，及时督促整改落实。二是认真开展事业单位登记管理工作。全年共办理各类事业单位登记事项229件，对189个法人事业单位进行了年度报告公示，变更登记33个，设立登记5个单位，补领证书2个。继续做好全县党政机关、事业单位网站中文域名注册和标识加挂工作，进一步提高党政机关、事业单位网站开办和标识规范管理水平，切实维护党政机关、事业单位网站安全稳定运行。

（马宏明）

老干部工作

【概　况】 西吉县委老干部局、西吉县离退休干部党工委，内设综合办公室、离退休党工委办公室、西吉县关心下一代工作委员办公室、西吉县老年大学。现有干部职工7人，其中正科级2人、副科级2人。

【老干部党建工作】 一是加强离退休干部党组织建设。对离退休党员干部3人以上的单位（部门）成立了离退休干部党总支1个，离退休干部党支部26个。并加强完善支部的各项制度建设，做到支部工作有人抓，活动有场所。二是加强离退休干部党支部联系点制度。老干部局和离退休干部党工委领导班子和工作人员每人联系两个离退休干部党支部，负责离退休干部党支部建设工作的指导。三是加强离退休干部党支部书记的培训。2017年4月24—29日，在西吉县委党校和延安市委党校举办了离退休干部党支部书记暨老干部工作者延伸学习教育培训班。并作为制度化，每年都不定期地举办培训学习。四是加强离退休干部党员教育管理。明确教育管理责任，离退休干部党员组织关系原则上保留在原单位，根据实际情况可单设离退休干部党支部或与原工作单位党组织一起履行教育管理责任。县离退休干部党工委为了使各离退休干部党支部更好地深入开展“两学一做”常态化、制度化学习教育活动，学习中共十九大精神、自治区第十二次党代会和市委四届二次会议精神，共筹资3万余元，订购《中国共产党章程》76本，《党的十九大报告辅导读本》70本以及汇编各种学习资料1200多本（册）下发各支部、送到老干部手中，保证老干部开展学习教育活动的资料。

【调研活动】 2017年是中共十九大召开之年，为了凝聚全县离退休干部的智慧和力量，充分发挥老同志的政治优势、经验优势和威望优势，老干部局利用培训、采取座谈会、发征集稿的形式，在离退休党员和党支部中开展畅谈中共十八大以来全县、全市、全区、全国的变化。“展望十九大胜利召开”和“建言十九大”为党和人民事业增添正能量活动，共发出征集表63份，收回54份，根据老干部的意见和心声写出《西吉县离退休干部“畅谈十八大以来变化、展望并建言十九大召开”调研活动报告》。

【组织关怀】 一是充分落实好老干部政治待遇，从政治上关心、重视老干部。县委党代会、人代会中邀请离退休干部代表30多人次参加了会议，县级领导干部民主生活会中邀请了6人代表参加会议，县委、县政府的各种大型会议、活动中都邀请离退休干部代表参加。老干部局在“两个文件”的学习、宣传中召开离退休干部代表座谈会2次，参会人数80多人次。对行动不便的离休干部和退休县（处）级干部，将文件精神汇编成册，送到老干部家中。二是每年的春节及重大节（庆）活动的慰问离退休干部形成制度化。2017年春节期间和“七一”及回族开斋节之际，我们又进行了两次慰问活动，在做好慰问工作的同时，给仅有的4名抗战时期老干部分别给予2000元的生活补助费。三是倾情为老干部办实事做好事解决难事。根据宁老干通字〔2017〕32号《关于转发〈中共中央组织部 财政部 人力资源和社会保障部关于提高离休干部长期完全不能自理的离休干部护理费标准的通知〉的通知》精神，从7月1日起，对现有的26名离休干部由原每月1000元提高到2500元。

【发挥余热】 一是在全县开展文明家庭示范工程，为传承中华优秀文化，弘扬家庭美德，树立良好家风、家教、家训，充分发挥家庭教育在社会主义核心价值观中的基础作用和老干部群体对社会风气的引领作用，进一步提升全民整体素质和社会文明程度，结合全县宣传思想文化和老干部工作实际制定《关于在全县开展老干部文明家庭示范工程实施方案》在全县开展文明家庭示范工程。二是西吉县老年大学自创办以来，坚持以“自主办学，自我管理”的宗旨，在没有专门管理人员、专业教师和教学地点的情况下，一直坚持办班，尤其老年书画班常年开展学习和交流活动，学员有三四十人。三是老年门球协会为主的老年门球活动开展活跃，长年参与活动的人数有80多人。2017年4月，组队参加西北五省区（内蒙古）门球邀请赛，获得第五名，6月两支门球队参加了彭阳县举办的固原市暨所辖县（区）门球赛，获得第一名和第二名的成绩。四是在春节等节日期间，由老干部局支助，组织老年秧歌队上街表演，给全县人民拜年。五是为市委老干部局主办《金秋艺苑》2017年“西吉专刊”第一期征稿，“西吉专刊”征集书画摄影58幅收入该刊物。组织老年书画人员10多名参加2017年9月举办的全区离退休干部“唱响中国梦，喜迎十九大”书画摄影作品展，西吉县田培瑞入展。组织老年书画人员参加全国书画大赛投稿。2017年5月、10月，全县15人入展获奖赴扬州、延安参加颁奖仪式及现场书画交流活动，并有11人被吸收为中国老年书画协会会员。2017年11月12日为市老干部局老年书画协会征稿参加全国老年书画展报征稿，全县投稿15幅。组织征稿参加市老干部局举办的全区五市（老干部）书画摄影联展、西吉县19人书画摄影入展并收入书画摄影集。六是加强老干部网络宣传工作，大力培养鼓励更多老干部参与网络宣传工作，宣传党的方针、政策，宣传美丽西吉新变化，宣传离退休老干部发挥正能量的典型。

（黄　武）

党校（行政学院）

【党员教育】 一是举办专题培训班。2月27日至3月19日，举办全县村党支部书记轮训班。共举办3期，每期7天，培训人数296人。培训内容：中共十八届六中全会及区、市、县党代会精神、习近平总书记系列讲话精神、党性教育、精准扶贫政策、党风廉政教育和异地观摩教学。3月20日至25日，举办了全县驻村第一书记专题培训班。共举办2期，每期3天，培训人数238人。培训内容：中共十八届六中全会及区、市、县党代会精神、党性教育、全区精准扶贫政策、基层服务型党组织建设、村民自治、全县脱贫攻坚产业扶持政策和异地观摩教学。3月27日至4月21日，举办村委会主任专题培训班。共举办3期，每期5天。培训人数296人。培训内容：中共十八届六中全会及区、市、县党代会精神、村民自治、全县脱贫攻坚产业扶持政策和异地观摩教学。4月24日至29日，举办全县离退休干部党支部书记暨老干部工作者培训班。培训人数51人。培训内容：社会主义核心价值观、党支部建设、理想信念教育及延安异地延伸教学。5月31日至8月13日，举办全县卫计系统党员干部专题培训班，共举办3期，每期7天，培训人数 100 多人。培训内容:“两学一做”学习教育常态化制度化重大意义、目标任务和基本要求及井冈山异地延伸教学。二是成立中共十八届六中全会、自治区第十二次党代会、固原市四届二次全会精神、十九大精神专题宣讲组，并把会议精神列入党校班次专题教学计划，组织得力教员深入各乡镇、县直各部门（单位）开展宣讲活动。共宣讲 100 多场次，培训人员 8000 多人次，通过宣讲使党员干部准确把握今后工作的总体要求、奋斗目标和基本原则，准确把握未来发展的战略布局和重点任务，准确把握党的建设的基本要求，准确把握当前工作的新任务、新要求，强化理论武装，助推全县干部群众作风大转变、工作大发展。三是党校联合县禁毒办在全县党员干部中开展禁毒知识专题巡回宣讲活动。受训人数 1000 多人。

【队伍建设】 一是创新办学思路和机制，以“有为”争“有位”。结合区、市、县《关于加强和改进新形势下党校的工作意见》，积极探索建立开放式办学新机制，拓展办学渠道，开辟培训领域，提升办学水平。在做好各类主体班、专题班的同时，继续做好与宁夏大学继续教育学院签订农学、汉语言文学、行政管理、法律等专业的协议，共招收学员 300 多人。2017 年，西吉站获得优秀站点，且 1 人获先进工作者。二是强化教学科研工作。鼓励干部职工主动学习、加强学习，踊跃参加各种理论征文活动，积极撰写、发表文章，不断提高政治素养和自身综合素质，党校制定了《理论（调研）文章、信息（简讯）奖励制度》，加大了奖励力度，调动了职工积极性。全年参加全区党校系统、市、县征文活动共提交论文 30 多篇，其中省级刊物上发表 5 篇。三是强化师资队伍建设。抓住贯彻落实区、市、县《关于加强和改进新形势下党校工作的意见》的重大机遇，坚定不移地抓好人才队伍建设工程，取得显著成效。把政治素质教育放在队伍建设的首位，及时组织教职工学习中央、区、市、县领导讲话精神，组织教师开展说课活动，做好老教员对年轻教员的“传、帮、带”，加大集体备课力度，开展教学观摩、帮助教师提升教学能力。2017 年先后选派教员 10 人次分别参加中共中央党校、广西干部学院、江西干部学院、延安干部学院、浙江大学党校系统师资培训，同时，组织教员到单位包扶点开展基层调查研究，提升教员理论联系实际的能力。

（武志华）

西吉县人大常委会

综　述

【概　况】2017年是中共十九大胜利召开、开启新时代中国特色社会主义新征程的奠基之年，是自己县打好脱贫攻坚战、全面建成小康社会的攻坚之年，是县十七届人大常委会担负新使命、展现新作为、开创新局面的开局之年。一年来，县人大常委会在区、市人大常委会的精心指导下，在县委的坚强领导下，在“一府两院”的积极配合下，在县政协的相互支持下，在继承和拓展历届人大工作的基础上，紧扣县委“4156”发展思路和工作部署，结合县乡人大工作实际，确立了“1345”人大工作思路，依法履行各项职权，全力配合中心工作，促进了人大制度建设、经济社会发展和民主法治建设。一年来，县十七届人大常委会召开党组会议7次，常委会议8次，主任会议17次；组织视察、执法检查和专题调研29次，涉及全县重点工作21项；听取和审议“一府两院”专项工作报告25项，转交审议意见89条；按照县委人事安排要求，依法任免干部113名，进一步依法而忠实地履行了地方国家权力机关的重要职责，进一步实践和诠释了坚持党的领导、人民当家做主、依法治国的有机统一。

【学习中共十九大精神】县人大常委会党组把学习贯彻中共十九大精神作为当前和今后一个时期的首要政治任务，以坚定的立场、坚决的态度、高度的自觉，精心组织学习贯彻中共十九大精神，在学懂弄通做实上下功夫，坚定不移地用习近平新时代中国特色社会主义思想武装头脑、指导实践、推动工作，树牢“四个意识”，增强“四个自信”，坚决维护习近平总书记的核心地位，坚决维护党中央权威和集中统一领导，始终在思想上政治上行动上同以习近平为核心的党中央保持高度一致，切实把思想和行动统一到中共十九大精神上来、统一到落实中共十九大提出的各项目标任务上来、统一到落实区市县委决策部署上来，进一步提高政治觉悟和政治能力。一是真学，确保“学懂”。按照中央和区、市、县委的部署要求，综合运用集中领学、专家辅导、专题培训、学习研讨、点题交流、讲党课、“西吉人大”微信平台等多种形式，有计划、分步骤、多层次地组织开展专家辅导2次、集体学习14次、专题研讨4次，原原本本读原文，原汁原味悟原理，学思践悟，真学真懂，使每一位党员、干部、代表真正掌握中共十九大精神的政治意义、历史意义、理论意义、实践意义，真正掌握中共十九大提出的新思想、新论断、新任务和新举措，不断推进“两学一做”常态化制度化，形成“大学习”的浓厚氛围和持久状态。二是真信，确保“弄通”。教育引导机关干部和人大代表深入学习领会中共十九大报告中的新观点、新论断、新举措，深入学习领会习近平新时代中国特色社会思想，深入学习领会关于健全人民当家做主制度体系、发展社会主义民主政治的重要论述，深入理解坚持走中国特色社会主义政治发展道路的历史必然性，深入理解坚持党的领导、人民当家做主和依法治国有机统一的重大意义，采取贯通的、联系的、融会的学习方法，真正把习近平新时代中国特色社会主义思想弄通，把新时代人大工作的重要论述和要求弄通，努力成为全面担负起宪法法律赋予的各项职责的工作机关、成为同人民群众保持密切联系的代表机关。三是真用，确保“做实”。人大常委会紧紧围绕全县改革发展稳定大局来谋划推进人大工作，充分发挥人大机关及人大代表在中心工作中的参与助力作用、在依法行政中的监督促进作用、在脱贫攻坚中的示范带动作用、在团结稳定中的凝心聚力作用。认真贯彻落实中共十九大报告关于新时代社会主义民主政治建设、深化依法治国实践以及人大工作的新论述、新部署和新要求，将其准确、深入、常态地体现到人大工作的各方面、各环节，推动抓重点、补短板、强弱项、促改革、惠民生。

【政治建设】 注重政治建设，始终突出围绕中心、服务大局、忠诚履职这一要求，对人大需要召开的重要会议、开展的重大活动、决定的重大事项，事先向县委请示报告，按照县委要求和法律规定抓好组织实施。注重理论学习，坚持周二理论学习、交流情况、部署工作“一揽子计划”，对习近平新时代中国特色社会主义思想及中央、区、市、县召开的重要会议及时传达学习，结合实际，认真贯彻。注重工作融合，把工作监督、法律监督、决定重大事项、人事任免、代表工作以及自身建设等人大重点工作放在全县工作大局中去谋划、部署和推进，使人大工作与县委中心工作相适应、与全县发展要求相适应、与人民群众期待相适应，使人大工作成为推动全县经济社会发展的重要力量。

【参与中心工作】 实行问题清单、任务清单、责任清单制，把全县中心工作与人大的调研、视察、检查、询问等对标对接起来，按月制订计划，逐项组织实施。按照县委安排，由人大常委会4位副主任分别带队，围绕环境综合整治、基础设施建设、重点项目建设、劳动力素质提升等重点工作，开展专项督导检查16次，提交督查通报16份。人大常委会带头落实关于联乡包村的总体要求及一系列工作部署，深入一线，进村入户，宣传政策，调研摸排，协调推动扶贫项目落地实施，为包扶的5个乡镇8个贫困村联系协调帮扶资金480余万元，实行“1+5”结对帮扶贫困户150户，解决实际问题和困难36个，推动精准扶贫工作深入开展。

【参谋助手】 注重发挥人大代表的主体地位和主人翁作用，邀请市县人大代表、乡镇人大主席参与视察检查、列席人大常委会，收集代表意见，及时转交办理，跟踪问效反馈。围绕“振奋精神、实干兴宁”大讨论活动深入开展专题调研，形成了创新人大工作、加强司法监督推进司法公正、人大代表工作、全域旅游工作、脱贫富民工作5个专项调研报告，及时提交县委，资助决策参考。先后组织人大常委会委员、部分人大代表、乡镇人大主席和相关部门负责人赴云南、江苏等省份考察脱贫攻坚、城镇化建设、特色产业、生态环境、民族宗教及人大工作，考察成果专报县委，发挥参谋助手作用。

【民生热点】 坚持把关注民生、保障民生、改善民生作为监督工作的重中之重，先后对产业提升、农村安全饮水、精准扶贫、安全生产、困难群众生产生活救助、公共文化服务工程建设等进行视察检查，对2017年15件民生实事办理情况进行专项检查，听取和审议“一府两院”专项工作报告26项，听取和审议县人大常委会视察检查组专项检查报告26项，转交审议意见93条。通过对民生热点的监督，解决了一些困难和问题，架起了党群政群之间的“连心桥”，改善了民生，维护了稳定，促进了和谐。

【执法检查】以促进治理体系和治理能力现代化为目标，以推动“一府两院”依法行政和公正司法为重点，先后对《中华人民共和国职业教育法》《中华人民共和国环境保护法》《中华人民共和国食品安全法》《中华人民共和国药品安全法》贯彻实施情况及“七五”普法工作进行了执法检查，对县人民法院工作、县人民检察院工作进行了专项检查。听取和审议执法司法专项工作报告7项，向“一府两院”转交审议意见20条，行政机关依法行政、司法机关公正司法意识进一步增强，有效保障了法律法规的贯彻实施。邀请专家举办法治专题讲座，进一步提高人大代表法律素养和依法履职能力。

【审议决定】在审议决定全县经济社会发展重大事项中，注重了解把握经济运行的大背景、大环境和新趋势、新特点，努力提高科学审议、民主审议、依法审议的质量和效果。重点听取和审议了县人民政府年度财政决算和上半年财政预算执行情况的报告、上半年国民经济和社会发展计划执行情况的报告、年度财政预算执行和其他财政收支情况的审计工作报告、财政预算调整情况的报告，批准财政决算、调整计划指标和财政收支预算，规范和促进预算编制、预算管理等工作，保障全县经济健康平稳运行。

【依法任免】坚持党管干部原则与人大依法任免相统一，按照干部政策和法律规定，对提请人大常委会任命的人员，严格任前调查、供职发言、会议审议、集体表决、颁发任命书、宪法宣誓等程序，把县委意图通过法律程序变成人民意志，促进了人事任免工作的民主化、法治化、规范化。全面了解被任命干部遵守宪法法律、贯彻人大常委会决议决定、执行办理代表议案建议和履行“一岗双责”等情况，把对干部的监督落在日常、落到实处。

【专题询问】为破解监督难题、增强监督实效，组织人大常委会组成人员和基层代表，就农村道路建设、城乡客运发展、危窑危房改造、生活垃圾处理、冬季取暖等22个事关群众生产生活的问题，对相关部门进行了专题询问。询问前紧扣社会关切认真选题、调研沟通、充分准备；询问中坚持询问与审议相结合、答复与承诺相结合、销号与续办相结合；询问后加大跟踪督办，确保询问事项件件有着落、事事有回音，认真回应代表与群众的关切和期盼。

【搭建平台】坚持多渠道为基层人大代表开展活动搭建平台，推动视察、检查、评议等工作常态化长效化开展。一是搭建阵地平台。在完善已有的19个乡镇“人大代表之家”和30个行政村“人大代表工作室”的基础上，按照“六有”标准新建了30个行政村“人大代表工作室”，下发了《关于组建区、市、县、乡四级人大代表活动小组的通知》，以乡镇选区为单位，组建了60个代表活动小组。各乡镇人大主席团制订活动计划、建立活动制度，定期召开主席团会议和代表小组会议。二是搭建制度平台。完善和落实学习培训制度、联系选民制度、视察检查制度、议案建议督办制度、代表述职评议制度和代表工作经费保障制度，用制度体系保障代表依法履职。分两批组织人大常委会委员、乡镇人大主席赴全国人大深圳培训中心进行履职培训，对300多名乡镇人大代表进行专题培训。推行网格化联系服务选民模式，将60个代表活动小组划分为19网296格，实行分片管理、网状联系、走访选民、服务群众。人大常委会每两月组织一次视察检查，乡镇人大主席团每季度组织一次视察检查，交办审议意见63条。人大常委会召开议案建议督办会2次，重点抓住交办、督办、答复3个环节，努力提高议案建议办结时效和办理质量。重视代表向选民述职工作，乡镇人大主席团组织开展述职评议活动13场次。三是搭建宣传平台。规范“西吉人大”微信公众平台，开设政策理论、法律法规、代表风采、乡镇动态、人大知识等专栏。2017年以来，共编发各类图文消息1070多条，报道代表履职事迹40多件，发布“代表风采”30多期，总结推广履职经验20多条，累计点击量120万次以上。在区、市人大工作座谈会和在西吉县召开的全市乡镇“人大代表之家”建设工作现场会上，西吉县都作了经验交流，《让乡镇人大真正“接地气、扎实根”》在《宁夏人大》上刊登。

【脱贫攻坚】 把开展“双联”活动、发挥代表作用的切合点与着力点放在助推精准扶贫上，使县乡人大工作更好地与组织要求同向、与发展大局同步、与人民群众同心。一是参与推动。坚持以“双联”活动为抓手，动员引导人大代表在脱贫攻坚主战场贡献才智、历练本领、为民造福，目前已有1000多名县乡人大代表投身脱贫攻坚第一线，结对帮扶贫困户4500多户，帮助解决“五通八有”“两不愁三保障”等方面的困难问题183个。二是监督驱动。县乡人大始终把脱贫攻坚作为视察、检查、调研等各项监督工作的重点，2017年以来开展扶贫领域的专项检查6次，交办贫困村水、路、房、产业、信贷等方面的意见建议18条。三是示范带动。把发挥基层人大代表作用与“两个带头人”工程紧密结合起来，扶持培育有创业意愿、有发展基础、有带动能力的基层人大代表成为“两个带头人”。截至2017年年底，已从基层人大代表中培育“两个带头人”150多名，发展各类合作社54个，帮扶带动贫困户1620户。

【凝心聚力】 坚持把县乡人大代表作为维护稳定、促进和谐的重要力量，积极发挥县乡人大代表集民智、顺民心、聚民力的重要作用。一是通过引导民风凝心聚力。把推动移风易俗、树立文明乡风作为依法治县、综合治理的基础性工作，鼓励代表深入群众，加强宣传引导，倡导婚俗新风，简办丧葬礼俗。组织开展基层民主法治建设专项检查，特别是加大对普法宣传、禁毒禁赌、环境整治等方面的监督力度，教育引导群众学法守法、遇事找法。二是通过改善民生凝心聚力。加大对民生工程实施、民生实事办理的监督检查力度，及时发现民生问题，提出改进工作建议，2016年以来各级人大代表提出民生领域意见建议86条，目前解决83条。三是通过化解矛盾凝心聚力。坚持把人大工作与政法综治、平安建设、信访维稳相结合，探索推行“人大代表接访室”“联合公开办公日”等做法，组织代表参与矛盾纠纷的排查化解，形成了“选民有话跟代表讲、有结找代表解、有难找代表帮”的良好局面。各级代表参与化解各类矛盾纠纷83件，化解成功率在95%以上。四是通过开展活动凝心聚力。按照全县创建全国民族团结进步示范县要求，人大常委会充分发挥自身职能作用，组织人大代表对全县民族团结创建工作进行了调研视察，组织开展了“民族团结杯”人大知识有奖问答活动，推送活动信息、政策资料23篇，参与答题5046人，提高了民族政策知晓率，增强了加快发展正能量。

【从严治党】 认真落实人大党组主体责任，坚持以提高政治站位为根本，以增强履职能力为核心，以密切与代表和群众的联系为重点，全面从严治党，加强自身建设，不断提升推进人大工作、服务发展大局的质量和水平。一是抓学习提高能力素质。坚持把政治建设摆在首位，在每周二集体学习的基础上，充分利用召开党组会、主任会、支部会等时机，采取领导领学、干部自学、点题发言、专题培训、互动交流等多种形式，组织学习了中共十九大精神特别是习近平新时代中国特色社会主义思想、《中国共产党章程》等党规党纪、区（市、县）重要会议精神、人大有关法律法规及业务知识，提升了人大常委会组成人员和机关干部的理论水平、业务素质和依法履职能力。二是抓制度提高管理水平。坚持用制度管理干部、用制度规范工作、用制度保障人大代表依法履职，顺应新的形势，结合工作实际，本着务实管用的原则，修订完善了人代会会议制度、党组会议制度、常委会会议制度、主任会议制度和机关工作制度等，审议印发《西吉县人大常委会规范性文件备案审查暂行办法》，进一步健全人大工作制度体系，使各项工作有法可依、有章可循，促进了人大常委会工作的法制化、规范化、程序化。三是抓作风提高工作效能。把推进“两学一做”常态化、制度化与转作风、促工作结合起来，认真贯彻落实中央八项规定精神和区、市关于改进作风的一系列部署要求，认真贯彻落实关于党风廉政建设的各项规定，扎实整改有关问题，机关内部规矩意识、纪律意识、责任意识、廉政意识进一步增强。

人大会议

【重要会议】 西吉县第十七届人大常委会举行第二次全委会议 2月23日，西吉县第十七届人大常委会召开第二次会议。会议听取和审议县人民政府关于全县困难群众生产生活救助工作、医疗保险和养老保险工作开展情况的报告；听取和审议了县人大常委会检查组关于以上两项工作的检查报告；听取和审议了县人民政府关于2016年财政预算执行情况和调整2017年年初预算的报告；听取和审议了县人大常委会财政经济委员会关于2016年财政预算执行情况和调整2017年年初预算的审查报告；讨论通过了县人大常委会关于调整2017年年初预算的决议；审议通过了人事任免事项。

西吉县第十七届人大常委会举行第三次全委会议 4月28日，西吉县第十七届人大常委会召开第三次会议。会议听取和审议了县人民政府关于全县安全生产、义务教育均衡发展和《中华人民共和国职业教育法》贯彻实施情况、金融扶贫、公立医院改革工作开展情况的报告；听取和审议了县人大常委会检查组关于以上四项工作及全县乡镇人大主席团工作开展和基层代表作用发挥情况的检查报告；听取和审议了县人民政府关于县十七届人大一次会议代表审议意见办理情况的报告；听取了县人大常委会考察组关于外出考察民族宗教、城镇化建设和人大工作的考察报告；审议通过了人事任免事项。

西吉县第十七届人大常委会举行第四次全委会议 6月13日，西吉县第十七届人大常委会召开第四次会议。会议传达学习了自治区第十二次党代会精神，听取和审议了县人民政府关于全县精准扶贫、国土整治项目实施、“七五”普法、民族团结创建工作开展情况的报告；听取和审议了县人大常委会检查组关于以上四项工作的检查报告；听取和审议了县人民政府关于将台乡撤乡设镇、调整2017年15件改善民生实事项目有关事宜的议案；审查和批准了县人民政府关于将台乡撤乡设镇、调整2017年15件改善民生实事项目有关事宜的决定；审议通过了人事任免事项。

西吉县第十七届人大常委会举行第五次全委会议 8月16日，西吉县第十七届人大常委会召开第五次会议。会议听取和审议了县人民政府关于全县产业扶贫工作，北山市民休闲森林公园绿化建设，全县公共文化服务工程建设及县十七届人大一次会议代表议案、建议办理情况的报告；听取和审议了县人民法院、县人民检察院关于司法体制改革工作开展情况的报告；听取和审议了县人大常委会检查组关于以上工作的检查报告。听取和审议了县人民政府关于2017年上半年国民经济和社会发展计划执行情况、2016年度财政决算和2017年上半年财政预算执行情况、2016年度财政预算执行和其他财政收支情况的审计工作报告；听取和审议了县人大常委会财政经济委员会关于2016年度县财政决算的审查报告。听取县人民政府关于县十七届人大常委会第一、二、三次会议审议意见落实情况的报告；审查和批准设立西吉县十七届人大常委会代表资格审查委员会的议案；审议通过《西吉县人民代表大会常务委员会规范性文件备案审查暂行办法》；审查批准2016年度县本级财政决算；通过有关人事任免事项。

西吉县第十七届人大常委会举行第六次全委会议　9月21日，西吉县第十七届人大常委会召开第六次会议。会议传达学习了中共固原市委四届二次全体会议精神；审议通过了关于许可对西吉县第十七届人民代表大会代表马志雄采取行政拘留处罚措施的议案。

西吉县第十七届人大常委会举行第七次全委会议　10月26日，西吉县第十七届人大常委会召开第七次会议。会议传达学习中国共产党第十九次全国代表大会和中国共产党第十九届中央委员会第一次全体会议精神；听取和审议县人民政府关于全县重点工程项目建设情况的报告；听取和审议县人大常委会视察组关于全县重点工程项目建设情况的视察报告；听取县人大常委会考察组关于外出考察特色产业、生态环境和人大工作情况的报告；审议通过人事任免事项。

西吉县第十七届人大常委会召开第八次全委会议　12月20日，西吉县第十七届人大常委会召开第八次会议。会议传达学习了中共西吉县第十四届委员会第三次全体会议精神；听取和审议了县人民政府关于县十七届人大一次会议代表议案建议办理情况的报告、县人大常委会检查组关于县十七届人大一次会议代表议案建议办理情况的检查报告、县人民政府关于2017年15件民生实事办理落实情况的报告、县人大常委会检查组关于2017年15件民生实事办理落实情况的检查报告、县人民政府关于《中华人民共和国环境保护法》贯彻实施情况的报告、县人大常委会检查组关于《中华人民共和国环境保护法》贯彻实施情况的检查报告、县人民政府关于2017年财政预算调整情况的报告、县人大常委会财经委关于西吉县2017年财政预算调整情况的审查报告；听取了县人民政府关于县第十七届人大常委会第四、五次会议审议意见落实情况的报告；讨论通过了县人大常委会关于调整西吉县2017年财政预算的决议；听取和审议了县第十七届人民代表大会第二次会议相关材料；审议通过了关于召开县第十七届人民代表大会第二次会议的决定；审议通过了有关代表辞去代表职务的议案；审议通过了关于西吉县第十七届人民代表大会代表资格变动情况的审查报告；补选了出席固原市第四届人民代表大会代表。

西吉县第十七届人大常委会召开第九次全委会议　12月24日，西吉县第十七届人大常委会召开第九次会议。会议审议通过了有关人事任免议案，以无记名投票的方式，依法选举产生了西吉县监察委员会副主任和西吉县监察委员会委员。

西吉县第十七届人民代表大会召开第二次全体会议　2017年12月21—24日，西吉县十七届人大常委会召开第二次全体会议。会议听取和审查西吉县人民政府工作报告；审查和批准西吉县2017年国民经济和社会发展计划执行情况与2018年国民经济和社会发展计划（草案）的报告；批准西吉县2018年国民经济和社会发展计划；审查和批准西吉县2017年财政预算执行情况和2018年财政预算（草案）的报告；批准西吉县2018年财政预算；审查和批准西吉县2017年民生计划执行情况与2018年民生计划（草案）的报告；批准西吉县2018年民生计划；听取和审查西吉县人大常委会工作报告；听取和审查西吉县人民法院工作报告；听取和审查西吉县人民检察院工作报告；审查西吉县人民政府关于县第十七届人民代表大会第一次会议代表议案建议办理情况的报告；审查西吉县人大常委会关于县第十七届人民代表大会第一次会议代表议案建议办理情况的检查报告；补选西吉县第十七届人大常委会委员，选举西吉县监察委员会主任。

（熊晓霞）

西吉县人民政府

综　述

【概　况】2017年，全县上下以习近平新时代中国特色社会主义思想为指导，认真学习贯彻党的十九大精神，坚决贯彻区市和县委决策部署，全面落实“4156”工作思路，紧密团结和依靠全县干部群众，振奋精神，苦干实干。全年实现地区生产总值62亿元，增长9%；全社会固定资产投资82亿元，增长15%；社会消费品零售总额16.5亿元，增长9%；完成地方一般公共财政预算收入1.64亿元，增长7.8%，同口径增长29%；财政支出50.08亿元，增长11.7%；城镇居民人均可支配收入23131元，增长8%；农村居民人均可支配收入8361元，增长10.5%。

【脱贫攻坚】始终把脱贫攻坚作为首要政治任务和第一民生工程来抓，压实责任、精准施策、狠抓落实，完成62个贫困村销号3.43万人脱贫，贫困人口持续减少，贫困发生率下降到11.5%。机制保障不断夯实。“三级联动”机制进一步做实，制定出台脱贫攻坚系列方案和产业扶持政策，打出政策组合拳，实现精准扶贫到村、到户、到人。认真开展贫困户复查复核，新识别996户4226人，退出714户2767人。资金整合效应倍增。瞄准“两不愁、三保障”，本着“缺什么、补什么”的原则，上争外引，精准发力，整合财政涉农资金11.68亿元，有效解决了25万人行路难、26.8万人饮水难、5545户住房难等问题。产业扶贫成效显著。实施“四个一”示范带动工程，落实19类42项全产业链扶持补贴，培育产业扶贫示范村19个，扶贫龙头企业13家，扶贫产业合作社106个，致富带头人385名，带动贫困人口就业3万余人。龙王坝、张堡塬村列为全国贫困地区培育脱贫致富带头人观摩点。金融扶贫增资扩面。注入风险补偿金1.2亿元，发放扶贫小额信贷12.24亿元，户均4.3万元，覆盖80%以上建档立卡贫困户。实现贫困户人身意外伤害保险和大病医疗补充保险全覆盖。补贴特色产业保险1237万元，参保农户1.5万户，有效降低了贫困户种养业意外风险。易地扶贫攻坚克难。建成县内移民就近安置点45个，搬迁742户3074人；回购幸福佳苑、西吉娇子、世纪家和县城劳务移民安置房2263套，安置7976人。全面完成2168户9443人县外移民搬迁安置任务。出台易地扶贫激励政策，向新疆生产建设兵团转移安置167户685人，向天元锰业集团输送804人。帮扶工作扎实有效。266个帮扶单位、238个驻村工作队、480名第一书记和工作队员驻村帮扶，7315名机关干部职工与建档立卡贫困户结对帮扶。深化闽宁协作，加强与交通部、商飞集团对接，落实对口帮扶资金1508万元，建成闽宁示范村5个，专项扶贫、行业扶贫、社会扶贫“三位一体”大扶贫作用日益彰显。

【产业效益】始终把产业作为富民强县的重要支撑，推进一、二、三产业融合发展。特色农业提质增效。全县播种农作物219.8万亩，粮食总产达28.5万吨，马铃薯最高单产6246.98千克，创全区最高纪录。成功举办宁夏（西吉）马铃薯产业高峰论坛，“西吉马铃薯”获“2017最受消费者喜爱的中国农产品区域公用品牌”。大力实施“粮改饲”，实现“见犊补母”政策全覆盖，养殖规模居全市第一。全县牛羊饲养量达20.8万头、68.5万只。种植特色蔬菜15万亩，发展覆膜保墒旱作农业61万亩，建成覆膜保墒旱作农业综合示范园10个，种植小杂粮60万亩。马铃薯、草畜等四大产业提供农民人均可支配收入3400元。大力实施品牌战略，黑山羊、珍珠鸡、红军粉等农特产品畅销区内外，实现农业总产值36.3亿元。工业经济稳中有进。引进泽艾堂、港生生物、伊尔德等市级以上特色农产品加工企业17家，培育融信电力等规上企业4家，全县规上企业发展到11家，实现工业增加值1.79亿元。加快推进佳立公司2万吨马铃薯精淀粉迁建、震湖5000吨小杂粮加工、单家集2000吨清真牛肉加工等生产线改造升级，华电月亮山一、二期，融信偏城梁风电项目并网发电，年发电3.6亿千瓦时。第三产业活力显现。出台加快全域旅游实施意见，设立全域旅游发展专项基金1000万元，实施将台堡红军长征纪念园基础设施建设项目，将台堡被中宣部命名为全国爱国主义教育示范基地。举办丁香花节、采摘节、垂钓节等，年内接待游客130.46万人次，旅游综合性收入近10亿元。深入实施国家电子商务进农村示范县项目，电子商务网络实现县乡村全覆盖。不断优化金融环境，引进宁夏银行，建行西吉支行、汇发村镇银行投入运营。

【城乡建设】项目建设取得新进展。全年争取资金44.54亿元，落实项目148个18.42亿元，开工建设500万元以上重点项目112个，列入固原市22个重点项目全部开工，完成投资61.5亿元，位居全区前列。城乡面貌发生新变化。征迁2086户，超额完成棚户区改造任务。大力开展环境整治专项行动，拆除违章建筑435户10.2万平方米，改造提升体育广场、民族广场、永清湖广场，建成县城西北环线道路11条，城镇综合功能显著提升。完成新营乡美丽小城镇建设和将台堡西坪村等8个美丽村庄建设任务。完成六盘山片区交通扶贫攻坚示范县公路续建项目17条114.9千米，S60西会高速、S204海西公路等干线公路开工建设；城乡客运一体化调度中心、农村客运站等建成投入使用，城乡公交线路进一步织密，通行状况明显改善，西吉县入选全国城乡交通运输一体化示范县。完成中南部城乡饮水安全连通和配水工程管网试（通）水任务，集中供水率、供水保障率和水质达标率95%。实现行政村和自然村光网全覆盖，4G覆盖率达86%。招商引资实现新突破。健全招大引强机制，出台招商引资优惠政策、考核奖励办法，有重点、多批次、高精准招商，引进了汇源集团、秋实农业、水发集团等一批带动力强、产业链长的大企业，落地马铃薯循环产业园暨全产业链金融建设项目等一批符合西吉产业发展方向的大项目。实施招商引资项目42个，到位资金32.81亿元，增长13.5%。

【生态环境】贯彻绿色发展理念，落实最严格生态环境保护制度，扎实整改环保督查反馈问题，全民抓生态文明建设的意识和合力进一步增强。环境质量稳步改善。建立县乡村三级河长制体系，实现河道、湖泊、水库等各类水域河长制全覆盖。集中整治河道违章建筑，关停采砂厂56家，拆除违章建筑3600多平方米。综合整治葫芦河夏寨至兴隆段河道56千米，实施国土整治3万亩，完成大岔等16座骨干坝除险加固、小南川等10.96平方公里坡耕地水土流失综合治理，新增节水灌溉面积8700亩。完成县城第一污水处理厂提标改造，启动建设县城二污、葫芦河流域水环境综合整治氧化塘、人工湿地工程等一批生态环保项目，关停万吨以下马铃薯淀粉厂 19 家，葫芦河出境断面水质实现达标排放。强力推进大气污染防治，完成县城集中供热脱硫除尘改造任务；加强秸秆禁烧巡查力度，淘汰黄标车 165 辆，集中整治油烟污染餐饮 56 家，空气质量持续改善，年度空气优良天数达 320 天，居全市第一。加大畜禽粪污、农用残膜治理，有效遏制农村面源污染。绿色发展初见成效。完成六盘山 400 毫米降水线造林绿化工程 3.85 万亩，全区现场会在我县召开。实施补植补造 3 万亩，退耕还林 3.65 万亩，全县森林覆盖率达 14.43%。完成“绿盾 2017”自然保护区清理整治专项行动，生态建设成果不断巩固。打造国家级林下经济示范基地 2 个、自治区级 3 个，发展油用牡丹、万寿菊等 23 万亩，产值 1.4 亿元，生态富民效益初步显现。

【民生福祉】 坚持以人民为中心的发展思想，民生投入 45.19 亿元，占财政总支出 89.2%，群众获得感、幸福感不断增强。教育事业加快发展。投入 8 亿多元，实施“全面改薄”、义务教育学校标准化建设等一批重点项目，义务教育均衡发展通过自治区验收。新改建幼儿园 69 所，乡镇学前教育实现全覆盖。招考特岗教师 170 人、学前教师 166 人，师资力量不断壮大。全面落实教育扶贫政策，投入 1700 多万元，实现农村户口从学前教育到高等教育资助全覆盖，建档立卡贫困户子女无辍学。在全区率先创建了虚拟现实教学实训基地，职业中学被评为“国家中等职业教育改革发展示范校”。医疗卫生健康发展。深化医疗卫生体制改革，全面实行“先诊疗、后付费”模式，有效解决群众“看病难”问题。加强医疗卫生服务体系建设，迁建县中医院，新建县人民医院妇儿综合大楼、妇幼保健计划生育服务中心住院部及偏城、王民卫生院改扩建项目，建成乡镇卫生院中医馆 14 所、标准化卫生室 44 所，群众就医条件进一步改善。落实妇幼卫生“七免一救助”，受益 3.1 万人次。免费健康体检 50 周岁以上城乡居民 4888 人，孕前优生健康检查 3308 对，白内障复明手术 142 例。社会保障扩面提标。深入推进“大众创业、万众创新”，建设创业孵化示范基地，发放全民创业、妇女创业贷款 9400 万元，培育小企业 86 个，“小老板”208 人，创造新岗位 803 个，创业带动就业 1486 人，城镇新增就业 2650 人。农村劳动力转移就业 11.59 万人，创收 23.07 亿元。全面落实“五险合一”经办体制改革，累计筹措被征地农民养老保险金 1.5 亿元，城乡居民养老保险、新型医疗保险参保率分别达到 90%、95%；建立救助对象保障机制，实现医疗救助“一站式”全覆盖，最低生活保障应保尽保。留守儿童关爱点行政村全覆盖。完善退役士兵工资待遇增长机制，有效保障退役士兵合法权益。建成公租房 7788 套，分配保障性住房 7540 套。完成劳动监察体制改革，依法追回农民工工资 484 万元。文化事业蓬勃发展。村级综合文化服务中心和文化活动场所实现全覆盖，全区贫困村综合文化服务中心启动会在西吉县召开。深入推进精神文明建设，建成社会主义核心价值观教育实践基地 20 个。推动移风易俗，树立文明新风，开展农村公益数字电影放映 3800 场（次），文化下乡 70 场（次），不断丰富人民群众精神文化生活。注重文艺精品打造，《丁香花开》进北京演出，出版《中国首个文学之乡典藏丛书》。中央电视台“厉害了我的国”西吉电商扶贫行动、《过年了》《乡村大世界》《记住乡愁》等节目录制播出，进一步提升了西吉知名度和影响力。

【社会治理】 深入推进平安西吉建设，大力开展命案防控、预防打击“两抢一盗”专项治理，大力推进禁毒示范县创建，重拳打击各类违法犯罪行为，依法快速处置了一批群体性案（事）件，实现了刑事、治安案件双降。招录事业编民警 53 名、公安辅警 75 名，充实了基层公安力量。扎实开展“七五”普法，群众法治意识明显增强。全面做好信访维稳工作，大力开展“五大一创新”百日攻坚行动、“网上信访”等，“三率”水平大幅提升，一批信访积案得到妥善解决。严格落 实安全生产网格化管理责任制，成立安全生产执法 监察大队，深入开展安全生产隐患排查专项治理，全县安全生产形势平稳向好。强化市场准入管理，建成食品药品检测中心，食药监管进一步加强。坚持宗教中国化方向，依法加强宗教事务规范化管理。建立完善民族宗教矛盾纠纷排查调处“四级网络”，宗教氛围和顺平静。扎实开展民族团结“八进”和“中华民族一家亲·同心共筑中国梦”“讲好民族团结故事”等民族团结创建活动，使“两个共同”“三个离不开”“五个认同”思想扎根各族群众心中。

【自身建设】 深入学习宣传贯彻党的十九大精神，切实抓好政府党组学习，班子成员带头学习、带头思考、带头贯彻。坚决落实县委决策部署，持续推进法治政府建设，自觉接受人大依法监督、政协民主监督和社会舆论监督，人大议案、政协提案、民生实事办理成效明显。深化“放管服”改革，成立行政审批服务局，推进 59 项政府机构改革任务，划转集中审批事项 130 项，办结各类政务事项 5.4 万件。成立政务公开办公室，推广应用“331”监管平台，实现行政村电子政务外网全覆盖，打通服务群众“最后一公里”。扎实推进“两学一做”学习教育常态化制度化，围绕“创新驱动怎么做、脱贫富民怎么干、生态立区怎么办”主线，开展“振奋精神、实干兴宁”大讨论活动。严格落实领导干部包抓责任制和“四个清单”制度，促进区市和县委决策部署落实落地。抓好党风廉政建设责任制，驰而不息改进“四风”，营造了风清气正、干事创业的良好环境。

政府会议

【主要会议】 第十七届人民政府第四次常务会议于 2016 年 12 月 30 日召开，纪要如下：1. 听取了全县开展治理拖欠农民工工资情况的汇报，研究部署了相关事宜；2. 研究了《关于申请安排病故军人李康宁同志遗属一次性抚恤金的请示》，审定了《西吉县农村低保制度与扶贫开发政策有效衔接工作实施方案》《开展老年人意外伤害综合保险工作实施方案》；3. 听取了县交通局 S204 线海原至西吉段公路绿化及征地拆迁补偿情况的汇报、西吉县农村公路实施 PPP 项目有关事项的汇报、西吉县 2010 年成品油价格和税费改革人员安置遗留人员情况的汇报，安排部署有关事宜；研究了《关于申请解决 2011—2012 年行政村通沥青水泥路配套资金的请示》；4. 研究了县文广局《关于申请提高聘用人员工资待遇的请示》《关于申请解决将台堡会师纪念园人员招聘等费用的请示》；5. 审定了县发改局《关于贯彻落实社会救助和保障标准与物价上涨挂钩联动机制的实施方案》；研究了《关于申请解决西吉县吉强镇邮政营业房购置缺口资金的请示》；听取了西吉县公共体育场、全民健身中心项目超概算核实情况的汇报，安排部署相关事宜；6. 研究审定了县科协《西吉县全民科学素质行动计划纲要实施方案（2016—2020）（送审稿）》；7. 研究审定了县行政审批局筹备工作组《西吉县推进简政放权放管结合优化服务改革工作方案》；8. 听取了县财政局 2016 年第三批中国农发重点建设基金项目（葫芦河河道综合整治工程项目）资金到位情况的汇报，研究相关事宜；9. 研究了县农牧局《关于申请调整西吉县农牧业产业化发展服务有限公司组成人员的请示》《关于申请规划建设清真牛羊肉定点屠宰厂的请示》；10. 研究了县教体局《关于申请转换公务员牛贵林同志身份的请示》《关于申请解决西吉中学和西吉回中业务费的请示》《关于申请解决西吉县教育工程欠款的请示》；11. 研究了县林业局《关于申请给国有林场代管的生态移民迁出区土地颁发土地证的请示》《关于申请解决林业植物检疫员制装和换装配套资金的请示》《关于申请发放林业有毒有害岗位津贴的请示》；12. 研究了中国人民保险西吉支公司《关于申请拨付政策性农业保险费财政补贴的请示》；13. 研究了县建环局《关于申请解决危房改造、环卫工人工资及市政公用设施维修经费的请示》《关于申请解决 2016 年 7—12 月棚户区改造房屋征收评估费的请示》《关于申请解决固原市西吉县生活垃圾卫生填埋场二期工程设计变更及招标工程量清单漏项经费的请示》《关于申请将城乡环境整治工作经费纳入 2017 年财政预算的请示》《关于申请解决吉祥花园一期等 7 个建设项目经济技术指标与规划设计条件不符的请示》；14. 研究了国土有关事宜；15. 听取了吉德慈善产业园管委会关于成立西吉中企吉德慈善产业投资有限公司有关事宜的汇报，研究相关事项；16. 研究处理干部有关事宜。

第十七届人民政府第五次常务会议于 2017 年 1 月 4 日召开，纪要如下：听取了西吉县“十三五”易地扶贫搬迁县内劳务移民安置房统一回购情况的汇报，研究部署了相关事宜。

第十七届人民政府第六次常务会议于 2017 年 1 月 20 日召开，纪要如下：1. 传达学习了全国和全区、全市安全生产电视电话会议精神，研究了贯彻落实意见；2. 研究审定《西吉县加快发展全域旅游实施意见》；3. 研究审定《西吉县 2017 年春节慰问工作方案》；4. 听取县人社局关于开展治理拖欠农民工工作情况的汇报，安排部署了相关事宜；5. 听取吉强镇关于棚户区改造、征地拆迁遗留问题的汇报，研究了相关事宜；6. 研究县水务局《关于申请解决乡镇水利工作站工作经费的请示》；7. 研究县文广局《关于申请解决县电视台设备更新改造所需资金的请示》；8. 听取县教体局关于申请对 2016—2017 年部分教育重点项目实施合同管理情况的汇报，研究了相关事宜；9. 听取县财政局关于申请投放西吉县社会投资类国家专项建设基金项目资金的汇报；研究县财政局《关于申请成立西吉农业信贷担保有限责任公司的请示》；研究了西吉县农牧业产业化发展服务有限公司担保贷款事宜；10. 听取产业园区管委会关于申请返还宁夏闽宁投资置业有限公司及宁夏国圣食品有限公司土地契税和印花税的汇报；11. 研究县建环局《关于申请解决 2017 年春节及元宵节亮化装饰工程资金的请示》《关于申请解决县环卫、监察车辆及人员保险费的请示》；12. 研究国有土地相关事宜；13. 研究了有关资金事宜。

第十七届人民政府第七次常务会议于 2017 年 3 月 3 日召开，纪要如下：1. 传达学习了全国、区、市相关会议精神，研究部署了贯彻落实意见；2. 审定了《西吉县贯彻落实中央第八环境保护督察组督查反馈问题整改方案》《西吉县空间规划（多规合一）编制工作实施方案》；3. 听取县公安消防大队关于西吉县微型消防站建设指导意见的汇报，研究相关事宜；4. 研究了县长、副县长、县长助理分工事宜；5. 审定《西吉县 2017 年农业产业扶贫项目实施方案》；6. 研究县建环局《关于申请解决农村环境整治项目征地费用的请示》《关于申请解决工伤医疗费用的请示》《关于申请解决马莲乡街道维修提质工程费用的请示》《关于污水处理厂提标改造工程采用单一来源方式招标采购的请示》；7. 研究县扶贫办《关于申请将西吉县 2016 年整村推进电商扶贫项目变更为劳动力素质提升技能培训项目的请示》；8. 审定《西吉县农牧产业发展服务有限公司股权投资固原万家家富农牧有限公司协议》；9. 听取县发改局关于葫芦河流域环境综合治理和基础提升工程情况汇报，研究了相关事宜；10. 研究园区管委会《关于申请财政补贴宁夏闽宁投资置业有限公司及宁夏国圣食品有限公司土地契税和印花税的请示》；11. 研究县卫计局《关于申请解决西吉县“创建群众满意的乡镇卫生院”奖励资金的请示》

《关于申请成立县卫生计生综合监督所及增加人员编制和解决工作经费的请示》《关于申请解决县人民医院迁建工程贷款本息的请示》；12. 研究县水务局《关于申请解决吉强镇套子湾村生态农业供水工程及套子湾村沟道治理工程建设资金的请示》《关于申请解决浅水岔河水库除险加固工程建设欠款的请示》；13. 研究新营乡《关于申请解决乡政府院内房屋拆除费用的请示》；14. 研究县委宣传部《关于申请增订〈宁夏日报〉等报刊的请示》《关于申请拨付全区县域经济观摩经费的请示》《关于申请解决媒体记者稿费的请示》；15. 研究国家统计局西吉调查队《关于申请解决公租房的请示》；16. 研究硝河乡政府《关于申请解决硝河乡幼儿园及九年一贯制学校200米环形运动场建设用地的请示》；17. 研究县文联《关于申请解决文联活动经费的请示》；18. 研究县法院《关于申请解决县法院工作经费紧缺问题的请示》；19. 听取县交通局关于整合涉农资金用于解决西吉县智慧交通运行监管与服务平台项目建设情况的汇报，研究了相关事宜；研究县交通局《关于申请解决西吉县城市公交运营机制转换工作所需资金的请示》；20. 审定县国土局提交的《西吉县被征地农民先保后征实施细则》；21. 研究了国有土地相关事宜。

第十七届人民政府第八次常务会议于2017年4月14日召开，纪要如下：1. 传达学习国务院、自治区人民政府廉政工作会议精神，研究部署贯彻落实意见；2. 传达学习全国、全区、全市安全生产会议精神及自治区安委会第二次全体（扩大）会议精神，研究部署贯彻落实意见；3. 传达学习全区统计工作会议精神，研究了贯彻落实意见；4. 听取县教体局义务教育均衡发展工作汇报，研究解决相关事宜；5. 审定《西吉县县级领导包抓重点环保问题工作方案》；6. 研究县建环局《关于申请解决西吉大饭店招商引资政府奖励资金的请示》；7. 听取县行政审批服务局筹备工作组关于相对集中行政许可事项划转有关情况的汇报，研究相关事宜；审定《西吉县村级为民办事全程代办点配备高拍仪设备方案》；8. 审定《西吉县残疾人事业“十三五”发展规划》；9. 审定《第十三届宁夏六盘山山花旅游节暨第七届西吉火石寨丁香花节活动方案》《西吉县村综合文化服务中心建设实施方案》；10. 听取县民政局关于西吉县将台乡撤乡建镇的汇报，研究解决的相关事宜；11. 听取县编办关于调整县社会保险事业管理局机构规格及撤并党家岔湿地自然保护区管理处等情况的汇报，研究审定了相关事宜；12. 审定《西吉县草畜产业全产业链提质增效实施方案》《西吉县安格斯母牛繁育基地建设实施方案》；13. 研究万家灯火网络科技有限公司（万家壹品有限公司）西吉县安格斯肉牛养殖项目贷款相关事宜；14. 研究县农牧业产业化发展服务有限公司《关于申请对西吉县勇兴三粉加工有限公司提供担保贷款的请示》；15. 听取县林业局关于西吉县高速公路出入口南北山绿化项目、迎宾大道入口北山绿化工程情况和有害生物防治经费的汇报，研究解决了相关事项；16. 研究园区管委会《关于申请兑现宁夏神力骑自行车科技有限公司及宁夏国圣食品有限公司招商引资优惠政策的请示》；17. 研究国有土地相关事宜；18. 研究有关资金事宜；19. 研究处理了有关干部事宜。

第十七届人民政府第九次常务会议于2017年5月21日召开，纪要如下：1. 学习贯彻了中央和区、市、县党委推进“两学一做”学习教育常态化制度化会议精神，研究部署了政府党组贯彻落实意见；2. 审定《西吉县城市管理执法体制改革实施方案》《西吉县数字化城市管理工作实施方案》；3. 听取县扶贫办关于全县脱贫工作汇报，研究西吉县落实意见；4. 审定《西吉县“十三五”异地扶贫搬迁资金管理办法实施细则》《西吉县2014—2015年66个已脱贫建档立卡贫困村“回头看”项目建设实施方案》；研究县扶贫办《关于对西吉县劳务移民安置区电能热水器进行市场询价的请示》；研究县扶贫办《关于申请弥补2015—2016年扶贫项目资金不足的请示》《关于申请解决2017年扶贫办工作经费的请示》；5. 审定《西吉县劳动保障监察综合行政执法体制改革方案》；研究县人社局《关于申请将县直单位派驻乡镇第一书记和驻村工作队员纳入乡镇工作补贴实施范围的请示》；6. 审定《西吉县畜禽养殖禁养区划定方案》；听取县农牧局关于加强基层农经管理人员队伍建设的汇报，研究相关事宜；听取县农牧局关于西吉县农牧产业扶贫政策的补充说明，研究相关事宜；7. 研究县农牧局《关于将原农业技术推广服务中心旧址划拨西吉县草原防火站作为基础设施建设用地的请示》《关于申请组建成立西吉县农村产权流转服务中心的请示》；8. 研究关于宁夏华林公司相关事宜；9. 听取县消防大队关于全县市政消火栓普查情况的汇报，并研究了相关事宜；10. 研究县发改局《关于调整宁夏中南部城乡饮水安全工程西吉受水区居民生活用水临时水价的请示》；11. 听取县水务局关于河道采砂管理有关事项的汇报，研究了水利工程建设相关事宜；12. 听取县建环局关于棚户区改造工情况的汇报，研究了相关事宜；13. 研究国有土地相关事宜；14. 研究县文广局《关于申请解决将台堡红军长征会师纪念园免费开放资金的请示》《关于申请解决国家安全检查组检查我县广播电视安全播出工作时限要求整改所需资金的请示》《关于申请解决2017年央视农民春晚相关费用的请示》《关于申请解决西吉县钱包博物馆改扩建项目及旧馆墙体外挂拆除等所需资金的请示》。

第十七届人民政府第十次常务会议于2017年6月30日召开，纪要如下：1. 传达学习全国和自治区深化简政放权放管结合优化服务改革电视电话会议精神，研究了贯彻落实意见；2. 研究县长、副县长和县长助理分工事宜；3. 听取县扶贫办关于全县异地扶贫搬迁工作进展情况的汇报，安排部署了相关工作；4. 听取县安监局上半年安全生产工作情况的汇报，安排部署下半年安全生产重点工作；5. 听取县信访局上半年信访工作情况的汇报，安排部署相关工作；6. 听取县人社局关于赴新疆生产建设兵团考察转移就业安置职工情况的汇报，研究审定相关事宜；7. 听取县水务局关于中南部城乡饮水安全工程汇报，研究了相关事宜；听取县水务局关于申请解决宁夏佳立马铃薯产业园水利配套设施建设情况汇报，研究了相关事宜；8. 听取县农牧局关于农村土地股份合作和集体产权股份权能改革、农产品质量安全检验检测等工作的汇报，研究相关事宜；研究县农牧局《关于申请协调解决马莲乡土地流转遗留问题的请示》；研究兴隆镇《关于万家壹品安格斯肉牛养殖基地基础设施建设配套资金的请示》；9. 审定《西吉县委党校基础设施建设项目规划》；10 研究兴隆镇《关于兴隆派出所迁建用地的请示》；11. 研究吉强镇《关于杨河村棚户区改造房屋征收的请示》；12. 研究《固原市住房公积金管理中心西吉管理部关于申请解决招聘人员工资补助的请示》；13. 研究县农牧业产业化发展服务有限公司《关于申请面向社会招聘专职工作人员的请示》；14. 审定《西吉县高污染料限制区禁止销售和使用高硫高灰粉劣质燃煤管理规定》；15. 研究《西吉县空间规划（多规合一）非建设用地差异处理结果的请示》；听取县建环局关于县城公用设施维修管护情况的汇报，研究了相关事宜；听取关于民生家园移民安置区附属工程、河岴水厂及输水管线工程有关情况的报告，研究了相关事宜；16. 研究国有土地相关事宜；17. 审定县财政局《关于2017年政府债务资金安排计划》；研究县财政局《关于申请同意在农发行固原分行存款的请示》；研究有关资金事宜；18. 研究县监察局《关于有关干部处理的请示》。

第十七届人民政府第十一次常务会议于2017

年8月2日召开，纪要如下：1. 传达学习了自治区第十二次党代会精神和四届市委20次常委（扩大）会议精神，研究了贯彻落实意见；2. 听取县扶贫办脱贫攻坚工作汇报，安排部署了相关工作；研究了县扶贫办《关于申请拨付金融扶贫贷款风险补偿基金的请示》；审定《西吉县“十三五”易地扶贫搬迁县内劳务移民住房回购实施方案》；3. 听取2017年1—7月政策项目资金争取情况的汇报，安排部署了相关工作；4. 听取河长制责任制落实情况的汇报，安排部署相关工作；5. 审定《西吉县“八一”慰问活动方案》；研究了县民政局《关于对西吉县敬老院二期工程、老年活动中心和什字乡敬老院建设项目部分附属工程进行项目调整的请示》；6. 审定《西吉县行政事业单位职工住房货币化分配实施方案》；听取县建环局关于2016年农村危房工作的汇报，研究相关事宜；研究县建环局《关于对县城路灯进行节能改造的请示》；7. 研究县教体局《关于申请解决代课教师诉求的请示》；听取县教体局关于全县教育重点建设项目工作进展情况的汇报，研究了相关事宜；8. 听取县公安局关于申请招录公安协勤解决公安专业化队伍建设要求的汇报，研究解决了相关事宜；审定《西吉县人民政府办公室关于进一步加强农村道路交通安全管理工作的意见》；听取县安监局关于进一步加强安全生产监督管理工作情况的汇报，研究了相关事宜；9. 研究县交通局《关于申请将客运总公司回购西凤公交所需要资金转换为政府投入资本金的请示》，听取县交通局关于西吉县智慧交通运行监管与服务平台系统建设有关情况的汇报，研究了相关事宜；10. 研究县农牧业产业化发展服务有限公司《关于申请为宁夏向丰家庭农产提供贷款担保的请示》；11. 听取园区管委会关于西吉汇源产业园内110千伏、35千伏、10千伏及以下店里设施迁改工作的汇报，研究解决了相关事宜；研究园区管委会《关于申请解决“宁夏西吉汇源综合扶贫开发项目”前期规划方案编制经费的请示》《关于落实优惠政策支持企业发展的请示》；12. 听取县林业局关于城区绿化和绿地补植提升及养护工程有关问题的汇报，研究了相关事宜；13. 研究国有土地相关事宜；14. 研究有关干部事宜。

第十七届人民政府第十二次常务会议于2017年8月20日召开，纪要如下：1. 听取县人民政府第十一次常务会议议定事项落实情况的汇报，研究决定了相关事宜；2. 听取全县防灾、减灾、救灾工作情况的汇报，安排部署了相关工作；3. 传达学习自治区扶贫开发领导小组《关于学习贯彻深度贫困地区脱贫攻坚座谈会精神的意见》和全区脱贫攻坚政策落实会议精神，研究了贯彻落实意见；4. 听取县建环局关于中央第八环保督察组反馈意见整改落实情况的汇报，安排部署了相关工作；审定《西吉县加快推进城镇化进程的实施意见》；研究了县建环局《关于变更招标工作有关事宜的请示》《关于县城集中供热有关事宜的请示》《关于申请成立西吉县智慧城管系统的请示》；5. 审定《西吉县“绿盾2017”自然保护区清理整治专项行动工作方案》；听取了火石寨管理处关于全面落实中央第八环境督察组反馈意见问题整改情况的汇报，研究解决了相关事宜；6. 听取县禁毒办关于2017年西吉县开展禁毒宣传教育“6·27”工程及“示范学校”创建工作的汇报，研究了相关事宜；7. 听取县人社局关于西吉县被征地农民养老保险实施情况的汇报，研究了相关事宜；8. 研究县水务局《关于申请成立西吉县节约用水办公室的请示》《关于申请解决西吉县2012年山丘区五小水利工程建设资金的请示》《关于申请解决西吉县城供水一期改造工程缺口资金的请示》；9. 研究县教体局《关于申请解决学前教师短缺问题和给农村寄宿制学校配备专业安保人员的报告》；10. 听取县农牧局关于申请采购防治重大动物疫病应急物资的汇报，研究解决了相关事宜；11. 研究吉强镇《关于申请解决吉强镇部分项目建设费用的报告》；12. 研究将台堡镇《关于申请解决将台堡毛家沟路口至污水处理厂排水管道工程资金的请示》《关于将台堡镇明台村六组土地流转及青苗补偿所需资金的请示》；13. 研究《关于申请拨付佳立公司土地流转补偿款的请示》《关于申请解决县城保障性住房有关问题的请示》；14. 研究国有土地相关事宜；15. 研究有关干部事宜。

第十七届人民政府第十三次常务会议于 2017 年 9 月 10 日召开，纪要如下：1. 听取县人民政府第十二次常务会议议定事项落实情况的汇报，安排部署了相关工作；2. 听取县政府办公室关于进一步加强政务公开工作有关情况的汇报，研究了相关事宜；3. 研究县编办《关于县公安局申请划转事业编制用于专门招录事业编制基层一线警务人员的请示》；4. 研究县科协《关于申请增加科普专项经费的请示》；5. 听取县民政局关于 2016 年度符合政府安排工作条件退役士兵安置情况的汇报，研究了相关事宜；6. 听取县林业局关于北山市民休闲森林公园项目和海西公路景观绿化项目的汇报，研究了相关事宜；7. 听取县水务局关于全县农村饮水安全工程运行管理情况的汇报，研究了相关事宜；8. 听取火石寨管理处关于“绿盾 2017”火石寨自然保护区生态修复情况的汇报，研究了相关事宜；9. 研究县法院《关于西吉县涉府案件判决生效的执行报告》；10. 听取县建环局关于保障性安居工程抢险维修、北大寺房屋征收情况的汇报，研究了相关事宜；11. 研究国有土地事宜；12. 研究县监察局《关于给予马兴华行政撤职处分的请示》；13. 研究了有关资金事宜。

第十七届人民政府第十四次常务会议于 2017 年 9 月 30 日召开，纪要如下：1. 传达自治区实施创新驱动战略推进会、深化医改卫生体制改革领导小组第三次会议、金融工作会议精神，研究了贯彻意见；传达了市委四届二次全会精神，研究了贯彻落实意见；2. 传达学习咸辉、马汉成、马志宏在《西吉县人民政府关于葫芦河流域水环境综合治理情况的报告》上批示精神，研究了贯彻落实意见；3. 传达学习自治区全面推进加强基层民政服务能力建设现场会精神，研究了贯彻落实意见；4. 听取安全生产、信访、维稳工作汇报，安排部署了下一步工作；5. 审定《西吉县人民政府工作规则》；研究了县政府办公室《关于申请对西吉县会议中心进行维修和更换设备的请示》；6. 听取全县医改工作情况的汇报，研究了相关事宜；7. 审议园区管委会《关于进一步创新和加强产业招商引资的实施方案》《西吉县招商引资工作目标责任制考核奖励办法》等；研究园区管委会《关于申请兑现国圣食品有限公司固定资产投资奖补政策的请示》《关于申请变更园区永强路设计的请示》《关于申请解决宁夏吉德慈善产业园向荣物流园建设项目填土费用的请示》；8. 听取县人社局关于提高全县农村居民医疗保障水平和城乡养老保险基础养老金的汇报，研究了相关事宜；9. 研究什字乡《关于解决新天地牧业有限公司基础建设遗留问题的请示》；10. 听取县农牧局关于在全县开展农村土地承包经营权和流转经营权抵押贷款工作的汇报，研究了相关事宜；11. 研究县农牧局关于兴隆镇 2014—2016 年脱贫销号村享受 2017 年产业补贴政策的请示；12. 听取县林业局关于收回吉强镇、震湖乡部分村集体退耕还林面积有关问题的汇报，研究了相关事宜；听取县林业局关于吉源天然气加气站周边土方回填工程有关问题的汇报，研究了相关事宜；13. 听取县财政局关于西吉县国有资产经营有限公司为西吉县污水处理厂提标改造工程（PPP）项目代表政府出资情况的汇报，研究了相关事宜；14. 听取县交通运输局关于国道 309 线西吉至郭家沟、省道 202 线 300 户至沙沟公路、国道 309 线固原至西吉高速公路征地拆迁补偿沉淀资金使用情况的汇报，研究了相关事宜；15. 研究国有土地事宜。

第十七届人民政府第十五次常务会议于2017年11月21日召开，纪要如下：1.传达学习了中共十九大精神和自治区第十二届委员会第二次全体会议、自治区实施脱贫富民战略、生态立区战略推进会精神，研究了贯彻落实意见；2.审定《固原市整治脱贫工作作风不实暨开展扶贫领域专项资金监督检查和督促整改领导小组第三周检查发现问题整改方案》，安排部署有关工作；3.听取了全县大气污染防治工作和中央环保督查组第二组巡查问题整改落实情况的汇报，研究决定了有关事项；4.研究县文广局《关于申请解决将台堡红色歌曲创作所需资金的请示》《关于申请立项实施县钱币博物馆二期工程并解决建设资金的请示》《关于申请解决文化扶贫工程140个村综合文化服务中心文化广播设备采购资金的请示》《关于申请解决西吉县政府机关购买国产化正版软件费用的请示》；听取县文广局关于袁延成等40人申报县级非物质文化遗产传承人的汇报，研究了相关事宜；5.听取县教体局关于2017年中小学校（园）冬季取暖情况的汇报，研究解决了相关事宜；研究县教体局《关于申请解决什字中学和新营中学占地面积不足等问题的请示》《关于申请使用西三公路征用平峰镇三合小学房屋及地上附着物补偿款的请示》《关于西吉县教体局申请支付财政存量专项资金的请示》；6.听取县民宗局关于全县民族团结进步创建工作的汇报，研究了相关事宜；研究县民宗局《关于安排2017年第二批少数民族发展资金项目计划的请示》；7.听取县公安局关于申请对西吉智能交通电子警察系统项目立项及改造建设情况的汇报，研究了相关事宜；研究县公安局《关于申请招聘政府专职消防队员的请示》《关于申请解决行政赔偿费用的请示》；8.研究县市场监督管理局《关于申请维修办公房屋及基础设施的请示》；9.研究县农牧局《关于申请为西芹农机农艺融合机械化生产示范园区购置配套动力的请示》《关于申请拨付宁夏新华林公司大棚维修资金的请示》《关于申请拨付西吉县农牧业产业化发展服务有限公司“村级互助合作担保基金合作协议”贷款担保风险准备金的请示》；听取了县农牧局关于农村土地股份合作和集体产权股份权能改革、农产品质量安全检验检测等工作的汇报，研究决定了有关事宜；10.研究县卫计局《关于申请解决西吉县怡秀社区卫生服务站机构编制及缺口资金的请示》；11.研究县建环局《关于申请解决保障性住房供热增容费及采暖费的请示》《关于申请解决西凤公交公司院内公租房天然气供暖工程费用的请示》《关于申请解决将台堡小城镇总体规划编制资金的请示》《关于申请解决西函路防洪管道抢修资金的请示》《关于申请招聘城市管理综合执法人员的请示》《关于申请解决棚户区改造房屋征收超期临时性安置费的请示》《关于申请解决西吉县第二污水处理厂建设资金的请示》；12.听取县水务局关于申请对原城郊水管站房屋及库房等固定资产报废处置的汇报，研究县水务局《关于申请调整西吉县水土保持工作站项目法人代表的请示》；13.研究西滩乡《关于申请解决10万亩马铃薯示范区建设工作经费的请示》；14.研究兴隆镇《关于申请核拨兴隆镇孤儿院征地补偿资金的请示》；15.研究吉强镇《关于申请解决采购马铃薯种属所需资金的请示》；16.审定县民政局《关于进一步加强基层民政服务能力建设实施方案》；17.听取县民政局关于退役士兵工资待遇情况的汇报，研究了相关事宜；18.听取全县2017年行政规范性文件清理情况的汇报，安排部署了相关事宜；19.调整了有关副县长分工事宜；20.研究了国有土地相关事宜；21.研究了有关资金事宜；22.研究了有关干部事宜。

第十七届人民政府第十六次常务会议于2017年12月15日召开，纪要如下：1.传达学习习近平总书记和中央领导重要批示精神；传达学习区、市、县主要领导关于保障农民工工资支付和校园安全的批示精神，听取县人社局关于农民工工资清欠工作汇报，研究贯彻落实意见；2. 传达学习李克强总理在科技部考察座谈时的讲话精神，研究贯彻落实意见；3. 传达学习区市和县委2017年脱贫攻坚考核准备工作会议精神，安排部署相关工作；4. 传达学习自治区民营经济发展推进会精神，研究贯彻意见；5. 传达学习区市工业园区建设发展调研座谈会议精神，研究贯彻意见；6. 传达学习四届市委第29次常委（扩大）会议精神，听取相关部门环保工作落实情况，安排部署相关工作；7. 研究县人社局《关于申请将乡镇劳动争议调解窗口调解工作经费纳入地方财政预算的请示》；8. 审定《政府工作报告（审议稿）》《2017年民生计划执行情况和2018年民生计划（草案）（审议稿）的报告》《关于西吉县十七届人民代表大会第一次会议代表议案建议办理情况的报告（审议稿）》《关于政协西吉县十一届一次会议委员提案办理情况的报告（审议稿）》；研究了县政府办公室《关于申请解决电子政务外网服务费用的请示》；9. 听取并审议县发改局关于西吉县2018年主要经济指标预期发展目标测算情况汇报，《关于2017年国民经济和社会发展计划执行情况与2018年国民经济和社会发展计划（草案）（审议稿）》编制情况的汇报；审定县发改局提交的《关于西吉县公务用车运行管理办法（试行）》；研究县发改局《关于申请解决葫芦河流域环境综合治理和基础提升工程PPP项目前期工作经费的请示》《关于申请解决2017年重点项目咨询前期工作经费的请示》；10. 听取并审议县财政局《关于2017年财政预算执行情况和2018年财政预算（草案）（审议稿）》的汇报；11. 审定县民政局提交的《关于进一步健全完善特困人员救助供养制度的实施方案》；听取县民政局关于白崖乡半子沟村撤销建制和偏城乡烂泥滩村更名的汇报；研究县民政局《关于发放城乡部分救助对象取暖补贴的请示》；12. 研究解决县财政扶贫资金领域整改问题事宜；13. 听取将台堡小城镇建设缺口资金情况的汇报，研究决定了相关事宜；14. 听取偏城乡政府关于泾源县法院判决偏城乡政府借贷兴泰公司资金用于清偿宁夏浩林建筑安装有限公司工程款的汇报；研究偏城乡《关于申请拆除偏城乡政府职工餐厅和偏城乡原卫生院的请示》；15. 研究西滩乡政府《关于申请解决西滩公墓征地经费的请示》；16. 审定县卫计局提交的《西吉县推进健康扶贫若干政策的通知》；研究了县卫计局《关于申请处置西吉县中医院所属资产的请示》；17. 研究县委宣传部《关于申请解决宣传工作经费的报告》；18. 研究县教体局《关于申请拨付固原市教育扶贫资助项目分担资金的请示》；19. 研究县建环局《关于申请拨付2013—2016年农村环境综合整治项目未付质保金及设备款的请示》《关于申请解决葫芦河流域污水治理达标方案编制费的请示》《关于申请解决棚户区改造房屋征收费用的请示》《关于申请解决保障性安居工程抢险维修资金的请示》《关于申请解决环保项目入库编制费的请示》；20. 研究市场监督管理局《关于提请处置原质量技术监督管理局办公房屋的请示》；21. 研究县水务局《关于申请解决关闭采砂场及违章建筑拆除所需资金的请示》《关于申请安排2017年第三季度中南部城乡饮水安全水费补贴的请示》；22. 听取财政局关于2017年统筹整合财政涉农资金情况的汇报；研究有关资金事宜。

第十七届人民政府第十七次常务会议于2017年12月28日召开，纪要如下：1. 传达学习了《习近平总书记关于进一步纠正“四风”、加强作风建设重要批示》，研究了贯彻落实意见；2. 传达学习自治区第五次安委会（扩大）电视电话会议精神，研究了贯彻落实意见；听取了全县安全生产、信访维稳、环境保护工作汇报，安排部署了相关工作；3. 听取对2017年审计署专项审计发现问题整改落实情况的汇报，安排部署了迎接审计署2018年贯彻落实国家重大政策措施等专项审计工作；4. 听取县发改局关于全县“两节”期间物资储备情况汇报，安排部署相关工作；5. 审定《西吉县人民政府购买动物防疫社会化服务工作实施方案》；听取县农牧局关于申请拨付2017年政策性农业保险县级财政补贴资金的汇报，研究了相关事宜；6. 研究乡镇脱贫攻坚工作经费事宜。

（高　峰）

政协西吉县委员会

综　述

【理论学习】 县政协常委会把加强理论学习和筑牢思想根基摆在首要位置，通过常委会议专题学习、机关集体学习、专题学习培训班等形式，积极组织政协委员深入学习贯彻中共十八大、十九大精神和习近平总书记系列重要讲话精神，认真贯彻落实区、市、县党委重要会议精神。中共十九大胜利召开后，组织政协委员和机关干部职工及时传达学习中共十九大精神，深刻领会习近平新时代中国特色社会主义思想的精髓要义，引导委员围绕习近平总书记系列重要讲话精神和治国理政新理念新思想新战略，围绕中共十九大报告中的重要思想、重要观点、重大论断、重要举措特别是习近平新时代中国特色社会主义思想的丰富内涵，围绕县委战略部署和中心工作及人民群众普遍关心的热点、难点问题，结合各自工作实际开展交流发言，认真撰写心得体会，坚定理想信念，提高政治站位，把牢政治方向，牢固树立"四个意识"、增强"四个自信"，更加坚定地在思想上、政治上、行动上始终同以习近平总书记为核心的党中央保持高度一致。

【视察调研】 围绕年初制订的协商工作计划，精选视察课题，组织政协委员对脱贫攻坚、生态环境保护、重点项目建设、本土企业发展等工作开展专题视察8次，引导委员在了解情况、深入思考的基础上，通过常委会议专题协商、主席会议重点协商，提出进一步延伸产业链条、提升农产品附加值，强化管护、加大生态环境保护力度，加强引导、优化本土企业发展环境等科学、前瞻、符合实际的工作建议30条，形成专题视察报告8篇。围绕抗旱与春耕生产、城市建设、养老服务体系建设和职业教育、学前教育等工作开展专题调研9次，形成专题调研报告9篇，提出了科学谋划、提升城市建设规划水平，整合资源、加强职业教育教师队伍建设，创新思路、探索养老服务模式等建议36条。以全县开展"振奋精神　实干兴宁"大讨论活动为契机，县政协领导班子成员围绕创新驱动、脱贫富民、生态立区战略深入调查研究，撰写调研报告5篇，为县委、县政府科学决策提供了参考依据。

【提案工作】 县政协十一届一次全体会议期间共收到委员提案98件，审查立案27件，确定重点提案8件、提案19件。全年结合视察、调研、委员基层联系点活动，多次对审查立案的43件提案开展了跟踪督办，10件重点提案和33件提案得到承办部门（单位）不同程度的办理和答复，办复率为100%。

【社情民意】 全体委员充分发挥在政协工作中的主体作用和联系广泛、智力密集、人才荟萃、纽带桥梁的优势，积极深入基层、深入群众开展调查研究，了解民情，反映民意，为保障和改善民生积极建言献策。一年来，共收到委员提交的社

2017年8月7日，县政协主席马天英（前右一）带领视察组视察全县交通工作

情民意和相关信息共80条，经县政协整理筛选，将其中的14条以《社情民意》形式报送县委、县政府主要领导和分管领导及区、市政协办公厅（室）。内容涉及城市、农村公共基础设施管理建设，加大精准脱贫科技扶持力度、增强食品药品安全监管技术支撑能力、加强基层卫生计生人才队伍建设等方面，为县委、县政府掌握社情、了解民意提供重要依据。

【参与中心工作】 县政协按照西吉县委的统一部署，坚持把政协工作与全县整体工作结合起来，领导班子成员自觉带头，广泛深入各自包扶的平峰、西滩、红耀、兴隆等乡镇调研走访，精心指导乡、村两级查漏补缺，积极协调解决困难。年初组织政协委员召开“迎新春　话脱贫”座谈会，围绕全县脱贫攻坚中存在的突出问题讨论交流，会后整理委员建议形成专题报告及时报送县委、县政府。积极参与将台堡小城镇建设、环境整治战、金融扶贫工程、民生改善工程等重点工作督查督导和党风廉政建设巡察工作，深入吉强、兴隆、平峰、震湖等乡镇开展专项督查督导12次，提交督查通报12篇，积极协助县委、县政府掌握情况、查找问题，推进重点工作落实。集中开展25项协商议政活动，坚持把改进调查研究作为提升整体履职水平的切入点，对具体问题把脉、诊断、开方环环相扣，调研、协商、监督相互贯通，努力增强建言深度和实效，切实发挥了政协组织在服务中心工作中的参与助力、凝心聚力、牵线搭桥、扩大共识的作用。

【深化联络】 积极配合全国政协和区、市政协对西吉县脱贫攻坚、葫芦河流域综合治理、特色产业发展、全域旅游发展、非公有制经济发展、农村生活垃圾处理等重点工作开展视察、调研和提案督办15次。配合区、市政协分别在西吉县开展“移风易俗助推脱贫攻坚”文化会演、种植养殖实用技能培训等活动5次。配合山东省政协、中卫市政协、海原县政协等区内外省、市、县政协考察组对西吉县精准脱贫、马铃薯主食化发展、休闲农业、优质农产品供给与质量安全监管等工作专题考察13次，全面加强了与兄弟政协的沟通联系，在营造良好的发展氛围方面做出不懈努力，有力地宣传西吉、推介西吉，展示西吉县近年来在经济社会各方面取得的成就。

【考察学习】 先后派出考察学习组赴山东省、甘肃省“两县一区”、东北三省考察政协工作、职业教育发展情况、非公企业发展情况、特色农业。通过考察学习，促进了交流、增长了见识、扩大了影响、树立了形象，并及时形成了高质量的考察报告3篇，在加强交流、宣传西吉的同时为进一步改进各项工作提供了借鉴和参考。

【自身建设】 县政协常委会始终把自身建设作为基础工程，着力加强，努力推进，政协工作的科学化水平不断提高。一是切实改进作风，认真落实全面从严治党的部署要求，加强思想政治建设，提高政治站位，严守政治规矩和政治纪律，持续改进工作作风。强化委员学习培训，完善委员履职服务管理办法，健全委员联络制度，激发委员履职热情，发挥委员主体作用。充分发挥专委会在政协工作中的基础性作用，健全专委会与界别联系互动机制，加强与有关部门的对口联系，建立界别活动的激励机制和交流机制，完善界别活动的办法，加强对界别活动的组织、协调、服务工作，增强政协工作活力。巩固“两学一做”学习教育成果，切实加强机关干部队伍建设，严格执行“三会一课”、民主生活会等制度，不断提高机关干部政治素质和业务能力，为政协委员履行职能提供优质服务和可靠保障，展现政协组织新风貌、树立政协组织新形象。二是加强委员基层联系点建设，开展区、市、县三级政协委员基层联系点活动，将区、市、县三级政协委员基层联系点建设作为政协委员深入基层一线、密切联系群众、发挥主体作用的主要平台，结合视察调研及委员小组活动等载体，在偏城、兴隆、震湖等8个乡（镇）联系点和农牧、教育、卫计、扶贫等9个部门联系点开展活动，组织界别委员围绕基础提升、产业升级、社会治理、致富带头人培育等课题开展协商活动，围绕社会关注、群众关心的热点、难点问题开展调查研究，凝聚智慧服务发展，为深化平安西吉建设搭建了多途径畅通社情民意表达的渠道。三是机关建设进一步加强，以推进“两学一做”学习教育常态化制度化为载体，结合全县干部作风大整顿，切实加强机关干部队伍的政治建设、思想建设、组织建设、作风建设和纪律建设。进一步完善学习、办文、办会、档案管理、考勤等工作制度，坚持“三会一课”、民主生活会、组织生活会制度，认真落实谈心谈话制度，通过开展专题辅导、座谈研讨、交流发言、讲党课等多种形式的学习活动，结合工作实际锤炼党性，更加坚定理想信念。坚决贯彻中央八项规定精神和区、市、县关于党风廉政建设的各项规定，在履职尽责中改进工作作风，进一步提升机关干部职工的政治素养、理论水平和服务能力。

政协会议

【重要会议】 县政协十一届二次主席（党组）会议。2017年1月5日，县政协召开十一届二次主席（党组）会议。会议讨论了2016年度县政协机关人事考核事宜，研究了关于进一步完善工作制度和规范办文办会程序相关事宜。

县政协十一届三次主席（党组）会议。2017年2月20日，县政协召开十一届三次主席（党组）会议。会议传达学习了中纪委十八届七次和区纪委十一届八次、市纪委四届二次、县纪委十四届二次全会精神及全县2016年效能目标管理考核暨政法、组织、宣传、统战工作会议精神，安排部署了县政协2017年第一季度专题调研相关事宜和2017年度精准脱贫帮扶相关事宜，审议《政协西吉县第十一届委员会委员履职情况考评（暂行）办法（讨论稿）》。

县政协十一届四次主席（党组）会议。2017年3月16日，县政协召开十一届四次主席（党组）会议。会议由县政协主席、党组书记马天英主持。党组副书记、副主席刘东海，副主席宋兆吉，党组成员、副主席李西平，党组成员、副主席张国义，党组成员、办公室主任李萧参加会议。专门委员会主任靳毅、李保、马云青和专门委员会综合办公室主任马秀红、办公室副主任田浩江列席会议。会议传达学习了中共办公厅印发《关于加强和改进人民政协民主监督工作的意见》和《自治区政协2017年协商工作计划》(办公室传达),审议县政协第十一届委员会第一次常委会议日程(草案),审议了2017年第一季度五个调研报告《关于全县抗旱与春耕生产工作的调研报告》《关于全县农村公路管理养护与城乡客运一体化运营工作的调研报告》《关于全县城市建设工作的调研报告》《关于白崖乡半子沟村移民安置工作的调研报告》《关于全县职业教育和学前教育工作的调研报告》。

县政协十一届五次主席(党组)会议。2017年4月26日,县政协召开十一届五次主席(党组)会议。会议听取了县政协考察组关于赴山东省考察学习政协工作和职业教育发展情况的汇报,安排部署了县政协2017年第二季度视察相关事宜。

县政协十一届六次主席(党组)会议。2017年6月1日,县政协召开十一届六次主席(党组)会议。会议传达学习了《关于进一步加强和改进人民政协民主监督工作的实施意见》(固党办发〔2017〕38号)和《关于进一步加强人民政协提案办理工作的实施意见》《关于进一步加强市政协意见建议办理反馈工作的意见》(固党办发〔2017〕39号)及中央及区、市、县关于推进“两学一做”学习教育常态化制度化会议精神,安排部署县政协机关推进“两学一做”学习教育常态化制度化工作,审议了《关于赴山东省考察学习的报告》和2017年第二季度4个视察报告《关于我县法院工作的视察报告》《关于我县检察院工作的视察报告》《关于全县精准脱贫工作的视察报告》《关于全县文化旅游发展工作的视察报告》,审议了县政协第十一届委员会第二次常委会议日程(草案),安排部署了全县重点工作督查材料完善工作和精准脱贫结对帮扶工作相关事宜。

县政协十一届七次主席(党组)会议。2017年8月2日,县政协召开十一届七次主席(党组)会议。会议安排部署了县政协2017年第三季度视察相关事宜。

县政协十一届八次主席(党组)会议。2017年9月4日,县政协召开十一届八次主席(党组)会议。会议审议了2017年第三季度4个视察报告《关于全县交通重点项目建设工作的视察报告》《关于全县林业生态建设工作的视察报告》《关于全县本土企业发展的视察报告》《关于全县基层卫生计生服务能力建设工作的视察报告》,审议县政协第十一届委员会第三次常委会议日程(草案)。

县政协十一届九次主席(党组)会议。2017年10月16日,县政协召开十一届九次主席(党组)会议。会议传达了市政协提案办理工作经验交流座谈会精神,审议了《关于赴东北三省考察学习的报告》,安排部署了县政协2017年第四季度专题调研相关事宜和县政协委员提案督办相关事宜及县政协十一届二次全体会议常委会工作报告、提案工作报告、2018年度协商工作计划等材料的筹备相关事宜。

县政协十一届十次主席(党组)会议。2017年11月14日,县政协召开十一届十次主席(党组)会议。会议传达学习了中共十九大精神,审议了2017年第四季度4个调研报告《全县劳动力素质提升工程实施情况的调研报告》《全县食品药品安全监管工作的调研报告》《全县饮水安全工作的调研报告》《全县养老服务体系建设工作的调研报告》,会议听取并审议县政协提案督办组《关于对县政协十一届一次全体会议提案督办检查的报告》,研究《关于召开县政协提案征集座谈会的工作安排(讨论稿)》。

县政协十一届十一次主席(党组)会议。2017年12月15日,县政协十一届十一次主席(党组)会议。会议审议了在政协西吉县第十一届委员会第二次全体会议上的工作报告(讨论稿),在政协西吉县第十一届委员会第二次全体会议上的提案工作报告,《政协西吉县第十一届委员会2018年度协商工作计划（讨论稿）》《西吉县政协2018年工作计划及责任分工（讨论稿）》，县政协十一届二次全体会议程序性材料，审议了中国人民政治协商会议西吉县第十一届委员会第二次全体会议征集提案目录（讨论稿），审议县政协第十一届委员会第五次常委会议日程（草案）。

县政协十一届十二次主席（党组）会议。2017年12月23日，县政协十一届十二次主席（党组）会议。会议通过了《政协西吉县委员会2018年协商工作计划（草案）》《政协西吉县第十一届委员会提案审查委员会关于十一届二次全体会议期间提案审查情况的报告（草案）》《西吉县政协十一届委员会第二次全体会议决议（草案）》，提交常委会议审议。

县政协十一届一次常委会议。2017年3月20日，县政协十一届一次常委会议在县政协五楼会议室召开。会议传达学习了全国“两会”精神；听取了县人民政府关于全县抗旱与春耕生产、农村公路管理养护与城乡客运一体化运营、城市建设、白崖乡半子沟村移民搬迁、职业教育和学前教育工作的情况通报，审议通过了县政协调研组《关于全县抗旱与春耕生产工作的调研报告》《关于全县农村公路管理养护与城乡客运一体化运营工作的调研报告》《关于全县城市建设工作的调研报告》《关于白崖乡半子沟村移民搬迁的调研报告》《关于全县职业教育和学前教育工作的调研报告》《政协西吉县委员会委员履职情况考评办法（暂行）（草案）》。

县政协十一届二次常委会议。2017年6月5日，县政协十一届二次常委会议在县政协五楼会议室召开。会议传达学习了中共中央政治局常委、全国政协主席俞正声到宁夏视察重要讲话精神及自治区党委书记石泰峰到西吉县调研精神；听取了县人民政府关于全县精准脱贫、文化旅游发展工作和法院、检察院关于西吉县法院、检察院工作的情况通报；审议通过了县政协考察学习组《关于赴山东省考察学习的报告》和县政协视察组《关于我县法院工作的视察报告》《关于我县检察院工作的视察报告》《关于全县精准脱贫工作的视察报告》《关于全县文化旅游发展工作的视察报告》。

县政协十一届三次常委会议。2017年9月6日，县政协十一届三次常委会议在县政协五楼会议室召开。会议听取了县人民政府关于全县交通重点项目建设、林业生态建设、本土企业发展、基层卫生计生服务能力建设工作的情况通报；审议通过了县政协视察组《关于全县交通重点项目建设工作的视察报告》《关于全县林业生态建设工作的视察报告》《关于全县本土企业发展的视察报告》《关于全县基层卫生计生服务能力建设工作的视察报告》。

县政协十一届四次常委会议。2017年11月15日，县政协十一届四次常委会议在县政协五楼会议室召开。会议传达学习了中共十九大精神；听取了县人民政府关于全县劳动力素质提升工程实施、食品药品安全监管、饮水安全、养老服务体系建设工作的情况通报及《关于县政协十一届一次全体会议委员提案办理工作的情况通报》；审议通过了县政协调研组《关于全县劳动力素质提升工程实施的调研报告》《关于全县食品药品安全监管工作的调研报告》《关于全县饮水安全工作的调研报告》《关于全县养老服务体系建设工作的调研报告》和县政协提案督办组《关于县政协十一届一次全体会议提案督办检查的报告》及县政协考察学习组《关于赴东北三省考察学习的报告》。

县政协十一届五次常委会议。2017年12月17日，县政协十一届五次常委会议在县政协五楼会议室召开。会议审议通过了县政协十一届委员会常务委员会工作报告（讨论稿）、提案工作报告（讨论稿）、中国人民政治协商会议西吉县第十一届委员会2018年度协商工作计划（草案）

和县政协十一届二次全体会议程序性材料（讨论稿），通过了有关人事任免事宜。

县政协十一届六次常委会议。2017 年 12 月 23 日，县政协十一届六次常委会议在县政协五楼会议室召开。会议听取了各小组召集人汇报参会人员参加会议情况和分组讨论情况，通过了政协西吉县委员会 2018 年度协商工作计划（草案）、政协西吉县第十一届委员会提案审查委员会关于十一届二次会议期间提案审查情况的报告（草案）、政协西吉县第十一届委员会第二次全体会议决议（草案）。

县政协十一届二次全体会议。2017 年 12 月 20—23 日，中国人民政治协商会议西吉县第十一届委员会第二次全体会议在西吉县会议中心召开。应参会委员 182 人，实到委员 173 人。会议听取和审议了马天英和张国义代表政协西吉县第十一届委员会常务委员会向大会所做的《政协工作报告》和《提案工作报告》。会议期间，全体政协委员列席了西吉县第十七届人民代表大会第二次会议，听取并协商讨论了《政府工作报告》和其他报告。会议审议通过了政协西吉县第十一届委员会提案审查委员会关于十一届二次会议期间提案审查情况的报告、中国人民政治协商会议西吉县第十一届委员会 2018 年度协商工作计划和政协西吉县第十一届委员会第二次全体会议决议。本次会议，共收到委员提案 110 件，立案 24 件，最终确定重点提案 8 件、提案 16 件。市委常委、县委书记马志宏，县政协主席马天英在闭幕大会上作重要讲话。

（田浩江）

纪检监察

【概　况】 县纪委监察局2017年有工作人员22人，行政编制18人，工勤编制4人，内设宣教政研室（办公室）、党风政风监督室、案件审理室、纪检监察一室、纪检监察二室、案件监督管理室（信访室）6个副科级室。2017年12月24日，在县十七届二次人代会上选举产生了县监察委员会主任，并由县监察委员会主任向人大常委会提名，任命县监察委员会副主任、委员，成立县监察委员会，完成挂牌，同时撤销县监察局。西吉县纪委、监委是党统一领导下的反腐败工作机构，党的纪律检查委员会、监察委员会合署办公，履行纪检、监察两项职责，实行一套工作机构、两个机关名称，共同设立办公室（宣教政研室）、党风政风监督室、信访室、案件监督管理室、第一至第三纪检监察室、案件审理室8个副科级室，实有工作人员32人，行政编制28人，对各室人员进行了设岗定责，监督执纪人员占78.1%。

【从严治党】 2017年2月9日召开了县纪委十四届二次全会，安排部分乡镇、部门党组织负责人在县纪委全会上述廉述职。认真落实《中共西吉县委员会关于推进全面从严治党若干问题的意见》《贯彻落实区、市党委〈关于推进全面从严治党若干问题的意见〉任务分工方案》《西吉县党政领导干部问责问效暂行办法（试行）》，通过抓签字背书、建立“三个清单”，落实“三级同述”“三级包抓”机制，狠抓基层党委、纪委“两个责任”落实。对主体责任落实不力的4名乡镇党委、纪委书记进行约谈，对全县落实全面从严治党开展督查检查，共下发各类通报8期，通报县乡村单位组织40个次、通报68人。

【监督检查】 加强对贯彻落实中共十九大，自治区第十二次党代会，市委四届二次、三次，县委十四届三次全会各项决策部署情况的监督检查，确保政令畅通。廉政意见回复620人，召开廉政专题学习、谈话会101场次，举办廉政教育专题讲座42期。发放《捍卫脱贫攻坚》《坚守纪律底线》警示录1000多本，发放《六盘清韵》《固原市落实全面从严治党文件汇编》240本。通报典型问题8期32例37人。开展“抵制腐败·共享和谐”基层党风廉政建设警示教育活动，党员干部纪律规矩意识明显增强。

【纪律审查】 全县纪检监察机关共受理信访举报288件次，处置问题线索177件次，初核169件次，谈话函询8件次，了结85件次，立案103件，结案102件，给予党政纪处分99人；同比分别增长100%、70.19%、65.69%、300%、54.55%、92.23%、100%、63.93%。问责处理52人，移送司法机关3人，同比减少200%。19个乡镇办案63件，同比上升384.6%，消除乡镇执纪办案“空白点”。

【扶贫领域】 深入开展查处涉农扶贫领域腐败问

2017 年 12 月 24 日，县监察委员会举行揭牌仪式

题专项行动，对 2016 年的 144 件问题线索复核 16 件。协助县政府在全县 296 个行政村全面推开“331”监管机制，8 个涉农部门项目资金信息纳入平台管理，项目备案 56 项，项目审核 51 项，发布政策 49 条，回复咨询 3120 人次，受理投诉 34 件；安装手机客户端 69591 人次，访问量逾 20 余万人次。自查自纠涉农扶贫领域问题 11 个，问题线索 10 件。县纪委查处涉农扶贫领域问题 74 件，给予党政纪轻处分 74 人、移送司法机关 2 人。问责 27 人。

【落实中央八项规定精神】 认真贯彻县委《关于深入贯彻中央八项规定精神进一步加强和改进领导干部作风建设的若干意见》，开展落实中央八项规定精神“回头看”，紧盯节日、节点，开展各项监督检查 9 轮次，实现 19 个乡（镇）和 70 多个部门（单位）督查全覆盖，下发纪律检查建议书 3 份，督办函 8 份，立案 1 起，组织处理 3 人。追缴违规违纪资金 2.44 万元。协助县委开展全县干部作风大整顿活动、整治干部作风优化发展环境活动和“督查干部作风，严肃工作纪律”专项行动，开展督查 15 轮次，通报 4 次，开展违规公款购买消费高档白酒问题专项整治，对大操大办婚宴等重点事项备案监管，登记干部个人事项报备 21 人。约谈问责不作为、工作作风不实、履责不力干部 22 人，给予党纪处分 5 人，下发通报 2 期。组织处理 14 名涉赌公职人员。

【巡察工作】 制定《西吉县委巡察办法（试行）》，成立了县委巡察工作领导小组和由 2 个县级领导担任组长的巡察组，分 2 组对 15 个乡镇进行了巡察。县委多次听取巡察工作汇报和研究部署巡察工作，向县委提交《巡察报告》15 份，巡察累计召开动员、反馈会 26 次，个别谈话 780 人次，受理来信来访 22 人次，督促整改问题 227 个，移交问题线索 7 件。派出 5 人工作组配合市纪委开展交叉巡察，督促各相关乡镇抓好巡察反馈问题整改。

【队伍建设】 召开了全县执纪审查工作会，对《监督执纪规则》进行研读学习；结合“两学一做”教育常态化、制度化活动，组织纪检干部认真学习中共十九大精神和习近平新时代中国特色社会主义思想。选派干部 90 多人次参加了中央和区、市纪委组织的各类培训；组织全县纪检监察干部学习观摩盐池县和平罗县的先进经验；各乡镇纪委书记分管工作已全部调整到位；全县划分为 5 个协作片区，县纪委常委挂任片区主任，利用市纪委拨付的 10 万元经费和县财政配套的经费，为每个片区配备了一套便携式打印机、计算机等办案设备，为片区办案提供了基本保障。

（*田彦龙*）

法 治

政法委及综治

【概　况】中共西吉县委政法委员会是中共西吉县委领导管理全县政法工作和社会治安综合治理工作的组织机构，内设政法委办公室、综合治理办公室、国家安全领导小组办公室。2017年，全县政法综治工作在县委、县政府的坚强领导和区、市政法综治部门的大力支持指导下，以社会治理工程为引领，紧盯平安建设四项约束性指标和综治责任落实，奋力推进平安建设争先进单位，圆满完成各项工作任务，社会治安形势明显好转，公众安全感调查名列全区22个县（市、区）第二位，为全县发展营造了和谐稳定的社会环境。在全区综治（平安建设）年度考评中排名全区第二名、山区8县第一名，被评为全区综治工作（平安建设）考核优秀等次、2017年度全区平安县。

【规范化建设】大力推进乡镇综治中心规范化建设，整合综治、信访、禁毒和司法行政人员常驻中心。依托矛盾纠纷排查化解和信访信息系统，开展矛盾和信访问题统一受理、统一分流、联动调处，初步建立了"预警研判、受理分流、工作联动、管理考核"四项机制，切实将工作做在平时平常。县综治办投入50余万元为19个乡（镇）配备了计算机、桌椅、文件柜，规范了各项规章制度。县政府将乡镇综治中心运行经费和矛调工作经费按照人均3元的标准纳入县财政预算中，建立动态增长机制，实现了乡镇综治中心实体化运行。

【矛盾化解】立足抓早、抓小、抓细、抓实，扎实开展矛盾纠纷排查化解专项行动，着力压实排查化解两个责任，推进矛盾纠纷排查化解常态化、制度化。各乡镇将矛盾问题排查、化解关口前移，全面推行村级"联合办公日"，面对面了解群众诉求，点对点化解矛盾问题，将大量矛盾问题化解在基层一线。着力推动矛盾纠纷排查化解信息系统规范运行，做到应录尽录，实现排查、化解、统计、督办、反馈可查询、可追溯、可跟踪、可评价。2017年，全县共排查调处各类矛盾纠纷3157件，化解3069件，化解成功率达97.2%；群众来访总量下降明显，件次、人次同比分别下降56%、60%，切实维护了群众合法权益。

【社会治安】以综治和平安建设"十项重点""十项深化"工作为抓手，扎实开展命案防控和预防打击"两抢一盗"、电信诈骗、道路交通安全等专项治理，确保社会大局稳定。加强对已侦破命案的分析研判，加大命案侦破力度，建立命案防控机制，命案多发势头得到有效遏制。深入开展治安重点要害部位的清查整治，严格管控重点人员，落实巡逻责任制，深挖案件线索，"两抢一盗"侵财案件较上年度明显下降。加大技防设施建设力度，着力打造公安“警务微社区”，突出法制教育与安全防范知识宣传相结合，预防和减少违法犯罪的发生。2017年，全县共发生命案4起，同比下降20%；立刑事案件458起，同比下降29.6%，其中八类刑事案件10起，同比下降56.5%；立治安案件1028起，同比下降9.4%。特别是刑事案件破案率高达78%，同比提升49个百分点，位居全区前列，社会治安综合治理取得新进步。

【重要会议】 2月27日，县委副书记、政法委书记、综治委主任张亚萍主持召开全县社会治安综合治理委员会全体委员（扩大）会议，会议通报2016年全区平安建设考评情况、全县政法综治信访维稳形势和《关于2016年度综治（平安西吉建设）工作考评结果运用的通报》，讨论《2017年综治（平安西吉建设）工作要点》，对乡镇综治中心建设进行了全面安排部署。张亚萍就做好2017年全县综治（平安建设）工作提出几点要求：一要明确平安建设任务，狠抓贯彻落实；二要注重源头治理，狠抓命案防控；三要深入排查纠纷，做实矛盾问题化解工作；四要强化管理，严格信访责任落实；五要全面贯彻落实好全国、全区信访突出问题视频会议精神，确保全国两会期间社会和谐稳定。

8月4日，召开全县基层政法干警“大走访大化解大转变”活动启动会。县委常委、公安局局长李平对活动进行了全面安排部署，“两所一庭”代表作了表态发言，县委副书记、政法委书记张亚萍作了动员讲话。各乡镇党委副书记、政法部门负责人，基层法庭庭长、公安派出所所长、教导员，司法所所长参加了会议。会议由县委常委、政府副县长梁秋明主持。张亚萍就如何开展好本次活动提出了明确要求：一要肯定成绩、立足实际，切实增强抓好活动的责任感和使命感；二要突出重点、真访实调，着力把活动各项任务要求落到实处；三要加强领导、狠抓督

2017年3月9日，政法委常务副书记、综治办主任周玉平主持召开2月矛盾纠纷排查调处工作例会

查，确保活动成果实现最大化。

9月27日，召开全县综治信访维稳工作推进会。县领导张亚萍、马保师、李平、马宗正、马桂英、李西平出席会议，各乡镇党委书记和县综治委成员单位主要负责人参加会议。会议由县委常委、政府常务副县长马宗正主持。会议通报了全县综治信访维稳形势，对全县信访维稳工作进行了再安排再部署。张亚萍就做好下一步工作提出了明确要求：一要牢固树立第一责任意识，进一步增强做好综治信访维稳工作的紧迫感；二要紧盯重点工作落实，全力维护政治社会大局安全稳定；三要切实加强组织领导，合力推动各项措施落实。

（何建智）

公 安

【概 况】 县公安局核定编制289人，全局现有在职在编民警280人，事业编制53人，工勤人员1人，专业士官19人，协勤207人。按照公安机关机构设置规范，现设有局长1名，政委1名，副局长4名，党委委员2名；公安局内设3个综合管理机构、8个执法勤务机构、19个派出所和2个监管场所（看守所、拘留所）。2017年，西吉县公安局被全国妇联授予全国维护妇女儿童权益先进集体，国保大队被公安部授予全国公安优

秀基层单位，在全市公安机关目标管理考核中，县公安局名列第一位。

【安保工作】 进一步统一思想，以中共十九大、中阿博览会安保维稳工作为中心，着力下好先手棋，打好主动仗。全面启动一级勤务机制，兴隆、田坪公安检查站实行24小时100%检查制度；突出预警机制，实行"每日一研判、每日一通报"，共搜集各类情报信息103条；强力打击刑事犯罪，中共十九大安保期间共立刑事案件180起，破172起，破案率为95.6%；盯紧看牢重点人员，成立涉访重点人员稳控工作机制，对全县29名重点涉访人员实施精准管控，定时见面、定时报告；组织排查涉众型经济案件受损人员不稳定因素，核查涉稳人员100余名，落地核查公安厅指令20起。举全警之力，集全警之智，以最高标准、最严举措，实现了自治区党委书记石泰峰提出的"三个绝不出现""四个确保"及上级公安机关提出的"五个严防""三个不发生"要求，圆满完成了中共十九大及中阿博览会等系列安保维稳任务，受到了县委、县政府及上级公安机关的充分肯定。

【维护稳定】 2017年，开展反邪教集中宣传活动5次，发放宣传资料25000余份，手提袋3700余个。全年共调处各类矛盾纠纷4790起，接访、稳控信访重点人172人次。随着全县"4156"战略目标的加快推进，在棚户区改造、西会高速公路、将台堡红色小镇等建设中，一些人员为恶意套取高额补偿，乱搭乱建、串联滋事、阻工上访闹事等情况时有发生。县公安局按照县委、县政府要求，提前谋划，尽早介入，对各类违法行为依法坚决予以打击。特别是在西会高速建设中，主要领导亲自指挥，依法妥善处置了吉强镇高同村麻地沟组妨害公务案件，对串联组织及以跳楼、自杀等方式妨害公务的7名违法人员依法采取刑事强制措施。2017年，共打击处理扰乱施工秩序、阻碍执行职务等违法犯罪行为70余起，治安拘留违法行为人68人，刑事处理13人。同时，按照"强化宣传、排查矛盾、依法办事、确保稳定"的工作原则，全力保障"村两委"换届选举工作。其间，共出动警力2000余人次、排查化解涉及村"两委"换届矛盾纠纷900余件，查处各类扰乱、破坏村"两委"换届秩序案件9起，行政拘留违法人员50人，批评教育300余人。

【打击犯罪】 2017年，全县共立各类刑事案件458起，破359起，破案率78.4%，破案率同比提高28.8个百分点，高于全市14个百分点；共立八类案件10起，破案率100%，立案数较上年同比下降54.5%；4起现发命案全部侦破；共立各类侵财案件357起，破272起，破案率76.2%，侵财类案件与上年同期相比，破案率上升37.7%，发案数下降32.3%，侵财类案件占全部刑事案件总数同比下降3.1个百分点，真正实现了以打促防；共破获毒品刑事案件1起，逮捕4人，缴获毒品冰毒总计2.59克；查处吸毒人员77名，收戒吸毒人员29名，抓获在逃犯罪嫌疑人1名；共立案侦查经济犯罪案件13起，侦破9起，共收缴假币18200元。特别是对西吉县1500余名"善心汇""E租宝"涉案人员，逐一落实管控措施，并对1名重点人员进行刑事处理，确保全县经济领域平稳。

【刑事工作】 充分认识刑侦基础工作对侦查破案的支撑作用，紧紧围绕"现场必勘、质量必保、鉴定必准"的目标，扎实做好刑侦基础信息采集工作。全年共勘验案件现场653起，提取指纹58枚，提取足迹195枚；共采集指纹信息2268份，DNA信息6318份。

【公安"新成员"】 县局经多次论证协调，在区厅的大力支持下，依托保安公司，投资200余万元，新建了1000多平方米的警犬基地，从区厅申请警犬4只，租用特种犬4只，安排4名训导员前往公安部南京警犬研究所开展了3个月的学习培训。基地投入使用后，对进一步提高反恐处突、打击犯罪能力、禁毒破案具有重大意义。

【治安防控】 进一步提高巡防专业化队伍快速反应和驾驭社会治安局势的能力，将战训队、吉强所巡防队、交巡警与等级化动态勤务机制有机结合，抽调40名新招录辅警充实到战训队，加强了专业巡防力量建设。充分发挥视频监控在社会治安防控中的“天眼”作用，统筹各方资源，将宾馆、网吧等重点行业场所视频监控接入公安系统，同时加强电子围栏、无线网络等中间环节管理。通过不断完善人防、物防、技防，构建了立体化治安防控网络，全县社会治安防控能力得到了有效提升，刑事案件发案数较2016年下降29.6%，治安案件下降9.4%。

【重点地区整治】 将群众反映强烈的重点地区、重点问题作为整治重点，全年共查处赌博案件34起，拘留84人，采取刑事强制措施6人，收缴赌资30.1万元。加大对旅馆、寄递物流、加油站、娱乐场所、网吧等重点场所管理，落实实名登记、实名上传、实名验视、人证对照。对民爆物品、剧毒化学品、涉枪从业单位等重点单位、重要部位开展经常性安全大检查、大整治，落实监管责任。2017年，共检查网吧245家次，对不按规定经营的12家网吧给予10万余元的行政处罚；检查旅馆业2000家次，对13家没有实名登记的旅馆业进行行政处罚；检查内部单位11000家次、商业网点5000家次，发现整改安全隐患550处。

【社区警务】 将农村社区警务建设作为社会治安防控的重要环节，认真学习“侯金知”先进经验，充分利用“互联网+”模式，在全县共建立10个警务室和276个警务联系点，在各行政村、居委会及重点行业全部建立微警务群近400个，按照一个民警承包2—3个村的模式，共投入社区警力98人，有效提升了防范、管理和服务职能。硝河派出所、吉强中街警务室经验做法先后受到区、市公安机关领导的肯定。

【“一标三实”采集】 积极适应新形势新任务对治安管理工作提出的新要求，大力推动治安管理基础工作信息化，按照上级公安机关提出的“人人能录入、个个会采集”目标要求，县公安局立足实际，制定方案，邀请工程师对全体民警、辅警进行集中培训。2017年，全局共采集、录入标准地址81254条、实有房屋39685条、实有人口136054条、实有单位314条，在基础信息采集过程中，共抓获在逃人员2人，破获赌博案件2起，抓获吸毒人员2人，化解各类矛盾纠纷456起。

【人口管理】 认真贯彻落实县人民政府《关于进一步推进户籍制度改革意见》和《西吉县流动人口服务管理工作实施意见》，稳妥推进户籍制度改革和居住证制度“双落地”，认真开展“户口清理整顿”，全年共清理重户25人，清理应销未销户口32人，纠正户口登记项目差错42个，全年共登记出生入户9331人，死亡注销3690人，办理二代身份证85602证，办理临时身份证4202证，办理出入境护照1009件。积极配合政府做好县内、县外生态移民户口管理工作和廉租房、公租房、高考学生户籍审核工作。共审核劳务移民425户1002人，审核高考学生户籍5229人，审核失地农民养老保险申请人户籍信息2100户11258人。

【警务建设】 创新警务实战化机制，推行等级化动态勤务模式，在完善“轮训轮值、战巡合一”的基础上，不断加强专业化巡防力量建设，安排40名新招录辅警充实到战训队，重点围绕维稳处突、打击犯罪、治安防范三项任务，持续深化警务实战机制，延伸巡防触角，有效提升了群众安全感和满意度。2017年，共举行反恐演练4次，举办“轮训轮值·战训合一”培训班26期，参训民警达500人次，共投入巡防警力1900余人次，圆满完成重大会议、重要时段安保维稳任务。

【执法规范】 认真开展受立案监督和刑事案件“两统一”工作，共审核提请逮捕案件88案122人，审核移送起诉刑事案件159案196人，起诉

2017 年 10 月 21 日，县委常委、公安局局长李平（右三）督导检查田坪公安检查站工作情况

率 100%。严格落实执法全过程记录工作制度和“四个一律”“六个杜绝”规定。认真落实行政机关负责人出庭应诉和民警旁听庭审规定，落实公检法联席会议制度。持续开展执法示范单位创建工作，吉强派出所、刑事侦查大队等 5 个执法所（队）被评为 2017 年市级执法示范单位。认真开展积案清理化解工作，共清理刑事案件 215 件，清理率 90.72%；清理行政案件 681 件，清理率 83.76%。在局机关及交管大队、吉强派出所建成了涉案财务可视化管理平台，完成了交警大队及新营、震湖派出所办案区智能化改造，通过行之有效的举措，全局执法质量稳步提升。

【队伍建设】 建立常态化的督导督察机制，共编发警示通报 2 期，对违纪问题“零容忍”，坚持“一案双查”。建立上下联动、齐抓共管的党建责任体系，建立局领导班子成员分片包干抓党建责任制，将 12 个党支部分片包干，局领导每季度深入基层调研指导，解决问题．推进工作。认真落实“三会一课”、民主生活会、党员教育管理、“两个主体”责任等各项工作制度。从关爱民警出发，落实民警公休假、体检等制度，切实把从优待警措施落到实处。坚持因公受伤民警和住院民警局领导登门慰问制度，看望慰问民警、辅勤及离退休民警及其亲属 81 人次，发放慰问金 52500 元；筹资 48 万元对全局民警、辅警及离退休人员进行了体检。举办了第十一届“警营文化杯”篮球运动会、庆“三八”及“迎接十九大·忠诚奉献保平安”为主题的演讲比赛等系列警营文化活动。招录事业编制警察 53 人，招录辅警 75 人，增加了一名副局长职数，配齐配强了局领导班子，进步加强了公安队伍建设。

【交通安全】 全年共查处各类交通违法行为 44377 起，其中无证驾驶 668 人，酒后驾驶 94 起，行政拘留交通违法人员 121 人。狠抓道路交通基础设施建设，全方位开展道路交通隐患治理，在县城各学校门口等重点路段施划震荡减速带 5200 多平方米，申报安装信号灯、电子警察 4 处。按照“主体在县、管理在乡、延伸到村”模式，全县 19 个乡（镇）全部成立交管站，在各行政村全部建立交通劝导站，完成了“两站两员”目标任务。积极投身“蓝天保卫战”工程，共淘汰黄标车 205 辆，注销老旧车辆 9726 辆，查处影响环境安全的交通违法行为 1968 起。多角度开展道路交通安全宣传教育，广泛利用“互联网 +”模式，依托宁夏交通安全周刊、“西吉交警”等媒体开展道路交通安全教育活动，共播放公益交通安全宣传专题片 6 部，利用手机短信平台发布预警信息 65 次 45 万余条，集中曝光违法车辆 6 次，举办安全学习班 39 场次，在各乡镇、校园、宗教场所集中宣传 154 场次。

【消防安全】 以中共十九大、中阿博览会消防安全保卫战为重点，按照“三个不发生”要求，部署开展了夏季消防检查、冬春火灾防控、高层建筑专项治理等系列整治活动。开展了消防安全“打非治违”专项行动，联合工商、质检、安监等部门，关闭和取缔非法加油站 4 家、加油点 13 家。共检查单位场所 1724 家，督促整改火灾隐患 1759 处，行政处罚 74 家，行政拘留 11 人，罚款 36.05 万元，对存在重大火灾隐患的一家场所提请政府挂牌督办。2017 年，全县共发生火灾 271 起，直接经济损失 23.47 万元，未发生人员伤亡火灾事故，全年火灾形势持续平稳。

【监所管理】 全年看守所共收押各类犯罪嫌疑人154人，通过审讯深挖破获刑事案件3起；拘留所共拘押786人，其中治安拘留681人，司法拘留105人。

【缉枪治爆行动】 扎实开展“疾风”“铁帚”专项行动，着力整治涉枪涉爆突出问题。2017年，共收缴非法自制土枪85支，射钉枪改造22支，管制器具34把；共立非法持有枪支案件14起，其中网络贩卖枪支案件3起，非法制造买卖枪支案件1起，非法持有枪支案件10起，采取刑事强制措施10人。

【基层保障】 按照“服务中心、服务基层、服务实战”的要求，加大基础设施建设和警务装备配备。“两所”及武警中队营房建设即将完工，兴隆公安检查站建成并投入使用；共投资143.41万元完成289部数字集群对讲机、12部车载台、5套基地台的采购配发工作；投资113.9万元建成合成作战室；投资74.8万元建成涉案财物可视化管理系统，投资99.24万元为4个基层所队新购了警务车辆，投资34.8万元对刑事技术室进行了升级改造，投资85.2万元对办公电脑、打印机、扫描仪、执法记录仪等装备进行了更新；投资25万元购置了吉强所、兴隆公安检查站枪弹库设备，同时完成了2018年拟新建的5个派出所的选址工作。严格落实各项财经纪律，进一步制定完善县局经费保障办法，确保各项财务制度规范运行。

（王　辉）

检　察

【概　况】 2017年县检察院被中央精神文明建设指导委员会授予“全国文明单位”先进称号，被固原市精神文明建设指导委员会继续确认为“固原市文明单位”，先后被自治区检察院、最高人民检察院授予“全区检察文化建设示范院”“全国检察文化示范院”，连续3年被评为“宁夏法治宣传先进单位”。共有11名干警获得市级以上奖励，其中2名干警选入全区青年检察人才库，3名干警撰写的论文在全市检察机关“绿色检察”研讨会上获奖，3名干警的书法摄影手工作品在宁夏检察机关书画摄影作品评比中获奖，2名干警被评为宁夏政法宣传工作先进个人，1名干警荣获固原市检察机关优秀公诉人三等奖。

【依法履职】 一是依法履行批捕起诉职能。一年来，共受理审查逮捕案件70件101人，同比件数上升20.69%，人数上升24.69%，其中批准逮捕52件70人，同比件数上升6.12%，人数持平，逮捕率68%。共受理移送审查起诉各类刑事案件145件191人，同比件数上升49.48%，人数上升39.42%，其中，受理本院自侦部门移送审查起诉案件7件12人，同比件数持平，人数上升9.09%。认真落实宽严相济刑事政策，对事实不清、证据不足、不构成犯罪或构成犯罪无逮捕必要的不批准逮捕20件33人，对犯罪情节轻微的3人作出不起诉决定。二是依法履行职务犯罪惩防职能。按照县委和上级检察机关有关反腐败斗争的部署和要求，坚持有腐必反，有案必查，继续深入开展“集中整治和预防扶贫领域职务犯罪专项工作”“查办和预防发生在群众身边、侵害群众利益的职务犯罪”等专项活动。共受理贪污贿赂案件线索17件，初查8件（7件为扶贫领域职务犯罪案件），立案侦查7件15人，同比件数持平，人数上升15.38%，挽回直接经济损失42万元；立案侦查渎职侵权案件2件2人。在面临监察体制改革人员转隶的形势下，保持检察队伍思想不散，查办案件节奏不变、力度不减，有力地震慑了犯罪。三是依法履行诉讼监督职能。继续深入开展“危害食品药品安全犯罪和环境保护犯罪立案监督”两个专项活动，办理立案监督案件8件9人，纠正漏捕1人，追诉漏犯9人、漏罪6起，书面纠正侦查违法行为17次。深入开展“基层民事行政检察工作推进年”等专项活动，办理各类民事行政检察监督案件70件，同比上升366%，案件结构优化，办案数量、质量大幅度提升，实现了民事行政多元化监督格局。开展“集中清理判处实刑罪犯未执行刑罚和财产刑执行专项检察”活动“回头看”，对县法院刑事裁判确定的192件291人涉财产刑执行案件进行检察监督，发出检察建议1份。针对刑事执行监管活动中存在的问题，发出纠正违法通知书6份，检察建议9份；办理羁押必要性审查案件12件12人；对全县176名社区矫正服刑人员的资料进行全面检查。固原市人大、西吉县政协对县人民检察院社区矫正检察监督工作进行专项检查并给予充分肯定，县检察院驻所检察室被最高人民检察院授予“二级规范化检察室”。

【脱贫攻坚】 一是开展扶贫领域专项工作，更好地服务全县脱贫攻坚。在严厉查处职务犯罪案件的同时，针对扶贫领域专项资金运行、制度建设等方面工作，开展预防警示教育。先后与县扶贫办、县发改局等9个单位联合制定并印发《关于对扶贫等重大工程建设项目实施同步预防监督的实施方案》，与县邮政公司联合制定并印发了《“预防职务犯罪+邮路”活动实施方案》，与县委组织部、县扶贫办联合组织扶贫领域一线干部，即村“两委”班子负责人、第一书记到检察院廉政警示教育基地参观学习，开展“以案释法”警示教育活动，受教育人次达到1300人次，既创新了预防职务犯罪形式，扩大了预防覆盖面，又强化了对扶贫重点领域、重点人、重点工程监督实效。紧盯扶贫资金安全，加强与财政、扶贫部门协作，抽调干警积极参与扶贫互助资金发放收缴使用以及金融扶贫贷款使用情况专项检查，开展精准预防，取得了良好效果。二是强化社会综合治理，服务保障改善民生。落实《西吉县2017年综治（平安建设）工作要点》，以“十项治理”和“十项深化”工作为抓手，深化“服务型窗口建设、矛盾问题排查化解、吸毒人员管控大收戒”三大专项行动。完善来信、来访、网络、电话、视频“五位一体”的控告申诉举报受理机制，畅通群众信访渠道，最大限度方便群众诉求。结合开展依法惩治“村霸”和宗族恶势力犯罪专项活动，有效排查化解各类矛盾纠纷，共受理控告申诉举报来信来访案件33件，做到件件有答复，案案有回音，确保群众满意。办理刑事申诉案件5件5人、司法救助案件2件2人，发放救助金5万元；维护未成年人合法权益，积极开展“法治进校园”专项活动，组织干警深入吉强、兴隆、将台堡等十余个乡镇（村）的137所中小学校（教学点），宣讲法治140课时，散发法治教材4万余册，受教育学生15000多人；依法严厉打击拒不支付劳动报酬的违法犯罪行为，对徐某某等3人以涉嫌拒不支付劳动报酬罪依法查处，既维护了农民工的合法权益，又防止了群体性上访事件发生；积极参与吸毒人员管控大收戒行动，批准逮捕贩卖毒品罪2人，起诉2人。践行“专业化法律监督+恢复性司法实践+社会化综合治理”绿色生态检察模式，强化生态环境资源保护检察监督，重点对河道非法采砂、马铃薯淀粉企业排污等损害国家利益、社会公共利益的行为进行监督，向相关行政机关发出检察建议督促依法履职32件。西吉县检察院社会综合治理工作由于成效突出，被自治区检察院检察长李定达批示肯定，在全区检察机关推广。三是积极参与脱贫攻坚，助推帮扶村脱贫销号。全面贯彻落实县委脱贫攻坚部署，坚持把脱贫攻坚工作与检察业务工作同部署、同落实、同考核，全员参与，精准帮扶，选派4名第一书记、4名工作队员驻村开展帮扶工作，组织全院61名干警，与4个帮扶村的305户建档立卡户结对帮扶，宣传精准脱贫惠民政策，制订精准脱贫产业计划，完善精准脱贫档案资料，协调解决脱贫疑难复杂问题。共组织干警千余人次深入帮扶村开展帮扶工作，院里挤出工作经费10万余元、协调财政项目资金10万元为帮扶村及建档立卡户解决实际问题。深化火石寨元咀村依法治理暨“三无村”创建工作，协调信用社、电信、扶贫、农牧、财政、水务等部门为帮扶村建立金融扶贫示范点、解决危房危窑、整修基本农田、硬化村部院落、创建养牛示范村和互联网入户示范村等，全力助推脱贫攻坚。元咀村于2016年按期脱贫销号后，于2017年被固原市委、市政府表彰为“脱贫攻坚先进村”。

【规范检查】 一是坚持抓整改促规范。紧紧围绕高检院抽样评估我院工作反馈问题和上级检察院确定的规范司法存在的18个方面重点问题，持续加大案件质量评查、定期检查、不定期抽查、网上动态监控和通报督促整改工作力度，倒逼干警自觉规范司法行为。全年共评查已办结案件263件，发案件评查通报4期，针对存在问题，建立销号清单，全面督促整改，干警规范司法的思想自觉和行为习惯初步形成，办案质量和规范化执法水平明显提升。二是坚持抓制度促规范。落实案件受理一个窗口、查办案件看审录分离、全程同步录音录像、涉案财物规范管理、办案安全防范和办案风险评估预警等制度，制定精细化初查指引、办案流程规范、办案责任清单等机制。加强检律良性互动，建立健全律师预约、阅卷、查询台账等保障律师执业权利、推进规范文明办案的台账7项；依托统一业务应用系统和案件信息公开系统，设立律师接待QQ、网上预约、“西吉检察”微博公众号等新媒体平台，有效解决律师阅卷“空白”、“白跑”、推诿等突出问题，不断提高律师接待工作效率，得到了律师界“点赞”，《宁夏法治报》进行专题报道。三是坚持抓监管促规范。充分发挥业务管理部门作用，全面运行统一业务应用系统，规范案件受理，严格流程管控，强化动态监督。2017年通过统一业务应用系统受理各类案件273件294人。通过“一月一巡查一总结一通报”及案件管理月报机制，重点对案件受理的基本数据、法律适用、风险评估、文书制作与使用、案卡填录等进行巡查，对发现的不规范问题及时通报并督促整改，确保每一个办案环节都符合程序规范要求。实行案件即将到期提醒制、流程监控通报制，一年来，共向办案部门及承办人发案件即将到期提示58次、发流程监控通报11期、发送流程监控通知书22份，有效保障了规范司法。

【改革创新】 一是扎实推进司法体制改革。紧扣“选人、授权、明责”3个环节，积极开展检察人员分类管理、员额制检察官、内设机构大部制、检察官办案责任制、检察官职业保障制和省以下检察院人财物统一管理6项核心改革。按程序择优遴选19名业务水平高、司法经验丰富的检察官进入员额制检察官；全面推开内设机构大部制改革试点，完成人员分类管理定员定岗，制定检察官、检察辅助人员、司法行政人员责任清单，完成检察官及检察辅助人员单独职务序列套改工作，制定并完善绩效奖考核发放办法、机关效能目标管理考核办法，落实内设机构扁平化管理模式，入额检察官尤其是正副检察长、检察委员会专职委员一线办案制，“谁办案谁负责，谁签字谁负责”的案件质量终身负责制，实现了检察官权责利相统一，极大地提高办案效率和质量。完成了检察机关人财物统一上划自治区级管理改革。同时，提高政治站位，强化责任担当，坚决按照中央和区、市、县党委关于推进、深化监察体制改革试点工作的统一部署，积极配合、支持，及时完成拟转隶人员信息报送、案件线索梳理汇总和侦查设备清理移交工作，做好干警谈心谈话、思想稳定工作，确保监察体制改革试点工作在全县顺利推进。二是扎实推进诉讼制度改革。积极推进以审判为中心的诉讼制度改革和以客观性证据为核心的证据审查模式改革，引导侦查机关按照法庭审判证据标准，依法侦查、收集、固定证据，落实庭前会商机制和认罪认罚从宽制度，宽严相济，强化庭审指控、证明、揭露犯罪效果。落实修改后的《中华人民共和国民事诉讼法》《中华人民共和国行政诉讼法》，按照高检院和自治区检察院统一部署，制定实施方案，积极开展公益诉讼工作，组织干警考察学习借鉴公益诉讼先行试点检察院经验，开阔视野，理清思路，积极探索，拓展案源，着力推进公益诉讼取得实效。办理国有资产保护领域行政公益诉讼案件 1 件，发出督促履职检察建议 1 份。三是扎实推进涉法涉诉信访改革。坚持检察长接待日，推行视频接访，完善点名约访，探索开展律师代理和参与化解涉法涉诉信访案件，强化初信初访办理和积案化解。第一，坚持以规范化建设为重点，深化服务型窗口创建活动。制定了《关于进一步加强控告申诉举报接待大厅服务型窗口建设的实施方案》；建立"三个绿色通道"，即与信访部门建立信件相互移送"绿色通道"、与司法局建立涉法涉诉信访案件联动联调"绿色通道"、与公安部门建立打击极端访"绿色通道"。第二，有效开展矛盾纠纷排查化解工作和涉检信访维稳工作。严格落实司法办案风险评估预警机制，切实将不稳定因素消除在萌芽状态，妥善处置告急访、集体访 5 件，实现了全县在中共十九大召开等敏感时期涉检进京"零上访"。第三，与县纪委建立职务犯罪举报线索受理信息共享机制，有效化解举报类矛盾纠纷 68 件，有力保障了全县社会大局稳定。

【队伍建设】 立足正规化、专业化、职业化要求，坚持开展业务竞赛和岗位练兵活动，组织干警参加中央政法委、最高检和各级检察机关举办的业务培训讲座 132 人次，举办"业务大讲堂"，干警全员参加培训、考试和竞赛活动。通过各种形式的学习，涌现一批讲政治、懂业务、会办案的复合型人才，有 2 名干警选入全区青年检察人才库，为县检察院持续发展提供了人才保障。加强职业道德建设。教育引导干警努力践行社会主义核心价值观，恪守检察职业道德，培植精神家园。组织开展了"检察好声音"征文活动，有 3 名干警撰写的论文在全市检察机关"绿色检察"研讨会上获奖。加强党性教育，积极推行干警政治生日"一卡制"、评星定格"否决制"、素质教育"导师制"、党建平台"掌上制"四项工作机制，使全院党的建设适应新常态，在创新发展上取得新实效。积极开展服务型基层党组织建设、民族团结进步模范单位创建工作，凝心聚力，实干兴检，县检察院机关党建工作、民族团结进步工作被市、县代表团观摩。

【外部监督】 坚持党对检察工作的绝对领导，自觉接受人大、政协和社会各界监督，努力提升检察机关公信力。一是增强接受监督自觉。主动向县委请示报告工作，及时向人大报告、向政协通报检察工作，高度重视人大代表、政协委员专项检查、视察和个案监督工作，全面梳理代表、委员意见建议，认真制定整改落实措施。先后向县人大常委会报告司法改革工作 1 次、报告整改落实代表委员审议意见建议情况 2 次；向县政协通报检察工作 1 次、通报整改落实委员意见建议 2 次；根据人大、政协工作安排，向代表、委员专题报告工作 4 次；自觉接受市、县人大、政协检查、专项工作视察 3 次。二是丰富检察宣传载体。加强党对意识形态的领导，在巩固发展检察宣传主阵地的同时，加强门户网站、"两微一端"等新媒体建设，讲好检察故事。通过传统纸媒体和"互联网 +"新媒体及时传递检察工作动态、亮点和其他检务信息。共发表宣传稿件 125 篇、信息 17 期、调研文章 13 篇；"两微一端一站"关注人数过 3000 人次，发布动态信息 1300 多条，认真核查涉检舆情反映的问题，及时回应社会关切。西吉县检察院连续 3 年被评为"宁夏法治宣传先进单位"。三是拓展接受监督渠道。密切与代表、委员、人民监督员等社会各界的联系，通过走访、座谈、发放征求意见函，邀请参加检察开放日活动，推送检务信息、通报工作等形式，让检察走进群众，让群众了解检察。建立“代表委员检察联络”微信平台，第一时间向代表委员推介检察工作动态，听取意见建议。邀请人大代表、政协委员和教育、团委、妇联系统领导参加全市检察机关“防治校园欺凌　护航未成年人成长”主题开放日活动，亲身感受检察机关维护青少年权益工作所取得的成效。通过案件信息公开系统公开法律文书102份，发布重要信息12条，公开案件程序性信息77条，最大限度地方便案件当事人及其近亲属及时了解案件进展情况。

（田　芳）

法　院

【刑事审判】 2017年县法院共受理各类案件4848件，同比增幅为9.11%；审（执）结4674件，结案率96.41%。结案率位居全区第一位。受理刑事案件177件，结案169件，结案率98.35%。判处十年以上有期徒刑1人，五年以上不满十年有期徒刑10人；对犯罪情节轻微的罪犯依法适用轻刑或免予处罚，判处三年以上不满五年有期徒刑25人，三年以下有期徒刑36人，拘役32人，判处有期徒刑、拘役宣告缓刑67人，单处罚金3人，并处罚金73人，免于刑事处罚16人。把打击犯罪和保障人权相结合，依法宣告无罪1人。审结28件刑事附带民事案件，为被害人挽回经济损失217万元。按照《中华人民共和国刑法修正案（九）》和最高人民法院《关于重大贪污受贿犯罪案件量刑意见》及“两高”发布的《关于贪污受贿犯罪案件适用法律若干问题的解释》，保持对贪污贿赂、滥用职权、失职渎职、行贿犯罪案件的高压态势。依法打击破坏生态环境和扶贫资金使用领域的犯罪行为，严惩发生在群众身边的腐败，让群众切实感受到正风肃纪带来的变化。

【民事审判】 受理民事案件3391件，结案3335件，结案率98.35%。适用简易程序审结2863件，占86.23%。驳回起诉172件，调解、撤诉处理2353件，调撤率为70.56%。充分发挥民商事审判贴近民生、影响广泛、辐射作用强的优势，努力践行“快办案、办好案、善办案、廉办案”的承诺，把促进和谐作为第一责任，把便民诉讼作为第一追求，把诉讼调解作为第一手段，把胜败皆明作为第一效果，解民忧、排民难、维民权、保民安。农民工维权合议庭通过“快立、快审、快结、快执”，及时高效地审结农民工工资案件289件，为314人追回工资594万元，受到固原市人大检查组的充分肯定。

【行政审判】 受理行政案件63件，结案62件，结案率98.41%。审查非诉行政执行案件3件。严格按照有关法律法规和相关政策要求，认真做好有关集体土地征收、社会保障、房屋登记等涉及民生的行政案件审理和非诉执行案件审查工作，加强行政诉讼协调，既充分保护行政相对人的合法权益，又支持了行政主体依法行政。在“法院开放日”活动中，邀请建设、国土等部门100多名行政执法人员旁听典型案件庭审。为切实配合做好县城棚户区改造，举办了棚户区改造专题法治辅导讲座，围绕法律规定、执法程序和证据收集等方面，为有关部门150名执法人员进行了详细认真的讲解。通过严格公正的司法，促进依法行政的创新做法，有效增强了行政执法人员的法律意识和法治观念。

【执行工作】 共受理各类执行案件1208件，结案1099件，结案率90.98%，执结标的6439万元。积极争取县委政府的支持，以两办名义下发了《西吉县关于加快推进失信被执行人信用惩戒体系建设支持人民法院解决执行难问题的意见》，推动解决综合治理执行难工作大格局，全方位支持法院“去执行难”工作。根据自治区政法委、自治区高级人民法院的安排部署，扎实开展“破解执行难百日攻坚战”专项活动。执结各类案件453件，执行到位金额3233万元，实际到位率99.12%。在《固原日报》、西吉电视台以及微信平台发布公检法三机关《关于敦促被执行人履行生效法律文书确定义务的公告》和执行悬赏公告，曝光92名失信被执行人。冻结、划拨款项4773万元，拘留被执行人118人次，以拒不履行判决、裁定罪向公安机关移送立案侦查2件3人，发挥了良好的法律威慑作用。圆满承办全市法院执行工作现场会，执行工作的“西吉样板”在全市法院得到了肯定和推广。

【巡回审判】 针对群众经济条件差、诉讼能力弱的实际情况，倡导能动司法理念，用足用活“便民服务流动法庭”车的功能和作用，带着案件到农村和社区公开审理，将法庭设在群众的院落、田间地头，在第一时间、第一现场用通俗的、群众易懂的语言处置好关系群众切身利益的问题，及时化解矛盾，将其消灭在萌芽状态，避免了因简单小事处理不当而引发重大问题。通过巡回审判打通了服务群众的“最后一千米”，处理的1270件纠纷全部做到息诉止争、案结事了，大大降低了当事人的诉讼成本，增强了群众对新时代人民法官的认同感和信任度。

【司法救助】 认真贯彻执行《关于加强和规范人民法院司法救助工作的意见》《宁夏回族自治区司法救助实施办法》，积极争取县委、县政府的大力支持，进一步完善司法救助的程序，充实司法救助的内容，改进司法救助的方式方法。为农民工、低保户、残疾人等161名经济困难当事人减免诉讼费用8万元、执行费用24万元。通过各种方式共救助家庭生活特别困难的受害人及家属36人次，发放救助金78.8万元，有效解决了特困当事人的生活困难问题，充分彰显司法为民的人文关怀。

【审判管理】 以重点案件为“点”，以流程管理为“线”，以审判质效指标为“面”，建立全方位、多层次、立体化审判管理网络。完善《上诉发改案件沟通协调机制》《审判流程管理规定》《法院层级监督管理办法》。实行“月通报、季讲评、年考核”，每月定期召开审判质效考核工作例会，并及时将法官审判绩效指标完成情况通过电子显示屏在全院通报，使全院干警始终保持奋发有为的精神状态，扎实推进审判质效的不断提升。一年来，在收案同比上升6.56%的情况下，结案率提高6.64个百分点；上诉案件164件，其中二审发回重审和改判43件，仅占结案总数的1.27%；刑事、民事案件的办案期限同比分别缩短7天和22天；实际执结率、执行到位率、执行完毕率和“终本”案件合格率四项指标位居全区基层法院首位。

【矛盾化解】 贯彻落实县委、县政府关于整治干部作风优化发展环境的决策部署，基层法庭全体干警深入辖区18个村726户开展“大走访大化解大转变”活动，共排查化解各类矛盾纠纷89件，使干警作风明显转变，群众安全感明显提升，平安建设基础更加牢固。进一步完善诉调对接机制，建设功能完备、形式多样、运行规范的诉调对接中心，下设医疗纠纷、交通事故、劳动争议、妇女维权4个法官工作室，20个法官工作联系点，对接人民调解机构320个；聘请专职辅导员1名、专职调解员2名。导出各类案件1050件，

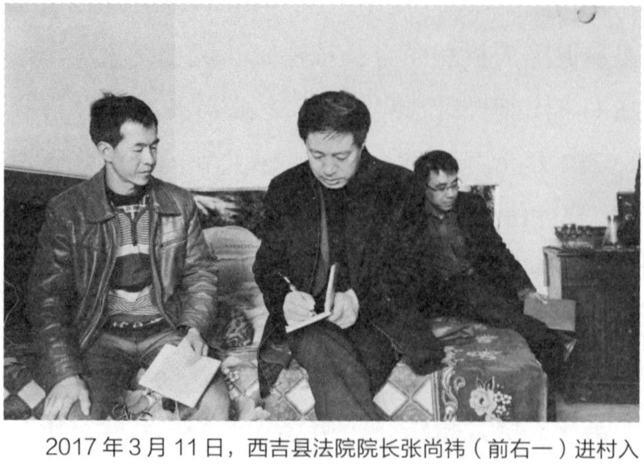

2017年3月11日，西吉县法院院长张尚祎（前右一）进村入户了解贫困群众生活情况

其中委派调解720件，委托调解330件，调解成功473件，初步走出了一条党委主导、政府支持、司法推动、社会参与、多元并举的现代纠纷解决之路。

【定点帮扶】 全体干警在抓好执法办案主业的同时，定期到吉强镇大营村、新营乡大沙河村和王民乡学杨村、小岔村426户贫困户家中，开展结对帮扶工作。详细了解帮扶对象的生产生活情况，认真宣讲中共十九大、自治区第十二次党代会和市委四届二次全会精神，察民情、汇民意，将党的惠民政策送到农户家中，理清帮扶思路，为贫困户制定增收计划，做到“底数清、问题清、任务清、对策清”。同时，在力所能及的范围内帮助加强村部建设，为4个村委会配备了办公桌椅、计算机、打印机，送去取暖用煤和炉具。对王民乡学杨村新建的村委会及时进行了装修布置，从硬件上保障了村委会工作的正常开展。帮扶干警个人集资38000元为贫困户送去了面粉等生活用品。“七一”前夕，组织慰问了帮扶村的困难老党员。在学杨小学举行了“庆‘六一’献爱心”活动，为小学生捐赠了书包、文具以及体育器材，受到师生们的欢迎。积极争取并协调有关部门为新营乡大沙河村安装了无线信号发射基站，解决了该村手机没有信号的问题。

【审判改革】 家事审判改革严格按照习近平总书记关于“注重家庭、注重家教、注重家风，重视家庭文明建设”的要求，统筹安排部署，精心组织实施。认真打造以“和”为主题的家事审判中心，组建家事案件专业审判团队，积极探索符合家事案件特点的矛盾化解方式，将法律的刚性与法官的柔性相结合，充分发挥家事审判社会关系修复、心理创伤救治的多重复合功能，实现了维护家庭和谐稳定的良好效果。改革试点以来，成功审结家事案件1649件，有效地保护了未成年人、老年人和妇女的合法权益。《人民法院报》头版头条以《家务事这里有新解法》、《宁夏法治报》头版头条以《家事审判的“西吉模式”是怎样炼成的》、《固原日报》头版头条以《维护小家和谐》为题，深度报道了县人民法院家事审判改革的经验和做法。9月19日，全区法院家事审判方式和工作机制改革现场推进会在我院召开。自治区高级人民法院、固原市中级人民法院和县委主要领导出席会议并讲话，全区29个法院主管民事审判的院领导和民庭庭长参加了推进会。自治区高级人民法院院长李彦凯批示充分肯定了西吉县法院家事审判改革取得的成效。

【司法改革】 按期完成了人、财、物上划自治区统一管理。经过严格审核、分级把关，两批遴选了入额法官31名。在人员分类管理的基础上，综合考虑年龄层次、知识结构、审判经验等因素，组建民事、刑事、行政、审监、立案等9个审判团队和1个执行团队。实现法官、司法辅助人员职务序列单独管理，建立了入额法官工作职责清单和《审判执行工作考核办法》，合理确定审判质效争先进位目标，以目标倒逼进度、以时间倒逼程序、以任务倒逼责任，努力营造“以实绩论英雄”“靠实干得发展”的良好氛围。严格落实院领导办案责任制，对院长、庭长的办案数量做出明确规定。全院办案4119件，占案件总数的81.54%，充分体现审理案件的亲历性，实现“让审理者裁判，由裁判者负责”。

【司法能力提升】 开办法官夜校，每周根据实际情况，通过座谈、演讲的方式，交流工作学习心得，发挥了法官夜校的导向、激励、凝聚、规范和辐射作用，进一步增强了队伍的凝聚力和向心力。根据上级政法委和上级法院的安排，组织165人次分赴国家法官学院、浙江大学和井冈山干部学院等地接受继续教育培训，不断强化法学理论与法律知识的再学习再深化，强化社会经验与民情把握。通过开展庭审直播和观摩、法律文书评比、技能竞赛等方式进行岗位练兵、技能实训，进一步提高了法官驾驭庭审、认定事实、适用法律、化解矛盾的能力，促进审判质效全面提升。中标自治区政法委、高级人民法院重点调研课题2项，5篇语言规范、文字准确，分析说理充分、判决结果正确的指导案例入选全区法院裁判文书库。

【“文化法院”建设】 借力社会文化资源，提升法院文化建设品位。向区内外18位中国书法家协会会员征集横幅、四屏、斗方、条屏等书法和绘画作品438件，内容涵盖法律名言、廉政警句、诗词歌赋等，主题鲜明，砥砺意志，进一步提升全院干警的人文素养。在各类媒体发表信息宣传稿件194篇，其中，国家级8篇、省级126篇，进一步展示了法院队伍的精神风貌和审判执行工作的良好效果。高度重视文明单位创建工作，在全体干警中倡导“我奉献、我光荣、争模范、树榜样”，以机关院落和法庭为阵地，布置百米文化长廊和全域文化景观，以生动、直观的形式向前来办事的诉讼群众宣传社会主义核心价值观和中华民族传统美德，着力打造法治教育和传统道德教育基地。县法院被国家文明委授予第五届“全国文明单位”。

（马建强）

司法行政

【概　况】 西吉县司法局设办公室、法制宣传办公室、基层工作指导室、社区矫正和安置帮教办公室、法律援助中心、律师事务所、公证处、普法办（依法治县领导小组普法办公室）、党支部等9个科室，下辖19个乡镇司法所。全局核定政法专项编74人，后勤服务编2人，公证事业编4人。现有干部职工77人，其中：政法专项编公务员71人（局机关公务员15人，司法所56人），后勤服务事业编2人，公证处事业编制4人（其中干部1名），政府购买服务专职人民调解员38名。

【普法治理】 以“送法下乡”、主题法治宣传、以案释法、综治宣传月、“12·4”国家宪法日等活动为契机，积极开展多种形式的法治宣传教育，以“法律八进”为抓手，加大宗教场所、学校、社区的普法力度，建立西滩道堂普法联络点，完善永清湖法治文化公园硬件设施，充分发挥微信、微博等网络媒介宣传作用，在全县推广使用了“网络无纸化学法用法及考试”平台。联合法院、公安局、检察院等政法部门对宗教场所普法作出年度日程安排，律师和法律服务工作者每周二上午深入西滩道堂等宗教场所有步骤、有针对性地对全县宗教教职人员和宗教场所管理人员开展法律法规知识培训，努力提高教职人员法律素质和信教群众依法参与宗教活动的能力，推动宗教教义与法治宣传相结合，促进宗教工作在法治化轨道上运行。2017年，共散发法律书籍3000余册，宣传折页8.5万余份，宣传单页20万余份，法治文化制品1万余份，接待群众法律咨询3500余人次，全县70个单位注册开通了国家工作人员网络学法用法及考试平台。

【人民调解工作】 2017年，全县19个司法所中已通过司法厅验收授牌的五星级司法所8个、四星级司法所7个创建五星级司法所9个，并于9月底全部通过区、市司法局验收，圆满完成全县创建五星级司法所超过全部司法所总数90%的目标任务；加强人民调解组织网络建设，构建“四张网”调解体系。健全乡镇调委会19个，村调委会297个。成立社区调委会8个（吉强镇中街、湖滨、景绣、钰绣、惠安、怡绣、民生家园、兴隆镇街道社区）。成立工业园区调委会1个，学校调委会6个（西吉县一中，回中、五中、三中、团结中学、职中）。健全行业性人民调解网络，成立西吉县道路交通事故损害赔偿人民调解委员会1个，成立劳动争议调解委员会1个；推进“大调解”工作机制建设，严格按照自治区司法厅《宁夏人民调解委员会规范化建设标准的通知》要求，对全县已成立的乡镇调委会，村民、居民人民调解委员会，行业性专业性调委会进行规范化建设。与司法所签订《矛盾纠纷排查调处责任清单》，明确化解责任人和期限，确保辖区内各类矛盾纠纷及时化解，处置得当。落实矛盾纠纷受理登记、立卷归档、统计报送等制度。建立健全矛盾纠纷排查调处、分析报告、研判预警、联调联动、责任追究机制，不断提升人民调解机制建设标准，推进了“大调解”工作机制的有效运行。2017年，全县共排查矛盾纠纷1350起，调解成功疑难复杂纠纷1128起，调解成功简易纠纷1813起，形成人民调解案卷964件，完成县人民政府下达人民调解民生工程任务（550件）的175.3%。

【社区矫正】 全县累计接收社区矫正人员657人，累计解除矫正485人，当前在册172人。刑满释放人员帮教期内在册人员1316人，其中2017年共接收272人。落实安置人员1290人，安置率达98%，落实帮教人员1303人，帮教率达99%。组织社区矫正人员赴固原监狱参加警示教育1次，参加培训学习2次，参加公益性劳动3次，无脱管漏管、重新犯罪等情况发生。

【法律援助】 发挥法律援助职能，助力精准脱贫工作，成立法律援助案件旁听庭审评议领导小组，在联贫帮扶村积极开展法律援助服务精准扶贫宣传活动，对建档立卡户适度放宽申请法律援助服务标准，对一些即时发生或急需提供法律救助的贫困户，开通“绿色服务通道”，在19个司法所及县人武部、妇联、工会、看守所建立法律援助工作站、在296个行政村建立了法律援助联络点的基础上，在县法院（包括其派出法庭）、检察院、人力资源和社会保障局设立法律援助工作站，初步实现了法律援助零距离、全覆盖。2017年，共受理法律援助案件797件（涉及精准扶贫法律援助案件70件），办结769件，完成固原市分配310件民生工程任务量的257.1%。

【律师工作】 建立健全律师参与信访和群体性纠纷调处工作机制，指派1名律师和2名工作人员进驻信访督办服务大厅坐班接访，引导信访群众依法解决涉法涉诉问题，维护群众的合法权益；积极担任政府法律顾问，为政府依法行政和处理矛盾纠纷提供法律服务。律师参与审查政府拟出台的规范性文件、对实施的具体行政行为和处理矛盾纠纷提出法律意见，从根本上减少了涉法涉诉信访问题的出现。2017年，共担任法律顾问15家，办理刑事案件9件，办理民事案件59件，办理非诉案件2件，免费法律咨询1580多起，代写法律文书600余份，接待来访3000余人次。

【公证工作】 配合城建、国土、交通等部门参与旧城区改造、西会高速公路等重点工程拆迁公证工作，配合县委宣传部、文化旅游广电局等单位参与现场监督公证；结合司法部“五不准”规定开展公证质量大排查活动，拒办违反“五不准”规定的申请案件，并及时告知当事人“五不准”规定的内容和办理公证的合法程序。利用2017下半年采取公证员自查、互查、主任抽查的方式对近5年办理的民间借贷、委托合同、遗嘱、继承等涉及财产数额较大的公证案件进行重点排查，近5年所办公证案件均无违规情况。进一步落实“公证质量大排查”工作，健全公证质量监督管理机制，推进公证质量监管常态化、规范化建设，2017年8月安装了“人脸识别系统”，提高了办理公证效率。2017年，共办理各类公证590

2017年8月29日，西吉县司法局组织社区服刑人员赴固原黑城监狱开展警示教育活动

件（其中涉及法律援助181件），代书200多份，参与城乡拆迁60余次，现场公证5场次，办理债务化解183件，拒办不真实、不合法的公证事项160余件。

【队伍建设】 全县全系统干部职工撰写自查报告70余篇，学习体会70余篇，为全面完成各项工作和打赢脱贫攻坚战提供坚强的纪律作风保障；积极争取待遇，增强司法行政队伍的工作积极性。在自治区司法厅党委、政治部关心帮助下，在县委、县政府的坚强领导下，经过司法局党组的不懈努力，2017年6月乡镇司法所19个实职副科级司法所长待遇得到解决，鼓舞了士气，凝聚了干部职工干事创业的正能量，确保了队伍心齐气顺，激发了队伍活力，更大程度上调动了干部的工作积极性，提升了司法行政系统的整体形象。

（高东升）

城乡建设

城乡建设和环境保护

【概　况】 城乡建设和环境保护局机关内设办公室、项目股、财务股、招标办、村镇股；下辖房屋管理与服务中心、公用事业管理所、城市管理综合执法大队、城乡建设规划室、建设工程质量监督站、环境监测站、住房保障管理中心以及建筑规划设计院、兴泰建筑总公司、吉兴建筑工程有限责任公司、供暖公司、路灯公司等企事业单位。全系统共有干部职工 149 人。

【编制规划】 按照“突出山城特色、拓宽发展空间、完善功能布局”的总体思路和“高起点、高水平、超前性”的要求，组织编制了《西吉县空间规划》《将台堡特色小镇总体规划》《将台堡小城镇建设规划》及新营乡美丽小城镇、将台堡西坪村、吉强镇龙王坝村等 8 个美丽村庄建设规划。切实加强和改进规划监管，坚持“规划一张图、审批一支笔、建设一盘棋、管理一条龙”的原则，对工程建设项目严格实施“一书三证”管理制度。共核发《建设项目选址意见书》81 件，“建设用地规划许可证”39 件，“建设工程规划许可证”44 件，“乡村建设规划许可证”44 件。

【基础建设】 一是道路广场建设项目：投资 1200 万元完成学院路南段、五中西路、振兴路东延伸段、大桥路东西延伸、幸福路西延伸段续建及靖善路、西北环路建设并配套道路给排水路灯。投资 4600 万元完成将台堡镇东台路、秦城路、商业大道等 6 条道路建设并配套道路给排水路灯及三线管沟。投资 1029 万元完成了体育广场、民族广场、永清湖广场、商业广场提升造建设，更换铺设广场火烧板 23325 平方米，铺设水泥砖 629 平方米，花岗岩道牙 126 米。二是污水提标改造项目：投资 3316 万元的污水处理厂提标改造项目完成除砂间、配水井、道路、绿化等附属设施建设并采购安装污水处理设备。启动建设概算投资 3100 万元的第二污水处理厂工程，完成推进基础施工投资建设 1000 万元。三是县城防洪建设项目：西中东侧防洪工程完成工程量总投资 1165 万元的 85%，短岔水库防洪工程完成工程量总投资 912 万元的 90%，李家沟沟道排洪工程完成工程量总投资 1188 万元的 50%。新体育广场排洪工程完成工程量总投资 191 万元的 50%。四是保障安居工程项目：全县共建设公租房 8058 套，根据自治区人民政府与西吉县人民政府签订的 2017 年住房保障目标责任书，实物配租任务数为 7540 套，已分配入住 5992 套，实物配租 328 套。按照“十三五”规划的总体要求，2017 年 1—3 季度发放租赁补贴 2089 户；四季度发放租赁补贴 1515 户，剩余的 574 户因改为享受实物配租，取消发放租赁补贴。2017 年新申报租赁补贴 151 户。五是棚户区改造项目：2017 年自治区下达西吉县棚户区改造房屋征收任务 501 户，全县共计完成棚户区改造房屋征收 2124 户，征收土地 52.8 万平方米，征收房屋 37 万平方米，支付房屋征收款 9.1 亿元。六是美丽小城镇建设项目：新营乡美丽小城镇建设项目完成沿街建筑物立面提升改造工程完成 8700 平方米，道路硬化 1140 米、铺设给水管道 870 米，排水管道 1100 米，新建花岗岩迎宾亭 1 座，完成总投资 1570 万元。七是美丽村庄建设项目：改造建设将台堡镇西坪村，硝河乡关庄村、硝河村，沙沟乡沙沟村，新营乡二府营村，吉强镇龙王坝，偏城乡花儿岔村和兴平乡王湾村等 8 个美丽村庄，配套建设村庄道路 23.68 千米、给水 18.97 千米、排水 9.87 千米，安装太阳能路灯 641 盏，整治村庄沟渠 5100 米，配置垃圾箱 237 个，完成总投资 6739 万元。八是农村危房改造项目：2017 年自治区下达西吉县农村危房改造任务 2600 户，开工 5758 户，竣工 5027 户。

【城乡管理】 一是加强城乡规划管控。加大违法建筑的宣传、查处和拆除力度，全面推进查违控违工作，有效遏制违建势头，2017 年共查处违法违章建筑 121 户，面积 12875 平方米；全部进行了拆除；同时组织联合执法集中拆除 2016 年的违法建筑，共拆除杨河村、河洼村、短岔村、麻地沟组等地 252 户，面积 75779.5 平方米；配合各乡镇开展了拆除违法建筑 68 户，面积 25567 平方米；配合将台拆除已征收房屋 700 多户；拆除、关闭葫芦河流域沙场 56 家。二是加强建筑市场管理。全面落实工程项目管理“四制”要求，从报建、立项、设计、图审、招投标、施工管理、质量监督到竣工验收各个环节严格把关，落实责任。开展建设领域突出问题专项整治，加强建筑工程质量安全管理，规范施工许可管理。认真贯彻“安全生产、预防为主”的方针，认真落实建设领域安全生产责任制，扎实开展安全生产大排查活动，消除事故隐患。积极构建“政府依法监管、企业全面负责、中介参与服务、社会舆论监督”的质量安全保障体系，对每一个建设项目、建设环节实行全方位、多层次的监督监理，推动全县建筑业管理逐步走向法治化、规范化轨道。全年网上受理建筑施工安全报监 42 项，核发“建筑工程施工许可证”40 份，申报注册房屋建筑工程 42 项，建筑面积 31.5 万平方米，造价 45958 万元；市政工程 2 项，造价 775 万元。进行工程竣工备案 32 项，面积 14.71 万平方米，造价 30532 万元。开展建筑质量安全执法大检查 5 次，检查企业 24 家，项目 48 个，完成巡查记录 114 份，发出整改通知书 74 份，停工整改通知书 12 份，解决质量投诉 1 起。三是加强房地产管理。2017 年共办理商品房预售许可 26.68 万平方米，完成商品房合同备案 475 套共 5.15 万平方米。完成了商品房网签备案定位软硬件安装调试，网签备案已全面开展。对新续建的 11 个共计 58.85 万平方米房地产开发项目企业经营行为进行排查整治，督促企业落实商品房买卖预（销）售许可、合同备案、楼盘销售信息公示等制度，保持房地产市场运行秩序总体良好。四是加强物业服务管理。在物业管理行业开展了物业服务标准化建设活动，与各物业企业签订了《安全生产目标责任书》，印发了《西吉县推进物业服务标准化建设和质量提升工作实施方案》，对全县 8 个物业企业管理的 31 个住宅小区进行物业管理检查，督促协调志方 · 名都苑，水利小区、工商小区等 5 个小区成立业主委员会并按程序备案，加大住宅维修资金收缴力度，缴存住宅维修资金 538.1 万元。五是加强公用设施管理。加大县城道路、广场、公厕、路灯等公共设施的维修和管理。补修县城受损路面 2200 平方米，维修检查井 180 座，更换井盖 60 套，维修公厕 98 座次，抢修疏通、排水主管道及板涵 5 处；对县城排水管道进行了全面的疏通和清理，出动车辆 230 余次，投入人力 420 余次，疏通清理排水井 328 多座，雨水井 240 座；确保了市政公用设施各项功能的正常发挥。六是加大环境综合整治。2017 年共规范进店经营28900余次；清理流动摊点13800余次、野广告18000余次；依法暂扣门前摆放物品400余件；户外广告审批83家；清理乱堆乱放、乱搭乱建200余起；门头牌匾审批79家；查处无覆盖、带泥上路渣土车230余起；发现损坏路标牌、公交站点54处；下发责任整改通知书197份，违规教育学习人员170人；扑火30多起。

【环境保护】 强化建设项目环境管理，严格依法依规开展项目环评审批，共审批建设项目环境影响评价书（表）28份。共出动联合执法人员815人次，排查排污口10处，封堵排污口5处。对2家违法排污企业进行了行政处罚，并处罚金22.2万元。下达排污核定与排污费缴纳通知书9份，缴纳入库排污费55.99万元。加强“12369”环保举报热线运行管理，妥善处理环保信访问题，维护群众合法权益，处理环境投诉7件。加强环境保护宣传和中高考期间环境噪声管理，开展了“绿色护考”专项执法活动，下发《关于加强中高考期间噪声污染控制的通告》60余份；积极开展“6・5”世界环境日宣传活动，发放宣传材料1000份，解答150余人次环境保护疑难问题；通过宣传，进一步增强了公众的环境意识，营造了良好的环境保护工作舆论氛围。

【社会管理】 完善老旧小区、新建住宅人防、物防、技防措施，加强居民住宅小区综合治理，督促用工企业规范农民工工资支付保证体系，制定了《西吉县公共租赁住房和廉租住房并轨运行实施细则》，建立“以房管人”模式，加强流动人口服务管理，完善农民工进城住房保障体系。认真做好房屋拆迁、工程建设等领域的矛盾纠纷排查调处，扎实开展校园周边、建筑工地、出租房屋、宗教场所等社会治安排查整治，消除治安隐患500余项，全年治安形势保持良好。

【安全生产】 巩固安全生产“三项行动”和“三项建设”成果，共进行在建项目安全检查180人次，下发安全隐患整改通知单74份，责令停工通知单12份。

【信访工作】 全年共办理信访件102件次，其中，网络舆情和政府网站47件，一般上访案件55件。对所有来信来访都给予了满意的答复，信访件办结率100%。

（王　凡）

交　通

【概　况】 2017年，全县公路通车总里程2645.2千米，其中省级高速21.7千米，国道1条82.3千米，省道1条83.4千米，县道5条160.2千米，乡道37条678.3千米，村道191条1589.4千米，汽车专用公路2条29.8千米；高速公路21.7千米、一级公路48.6千米、二级公路114.3千米、三级公路429.1千米、四级公路2031.4千米，分别占总里程的1.9%、4.4%、16.4%、77.4%；沥青（水泥、砖）路面公路2582.3千米，沙砾路面公路62.8千米，分别占总里程的97.6%、2.4%。等级公路密度84.5千米/百平方千米。

【国省干线公路】 新建S60西吉至会宁（宁甘界）高速公路，全长48.016千米，2019年建成通车；续建S204线海原至西吉二级公路（火石寨至西吉段），新建西吉至毛家沟公路兴隆至玉桥段三级公路，全长12.6千米，2018年建成通车。

【农村公路建设】 新建2017年84个销号村通村公路548.6千米，涉及贫困户9134户，贫困人

新能源公交车

口39906人。新建西吉县农村扶贫公路项目红耀至大和岘公路11千米、什字乡北台村道路工程6千米。

【公路养护】 2017年全县共列养等级公路294条2386.526千米，其中列养国道1条3.603千米，省道3条196.06千米，县道1条25.888千米，乡道38条667.27千米，乡镇列养村道252条1497.308千米，等级公路列养率达100%。坚持及时、常年、全面和预防性养护，加强养护工程建设，积极开展"最美乡村路"和"民族示范路"创建和规范化建设，使养护公路质量全面提升。

【综合执法】 一是狠抓超限超载治理。多次联合开展整治公路货车违法超限超载行为专项行动及治超治洒专项行动，累计检查货运车辆6400辆次，卸载超载运输车辆103辆次，拆除西吉县境内的所有加高栏板的货运车辆。二是狠抓农村公路隐患排查。对公路建筑控制区内存在的违法建筑及正在施工的违法构建物，下达整改通知书52份；拆除违建8处；及时对未经许可的涉路施工行为，进行依法及时处理。三是狠抓海事执法工作。加强震湖风景区的水上安全监管工作，开展法制宣传4次，进校园宣传2次，共计发放宣传材料8000多份，通过"精彩西吉""西吉微生活"等媒体宣传交通法规等。

【交通运输】 全年全县共有道路运输经营业户2268家，其中客运业户3家，城市客运业户3家，货运业户2166家，机动车维修业户94家（其中二类维修企业5家，三类83家，摩托车专项修理6家），驾驶员培训学校2家。现有营运客车580辆（其中：班线客车168辆，村村通小客车152辆，公交车44辆，出租车216辆），营运货车2658辆；拥有等级客运站15个，其中二级客运站1个，三级客运站1个，四级农村客运站13个，建成客运招呼站172个。共有客运线路285条，其中省级客运班线3条、市级客运班线8条、县级客运班线21条、县内客运班线256条。全县19个乡镇全部通客车，通车率100%。

【安全监督】 继续坚持把安全生产工作放在各项工作的首要位置，与各项业务工作共同开展推进。主要通过"落实责任、完善制度，强化管理"三项举措，抓道路运输安全监管，保障道路运输市场安全、稳定；抓施工安全，保障工程建设；抓安全隐患排查治理工作，保障道路交通安全；健全完善交通安全应急预案，开展应急演练，做好应急物资、机具的储备，做到人员、物资、机械三到位，提升安全保障能力；强化水上交通安全工作，加大水上交通安全现场检查力度，保障水上交通安全。全年全系统实现交通无重大安全事故和安全生产形势持续稳定的目标。

【交通战备】 按照"战时应战、急时应急、平时服务"，"平战结合、军民兼容"的原则，以强化国防交通基础设施建设为重点，全面加强交通战备正规化建设。完善了各项规章制度，配置了办公设施，对运力运量基础性数据进行了重新统计。2017年，参加自治区交战办组织的国防交通法培训1次、交通战备培训1次，进一步提高了交通战备人员的业务水平和组织能力。

（禹建斌　赵文全）

供　电

【概　况】 国网西吉县供电公司内设综合管理部、客户服务中心、运维检修中心、供电所管理部、安质部5个职能部室，下设6个班组，现有在册职工96人。下辖19个供电所，6个营业网点，共担负着西吉县50多万回汉人民的工农业生产和生活用电管理任务。西吉电网现有110千伏变电所3座，主变5台/171.5兆伏安，110千伏输电线路7条，线路长度为316.379千米。35千伏变电站17座，主变28台/128.2兆伏安，35千伏线路出线22回，总长度为341.128千米。10千伏配电网83条，线路长度为2742千米。公网配电变压器2224台/235.58兆伏安；专变1300台/177.18兆伏安。低压配网总长度5392.5千米。农网最大负荷42兆瓦，最小负荷7兆瓦。2017年累计完成售电量1.988亿千瓦时。

【安全生产】 坚持把安全生产作为一切工作的基础，健全安全监督体系，增设安质部（保卫部）。严格履行管理人员到岗到位制度，压紧压实安全责任，扎实开展春秋检安全大检查和专项安全活动，着力提升本质安全水平，着力强化现场安全管理。加强农村安全用电、电力设施保护宣贯，积极协调处理重大、紧急缺陷1000余处，砍伐树障20000余棵，清理线下堆积物60余处，10千伏线路跳闸率较上年同比减少60%。强化安全教育培训，组织广大职工深入学习“安规”等安全生产规章制度。全面开展设备资产安全性评价工作，强化配电网安全管控和运维管理，全方位、深层次全面开展安全生产问题清单梳理工作。完成大面积停电应急演练，完善预警管控措施，应急处置实战能力进一步提升。

【营销管理】 开展业扩报装“百日攻坚”，进一步规范业扩报装管理流程，新装增容完成8332户，报装容量84040千伏安，业扩报装服务时限达标率100%。改造专变计量装置160台，有效解决专变欠费风险。全面实现同期线损“四分”管理，开展设备异动信息实时共享与协同处理机制，完成83条10千伏线路图数建模及数据核查工作，10千伏线路线损合理率由年初的24.83%提升至89%。成立营销攻坚领导小组，督导和帮扶各供电所开展台区线损治理工作，台区线损合理率由年初的63.19%（0—15%）提升至83.93%（0—10%）。全年开通远程购电用户1万余户，占比8%，线上缴费成功率96.42%。常态化开展用电秩序整治和反窃电工作，警企联合下发《关于严厉打击窃电违法犯罪行为的通告》，有效巩固了营销基础管理提升成果。

2017年9月26日，国网西吉县供电公司党支部书记张怀垠（前右一）一行在新营乡玉皇沟小学献爱心活动

【优质服务】 坚持以市场为导向，以客户为中心，完善供电服务考核体系，强化服务管控力度，通过营销、运检专业化管理，服务能力和服务水平持续提升，服务基础不断夯实。有序推进“互联网+”营销服务体系建设，让客户体验到供电服务向智能化、信息化、互动化发展。圆满完成中共十九大、全国两会、自治区党政领导到西吉及高（中）考等各类重大保电任务30余次。开展“六进”服务活动，走访客户1000余户，收集客户意见及建议116条，解决热点难点问题40条。建立班子成员带队走访地方政府及重要客户的服务机制，扎实开展精准扶贫工作。2017年在全县15个公共服务行业行风民主测评中名列第一。

【配电网建设】 滚动修订“十三五”配电网发展规划，实现配电网规划与地方政府总体规划对接融合。完成2016年度农网改造升级工程项目的审计、验收、结算、转资、资料归档工作；完成2017年农网改造工程项目资金3858万元的85%；完成大修、技改和专项成本项目。助力精准扶贫，按时完成中心村、销号村的配电网升级改造任务。

【农电管理】 以星级供电所创建推动供电所综合水平提升，田坪、震湖两个供电所通过国网宁夏公司四星级乡镇供电所验收和复验。稳步推进“全能型”供电所建设，全面开展供电所末端业务融合，服务质量和工作效率明显提高。开展农电“四项”劳动竞赛活动，激发了广大农电员工比提升、比业务、比对标、争先进的干劲，田坪、震湖在宁夏公司乡镇供电所同业对标多次位于A段水平。推行“周内务整理日”制度，供电所基础管理和窗口形象不断提升。开展农电员工“两票”办理、现场安全布防及仪器仪表使用等安全教育培训工作。开展供电所所长述职述廉和民主测评工作，对供电所所委会成员的履职能力进行客观公正的考评，农电基础管理进一步提升。

（马占仓）

电　信

【概　况】 中国电信股份有限公司西吉分公司内设综合办、业务室、技术室3个部室，下设2个班组、13个划小经营单元。共有职工38人。

【通信建设】 加快西吉县农村和偏远地区宽带基础设施建设，缩小城乡“数字鸿沟”，中国电信西吉分公司积极响应区、市、县关于脱贫攻坚决策部署，以推动地方信息化建设为己任，勇于承担社会责任，推进“五通八有”，积极落实提速降费，扎实开展“信息惠农”建设工程，较好地完成了承接的全县范围内普遍服务试点工程建设任务。2017年中国电信宁夏公司投资1.7亿元用于西吉县宽带普遍服务建设，加大光宽和4G建设，共计完成了西吉县296个行政村（含1821个自然村）的通宽带建设工作；全县新建4G800兆基站163个，4G网络自然村覆盖率达97%以上。是历年来宁夏在农村地区通信基础设施建设中投入最高的项目，极大地促进了全县农村信息化基础设施建设进程。

（张让琼）

邮　政

【概　况】 中国邮政集团公司宁夏回族自治区西吉县分公司，现设综合部、市场部2个职能部门；基层邮政所6个，邮政代办所15个，邮政加盟农家店40家；现有职工（包括劳务派遣工）47人。

【邮政储蓄】 2017年，储蓄余额达3.2亿元，同时代发离退休养老金累计1.1万余户，累计代发2180余万元。2017年，全国邮政拥有3.6万个储蓄网点，通存通兑网络形成一个庞大的资金流，更多的招商引资款项通过邮政储蓄网络源源不断地输送到全县，为地方树立了良好的经济服务环境。

【中邮人寿】 中邮人寿将秉承百年邮政的优良传统，服务于社会，贴近群众。切实履行社会责任为己任，坚决践行合规经营为己责，走有特色的发展道路，努力将邮政资源优势与保险专业要求做到完美结合，实现全面协调可持续发展，为中国保险业务发展、为新农村建设、为构建和谐社会做出新贡献。2017年，全县各邮政代理金融网点已开办了系列保险产品，得到了广大用户认可和高度评价，市场规模也在不断增大，2017年新增保费达到1655余万元，为全县保险业务市场注入了新活力。

【电子商务】 充分发挥邮政遍布城乡的网络优势，积极开展各类代办业务，如代办移动、代办电信、代开税等，方便群众，服务民生；邮政储蓄、汇兑和速递短信业务，以其方便快捷短信方式告知用户账户变动、汇款回执信息及速递业务的信息反馈情况，得到了广大用户的青睐；代理航空机票和火车票业务的开办，为用户出差、旅游提供便捷高效的服务。商务业务已成为邮政服务社会的一个亮点，成为家喻户晓的一项邮政特色业务。

【集邮业务】 集邮活动是一项以收集、欣赏、研究邮票及其他邮政用品和有关资料为内容的文化活动，通过地方性重大活动制作的个性化邮票已成为反映西吉县经济、文化、历史和自然风貌的形象窗口。

【报刊业务】 一是加强领导、提升服务，全力以赴做好党报党刊征订工作。二是不断改进提升服务质量与能力。三是优化组合资源，将投递工作做好，确保各级党报在县城和主要乡镇当日投送到位，其他党报党刊次日投送到位，通过优质的服务，让全县各级党委、政府满意，让社会各界满意。

（王缠军）

移　动

【概　况】中国移动通信集团宁夏有限公司西吉分公司现有职工 24 人，下设办公室、市场经营部、集团客户部、渠道管理中心 4 个部室。

【经营管理】中国移动宁夏公司西吉分公司在区公司及固原分公司的正确领导下，在西吉县委、政府的大力支持下，紧紧围绕公司全年生产经营中心工作，认真部署，扎实推进，不断创新，力争全面完成各项任务。经过一年的努力，公司在生产经营、客户服务、网络基础完善及综合管理方面都有了较大的提升，并取得了可喜的成绩。2017 年西吉县移动分公司营业班组荣获宁夏公司“创先争优先进服务窗口”殊荣，分公司荣获区公司“企业文化建设基地”荣誉，分公司荣获固原分公司“工会先进集体”，分公司集团客户经理主管王升荣获固原分公司“岗位突击能手”荣誉称号及区公司党委 2017 年度优秀共产党员，还有多名员工喜获各个领域相应荣誉。

【宽带销售】贫困地区客户凭有效证件单独办理宽带可享受 7—9 折优惠。精准扶贫举措，努力降低贫困地区客户的通信支出，贫困地区群众切实感受“提速降费”带来的实惠。

【平安城市】以“平安联防”为主响应政府平安西吉建设号召。“平安联防”是中国移动基于电话平台提供的一项电话新功能，移动平安联防业务是按照距离相近原则，将农村居民 10 户进行组网，农户拨打“6995”后，平台将信息传递给同组成员，实现“一呼九应”。其主要功能是借助每家每户的移动手机，应用于居民联防报警。用户开通业务后，在遇到紧急情况时，只要拨打“6995”，即可触发平台对预设好的关联用户进行外呼，同时对绑定的手机用户发送预置内容的短信，轻松实现报警互助。

【网络建设】县城区域：2017 年分公司针对群众反映的、自己摸查发现的 4G 网络覆盖较弱的小区、楼宇开展了 4G 信号深度覆盖专项活动，力争实现县城及周边区域 4G 信号百分百、无死角覆盖。同时，在小区、商铺宽带建设方面实现了很大突破，小区、商铺宽带县城覆盖率在 80% 以上，实装率大幅提升。装机、维保协同度明显提升，装维人员综合素质提升，得到广大用户的一致好评。农村区域：针对部分农村区域存在有 4G 信号，无 GSM 网络情况开展了 2G 信号深度覆盖的同时，为老百姓提供了 4G+ 手机终端营销，有效解决了人们打电话、上网难的问题。同时，在电信普遍服务政策助推下分公司大力开展农村区域家庭宽带网建设、接通工作，2017 年完成所有乡镇较集中行政村、自然村家庭宽带网覆盖工作。

（郭　玲）

联　通

【概　况】中国联合网络通信有限公司西吉县分公司现有人员 14 人，下设综合支撑部、营业厅、县城网格、兴隆网格、政企拓展中心 5 个经单元。西吉县分公司 2017 年整体收入预算完成，在市分公司排名第一、全区第三，团队排名第一。2017 年被评为区级先进集体，县域业务发展进步、社会渠道聚类市场攻坚优胜奖。

【重点业务】全年重点以 4G 系列产品为主推，拓展移网增量市场，以无线宽带为抓手，弥补因资源短缺而导致的固网增量不足现象，借助智慧沃家和共享套餐的板结优势，提升移网用户使用黏性和在网时长，以双4G、不限量、不清零等宣传口径全渠道进行流量产品触点营销。

【特色活动】 于农历正月十五开展了“猜灯谜、庆元宵”活动，活动过程中凡是猜中灯谜的群众即可获得一张优惠券，凭借优惠券可以来公司办理优惠入网业务，当天发展2G用户260余户，3G/4G用户30余户，办理终端合约5部，悬挂的500个谜面被抢猜一空，该活动还得到了媒体的宣传。一定程度上促进了业务的发展，另外一方面加强了品牌的宣传，增强了用户感知。

【“雨露计划”】 2017年西吉分公司“雨露计划”活动成功拓展村部15家，校园1家，办理终端合约365部，办理存费合约号卡334户。

【实名制与“黑卡”管控】 从源头管控，严格要求营业厅和网格不为渠道和任何人员办理不符合实名制管控要求的业务操作，并不定期、多频次地对代理渠道宣贯实名制“黑卡”相关要求，杜绝“黑卡”业务的办理。对不符合实名制要求的老用户积极进行实名制补录，为渠道配备验证仪设备和登记工单，清理低销售量和无条件落实实名制要求的末梢便利网点，将实名制与“黑卡”管控纳入基础管理日常工作中。

（冯云飞）

军 事

人民武装

【军改教育】 坚定不移地把政治建军摆在首位，着力强化“四个”意识、锻造“四铁”党委班子，结合人武部实际，制定了“维护核心、听从指挥”主题教育实施意见，借鉴军分区的做法，将全年各类教育归类梳理，进行部署动员提出落实要求；通过视频会议，同步参加了宁夏军区专题教育和军分区主题教育专题辅导。按照上级统一要求，制定了“两学一做”常态化制度化教育方案，编印了《党员应知应会手册》，开展手抄《党章》和“新旧党章对比学”等活动，结合年终工作总结，召开了专题组织生活会。

【国防教育】 利用新媒体扎实推进国防教育，在电视台开设了国防教育专栏，利用西吉大城小事、西吉微生活、精彩西吉等微信平台进行国防教育宣传。深入开展国防教育进校园、进社区、进企业、进寺院活动，“双拥”文化演出8场次，科以上干部国防教育报告14场次、高中学生国防教育报告2场次，制作民族团结宣传牌355块、双拥宣传牌172块。协调国教办组织了国防知识竞赛活动，参加人员达500人次。

【军事训练】 人武部本级严格落实每周三训练制度，落实48个训练日，主要进行了条令法规、识图用图、手工标图和队列、体能训练，年终考核成绩良好。专武干部每月例会和培训制度落实。民兵组织了7—10天入队训练，反恐连组织了队列和警棍盾牌术训练，组织了“5·12”抗震演练、“7·12”反恐实装动员演练、“9·18”防空演练。

【民兵整顿】 始终把民兵整组作为主业主责，坚持部长政委亲自抓、分管领导分工抓、带动基层共同抓，圆满完成了基干民兵整组任务。成立了由人武部部长、政委和副县长组成的民兵整组工作领导小组，各乡镇相应成立了组织，建立了民兵整组干部包乡责任制。1月22日，召开了全县民兵整组会议，联合下发了《西吉县民兵整工作指示》《民兵整组训练教育指示》《民兵整组任务区分表》《民兵整组“十三步法”》《政治审核表》《迎接固原军分区民兵整组检查验收方案》《征兵准备和兵役登记方案》等资料。为提高民兵的积极性和荣誉感，创造性制作了《民兵入队通知书》。围绕整组质量，规范程序内容，优化组织结构，突出编组重点，着力抓好“十三步法”的落实。严格按照条件、标准和任免程序，确定出入队比例，调配民兵干部，建立党支部。对入队民兵进行了政治考核，保证民兵队伍的纯洁可靠。完善了民兵例会记录本、政治教育登记本；民兵组织分布图、兵员动员方案图、民兵应急方案图；编制序列表、数质量统计表；收拢方案、集结方案、维稳方案、抢险救灾方案；民兵队伍花名册、干部花名册、流动民兵管理登记册、出入转队花名册等，统一装订了乡镇资料。采取包乡检查、分组普查和上级抽查的方式，3次组织了民兵整组检查，2次召开政府部门协调会，2次召开乡镇民兵整组推进会。4月15日，对应急分队组织了集结点验。4月23日，在军分区民兵整组巡回观摩的基础上，组织专武干部对民兵整组、阵地建设、兵役登记和征兵预征等工作进行了巡回观摩，召开了整改会议，下发了《民兵整组检查验收通报》。

【民兵训练】 坚持专武干部每月2天的例会培训制度，组织学习民兵工作业务知识，确保了基层武装工作的有效落实。5月上旬，集中10天时间，组织民兵反恐连进行了考比拉比武竞赛适应性训练，完成了紧急出动、警棍盾牌术、队列、教学法、野炊、宿营等10个课目的训练，完成训练任务，考核成绩良好。同时，抓了道路抢修分队训练任务落实。

【兵役征集】 2月，召开了征兵准备会议，下发了兵役登记和大学生预征指示，2次组织专武干部进行征兵系统、兵役登记和网上报名培训；5月，制作征兵宣传单20000份、公告300份，下发各乡镇展开征兵宣传；6月，集中开展了征兵宣传月活动，抓住高考学生成绩公布的有利时机，到各高中学校开展了宣传；7月4日至5日，组织公安、卫生、教育等兵员征集成员单位负责人和县医院体检科室主任、全体专武干部，参加了宁夏军区组织的集中培训。协调民政局制作“光荣之家”牌子300个，逐家逐户悬挂，营造“一人参军、全家光荣”的良好氛围。

2017年3月22日，召开全县人武工作会议

【国防动员】 2017年，县委、县政府能够把国防动员和后备力量建设纳入经济社会发展总体规划和年度工作进行部署，纳入目标考核范畴进行量化考评。军地双向兼职、会议制度、现场办公和述职制度落实，国动委领导和成员单位领导3次参加了“5·12”防震演练、“7·12”反恐实装动员演练和“9·18”防空演练，结合西吉县目标考核办法，制定下发了基层人武工作考评细则，向国动委各办公室下发了自治区国动委考评细则。西吉县国防动员委员会共设置7个专业办公室，编配19人，各办公室有牌子、有办公室、有桌椅、有电脑等办公设备设施，有制度牌、有资料柜，做到了机制健全、专人专管、高度融合。先后2次修订了国防动员、兵员动员、经济动员、人民防空、交通战备、政治动员6类动员方案，做到了与上级动员方案相配套。二季度，开展了兵员动员、经济动员、人民防空、交通战备、国防教育、信息动员等领域潜力统计调查，完善了数据库。动员演练扎实，组织了“5·12”抗震演练、“7·12”反恐实装动员演练和“9·18”防空演练，提高了组织指挥能力。

【基层建设】 认真落实总政〔2013〕2号文件精神，联合县委、县政府制定了《关于加强基层人民武装工作暨专职人民武装干部队伍建设的实施意见》，落实每个基层武装部办公经费1万元，共计19万元。3月，认真落实“五个一”要求，调整了国动委、征兵领导小组、双拥领导小组机构。按照“三联四帮”活动要求，对19个基层武装部设施进行了检查。

（靳玉强　王继军　殷嘉霖　王良付）

武警中队

【政治教育】 一是扎实展开“改革强军”主题教

育活动。教育活动有调查、有动员、有载体宣传、有体会交流、有笔记展评，形式多样、内容丰富。二是突出抓好党的理论武装。采取原文领读、讨论辨析、读书批注等方式，把内容细化到每一堂课，引导官兵坚定政治信仰，自觉投身强军实践。三是精心组织经常性教育。支委每月结合按纲建队分析组织议教，围绕官兵现实问题和思想情况制定教育计划，开拓授课方式，在主官亲自授课的基础上，推选理论骨干上讲台，丰富教育内容和方法手段，效果明显。四是注重抓预防工作。积极开展“三帮一带”和“密切内部关系”活动，严格落实谈心，思想汇报、思想形势分析等制度，做深做实做细人员思想工作。针对新兵“第二适应期”、入党考学、技术学兵选送等人员思想波动大的特点，干部骨干及时跟进，全程跟踪做好思想工作。

【执勤训练】 一是严格支部议勤，提高中心意识。中队通过集中授课、观看录像、学习执勤案例的方法，教育官兵牢固树立使命意识、中心意识、责任意识。通过“3·14”“6·4”“7·5”等敏感期的形势任务和执勤战备教育，官兵的政治意识、大局意识和忧患意识进一步增强。二是坚持按纲施训，打牢技战术基础。中队以大纲为依据，组织完成每一个训练科目，坚持每天一次训练小评比，每周一次军事技能会操，每月一次体能科目考核制度，确保训练质量的提升。三是抓好典型引路，促进整体训练水平提高。周会操、月竞赛、阶段考核、评比制度，充分发挥士官、班长的作用，树立训练标兵、执勤能手等先进个人为典型，通过模范带头作用、互帮互学等方式，调动大家训练的积极性和主动性。开展培养训练标兵，表扬积极先进分子活动。极大的激发官兵的训练热情，形成比、学、赶、帮、超的良好氛围。

【队伍建设】 一是科学谋划工作。组织全体官兵开展“2016年工作怎么看，2017年工作怎么干”大讨论，做到吃透上级的、摸清中队的、形成自己的、变成大家的，确定按纲抓建工作的总体思路。二是注重形成合力。抓好团结，做到工作常交流，遇事共研究，积极营造“快乐工作，团结共事”的氛围。三是狠抓风气建设。2017年，中队任命骨干、推荐预选士官培训及技术学兵，确定党员发展对象、评选秋季退伍优秀士兵，严格按照程序选拔，官兵信服，群众满意。四是突出抓好帮带。以“新纲要”为蓝本、以条令条例为依据，以开展“两学一做”活动为载体，严格落实党员干部理论学习制度，增强党员党性修养，纠正党员只享受党员荣誉，不学习党知识的问题；充分运用民主评议党员、党员汇报、党员承诺践诺等载体，不断激发党员队伍的先进引领作用。

【双拥共建】 开展警寺共建、捐资助学活动，针对中队驻地特点，组织官兵定期到北大寺、西滩道堂、陕义堂清真寺开展共建活动，打扫卫生、赠送米面油；利用驻地红色资源，组织官兵多次到单家集、将台堡等红色圣地进行参观践学，创建浓厚的民族团结氛围。中队在开展双拥共建活动中，把“为民、便民、利民”活动作为主要内容来抓，教育官兵“不忘根本，心系群众，乐于奉献，服务人民”，认真履行全心全意为人民服务的宗旨。中队成立“学雷锋小组”，把民族团结工作与学雷锋紧密结合起来，利用休息时间组织官兵上街清扫街道、到公园捡垃圾废品，大学

2018年3月5日，县中队战士“雷锋日”开展双拥共建活动

天气组织官兵在县城开展除雪活动，受到人民群众的欢迎。

【遂行任务】 出动100余人次协助公安机关圆满完成春节、全国两会期间两警联勤巡逻任务以及春运汽车站执勤、西吉春晚等重大活动的社会保卫工作，并根据县委、县政府的统一安排部署，配合公安机关对县城繁华街道，人流量较大的地方进行武装巡逻，打击违法犯罪活动，有效震慑违法犯罪活动，为创建和谐西吉，美丽西吉、富裕西吉保驾护航。

（王　利）

消防大队

【火灾情况】 2017年西吉县公安消防大队共接警346起，其中发生火灾273起、抢险救援59起、社会救援5起，抢救被困人员12人，疏散群众117人，抢救财产价值30.8万元，直接经济损失23.8万元，伤亡0人，受伤0人。与2016年同期相比，接警起数下降了17.3%，抢救被困人员数下降了45%，疏散人员数上升了54.5%，抢救财产价值下降了54%，直接经济损失下降了6.5%。

【部队管理】 2017年完成了109个训练日758课时的训练任务，共开展20项体能、11项合成操法，42件（套）器材装备应用熟悉训练，先后开展了高层、地下建筑测试摸底、高风险单位熟悉演练和普通中队整建制实战化合成训练工作，六熟悉140余次，重点单位熟悉演练111家次，修订完善数字化预案41份，开展水源普查12次，完善消火栓档案85份，拉动微型消防站开展灭火救援培训演练65次，联合演练65次。取得了支队冬训考核第二名，支队“条令条例学习月”队列会操第一名，支队“兵王”实战化比武练兵团体第二名、三公里越野比赛第一名、10米绳索攀爬比赛第二名、吸水管连接操比赛第二名、400米初战出水控火操比赛第二名等优异成绩，并在全区消防部队比武竞赛活动中下士公保扎西荣获“兵王”称号。大队始终瞄准“能打仗、打胜仗”这一强军目标，紧盯战斗力标准这一唯一核心，谋打赢实战练兵，零容忍从严治警，高站位精细管理，有力推动了部队整体建设。坚持从实战出发，围绕四类场所灭火救援以及水域救援专业队建设重点科目，从严从难设置灾情，切实在实战环境中摔打锤炼部队，提升部队作战能力。围绕官兵军人血性和战斗精神的培育，结合各类专题教育活动和新营房正规化建设要求，坚持作风建设从细处入手、点滴做起，制度落实、警容警姿、礼节礼貌等方面进行严抓细抠，筑牢官兵“条令条例、条条是令，警纪铁规、句句是规”的思想，在日常养成中培养官兵的正规化意识。以安全“五无”创建为主线，以“条令条例学习”为抓手，大力开展安全隐患排查，建立问题清单和整改清单，进一步夯实部队安全管控基础。大队从各项制度落实为抓手，坚持“发现问题不放过、解决不了不放过”的原则，坚决整顿部队管理松懈、纪律松弛、作风松散的问题，坚决纠治少数官兵“庸懒散浮拖”等不良风气。认真开展“两个经常性”工作，教育引导官兵讲政治、讲纪律、顾大局，激励官兵时刻胸怀正气、斗志昂扬，引领官兵抬高工作标准、提高工作效率；突出节假日和“八小时”以外管理，确保官兵业余时间不失控、自由活动不自流、节日管理不放松，坚决杜绝各种违纪现象的发生，全面确保人员车辆随时处于管控状态。

【政治教育】 2017年共召开大队党委会议32次，大队部党支部会议15次，行政办公会议37次，中队党支部会议18次，经委会11次，部队各项工作开展井然有序，班子建设作用明显、成效显著，班子成员团结活跃，年轻富有朝气。在总队、支队党委的正确领导下，在全队官兵的辛勤努力下，大队党委始终坚持按照党组织规范化建设要求，坚持和完善学习制度，积极推进“两栏两室”

标准化建设，不断提高班子成员理论素养、夯实软硬件设施基础；始终坚持民主集中制原则，着力保证党委决策的民主性和准确性；始终坚持民主评议制度，广泛开展班子成员个人查摆剖析，党员干部民主评议活动，达到统一思想，增进团结的目的，形成了齐抓共管，增强工作合力的良好氛围。以习近平总书记系列讲话精神为统领，以“改革强警”和“两学一做”主题教育为主线，以夯实基础工作为抓手，以推进政治工作创新发展为动力，扎实开展“纪律作风整顿”“维护核心、听从指挥”“两学一做”“建党96周年暨纪念红军长征胜利81周年”“纪念中国人民解放军成立90周年”“喜迎十九大，忠诚保平安”及“党的十九大会议精神”等系列专题活动，全体官兵思想稳定、情绪高亢、崇尚荣誉，大队上下能干事、会干事、干成事、不出事浓厚氛围。开拓创新、攻坚克难，各项工作保持了良好的发展趋势，确保了“两个稳定”，为全面打造“和谐西吉、平安西吉”提供精神动力和政治保证。

【经费保障】 2017年大队预算经费共计235.2万元，主要有几项支出大队业务经费，农村消防站运行经费，器材装备，政府专职消防队建设，文员工资等。严格落实党委理财制度，全面加强预算管理。结合支队财务大清查相关要求，对伙食采购进行重新招标，进一步规范伙食配送流程，强化伙食管理，加强制度建设，严格落实伙食管理“五项制度”，改善膳食结构。

【火灾防控】 筑牢防火监督基础，推动社会化消防格局建设。消防大队积极推动社会消防安全体责任制建设，社会消防安全工作得到了县委、县政府高度重视，先后将消防工作纳入平安建设、政府目标管理、社会治安综合治理体系，各级党委、政府均能贯彻落实全县消防工作年初部署、半年督导、年终考核机制，执行党政同则、一岗双责、齐抓共管的工作责任要求，制定各项消防工作、任务方案，各级党政领导先后听取消防工作汇报50余次，组织召开消防工作会议13次，县常务会议6次研究解决消防工作瓶颈问题，县主要领导亲自带队开展消防安全检查40余次，参加重大消防活动11次，县消防安全委员会消防安全监管联席作用明显，全县各部门分工协作、齐抓共管消防工作格局良好。大队着眼于预防和减少火灾危害，建立健全消防安全工作长效机制，先后提请县人民政府部署开展了冬春火灾防控、夏季消防检查、高层建筑专项治理、重大节日活动安保等系列活动、工作，全力推动各基层党委、政府落实工作责任、制定工作方案、总结经验做法，完善各级党委、政府和各级职能部门联动机制，联合开展了人员密集、易燃易爆、居民小区、高层地下、旅游景点、高风险点建筑、施工工地、“三小场所”、出租房、彩钢板建筑等系列消防安全专项治理行动，开展了各类行业、部门自查自纠专项整治行动，开展了消防安全“打非治违”专项行动，取缔、关停非法加油站4家、加油点13家、人员密集场所4家，圆满完成了春节、全国两会、“一带一路”、国庆、中共十九大等重大节日、活动期间的社会消防安全监督检查和防范工作，确保了全县2017年未发生较大以上和有影响的火灾事故，有力地维护了全县社会治安秩序和公共消防安全。全年大队共检查单位1893家，发现火灾隐患1858处，督促整改火灾隐患1903处，行政处罚70家，三停20家，罚款38.7万元，行政拘留11人，临时查封14家，重大火灾隐患政府挂牌督办1起（已摘牌销案），各乡（镇）派出所共检查单位3439家。一大批火灾隐患得以消除，全县火灾形势持续平稳。大队在不断提升大队灭火救援执勤战斗力的同时，全面推动县公安局落实4支政府专职消防队做好灭火救援执勤战斗补充、协作，基本实现火灾初期扑救能力；建立完善50家微型站人员、装备器材配备，充分发挥单位、场所治安联防、保安巡防等群防群治队伍作用，初步实现担负防火巡查、初期火灾扑救等火灾防控工作；积极开展平安社区创建达标验收工作，对全县8家社区及小区开展了达标验收工作；极力推广人员密集场所、出租房、群租房、“三合一”、“多合一”等单位、场所全年共安装独立式感烟探测器233个、简易喷淋系统17套，有效预防了“小火亡人”事故发生。

【安全宣传】 大队积极开展社会消防宣传教育工作，先后举办了人员密集场所、易燃易爆单位、消防安全重点单位、党政机关等消防安全教育培训班120余期，培训人员12308人次，发放各类宣传资料5万余份；利用消防微信公众平台、户籍化管理平台等发布消防信息，针对特定的时间节点，每日发布消防常识，曝光重大火灾隐患及跟踪整改进度；借助企业、单位户外LED灯媒体设备发布公益广告、提示信息上千余次，微信公众平台发送微信400余条，发动消防志愿者开展消防宣传活动50余次，群众消防安全意识得到大幅提升，宣传教育效果显著。

（张嘉雨）

群众团体

总工会

【概　况】西吉县总工会成立于1956年11月。内设"五室一中心"，即办公室、财务室、组宣室、经审室、女工室、困难职工帮扶中心。现有职工30名，其中在编人员9名，职业化工会干部21名。

【经济技术】认真开展各项劳动竞赛和技术比武活动。一是向区、市总工会推荐表彰了先进组织2个、先进个人8人，其中：先进组织为自治区"工人先锋号"称号1个、市"五一劳动奖状"1个、先进个人为自治区"五一劳动奖章"1人、市"五一劳动奖章"7人。二是与教育体育局联合举办了以"促进教师专业成长，成就教师发展梦想"为主题的全县教师才艺大赛，共有500多人次通过各个学校的初赛、片区复赛，200多人次进入了决赛，本次大赛为广大教师提供了相互学习、深入交流的平台，促进了全县广大教师专业水平和综合素质的全面提升。三是为4名全国劳模、33名省部级劳模和14名市级劳模建立了档案，实行动态管理。为51名劳模发放春节慰问金2.55万元，为17名困难劳模发放2016年度"劳模三金"10.16万元，为12名全国、省部级劳模和1名全国劳模遗孀申报2017年度"劳模三金"。组织1名全国和6名省部级劳模参加区内外疗休养。

【困难帮扶】一是对全县困难职工进行入户调查和动态管理，现有建档困难职工（农民工）1108户，其中困难职工档案283户，农民工档案825户。二是大力开展精准帮扶活动。其中：慰问162人，发放慰问金11.25万元；生活救助257人，发放救助金15.13万元；大病救助26人，发放救助金17.3万元。三是为西中、回中两个工会班的300名学生发放助学金42万元，一中"工会班"50名考生均取得了本科线以上的优异成绩，其中一本44人、二本3人、三本3人，回中工会班一本上线11人、二本25人。四是职工医疗互助资金实现了财政1∶1的配套，加大了患病职工救助力度，促进了全县多渠道多层次医疗保障体系的建立与完善。截至2017年年底，报销199人，共计44.9万元。五是认真做好职工来信来电来访登记、处理、统计上报工作，共收到来电来访件72件，接待职工76人，均已办结。

【工资协商】为进一步推动企业工资集体协商工作，扩大协商覆盖面，采取多项措施推进工资集体协商工作。一是举办工资集体协商培训班一期。二是要求每位工会干部抓好所联系企业工资集体协商工作，打造示范点11家。三是聘请10名县级工资集体协商指导员，通过工资集体协商指导员深入一线指导，规范了全县企业工资集体协商工作。四是对20多家企业进行民主管理维权检查，发现有1家企业没有开展工资集体协商，也没有签订工资专项集体合同，检查后及时发出《工会维权意见书》要求限时整改落实。全县签订工资专项集体合同87份，覆盖企业115家，占建会应签企业总数的97%，覆盖职工3393人，其中签订行业性工资集体合同4份，覆盖企业32家，覆盖职工245人。

【职工队伍教育】 一是开展送法下乡、国家安全教育日、“移风易俗”等法治宣传活动，发放法律法规宣传资料8000余册。二是举办了西吉县“民族团结杯”庆“五一”职工运动会，设男女羽毛球单打、男女乒乓球单打、象棋、围棋、女子跳棋、五子棋6个比赛项目，共有341名干部职工参加了比赛。每个项目的前8名分别获一、二、三等奖。三是组织职工参加了固原市第八届职工运动会，西吉县分别获得了全市职工运动会团体总分第二名、男女篮球单项第一名、羽毛球团体（女）第三名和7名个人奖的成绩。四是创建“网上职工之家”微信群，加强与广大职工群众的互动交流。

【工会建设】 一是召开了西吉县总工会八届四次全委（扩大）会议。二是举办了两期工会业务知识培训班。三是认真办理工会法人资格证书，共办理94家。四是认真开展会员信息录入，共计226家单位13850人。五是积极为工会会员办理会员卡，共办理1885张。六是组织职业化积极参加区、市业务工作培训。七是调整充实基层工会班子9个。八是新建工会组织12家，新增会员203人。全县共有基层工会组织325个（其中机关事业单位164个），共有会员32206人，其中农民工会员25967人。

【财务经审】 一是督促机关、企事业工会建立独立账户，共建账户90个，落实行政事业单位工会经费划拨；二是按照工会组织“三同时”要求，健全基层工会经审组织；三是邀请县审计局审计人员对本级工会经费、帮扶、送温暖等专项资金及固定资产使用情况进行了审查审计；四是对下审计基层工会组织56家；五是税务代收工会经费57万元。

【女职工工作】 一开展劳动力素质技能培训，共培训155人。二是开展女职工维权宣传5场次，发放宣传资料6000余份。三是联合县妇联开展了女职工权益保护法律法规有奖答题活动，共有45个单位的474名女职工参与答题，此次活动进一步提升了广大女职工依法维护自己合法权益的意识。

【精准扶贫】 组织帮扶人员到包扶村入户了解帮扶对象的基本情况、宣传帮扶政策，制定帮扶措施，对包扶村进行大力支持，共投入11.5万元，帮助兴隆镇张齐村解决了一系列实际困难。一是为组道安装太阳能路灯21个9.24万元；二是为村党员活动室配置计算机1台4500元，打印机1部1950元，桌椅7套7100元；三是为党员活动室院内栽植30棵松树和慰问困难户3户、困难党员3名。

（孙晓娟）

共青团

【概　况】 共青团西吉县委员会为党委的群众性青年团体组织，共青团西吉县委员会，内设编制5人，行政编制4人，工勤编制1人。

【思想建设】 始终把思想政治教育放在首位，始终坚持党的领导，坚定不移跟党走。突出主题活动教育。牢牢把握重要时间节点，广泛利用各种形式，在青少年中大力培育和践行社会主义核心价值观。组织开展了“青春激扬红五月、不忘初心跟党走”“喜迎十九大·我向习爷爷说句心里话”系列活动和“喜迎党的十九大·同心共筑中国梦”演讲比赛、“贯彻党的十九大精神·做新时代有为青年”专题讲座、“生态西吉、绿色出行”环城骑行、“我和国旗合个影”、“手抄团章”等主题活动20余场次，对于灌输培养青少年的爱党、爱国热情，激发青年团员展现新风貌取得了积极作用。荣获自治区团委“五四”系列活动“最具影响力团组织”荣誉称号。加强先进典型示范。大力开展优秀典型评选申报活动，不断激励广大青少年发扬团结互助、奋发有为、积极进取的时代精神。一是向自治区团委、团市委推荐申报了优秀青年志愿者、少先队辅导员、优秀团组织和团干部及优秀团员等荣誉奖项，有15名个人和8个集体获得表彰奖励。二是组织开展了县级青少年典型选树工作。包括“两红两优”“优秀青年志愿者”“五四青年奖章”“向上向善好青年”等评选活动，选树各类信念坚定、理想高远、积极向上的青少年先进典型32名，为青少年成长成才树立榜样。拓宽沟通交流渠道。加强网上共青团建设，开通官方微博和“西吉青年”微信公众平台，创建多个团青QQ、微信群，有效引导青年传播网络正能量、发出青年好声音，荣获自治区团委“新媒体工作先进团组织”和西吉县“十佳政务微信平台”荣誉称号。积极加强与高校团委协作，圆满完成浙江大学宁夏西吉社会实践基地挂牌和中国海洋大学“携手重走红军长征路”系列活动，扩大了对外影响力。

【脱贫攻坚】 召开“青春助力脱贫攻坚”动员大会，制定下发《共青团西吉县委关于“青春助力脱贫攻坚”三年行动方案》，着重实施返乡创业、青创培训、电商扶贫、志愿服务、大学生圆梦等行动。深入开展“希望工程·圆梦行动”，通过宁夏青基会、团市委及全县爱心企业和社会各界爱心人士，共争取黄河银行、国酒茅台、北京爱尔基金、六盘学子、江苏南京陆琳女士爱心助学金等助学项目以及自筹助学资金共计127万元，资助贫困大学生560余名。积极对接银川百年职校和宁夏青基会，举办百年职校招生宣传活动2场次，推介6名家庭困难初中毕业生通过考试被银川百年职校录取。同时积极开展小初高助学项目，落实雷沃留守儿童助学金7万元，资助留守儿童140名。认真开展驻村帮扶工作，选派优秀干部担任第一书记，协调联系各类物资7.8万元，开展走访慰问10余次。

【创业就业】 围绕引领青年创业创新，开展了西吉县首届“青年创业先锋”评选表彰活动，表彰优秀创业青年20名；举办创业沙龙分享会、电商新媒体业务培训班3期，培训青年200多人次；借力“两个带头人”工程，评定“青年信用示范户”30户，争取青年创业贷款136万元；在明星出租车公司、旺泉食品饮料公司、向丰集团等企业设有青年就业创业基地，为全县待业青年提供见习岗位达150个。创业青年谢宏义荣获固原市“五四青年奖章”。

【志愿服务】 围绕县委、县政府脱贫攻坚等中心工作，组织青年突击队开展定期不定期志愿服务活动，实现了志愿服务常态化。“3·5”期间，召开了“身边的雷锋”表彰会暨“学雷锋，树新风，助脱贫”志愿服务活动启动仪式，掀起了全县学雷锋活动新高潮。联合文广局、扶贫办为全县139个贫困村招募文化扶贫志愿者139名。牵头成立县禁毒志愿者协会和服务队，新培育发展团属社会组织2家，注册各类志愿者4612人，组织开展“爱心送考”“6·26”禁毒宣传等各类志愿服务活动40多场次。“青春无悔·全民禁毒”快闪宣传活动在全县巡演，并制作成专题片在电视台等媒体播放，广受好评。加强西部计划志愿者服务管理工作，举行出征仪式、召开座谈会，制定下发《管理办法》，56名西部计划志愿者扎根基层、奉献青春。

【关爱青少年成长】 一是广泛扩展青少年服务平台。依托各类公共平台服务资源，打造“青少年校外活动中心”1个，“电商孵化园青年中心”1个，配备各类器材价值200余万元，为全县青少年提供心理辅导、助学帮困、文体活动、法律维权等服务，联系服务青少年1000多人次。二是有效提升青少年维权意识。以青少年法治宣传、自护教育为重点，加强闲散青少年等群体的预防犯罪工

2017年5月31日，团县委组织开展"青春助力脱贫攻坚"庆"六一"慰问活动

作，协同政法委、公安局、检察院等成员单位，开展法治进校园活动等各类法治宣传、讲座12场次2000多人次。组织开展以"珍爱生命、远离毒品"为主题的全县禁毒宣传活动3场次，覆盖青少年人数1500余人次。扎实开展"共青团与人大代表、政协委员面对面"活动，引导青年理性表达利益诉求，优化成长环境，促进未成年人知法、懂法、守法、用法。三是加大特需青少年帮扶力度。开展"青春护苗""暖冬关爱行"等活动，看望慰问留守儿童、特殊青少年60多人次。对接联系卓越教育集团和北京航空航天大学、武汉理工等10余所高校200多名志愿者，为1200多名贫困儿童提供了暑期学业辅导等志愿服务。摸底并确定结对帮扶闲散青少年3名，同时进一步完善闲散青少年关爱帮扶机制。

【基层基础建设】 一是积极推进基层团组织建设。开展"党建带团建、团建促发展"活动，加大非公有制企业、农村合作社团建工作力度，建立各类两新团组织15个，选树青年致富带头人典型15名。加大对基层的支持力度，为每个乡镇配备2万元工作经费。二是不断加强团干部队伍建设。胜利召开共青团西吉县第十三次代表大会，选举产生了新一届委员会，团县委"专兼挂"班子全部配备到位，2名基层一线青年进入班子。通过"走出去"+"请进来"等方式，选派21余名团青参加了区市团委调训，举办团、队干部培训班2期200余人次，提升了团队干部素质。三是稳步推进共青团改革。以"强三性、补四缺、去四化"为目标，积极争取县委、县政府和组织、财政等部门支持，出台《共青团西吉县委改革方案》《关于进一步加强基层团组织建设的实施意见》等文件，积极落实改革任务。在团宁夏区委常委扩大会上就改革工作作了交流发言。

（马小龙）

妇 联

【就业创业】 县妇联2017年举办各类培训班36期，培训妇女3600余人。其中劳动力素质培训136人，完成固原市下达培训任务126人的108%，鉴定取得职业资格证116人。完成县上下达鉴定任务83人的140%。组织贫困村妇联主席培训班1期，培训165人。选送240名妇女干部、女致富带头人参加区、市培训学习。联合县劳动就业局组织召开招聘会3场。评选表彰全国、区、市先进集体9个，先进个人28人。全年共报送信息62篇，经区、市、县等有关部门采用36篇；撰写调研文章3篇。实施"一报两刊"进乡村工作，征订《中国妇女报》130份、《中国妇女》杂志26份、《中国妇运》杂志7份。

【创业贷款】 召开全县农村妇女创业担保贷款工作推进会，评选表彰了农村妇女创业担保贷款工作先进集体和先进个人。发放农村妇女创业担保贷款6758.8万元，1413户（其中销号村发放农村妇女创业贷款1455万元，373户）。累计发放农村妇女创业担保贷款42200.5万元，9330户。能按期回收贷款，贷款回收率100%。累计发放贴息资金2942.6万元。对已享受2年财政贴息贷款的7名农村妇女给予"扶上马，送一程"优惠商业贷款支持34万元。打造妇女贷款示范点60个，建立手工刺绣编织等妇代会创收基地30个。创建巾帼扶贫车间4个，巾帼创业创新基地1个，妇女手工制作工作室1个，涌现出种植、养殖、手工技能及餐饮等“女能手”320余名。

【家庭文明】 在“三八”等重要节点，开展以“移风易俗、树立文明新风”和“维护社会稳定，深化平安西吉建设”为主题的宣传活动6场次，发放宣传手提包等宣传资料13000余份；与市妇联联合组织“移风易俗树文明家风”文艺演出4场；联合县委宣传部、文广局、文明办等组织编排的《兰兰的婚事》在全县巡回演出20场次。举办“和谐婚姻大讲堂”1场，400余人聆听讲座。教育引导群众摒弃陋习，提倡简办婚事丧事，移风易俗，养成好习惯、形成好风气；开展寻找“最美家庭”活动。举办最美家庭故事会、好家风好家训评议会38场，设立了60个家庭幸福照片展示栏和“最美家庭”光荣榜，累计晒出家庭幸福照片600张，征集到“好家规，好家训”300余条。通过“晒、议、讲、秀、评”5个环节，按照不设标准、不设门槛的原则，推荐“最美家庭”12户，其中王峰家庭获全国“最美家庭”，累计推荐表彰全国、区、市“最美家庭”60户；开展“康乃馨”关爱单亲母亲行动，举办单亲母亲培训班2期，培训100人次。开展慰问活动3场次，慰问贫困、单亲母亲346人，发放慰问物资约7.7万元；开展“百合花”帮扶留守妇女活动，关爱留守妇女帮带脱贫，对全县1959名留守妇女建立个人档案信息、互助小组、帮带档案和工作台账。累计为全县符合条件的农村留守妇女发放贷款1120万元，280户。配合县民政局配备“三留守”督导员296人，其中妇女120人。组织留守妇女文艺队参加广场舞比赛及文艺演出4场。丰富了留守妇女的文化生活。启动“相伴共读　书香润德”亲子阅读活动，3000余名师生参加了活动，评选表彰“书香家庭”“亲子阅读”家庭3户；承接组织广大家长参加“家庭教育知识”讲座3次，参加人数800余人；开展“家庭教育”宣讲活动8场，参加家长2500人；组织7名儿童参加夏令营活动；申报全国家庭教育科研课题2篇，选派17名社区、学校、妇联家庭教育工作者参加区妇联家庭教育培训，广泛宣传普及家庭教育知识。在农村初中女生中开展“护航春蕾”宣讲活动25场，参加女生6229余人；开展“喜迎十九大　同心共筑中国梦”演讲比赛1场，参加女生500余人。

【基层组织基础】 制定下发了《西吉县妇联改革方案》。组织召开妇联改革工作会议4次，指定专职工作人员，全面完成妇联改建工作。一是完成全县296个行政村8个社区妇代会改建妇联工作。改革后，社区妇联主席8人，副主席16人，执委120人；行政村妇联主席295人，副主席590人，执委4440人。将村妇联主席选入村“两委”班子，并将村妇联主席工资报酬纳入自治区财政核发任职补贴中。二是完成19个乡（镇）妇联组织区域化建设。以“建组织、扩队伍、强服务”为目标，在原有基础上，打破行政隶属、身份限制和行业分割，乡镇妇联主席由同级党政领导班子中的女性担任，选配专职副主席1名，兼职副主席不少于2名，执委11—15名，建立区域化基层妇联组织。改建后乡镇妇联主席19人、专职副主席19人，兼职副主席41人，执委309人。形成了全县乡、村妇联组织规范高效、充满生机、主动作为、有为有位的生动工作局面。三是不断拓展延伸妇女组织覆盖面，在全县行政村、社区、机关事业单位、商协会、两新组织、园区等建立“妇女之家”386个，建立“留守妇女之家”2个，并在商协会、非公企业中建立妇女组织37个。

【“互联网＋妇联”】 一是开展“一呼百应”微信工作法，建立县、乡、村（社区）妇联微信交流群319个。利用妇联微信公众号、微信群、QQ群、微博等新媒体平台开展联系、服务妇女群众。二是全县妇联干部关注、转发、点赞并广泛宣传“宁夏女儿”微信公众号。三是组织动员各级妇联干部、妇联执委、机关妇代会主任等妇女工作者全员下载“妇联通”手机客户端，组织登录、注册并运用。

【妇女儿童权益】 充分发挥县、乡、村三级妇联信访渠道作用，使受害妇女在最短时间内得到帮助。全年共接待来信来电来访24件，其中来电6件，案件调处率达98%。利用“三八”维权周、“六一”、“6·26”、禁毒流动课堂、禁毒警示教育基地等组织开展妇女禁毒、反家庭暴力法宣传教育活动10场次，服务人群2650人次。建立妇女维权合议庭1所、家庭暴力案件投诉站19个、妇女法律援助中心1所、家庭暴力庇护中心（站）304个。选派4名妇联干部担任人民陪审员，1名干部互派到法院学习锻炼，提高依法履职能力。联合有关部门单位成立西吉县婚姻家庭矛盾纠纷工作领导小组，办公室设在县妇联。在乡镇、村建立婚姻家庭纠纷人民调解委员会315个，全县19个乡（镇）依托现有的综治中心建立婚姻家庭矛盾纠纷人民调解室，推动了妇女儿童利益问题的解决。

【项目资金】 一是开展“两癌”健康知识宣传活动2场次，发放农村贫困母亲两癌救助资金29万元，救助贫困妇女29名，发放自治区政府民生计划贫困母亲两癌救助资金10万元，救助贫困妇女10名。累计发放两癌救助金106万元，救助贫困妇女106人。召开“爱妮保”工作推进会，大力宣传“爱妮保”工作，“爱妮保”参保66人。二是已完成震湖乡600万元“母亲水窖”中南部城乡安全饮水工程项目。实施“母亲邮包”项目，为贫困母亲发放邮包422个，价值8.44万元。为贫困妇女儿童发放救助金及捐赠物资5万元，受益妇女儿童310人。为396名高中女生发放助学金，共计406400元。三是在吉强镇万崖村实施留守妇女阳光帮带行动小额循环项目5万元，每人1万元；在什字乡杨庄村、南台村实施“@他项目”10万元，每人1万元。加强项目管理，按时发放项目资金，确保项目发挥应有效益。四是做好精准扶贫工作。选派本单位一名科级干部担任帮扶村第一书记，成立了“一把手”为组长的部门帮扶工作领导小组，专门召开工作会议4次，进行安排部署，深入村组农户宣传扶贫政策，了解村情民意，理清发展思路，制订帮扶工作计划。完成了145户建档立卡贫困户联户工作，准确填写了贫困户产业精准扶持计划表，建立了干部结对帮扶联系卡。每月驻村不少于20天。为帮扶村村部建设帮扶资金2万元；为帮扶村20名贫困妇女每人发放600元慰问金共1.2万元；为150多名贫困妇女发放慰问品约6000元；为帮扶村贫困儿童发放慰问品2.2万元。累计帮扶资金6万元。为帮扶村妇女发放创业担保贷款85多万元。

2017年4月13日，西吉县召开农村妇女创业担保贷款工作推进会

【“两规划”实施】 协调组织召开专门工作会2次，开展“两规划”专题培训4期，培训妇儿工委成员单位联络员200人，发放宣传资料5000多份。各成员单位结合“两规划”确定的目标任务，进行自我评估，认真填报两规划数据统计表，上报县妇儿工委办公室。运用新闻媒体和各种舆论阵地，全方位、多层次的宣传两规划，提高两规划实施的参与度、知晓率，为实现“两规划”目标，营造了良好的社会氛围。注重发挥协调议事

职能，充分调动各成员单位的工作积极性，使各成员单位各司其职、各负其责，认真解决“两规划”工作中的重点、难点问题。

（康淑英）

科 协

【概　况】 2017年，西吉科学技术协会编制6人，内设机构：办公室、科普部、青少年科技教育活动中心、学（协）会部、调宣部。

【科普设施】 一是实施青少年科学素质行动。为加强推广科普中国落地应用，提升青少年科学素质。在区科协支持帮助下，争取资金30万在袁河农村中学建科技馆1座，西吉科协筹措资金31万在实验中学建科技馆1座，筹措资金20万元在西吉中学、袁河中学建机器人工作室1座。通过青少年科技创新大赛、高校营、科普大篷车进校园、创客大篷车进校园等活动，有力推动了各中小学科普讲座、科技展览、科技创新等科普活动的蓬勃开展，不仅充实了青少年的“第二课堂”，也培养了他们学科学用科学的思想意识。积极组队参加全国、自治区青少年科技创新大赛、机器人竞赛等科技活动。西吉中学被区科协、区教育厅命名为区级“科普示范学校”。积极举办了中国流动科技馆全国巡展暨宁夏西吉县第二届青少年科学节。二是建立乡村科技馆和科普书屋。为进一步实施和落实区科协牵头落实的全民计划“提升公民科学素质”这一为民办实事项目，更好地让科普惠及生态移民村群众。在区科协支持帮助下投入价值近700万元设备建成龙王坝乡村科技馆。投入12万元在将台、龙王坝、硝河民族文化园、偏城乡伏垴村建4个科普宣传栏，西吉科协筹措资金5.3万元在将台西坪村、吉强镇大坪村建成两个科普宣传栏和偏城伏垴村建成20米文化宣传墙，结合各地实际，开展以公民健康、生态保护、种植、养殖、脱贫攻坚为内容的科普宣传。三是建立“科普中国e站”。做好科普中国v视快递落地应用工作，是推进全县科普信息化的重要举措，西吉科协在西吉中学、西吉袁河中学、中街社区、吉强镇龙王坝村、将台堡镇西坪村、吉强镇套子湾等分别建立校园e站、乡村e站、社区e站。科协工作人员现场讲解了科普v视的下载与操作及收看方法。e站服务中心下载科普视频，向公众浏览、播放，将不断满足全县公众对可视化科普信息的需求，实现科普内容的精准推送，让科技知识在网上和生活中流行起来。公众可以通过登录网站和微信扫描二维码下载和收看。

【科技创新】 为培养全县广大青少年科技创新意识和实践动手能力，为青少年搭建科技创新活动经济服务平台，推动学生科幻画及机器人教学和竞赛的普及，鼓励更多机器人爱好者在电子、信息、自动控制等高新科技领域进行研究、探索和实践。西吉科协和西吉教体局联合组织中小学校参加第32届宁夏青少年科技创新大赛和第17届中国青少年机器人（宁夏赛区）竞赛，各学校师生积极参与，共收集科幻画260幅，有8名学生参加了机器人大赛。西吉中学8支队伍13人，西吉一小5支队伍9人，参加了4个高中组项目、5个小学组机器人项目的比赛。西吉县选手取得了较好成绩。高中组荣获1个冠军，1个一等奖，4个二等奖和3个三等奖；小学组荣获4个三等奖和1个鼓励奖。

【科技服务】 发挥科协科技思想库作用，组织开展建言献策活动，编报科技工作者建议。在农、林、水、卫生、教育等科技工作者中开展思想状况调查，共收集论文34篇，上报34篇，其中有效9篇。西吉县科协邀请农业、教育等方面的部分科技工作者召开了西吉县“全国科技工作者日”座谈会。听取科技工作者意见和建议，力所能及帮助解决科技工作者实际困难和问题。

（李红梅）

工商联

【概 况】西吉县工商联恢复成立于1998年10月。工商联现有行政编3名，事业后勤编1名。内设机构：主席1名。2017年，西吉县工商联在县委、县政府的正确领导下，在区、市工商联和县委统战部的指导帮助下，全面贯彻中共十八大、十八届三中、四中、五中、六中、十九大全会精神和习近平总书记系列重要讲话精神，紧紧围绕两个健康主题和“四个西吉”战略目标，组织引导全县非公经济人士，扎实推进理想信念教育、参政议政、调查研究、经济服务、扶贫攻坚、自身建设等各项工作，为促进全县非公经济健康发展和非公经济人士健康成长做出了积极贡献，被评为全国“五好”县级工商联。

【尽职尽责】团结和引导广大非公经济代表人士，牢牢把握“两个健康”主题，促进非公经济人士健康成长。一是通过举办以《凝心聚力促发展、同心同向促和谐》为主题的“庆元旦、迎新春”联谊活动和非公企业“民族团结杯”歌舞比赛活动，进一步丰富企业会员活动，展示了企业会员风采，增强了企业之间的凝聚力和向心力。二是采取“请进来、走出去”的形式，不断提升非公有制经济人士的综合素质和企业转型升级的内功。组织工商联界“两代表一委员”赴甘肃静宁、会宁两县和定西市开展考察观摩学习，广交了朋友，增长了见识，开阔了视野；组织九届班子成员及部分非公经济代表人士40人在厦门大学管理学院EDP中心参加“宁夏西吉领军人才创新能力研修班”，通过学习，拥抱新时代，奋进新征程，把学习到的知识、吸收到的精髓用于指导企业发展的实践中，不断增强企业的发展力，进一步发挥好企业家的作用，为全县的经济发展和社会进步做出应有的贡献；积极参加区、市工商联组织的各类学习培训，不断提高自身综合能力和服务水平；为在外创业成功人士返乡创业铺路搭桥，提供服务平台，帮助他们做大做强，反哺家乡。三是为保障企业的合法权益和共同应对经济下滑对企业带来的不利影响，适时组织开展了西吉县非公经济人士“振奋精神 实干兴宁”大讨论活动，联合发改、工商、税务等部门向政府提交了《关于支持中小微企业发展的实施意见》，进一步强化了政府服务职能作用。

【舆论宣传】申请开通《西吉商会》微信公众平台做好舆论宣传工作的同时，充分发挥《精彩西吉》《西吉微生活》等微信公众平台和《宁夏商会》等媒体进行形势政策宣传，教育引导非公经济人士进一步提振发展信息、坚定理想信念，切实把中央和区、市、县各项政策和重大决策部署落到实处。

【人才招聘】召开春秋两季“企业招聘会”，搭建好非公企业与求职者对接的绿色通道。联合相关部门在招聘现场设立宣传咨询处，为各类求职人员提供就业信息、政策咨询、职业指导、技能培训、合法权益维护等服务，为企业和高校毕业生、残疾人及其他失业人员实现就业牵线搭桥。

（赛万萍）

文 联

【概 况】西吉县文学艺术界联合会简称文联，成立于2001年5月，根据西编发〔2005〕6号文件精神，核定事业编制4名。其中正科级领导职数1名，副科级领导职数1名。经2011年县机构编制委员会第二次会议研究，决定增加全额预算事业编制3名。增编后，西吉县文学艺术界联合会事业编制为7名。其中正科级领导职数1名，副科级领导职数1名。县文联是县委直接领导下的群众团体，是全县各级文艺团体的领导机关。

【“文学之乡”建设】2017年，县文联下属作家、书法、美术、戏曲、音乐、舞蹈、摄影、民俗、北斗星诗社、楹联协会、葫芦河旗袍文化艺术交流协会11个协会，创办有“文学之乡XJ葫芦河”

西吉县文联举办西吉文学艺术（诗歌）培训班

微信平台和《葫芦河》季刊杂志。作协现有会员160余人，摄协会员45余人，书协会员40余人，美协会员30余人，舞蹈协会会员15人，戏曲音乐协会30余人，民俗协会10余人。县文联下辖19个乡镇文协，14个县直机关文协，5个企业文协，1个村级文协。基层文协数量有望进一步增多，文协建设进一步增强。编辑出版《文学之乡典藏丛书（7卷本）》及《就恋这把土——西吉草根作家作品选集》。

【文艺事业】 一是深入开展“送春联下乡活动”。联合县文化馆举办了“送春联下基层”活动和开展春节慰问农民作家活动，给广大群众送去节日祝福。二是举办了“中国首个文学之乡——西吉”首届民间迎新春诗歌朗诵会暨“北斗星”诗社成立活动，贯彻“自治区党代会精神　喜迎党的十九大”主题摄影比赛和西吉县文学艺术（诗歌）培训班等活动。三是完成了中国首个文学之乡文学馆的布展设计工作。

【领导关怀】 5月16日，自治区政协副主席蔡国英一行调研中国首个文学之乡文学馆建设情况。蔡国英副主席认真观看文学馆布展设计效果图，并就其中的设计细节进行了详细询问，他指出，设计很扎实，不但突出了地域性，而且兼顾了民族性、时代性和科技性。西吉县要抓住难得的机遇，群策群力，把文学馆建设好。

（李春燕）

残　联

【概　况】 西吉县残联成立于1989年11月，由民政局代管。2000年7月与民政局分设，属正科级单位，县残联现有工作人员5名，其中理事长1名，副理事长1名，工作人员3名，残联下设西吉县残疾人康复和就业服务中心。

【残疾人调查】 西吉县信息数据动态更新工作从2017年7月5日正式开始，数据动态更新底册共有残疾人26809人。县上动态更新动员会后，工作人员进行信息数据的采集登记，于2017年8月10日完成了所有入户调查登记工作，8月30日完成了全部信息数据的录入及审核工作，9月6日完成了需求信息数据的总结上报工作，并于9月10日通过了区、市残联需求信息数据动态更新办公室的质量抽查验收。

【康复服务工作】 紧紧围绕“人人享有康复服务”的总体目标，充分发挥县、乡、村三级卫生服务网络及相关部门的职能作用，着力提升康复服务水平。一是认真组织开展残疾人康复救助工作。为全县残疾人免费发放拐杖、坐便椅等辅助器具820件，轮椅550辆；为15名特困精神病患者实施了免费住院治疗，为180名贫困精神病患者免费发放了药品。二是认真组织实施残疾儿童抢救性康复训练工作。以康复中心为基础，以家庭为依托，大力开展残疾儿童抢救性康复训练工作，对16名残疾儿童进行了抢救性康复训练。三是完成假肢装配10例，矫形器装配5例。四是新

西吉县残联第七届代表大会

建新营乡卫生院康复服务站，完成康复服务站建设的各项工作。五是与县民政、财政、卫计、扶贫等部门联合印发了《西吉县残疾人精准康复服务行动实施方案》，举办了一期残疾人精准康复服务暨社区康复员培训班，培训精准康复服务人员150人，有效满足残疾人康复服务需求。

【“扶残助学”工程】 实施“扶残助学”工程，为全县学前教育阶段的2名残疾在校学生进行就学资助，并对当年新录取的5名残疾大中专学生进行一次性资助。

【技能培训】 2017年抢抓区、市残联职业技能培训的有利时机，积极做好残疾人职业技能培训工作。一是与县人社部门组织开展了就业援助月活动。二是利用农闲有利时机，举办了残疾人及其亲友参加刺绣、编织培训学习，培训6期，共培训残疾人293人。三是配合各乡镇人民政府，完成农村实用技术培训470人，超额完成县下达的残联劳动力素质提升培训任务。四是登记审核了500名机动轮椅车燃油补贴对象，并兑现了补贴资金。五是认真落实城镇残疾人个体工商户养老保险补助政策，为县城内已缴纳养老保险的17名残疾人个体工商户进行登记申报。

【残疾证换发】 为做好残疾人证的办理发放工作，县残联在政务服务大厅专门设立残疾人证办理窗口，指派专人负责残疾人证的办理和发放工作。在办证过程中，按照新修订的《宁夏回族自治区实施〈中华人民共和国残疾人证管理办法〉细则》及国务院批准的《第二次全国残疾人抽样调查残疾标准》由指定医院进行残疾评定，严格办证程序，杜绝人情证、假证和不合格证的出现。2017年，已办理残疾人证744余本。

【助残日活动】 2017年5月21日是第二十七次“全国助残日”。为了组织好2017年的助残日活动，5月21日上午，西吉县残联组织残疾人在永清湖广场举办以“关注残疾儿童，关注特殊教育”为主题的助残日活动。这次助残日活动主要由西吉县残联主办，西吉县残疾人康复中心（固原市爱心园康复中心）承办、竹韵琴声文化大院协办，宣传活动紧紧围绕“关注残疾儿童，关注特殊教育”这一主题，以法律咨询、义务按摩、医疗义诊服务、家长残疾儿童互动活动、残疾人座谈会、走访慰问残疾人等活动为载体，内容丰富，形式多样，赢得了社会各界和残疾人的好评。

（宋治勇）

民族宗教

综　述

【民族工作】 一是宣传氛围更加浓厚。在县电视台、广播站、《葫芦河》杂志开设民族团结宣讲专栏，搭建“西吉县民族团结一家亲”等微信公众号宣传平台，充分发挥宣传先行引导作用；以民族团结进步教育活动为载体，深入开展书法征文比赛、广场文化会演、“卧尔兹”演讲、首届民族团结杯少儿才艺大赛、民族团结进步手抄报大赛、民族政策知识有奖问答微信竞赛等系列主题实践活动47场次；举办“民族团结杯”农民篮球运动会、职工文体运动会等活动25场次，营造民族团结创建氛围；打造迎宾大道、滨河路、政府街民族团结宣传路3条，制作宣传标语2100条、大型广告牌2个，更换公交站牌宣传栏60余个；打造民族团结“流动”宣传平台，在公交车、出租车LED显示屏制作滚动宣传标语1500余条，实现流动式、灌入式宣传；全县各乡镇主要街道、公交站点、服务窗口、电子显示屏、网络微信微博等随处可见的民族团结宣传标语，促进民族团结宣传教育的广度、深度不断拓展，民族团结进步已成为各族干部群众的思想自觉、行动自觉。二是思想教育深入人心。把党和国家的民族宗教理论政策法规纳入全县各级党委（党组）中心组学习内容，县委中心组先后安排两次集中学习，各乡镇、各部门年内分别组织领导班子学习两次以上，进一步提升了领导干部理论政策水平；将党的民族宗教教育纳入县党校课程，先后在6期新任职村干部轮训班上讲授“争创民族团结进步示范县，切实做好新形势下宗教工作”专题讲座；会同县委组织部、扶贫办开展第一书记讲民族团结教育党课活动，把民族团结教育落实到296个基层村的每个角落；协调各中小学开设民族认知教育课程，使民族团结教育走进学校、走进课堂、走进教材；以民族政策和民族互信教育为主题，组织党外知识分子围绕“特色产业扶贫”专题调研3次，非公有制经济人士、宗教人士接受爱国主义教育5次，举办领导干部培训、专题讲座31期1200余人参加，培训宗教人士24场次3200余人，不断推进民族团结意识深入各个社会细胞，达到入脑入心。三是创建载体进一步拓新。在将台堡红军纪念园设立“长征中的民族工作档案展”，成为全国首家采用档案形式展现党的民族政策起源发展的红色教育基地；打造乡镇街道“民族团结文化墙”21处，组织美术工作者采用图文并茂的形式，让各族群众在潜移默化中受到影响、耳濡目染中受到教育；创新推出“图说民族团结”征集活动，挖掘西吉本地民族团结历史故事、激活红色故事、讲好身边故事，使民族团结观念更加深入人心、融入社会。9月，立足县情，提前谋划，展开民族团结知识有奖问答，民族团结文艺会演，民族团结演讲、朗读大赛等14项“民族团结月”活动，以九月带全年，使民族团结进步创建活动更接地气、更聚人气。四是创建实效进一步增强。按照“58585”创建模式，创新创建载体，采取“点上扎根、面上开花”的新举措和“强化乡镇基础、突出社区重点、抓两头带中间”的方法，积极推动创建活动纵深开展。2017年，以“九个一”为创建目标，在好中选优，优中选精的基础上，重点打造“两馆两园一百零六个示范点”〔统一战线展馆、西吉文学展馆和硝河乡民族团结示范园、将台堡红军长征纪念园；示范乡（镇）19个、25个示范村、15个示范机关、10个示范学校、3个示范社区、6个示范企（事）业单位、3个军（警）营和25个示范场所〕，以点带面，推动创建工作全面开展，形成了“党政部门全覆盖、党员干部齐动员、各族群众全参与、务实载体贴生活”的创建格局。2017年，陕义堂清真寺、鲜碧玉分别荣膺第三届全国创建和谐寺观教堂先进集体、先进个人；硝河村被国家民委命名为中国少数民族特色村寨；西滩乡、硝河乡关庄村、职业中学、文广局、消防队被自治区民委表彰命名为全区民族团结进步创建活动示范单位；西吉县教体局、市场监管局、硝河乡人民政府、钰秀社区、金山文化产业苑、兴平清真寺被固原市委、市政府表彰命名为第五批全市民族团结进步创建活动示范单位。五是清真食品市场秩序规范有序。通过开展多次清真食品联合专项整治行动，对市场上销售的不含动物肉类及其衍生物而使用“清真”标识的商品全部下架，对纯植物性食品外包装冠以“清真”或“穆斯林专用、专属”等字样的生产经营企业督促其限期完成外包装更换工作。全年开展各类检查28次，检查企业510余家次，下发《责令整改通知书》32份，收回“清真食品准营证”18个，换发10个，完成21家企业商品的下架、13家企业商品外包装更换工作（纯植物性食品外包装更换数25万袋、清真标识覆盖数7.1万条），有效抵制了清真概念泛化问题。六是助力扶贫攻坚工作显著。紧紧围绕扶贫攻坚工作，大力实施产业发展、宗教人士创业引领、劳动力素质提升工程，助力加快全县脱贫步伐。向自治区民委积极争取少数民族发展资金1379万元，在全县贫困摘帽村建成1000平方米以上村级文化广场20个、硬化道路16千米、铺设沙砾路11.6千米、给文化广场安装太阳能路灯盏200余盏；举办刺绣等技能培训12场次，培训340余人，实现了“体力型”向“技能型”就业的转变，拓宽了致富创业的渠道。

【宗教工作】 一是坚持宗教中国化方向。积极开展以“规范”为主题的和谐寺观教堂创建活动，大力开展“四进”活动，在重点宗教场所建成国旗台50个、文化书屋55个、民族团结创建活动和社会主义核心价值观宣传栏48处，为300余处宗教场所免费征订《人民日报》《宁夏日报》《固原日报》《半月谈》等党报党刊；稳妥推进伊斯兰教经文班整治工作，逐一摸底审核，依法取缔和限期整改办学不规范的经文班；高度重视“阿化沙化”苗头性倾向性问题，引导北大寺等县内翻（迁）建宗教场所全部采用中式建筑风格；开展“党的民族宗教政策基层零距离”系列宣讲15场，邀请《国家宗教》杂志社主编胡绍皆到西吉县作“宗教界学习党的十九大精神与新修订《宗

2017年11月16日，宗教界学习贯彻中共十九大精神暨新修订《宗教事务条例》专题培训班

教事务条例》”专题讲座，正确宣传解读宗教信仰自由政策和民族宗教常识，提升宗教人士政策知晓度和执教水平；用社会主义核心价值观引导宗教界开展解经释经活动，鼓励宗教人士利用主麻日等宗教节日宣讲党的方针政策，引导信教群众珍惜和自觉维护团结稳定社会大局。二是强化党对宗教工作的领导。2017 年提请县委调整县委副书记、政法委书记张亚萍任宗教工作领导小组组长，成员单位范围扩大至 24 个，各乡镇配全了党委副书记主抓宗教的工作组，提高了县乡宗教工作小组机构规格；主导乡、村、场所签订《宗教活动场所事务管理责任书》《宗教活动场所教务责任书》，落实了乡镇党政组织负责人属地管理责任和宗教场所主体责任；出台《西吉县集中开展“五联五促”活动实施方案》，由县乡村三级党组织组织党员干部定点联系宗教活动场所和宗教人士，进一步密切了党同宗教界的关系，加强了党对宗教工作的领导权。三是坚持依法管理宗教事务。认真落实《宗教事务条例》《宁夏回族自治区宗教事务若干规定》，坚持民族宗教工作联席会议制度，全年召开 21 次专题会议研究和解决民族宗教领域出现的各类困难问题，平顺过渡北大寺搬迁工作，有力保障赴兰州、平凉跨地区和县内大型宗教活动的安全有序管理；严格区分社会事务与宗教事务界限，坚持是什么问题就按什么问题处理的原则，依法处置多起矛盾纠纷，调处率达 100%。四是坚持维护现有宗教格局稳定。坚持“保护合法、制止非法、遏制极端、抵御渗透、打击犯罪”的工作原则，坚决抵御和依法打击非法宗教势力渗透，先后开展“达瓦宣教团”“周泽群势力”专项整治行动，对骨干人员加强教育转化；直面揭露非法宗教本质，宣传引导宗教教职人员站好自己的讲台、信教群众看好自己的家门，主动举报、驱逐非法宣教人员。联合宣传部成立涉民族宗教网络舆情管理及应用处置工作领导小组，加强对县内网络舆情管控，及时协调清理伤害民族宗教感情的言论，净化网络空间，维护现有宗教格局和社会大局稳定。五是坚持创新推动工作。年初，《西吉县参加大型宗教活动“八不准”制度》获全区统战系统理论实践创新成果奖，大型宗教活动管理实践经验在全区、全市会议上交流；年中，市委常委、县委书记马志宏作为唯一的县级代表在俞正声到宁夏调研座谈会上就西吉县民族宗教工作进行发言，得到中央领导的高度评价；国家宗教局局长王作安到宁调研期间在吴忠座谈会上听取我县宗教工作汇报；基层党组织五联系五促进模式在全区进行经验推广；探索形成“一对一”接送朝觐规范化管理办法，取得较好工作成效和良好社会反响。六是重视宗教人士的培训和考核管理。举办宗教人士、寺管会主任轮训班 24 场次，传达学习宣传中共十八届六中全会、十九大及全国、全区宗教工作会议精神。同时，鼓励宗教人士利用“主麻日”向信教群众讲解会议精神，进一步扩大了会议精神的宣传面，受众面达 10 万人。严格按照发放生活补助标准为符合条件的宗教教职人员发放生活补助，全年发放生活补助 150 多万元，享受者达 320 人。七是顺利完成朝觐服务管理工作。朝觐实行网上报名，朝觐人员严格按照报名先后顺序参加朝觐，杜绝私朝，做到公开、公正、透明。顺利完成全县 135 名人员朝觐工作。

（沈建学）

伊斯兰教协会

【概　况】 西吉县伊斯兰教协会于 1984 年 4 月 24 日成立。2017 年 12 月召开了全县伊斯兰教界第六次代表会议，选举产生了第五届委员会委员 47 人，常务委员 22 人，会长 1 人，副会长 8 人（干部副会长 2 人），秘书长 1 人（常务副会长兼）。机关编制 6 人，实有干部 5 人。

【阿訇聘任】 2017 年按照场所申请，乡（镇）审核，伊协颁发聘书的工作程序，年内聘任清真寺开学阿訇109人次，对29处清真寺无证开学阿訇予以登记备案。

【培训工作】 一是开展冬季轮训。以乡（镇）为单位，配合举办了开学阿訇、寺管会主任、村支书学习全国宗教工作会议精神轮训班。二是开展集中培训。协同举办了2017年古尔邦节茶话会，宗教界学习中共十九大、《宗教事务条例》专题培训班，伊斯兰教界学习中共十九大精神专题培训班。三是做好选送培训。参加区、市伊协专题培训68人，市伊协考察学习11人，中央社会主义学院培训2人，自治区社会主义学院培训120人。四是开展学历教育。北京师范大学与自治区社会主义学院联合举办的大专函授班录取3人，固原市第三届伊斯兰教教职人员学历教育大专函授班录取20人。

【"解经"工作】 选派4名青年阿訇参加区、市"卧尔兹"巡回演讲，并配合做好在西吉县开展的系列演讲活动。组队参加了全区"富龙杯"文化交流活动，6名选手在《古兰经》诵读、"卧尔兹"演讲、阿拉伯文书法比赛中取得了良好成绩。与县民族团结创建办、县禁毒委联合举办了"抵制毒品珍爱生命"为主题的卧尔兹演讲活动。

【服务管理】 根据全县宗教工作联席会议安排部署，全力做好兰州东川拱北（三月二十七）、青铜峡鸿乐府（五月初十）等跨地区宗教活动的跟踪管理服务工作，协助做好县内沙沟、西滩、马莲等地"尔曼力"的随行服务工作，确保活动安全有序进行。

【矛盾排查】 协助处理伊斯兰教内部矛盾纠纷，约谈开学阿訇，寺管会主任3人，协调处理伊斯兰教领域矛盾纠纷3起。全力配合做好"达哇"宣教渗透活动排查处置，"周泽群势力"骨干人员及追随者活动的教育转化工作，对全县经文班进行了清理整顿。

（苏发国）

农业与农村经济

农业综述

【概　况】 西吉县农牧局于2002年12月底由原农业局、畜牧局和乡镇企业管理局合并组建成立，2014年，按照上级文件和县委、县政府的要求，将原科技局与农牧局合并，挂农牧局、科技局牌子，是西吉县政府职能部门，主要负责全县农业特色产业发展、农村土地经营管理、农村产权制度改革、指导粮食、畜禽等主要农产品生产、指导深化科技体制改革和科技创新的措施、申报和管理全县科技成果、科技奖励、农产品质量安全、农业生产资料市场体系建设、动植物防疫和检疫体系建设、监测、发布农业灾情、组织实施农业和科技项目、指导农用地、渔业水域、草原、宜农滩地以及农业生物物种资源的保护和管理、农村可再生能源综合开发与利用等方面的工作。现下辖12个事业单位：农业技术推广服务中心、动物疾病预防控制中心、农业机械化技术推广服务中心、农村合作经济经营管理站、畜牧水产技术推广服务中心、马铃薯产业服务中心、农业机械安全监理站、科技服务中心、农村能源工作站、草原工作站、农业综合执法大队、动物卫生监督所，19个乡（镇）农牧技术服务中心，其中农业技术推广服务中心、动物疾病预防控制中心、农业机械化技术推广服务中心和农村合作经济经营管理站为副科级单位。全系统干部职工共计编制420人，现有410人，空编10个。2017年西吉县完成农作物播种242万亩，其中：夏粮18万亩（小麦18万亩），秋粮185万亩，油料20万亩，特色蔬菜15万亩，其他4万亩。预计粮食总产达到55万吨以上。全县牛饲养量达38万头，羊饲养量86万只。全县实现农业总产值43.25亿元。

【特色产业】 一是马铃薯产业提档增质。完善脱毒种薯三级繁育体系建设，按照“农户自繁自用，企业繁育供种”模式，采购原原种5000万粒，建设原种繁育基地1万亩。加大扶持力度，在贫困村建设一级种薯繁育基地10万亩，其中当年脱贫销号村5万亩；在贫困村推广种植一级种薯15万亩，其中脱贫销号村5万亩。在将台牟荣、马莲张堡塬村集中连片建设夏波蒂、大西洋等马铃薯主食化专用品种基地5000亩。加大种薯贮藏窖建设，扶持建设种薯贮藏窖1850座，增加了贮藏能力。大力推广了覆膜种植、测土配方施肥、病虫害绿色防控等技术，马铃薯最高单产达6246.98千克，创全区马铃薯单产最高纪录。全县种植马铃薯面积115万亩，马铃薯总产达190万吨，马铃薯产业提供农民人均可支配收入1800元。二是草畜产业扩量提质。加大饲草基地建设，种植牧草52万亩（紫花苜蓿7万亩，禾草45万亩），建设2个3000亩以上优质高产苜蓿示范基地、3个千亩青贮玉米种植示范基地，建设5

个年加工饲草料1万吨以上的配送中心；召开了全株玉米机械化收割青贮暨粮改饲项目启动会和技术培训班，认真实施“粮改饲”试点项目，大力推广玉米青黄贮加工调制、农作物秸秆氨化、苜蓿青贮、全株玉米添加马铃薯淀粉渣混贮等饲草调制技术，加工饲草料28万吨。加快良种基础母畜扩繁和畜禽品种改良，实现良种母畜“见犊补母”政策全覆盖；扶持养殖示范村、养殖场建设，建设了硝河乡关庄村、什字乡玉丰村等18个养殖示范村和43家规模养殖场。加强动物防疫检疫，重大动物疫病的免疫密度和标识率达到100%。全县牛饲养量38万头，羊饲养量86万只，禽饲养量150万只。肉类总产量53990吨，牧业总产值13.25亿元。草畜产业提供农民人均可支配收入1400元以上。三是蔬菜产业优化升级。加大蔬菜标准化基地建设，建设了16个露地蔬菜示范园区、7个设施蔬菜示范园区。完成特色蔬菜种植15万亩，其中芹菜7万亩、胡萝卜3万亩、蒜苗2万亩、设施西红柿1万亩，西兰花、甘蓝等2万亩。销售蔬菜76万吨，蔬菜产业提供农民人均可支配收入500元。四是杂粮产业增效升值。加强杂粮标准化示范基地建设，建设了20个杂粮标准化种植示范基地，涉及示范基地80%的建档立卡户。全县完成杂粮（玉米、油料）种植90万亩，其中：玉米35万亩、油料20万亩、谷子10万亩、荞麦10万亩、糜子10万亩、莜麦5万亩。杂粮（油料）总产15.2万吨，预计杂粮（玉米、油料）产业提供农民人均纯收入700元。五是旱作节水农业稳步发展。以脱贫销号村为重点，覆盖其他村组，大力推广全膜双垄种植地膜玉米、马铃薯，半膜、黑膜垄种马铃薯、谷子，膜侧种植小麦、胡麻等覆膜保墒旱作农业技术，发展覆膜保墒旱作农业60.75万亩，种植地膜玉米35万亩，地膜马铃薯23.75万亩，地膜小杂粮等2万亩。建设了10个覆膜保墒旱作农业综合范园，项目惠及全县3万多户建档立卡贫困户，为农业稳定增产、农民持续增收提供了保障。

【科技应用】 一是农业新品种、新技术推广应用步伐加快。聚焦特色优势产业，加快优新品种、优新技术的推广应用。引进了一批马铃薯、优质蔬菜、小杂粮、畜禽良种，良种覆盖率在90%以上。建设了30个草畜产业节本增效示范点，在7个蔬菜示范园区和肉牛规模养殖场配套推广了农业物联网技术，建设了马铃薯原原种气雾法生产线1万平方米，提高了原种生产能力。大力推广信息农业发展模式，加快实施“互联网+农业”行动，建设了20村级农业信息服务站。向84个脱贫销号村每个村派驻2名农业技术人员开展技术服务，大力推广高效节水、水肥一体化、病虫害防控、配方施肥、标准化养殖、饲草料加工调配等先进实用技术，科技贡献率达到50%。二是农业机械化作业水平不断提高。紧抓国家农机具购置补贴政策机遇，实施农机购置补贴资金1148.938万元，补贴各类农机3438台（件），完成机播面积109.6万亩、机收面积108.4万亩、机械化耕作面积183.2万亩、机械化深松面积19042亩，其中合格面积18237亩。加大补贴力度，县级累加补贴购置铡草机1191台。扶持发展了3家农机作业服务公司，建设马铃薯机械化生产示范园区7个，建设玉米机械化生产示范园区2个，区、县共建1000亩西芹农机农艺融合示范园区1个。全县农机总动力达到38.35万千瓦，农机综合作业水平达到57.3%。农业机械化作业水平不断提高，全区马铃薯机械化种植现场会和全区蔬菜农机中期现场会在西吉县成功召开。三是农民科技培训多渠道开展。在特色产业集中区、示范园区、规模养殖场建设10个农民田间学校，开展农民科技培训工作。认真实施新型农民、新型职业农民培训，分别培训新型农民、新型职业农民480人、704人。认真实施两个带头人培训，培训“两个带头人”61人。认真实施劳动力素质提升工程，培训农民1650人。

【产业发展】 一是农产品加工能力显著提高。加快农产品初加工和精深加工体系建设。建设蔬菜冷链贮藏库5个5000平方米，提高了蔬菜商品化处理能力。扶持宁夏国圣、勇兴三粉、伊香蛋糕等，开发出了马铃薯面条、面包、馒头、糕点等新型马铃薯主食产品，扶持旺泉食品发展蔬菜加工。建设袁河胡麻油精炼油厂，新建了兴坪国辉和宁夏新鲜小杂粮加工企业，提高了农产品加工能力。全县现有市级以上龙头企业17家，其中国家级1家、自治区级7家、市级9家，主要以加工马铃薯全粉，精淀粉、三粉制品、芹菜纯汁、清真牛羊肉为主。完成农产品加工业总产值9.52亿元，增长8%，规模以上农产品加工业完成3.38亿元，增长9.7%，实现利税9929.25万元，增长6%。从业人员达到2900人，劳动者报酬完成3697.7万元，增长10%。二是农产品销售渠道不断拓宽。建设了集信息发布、检验检测、成果展示、仓储物流、电子商务等功能于一体的将台马铃薯种薯交易市场，吉强、兴隆2家肉牛屠宰加工厂正在建设当中。开展“三品一标”认证，全县农产品“三品一标”新认证8个，其中绿色认证2个、产地认定3个、产品认证3个，农业标准化生产水平不断提升。加大品牌宣传力度，成功举办了西吉马铃薯产品推介会，开展了“厉害了我的中国”中国电商扶贫行动和《乡村大世界》“丰收中国·走进西吉”活动，固原马铃薯、西吉西芹被确定为中央电视台“广告精准扶贫”的项目内容，在中央电视台免费播出，组织参加了第二十届中国农产品加工业贸易洽谈会，提升了西吉特色农产品的品牌知名度。2017年，采取奖补的方式，对品牌创建、品牌认证、品牌宣传推广等有利于农业品牌发展的各项活动进行激励，共奖补了3个产地认定、3个产品认证、2个绿色认证产品，“西吉马铃薯”荣获“2017最受消费者喜爱的中国农产品区域公用品牌”、首届“宁夏农产品区域公用品牌”，西吉县勇兴三粉加工有限公司生产的“塞上云台山牌”马铃薯三粉荣获第二十届中国农产品加工业投资贸易洽谈会金质产品，提升特色农产品市场竞争力。三是大力发展休闲农业。大力发展休闲农业与乡村旅游，在总结吉强龙王坝村旅游扶贫试点的基础上，着力建设了吉强水岔、马莲张堡塬休闲采摘农业园区和王民丰谷原农业公园，有效促进了一、二、三产业融合发展。西吉县心雨林下产业专业合作社被评为自治区级休闲旅游农业四星级企业，宁夏福鑫生态文化旅游发展有限公司、西吉绿农生态休闲农业专业合作社被评为自治区级休闲旅游农业三星级企业。西吉心雨林下产业专业合作社、西吉绿农生态休闲农业专业合作社被评为自治区级休闲旅游农业示范点。

【农村改革】 全面落实中央关于稳步推进农村集体产权制度改革和“三权分置”办法的意见，继续深化“4+2”农业农村综合改革，激活农村各类生产要素的潜能。一是稳定完善农村土地承包关系。认真做好农村土地承包经营权确权登记颁证工作，完成确权面积223万亩。积极开展土地适度规模经营，规范流转程序，推行使用全区统一的“农村土地承包经营权流转合同”，全县流转土地总面积166092亩，其中：转包68961亩、转让363亩、互换6423亩、出租85360亩、其他形式155亩。2017年新增土地流转面积4830亩。加强农村土地承包纠纷仲裁，有力地推动了全县农村土地承包经营权确权登记颁证工作。西吉县被评为全区农村土地承包确权登记颁证工作二等奖。二是建设农村集体产权交易中心。成立西吉县农村产权流转服务中心，设置确权颁证、土地流转、土地仲裁、抵押登记、登记备案等窗口，搭建流转平台，促进农村集体土地承包经营权流转。三是推进农村土地股份制改革和集体资产股份权能改革。在火石寨乡沙岗村、田坪乡李沟村、田坪乡大岔村、马莲乡张堡塬村、兴隆镇兴隆村5村开展土地股份合作试点工作，注册成立土地股份合作社，入股土地5809.2亩，确定股份19309.2个，股本资金达319.34万元，建立起了“土地变股权、农户当股东、收益有分红”的土地经营新机制。在硝河乡关庄村开展农村集体股份权能改革试点工作，注册成立了股份合作社，共计股权20780股，股本资金207.8万元。为全县发展壮大村集体经济提供可复制、可推广的经验。四是培育壮大农村经营主体，构建社会化服务体系。在2017年84个脱贫销号村及2014—2016年110个已脱贫销号村每个村规范培育了1家农民专业合作社，通过贫困村农民专业合作社示范引领，带动贫困农户脱贫增收；建设了5家农业社会化服务站，开展农资供应、测土配肥、统防统治、冷配改良、疫病防治、农机作业、信息服务等社会化服务。目前全县规范运营合作社达到了508家，家庭农场达到了51家，种养大户超过1500家，农业社会化服务组织8家，脱贫销号村合作组织覆盖率达到了80%以上。

【农业执法】 积极开展国家农产品质量安全县创建工作，加大农产品质量检测监管力度，对全县48家大型蔬菜、水果批发超市和蔬菜批发市场经营户和19个乡（镇）的中小学生营养午餐蔬菜供应点进行了定期排查和抽样检测，合格率100%。扎实开展农资打假专项治理行动，检查各类农资生产和经营企业344个次，共整顿市场20个次，查获假冒伪劣农资13吨。深入开展农药市场专项整治。严厉打击销售违禁饲料和饲料添加剂，对全县18家经营饲料户实行严格监管。强化农业综合执法示范窗口建设，加强规范化管理，完善各项规章制度，被评为全区农业综合执法示范窗口单位。加强农机安全监理，经常性开展农机安全生产执法检查工作，排查安全隐患。完成拖拉机注册登记714台（辆），安全技术检验9824台（辆），培训驾驶员1598人，审验驾驶员1995人，创建了10个“平安农机”示范村和3个“平安农机”示范合作组织，巩固和深化全国“平安农机”示范县的创建成果。加强屠宰监管，加大对屠宰病死畜禽、添加非法添加剂、注水等违法行为的查处，保障肉类安全。

【绿色发展】 以农业资源合理利用和农业生态环境有效保护为目标，大力发展高效、低耗、绿色、生态农业。全面落实“一控两减三基本”，发展节水农业，建设露地精准水肥一体化技术推广示范点3个，建设设施水肥一体化技术推广示范点10个；认真实施化肥农药零增长行动，推广测土配方施肥、高效缓释肥、秸秆还田、绿肥种植、低毒低残高效农药和绿色防控等技术，2017年西吉县农药施用量为101吨，减少2.8%，化肥施用量为16.9万吨，减少1.2%。积极回收农作物秸秆堆沤或氨化青贮，带动主要农作物秸秆利用率达到82%；坚持种养结合，推进畜禽粪污治理。加大残膜回收治理力度，回收面积46万亩，回收残膜4500多吨，加工生产塑料再生利用颗粒910吨。全县农用残膜回收率和加工利用率在90%以上，基本解决农业面源污染问题。认真落实草原生态保护奖励补助政策，积极开展草原及人工草地病虫鼠害监测预报及防控工作。认真实施好“阳光沐浴工程”项目，在全县19个乡（镇）117个行政村安装太阳能热水器28104台，改善了农民生活用能设施和农村生产生活条件。加强农产品质量安全监管，严格执行了市场准入制度，加强基地管理，确保“三品”规范生产。按照“环境有监测、操作有规程、生产有记录”的要求，对全国绿色食品原料（马铃薯）标准化生产基地、5个获得无公害产地认证证书的生产基地（马铃薯、蔬菜、小秋杂粮）的产地环境质量进行监测，有效控制了区域范围及周围污染源；督促获得无公害农产品认证证书的15个单位、企业、协会严格按照生产操作规程和相关标准生产产品，从源头上为“三品”质量安全提供了保障。

（高　通）

水 务

【概 况】 2017年，西吉县水务局下设西吉县水利工程管理中心、西吉县水土保持工作站、西吉县防汛抗旱指挥部办公室、西吉县滥泥河流域水土保持试验工作站4个所属事业单位和兴平、苏堡、新营、吉强、沙沟、将台、马莲、兴隆、什字、白崖10个水利工作站。全系统共有职工216人，其中行政编制人员10人，事业编制人员206人。

【工程建设】 共新建、续建脱贫销号村农村饮水安全巩固提升工程、新营小南川坡耕地水土流失综合治理工程、水保骨干坝除险加固工程、葫芦河流域综合治理工程（一期）、2017年大中型水库移民后期扶持及结余资金项目、王民（李满沟）小型农田水利水源及灌溉工程等重点水利项目19个，完成固定资产总投资21162万元。

【水利工作】 一是宁夏中南部饮水安全工程管网试（通）水。全县296个行政村通上了中南部水源，全县农村通水总人口5.8万户23.4万人，占全县农村常住人口的84%。二是葫芦河流域综合治理。关停采砂场56家，拆除砂厂违章办公建筑面积3600平方米，拆除河岸违建房屋、砖厂、预制厂29家，拆除动力电变压器48台，高低压线路4.5千米。填筑河道防洪堤106千米，清淤疏浚河道56.06千米，砌护格宾网6千米，种植护堤绿化树木8000株。

【防汛抗旱】 一是及时召开全县防汛工作会议，安排部署年度防汛工作，全面落实以行政领导为核心的责任制和四级联动机制，形成一级抓一级，层层抓落实的工作格局。二是组织对全县所有防汛工程设施、库坝堰及山洪灾害预警设施进行全面拉网式专项检查，对各个隐患点逐项登记造册，并及时安排资金进行维修。三是由各乡镇人民政府，按照属地管理原则，对辖区内库坝堰度汛方案及防御特大洪水预案进行修订和完善，制定相应的抢险和救灾措施，明确抢险信号和群众安全转移路线，确保各项工作落实到人。四是严格落实24小时防汛值班和领导带班制度，对发生的水情、雨情等信息，及时传达到各乡（镇）人民政府及水利工作站，确保负有防汛职责的单位和个人及时了解和掌握气象信息。五是落实防汛资金550万元，采购各类防汛抗旱物资；完成东坡、谢寨等38座水库公益性维修和水毁岁修；完成黄家川水库排洪渠道及防汛道路、二府营水库、党家岔水堰等重点工程维修；六是联合开展山洪灾害演练和防汛知识进课堂活动，提升防汛安全意识，提高防灾减灾能力。

【抗旱工作】 一是根据全县降水情况，制定了《西吉县抗旱应急城乡供水工作方案》和《西吉县抗旱应急农田灌溉工作方案》，合理调度现有库坝堰和机井水资源，最大限度地提高灌溉面积，将旱灾对农业造成的损失降低到最低限度。结合县情实际，启动了下坪水库泵站向县城和农村居民补水，为城乡居民生活用水提供保障。二是落实抗旱应急补助资金410万元，新建抗旱应急机井工程17眼，维修农村饮水安全工程各类管道19674米，阀井21座，维修机泵5台，扬水泵站1座，蓄水池4座。三是向西部、西北部和固西片区3处抗旱应急水源工程的23座高位蓄水池注水，确保当地群众就近抗旱取水或补水。同时加快白崖乡、什字乡两处抗旱应急水源工程建设进度，及早建成投入运行。有效减轻了旱情给群众生产生活带来的影响。

【水利改革】 一是全面落实河长制，设立县河长制办公室，组建乡镇级办公室19个，村级办公室282个，全县共落实县级河长8名、乡镇级河长49名、村级河长151名、河湖巡查员344名、保洁员413名，落实到位河长制专项工作经费100万元。2017年，全县30条重点河湖勘测划界、GPS定位、立碑界定、断面交接工作已全部完成。二是全面完成小型水利工程管理体制改革，全县

386处小型水利工程管护主体和管护责任得到全面落实。三是积极推进“互联网+人饮”模式试点，编制完成了《西吉县固西、西部及西北部片区抗旱应急水源工程自动化监控系统工程实施方案》《西吉县西北部片区配水工程村级水量智能计量收费管理系统工程实施方案》，并通过了宁夏水利水电工程咨询公司专家咨询评审，并批复立项。四是积极推进水资源消耗总量和强度“双控”及农业水价综合改革工作，编制完成《西吉县“十三五”水资源消耗总量和强度双控行动加快推进节水型社会建设实施方案》和《西吉县推进农业水价综合改革工作实施方案》。

【水资源管理】 一是按照“先易后难、先生活后生产、关供同步”的原则，关闭自备井32眼。二是积极开展水资源使用确权登记工作，完成农灌机井及大口井确权2403眼720.9万立方米；水库灌区农业计量控制点28个1391.5万立方米；以机井为水源的人饮工程10处547.5万立方米。三是对全县境内入河排污口进行全面排查，共排查入河排污口17个，其中城镇生活污水排污口16个、生产企业排污口1个。经区、市水务部门复核确定入河排污口共10个。四是根据《自治区取水许可和水资源费征收管理实施办法》规定，为8家用水企业和5眼农灌机井办理了取水许可证，对9家万吨以下的淀粉厂加工设备、供电、供水设施进行拆除，对7家万吨以上的淀粉厂下发了办理“取水许可证”通知。

（高　鸿）

林　业

【造林绿化】 2017年，在火石寨、西滩、白崖等乡镇完成六盘山400毫米降水线造林绿化3.88万亩，在偏城等乡镇完成补植补造3万亩，在兴隆、吉强等乡镇完成退化林分修复1.75万亩。在吉强、沙沟等11个乡（镇）26个行政村完成2016年新一轮退耕还林3.65万亩。在新营等乡镇完成封山育林2万亩。各占自治区林业厅下达任务的100%。完成城区环境及城乡接合部绿化300亩；北山市民休闲森林公园绿化2600亩；葫芦河生态整治绿化470亩；海西公路绿化13千米，折合面积430亩。

【林业产业】 以“森源、兴隆、林源”3个育苗基地为中心，充分发挥现有苗圃的示范带动作用，向周边辐射扩展，完成育苗1.5万亩（其中新育苗0.47万亩）。扶持发展王民乡雷家湾现代农业生态观光园等林下经济合作社6家，流转林地5000亩，在心雨林下经济合作社、水岔湾林下经济合作社等企业（合作社）的带动下，发展林下种药1.1万亩，林下养殖生态鸡22万只。全县初步建成了集林草、林药、林果、林禽、林畜、林蜂、生态文化旅游等模式多位一体的林下经济培训基地1个，林下经济示范点3个；发展林业合作社组织40家。

【林业改革】 国有林场改革工作启动以来，抽调业务素质过硬的技术人员，结合全县国有林场实际，经多次修改完善完成了《西吉县国有林场改革实施方案》，并通过了自治区国有林场改革工作领导小组的审查批复。抽派技术人员对全县国有林场林地进行了彻底清查，并将林场周边生态移民迁出区面积全部纳入国有林场，新增国有林场管理面积8.1614万亩，总经营面积达41.3584万亩。完成了各国有林场土地确权，使国有林场土地权属合法、界址清楚。通过不断努力，全县国有林场改革工作走在了全区的前列，2017年6月，自治区国有林场改革工作领导小组将我西吉改革经验以信息形式在全区进行了交流。2017年10月顺利通过了自治区国有林场改革领导小组的预验收。对全县103个湿地斑块，面积4565.81公顷（6.85万亩）的湿地进行了产权确权，为全县湿地管理保护奠定了坚实基础。进一步修订和完善了全县集体林权制度和工作方案。

【资源保护】 严格落实“森林防火抓预防、有害生物抓防控、林地保护抓规范、涉林案件抓打击”的总体要求，扎实推进森林资源管理管护工作。组织各乡镇、林场清除了防火隔离带和林区道路两旁杂草；投资500万元在全县8个国有林场安装了森林防火视频监控设备，视频监控覆盖全县所有重点林地，能有效对全县的森林防火和森林资源管护工作进行监测和调度；建立了“1+10+19+980”防火扑火队伍（1是由30名退伍安置军人组成的1支专业扑火队；10是由10个国有林场护林员组成的10支半专业防火扑火队；19是由19个乡镇村组干部、党员等组成的19支义务防火扑火队；980是由980名生态护林员组成的森林防火扑火宣传队）；同时，3—5个临近的乡镇和林场建立了联防，一旦发生火情，能够及时进行增援，使森林防火工作基础进一步夯实。以“四率”指标为目标，完成林业有害生物防治面积21.309万亩，其中，完成鼠害防治面积17.3万亩，人工捕打鼢鼠2.97万只；完成杨树天牛打孔注药防治0.55万亩4万株；建设沙棘木蠹蛾综合治理示范面积3.45万亩；实施苹果蠹蛾监测防控面积500亩。林业有害生物成灾率控制在6.0‰以内，无公害防治率在86.8%以上，测报准确率达89%以上，种苗产地检疫率达100%。完成天保工程管护森林面积92万亩，中幼林抚育1万亩；紧紧围绕“以封为主，封、育、禁、管相结合”的方针，进一步夯实“乡、村、组、户”四级管护责任，逐级签订封山禁牧责任书，明确任务要求，建立责任考核制度，严格按绩效兑现护林员工资，确保了每座山林有人护，每片林地有人管，使封山禁牧封得严、禁得住、不反弹。积极开展打击破坏森林及野生动植物资源违法犯罪专项行动、野生动植物保护宣传月、封山禁牧和森林防火宣传活动，增强了全民森林资源保护意识，保障了生态建设的有序开展和成效。

（张　荣）

2017年4月12日，全县干部职工参加义务植树

财税　金融

财　政

【概　况】 西吉县财政局内设办公室、预算股、国库股、经建股、农财股、行财股、社保股、金融办、综合股、监察股、采购办11个股室和国库支付中心、农业综合开发办公室、会计管理中心3个事业机构，下设西吉县民生信用担保有限责任公司。2017年职工54人。县财政局为政府经济综合职能部门，主要负责组织全县财政收入，统筹调度并安排各类资金，为全县各项改革的顺利实施、经济建设和社会各项事业的发展提供坚实的财力保障。

【财政保障】 地方一般公共预算收入1.68亿元，同比增长10.5%，同口径增长32.4%，其中，税收收入1.16亿元，同比增长12.9%，同口径增长49.6%；非税收入5217万元，同比增长5.6%。地方财力有了明显提升。全县一般公共预算支出51.22亿元，为变动预算的98.4%，同比增长14.3%。财政保障能力不断增强。

【重点支出】 全县保障重点支出38.07亿元，占财政总支出的74.3%，有力地促进了全县“4156”战略部署的顺利实施。在脱贫攻坚战方面：坚持“多个渠道进水、一个池子蓄水、一个龙头放水”的思路，统筹整合财政涉农资金11.8亿元，围绕“五通八有”和“两不愁三保障”脱贫标准，重点对标2017年84个脱贫销号村实际需要，重点支持基础设施、特色优势产业、生态环境、社会事业及公共服务等项目建设，有力地推进了全县脱贫攻坚进程。实际支出10.99亿元，占整合资金的92.83%。在基础提升战方面：累计安排4.44亿元支持基础提升，其中安排9956万元用于城镇污水垃圾处理设施、城市生活垃圾收集转运及污水管网建设，清水河城镇产业带建设，城市维护等；安排5823万元用于粮食应急保障中心、将台堡会师园、档案馆、全民健身中心、消防大队业务用房、园区交流中心建设等。安排2780万元用于交通道路建设、城乡客运一体化、农村公路养护等；安排5117万元用于城镇保障性安居工程及其配套设施建设等；安排9625万元用于美丽小城镇、特色小城镇、美丽村庄、农村阳光沐浴等。安排1099万元用于大中型水库移民后期扶持、饮水安全运行维护等。安排9958万元用于将台堡集镇建设、安居工程建设、大县城建设的征地拆迁补偿。在项目大会战方面：争取自治区各类专项补助资金20.71亿元；争取政府置换债券资金2966万元；争取棚户区改造政策性支持贷款2.42亿元，为全县民生工程和重点建设提供了财力保障。在产业升级战方面：围绕马铃薯、草畜、蔬菜、杂粮四大产业整合资金4.04亿元落实19类42项种养殖补贴，对建档立卡贫困户实行全产业链扶持补贴。累计安排1.3亿元支持产业升级，其中安排7742万元用于农资补贴、农机购置补贴等；安排1778万元用于农业救灾、动物保护等；安排3516万元用于旅游、现代物流、工业转型升级及科技创新等。在环境整治战方面：累计安排2.93亿元支持环境整治，其中安排1.12亿元用于退耕还林、精准造林、生态移民迁出区绿化、生态保护恢复、天然林保护、森林生态效益补偿、月亮山水源涵养工程等。安排8652万元用于葫芦河流域水环境综合治理。安排6000万元用于农村环境综合整治；安排2436万元用于河长制、坡耕地水土流失综合治理、土地整理等。安排环境整治基金1000万元。在金融扶贫工程方面：注入风险补偿基金9000万元，专项用于建档立卡贫困户贷款风险补偿；注入产业担保基金9500万元。安排1855万元用于创业担保贷款贴息及奖补。在凝心聚力工程方面：安排1.69亿元用于保机关、村级运转，农村党建，民族团结先进示范县创建，机关效能目标考核、教师节奖励等。在社会治理工程方面：安排3430万元用于改善政法装备，普法、禁毒、司法救助、安全生产、道路安全治理及看守所、派出所建设等，不断完善社会治安体系，深化“平安西吉”建设。在两个带头人工程方面：安排525万元用于高校毕业生到村任职生活补助、驻村指导员补贴、科技扶贫指导员补贴等。在劳动力素质提升工程方面：安排2574万元用于新型职业农民培训、劳动力素质提升培训等。在民生改善工程方面：一是支持教育事业。安排4.88亿元用于义务教育经费保障、义务教育均衡发展、营养改善计划、薄弱学校改造、职业教育、学前教育、特殊教育等。二是支持社会保障和就业。安排8.9亿元用于城乡低保、临时救助、优抚、退役士兵安置、残疾人补助，职工养老保险、医疗保险、住房公积金配套等。安排2982万元用于就业补助。三是支持医疗卫生事业。安排9634万元用于城乡医疗救助、基本公共卫生服务、公立医院改革、基层医疗卫生机构建设、食品药品监督、计划生育服务等。四是支持

2017年3月27日，财政局领导走访贫困户

公共文化服务。安排4511万元用于基层文化设施设备购置、维护改造，贫困地区村综合文化服务中心建设、器材配置等。

【金融扶贫】 一是实现建档立卡户评级授信全覆盖。全县19个乡镇296个行政村全部建立了村级信用协会，完成评级授信5.13万户，其中建档立卡贫困户评级授信3.6万户，占全县贫困户总数的100%。二是扩大扶贫小额信贷规模。累计注入风险补偿基金1.2亿元，专项用于建档立卡贫困户贷款损失补偿。各金融机构为全县建档立卡贫困户发放金融扶贫贷款28512户122698万元，户均贷款4.3万元，覆盖面达到79.49%。对2017年6月30日之前的金融扶贫贷款全部完成贴息，共贴息1483万元。三是加大担保贷款力度。累计注入产业担保基金13786万元，民生信用担保公司担保贷款16899万元，在保余额12955万元，重点支持种养殖户、家庭农场、农民合作社发展特色优势产业。四是实现“扶贫保”全覆盖。将全县建档立卡贫困户全部列入“扶贫保”对象范围，整合涉农资金1058.45万元，实现了家庭意外伤害保险和大病补充医疗保险全覆盖。

【融资工作】 充分发挥国有资产经营公司和惠民投融资公司融资平台作用，切实做好政府融资工作。累计融资政策性棚改贷款资金13.71亿元，保障棚户区改造资金需求，已累计支付13.21亿元，支付率96.35%。争取国家专项建设基金

10.64亿元，重点用于棚户区改造，葫芦河河道综合整治、龙王坝乡村旅游扶贫、安康颐养苑老年人服务中心等项目建设，已累计支付6.97亿元，支付率65.5%。

【债券资金】 争取地方政府新增债券资金3.02亿元，用于教育均衡发展，将台堡文化工程及基础设施建设等；争取政府置换债券资金2966万元，用于置换月亮山生态修复、生态移民、集镇建设等债务。

【财政改革】 一是规范预算管理。制定《西吉县基本支出预算管理暂行办法》《西吉县项目支出预算管理暂行办法》，补充完善基本支出预算定额标准，进一步规范和加强部门支出预算管理。二是全面公开预决算信息。在县政府门户网站开辟“信息公开栏—财政资金”专栏，全面公开了2016年财政决算、2017年财政预算、月度预算执行情况、政府采购、部门预决算等信息，切实保障公民的知情权和监督权。三是严控“三公”经费。从严从紧编制“三公”经费预算，2017年下达“三公”经费指标控制数1251万元，较2016年减少256.1万元。并坚持“三公经费”每月支付情况的统计分析，及时进行监督、通报。四是清理盘活存量资金。共收回财政存量资金1.76亿元，已统筹安排使用1.46亿元，占收回存量资金的83%，切实提高了财政资金使用效益。五是规范国库集中支付。加强了动态监控，杜绝向单位基本户、个人账户转款等违规行为；严格执行办公费、会议费、接待费、差旅费等公务卡结算行为，切实减少公务支出中现金的提取和使用；年内完成了国库集中支付电子化上线工作，进一步增强了预算执行透明度，提高了财政资金使用的安全性、规范性和有效性。六是探索预算绩效管理。探索建立绩效管理与预算安排挂钩的管理机制，聘请第三方对平峰镇美丽小城镇建设、吉强镇套子湾基础设施建设和产业升级等项目进行了绩效评价，从项目资金管理到产生的经济、社会效益均达到了预期目标。七是严格政府采购。严格执行《中华人民共和国政府采购法》，规范采购程序，共完成政府采购次数258批次，采购预算金额8.29亿元，节约资金4900万元，资金节约率5.9%。八是强化政府债务管理。制订合理偿债计划，清理消化存量债务，筹措资金3.04亿元化解教育、保障性住房、道路建设和生态移民等领域的政府债务。九是强化财政监督检查。加强和规范财政专户管理，清理撤销财政专户8个；积极配合财政部驻宁专员办、区财政厅、固原市等上级部门重点开展了扶贫领域专项资金等专项检查；县财政局委托中介机构对整合资金使用情况、改善贫困地区义务教育基本办学条件等项目资金进行了专项审计；并积极组织开展会计监督检查，对全县59个一级预算单位的财务管理、“三公”经费、部门预决算公开、会计基础工作等进行了全面检查。针对各项检查中反馈和发现的问题，县财政局以高度的政治责任感，对照问题清单，制定整改方案，严格整改时限，压实整改责任，并跟踪督促，确保整改落实到位。十是积极开展资产清查和公车改革。完成了全县152家行政事业单位国有资产统计工作，截至2016年年底，全县行政事业单位资产总量15.75亿元。按照公务用车改革工作总体要求，积极做好公车改革工作，对封存的74辆公车进行了处理。

（伏耀明）

税　务

【概　况】 西吉县国税局设有10个内设机构、2个派出机构、1个直属机构和1个事业单位。负责全县5639户纳税人的国地税征管和20万人的社保费及其他行政事业性收费征收任务。在职干部职工62人，平均年龄41岁。县国税局先后被评为全县“目标管理综合考核先进集体”“机关效能建设先进集体”“支持地方经济发展先进单位”，全区“民族团结进步先进单位”“文明单位”，全国“全民健身活动先进单位”“税务系统先进集体”。

【税收收入】 组织税费收入9.5亿元，同比增长78.8%。其中，税收收入2.9亿元，同比增长40.1%，完成年度计划的116%。税收收入中，中央级收入1.3亿元，同比增长70.8%；自治区级收入4599.4万元，同比增长120.5%；县级收入1.2亿元，同比增长4.5%，完成年度计划的103%。组织其他收入6.6亿元，其中社保费收入6.5亿元，同比增长107.2%。

【服务发展】 一是开展税收宣传助力脱贫攻坚。编印《服务精准扶贫100问》宣传册，推出“送政策进园区”“税收宣传进清真寺”等特色活动，积极营造有利于大众创业、万众创新的政策环境，全县新增纳税人598户。二是落实税收优惠助力脱贫攻坚。2017年落实各项税收优惠1.5亿元，同比增长31.5%，占税收总收入的52%。三是推进定点帮扶助力脱贫攻坚。在完成西滩乡甘岔村178户贫困户脱贫销号任务后，为沙沟乡东庄村选派1名副局长任驻村第一书记，组织全局16名党员干部与93户建档立卡户结对帮扶。先后投入资金8万余元，解决了党建室和村部建设、村庄环境整治及种子款短缺等实际问题，精准帮扶工作成效显著。1人被自治区扶贫开发领导小组评为驻村帮扶工作先进个人。

【税收法治】 一是坚持抓制度促规范。建立健全了重要文件合法审查机制、“三重一大”合法会商机制、维权事项集体会审机制、职位分离监督机制等制度办法。二是坚持抓普法促规范。扎实开展“七五”普法，充分利用区局门户网站政策法规库、中国税务网络大学等平台开展普法教育，组织法治专题学习12次。三是坚持抓整改促规范。围绕税收执法大督察6项重点内容和国务院第四次大督查7个方面内容进行了自查，补征税款6.3万元。四是坚持抓监管促规范。保留税务

2017年9月19日，西吉县国税局举办“迎接十九大、做合格党员”主题演讲比赛

行政许可事项7项，精简优化审批事项和程序，2017年受理审批服务51户次，审批事项平均压缩到法定时限的30%以内。2017年对159户违规纳税人处罚7.2万元，依法治税水平有效提升。

【税收改革】 一是扎实推进营改增后续工作。深入开展营改增政策大辅导，全面推开营改增试点以来累计减税1970万元。二是扎实推进税费改革工作。完成8户水资源纳税人和7户排污企业的信息采集核对及政策培训辅导，水资源费改税平稳过渡，环保税开征准备就绪。三是扎实推进纳税人分类分级管理。将稽查局职能整体转换为专司税收风险应对和纳税评估工作，应对风险纳税人36户，数据质量问题5951条，增加税收收入704.9万元。四是扎实推进“放管服”改革。认真落实区局“放管服”改革第一阶段7项措施，全面推行跨区域涉税事项报验登记，取消了换证、验证和非居民企业认证等涉税事项以及651种涉税资料报送。五是扎实推进委托邮政双代工作。在全县3个邮政网点设立了代开增值税普通发票窗口，共代开发票6420份，入库税款1080万元。六是扎实推进综合治税工作。制订综合治税工作实施方案，建立23个部门涉税信息共享机制，2017年获取和应用第三方基础信息3200条，核查增加税收收入1952万元。

【纳税服务】 一是落实规范优服务。严格落实导税服务和局领导值班等服务制度，持续推进全区

通办、增值税发票“网上申领、线下配送”以及纳税申报“一表集成”等便利化改革措施。二是多元办税优服务。配备发票发售、代开发票、发票认证等4台自助办税终端和7台外网机，整体办税效率提高20%。三是创新举措优服务。在畅销刊物《特别关注》印制纳税服务、脱贫攻坚等方面税收政策内容，向全县党政机关和纳税人赠阅12期6000余册。四是倾听需求优服务。组织走访各类纳税人340余户，召开纳税人座谈会6场次，征求人大代表、政协委员意见建议16人次，征集并整改落实意见建议12条，赢得纳税人满意。全区纳税人满意度调查中综合得分95.2分，在全区县级单位中排名第三位。

【队伍建设】 一是加强思想政治建设。规范落实“三会一课”制度，固化党员活动日，组织开展了“两学一做”学习教育4个专题研讨。二是加强领导班子建设。推行“领导班子一周例会”“重点工作清单式管理”“绩效工作点评”“重点工作督办”等措施，充分发挥领导班子的核心带动作用。三是加强人才队伍建设。深入开展练兵比武活动，2人被评为全区国税系统营改增先进个人，3人被评为全区国税系统岗位能手。四是加强精神文明建设。按照领导班子成员、科（所）长、办税服务厅人员、一般工作人员4个层次设立党员示范岗，按月组织评选。1人获得全市“五一劳动奖章”，2人获得全市优秀共青团员（团干部），县局被评为全区国税系统营改增先进集体。五是加强机关效能建设。制定了136项机关绩效考评指标，配套建立了按月自查、按季汇报、随时督办的绩效监督机制。

（张卫东）

人民银行

【概　况】 1950年5月，由甘肃省定西地区人行办事处组建人民银行西吉营业所，同年底升为中国人民银行西吉县支行，时属甘肃省平凉地区人行办事处管辖。1958年10月，隶属宁夏回族自治区分行领导。1984年，人民银行、工商银行两行分设后正式履行中央银行职能，属人民银行派出机构，受总行垂直领导。主要职责：贯彻执行货币信贷政策，综合运用货币政策工具实施辖区宏观调控；监督管理银行间同业拆借市场上；防范和化解系统性金融风险，维护辖区金融稳定；管理人民币流通；经理国库；组织协调、指导部署金融业反洗钱工作，负责反洗钱的资金监测；管理信贷征信，推动社会信用体系建设；提供资金清算、金融统计与分析、金融消费者权益保护等金融服务。

【金融服务】 坚持“三去一补”和“稳中求进”的经济金融调控总基调，在“窗口指导”的方向上，把握坚定不移支持地方经济发展“大势”这个关键。一是增强“窗口指导”的前瞻性和针对性，金融服务经济实效性持续提升。通过银政联席会议、金融季度分析例会和要情通报等形式，引导辖内金融机构合理增加信贷投放，优化信贷资金配置，支持县域经济平稳较快发展。截至12月末，全辖金融机构各项存贷款分别为1013666万元和453527万元，同比增长15.19%和28.54%。二是加强货币政策工具运用，突出普惠金融服务力度，使金融服务经济能力持续提升。充分发挥差别准备金动态调整政策激励约束作用，引导辖内金融机构按照合意贷款要求均衡安排信贷投放，保证脱贫销号村的小额信贷资金需求。同时，加大了扶贫再贷款的投放力度。截至12月末，2017年扶贫再贷款累放额12笔，金额25800万元，累计收回2笔1亿元，余额25800万元。三是继续推进支付便民工程建设，创建“微银”行服务。建立银行卡助农取款点318个，并依托农村商业银行，以西滩、硝河模式为示范，在空白乡镇、重点村镇、美丽村庄建设改造提升11个助农金融服务点，办成“微银行”。四是加强规范账户管理，切实落实实名制，改进账户服务，全年办理各类新开户1046户、销户137户、变更账户164户。

【金融监督】 坚持把金融生态建设与金融稳定、征信、账户、反洗钱和反假币等管理工作有机结合起来，充分发挥了人民银行的主导作用，维护了辖区金融稳定。一是依据“两管理、两综合、一报告、一保护”，对新设立2家金融机构进行审核和检查，受理申请加入人民银行金融管理与服务体系的金融机构5个。二是加强金融稳定协调机制建设。开展了金融突发事件应急体系建设情况调查，督促相关金融机构严格落实流动性风险处置预案，积极探索推进金融稳定现场评估，配合上级行对两家地方法人投保机构的存款保险评级工作。三是反洗钱、反假管理机制不断完善。加强反洗钱现场检查和非现场监管，督促法人机构稳步、及时有效落实《金融机构大额交易和可疑交易报告管理办法》（中国人民银行令〔2016〕第3号），并完成2017年反洗钱法人金融机构风险评估分析报告。并不断完善辖区反假长效机制建设，组织辖内5家金融机构开展反假宣传活动和对辖区金融机构的会计、出纳人员进行人民币业务及反假技能培训，并收缴假币565张，金额38165元。

【金融普惠】 实施普惠金融提升工程，使金融服务获得性、便利性有了新拓展。一是为了增强金融的包容性，进一步推进了民生普惠金融优先。认真开展全辖普惠金融指标体系编制及分析工作，完成了西吉县普惠金融指标体系填报和分析报告工作。二是积极打造“普惠金融西吉模式”。制定《西吉县落实“普惠金融规划纲要”实施方案》，并得到西吉县政府的高度重视并予以印发全县实施。三是建立金融扶贫考核、协调新机制。结合西吉县扶贫现状，提出“用足政策、压实责任、整体推进，降息扩面、增量提速、机制保障”和“1331”金融扶贫运行机制的《人行方案》，制定《西吉县金融扶贫推进方案》和《保险扶贫实施方案》，健全《金融支持经济和金融扶贫工作考核办法》《财政贴息与风险保证金管理办法》《金融扶贫贷款管理考核办法》，落实定期例会制度，增强了金融扶贫实效性。四是扎实推进金融宣传。以“六进”宣传为载体，充分利用春节、“3·15”、“6·14”、“金融知识普及月”等组织辖区金融机构大力开展金融知识大拜年（慰问）、征信、金融消保、网络诈骗、人民币残损兑换等主题宣传普及金融知识活动20次，举办专题讲座4场，接受咨询3000余人次，宣传横幅30余条，发放宣传品及资料2万余份。

（何　进）

农业银行

【概　况】 农业银行西吉县支行2017年　共有员工85名，支行机关设客户部、风险管理部、运营财会部、综合管理部4个职能部门；下设兴隆分理处、将台堡支行、城郊支行、城区支行、支行营业部5个营业网点。县农行认真贯彻执行分支行各项安排部署，按照支行党委年初制定“坚持党建统领，强化风险管理奋力推动全行业务经营持续发展”目标，紧扣分行“稳中求进，控险增效奋力开创改革发展新局面”主题，经过全体员工共同努力，全行6项主要业务指标中有5项指标超额完成分行计划，发展基础得到进一步夯实，员工发展信心、合规文化理念持续增强，竞争力不断提升。综合绩效考核全区23家经营行排名第二。

【党建工作】 一是统筹谋划，精心部署。认真贯彻落实全国国有企业党的建设工作会议精神，在年初、年中及季度业务经营分析会上同步安排党建工作。全年党委专题研究党建工作3次，听取各支部党建工作汇报2次，派出工作组对支部党建工作检查督导27次。二是注重政治理论学习，做学习的带头人。自觉把学习贯彻党的十九大精神和习近平新时代中国特色社会主义思想作为首要政治任务，全年共组织党委中心组（扩大）学习15次，各党支部“三会一课”集中学习72次。三是扩大组织覆盖。全行5个营业网点全部单设了党支部，配备了支部书记，实现了党组织、党员全覆盖。四是完善考核机制。修订完善了《西吉支行2017年党风廉政建设责任制考核实施方案》，将党建和党风廉政建设责任制考核纳入综合绩效考核体系，分值占比达到10%。五是强化党员培训教育。2017年开展党支部书记培训班4期，党委书记讲党课2次，“七一”组织全行党员和入党积极分子到六盘山和将台堡进行爱国主义教育活动1次。六是规范党费管理，增强党员党性观念。

【资产发展】 一是扎实推进金融扶贫。按照总分支行和地方党政安排部署，深入推进金融扶贫工作。为杜绝金融扶贫“穿新鞋，走老路”，确保贷款“放得出、用得好、收的回、有效益”，总结上年经验，修订工作方案，研究脱贫措施，补充相关协议，首创“脱贫致富贷款”发放11条，切合实际和极具操作性指南。全年建档立卡户新发放政府增信“脱贫致富贷款”3778户，18187万元，存量4779户，余额22707万元，且当年脱贫致富贷仅有4户因异地移民欠息，风险得到成功控制，取得了多方的高度肯定，实现了“多赢”。二是精耕细作农户贷款。坚持“服务到位、风险可控、发展可持续”的原则精耕细作农户小额贷款。按照总分行农户小额贷款要求，在做好存量客户收回再贷的同时，加大对公职人员担保增量农户小额贷款的投放，推动农户小额贷款总量控制、结构调整、精耕细作、款量质并举目标。三是力拓个人贷款做大做强。根据年初支行提出优化个贷结构要求，积极展开个贷营销，推动个人贷款重点向资本占用低、风险较小、附加值高的住房、消费、助业等抵质押贷款方向发展。通过多次与分行沟通，协调西吉县民生担保公司，制定合作方案，最终达成合作协议，全年新发放担保贷款15户1225万元，为支行资产全面发展担保公司担保贷款积累了经验，锻炼了队伍。四是稳步推进法人贷款突破进展。按照支行年初确定大力发展法人贷款要求，以实体经济、小企业客户为切入点，以政府增信担保收回再贷涉农法人贷款4笔4000万元；发放西吉县吉源天然气有限责任公司流动资金1600万元；发放银川市怀远路地下综合管廊建设管理有限公司银团贷款3000万元。

【中间业务】 全行加大了中间业务发展步伐，中间业务收入整体呈多元化方向发展。国债、“本利丰”、“汇利丰”等人民币理财产品代销增长明显加快，理财产品销售趋向多元化；电子银行业务增势强劲，全年个人手机银行有效客户新增7485户，信用卡业务稳健发展，全年贷记卡有效客户新增2549户，中间业务收入向多元化发展。

【基础管理】 一是认真开展“两个加强、两个遏制”自查自纠和各项检查工作。按照分支行安排部署，为认真贯彻落实国务院、银监会工作部署及总行党委“向案件宣战”的工作安排，根据分行《关于印发〈宁夏分行运营管理条线“两个加强、两个遏制”自查自纠工作实施方案〉的通知》，结合本行运营管理工作实际，对辖属5个网点2017年1月1日至2017年12月31日运营重要业务环节及关键岗位制约情况，从重要物品保管、账务核算处理、柜员现金箱、金库现金管理、异地开户处理、大额资金汇划处理、对账管理、员工行为管理、预留印鉴管理、制度建设、2015年以来内外部检查发现问题的整改情况等十几个方面进行了全面自查和重点抽查，运营条线9个问题全部整改落到位。二是加强柜面安全管理。把落实总行《关于落实运营案件防控重点工作任务的通知》和《中国农业银行自助设备加配钞业务管理规定》及分行《关于进一步加强柜面业务风险防控工作的通知》作为运营管理工作的重中之重。严把账户开立关，严格执行账户管理制度、坚持“四加强一履职”、加强库房现金管理、严格要求柜员加强柜面凭证审核，严格审核原始凭证的真实性和合规性、严格控制柜员的操作权限、加强对高风险业务的管理、贯彻落实总行“四十个严禁”和分行“十个严禁”规定、抓好岗位制约、按日碰库、内外交接、严把“开户关、验印关、授权关、交接关、对账关”。三是加强运营案件防控管理。认真落实总行《关于落实运营案件防控重点工作任务的通知》精神，严格按照检查工作要求，对运营案件防控重点工作4个方面、16条重点任务、44项内容逐项进行了认真排查。加强自助设备管理，严格执行各岗位、各环节的操作管理，认真落实《中国农业银行自助设备加配钞业务管理规定》各项规定，严控风险。四是加强尽职监管检查，狠抓制度落实和整改工作。做好2015年宁夏银监局“两违”专项检查“回头看”和中国人民银行固原中心支行2015年综合执法检查后续检查发现问题的整改落实工作。按照分行运营工作安排和分季重点监督检查内容，把加强库房现金和重要空白凭证及业务印章的管理、“一日两碰库（箱）”、印鉴管理、电子验印等作为运营监管工作的重点环节和关键环节来抓，加大对高风险业务、重点业务的持续监管力度。狠抓制度落实，提高制度执行力，及时将上级行的制度规定不折不扣、原原本本落实在业务工作中。五是加强财务管理，严格执行财经纪律。认真执行财审会制度，凡大额费用开支、重大项目经支行财务审查小组会议研究决定；加强固定资产、提高了固定资产使用效率和科学管理水平。严守中央八项规定精神，厉行节约等系列文件精神，加强费用管理，严肃财经纪律，规范财务行为，费用资源配置优先倾斜基层最大限度的用于业务经营。

（袁保平）

农村商业银行

【各项指标】 一是各项存款快速增长。全年全行各项存款余额达到526143万元，较年初增加83440万元，增幅18.85%，全面完成目标任务。其中：个人存款余额282348万元，较年初增加47682万元，增幅16.88%；对公存款余额243739万元，较年初增加35732万元，增幅14.66%。二是各项贷款平稳投放。至年末，全行各项贷款余额289236万元，较年初增加56076万元，增幅24.05%。剔除贴现、信用卡透支后贷款余额达到241519万元，较年初增长39539万元，增幅19.58%。其中涉农贷款余额235676万元，占各项贷款的97.58%，较年初增加38704万元，增幅19.65%。小微贷款余额33037万元，占各项贷款的11.42%，较年初增加6410万元，增幅24.08%。农户贷款覆盖面达到56.88%，同比提升19.58%。三是资产质量持续提升。年底全行五级分类不良贷款余额4519万元，较年初减少1074万元；不良贷款率1.56%，较年初下降0.84个百分点。全口径不良贷款控制为零。四是盈利水平稳中趋升。全行风险调整后实现净利润10679万元，较上年增加2074万元。五是监管指标持续达标。全行资本充足率22.70%，高于监管标准12.20个百分点；拨备覆盖率631.71%，高于监管标准481.71个百分点。

2017年9月12日，西吉农业商业银行开展金融扶贫宣传活动

【金融扶贫】 按照西吉县委、县政府脱贫销号计划安排，本行承担了西吉全县163个贫困村、19655户贫困户、92653个贫困人口的金融扶贫任务，任务占比分别达到55%、59%和59%。重压之下，本行建立金融扶贫机制，创新金融扶贫模式，加大金融扶贫力度，大力实施了金融扶贫创新驱动“135”工程（推出“一个模型”、制定“三项激励”、实现“五个突破”）和脱贫富民“246”工程（实行“双层覆盖”、彰显“四项服务”、构建“六个机制”），为县域产业发展、贫困户脱贫致富注入了强大动力，“支农服务的主力银行”地位得到了充分体现。完成了建档立卡贫困户“信息采集全覆盖、评级授信全覆盖”的既定目标，发放扶贫贷款16275户68999万元，其中发放包片贫困村15281户65140万元。仅2017年，新增扶贫贷款45746万元，放贷金额占农商行新增贷款的122.76%，发放覆盖面达到77.75%。经过全行员工的辛勤劳动、真情奉献，本行金融扶贫工作得到了各级政府的高度肯定，继“金融扶贫送真情”在2016年被中央金融团工委评为“银团合作”优秀项目后，2017年，县农商行又被中央金融团工委评为“银团合作”优秀派出机构，同时还荣获了黄河银行系统“金融扶贫工作先进单位”称号。

【支农服务】 按照《黄河银行系统金融支持推进农业供给侧结构性改革加快培育农业农村发展新动能实施意见》，全行支持粮食产业（小麦、玉米、马铃薯）贷款25488万元，受益5542户；支持草畜产业贷款1645万元，受益325户；支持蔬菜产业贷款9476万元，受益2065户；支持妇女创业贷款1125户5334万元；支持全民创业贷款104户913万元。

【信贷转型】 根据黄河银行信贷政策指引，结合经营实际，采取了诸如合理配置信贷资源、优化信贷投向结构、合理控制潜在风险行业贷款总量、及时退出高风险行业及客户、对大额贷款实行名单制管理等措施，深化信贷结构转型。截至年末，农商行贷款总户数达39195户，户均贷款余额6.04万元，其中10万元及以下小额贷款户数达37841户，占比达到96.54%，较年初增加了3.28个百分点；谨慎进入类行业贷款余额4167万元，较年初下降7677万元；限制类行业贷款余额466万元，较年初下降1407万元，信贷支持的重心向“三农”倾斜的力度不断加大，支农服务主力军作用不断彰显。

【创新发展】 随着县农商行金融扶贫工作的不断推进，贷款户数较年初增加7098户，增幅22.11%，贷款总户数达到39195户，客户经理平均管户484户。2017年推广应运现金循环机22台，实现了对网点的全覆盖，在实现电子银行业务规模、质量、效益协同增长的同时，提升客户服务体验，促进流动资金归行。

【风险管理】 一是以制度建设为突破，筑牢风险管理防火墙。围绕“合规文化建设年”，梳理完善各条线346项规章制度，初步形成较为完备、具有较强约束力和可操作性的制度体系，使各业务条线、各岗位工作开展有章可依，筑牢风险防线。二是以监测检查为关键，阻断经营风险传染源。除做好日常风险监测外，加大对员工的培训力度和业务的检查频次，本年举办信贷风险管理和运行操作风险管理培训班20余次，开展信贷业务综合大检查和贷后管理专项检查发现问题100余项，对违规问题下发通报并实施经济处罚，在全行形成有力震慑，促进农商行全面风险管理提质增效，为正常经营发展保驾护航。

（曹　毅）

邮储银行

【概　况】 西吉县支行是邮储银行固原市分行下辖的一级支行，成立于2008年8月。设营业部、信贷部、会计结算部3个职能部门，员工19人，平均年龄31岁，拥有营业网点4个（1个自营网点和3个代理网点），已成为提供线上线下一体化金融服务的零售商业银行。西吉县支行党支部被区分行党委确定为2017年“先进集体”和“先进党支部”荣誉称号。

【稳健发展】 2017年支行全年收入1790.13万元，增幅60.38%；利润1190.59万元，增幅87.72%。年末储蓄净增1249万元，完成市计划的83.3%；信用卡成功发卡1119张，完成全年任务的111.9%，超额完成全年计划。加强个金与零贷的融合，加强板块之间的联动：通过“对公抓源头、对私抓留存”，12月底，邮储银行公司余额净增7400万元，公私联动在代发工资上取得突破。

【金融扶贫】 紧紧围绕地方产业导向，全面对接扶贫攻坚战略，结合区域经济社会发展实际，积极探索小额贷款特色发展之路，实现了小额贷款发展与产业精准扶贫的有效融合。截至2017年年底，累计发放各类贷款8.3亿元，贷款结余2.3亿元。一是持续推进金融精准扶贫工作。支行通过增加扶贫信贷人员，持续加大扶贫贷款的投放力度，精准扶贫资金投放共3072户13180人，户均贷款4万元，建档立卡户获贷率达到78%。受“蔡川模式”启发，西吉县支行因地制宜，充分挖掘当地资源，利用兴隆镇川口村畜草种植资源和牛羊养殖经验，支行及时与该村合作社负责人对接，建立了“银行+合作社+农户”的合作模式，利用支行传统小额贷款的升级产品循环贷，采用三户联保的模式，对合作社社员全部授信，累计发放贷款249笔1245万元。支行又进一步扩大放款规模，对信誉良好的非合作社村民授信200余户，累计发放贷款600笔3000余万元。全村户均养殖由最初的平均5头牛增加到现在的10头，在支行发放贷款的农户中，养殖15头牛以上的农户占笔达到70%，通过对该村养殖产业的扶持，有效助推了当地农村经济发展。二是依托信用村镇建，设扩大涉农贷款覆盖面。根据当地农村经济发展及农户的信用状况，对经营状况好、客户信用度高，具有发展潜力的村镇进行重点开发并实施“整村推进”战略，有效拓展了农村金融服务领域，在基础薄弱、金融支持匮乏的偏远山区建设了13个“好借好还”小额贷款信用村镇。三是优化信贷服务，提升扶贫贷款放款效率。为适应农村客户地处偏远、客户居住较为分散的现状，支行积极创新信贷服务方式，开展集中调查、集中审批、集中发放的信贷模式，加快贷款发放速度，提高服务效率。

2018年4月19日，县邮储银行支行行长毛国顺（中）实地调研金融扶贫成效

【合规护航】 始终将风险管控作为重要抓手，深入开展不良贷款清收“攻坚”活动，持续压降不良贷款占比，着力提高信贷资产质量，有效把控风险，取得良好成效。全年累计收回不良贷款58笔154万余元，其中已核销贷款10笔25.18万元，始终将逾期率控制在0.5%左右，贷款质量良好，风险可控。

（马晓晖）

人寿保险

【概　况】 中国人寿保险股份有限公司西吉支公司下设经理室，综合部，个险部，团体业务部，银行保险部，客户服务中心，共有员工10人，代理人员339人。中国人寿保险股份有限公司向个人及团体提供人寿、意外和健康保险产品，函盖生存、养老、疾病、医疗、身故、残疾等多种保障范围，全面满足客户在人身保险领域的保险保障和投资理财需求。

【企业文化】 中国人寿保险股份有限公司秉承“专业，真诚，感动，超越”的服务理念，依托覆盖全国城乡的服务网络，致力于为社会最广泛的大众提供优质的保险产品和服务。专业高效的“95519”客户服务专线，安全快捷的企业互联网站。特别是公司运用国际领先的信息技术，拓展电话，网络，邮件等电子销售渠道，满足客户对保险产品多渠道的购买需求。

【保费收入】 2017年实现总保费收入8277.9万元，同比增长67%，新单保费收入3084.2万元，同比增长2%，其中标准保费收入806.79万元，首年期交保费收入1654.95万元，10年期以上保费收入980.63万元，短期险保费收入2519.20万元，短期险赔款支出458万元，赔付率为18%。

【社会管理】 充分发挥保险经济补偿，资金融通，社会管理三大功能，支持地方经济建设。为全县所有“少生快富户”“独生子女户”“计划生育手术户”提供保险保障，实现保费收入13.16万元；在“学平险”方面，公司从成立以来，一直开办此项业务，积极参与学校校园风险管理，保障学生健康成长，2017年公司继续被自治区教育厅选定为学平险承保单位，为进一步开展学平险业务奠定了坚实的基础，2017年依据《西吉县金融实施方案》为35878户155483人办理国寿扶贫保家庭意外伤害保险、国寿扶贫保大病补充医疗保险，累计提供风险保障191亿元，帮助建档立卡贫困户抵御因病、因意外致贫返贫风险，为脱贫攻坚保驾护航。

（张兴玉）

财产保险

【概　况】 中国人民财产保险股份有限公司西吉支公司（简称“中国人保财险西吉支公司”）作为中国人民财产保险股份有限公司在宁夏西吉的分支机构，是目前县内机构网络最全、覆盖范围最广的财产保险公司；内设经理室、综合部、车险部、商非部、理赔分部、出单分中心、农险部、新营销服务部、将台营销服务部、兴隆营销服务部、新区营销服务部、吉强营销服务部，现有员工45人，2017年保费收入5516.69万元，经过30多年的发展，人保财险西吉支公司业务范围已覆盖我县非寿险市场的所有领域，主要险种近百个险种，是西吉境内险种最多、经营最广的财产保险公司。多年来，人保财险西吉支公司始终占据着西吉财险市场的主导地位。

【主要指标】 全险种实现保费收入5516.69万元，同比增长55.05%，增量保费1958.67万元，累计市场份额63.62%，同比增速5.58%。其中：车险保费收入2211.69万元，同比增长22.69%，截至11月底，累计市场份额51.59%，同比增长2%；农险保费收入2919.45万元，同比增长98.76%；意外险保费收入186.73万元，同比增长56.08%；责任险保费收入187.79万元，同比增长31.97%；企财险保费收入8万元，同比增长–54.21%；家财险保费收入2.33万元，同比增长–3.64%；货运险保费收入0.71万元，同比增长–85.1%。

【赔款数据】 全年共支付赔款2011.18万元，同比增长–7.9%，其中车险赔款1857.23万元，同比增长–0.26%，农险赔款915.99万元，同比增长–16.81%，商非业务赔款214.09万元，同比增长–33.39%。

（何晓武）

经济管理　产业园

发展与改革

【概　况】县发改局现有工作人员30人，其中行政事业编制人员25人。2017年6月，原商务和经济技术合作局撤销，工业和信息化管理、商贸流通服务管理职能并入发改局后，现局内设办公室（发展规划股）、项目股（重点项目稽查股）、经济运行监测股（服务业发展股、国民经济动员办公室）、工业与信息化股、商务股及价格监督检查所（价格监测中心）等股（室）、所，挂粮食局牌子。承担着全县国民经济和社会发展中长期规划及年度计划编制、经济运行监测分析、重点项目论证储备与申报争取、项目建设协调与实施管理、工业和信息化管理、商贸流通服务管理、粮食流通管理、价格监督检查及国民经济动员等重点工作。

【经济监测】按期编制完成了《西吉县2017年国民经济和社会发展计划执行情况及2018年国民经济和社会发展计划（草案）》，经县第十七届人大二次会议审议通过。按期发布了2017年一季度、上半年、三季度、全年《西吉县经济运行分析监测快报》等，及时研究提出阶段性化解制约经济增长不利因素和促进经济持续较快发展的措施及意见建议，力促县域经济社会持续较快发展。全县实现地区生产总值61.5亿元，同比增长7.8%，增速居全市第三位。完成全社会固定资产投资82.04亿元，增长15.2%，增速居全区第二位；实现社会消费品零售总额16.28亿元，增长7.5%；完成地方一般公共预算收入1.68亿元，同口径增长32.4%，增速居全市第一位；完成一般公共预算支出51.22亿元，同比增长14.3%，增速居全市第二位。城镇居民人均可支配收入23239.6元，增长8.5%；农村居民人均可支配收入8400.7元，增长11%。总体来看，各项主要经济指标增长稳中趋好，县域经济保持平稳增长态势。

【项目管理】建设项目申报和争取。建立了西吉县贯彻落实自治区第十二次党代会、市委四届二次全会精神拟建重大项目库，提出2017年拟建500万元以上各类重点项目114个，年度计划投资121.58亿元。会同各项目涉及部门（单位）按申报程序要求扎实做好相关前期工作，并积极主动加强与自治区发改委等厅（局）、委的沟通衔接和跟踪落实，2017年，共争取自治区发改委安排全县各类建设项目44个，安排国补资金36507.88万元；争取自治区经信委、商务厅安排建设项目8个，争取国补资金719.7万元，项目争取取得了新突破。重点项目实施督查。根据自治区“项目推进年”活动安排部署，积极开展项目审批、在建项目入库统计、重点项目开工、建设资金拨付“四项”清零行动，深入开展项目建设大会战活动，及时制定了《西吉县2017年重点建设项目责任清单》及考核办法，建立重点项目跟踪督办机制，配合县委重点工作督查督导组定期、不定期地对全县重点项目建设进行监督检查，并按期发布《西吉县固定资产投资及重点项目监测月报》，全力以赴推进重点项目建设。年初确定的114个重点项目开（复）工建设112个，开工率达到98.2%，列入固原市22个重点项目全部开工建设，项目建设全面推进。

【信息化建设】 加快工业项目建设，引进的泽艾堂生物等新入园企业已建成试产，港生生物、伊尔德农业等公司项目加紧推进。加大“专精特新”企业培育，申报“专精特新”企业5家，被自治区非公局命名4家、示范企业1家，培育融信电力等入规企业4家，佳立公司成功申报了国家级绿色制造系统集成项目。深入开展万吨以下马铃薯淀粉加工企业淘汰关闭专项治理行动，关闭万吨以下企业19家，其中已拆除设备并通过固原市市工信局验收10家。深入实施“大众创业、万众创新”工程，创建了闽宁返乡农民工创业孵化园区和兴隆镇婆姨创业示范街，累计入驻创业实体319户，完成劳动力素质提升培训并取得国家职业资格证书120人；全力推进电信4G普遍服务试点，全县已完成299个行政村光纤覆盖及到户建设，4G网络自然村覆盖率达到86%。

【商贸物流】 深入实施国家电子商务进农村综合示范项目，在脱贫销号村新布设村级电商服务点76处，电商扶贫创业孵化园运营企业达到15家，11月5日，央视财经频道联合国内30家网络直播平台同步直播“厉害了我的国·中国电商扶贫行动——西吉专场”直播推介，畅通了马铃薯、胡麻油、小杂粮等特色农产品外销渠道，电子商务新业态、新产业初具规模；组织电商企业申报争取农村电商逐梦计划项目资金，全年共争取固原市商务局下达筑梦计划奖励资金99.7万元；中科广场等市场体系项目加快建设，好又多商贸城、西街农贸蔬菜市场改扩建、东街平价农贸蔬菜市场等投入使用，城乡商贸物流设施不断健全完善。

【价格监督】 强化价格监测和预警分析，定期发布市场粮油、肉类、蔬菜等价格信息，扎实开展春节、“五一”等重大节日期间市场物价监督检查，维护市场供需及价格平稳运行；加强对教育、医疗卫生、公共服务领域收费的检查力度，认真办理“12358”价格举报及群众投诉案件；开展了芹菜、胡萝卜等重点农产品价格政策性保险，2017年申请自治区物价局蔬菜价格政策性保费210万元，有力地保护了广大菜农种植蔬菜的积极性。完成西吉县污水处理费、县城区应急供水临时水价、县公立医院医疗改革服务价格等调整工作。

（王　军）

市场监管

【概　况】 西吉县市场监督管理局成立于2014年12月，整合原西吉县食品药品监督管理局、工商行政管理局、质量技术监督局的职责以及卫生局承担的食品安全协调监管职责，加挂工商行政管理局、质量技术监督局、食品药品监督管理局、食品安全委员会办公室牌子。现有干部职工78人，其中公务员61人，工勤事业人员17人，平均年龄45岁。内设综合管理岗、食品安全监督管理岗、药品医疗器械监督管理岗、消费者权益保护岗、特种设备安全监察岗、标准化与计量管理岗等11个岗位；设立直属副科级行政机构经济检查大队，派出吉强、东关、兴隆、将台、震湖5个副科级市场监督管理所；所属事业单位1个——西吉县质量监督检验与计量测试站（食品药品检测中心），挂靠消费者协会、个体私营企业协会。设有党总支1个，下设8个党支部，共有党员52名，工、青、妇组织健全。

【市场发展】 一是开展芹菜市场联合整治。检查芹菜代办点53家，下发责令改正通知书6份，受理菜农投诉举报48件，调解处理48件。二是开展电线电缆专项整治，检查销售单位65家，72

个农村公路建设项目和36个房屋建筑工程项目。三是开展投资理财类企业风险排查专项行动，检查53家投资公司，开展打击非法集资犯罪专项整治行动。四是开展食盐市场专项治理，检查餐饮服务单位370余户次。五是完成网络经营主体网上认领及数据库清理工作，对3家网站经营主体进行亮照亮标行政指导。

【食品监管】 一是组织召开了全县食品安全工作会议，对2017年度食品安全监管工作进行了详细安排部署，与26家食安委成员单位签订了年度《食品安全工作目标责任书》，将食品安全工作纳入对乡镇部门年终考核内容。二是与全县2963户食品销售经营者、52家食品生产企业、580户生产小作坊、645户餐饮服务单位签订了《食品安全责任书》《食品安全承诺书》，进一步强化食品生产经营单位主体责任。三是开展各类食品安全监督抽检642批次，其中省抽82批次、食用农产品抽检240批次、"三小"220批次、快速检测100批次。四是开展"清真食品、婴幼儿配方乳粉、旅游景区"等系列专项整治，累计检查食品生产经营单位7829户次，查处食品案件4起，罚没款10.7万元。五是创建食品安全示范乡镇2个（沙沟乡、将台堡镇）、示范单位28家、放心肉菜超市2家，食用农产品示范市场1家。六是扎实推进餐饮量化分级管理工作。完成了全县开业3个月以上的618户餐饮经营户的信用等级评定，完成率100%。七是创新餐饮食品安全管理模式，在餐饮服务单位推行4D管理模式；完成全县618户餐饮服务单位"明厨亮灶"工作，完成率为95.8%。八是检查网络订餐食品配送单位、网络订餐餐馆176家、确保了网络用餐安全。九是圆满完成了第四届宁夏西吉马铃薯节等重大活动及农村集体聚餐食品安全保障管理工作，全年共保障重大活动6次，保障大型农村集体聚餐45次。十是在大型农贸市场和超市建设农残快检室6个，并已投入使用。十一是积极做好食品药品检验检测中心项目建设。十二是举办各类食品安全培训13期，参训人数达1800人次。十三是组织开展西吉县2017年食品安全突发事件（四级）应急演练工作。

【药品监管】 一是开展执业药师虚挂兼职、"两小一室"、中药饮片、疫苗等系列专项整治行动，检查药品经营企业96户次、"两小一室"363户次，疫苗使用单位26户，查处案件3起，查获不合格药械100余批次。二是抽检药品82批次。其中：监督抽样42批次，中药饮片专项抽检28批次，中药饮片评价性抽样12批次。三是接收审核药品不良反应报告300余份，MDE（医疗器械不良反应）报告16份。四是完成了全县第三类医疗器械100%达到规范标准的目标任务。五是全县25家乡镇卫生院，4家民营医院规范化管理达标并通过自治区验收。六是受理，变更，现场勘验药品经营单位24家次。七是开展"药品不良反应及监管人员能力、医疗器械基础知识"等培训9次，培训人员1100余人次。

【特种监察】 一是对全县46家特种设备使用单位开展了63次监督检查，下发安全监察指令书22份，完成安全隐患整治23处。二是拆除取缔1台私自制造安装的起重机械。三是对全县58台在用电梯接入应急服务平台。四是协同自治区特种设备检验所，对全县4家电梯维保公司的维保质量开展监督检查。五是组织检查各类庙会、商品展销会等活动7次，责令拆除违法使用的特种设备21台。六是对全县2家气瓶充装单位和2家车载气瓶改装单位实施了安全监督检查。七是组织开展了热水锅炉事故应急演练和电梯事故应急处理演练。

【计量管理】 一是完成了燃油加油机周期检定工作。共检查加油站16家，加油机120台220支加油枪。二是加强机动车安全技术检验机构监管，组织人员对1家机动车检验检测机构进行监督检查。三是完成19个乡（镇）的集贸市场、8家超市、2家蔬菜批发市场412台计量器具的强制检定工作。

【质量监管】 一是对全县学校、医院等单位使用的纤维制品监督抽样40批次，对10家19批次不合格产品使用单位立案查处，责令召回处理不合格床单150条。二是对全县43家煤炭经销企业开展了专项监督检查，对无证经营的3家煤炭企业进行了取缔，对县城建成区内19家煤炭经销点和2家供热公司销售使用的燃煤开展了抽样检查，抽取样品21个。

【消费者权益保护】 利用“3·15”“3·31”“食品药品安全知识进社区”等活动开展消费维权宣传工作，设立咨询服务点24处，制作各类展板、横幅达210余条，发放宣传材料74000余份，解答群众咨询5200人次；受理各类咨询、投诉、举报232件，办结率100%，为消费者挽回经济损失5.59万元。发布消费警示10期。

【社会治理】 一是对县城内62家餐饮服务单位进行油烟煤烟污染治理改造，安装油烟净化器56台。二是开展露天烧烤专项治理夜间行动，检查餐饮饭店和烧烤店100余户次，督促限期整改4家，取缔露天烧烤6处。三是已完成县城内20台燃煤锅炉拆除工作，剩余8台正在组织拆除中。

【打传禁毒】 一是制定了工作方案，与26个乡镇社区，18个成员单位签订了责任书。二是摸底排查重点区域36处，检查集贸市场25处、宾馆136户，城乡接合部、城中村出租屋等109户，进一步做好预防工作。三是开展特管药品检查工作，检查5家医院、易制毒化学品使用单位7家。

【业务培训】 组织干部职工积极参加区、市、县各级业务培训，参训人数428人次，单位内部举办特种设备安全监察、食品安全监管等各类业务培训班18期，参训干部620余人次，通过培训，干部职工业务能力有了明显提高。

【法治建设】 全面启动实施“七五”普法工作，共投入经费近10万元，征订法治宣传学习材料1万余份、印制各种普法材料5万余份（册）、制作各类法治宣传展板29块、宣传栏6个；强化行政执法监督，组织开展案件评审4次，及时发现和纠正不适当的行政行为。全年共查处各类案件36起，罚没款15.9万元。在自治区工商局案件评查工作中，县市场监督管理局1起案件被自治区工商局评为优秀案件。

（李军令）

国土资源管理

【概　况】 西吉县国土资源局成立于1986年，属县政府工作部门，内设办公室、建设用地事务所、土地执法监察队、土地勘测规划队、土地储备中心、矿产资源和测绘管理站、土地整理中心、不动产登记中心8个科室，下辖吉强镇、将台堡镇、平峰镇、兴隆镇、新营乡、偏城乡6个国土乡镇中心所，现有干部职工73人，其中实有编制人数61人，政府安排退伍军人12人。

【精准扶贫】 在区国土资源厅的高度重视和大力支持下，西吉县土地整治项目进展顺利，完成了马莲乡、沙沟乡生态移民土地整治项目2.35万亩，完成总投资4272万元；在将台堡镇西坪村利用自治区级切块项目资金2000万元，实施土地整理278.65公顷。

【耕地保护】 对区厅下达的西吉县约束性耕地保护面积219.75万亩、基本农田保护面积175.56万亩，采取各种保护措施确保面积不减少、质量不降低、形态有优化，完成2890亩耕地占补平衡项目入库工作；按时完成永久基本农田划定工作，并对全县基本农田保护区制作安装保护标识和宣传牌，真正完成“落地块、明责任、设标志、建表册、入图库”的工作任务。

【用地管理】 顺应现代农业发展需要，促进设施农业健康有序发展，与农牧局联合下发了《关于进一步加强和规范设施农业用地管理的通知》，按照新的程序对设施农业进行审查和备案，全年备案审批55宗，面积830.2亩；制定了农村宅基地审批程序，有效遏制了违法用地行为。

【用地需求】 全县共征地11249.511亩，支付征地款54006714.8元。主要涉及将台堡镇提升改造建设及玫瑰小镇、S60西会高速公路等项目建设用地；出让国有建设用地使用权46宗，占地面积842.13亩，出让金额1.5723亿元；划拨国有建设用地使用权12宗，占地面积735.62亩，有力支持了县域经济发展。

【环境整治】 一是对全县37家砖瓦用黏土矿进行了严格细致的检查，落实“一矿一档”检查工作，对1个无证开采的机砖厂立案查处，取缔葫芦河道违法砂场56家，关闭机砖厂1家、拆除预制厂及拌和站12家；对第八督察组督查的万方石料厂存在的问题跟踪整改，已整改到位，确保专项整治工作深入推进。二是开展了安全生产及扬尘治理专项整治，对全县37家黏土制砖企业采取场区内道路定期清扫、洒水，煤场进行篷盖，确保环境整洁。

【地质灾害防治】 对汛期地质灾害防治工作进行提前安排，并建立了长效机制，坚持常态化运转。争取到资金116万元对白崖、田坪2乡52户受威胁居民进行安置搬迁；筹措资金70万元对震湖乡、白崖乡的地质灾害险点进行了治理，地质灾害防治管理水平整体提升。

2017年9月18日，全县农村宅基地和房屋统一确权登记颁证工作启动仪式在西滩乡召开

【执法监察】 充分发挥基层国土执法监察作用，共完成动态巡查160次，制止违法用地237起，涉及土地面积307亩，配合县政府执法工作组拆除夏寨库区违章建筑104户，取缔葫芦河道违法砂场56家，卫片执法共发现疑似违法用地图斑424个，确定拆除图斑6个，面积13.5亩，占用基本农田图斑153个，占地面积1144.14亩，占用基本农田面积481.93亩，已拆除1个，其余图斑准备调整报批。

【不动产登记】 全年共颁发不动产首次登记证868件，变更登记15件、转移登记1115件，并全部扫描入库。共办理不动产抵押设定登记626件，抵押登记不动产面积380.21万平方米，抵押房屋登记面积44.78万平方米，通过抵押争取银行贷款1亿7262万元，为全县企业和民营经济发展壮大提供了资金保障。农村宅基地和房屋统一确权登记颁证工作有序推进，完成西滩、田坪、平峰、震湖、红耀5个乡17000宗农村宅基地和房屋外业测量、地籍图制作、宗地编码、地籍档案等登记发证前期准备工作。

（单效林 靳金川）

审 计

【概 况】 西吉县审计局为县政府职能部门，成立于1984年1月，隶属县人民政府，属全额预算拨款正科级单位。主要负责对全县财政收支和法律、法规规定属于审计监督范围的财务收支的真实、合法和效益性进行审计监督，维护财政经济秩序，提高财政资金使用效益，促进廉政建设，保障社会经济健康发展。内设办公室、政策法规审理室、综合业务审计室、经济责任审计科、政府投资审计室5个科室。现有编制19人，其中行政编制17人、事业编制2人，实有职工17人。2017年，列入县审计局年度计划的审计项目48个，已完成审计计划项目48个。完成未列入年度审计计划的项目665个。审计查出各类违规资金6544.53万元。

【预算执行审计】 把公共资金使用与项目推进、事业发展、经济效益相结合，以提高财政资金绩效和积极财政政策落实为目标，完成了财政局、国土局、教育局、卫计局、文广局5部门预算执行审计项目，查出各类违纪违规资金6351.46万元。其中：挤占挪用资金用于单位经费性支出244.94万元；"三公经费"超预算支出28.11万元；滞留专项资金6074.36万元；扩大支出范围4.05万元。经审计处理：要求归还原资金渠道244.94万元，责令改正32.16万元；加快项目资金拨付进度6074.36万元。

【经济责任审计】 按照县委、县人民政府《关于〈西吉县人民政府职能转变和机构改革方案〉的实施意见》（西党发〔2014〕39号）精神，依据《西吉县领导干部离任经济事项交接办法（试行）》，对有关部门（单位）和乡（镇）的领导干部离任经济事项进行监督交接，规范领导干部经济责任交接手续，加强对领导干部的监督。完成县政府办、统计局、安全生产监督管理局、宁夏吉德慈善产业园管理委员会、西吉县政研室、西吉县文联、西吉县农牧局、西吉县总工会、党家岔湿地保护管理处、震湖乡政府10个部门（单位）乡（镇）领导干部离任经济事项交接。按照县委、县政府的要求和县委组织部委托，完成了供销社、公路管理局、环境监测站、商务和经济技术合作局4个部门（单位）4名领导干部经济责任审计，完成了硝河乡、马莲乡、沙沟乡、红耀乡4个乡8名领导干部经济责任审计。审计共查出各类违纪违规资金193.07万元，其中：挤占挪用专项资金7万元；应上缴财政10.8万元；超预算支付公务接待费40.01万元；违规使用现金14.97万元；未按规定办理结余资金120.29万元。经审计处理：要求归还原资金渠道7万元，责令改正160.30万元；应上缴财政10.80万元。账务处理14.97万元。

【财务收支审计】 深入开展财政财务收支真实合法审计，不断提高财政资金使用效益。完成了县委办2015—2016年度财政财务收支情况进行审计。全县教育系统34所学校（幼儿园）2014至2015年度财政财务收支情况进行审计。从审计结果看，县委办2015—2016年度财政财务收支基本真实合法，内控制度基本健全有效，未查出各类违纪违规资金。教育系统34所学校（幼儿园）2014—2015年度财政财务收支存在违纪违规问题，普遍为固定资产管理不规范和违规使用票据等问题。

【政府投资】 采取聘请社会中介机构参与审计的方式，2017年完成了政府投资审计项目665个，其中：竣工结算审计447个，报审值138497.57万元，审定值125508.61万元，审减12988.96万元，为政府节约资金12988.96万元；招标控制价（预算）审计208个，报审值153196.33万元，审定值150045.98万元，审减3150.34万元，为政府节约投资3150.34万元；决算审计15个，完成投资10601.94万元。

【审计项目】 配合完成署定、区定审计项目5个。根据自治区审计厅统一安排，抽掉5名审计人员完成了彭阳县城镇保障性安居工程跟踪审计工作，抽掉1名审计人员完成红寺堡生态移民审计工作，抽掉1名审计人员正在开展自治区党委组织的对文化厅巡视工作；按照市委巡察工作的统一部署，抽掉1名审计人员完成了对隆德县部分乡镇落实全面从严治党交叉巡察工作，抽掉3名审计人员完成彭阳县扶贫领域交叉审计工作。抽掉5名审计人员完成隆德县2016年保障性安居工程交叉审计工作。

【精准扶贫】 下派2名副科级领导干部及2名工作人员进驻震湖乡红庄村、马建乡杨路村开展精准扶贫工作。审计局出实招、想办法，为红庄村、杨路村先后自筹资金1.15万元、协调投入资金21.6万元为帮扶村购置5套办公设备、制作文化墙50平方米、开展群众文化活动1场、绿化1.5公里村道及部分公共场地；协调建筑企业垫资40余万元新建村文化活动广场1000平方米、新建群众文化舞台1处、新建村级文化活动室1处100平方米、硬化村部院落1500平方米、改造村部围墙120米。群众满意度、村容村貌有了较大提升，驻村帮扶工作取得了阶段性成果。

（张彦福）

统　计

【服务工作】 一是建立统计数据发布平台，及时向县委、人大、政府、政协及相关部门主要领导、分管领导发布统计公报、统计监测快报数据，配合各部门（单位）做好各项调研和数据解读工作；编印了《西吉县2017年度国民经济要情手册》，满足了社会各界对统计数据需求。二是强化统计数据监测预警分析。针对全县经济运行中存在的问题，按月撰写统计专报、分析、信息，总结亮点，查找短板，对县委、县政府作出科学决策，为县域经济发展提供了有力的统计保障。

【培训工作】 一是开阔视野，增强本领。8月21日至26日，选派1名领导干部参加全区统计系统在东北财经大学举办的领导干部研修班；在市局的统一安排组织下，6月5日至11日，全体业务人员赴西安财经学院进行系统统计业务知识学习；选派1名法制人员参加全区在南开大学举办的统计法制骨干进校园法制培训班。二是加强对基层统计人员业务培训。利用年报、农业普查、1%人口抽样调查、劳动力调查等业务培训以会代训，加大对各乡镇统计人员业务培训；组织“一套表”调查单位100多人次统计人员参加区、市、县统计局举办的各专业统计业务知识培训。三是强化部门统计管理。统计局与发改、财政、调查队、工业园区、建环、交通、农牧、水务、扶贫等部门（单位）建立协调联席会议制度，定期召开月度、季度经济形势分析联席会议，从宏观经济预警研判、项目入库业务指导、小康监测指标解读等方面加强对部门统计工作的协调管理，加强信息交流和数据评估，确保全县统计数据的全面性、协调性和统一性，提高部门统计工作水平和数据质量。

【业务工作】 一是第三次全国农业普查工作圆满完成阶段性工作任务。2017年1月1日，全面启动第三次全国农业普查入户登记工作，全县近1800名普查员和普查指导员，第一时间深入村组、农户，对全县近9万农户、700多家农业生产经营单位进行地毯式现场入户登记和普查数据采集。完成普通农户、规模经营户和农业生产经营单位的PDA录入登记工作。后经排重筛选审核，普通农户最终录入登记87415户，完成率101.57%；登记规模农业经营户207户，完成率为93.67%，登记农业生产经营单位714家，完成率为110.19%，农业普查工作圆满收官。随后将按照区、市农普办安排，进行农业数据资料开发应用。二是各类专项调查工作有序开展。文化产业调查、妇儿监测、生态移民监测等常规调查按阶段如期完成；按照区局统一部署，为认真做好2017年劳动力调查工作，召开了2017年劳动力调查业务培训会，劳动力调查工作正有序开展；人口变动抽样调查经费、办公场地、人员等工作在筹备中。三是农业、工业、商贸、投资、房地产、劳动工资、国民经济核算、小康监测、基本单位名录维护统计法制等常规统计月报、季报高质量完成。

（何淑丽）

农村调查

【概　况】 国家统计局西吉调查队成立于2007年

4月。国家统计局西吉调查队是国家统计局的派出机构，是政府统计调查机构，也是统计执法机构。依法独立行使统计调查、统计监督的职权，独立向国家统计局宁夏调查总队上报调查结果，并对上报调查资料的真实性负责。同时，承担地方政府委托的各项统计调查任务。完成国家统计局布置的各项统计调查任务；接受地方政府交办的有关调查任务；完成国家统计局宁夏调查总队交办的地方调查任务；协助地方统计局完成大型普查任务；负责查处调查队组织实施的统计调查中发生的统计违法行为；完成国家统计局和宁夏调查总队交办的其他调查任务。

【调查工作】 一是完成全县农村居民人均可支配收入的调查。二是完成全县城镇居民人均可支配收入的调查。三是完成全县农作物播种面积、粮食总产量和经济作物产量调查。四是完成全县猪牛羊鸡等畜禽总养殖量调查。五是完成全县农户固定资产投资调查。六是完成农产品价格及中间消耗调查。七是完成全县劳动力调查。八是完成全县规模以下工业抽样调查。九是完成服务业企业的抽样调查。十是完成批零贸易住宿餐饮行业抽样调查。十一是完成全县分乡镇农民可支配收入监测调查。十二是完成2017年自治区党风廉政建设民意调查和国有企业党风廉政建设民意调查。十三是完成自治区效能目标管理考核问卷调查。十四是完成退耕还林农户生活状况调查。

国家统计局西吉调查队纪念南京大屠杀默哀仪式

十五是完成西吉县群众评议机关作风问卷调查。十六是完成西吉县精准扶贫精准脱贫第三方评估调查。

【主要工作】（一）西吉调查队通过探索总结了住户“54323”季报年报收支数据核查法。（二）把确保统计数据的“真实准确完整及时”作为西吉调查队的立队之本，在工作中常抓不懈。一是针对以前编码和录入错误频出的教训，组成由纪检工作人员牵头的核查小组，对农村和城镇记账户每月每点随机抽取5户记账户进行编码和账机核查，城乡16个调查点实现了全覆盖。把每次随机抽查核查结果登记造册，谁编码谁签字、谁录入谁签字，并对出现的错误记录在案。数据质量核查制度的建立，有效地解决了编码人员和录入人员的粗心问题，住户录入编码错误明显减少。二是建立电话核查制度。在编码和录入数据过程中，对发生的每一笔可疑数据必须电话核实，对160户城乡记账户的收入和大型支出和所有畜禽调查点进行电话核查全覆盖。并对通话内容记录在册，努力做到有理有据，备案查询。三是面对面核查机制。带着梳理出的问题下点入户与调查户面对面核查。（三）建立了农业调查坚持亲自取样，辅调员协助调查的工作模式。在农产量实割实测调查中，业务主搞人员亲自实地踏田测量面积，指导取样。积极争取地方人力财力支持。通过联系和组织地方多部门及相关乡镇人员开协调会，每个样本村由乡镇配合选配一名熟悉道路地块的村干部带路帮助调查。西吉调查队全体干部职工克服路途遥远、山高坡陡、地形复杂等重重困境，准确及时高效完成14个调查点42个样方的夏粮和秋粮实割实测和春播秋冬播面积调查。（四）畜禽调查专业中，要求调查员必须入点入户亲自数点牛羊猪禽数量。安排纪检工作人员入点入户抽取10%的比例进行复核。对可疑数据和问题数据实现百分之百核查，建立核查记录；对存在什么问题，什么时候核查，核查了什么内容等都记录在案；做到精准调查、精准识别，确保调查数据真实可信。（五）积极推行住户电子记账，提高住户记账质量。根据西吉山区特点，分别和电信、移动服务商对接，引入竞争机制，以最优的价格、最好的服务为电子记账工作的推行创造条件。西吉县共有110户农村记账户，已推行调查户电子记账88户，在全区市县调查队中比例最高。城镇记账户50户，目前推行电子记账户44户；城乡电子记账户覆盖率达到80%以上，走在全区前列。（六）加强部门沟通协调，全力做好住户样本轮换工作。根据总队样本轮换统一安排，及时向县政府分管副县长作了汇报，组织召开调查点乡镇主要领导和分管领导及农牧、统计、人力资源和社会保障等部门主要负责人参加的全县城乡住户样本轮换工作会议。会议决定由调查队牵头主搞，各乡镇和部门单位全力配合，取得了第一手大量翔实的基础数据资料，顺利完成了样本轮换工作。（七）要求所有职工坚持访户制度，夯实基础工作。一是严格落实定期访户制度，坚持抽取一定比例的调查户进行重点回访。二是耐心细致地做好记账户思想工作。

【优质服务】 调查队撰写上报总队《工作动态》80篇，调查信息139篇，提供县委、县政府及相关部门各专业调查专报9篇，其中3篇专报被县级领导批示。国家统计局内网采用2篇，中国信息报采用1篇。撰写篇数和采用篇数在全区县级调查队最多。西吉调查队信息分析质量显著提高。

（姜　涛）

安全生产

【概　况】 西吉县安全生产监督管理局共有干部职工9人，2017年全县共发生各类生产安全事故3起，死亡2人，受伤2人，直接经济损失9万元，各项指标均控制在区、市下达指标以内，有效杜绝了较大以上生产安全事故发生，为全县经济社会稳步发展提供了强有力的安全保障。

【“三大”责任】 一是深化党委政府领导责任。共召开4次县委常委会议、6次政府常务会议、5次安委会全体（扩大）会议，专题传达学习《中共中央国务院关于推进安全生产领域改革发展的意见》精神和习近平总书记、李克强总理等中央领导关于加强安全生产工作的系列重要讲话及全国、区、市安全生产相关会议精神，研究了贯彻落实意见，专题听取安全生产工作汇报，部署了重点时段、关键环节安全生产工作。印发了《关于开展全县安全生产大检查的通知》《西吉县危险化学品安全综合治理实施方案》《西吉县成品油市场专项整治方案》，修订完善了《西吉县生产安全事故应急救援预案》；年初与19个乡（镇）43个安委会成员单位签订了安全生产目标管理责任书，县长与分管县长分别签订了安全生产“一岗双责”责任书，主管部门与重点企业签订了“安全生产承诺书”，县政府拨付安全生产专项工作经费265万元，为加强基层安全监管和工贸企业“八个一”创建达标提供了有力的经济保障，较好地落实了党委政府领导责任。二是靠实部门监管责任。按照安全生产行业监管横向到边、纵向到底，不留盲区死角和“三个必须”的工作要求，深入开展了重点行业领域安全专项整治。1—12月，交警部门共查处各类交通违法行为45333起（其中，无证驾驶696起、酒驾102起，超速4773起），行政拘留179人，罚款354.2万元。运管部门共查处违法营运车辆32辆次，罚款7万元；消防部门共检查生产经营单位1893家，发现隐患1858处，督促整改隐患1903处，下发责令整改通知书842份，行政处罚70家，临时查封14家，三停20家，行政拘留11人，罚款38.7万元；安监、国土部门共联合检查机砖厂37家，发现隐患85项，整改82项，下发隐患整改通知书18份；安监、发改、消防等部门共联合检查加油站、加气站16家，发现隐患87项，整改56

项，下发隐患整改通知书13份。收缴、销毁假冒伪劣烟花爆竹179箱（件），取缔非法生产销售烟花爆竹点1家；建设部门共检查在建项目51个，排查整改各类隐患370项，下发隐患整改通知书74份、责令停工通知书13份、现场巡查记录16份；起重机械安装告知69台（塔吊52台、物料提升机12台、吊篮5台）；市场监管部门对73家使用单位的电梯、锅炉及压力容器进行了检查，共排查整改安全隐患23项，下发责令整改通知书22份；安监部门共检查工矿商贸企业8家，发现隐患20项，整改14项，下发整改通知书2份；文广部门共检查旅游景区175家次、农家乐6家次、旅行社10家次、文化娱乐场所628家次、印刷厂15家次，对发现的问题进行了现场整改。三是狠抓企业安全主体责任落实。在充分发挥行业部门监管职责和联合督促整改的基础上，不断提升企业基层基础建设，在全县50家企业全面推行企业安全风险控制和隐患排查治理信息系统双体系建设。综合运用法律、制度和强有力的监管措施不断靠实企业的安全生产主体责任，组织召开了全县企业安全生产大检查暨隐患排查治理体系建设推进会议，参加了全市企业安全管理人员能力提升培训班，有效提升了企业主要负责人和安全管理人员的安全意识和综合素质。按照“风险辨识、清单入库、预控到岗、分级治患、闭环销号、全员参与、实时在线”要求，以风险控制和隐患排查治理信息系统建设为平台，积极推进企业“八个一”达标创建工作。2017年解决专项资金20万元，通过政府购买服务的形式，对15家重点企业开展了“八个一”达标创建帮扶。

【执法检查】 一是持续开展安全生产联合执法检查。在充分发挥安全生产网格化监管的基础上，扎实推进联合检查依法治理。印发了《2017年安全生产联合检查工作安排》、对全县所有行业领域监管重点和关键环节进行细化分解，分时段联合相关部门（单位）开展执法检查和安全专项整治。对重点时段、重要部位、关键环节的监管漏洞和管理盲区进行拉网式排查整治，实现隐患查治闭环管理。县安委办每月月底组织一次督查检查，并将检查结果进行反馈。二是健全完善安全生产执法检查体制机制。明确各负有安全生产监督管理职责部门的安全生产职责，形成综合监管和行业监管合力。印发了《2017年安全生产监管监察行政执法工作计划》，对18家非煤矿山企业、19家危化企业、20家烟花爆竹企业、6家职业卫生企业、11家规模以上工业企业开展专项检查、综合督查和联合执法检查。明确县安监局为安全生产行政执法机构，制定完善了安全监管执法责任清单和权力清单。扎实推进安全生产“四不两直”和“双随机”体制机制建设，严格按照随机抽查重点事项清单，对监管企业和执法人员有针对性地开展随机抽查，不断规范执法检查程序。三是广泛开展安全知识宣传教育培训活动。在全县范围内广泛开展了“安全生产月”、安全知识“七进”、“安康杯”竞赛等系列活动。活动期间，共接待咨询群众500余人次，散发各类宣传资料4万余套（册、份），布置宣传展板30余块，悬挂横幅20余条。在县电视台播放主题宣教片《坚守安全红线》，并组装宣传车在县城主街道和各乡（镇）集贸市场持续播放安全警示教育音、视频并散发安全宣传资料，切实强化了宣传效果，为营造良好的执法监管环境奠定了坚实基础。

【体制机制】 一是认真落实国务院安委会巡查督查组巡查督查反馈问题整改。印发了《贯彻落实国务院安委会安全生产第八巡查组巡查反馈问题整改方案》，进一步细化分工、明确责任，坚持问题导向、清单管理。落实了县安监局行政执法机构职能；成立了西吉县安全生产执法监察大队（应急救援中心），核定事业编制6人；落实了乡镇、部门安全生产工作经费245万元（19个乡镇共190万元，11个重点部门共55万元），进一步夯实了安全生产基层基础建设。二是健全完善应急救援预案，切实提高应急处置能力。对各类应急救援预案进行了修订完善，进一步提高了应急预案的操作性和实用性。各行业主管部门督促监管企业做好应急预案的编制、申报、备案工作。各乡镇、各部门（单位）在重点时段、重要时期严格安全生产应急值班值守和事故报告制度，确保了信息渠道的畅通和各类突发事件的有效处置。11月中旬，县公安、交通、安监、卫计、气象、建环、消防等部门联合组织了道路交通危化品事故综合演练，有效检验了各部门的应急处置能力和水平。三是加强安全生产基础管理，着力提升安全监管能力建设。为切实解决安全生产“责任落实不下去，管理严不起来”等突出问题，进一步健全完善安全监管体制机制、改善安全生产状况。根据安全生产工作实际，研究印发了《关于进一步规范安全生产基础管理工作的通知》（西安委发〔2017〕3号），督促各乡镇、各部门全部建立起适应安全生产工作需要的制度体系和台账资料，为安全生产基层基础建设提供坚实支撑。严格按照“四个一律”要求，进一步加大行政处罚力度，全面推行安全生产联合执法检查，做到见问题清单、见处罚指令、见责任人签字、见整改结果、见复查验收。采取停产停业、停止施工、停止使用相关设施或者设备、停止供电以及查封、扣押、取缔等措施，建立有奖举报

2017年10月17日，县安监局联合市场监管和属地乡镇开展燃气经营安全专项整治

制度，依法打击安全生产严重违法行为。四是认真开展企业安全生产费用提取、使用调查和专项检查工作。县安委办印发了《关于开展生产经营单位安全生产费用提取、使用专项检查的通知》，由各行业部门分别牵头，对全县从事建设工程施工、危险品生产与储存、烟花爆竹生产、交通运输、非煤矿山开采、机械制造等行业领域企业安全生产费用提取和使用情况开展专项检查，如实记录生产经营单位安全生产费用提取和使用情况。对未按照要求提取和使用安全生产费用的生产经营单位，要求各行业部门加大执法处罚力度，督促整改，确保高危行业安全投入到位。

【安全监管】 一是认真开展安全生产大检查活动。印发了《关于开展全县安全生产大检查的通知》，重点针对国务院巡查反馈意见整改、安全责任制落实、安全风险管控、隐患排查治理、应急管理、专项治理、监管执法、防范措施落实等方面存在的突出问题和薄弱环节在全县范围内开展了全方位的安全生产大排查大整治。大检查期间，各乡镇各部门（单位）按照“五个一批”原则，共检查各类生产经营单位879家，纳入问题清单隐患89项，整改77项；共依法依规依纪严惩违法违规违纪行为114起；依法关闭取缔非法加油站（点）26家、采砂场56家、拌和站8家、机砖厂1家、屠宰场1家；停产整顿3家，罚款7.97万元，行政拘留2人，取得了显著成效。二是扎实推进危险化学品安全综合治理。印发了《西吉县危险化学品安全综合治理实施方案》，对全县所有危险化学品经营企业基本情况、经营现状和存在的风险进行全面摸排，特别是突出对非法加油站点的摸排和专项整治。成立了由县公安（消防）、安监、发改、市场监管、建环、国土、卫计、供电等部门（单位）组成的西吉县成品油市场专项整治工作领导小组，印发了《西吉县成品油市场专项整治方案》，发布了《西吉县人民政府关于开展非法加油站（点）专项整治的

通告》。专项整治期间，共取缔非法加油站9家，非法加油点13个，依法查扣加油机、加油枪6套，收缴非法经营油品4700余升，处置储油罐10个，责令停止经营3家，行政拘留1人。三是全力做好重点时段安全生产工作。及时安排部署春节、“五一”、古尔邦节、国庆、中共十九大、两会等重要节会和冬季、汛期、岁末年初等重点时段期间安全生产工作，印发了《关于扎实做好2017年春节、两会期间全县安全生产大检查的通知》《国庆及十九大期间全县安全生产大排查大整治活动实施方案》《关于做好自治区第十二次党代会和端午节、开斋节期间安全生产工作的通知》《关于切实做好古尔邦节期间安全生产工作的通知》《关于做好恶劣天气下及汛期安全生产工作的通知》《关于切实做好岁末年初安全生产工作的通知》等文件，进一步靠实监管责任，落实整治措施，全面开展重点时段期间全县安全生产大检查和专项督查活动。由政府分管领导带队，县安委会重点成员单位组成专项检查组，对道路交通、危险化学品、人员密集场所、工商贸、旅游景区、学校等重点行业领域开展安全生产联合执法检查和安全专项督查，依法采取措施强力管控，全力消除事故隐患，保证了重点时段期间全县安全生产形势持续稳定。

（刘　丽）

住房公积金管理

【概　况】 1. 2017年住房公积金归集额年内新增18880.42万元，完成年度任务18800万元的100.43%；2. 住房公积金个人贷款年内发放额6570.5万元，完成年度任务8200万元的80.13%；3. 住房公积金个人贷款逾期率为0.32‰，超出年度目标逾期率零；4. 住房公积金资金使用率为83.65%，低于全市平均值87.1%；5. 住房公积金增值收益率为1.21%，和全市平均值1.21%持平。

【政策宣传】 积极宣传贯彻中心关于住房公积金缴存职工发生住房消费，本人余额不足的，可以提取配偶、父母、子女的住房公积金；借款人月还款额和其他所有债务支出之和与月收入比的上限为60%等各项政策规定，发挥了住房公积金支持住房消费的作用。

【技能学习】 自中心综合业务信息系统“双贯标”正式上线运行以来，分中心组织业务人员积极学习新系统操作方法，掌握新系统的先进的管理模式，使业务人员实现了业务操作便捷，服务水平提升。

【服务工作】 在服务大厅显眼处对办事流程进行了集中张贴公示，在业务办理的受托银行中强中选优，确定银行工作人员进驻窗口，规定专门工作人员上门催收逾期贷款，提高了群众满意度和办事效率。

【风险防范】 一是充分发挥住房公积金“双贯标”系统的“防火墙”功能，对住房公积金业务关键环节进行全程实时监测，确保快速、高效、准确发现纠正违规问题，切实防范潜在风险。二是加大内部审计工作力度，及时发现在线业务办理和经费使用中存在的各类问题，以内审促规范防风险。三是严格执行财务制度和经费管理。四是加强内控监管，继续落实廉政风险防控机制，将责任分解到人。

【贷款催收】 加大逾期贷款催收力度，确保住房公积金资金安全。分中心把贷后逾期催收管理工作作为全年工作的重中之重，通过多种措施强化贷后管理。特别是在业务办理受托银行工作人员的积极配合下，针对不同的逾期类别，制定了不同的催收方法。采取电话催收、上门催收、向所在单位协助催收、使逾期贷款上升势头得到根本遏制。

（李振琦）

宁夏吉德慈善产业园

【概　况】宁夏吉德慈善产业园是自治区人民政府于2012年10月批准设立的自治区级产业园区，规划占地面积12平方千米。园区产业发展空间布局分为特色农产品加工、轻工、电子、物流、商贸服务5个功能区，重点发展马铃薯、胡萝卜、西红柿等优质果蔬和清真牛羊肉为主的特色农产品精深加工业，培育发展光能电子产品加工业，配套发展物流、商贸等现代服务型产业。截至2017年底，已完成开发建设面积1450亩。慈善大道、滨河路、秀山路等主干道及水泉路、水云路、永强路等次干道已全面建成通车，园区一期及二期东区配套给排水、通信、供热等基础设施均已完成并投入使用。累计完成固定资产投资13.3亿元。其中，企业完成投资7.5亿元。先后引进入园企业17家。其中工业企业16家、投资担保企业1家。2017年，全年实现工业总产值4.85亿元，同比增长35.6%；实现工业增加值1.35亿元。同比增长32.6%；实现工业销售总产值4.57亿元，同比增长33.8%；实现利润总额6914万元，同比增长60.9%；带动就业1000余人。

【机构改革】2017年4月，县人民政府下发《关于调整西吉县发展和改革局与宁夏吉德慈善产业园管理委员会有关事项的通知》（西政办发〔2017〕135号），将原属发展和改革局统筹全县招商引资工作和全县招商引资工作的考核评价等两项职能划归园区管委会，管委会增设内设机构“经济技术合作局”

【招商引资】全年共签约实施招商引资签约项目42个，其中新建项目36个，计划总投资113.17亿元，到位资金20.33亿元；续建项目6个，计划总投资52.41亿元，2017年到位资金12.48亿元；招商引资项目全年到位资金32.81亿元，同比增长13.45%。重点项目7个，其中全县重点招商引资项目3个，概算投资10亿元宁夏西吉汇源综合扶贫开发项目签约落地；概算投资25亿元的西吉县高端商贸物流、住宿餐饮服务项目已与新世纪投资控股集团、平凉兴盛集团达成深度合作意向。概算投资18亿元的西吉县马铃薯循环产业园项目正在编制项目可研报告。落地园区重点招商引资项目4个，概算投资9亿元的北京秋实农业股份发展有限公司宁夏生物蛋白产业园建设项目初步达成投资意向。概算投资2.3亿元的宁夏港生生物工程有限公司西吉县中药材种加销“一体化”基地建设项目已完成项目备案、土地招拍挂及场地平整；概算投资2.7亿元的西吉县伊尔德农业发展有限公司年产2万吨亚麻籽油项目已完成一期生产车间及设备安装调试；概算投资5.6亿元的15万锭纺纱纺织园项目正在积极对接中。与2016年同期相比，招商引资项目呈现数量和质量双增长的良好态势，获得全区招商引资指导性目标任务考核一等奖。

【园区建设】2017年园区管委会联合建环、国土等部门完成了对园区二期西区征地拆迁工作，完成项目土地储备300余亩，其中，概算投资762万元的安强路建设项目已基本完成道路西段路基回填及东段路基开挖；概算投资236万元的祥强路建设项目已基本完成路基回填；概算投资960万元的永强路建设项目已完成秀山路至慈善大道段路面、人行道面层施工；慈善大道至滨河路段已完成路基回填。概算投资2377万元的汇源产业园110千伏、35千伏、10千伏及以下电力设施改迁工程已完成设计施工招投标。概算总投资577万元的园区低成本改造项目天然气管网工程，已完成项目立项环评等前期手续。基础设施维护方面投入100余万元完成对园区二期东区厂区绿化、亮化，闽宁产业园14栋厂房外墙墙面及闽宁产园补植补造养护，完成二期西区征地拆迁垃圾清运。积极响应习总书记关于“青山绿水就是金山银山”的新发展理念，落实自治区党委书记石泰峰的批示精神，园区拆除20蒸吨以下锅炉4台，实现对国圣食品、勇兴三粉、旺泉食品、三金建材4家企业集中供暖。随着园区基础设施建设的不断推进，园区投资环境不断得到改善，在全区12个产值50亿元以下园区综合考核中获得良好等次第一名的位次。

【企业服务】 为落实促进企业发展的各项扶持政策，园区管委会积极对接西吉农商行、农业银行、汇发村镇银行等金融机构支持企业发展，极力消除金融机构对企业前景的担忧，部分企业获得追加授信，或以续贷、转贷等形式继续支持企业发展。协调西吉县农牧业产业化发展服务有限公司为入园企业勇兴三粉加工有限公司担保贷款1000万元，协调西吉民生信用担保公司为伊尔德农业发展有限公司贷款280万元。积极协调兑现各类招商引资优惠政策，年内兑现国圣食品、勇兴三粉、泽艾堂等企业固定资产投资奖励资金、市场拓展研发补贴等资金2480余万元，有效缓解了企业运营资金困难问题，项目建设得以顺利推进。协调安排国土局、行政审批局等服务单位及宁夏汇吉商贸有限公司、震湖实业有限公司等11家企业进驻吉德文化交流中心集中办公，在政务服务大厅设立园区窗口，为入园企业提供“一站式”服务，有效地节省了企业的办事成本和时间，提高了服务效率，优化了服务环境。对强降雨损毁的厂房基础及时进行维修维护，对供热、供水管道出现的问题进行24小时抢修，有效保障了园区企业的正常生产运营。协调引进安康医院落户园区，方便企业职工就近就医，为园区发展集聚人气。同时，积极对接县交通局、公交公司，设置1路、2路公交站点贯穿园区，加强园区与城市核心区的交通联络，满足企业员工短途出行需求，增强了园区企业招工吸引力。

【党的建设】 2017年园区党工委按照上级党委的决策部署，紧紧围绕中共十九的精神，以习近平新时代中国特色社会主义思想为指引，牢固树立“把党的政治建设摆在首位”的思想，继续加强党的思想建设和基层党组织建设。全年共组织专题学习36次，邀请党校讲师开展宣讲活动5次，各支部书记讲党课16次；建立了企业联合支部，有力加强了同各企业流动党员的联系；以企业管理高层为重点，培养合格党员或优秀的党务工作者，以抓党建带动企业经济发展。扎实推进廉政文化“八进”活动，切实筑牢党员干部拒腐防变的思想防线，规范财政支付、工程招投标、政府采购管理、经济责任审计等制度，健全诫勉谈话制度；积极开展“党建促进月”、“民族团结月”“十九大精神宣讲”等活动，以群众喜闻乐见的形式宣传党的方针政策，宣传习近平新时代中国特色社会主义思想。加大经费支持，把基层组织建设、活动和党员教育经费纳入财务预算，落实党建工作活动经费，保障基层组织的正常运转，先后投入2万元布置了两家非公有制企业党员活动中心，填补了非公有制企业无党建活动阵地的空白，并以培育党建示范点为标杆，培育形成了2个企业党建示范点。

（马腾飞）

饼干包装区域

商 贸

供 销

【概 况】 全系统完成商品销售总额1.18亿元，增长22.9%；实现利润总额38万元，增长5.5%，创建基层供销合作社2个，领办专业合作社4个。

【综合改革】 2017年供销社完成县城及中心集镇基层供销合作社土地62708.58平方米的确权登记工作；以自治区财政解决区级政策性财务挂账为契机，同农行西吉县支行协商，同意供销社偿还100万元，核销化解历史沉积贷款899万元、利息932万元意向性协议，报自治区分行审批；积极协调人社、财政等部门妥善解决原3名职工事业单位养老金社会统筹问题及7名财政供养人员工资标准审核、报批事宜；争取政府划拨土地2.44亩用于“2016年宁夏固原市西吉县特色农产品产业融合新建项目”建设用地。

【主要业务】 为确保西吉县农业生产用肥需要，自2016年10月以来，县供销社和农资经营企业采取多种措施，全力搞好以化肥为主的农用物资储备及供应工作。2017年全系统共组织供应各类化肥4.2万吨，其中尿素1.2万吨，二铵1.1万吨，碳铵、磷肥0.7万吨，复合肥1.2万吨，农药22.4吨，农膜350吨，有力保障了农业生产所需。全年销售烟花爆竹4600箱，配合安监、公安部门查处劣质烟花爆竹426箱。抽调2名工作人员，参加西吉芹菜和马铃薯市场管理工作。

【农业服务】 一是对村级综合服务社进行提档升级。着力完善村级综合服务社经营性服务、公益性服务及便民金融、电子商务服务功能，结合全县脱贫工作责任分工，配合扶贫办等部门完成84个脱贫销号村村级综合服务站建设任务。二是大力发展合作经济组织。领办创办专业合作社4家，业务涵盖特色养殖业、种植业、流通业等领域，加强与农民的利益联结，提高农业生产组织化程度。供销社系统发展农民专业合作社累计50家。加盟西吉县文山生态养殖专业合作社，探索服务三农新途径，创新“合作社+农户+养殖基地+土地托管”模式，打造现代农业社会化服务综合平台，破解“谁来种地”“地怎么种”的难题。全系统已开展土地托管、半托管耕地5320亩。三是着力打造新型基层社。按照有证照、有场所、有阵地、有标识、有人员的“五有”标准，同有关乡镇联合，新建西吉县震湖乡供销合作社、西吉县兴平乡供销合作社，通过开放办社，联合合作，打造为农服务综合平台，有效恢复了基层社业务经营，增强了为农服务功能。

（王建吉）

烟草专卖

【概 况】 西吉县烟草专卖局（分公司）位于西吉县城中街东路20号，实行“一套班子，两块牌子”的管理体制，是政企合一单位。1997年8月上划宁夏区烟草专卖局（公司），2004年9月归属固原市烟草专卖局（公司）管理。企业现有在职员工27人，内设综合办公室、专卖监督管理科（稽查大队）、市场部和中转站4个机构，是负责西吉辖区烟草专卖执法、监督管理、打假打私、行政管理和市场营销服务的职能部门。

【经济指标】 全年共销售卷烟8577箱，完成年度目标8575箱的100.02%，同比下降132箱，下降幅度为1.52%；实现销售收入20104万元，同比增长102万元，增长幅度为0.51%；实现销售毛利4271万元，同比增长12万元，增长幅度为0.28%；平均单价为93.8元/条，同比增长1.9元/条。

【卷烟打假】 全年共查获案件81起，查获各类违法卷烟47.68万支，案值达71.17万元，上缴罚没款4.42万元。

“3 · 15”法治宣传

【客户服务】 全年实现重点品牌销售7378箱，重点品牌集中度为86.02%；三类以上主销规格销售4029箱，占比为46.98%；细支烟销售276箱，占比为3.2%；自主培育品牌实现496箱，新品和定制烟销售295箱，品牌宽度实现37.1个。

【证件管理】 全年共有卷烟零售户1199户，正常使用户1153户，新办98户，延续44户，注销113户，变更2户、停业37户、恢复营业17户，补办1户，不予许可14户，办理各类行政许可326份。

【基层创优】 一是扎实推行管理干部调研指导工作规定和分片包干规定，班子成员每月至少有7个工作日与一线员工同班作业，共同解决了经营和管理过程中的重点和难点问题，不断促进了工作效率和质量的提升。二是积极投身社会公益事业，为对口帮扶的震湖乡东岔村党支部建设捐助帮扶资金1.3万元。三是坚持以人为本，高度关注职工生活，在春节、中秋节、重阳节前夕慰问了退休职工，组织职工参加了健康体检。四是高度重视安全稳定工作，年度职业健康安全目标完成率100%。

（马艾各）

石油经销

【概　况】 全年共计完成油品销售36680吨，完成滚动任务的98.91%，完成年任务36600吨的100.2%。比2016年同期34775吨增加1905吨，增幅5.48%；非油销售694.6万元，完成滚动任务的103.37%，比2016年同期520.94万元增加173.71万元，增幅33.34%。其中润滑油49.86万元，便利店552.42万元，化肥90万元。非油品销售突破600万元大关；片区新增100万元便利店1座，百万元便利店达到3座。

【油品销售】 一是每月组织召开一次经营分析会。不断转变和调整营销思路，帮助加油站解决经营难题，逐步将加油站经理的想法统一到“精准营销、完成各项目标任务”的思路上来，通过不断地现场考核、奖金二次分配，调动了全体员工的积极性，为完成全年任务打好了思想基础。二是紧盯机构用户不放松。年初对辖区内和周边交界市场全部工程工地进行走访和统计，将辖区内机构用户按照辖区加油站的分布分配给各加油站维护。制定了《机构用户维护管理办法》，确定各加油站经理为机构用户维护的第一责任人，要求各加油站经理定期拜访客户，流失客户将受到处罚；油品价格变化时，通过微信、电话通知等方式第一时间通知到机构用户，与客户保持良好的沟通。机构用户出现困难第一时间帮助协调、解决等问题，受到客户的好评。利用以站代库政策，开发了周边甘肃市场，开发区外市场，成功开发了甘肃境内机构用户4家，年用油量达到了260吨。三是强化客户服务不放松。经销部以落实“两个动作、十二句话”活动开展为契机，要求各加油站在开班前会时，做好客户服务的演练。定期到现场进行督促检查，组织开展“客户服务沟通技巧”培训，有效降低了客户投诉的频次。四是紧盯竞争对手不放松。年初组织人员对辖区内9座有竞争实力的社会加油站（点）和1座中石化加油站进行了摸排，全面了解了社会加油站的销售价格、进油渠道、油品质量、地理位置、主要客户、竞争手段等信息，做到了知己知彼。

【非油品销售】 一是用好“营销十条”政策。年初，抓住各大砖厂、沙场、混凝土搅拌厂机械设备春季统一更换润滑油的有利时机，通过积极走访，利用“营销十条”优惠政策报价，一次性销售润滑油8万元。二是突出领导带头。经销部每月给经理、书记、核算员、司机、各加油站经理分配店外销售任务。起到了很好的带头作用。三是送米面进企事业单位食堂。积极动员员工拓展非油品店外销售市场。四是提高畅销香烟购进量和销售量。年初通过积极与烟草公司加强联系，很大程度提高了畅销香烟的供货量，为提升非油销售量奠定了基础。五是大力开展店外推销竞赛。严格按照“谁销售，谁受益”的原则进行奖金分配，大力开展店外推销竞赛活动，很大程度提升了员工店外推销的积极性，取得了良好的效果。六是抓好促销活动提升非油销售量。将促销台置于加油岛旁，督促员工“开口营销”，并进行竞赛，使开口促销逐渐成为常态。

【安全管理】 经销部采取每周一次到加油站进行安全隐患排查的方式，不断监督和帮助加油站进行隐患整改。全年到加油站安全检查45次，共计检查出静电接地不通、安全标识不全、应急设备缺失、加油设备漏油、违规卸油等问题85项，帮助加油站隐患整改35份。在分公司领导的大力支持下，清理了城西加油站内长期停车存在的安全隐患。在特殊天气下通过“微信群”发布大风、霜冻、雷雨、大雪等天气预警，提示加油站防止油罐进水，物品吹落，员工防滑、防摔、防撞，预防上下班途中交通事故等；在季节交替和节假日时，制订专项安全检查方案，到加油站进行安全检查，确保加油站安全平稳运营。

（周春林）

盐业管理

【概　况】 中盐宁夏盐业有限公司西吉分公司为国有企业性质，隶属中盐宁夏盐业有限公司垂直管理，现有在岗职工10人。党支部有党员6名，支部成员3人。主要职责是依照国务院《食盐专营办法》负责西吉县辖区食用碘盐、食品加工业用盐、畜牧养殖业用盐和工业生产用盐的供应工作，负责盐业市场质量监管工作。

【盐品销售】 购进各类盐1668吨，同比增加288吨，增幅21%。其中：食用盐977吨，同比增加173吨，增幅22%；畜牧盐529吨，同比增加90

吨，增幅21%；工业盐162吨，同比增加24吨，增幅17%。销售各类盐为1529吨，同比增加19吨，增幅为1.3%。其中：食用盐898吨，同比增加14吨，增幅为2%；畜牧盐553吨，同比增销97吨，增幅为21%；工业盐78吨，同比减少92吨，减幅为54%。

【非盐品销售】 购进非盐商品11453件，同比增加1423件，增幅14%。销售非盐商品11138件，同比增加920件，增幅9%。全年非盐商品销售同比虽减幅为20%，但仍实现销售收入55.3万元，实现毛利4.6万元，毛利率为8.3%，为企业增加了效益。

【营业收入】 实现营业总收入327万元，同比减少155万元，减幅32%。其中：盐品销售收入261万元，同比减少148万元，减幅36%；非盐商品销售收入55万元，同比减少8万元，减幅13%；其他业务收入10.9万元。利润总额–24万元。

【盐改管理】 在盐政执法中对进入西吉县食盐市场的甘肃武阳、高台盐厂、重庆盐业、湖北广盐（蓝天）、中石化盐化工（水杉）、云南盐业（白象）、鄂托克前旗兴盛盐化等10多家生产厂家的违法违规批发销售的盐品进行了查处，共查处违法违规案件100余起（其中一般程序案件17起），没收违规批发销售的食盐60余吨，查处没收假冒小包装食盐430千克，50千克散装食用盐250千克，收缴罚款2200元。将其中一起违法经营食盐大案移交县公安局经侦大队立案，涉案3人被刑拘1个月，已起诉，此案的立案和刑拘起诉，对西吉县东部乡镇违规贩销私盐、食盐的行为产生了很大的震慑作用。通过以上措施，有效地整治和规范了全县食盐市场零售秩序，全年食盐和畜牧盐销售量与上年相比分别增销2%和21%。

【送销促销】 一是加强送销服务，方便群众购盐。在销售旺季，加强送销力量，全员送销下乡，分公司本部食盐销售由门卫室承担，进行全天候销售，即延长了每天的食盐销售时间段，也保证了消费者节假日、大礼拜到分公司随时都能购到盐，极大地方便了广大群众。全年门卫室销售食盐及畜牧盐269吨，同比增加55吨。二是增加送销频率，确保市场供应。面对盐改形势，要求送销人员转变观念，提高认识，不等不靠，主动出击，加强市场配送频率，确保每天出车送销。送销当中注重提高服务质量和效率，做到一户一票，规范票据使用，送盐进店，热情服务，培养好客情关系。经统计，全年两送销组共配送339天次，比上年增加97天次；配送食盐和畜牧盐986吨，占全年销售食盐和畜牧盐的68%。三是送销和稽查紧密配合，无缝衔接。送销和稽查人员都能够充分利用分公司微信群及时反馈市场情况，掌握市场动态，做到了信息共享、互通有无、方便快捷、应对及时。送销组在送销时发现商店存在有违规经营盐品时通过微信群反馈给稽查组，稽查组便能及时准确地进行检查处理。稽查组在市场检查中了解到需盐的商店时也通过微信群反馈给送销组及时进行配送。四是采取灵活有效的促销措施，及时调整盐品结构和价格。根据区公司盐品价格及促销措施等有关精神，结合全县食盐零售市场实际情况，及时调整盐品供应品种、价格和“十送一”、学校专供等促销措施。既保证了食盐市场稳定，又增加了企业销售。

（马玉忠）

教育　体育　卫生计划生育

教育体育

【概　况】全县现有各级各类学校551所，普通中学18所〔高级中学1所，完全中学2所，初级中学15所（含六中）〕，九年一贯制学校10所，小学118所，教学点202个，职业中学1所，特殊教育学校1所，幼儿园201所（其中民办8所）。在校学生81717人，其中义务教育阶段小学生36883人（农村24878人，县城12005人）、特教学生61人、初中生20517人（农村10544人，县城9973人），普通高中学生7377人，职业高中学生3317人，幼儿园（含学前班）在园（班）儿童13702人。在校学生中残疾儿童519人，其中小学374人，初中145人；在校学生中农村留守儿童942人，其中小学农村留守儿童582人，初中农村留守儿童360人；在校生中进城务工人员随迁子女15014人，其中小学在校学生中进城务工随迁子女8980人，初中在校学生中进城务工子女6034人。适龄儿童、少年入学率分别达到100%和99.27%，小学、初中辍学率分别控制在0%和1%以内。现有中小学教师5113人，其中在编教职工4719人（小学2202人，初中1561人，高中945人，特殊教育类教师11人），特岗教师403人（小学301人，初中102人）。小学、初中专任教师任职资格率均为100%，学历合格率分别为99.70%、99.80%，高中专任教师学历合格率为97.88%。小学、初中、高中生均校舍分别达到8.05平方米、13.88平方米、40.47平方米。小学有图书736871册，生均20册，中学有图书961493册，生均34册。计算机生机比小学为7∶1，中学为6∶1；师生比小学为1∶15，初中为1∶12，高中为1∶13。

【学前教育】制定下发《关于进一步加强管理规范幼儿园办园行为的通知》等文件，不断加强学前教育工作。一是科学布局，突出规划引领推动学前教育普及提高。全县有各级各类幼儿园201所，在园（班）就读幼儿13702人，全县学前三年毛入园率达到71.3%，学前教育取得新发展。二是派出学前教师参加“国培计划”，助力学前及区、市、县各级各类培训，努力提高学前师资业务能力和保教质量。三是组织下发全县学前教育免费教材，对全县民办非学历教育机构进行排查和取证民办非学历教育机构年检工作。分两次评估认定乡镇幼儿园（校中园）171所。四是起草《关于对全县民办非学历教育机构进行清理整顿暨初验合格教育机构复验的通知》，提请县人民政府、组织、发改、公安、人社、卫生计划生育等部门联合执法，保障学前教育规范有序发展。

【“均衡”迎验】全县133所义务教育学校的校舍建筑面积、教学及教学辅助用房面积、体育活动场地面积、功能室设备装备、学科教学仪器器材配置、计算机生机比、生均图书、专任教师高于规定比例、骨干教师比例 9 项办学基本指标和 8 项指标均达到评估指标要求。一是进一步加大教育投入。按照义务教育均衡验收功能室及设施设备配备标准测算，经县委、县政府多次研究，按照“集中建设、分年度付款”的方式，投入 3.67 亿元用于解决义务教育均衡发展资金缺口，其中设施设备 1.67 亿元，项目建设 2 亿元。二是强力实施“2017 年全面改薄项目（9672 万元）、义务教育均衡发展维修改造和基础设施建设项目（36700 万元）”，全面提升学校基本办学条件。三是加强教师队伍建设。签约免费师范生 2 人，争取特岗教师 170 人，“三支一扶”支教教师 40 人，县财政筹资 514.6 万元在全区招聘学前教师 166 人。投入 443 万元，解决了 88 名代课教师养老保险问题。制定了《西吉县义务教育学校校长教师交流轮岗实施方案》，20 名校长（中层）及 312 名教师进行城乡校际交流。四是加强均衡县级验收。从 4 月开始，先后分 3 批对回小、吉强镇大滩小学等 151 所学校义务教育基本均衡发展情况进行了县级自查，逐校下发了问题清单并按时进行整改；9 月底对兴平乡团结教学点等 168 所教学点义务教育基本均衡进行评估验收，根据县级验收情况集中整改。10 月申请固原市人民政府复验和自治区过程性督查，11 月高标准通过自治区人民政府评估验收。

【高中教育】 全面落实高中招生各项政策，高中阶段毛入学率达到 91.2%，各项指标较往年均有显著提升，2017 年共参加高考 4700 人，西吉籍考生本科上线 2566 人，上线率 54.60%，比去年提高 8.36 个百分点，其中一本 639 人，二本 680 人，三本 1298 人，600 分以上考生 9 人。其中田龙以 665 分、周鹏以 662 分分别被北京大学、清华大学录取。

【职业教育】 一是抓好常规教学工作。县职业中学高职对口考试连年位居自治区前列。2017 年，有 788 名学生参加高职分类考试，其中 763 名学生分别被宁夏医科大学、宁夏幼儿师范高等专科学校录取，录取率为 96.8%；在全区职业院校技能大赛中，取得了 1 个团体奖，24 个单项奖的出色成绩。二是高度重视劳动力素质提升培训工作。对教育系统劳动力素质提升培训工作进行全面安排部署，将培训工作纳入学校年终考核。先后举办了计算机操作、电工、汽车维修等多个专业三期培训班，开设了 16 个班次，共培训 666 人，圆满完成了培训任务。

【“两基”水平】 制定下发《关于加强留守儿童、进城务工人员随迁子女及建档立卡贫困户家庭子女关爱帮扶工作的通知》《关于进一步做好全县控辍保学工作的通知》《西吉县第二期特殊教育提升计划（2017—2020）》，强化弱势群体家庭子女受教育保障，严格落实控辍保学各项措施降低辍学率：7 周岁入学率稳定在 100%，小学六年巩固率达到 96.52%，初中入学率达到 99.27%，初中三年巩固率达到 91.56%，三类残疾儿童、少年入学率达到 93.28%，初中升学率达到 97.8%，高中阶段毛入学率达到 91.2%，各项指标较往年均有显著提升；初中辍学率严控在 1% 以内，建档立卡贫困户家庭学生实现零辍学，全县“两基”水平得以全面巩固和提高。

【规范办学】 一是规范作息时间。下发《全县中小学课程设置表》《全县中小学校作息时间表》，督促各中小学严格落实国家相关政策要求，保证

2017 年 6 月 18 日，西吉县教师才艺大赛

了国家课程、地方课程、校本课程和综合实践活动课程的落实。二是不断规范义务教育阶段学校和高中招生工作。按照国家和区、市政策规定，严格落实义务教育阶段学校“就近入学”政策，进行“阳光招生”；实行区、市、县普通高中“分校分别录取”，对民族考生、残疾学生、农村教师子女及建档立卡贫困户家庭学生给予政策照顾。三是切实规范学校收费行为。制定下发《关于2017年全县初中毕业生综合素质评价工作的安排》，抽调专业教师对初三毕业学生进行综合素质测试；制定下发“全县中小学收费明白卡”，积极回应群众和社会对教育收费等问题的关注。四是加强中小学学籍规范化管理。转发自治区教育厅《宁夏中小学生学籍管理办法实施细则（修订）》，指导、督促全县中小学认真落实国家、自治区、市关于中小学生学籍管理的各项规定和要求，完成全县初三毕业学生中考报名学籍审核工作。五是着力消除义务教育阶段大班额。下发《关于做好消除义务教育阶段大班额的通知》，严控起始年级班额，均衡城乡、校际办学资源。

【项目建设】 全年投入近6.9亿元用于教育项目建设，有效改善了办学条件；不断提升信息技术运用能力，提升信息化建设。一是投资8485万元认真实施幼儿园建设项目。2017年新建和改建幼儿园69所，涉及16个乡（镇），建设、改造幼儿园总建筑面积30580平方米，其中新建幼儿园47所，建筑面积27720平方米，改建幼儿园22个，建筑面积2860平方米。项目实施后，新增学前教育学位3180个，确保了全县常住人口规模超过1500人的乡村学前教育全覆盖。二是投资9672万元认真实施义务教育薄弱学校改造项目。2017年实施薄改项目学校72所，新建或改扩建校舍3545平方米，新建围墙4646米，护坡301立方米，购置学生用床2346张、课桌凳4609套、食堂设备7241台（件）、图书14.93万册、计算机3031台、音体美等其他教学仪器设备84.64万台（件）。三是投资3.67亿元认真实施义务教育均衡发展项目。对白崖中学、第二小学等293所中小学进行校舍粉刷及屋面维修，粉刷校舍60.53万平方米，维修屋面6.06万平方米，对兴平中学、震湖乡王坪小学等260所中小学进行基础设施建设，硬化校园27.51万平方米，新建教学及辅助用房3.5万平方米，并配套建设给排水、供电、供暖、道路硬化、绿化等附属设施。配置各科实验室，购置电脑桌、篮球架等其他配套设备。四是投资2960万元实施基础薄弱县普通高中建设项目。新建西吉中学教学楼4000平方米、实验楼4000平方米、风雨操场3000平方米。五是投资2560万元实施职业中学宿舍楼和综合培训楼建设项目。新建四层框架结构宿舍楼3500平方米、综合培训楼6700平方米，并配套建设给排水、采暖等附属设施。六是大力实施边远艰苦地区周转宿舍建设等项目。投资440万元新建兴隆镇单民小学和偏城乡回民小学周转宿舍1750平方米；投资1450万元，新建兴隆镇希望小学教学楼1800平方米和宿舍楼4000平方米；投资3050万元，新建西吉中学教学楼4000平方米、实验楼4000平方米和风雨操场3000平方米。投资1000万元，新建西吉二小教学楼4000平方米。七是实施袁河中学学生宿舍楼建设项目。投资1375.5万元，新建四层框架结构宿舍楼5502平方米，并配套建设给排水、采暖等附属设施。八是争取农发行基金支持实施西吉职业中学实训宿舍楼项目。计划新建西吉县职业中学四层框架结构实训宿舍楼1幢，总建筑面积3000平方米，并配套购置床、桌等实训设施设备。该项目概算总投资1100万元，其中工程建设投资960万元，设施设备购置投资140万元。

【信息化建设】 全县教育信息围绕全区教育信息化工作要点，按照“立足应用、面向学生、走进课堂、用于教学”的要求，以信息技术能力提升县级验收为抓手，广泛开展信息化与学科教学的深度融合，切实培养了一批懂教育、有技术的现代化新型教师。一是全县教育信息化基础设施得到改善。借助教育均衡发展及薄改项目，不断完善教育信息化应用终端配备，全县有学生用计算机7480台，教师用计算机4171台，班级多媒体教室2119个，录播教室60间，除暂停招生学校和校中园外，有317所学校光纤接入学校，接入率为98.6%。二是构建常态化应用保障机制。教育体育局与各学校签订了《2017年西吉县教育信息化建设管理应用目标责任书》，全面提升“教学点数字教育资源全覆盖项目”优质数字教育资源应用水平，针对教学点数字教育资源应用做了专题培训1期，培训教师160余人。

【队伍建设】 一是加强校长和教师队伍管理。坚持落实校长《我是一名好校长》和教师《我是学生生命中的贵人》述职活动，调动校长和教师的内生动力；探索实施校长公开聘任和“一校多区”管理机制，不断提高教育质量；认真落实好“有理想信念、有道德情操、有扎实学识、有仁爱之心”的四有教师要求，加强师德师风建设，培养高素质教师队伍，倡导全社会尊师重教。二是加大一线教师奖励力度。结合庆祝第33个教师节，县委、县政府拿出近300万元表彰奖励了34个先进集体、666名优秀个人和1个教育世家，营造了浓厚的尊师重教、狠抓质量的教育氛围。三是落实《乡村教师支持计划》。对连续在农村任教15年以上的50多名教师解决了一级职称，对连续在农村任教25年以上的142名教师解决了高级职称，并争取额外的职称指标190余个。继续落实人均493元的农村教师补贴和乡镇工作津贴，2017年共发放1680.08万元，2837名乡村教师受益。四是积极开展各项技能大赛，提升教师专业能力。联合县总工会举办全县教师才艺大赛，教师微课制作、命题能力等20项基本功技能大赛，促进教师专业技术水平提升。五是认真实施各项培训工作，夯实专业基础。组织开展“国培计划”第4次送教下乡活动，460多人次参加了活动；开展了第二批396名县级骨干教师培养对象培训工作；举办了全县学前教育安全管理培训会、教育系统心理健康培训会、学校食堂从业人员培训会、部分学科教学培训会；选派20名校长参加2017年西部乡村中小学和边远地区校长助力工程项目培训；组织300多名教师参加了国学经典、法治名师、中小学音乐等培训。

【教学质量】 一是培养学生良好的学习生活习惯。由好习惯形成好素质，好素质形成好性格，好性格形成好品格，好品格形成理想，理想形成信念，信念变为信仰，最终才能培养出德智体美全面发展的社会主义建设者和接班人。二是成立教师发展中心，加大教育教学常规管理。围绕教学常规管理、毕业年级备考、课堂教学改革、捆绑式发展等专题，开展了两轮视导研训活动，通过全面普查、找准问题、整改落实。三是完善全县质量监测机制。2017年4月以来分两次对初三年级进行质量监测；统筹经费240多万元，安排从一年级到八年级共51个学科51000多名学生的质量监测，有效掌握了全县各年级每位老师的教学现状和每个学生的学习状态。对监测数据进行认真分析、科学研判，对症下药、精准施策，教育教学质量有了较大提高。

【惠民政策】 一是学前教育“一免一助”。对公办和普惠性民办幼儿园学前三年教育在园建档立卡家庭贫困户适龄儿童（含农村非建档立卡贫

2017年9月25日，固原军分区到将台小学进行慰问

困户经济困难残疾儿童）1927人享受“一免一助”，金额182.415万元。二是义务教育阶段“三免一补两餐”。免除各类杂费、教科书、教辅资料的学生59033人；享受困难学生生活补助资金15883人，金额794.15万元（小学阶段800元/生/年，中学阶段1000元/生/年）；享受营养早餐70157人（120元/生/年）；享受营养午餐37151人（1000元/生/年）。三是普通高中“一免一助”。为建档立卡等家庭经济困难学生免学费4854人，188.36万元（800元/生/年）；享受国家助学金3252人，金额325.2万元（2000元/生/年）。四是中职教育“三免一补一助一计划”。免除中职一、二年级学费3001人，金额300.1万元（2000元/生/年），免住宿费、课本费、补助生活费1935人，金额218.425万元；补助生活费（1000元/生/年）；发放国家助学金1899人，金额189.9万元（2000元/生/年，高一、高二）；享受“雨露支持计划”（3000元/生/年）。五是生源地信用助学贷款。学生资助中心为9059人办理了生源地信用助学贷款，贷款额达4930多万元，其中7个乡镇代办点受理4668人（比2016年增加2123人），贷款金额达2500万多元。六是燕宝奖学金。燕宝奖学金使西吉籍856名学子（比2016年增加13人）受益，按每人4000元发放了奖学金，共计发放奖学金342.4万元。七是固原市教育扶贫项目资助。固原市委、市政府站在全国教育扶贫的前沿，实施了从学前到大学教育资助的全覆盖，仅西吉县就资助4200多万元，县财政分担1700多万元，市财政承担2500多万元，14263名学生受益。

【素质教育】 一是切实做好德育工作。贯彻落实教育部《关于培育和践行社会主义核心价值观进一步加强中小学德育工作的意见》精神，认真开展德育工作。第一，组织开展“开学第一课”活动。继续深化“爱学习、爱劳动、爱祖国”主题教育活动，在全县中小学校（幼儿园）积极培育和践行社会主义核心价值观。第二，开展自治区文明校园和“书香校园”创建等活动。推荐“书香校园”2个，“文明校园”2个，均通过区级验收。第三，承办自治区教育系统关工委五好小公民“阳光校园·我们是好伙伴”主题教育活动。活动亮点纷呈，被教育部关工委官网刊文报道，2名学生获国家二等奖，教育体育局被教育部关工委评为全国五好小公民先进集体。第四，制定下发《关于进一步做好民族团结进步模范学校创建活动的通知》。贯彻落实市委四届二次全会“奋力在打造全国民族团结进步示范区上做表率，建设全国民族团结进步示范市”的要求，指导、督促10所中小学民族团结进步模范学校创建工作；表彰进步模范教职工128名、进步模范学生107名、进步模范班级66个；向固原市遴选上报中小学民族团结手抄报60份，有12名同学获得市级以上奖励（占固原市获奖学生总数的32%）。二是充分利用青少年活动中心阵地。积极开展各种公益性活动。青少年校外活动中心利用暑期时间，组织开展了硬笔书法、软笔书法、水彩画、素描、儿童画、舞蹈、电子琴、跆拳道等15个项目的普惠性兴趣班培训活动，受益学生3000余人。三是落实体卫艺各项工作。组织开展了第七届全县中小学生篮球运动会和中学生田径运动会；选拔优秀运动员组建了初、高中田径队、足球队和篮球队参加区市比赛，均取得了较好成绩；组织对全县初中毕业生体育课进行统一测试，将成绩作为综合素质考评加入到中考成绩；将健康教育纳入学校教学计划，开足开全健康教育课程；举办了全县第二届中小学生才艺大赛和第六届合唱艺术节，西中合唱队代表西吉县参加全区学生合唱艺术节展演荣获一等奖；在中学生中组织了“诵读国学经典，传承中华文化”古诗文诵读比赛；结合法制宣传，在全县中小学生中组织开展“学宪法　讲宪法”主题演讲大赛活动，并代表固原市参加了全区演讲大赛，一小王艺霏和杨明月同学分别荣获全区小学组一等奖和中学组一等奖；举办全县中小学生学生“远离毒品危害　成就美好未来”毒品预防教育才艺大赛，荣获优秀组织奖；推荐一小、西中参加固原市教师节文艺节目展演，一小文艺节目荣获全市二等奖；教育系统组织合唱队参加全县“会师将台堡红歌漫西吉”大型歌咏比赛，荣获特等奖；西吉中学在2017年全国操舞大赛中斩获全国特等奖的好成绩。

2017年12月8日，西吉县教育体育局开展教育扶贫送文化送培训下乡活动

【安全工作】 一是落实工作责任制。层层签订安全责任书，实行网格化管理，将安全责任承包到人。联合当地派出所扎实开展安全隐患排查、疏理、整治行动，做到安全工作横向到边、纵向到底。二是强化学校安全管理。多次召开安全工作会议，健全完善校园矛盾纠纷排查化解和突发事件应急管理机制；成立警务室，实行警校联动机制，对学校周边环境、社会治安、交通安全、卫生状况、校园欺凌等定期排查、综合治理，形成学校安全管理和校园周边环境整治长效机制；定期开展防震、防火等演练，提高师生自救能力和防灾意识。2017年县财政筹资100万元为36所乡（镇）寄宿制学校配备专职安保人员各1名。

【督导工作】 一是加大教育过程性督导检查。坚持开展春、秋季开学工作督查和平时工作督查相结合。春、秋季开学后，组织人员对新学期师生报到、教育收费、课程安排及工作运行情况进行督查，帮助学校解决存在的困难和问题，对每所学校存在的问题提出整改意见，督促其整改落实；加强平时工作督查。督促学校绷紧工作弦，以不懈怠不放松的态度抓教育教学常规工作；加强学期末督查。改变临近期末学校及其周边乱象，督促学校抓好落实。二是加强专项工作督查。第一，开展中小学教学仪器设备图书管理使用专项督导。根据自治区教育督导委员会办公室《关于开展全区中小学教学仪器设备图书管理使用专项督导的通知》要求，对义务教育均衡迎验各项工作进行专项督导。第二，开展全面改善贫困地区义务教育薄弱学校基本办学条件改造工作的督导检查。配合项目办对已采购“改薄”项目设备的安装、管理和使用情况进行督查，逐步实现县域内校际资源的均衡配置；按照《全面改善贫困地区义务教育薄弱学校基本办学条件专项督导办法》，组织开展全面改善贫困地区义务教育薄弱学校基本办学条件改造工作专项督查。第三，围绕“民生改善工程”和教育精准扶贫，开展专项督查。开展学前、普通高中及中等职业教育学生资助工作专项督导，进一步规范国家助学金、免学费资金发放与管理工作。第四，开展控辍保学工作专项督查。开学前政府教育督导室成立督查组深入各中小学对学生流动情况进行检查核实，使控辍保学工作制度化、常态化。第五，配合开展全县质量监测工作。配合教育体育局完成了对全县高考、中考及一年级至八年级质量监测的督导、巡视工作。第六，开展西吉县中小学（幼儿园）安全工作专项督导检查。根据《中小学（幼儿园）安全工作评估指标体系（试行）》，对全县中小学（幼儿园）安全工作进行了专项督导检查。第七，开展幼儿园规范办学行为专项督导检查。根据国务院督导委员会通知，会同教育股重点检查了师德师风建设情况，促进了幼儿园规范办学行为。

【廉政建设】 一是落实廉政建设责任。制定《全县教育系统党风廉政建设和反腐败工作要点及任务分工》，定期召开廉政建设专题会议，签订责任书和廉洁从教承诺书，靠实责任，落实任务；制定了《教育系统集中开展干部作风大整顿实施方案》和《加强中小学校长教师作风建设实施细则》开展群众评议学校作风活动，提高服务群众水平。二是赴江西干部学院学习廉政文化。2017年，西吉县教育体育局组织局领导班子、股（室）长、机关干部和校（园）长，分两期到江西干部学院学习廉政文化，切实加强了教育系统党风廉政建设。三是组织学习中纪委、区、市、县纪委典型案例的通报。组织观看《胜利之盾》等专题片。四是强化重点领域监督。加强财务、招生、基建等重点岗位人员的廉洁从业教育，不断筑牢了拒腐防变的思想防线。五是深入开展“三务”公开公示。加强“清风校园”创建工作，完善党务、校务和财务公开公示责任制，对不执行公开制度和不落实公开的学校（园）追究责任。

【民族团结】 通过开展民族团结教育进校园、进课堂和进学生头脑的“三进”活动，做到了“三个离不开”“五个认同”思想向校园延伸，共同团结奋斗、共同繁荣发展的局面更加生动；成立了由局长任组长的民族团结领导小组，布置了专门的民族团结创建工作室；县委领导带领教育体育局负责人及全县中小学校（园）长60余人赴彭阳、泾阳、固原、吴忠等地考察学习民族团结示范学校创建工作；各校开展“肩并肩、爱国情”活动，创建“八个一”“四比”“四争”活动，以“五十六个民族是一家”和“六盘儿女一家亲，同心共筑中国梦”为主题组织文艺会演；借助县职业中学阵地，开设“商务阿语”和“清真厨师”班，“六盘儿女一家亲”名片更为靓丽。

【校园文化】 中共十九大报告指出：“文化是一个国家、一个民族的灵魂。文化兴国运兴，文化强民族强。”文化是一所学校的灵魂，是学校凝心聚力抓教学、厚积薄发促发展的隐形手。通过认真开展文明校园、书香校园、民族团结进步星级示范学校创建活动，定期举办校园文化艺术节、中小学生书法绘画才艺大赛和戏曲进校园展演等活动，把素质教育新要求落到实处。

【工作成绩】 荣获全国青少年“五好小公民”主题教育读书活动先进集体；第十二届全国青少年五好小公民“阳光校园·我们是好伙伴”主题教育读书活动优秀组织奖；宁夏首届青少年科学节优秀组织单位;《宁夏教育》教育宣传先进集体；宁夏教育电视台2017年度优秀记者站；固原市文明单位；固原市民族团结进步创建活动示范机关；全市第二届教师教学技能竞赛中荣获优秀组织奖；固原市2017年中学生田径运动会优秀组织奖；固原市第一届青少年禁毒知识大赛团体二等奖；固原市2017年中学生田径运动会优秀组织奖；固原市第一届青少年禁毒知识大赛团体一等奖；第五批民族团结进步创建活动示范单位。

（唐书军）

卫生计划生育

【概　况】 西吉县卫生和计划生育局内设办公室、党委办、人事股、财务股、医政股、疾控股、基妇股、计划生育业务指导股、政策法规股、药招办、医改办、综合监督股、基建办13个股室，主要职责是贯彻执行国家和区、市、县有关医疗卫生和计划生育工作的方针政策、法律法规，协调推进全县医药卫生体制改革和医疗保障，统筹规划卫生和计划生育服务资源配置，监督管理公共卫生、医疗服务、计划生育和爱国卫生等工作。下辖医疗卫生计生机构34所，其中县直医疗卫生计生机构5所，乡镇卫生院25所（其中中心卫生院5所，分院6所），社区卫生服务站4所。医疗机构设置病床数1108张，卫生计生事业单位核定编制数1278个，现有正式在编人员

1081人，空编197个。专业技术人员996人，其中副高以上职称120人，中级职称277人，初级以下职称599人。全县村卫生室297所，有乡村医生329人。

【综合医改】 成立了全县深化医改领导小组，建立组织协调、联席会议、督查考核等机制，制定出台了全县医疗卫生服务体系规划和县乡一体化管理实施方案，县人民医院与兴隆镇、将台乡、白崖乡等18家基层医疗卫计单位建立医联体，县中医医院与震湖乡、新营乡、平峰镇等10家基层医疗卫计单位建立医联体，召开了医联体成立大会暨第一届第一次理事会，基本形成了以县直两院为枢纽，中心卫生院为补充的东西部县乡一体化医疗联合体。在人员经费、基本建设、设备购置等方面累计投入4800万元，化解县医院基本建设债务2000万元，县财政安排400万元，用于县级公立医院大型设备购置；通过加强公立医院基础设施、重点专科、信息化、人才队伍等建设，克服困难，补齐短板，增强医疗机构服务能力，初步实现综合医改预期目标。2017年，西吉县县级医院可治疗的病种达937种，比2012年增加了387种，新建区级重点专科2个。县域内就诊率达到83.3%。积极推行国家基本药物制度，严格执行自治区药品“三统一”政策，县级公立医院全部配备国家基本药物目录药品，并全部取消药品加成零差率销售，同步调整医疗服务价格。全年县级公立医院取消药品加成减少药品差价收入828.29万元，降低大型仪器设备检查费用减少医疗服务收入248.32万元，全面破除逐利机制，切实减轻了群众“看病贵”问题。县直两院投资61万元公开招标采购广州景惠医院管理公司人力资源管理项目，形成完善的医院人力资源绩效考核管理体系。联合县编办、人社部门，调研县级公立医院人员编制情况，推行人员备案制管理，在核定编制总量基础上逐步实行同工同酬，逐步落实全员合同聘用制，建立能进能退、能上能下的用人机制，真正体现医务工作者劳动价值。通过精细化管理和居民常见病、多发病实行打包服务等模式，做实家庭医生签约服务工作，2017年度，组建家庭医生团队144个，常住人口签约率为37.65%，农村建档立卡贫困人口、高血压等重点人群签约率为78.9%。

【医政医管】 在全县开展了医疗机构、医师、护士电子化管理电子化注册，注册率分别达100%、92%、90%。全面落实预约诊疗、便民门诊制度，推行医疗服务信息公示制，设立绿色通道，实行“先诊疗、后付费”。借助闽宁、京宁等对口帮扶，带动提升全县医疗服务能力和水平，县人民医院引进血液透析新技术填补了西吉县医疗空白。积极开展抗菌药物应用专项治理，严格控制抗菌药物的不合理使用，建立医疗纠纷调解机制，全年共受理医疗纠纷来信来访27件。严格执行全区新一轮药品集中采购，对药品采购、入库、回款、使用各环节进行监督，确保阳光运行。认真贯彻《中华人民共和国中医药法》。举行宣传启动仪式，组织开展了知识竞赛，举办各类培训班3场次，培训300余人次，完成县中医医院“治未病”中心建设和标准化中医房的规划任务。制订“双优”工程实施方案，确定培育优势重点特色科室和培养优秀医疗人才为目标。打造“西吉名医”品牌，选拔出了10名优秀医疗工作者，被授予“西吉名医”称号。建设重点特色科室。通过引进医疗专家和先进技术，建设了7个重点优势特色科室。

【妇幼卫生】 全面落实“七免一救助”等惠民政策，妇幼健康行动计划成效显著，妇幼卫生工作取得长足发展。农村孕产妇免费住院分娩救助5007人，住院分娩救助率93.71%，为7100名6至24个月龄儿童免费发放了营养包，为2800名新生儿免费筛查48种先天遗传代谢性疾病，免费给法定年龄新婚夫妇婚前医学检查5240人，免费服用叶酸6392人，农村妇女免费宫颈癌筛查

14800人，乳腺癌筛查3100人。免费新生儿听力筛查5307人、“四病”筛查5190人；母婴安全措施有效落实，成立危重孕产妇和新生儿救治中心，实施了高危孕产妇专案和妊娠风险分级五色管理。母子健康手册全面推广，生育全程基本医疗保健服务逐步完善，孕产妇系统管理率96.05%，高危产妇管理率100%，产前检查率98.04%，7岁儿童保健覆盖率94.45%，3岁儿童系统管理率92.49%。配备四维彩超1台，为母婴安全、预防出生缺陷提供了有效保障，全县出生缺陷监测发生率57.76/万，孕产妇死亡率70.60/10万，5岁以下儿童死亡率11.12‰，婴儿死亡率9‰。

【计划生育】 不断提升计划生育服务管理水平，免费孕前优生优育健康检查3650对，实施长效节育措施4175例；全面两孩政策有序实施，全面实行一、二孩生育登记服务及再生育审批网上办理，全县共办理网上生育登记服务11577人，两孩生育登记2531人，已生育345人（其中2016年195人、2017年150人）；加强出生人口监测，开展生育状况抽样调查，顺利完成10个样本点210份问卷调查工作；落实计划生育奖扶政策，兑现各类奖扶资金305.48万元；以特殊家庭帮扶、贫困母亲救助、留守儿童关爱、大学生圆梦、计生家庭维权等活动为主题，扎实开展“生育关怀”行动，发放生育关怀服务宣传品500份和1.3万元的生育关怀慰问金；开展流动人口健康教育和促进行动，提升流动人口健康素养水平，加强流动人口动态监测，完成2个样本点66份问卷调查；计划生育协会作用发挥明显，开展以“宣传折页、特色宣传品、入户走访”为主要形式做好宣传倡导工作。

【监督执法】 开展了公共场所卫生、职业卫生、生活饮用水卫生、放射卫生、学校卫生、医疗卫生监督和计划生育监督等各项卫生监督执法工作，全年共查处各类违法案件53件，罚款金额10.63万元，没收违法所得1.1万元，比2016年分别增长了407.7%、312.6%和27.3%；对73所中小学教学环境、生活饮用水、传染病防控进行了监督检查，覆盖率为100%；注重卫生执法队伍业务培训，对全县368名协管员进行了培训，规范卫生监督执法行为，树立卫生监督新形象；充分利用卫生计生主题活动日、法制宣传月等，广泛开展卫生计生法制宣传教育活动，强化普法宣传作用，提高群众维权意识，弘扬法治精神；联合公安局、市场监管局等开展了打击非法行医专项行动，组织开展了四轮医疗服务综合监督专项执法检查，对27家医疗机构不良执业行为积分58分，对4名医务人员不良执业行为积分13分，整治规范医疗市场秩序；全县经常性卫生监督覆盖率为100%，位居全区前列，顺利通过全区卫生计生监督协管示范县的创建。

【民生计划】 认真落实区、市卫生计生民生计划工程，安排区、市、县二级以上医疗机构中的53名卫生专业技术人员，分赴19所乡镇卫生院和2所社区卫生服务站开展“千名医生下基层”工作。有效落实“凡晋必下”制度，构建“择优选用，能上能下”的选人用人机制，从县直单位选派36名副高及以上职称医疗专家聘请到基层乡镇卫生院服务，充实基层人才队伍，逐步提升基层医疗服务能力；完成远程会诊网点建设20所、多功能心电分析系统19所、视频会诊系统20所、远程会诊平台20所、安装500毫安X光机4家，远程会诊DR摄影系统13家，放射成像CR系统1家，2017年会诊各项检查共计1180例，有效提高了基层医疗机构对疑难重症病例的救治水平，方便了农村群众看病就医；新建县人民医院妇儿综合大楼、妇幼保健计划生育服务中心住院部、偏城乡卫生院住院部、王民乡卫生院门诊楼及标准化村卫生室35所，购买怡秀和湖滨2所社区卫生服务站；为县疾控中心、预防接种单位配齐了疫苗运输冷链设施。

【基础建设】 完成中医馆建设14所，中医医疗设备日趋完善，19所乡镇卫生院、2所社区卫生服务站、76所村卫生室创建自治区群众满意基层医疗卫生机构，有3所乡镇卫生院获国家群众满意乡镇卫生院称号，东街和西街社区卫生服务站在星级评定中达到了三星级标准；以狠抓县、乡、村级专业技术人员培训为依托，先后开展了全县卫生计生重点工作现场观摩推进会、基层卫生人员服务能力建设及中医药适宜技术等大型培训班，邀请了自治区卫计委基层处领导及业务专家进行授课，累计培训1045人次；妥善解决乡村医生退养问题，积极稳妥安置大专学历乡村医生岗位，健全乡村医生准入退出机制；认真落实韩红爱心慈善基金会、宁夏燕宝慈善基金会捐赠的巡诊车、救护车、急救室和红外线治疗仪等设备的合理分配和使用。

【疾病控制】 传染病疫情和突发公共卫生事件得到有效控制，全年传染病报告发病率为278.02/10万；进一步加强了鼠疫、流感、出血热、狂犬病、麻疹、手足口等重点传染病和新发传染病的监测及防控工作；中盖结核病防治项目创出亮点，全市中盖结核病防治项目现场会在西吉县召开，并在全区做经验交流；食品风险监测、生活饮用水监测、公共场所健康危害因素监测、学校常见病及健康危害因素监测等工作如期完成；健康知识进校园、进社区、进企业、进家庭、进寺院宣教活动有序开展；地方病、慢性病防控工作步入规范，包虫病、重性精神疾病、高血压、糖尿病等稳步推进。

【公共卫生】 专业公共卫生机构履职能力持续加强，服务项目绩效考核奖惩机制不断完善，统筹推进基层基本医疗和基本公共卫生服务有机融合，依托基本医疗提升基本公共卫生服务质量，实现“双轮驱动”。突出工作重点，提高儿童、孕产妇、老年人等重点人群的健康管理水平，全县城乡居民电子健康档案累计建档率达95.38%，国家免疫规划疫苗预防接种率达到98%以上，新生儿访视率97.86%，活产数5550人，早孕建册率97.62%，产后访视率为97.68%，老年人健康管理率为93.1%，共管理高血压和糖尿病人数分别为15164人和1741人，规范管理率分别为81.03%和85.3%，控制率分别为76.43%和78.43%，确诊重性精神病患者1073例，规范管理1068例，规范管理率99.53%，肺结核患者215人，肺结核患者规范服药率为100%，全年登记传染病病人数1379人，报告传染病病人数1379人，传染病报告率100%，及时报告传染病病人数1379人，报告及时率100%，累计发放健康教育资料18种，计26.74万册，宣传栏设置342个，更换2052次，开展健康讲座2100余场，参与5.8万人次，举办健康教育咨询活动226场，参与3.7万人次。人均50元服务经费管理和使用全部到位，基本公共卫生服务均等可及，群众获得感和幸福感不断增强。

【健康扶贫】 成立了健康扶贫工作领导小组，制定下发了相关文件，对全县“因病致贫、因病返贫”的3967户2万贫困患者进行了核实核准，对核实筛查出的贫困患者全部纳入救治；全县32家医疗机构全部实施健康扶贫“一站式”结算报销，加大对贫困患者的救助力度；建档立卡贫困人口医保参保率为100%，并购买人身意外伤害保险和大病医疗补充保险保费1161万元，实现建档立卡贫困户全覆盖；安排400万元兜底保障资金，筑牢了健康扶贫综合保障网。2017年度，为

“精准医疗”大型义诊活动

1806名贫困患者免缴住院预付金约262万元；降低贫困患者大病保险起付线，从以前的8100元降低到3000元，1099人受益，大病保险财政补助支出141.54万元；政府兜底保障948人，财政兜底补助支出298.68万元，自付比例为8.24%。基本实现了贫困患者“健康有签约服务团队管理，住院有家庭医生转诊，救治有绿色通道会诊，费用有优惠政策兜底，康复有家庭医生护送”的健康扶贫新秩序，为农村贫困人群迈入全面小康社会提供健康保障。

【爱国卫生】 抓牢“爱国卫生日”活动，积极发动全县干部职工、学校师生等，针对一些薄弱地段和长期遗留的难点、脏点进行了集中卫生整治，坚持月月活动有主题、有重点，实时开展活动督查和通报。切实做好农村卫生厕所建设管理，认真落实农村卫生厕所普查评估工作，及时将农村卫生厕所信息录入网络直报管理系统，完成录入建卡96537户。加强病媒生物监测，做实做好“四害”滋生地的治理，科学开展春夏秋季病媒生物消杀活动。利用“全国爱国卫生月”“世界无烟日”及每月一次的自治区“爱国卫生日”等活动，在人群密集的地方开展了健康教育宣传。创建无烟学校20家、无烟企业5家。

（王　永）

文化　旅游　广电　科技

综　述

【基础建设】 一是全县建成298个村综合文化服务中心。斥资1.2亿元建成全县298个村（包括2个移民村）村级文化服务中心，按照“七个一”标准实现全覆盖，提升了村级文化服务功能，同时成为乡村一道靓丽的风景。二是实现了村村通广播。对县城北山转播台和将台白家墩、马建马达子、平峰八岔转发站设备进行了改造升级，并且通过卫星和微波、网络传输等方式实现村村通广播，使广播电视信号实现全覆盖。三是全面推行文化馆、图书馆总分馆制。全县全面推行文化馆、图书馆总分馆制。实行以县馆为总馆，乡镇综合文化站为分馆，村（社区）综合文化服务中心（文化活动室）为服务点的总分馆体系建设。使农村基本公共文化服务内容更加丰富，途径更加便捷。四是西吉县被列为国产软件应用试点县。西吉县被国家新闻广电总局列为2018国产软件应用试点县。在全县开展购买、安装和使用国产正版软件、拒绝盗版软件、尊重知识和保护知识产权等活动，积极推动和完成软件正版化国产化国家级试点县各项工作任务。

【文化惠民】 一是举办了全县少儿才艺大赛和广场问政活动。创新工作方式，积极参与全县中心工作，县广播电视台举办了西吉县首届民族团结杯少儿才艺大赛和谈民生·转作风——西吉县2017年广场问政活动，受到社会各界一致好评。二是选派文化指导员和招聘文化专管员开展形式多样的文体活动。选派26名文化指导员，招聘158村文化服务中心专管员（志愿者）进村组织开展丰富多彩的文体活动。发挥他们的文艺特长，让农村文体活动“火”了起来。

【旅游产业】 一是出台了《西吉县加快发展全域旅游实施意见》。县委、县政府出台了《西吉县加快发展全域旅游实施意见》，成立了全域旅游工作领导小组，设立了年1000万元的旅游发展专项基金，制定出台多项促进旅游业发展的奖励激励政策。二是全力打造将台堡红色旅游小镇。为全面贯彻落实习近平总书记到将台堡纪念园重要讲话精神，以将台堡红色旅游为核心，着力打造红色旅游胜地。实施纪念广场及其园内外基础改造提升和布展工作，进一步丰富了将台堡红色教育内容、提升服务功能，以红色旅游产业发展助推全县脱贫攻坚。

【民族团结】 县文化旅游广电局被命名为自治区民族团结进步创建活动示范单位。县文化旅游广电局牢牢把握“共同团结奋斗、共同繁荣发展”的民族工作主题，经争创，被自治区统战部、民委命名为全区第七批民族团结进步创建活动示范单位。

【文艺演出】 西吉县创作的大型现代眉户剧《丁香花开》赴北京演出取得圆满成功。在中宣部、文化部举办的全国基层院团戏曲会演活动中，西吉县创作的大型现代眉户剧《丁香花开》代表宁夏进京演出，并获得好评。《丁香花开》以精准扶贫、乡村旅游为主题，由序幕、卖牛、摸底、帮扶、开发、挂牌、尾声七幕组成的脱贫富民故事。

（马会田）

图书管理

【经济指标】 完成销售收入1334万元，比2016年1267万元增加67万元，增幅5.2%。其中教材销售989.3万元，比2016年的927万元增加62.3万元，增幅7.8%；教辅销售190.1万元，比2016年的76万元增加114.1万元，增幅98%；一般图书销售235.3万元，比2016年的251万元减少15.7万元，减幅27%。2017年销售实现利润60.7万元，超预算11.7万元，费用率控制在13.01%。

【教材教辅】 教材发行依然是工作的重中之重，在工作中始终牢牢抓住这个龙头，运用“主动、高效、细致”六字诀，打好经营主动仗，确保从征订到发行各个环节“零差错”。一是加强沟通协调。在免费教材的征订中，把工作重心主要放在学生人数的落实上，先后多次与当地所有中小学主动沟通，落实学生人数。通过“学校上报，县局审核，联合抽查”的方式，力争做到人数正确，征订合理。二是强化服务意识。高中非义务教育阶段的教材，学校自主权大，各学校使用教材品种大多不同，很难掌握征订品种是否齐全。上门征订《中小学生国学》《暑假假期作业》《中考新突破》《高中读本》《图册》《作文读本》等教辅共计13.8万册。

【一般图书】 面对竞争日益激烈的图书市场，2017年新华书店按照“政治读物带动一般图书销售”的发行战略，采取一系列有效的措施，集中突击一般图书的销售，取得了较好的成绩。一是调整图书结构。进货方面，相应增加了科技、社科、计算机和农业科技用书的进货量，积极调整了卖场图书结构，形成常销书、动销书、畅销书组成合理的备货体系。分析销售报表，总结销售经验，汇总读者意见，发现问题职工集体讨论并及时解决。抓好每个节日期间图书促销活动，积极布置店堂展台，更新宣传标语，配合集团统一活动，为全县广大读者提供丰富的精神盛宴，取得了较好的社会效益。存货方面，畅销书和排行榜图书集中摆放且预留较多库存，滞销图书及时请退，缺书登记加快追订，保证图书销售正常运行。二是抓住有利时机。结合政府部门多次开展的学习活动，成人各类考试（公务员考试，教师资格证，医师，建筑方面等）。深入研究学习内容、推荐图书、预计销售数量、提前备货。如《理论热点面对面2017年》累计销售1700册，码洋33660元。中共十九大文件及学习读本，单位给每人下达了发行任务，销售码洋约30万元。《治国理政》第二卷已销售1300册。三是注重活动牵引。2017年，新华书店抓住“世界读书日”、“六一”儿童节、“科技下乡”等时机，精心组织策划一系列新形势多样的促销活动，先后与当地有关部门共同举办各类促销活动5场次。4月22日，精选了一批适合大学生阅读图书，与固原地区新华书店联合在固原师范大学流动售书，所有图书8折销售，当日销售1286元。4月23日，与西吉县图书馆联合开展了“书香西吉、全民阅读”活动，在图书馆门口为广大读者免费发放各类图书400余册同时开启流动售书车，所有图书8折销售，一天销售4000余元，创历史新高。新华书店先后到火石寨、新营、田坪等乡镇流动售书20次，销售总码洋3458.6元，流动售书不仅活跃了全县人民的精神文化生活，还在群众中掀起了读书和购书的热潮。新华书店利用开学期间和寒暑假机会带领职工先后到二校和回校门口摆摊售书9次。

【图书招标】 一般图书招标工作是近几年新华书店一个突破口，通过全店共同努力连续3年中得了西吉县教育体育局图书薄改项目。2017年一般图书中标3次，中标实洋分别为52.2万元、16.8万元、4万元。

【图书捐赠】 新华书店选节日为学校捐赠图书，如“世界读书日”、“六一”儿童节先后到西吉一小、王民小学、实验中学捐赠图书900余册，码洋4.8万，文具盒220个，金额3600元。

（张继川）

火石寨管理处

【火石寨自然保护区概况】 西吉县火石寨国家级地质森林公园管理处成立于2006年4月16日（西党办发〔2006〕63号文件），是西吉县人民政府直属事业单位，2017年8月整合党家岔湿地保护区管理处，现有编制20人，其中管理岗位5名，专业技术岗位10名。火石寨丹霞地貌国家级自然保护区位于西吉县北部的火石寨乡境内，北纬36° 04′—36° 11′，东经105° 40′—105° 50′，南北长17千米，东西宽10千米。主要保护对象为丹霞地质地貌及其生物多样性。保护区内镶嵌白庄、石山、蝉窑、沙岗、元嘴、罗庄等7个行政村，扫竹岭、月亮山（部分）2个国有林场。

【党家岔湿地保护区概况】 西吉县党家岔湿地保护区位于西吉县震湖乡党家岔村，保护区总面积为45.57平方千米。主要保护对象为地震滑坡堵塞形成的湿地生态系统及其野生动植物（鸟类、鱼类等）。保护区内涉及党岔、蒙集、东岔、红庄、龙川、陈岔、立眉、和平、河滩、苏堡、孟湾、堡玉、王坪13个行政村，党家岔湿地管理处成立于2006年4月16日，2017年8月合并到火石寨管理处。

【专项整治】 一是根据环保部等七部委《关于联合开展“绿盾2017”国家级自然保护区监督检查专项行动的通知》以及区、市、县关于开展“绿盾2017”自然保护区清理整治专项行动工作方案的要求，全力开展“绿盾2017”自然保护区清理整治专项行动，成立了领导小组，制定了整改方案，整合执法力量，集中清理整治，完成了中央第八环境督察组督查反馈、卫星遥感监测和“绿盾”自查的三大类共43处问题的全面清理整治，全面完成了中央第八环境巡查二组巡查火石寨自然保护区人类活动点位的整改。二是委托天拓公司完成了火石寨丹霞地貌国家级自然保护区边界及功能区划勘界测量及评估报告，栽立界桩1200多个、大中型界牌39处。三是完成了党家岔湿地保护区269处人类活动点位的排查统计工作，分门别类制定了整改方案。

【综合工作】 一是建立健全了巡查管护制度和数据信息保密制度。建立了“日巡护、周小结、月上报、季通报、年考核”的日常巡查管护制，健全了巡查管护记录台账，加强对有关保护区坐标点位等重要信息的保密管理工作。二是进一步加强自身能力建设，完成了火石寨自然保护区管理处与党家岔湿地保护区管理处的机构整合工作，完成了火石寨自然保护区派出所的申报工作，初步建立了专门的巡查管护执法队。三是加强自然保护区内安全隐患大排查工作。在两个自然保护区重要位置、危险地段（水域）设立禁止和警示标牌64处，建设安全防护装置（防护网等），对涉及保护区和保护区内旅游项目的9大类18个安全生产问题建立隐患排查记录台账，由专人定期进行检查，及时发现问题，及时整治，确保单位内部和保护区安全生产事故零发生。四是精神文明建设硕果累累，科教宣传丰富多彩。争创市级文明单位和县级文明单位，充分利用“山花节”“生物多样性宣传日”等节日和“绿盾2017”自然保护区清理整治专项行动等，张贴各类宣传画页160余张，组织单位职工、学生、社团代表3000余人次在火石寨自然保护区义务参加环境卫生清理等劳动，使青年学生和广大干部群众亲身接受了一次“绿水青山就是金山银山”的现实教育，组织单位干部职工积极参加全县秋季植树造林整地工作并提前高质量完成了任务，组织单位工作人员积极参与“文明固原”志愿者注册行动，注册参与率达到了100%。五是抽调两名副主任分别任职平峰镇李营村和马建乡白台村扶贫第一书记，两名干部离职离岗专门从事所帮扶联系贫困村的精准扶贫工作。六是积极参加在上海举办的全国森林旅游节。充分利用森林旅游节这个“绿水青山”宣传平台，通过展板、宣传折页、旅游门票、新闻媒体、网络信息等丰富多彩的手段和媒介工具，大力对外宣传西吉农牧业特色产品、西吉红色旅游和生态旅游、西吉乡土文学、西吉农业休闲观光旅游等西吉品牌，宣传火石寨自然保护区品牌，紧抓机遇，普及《中华人民共和国自然保护区条例》。森林旅游节期间，共制作各类宣传展板6个，发放宣传材料2万多份，赠送火石寨旅游门票3000多张，接待来自全国各地各阶层咨询问讯人士2万多人次，取得了良好的宣传和推介效果。七是在2017年荣获西吉县委、政府颁发的全县环境整治工作部门一等奖。

【项目建设】 一是大石城影视临时拍摄场景生态修复项目，完成垃圾清理3.6万立方米，投资98.52万元，恢复生态面积20.36亩。二是马莲湾子废弃沙场生态修复项目，投资89.20万元，恢复生态面积25.93亩。三是云台山隧道两侧护坡生态修复项目，投资99.2万元；装填生态修复袋8万多个，恢复生态面积6.2亩。四是完成了北门农家乐、管护站生态停车场、北门停车场等拆除迹地的生态修复工作。五是配合有关专业工程公司编制完成了《宁夏火石寨丹霞地貌国家级自然保护区界碑（桩）埋设工程实施方案》《宁夏火石寨丹霞地貌国家级自然保护区制作安装宣传禁令标识牌实施方案》，修改完善上报了《火石寨国家森林公园总体规划》完成上报了《2017年火石寨国家森林公园林相改造项目实施方案》。六是完成了保护区生态红线划定工作。七是按照自治区环保厅的安排部署，组织人员编写了《宁夏火石寨丹霞地貌国家级自然保护区拟建项目计划书》。八是编制上报了《宁夏火石寨丹霞地貌国家级自然保护区综合管理平台建设项目》《宁夏火石寨丹霞地貌国家级自然保护区开展生物多样性与减贫示范项目》《宁夏火石寨丹霞地貌国家级自然保护区生态恢复工程项目》《宁夏火石寨丹霞地貌国家级自然保护区规范化建设项目》《火石寨国家级地质森林公园管理处旅游精准扶贫项目》5个项目。九是编制完成上报了党家岔湿地保护区基础设施建设项目，计划总投资1500万元，进入环评审核阶段。

【宣传工作】 一是加强信息撰写和报送工作，全年完成80余篇信息发送，利用火石寨保护区微信公众平台及时发布单位工作动态、法律法规、保护区条例等内容；二是在党家岔湿地保护区成功举办了第22个世界湿地日宣传活动；三是大力宣传《中华人民共和国自然保护区条例》及有关自然保护区法规、条例。

（马宝义）

广电网络

【概　况】 2017年西吉分公司完成营业收入212万元（其中收视费166万元，配套建设费27万元，其他收入19万元）。新增用户480户。截至2017年年底，西吉分公司共发展有线电视用户（在册用户）8310户。（其中高清、宽带用户为3928户，标清用户为4382户）。截至2017年年底缴费用户为5581户。续费率为67.2%。

【安全生产】 2017年西吉分公司一是为用户上门维护检修2800多人次，完成了城区光缆线路的正常巡查、维护以及敏感时期的光缆线路巡护任务。全年运行维护工作正常，未发生责任事故。二是对前端机房多次进行了定期大检查，对各种设备进行了维护，确保有线电视信号的正常传输。三是分公司组织进行了消防安全知识培训和演练，对重要位置购置配备了新的灭火器材，杜绝各类火灾隐患。四是因当地政府进行工程施工及社会车辆运输等造成国（省）干线路阻断2次，分公司按照基础网络部要求及处理流程，进行了及时抢险维护，确保了第一时间的线路畅通。

【“户户通”工作】 西吉分公司按照区公司有关要求，逐步规范“户户通”运营管理工作，确保“户户通”在当地能够长期通、优质通。全年延保“户户通”用户1900余户。

【宣传工作】 西吉分公司坚持“以市场为导向、以客户为中心”的经营理念，多形式开展营销宣传活动。一是组织人员分成四组（每组两人）每天进小区、商场、广场等人员聚集区开展地毯式营销宣传，散发宣传材料，向用户介绍广电业务，宣传达3500人次。二是在宣传业务的同时对欠费用户进行催缴，催缴用户达1500人次。三是5月对费用快到期的农村电信用户进行了广电业务置换，发展农村用户450余户。四是响应集团公司发出的“大干100天，决胜四季度，确保完成全年任务”，西吉分公司联合创维集团全面启动“以旧换新”便民工程，活动前5天，由三人组成流动宣传小组在各乡镇街道、新农村等轮回展出宣传，活动两天卖出电视30余台，收入约12万元。

【“宽乡”项目】 按照宁夏广电传媒集团、总公司关于实施全区“宽乡”项目工程总体要求，西吉分公司2017年组织人力、物力做到前期勘察、网络规划、协调乡镇机房等工作。一是完成了吉强镇、兴隆镇、将台堡镇等19个乡（镇）“宽带乡村”的全覆盖，乡镇通达率为100%。同时落实乡镇机房100%，完成90%乡镇机房380伏市电引入。二是共铺设各种光缆约963千米，新建杆路约110千米，栽杆2220根，建设光缆交接箱87个。三是269个行政村已通达151个，通达率为56%。四是开通了兴隆镇单明村、吉强镇万崖村、兴德村等有线电视网络业务，其他行政村、自然村分配网络建设正在稳步推进。

【网络改造】 按照集团、总公司网改要求，西吉分公司加大对县城9920户同轴电缆用户进行光纤改造，全年完成惠安小区、民生家园、西京广场、阳光福苑、润泽华府等12个小区的光纤改造，敷设各种光缆约71千米，建设光缆交接箱29个，分配箱380个，改造覆盖用户达5800户，光纤改造率为58.5%。

【技术创新】 一是分公司与苗壮公司技术人员完成了西吉分平台的建设框架，分平台内容正在和有关单位对接和遴选阶段。二是“睛彩宁夏”手机APP下载推广及智慧社区样板间选址工作正在稳步推进。三是电子阅报屏安装工作正在与有关部门、单位对接中。

（杨志胜）

地　震

【概　况】 西吉县地震局隶属西吉县人民政府参照公务员管理的直属事业单位，内设办公室、数据监测室、震害防御室；编制人员6人，现有人员6人，有水位观测点2个，强震监测点3个，信息节点1个，宏观观测点18个，地震灾情快速捕获系统2处，宽频带流动地震台阵探测点4个，地震预警和烈度速报系统11个，建立应急避难场所125个，其中设有标识牌的15个，有地震宏观观测点18个，雇用宏观观测员18人。

【抗震设防】 一是加强防震减灾法制建设。认真贯彻落实《中华人民共和国防震减灾法》《宁夏回族自治区防震减灾条例》等法律法规，积极推进全县防震减灾法制建设。根据区、市业务部门的要求，结合西吉县工作实际，组建防震减灾执法队伍1支6人，积极参加县法制办举办的法律知识培训，通过学习防震减灾法律法规，为依法开展地震行政执法奠定了基础。二是加大抗震设防监管力度。严格按照抗震设防认定标准，为在建项目工程施工单位，颁发抗震设防确认书。一年来，为全县在建项目工程颁发抗震设防确认书6家13252平方米。

【地震前兆分析】 一是积极配合区监测中心对西吉县医院、西吉中学两处人口密集区地震灾情快速捕获摄像系统和网络视频进行维护调试，建立了区、市、县三级联动应急指挥。捕获摄像系统的建设可以从不同角度拍摄西吉县地震前后实物景象对比，极短的时间内获取人员伤亡和房屋破坏信息，为领导开展震后救援决策提供翔实依据，同时对灾情评估提供第一手资料，进一步提高了西吉县地震应急响应速度、应急指挥水平和紧急救援能力，网络视频的建设，丰富了职工通过网络视频讲座的学习，提高职工防震减灾工作能力。二是积极配合区、市地震局完成了西吉县城内一处强震测报点的迁移工作并投入使用，并定期或不定期地对县城和火石寨景区两个强震测报点进行维护、检修。截至2017年年底，该强震测报点仪器运作正常。

【地震监测】 一是加强监测设施环境保护。经常性的深入各观测点对监测仪器、观测资料、通信设备、环境卫生等进行督促检查，及时解决工作中存在的困难和问题。对仪器记录图纸，做到表面整洁，标注准确明了，原始记录项目填写齐全，确保了观测资料及时准确、连续可靠、快速传递。二是坚持“内紧外松”原则，做好震情跟踪，坚持一把手带班制、重大情况汇报制和24小时值班制。特别是2017年“8·8”四川九寨沟7.0级地震和“9·2”固原4.6级地震的发生，西吉县震感强烈，县地震局领导及时向县委、县政府主要领导及分管领导作了汇报，并组织全体职工、宏观观测员利用电话、微信、进村入户等形式，深入乡、村、农户家中，及时了解掌握群众房屋受损情况，及时了解掌握辖区内宏观异常信息，进行震后群众的心理安抚、民房的排查，通过正面宣传、引导，消除了群众的恐慌心理，避免了震后的各种谣言。通过摸底排查，全县民房受损为零，通过宣传教育，震后无一例谣言发生，民心稳固、社会稳定，有力地促进了全社会和谐、健康的发展。同时，根据区、市业务部门要求，一年来，共组织周会商41次，参加区会商1次，市会商1次，定时向区、市业务部门上报观测数据、信息节点工作日志、异常信息、会商意见。三是加强“三网一员”队伍建设，不断提高观测人员的技术水平。为了加强宏观观测网络体系建设，捕捉宏观异常信息，积累地震预防预报经验，狠抓“三网一员”队伍建设。一年来，先后召开宏观观测人员业务知识培训及宏观观测员会议3次，学习宏观前兆异常知识以及宏观观测方法、观测手段、观测记录、信息上报等知识，使每位观测人员能结合各辖区内观测对象（鹿、鱼、牛、羊、鸡等）的生活习性异常变化及深井水位异常情况进行相互交流、相互学习，提高了鉴别宏观异常的准确性。

【防震宣传】 一是充分利用“三下乡”、“科技活动周”、“5·12”防灾减灾日、“千导宣城”等活动，开展防震减灾科普知识宣传。在新营、兴坪、吉强等乡（镇）及西吉中学、西吉三中等中小学校向广大群众和中小学生传授防震减灾科普知识，发放《农村民房抗震知识》《中小学生防震减灾知识读本》各4000册，发放印有防震减灾宣传歌谣的门帘3000条、围裙3000条，发放防震减灾宣传单1万份，制作防震减灾宣传展板12块，根据不同宣传时段，内容更换3次，悬挂防震减灾宣传横幅12条，播放防震减灾宣传系列片3场次，组织参加宣传活动志愿者达300人次，受益群众达30万多人次，宣传活动丰富多彩，形式灵活多样，内容深入人心，取得了良好的社会效果。有力的推进了防震减灾工作的顺利进行。二是深入扎实开展“防灾减灾日活动”。通过西吉有限电视滚动播放“防灾减灾”宣传标语，在人口密集区张贴防空警报公布，开通手机短信平台互动等多种形式，为开展好演练活动营造了浓厚的舆论氛围。5月12日14时28分，由106个机关、企事业单位、社区，436所中小学校、幼儿园约19万人参加的大型防震减灾演练活动统一进行，整个演练过程组织得当，参演群众进退有序，为提高自救互救、应急避险能力积累了丰富的实践经验，取得了良好的社会效应，也是政府重视、部门协作、企业互动、全民参与的应急活动典范。三是积极创新，开展防震减灾宣传“六进”活动。从新年开始，县地震局组织单位职工深入精准扶贫包扶的兴平乡杨坪村，利用入户扶贫工作的机遇开展防震减灾宣传活动，通过村两委班子、清真寺阿訇、村组群众面对面、零距离接触，详细讲解精准扶贫的相关政策和防震减灾知识，并现场查看了清真寺、民居住宅及危房改造施工中民居工程安全性能以及紧急疏散通道的设置情况，大力宣传防震避险基本常识，向全体村民发放《农村民房抗震知识读本》小册子500册，门帘、围裙各300条，受教群众达1500人次，为进一步增强群众防震减灾安全意识，提高防震避险和自救互救能力起到了良好的作用。

【地震应急能力建设】 一是救援组织体系逐步完善。认真贯彻落实国家、自治区地震法律法规，建立健全县、乡两级防震减灾工作机构，根据人事变动，及时充实更新县、乡两级政府防震减灾工作领导小组成员，制定完善了县、乡两级统一领导、责任明确的防震减灾指挥体系，进一步明确细化领导小组办公室及成员单位工作职责。建立完善防震减灾工作联席会议制度，召开防震减灾工作联席会议，听取工作汇报，研究解决有关问题，切实加强对防震减灾工作的组织领导和监督落实。二是加强对应急避难场所的建设和保护力度。建立应急避难场所140个，其中县城固定应急避难场所15个，设立避难场所标识牌13处，临时场所125个（包括19个乡镇），为开展地震应急救援创造了先决条件。同时，积极开展创建科普示范学校、科普示范社区活动，先后创建了区级科普示范学校2所、市级科普示范学校2所、农村民居地震安全示范村1个、国家级地震安全示范社区1个。2017年积极申报了西吉中学为国家级科普示范学校，软件、硬件条件已经成熟，待考核专家组评估验收。三是地震应急救援装备完善。西吉县用于地震应急救援车辆包括运送兵员、住战车、道路疏导、物资运送、吊车、发电车等共46辆，车辆状况良好，驾驶人员技术过硬。用于应急破拆设施、无齿锯、防毒面具、铲车、水泵、电信ETS终端、CDMA应急终端等地震应急救援设施、装备、器械较为完备。四是地震应急救援物资储备丰富。地震应急救援物资的储备种类达120多种，主要涉及生活日常用品、医疗救护用品等，有固定的储备地点，电话畅通，一旦发生地震，在第一时间内，按照抗震救灾指挥部的统一安排部署，救援物资会及时送达灾区。五是地震应急反应能力显著增强。进一步健全完善覆盖全县的地震应急保障体系，制定《西吉县地震应急联动机制建设实施方案》，完善“三网一员”地震信息快速收集及速报系统，为全县地震应急救援工作提供强大的技术支撑。修订完善了《西吉县地震应急预案》，督促各乡（镇）、各成员单位以及生命线工程单位制订相应预案，完善了预案管理体系。组建了以武警、消防、公安、卫生、电信、供电、交通、水务、建环等部门为主的10支456人应急抢险队伍。六是加强督导检查。为加强防震减灾工作的长效机制，积极向政府建言献策，成立了西吉县地震应急工作检查小组，定期或不定期地开展地震应急工作检查，就地震应急救援组织体系、应急预案、应急物资、储备场地、工作机制等建设情况开展督查，通过查漏补缺，相互促进，健全县地震应急工作组织机构健全、物资储备丰富，为开展自救互救工作，奠定了基础。

【隐患排查】 根据区、市、县政府要求，开展了全县性的地震应急防范准备和风险隐患排查工作，通过实地摸排，共排查出因滑坡、泥石流或地震可能引发的地质灾害隐患点77处，均为可控程度，配备专职监测人员，有相应的应急预案及处置能力；全县供电系统存在风险隐患点有33处，均已进行基础加固或杆基移位，建立了应急预案，具备应急处置资源和能力；石油公司存在风险隐患点7处，建有应急物资储备6类，分别是锥形事故柱10个、隔离警示带2盘、急救箱1个、便携式防爆手电筒2只、溢油处置物资2类，检测仪器4台和其他应急物资5类，每月组织两次应急预案演练，具备应急处置能力；城市供水、中小型水库没有风险隐患，建有应急预案；燃气方面风险隐患点3处，建有应急预案，均已制定整改措施；地质灾害方面风险隐患点34处，目前处于稳定状态，将持续监测；民政局应急物资储备点没有风险隐患，针对米面油、方便面、矿泉水等生活用品不易长期保存的实际，与法福来粮油生活馆、中街商城、宾馆超市、汇源百货批发部等中小超市、私营店铺书面或口头签订了代储协议，如发生自然灾害，能够第一时间调拨，确保受灾群众基本生活有保障。学校、医院、集市、主要交通要道（省道202、国道309）等人员集中地以及通信基础设施均无风险隐患。

（马 骏）

气象预测

【概 况】 西吉县气象局始建于1957年2月，现位于吉强镇西街南路12号，地理坐标为北纬35° 58′，东经105° 43′，海拔高度1916.5米。现有在编人员15人，均为本科学历，其中副研级高级工程师2人，职工平均年龄34岁，是一支富有活力的团队。主要承担综合气象观测、预报预警及气象服务业务。属于国家基本气象站，实行24小时值守班制度，地面气象资料参与全球气象资料交换。近年来，为满足气象防灾减灾需要，在全县范围内建设各类区域自动气象站36个，土壤水分站2个，无人国家自动站1个，实现了气象站点乡（镇）全覆盖。预报预警业务在与区、市气象台交流会商的基础上，积极开展订正预报，制作精细化预报，并广泛开展服务。近年来，依托“两个体系”建设，完善了手机短信平台、应急信息发布平台及预警终端（电子屏、农村广播），利用平台及终端积极开展预报预警业务，增加了气象信息发布的时效性，扩大了气象信息覆盖面，取得良好的效果。同时，制作的各类服务材料，为县委、县政府调整农业种植结构、开展防灾减灾等方面起到了决策作用。

【气候概述】 气温：2017年平均气温为6.8℃，较2016年（6.9℃）偏低0.1℃，较历年平均气温（5.8℃）偏高1℃。其中除3月及8月较历年平均气温偏低1.2℃和0.1℃外，其他月份较历年平均气温偏高0.1℃—2.7℃，特别是1月气温较历年值偏高2.7℃。年极端最高气温为32℃，出现在7月9日；年极端最低气温为-17.6℃，出现在1月12日。最热月为7月，平均气温为20.9℃，最冷月为12月，平均气温为-6.6℃。

降水：2017年总降水量为478.1毫米，比2016年（300.5毫米）偏多177.6毫米，比历年平均（391毫米）偏多87.1毫米。其中2月、3月、8月、10月偏多7—135毫米，其他月份偏少0.9—35.2毫米。

日照：2017年日照时数2278小时，比2016年日照总时数（2537.4小时）偏少259.4小时，比历年平均（2339.8小时）偏少61.8小时。

无霜期：2017年终霜日为5月8日，初霜日为10月11日，无霜期157天。

【气候评价】 2017年西吉县气候总体特点为：气温偏高，冬春季节降水偏少，夏季降雨集中。其中，气温：6.8℃，为1961年以来第3高值，仅次于2006年（7.2℃）和2016年（6.9℃）；降水量：478.1毫米，总降水日数为108天，较2016年偏多23天；小雨以上（日降水量≥10毫米）日数为16天；人影作业：全年共组织开展人工防雹（增雨）作业56点次，消耗火箭弹198枚、人雨弹359发。1.冬季（2016年12月至2017年2月）：季平均气温为-4.2℃，较历年同期值（-6.7℃）偏高2.5℃；降水量为14.5毫米，较历年同期值（8.4毫米）偏多6.1毫米，日照时数607.7小时，较2016年同期值（559.9小时）偏多47.8小时。气温偏高，降水偏多，由于降水集中在2月，而前期无有效降水，所以土壤墒情增加不明显。季节内共开展人影作业12点次，消耗火箭弹78枚，合理开发空中水资源，增加土壤墒情，降低森林火险等级。2.春季（3—5月）：季平均气温为6.8℃，较历年同期（6.8℃）持平；降水量73.4毫米，与历年同期值（73.3毫米）持平；日照时数588.2小时，较2016年同期值（691.9小时）偏少103.7小时。季节内3月气温偏低，4月气温偏高，5月气温基本持平，降水较往年基本正常，土壤墒情逐渐恢复正常，为春季播种提供了良好的环境。季节内共组织开展人影作业17点次，消耗火箭弹78枚。3.夏季（6—8月）：季平均气温为18.2℃，较历年同期（17.2℃）偏高1℃；降水量326毫米，较历年同期值（219.7毫米）偏多106.3毫米；日照时数667.6小时，较2016年同期值（756.5小时）偏少88.9小时。6月天气变化异常，雷雨天气偏多。8月中下旬西吉县出现了连阴雨天气过程，下旬降水量达136.1毫米，较历年同期（27.1毫米）偏多402%，降水导致城市内涝、道路坍塌等灾害，此次连续降水造成西吉县吉强镇、偏城乡、西滩乡、沙沟乡等乡镇人员住房受到不同程度损坏，农作物受灾严重，部分农作物（如马铃薯、玉米等）减产严重。季节内共开展人影增雨7点次，消耗火箭弹42枚，防雹20点次，消耗人雨弹359发。4.秋季（9—11月）：季平均气温为6.9℃，较历年同期（5.9℃）偏高1℃；降水量65.5毫米，较历年同期值（89.6毫米）偏少24.1毫米；日照时数414.5小时，较2016年同期值（492.7小时）偏少78.2小时。本季节内气温偏高，降水偏少，对冬小麦播种及秋覆膜的正常开展较为不利。5.土壤水分变化趋势：全年共开展固定地段测墒27次，马铃薯作物观测18次，生态观测9次，开展墒情苗情调查5次。

【气象灾害】 干旱：2016年10月28日至2017年2月20日，全县连续116天未出现5毫米以上的有效降水天气，累计降水量仅7.7毫米，较常年同期偏少30%。截至2月20日，全县大部分农田出现干土层，干土层厚度在8—12厘米之间，部分乡（镇）出现了人畜饮水困难，发生了中度气象干旱。2月20日傍晚到夜间，全县大范围出现了明显降水天气过程，降水量达到6.7—11.5毫米，积雪深度普遍在4—10厘米之间，干旱虽有缓和，但仍维持轻度及以上干旱。2月下旬虽出现两次降水天气过程，使干土层有所抑制，但降水在空间上分布不均，且受大风及蒸发影响，表层失墒加快。同时，农田底墒严重不足，干旱

2017年3月28日，气象服务人员开展测墒调查与农户交流墒情情况

的威胁依然存在，春播形势较为严峻。2月27—28日气象局主要负责人及业务人员陪同县政协调研组对县内红耀、震湖、平峰、沙沟等乡镇进行全县抗旱与春耕生产工作安排，经现场测墒结果分析，红耀一带土壤墒情为丁等墒，干土层为10厘米左右；震湖覆膜表层墒情达到甲等墒，膜侧表层墒情为乙等墒，裸地表层墒情为丙等墒，干土层为6厘米左右；平峰墒情较好，为乙等墒到甲等墒；沙沟地段墒情较差，为丁等墒，干土层为10厘米左右。

5月2日受冷暖空气影响，配合人工增雨作业，西吉县出现了明显降水天气过程，全县累计降水量在7.5—30.3毫米之间，其中最大降水量出现在兴隆玉桥，为30.3毫米。本次降水过程持续时间长，雨势平稳，渗透度好，有效改善了土壤墒情，对冬春小麦生长，玉米、马铃薯等秋作物的播种十分有利，同时为生态恢复建设提供了充分的水分条件，也降低了森林草原火险气象等级。进入7月，持续高温，较常年偏高2.8℃，降水偏少17%，除个别乡镇遭遇短时强降雨外，大部分乡镇都没有出现有效降雨，据气象部门测墒结果，吉强镇和兴隆镇出现5—10厘米干土层，全县秋季作物普遍出现枯萎现象，旱情再次发生。7月26—27日西吉县普降中雨、局地大雨，在此降水过程之前，全县持续晴热少雨天气，除个别乡镇出现短时强降水外，县域内大部分乡镇都未出现有效降雨，吉强镇、兴隆镇出现5—10厘米干土层，土壤含水率在8.5%—17%之间。根据民政局统计，冬春连旱致使全县受灾人口达15.5万人，因旱需生活救助人口9.6万人，其中：因旱灾缺水人口达9.6万人，缺水大家畜5.5万头，缺水羊只15.3万只，直接经济损失810万元（因拉水费用产生）；7月旱情害涉及全县19个乡（镇），受灾人口达28.4万人，造成全县25933公顷秋季农作物受灾，成灾面积20133公顷；绝产面积10000公顷；需生活救助人口22.7万人，需饮水救助人口12万人，饮水困难大家畜7.2万头，直接经济损失7677万元。

冰雹：全年发生冰雹灾情6次，主要集中在6月，分别为6月7日、6月18日、6月20日、6月21日、6月29日和7月14日。其中6月7日冰雹灾情最严重。6月7日下午至前半夜，西吉县部分乡镇出现短时强降水、冰雹、雷暴天气过程，全县累计降水量为0.3—20.8毫米，小时最大降水量14毫米，出现在兴隆镇杨茂村；其中新营、什字、偏城、白崖、火石寨乡、吉强镇五乡一镇出现冰雹过程，冰雹密度大，厚度达到5—10厘米，最大冰雹直径12毫米。冰雹灾害造成正在出苗的玉米、豌豆、马铃薯等农作物受灾严重，据县民政部门统计，此次灾情涉及6个乡（镇），43个行政村，受灾最严重的是新营乡和火石寨乡，受灾面积达到9598公顷，成灾面积5784公顷，其中：小麦受灾面积1723公顷，玉米受灾面积1239公顷，胡麻受灾面积973公顷，豆类受灾面积1054公顷，杂粮受灾面积1200公顷，马铃薯受灾面积4396公顷，其他经济作物748公顷，造成农业直接经济损失3419.1万元，受灾人数52057人，灾害没有造成人员伤亡事故。

暴雨：全年主要发生了3次，为6月19日、7月15日和7月28日。6月19日13时，西吉县白崖乡、白城出现冰雹、短时强降水天气，冰雹直径8毫米，由于持续时间短，未造成灾情。白崖乡最大小时降水量为22.6毫米，累计降水量40.2毫米，经县民政局统计，灾害共涉及新营乡、白崖乡16个村68个村民小组，3735户14731人。灾害造成各类农作物受灾面积2371.4公顷，其中成灾面积780.7公顷，绝产面积409.3公顷；新营乡石岘村一人被雷击，现已脱离危险，留院接受皮肤烧伤治疗；白崖乡16户27间房屋被水毁不同程度受损，其中4户4间倒塌。已搭建帐篷4顶，安置受灾群众4户17人，水毁100平方米牛棚1处。灾害造成两乡直接经济损失730万元。

7月15日14—17时，白崖、火石寨、田坪、兴隆4个乡（镇）先后出现短时强降水、冰雹、雷暴天气过程，冰雹最大直径约10毫米；火石寨14—17时累计降水28.1毫米，14—15时一小时最大降水量19.5毫米。据县民政部门统计，灾害共涉及4个乡（镇）、12个行政村、56个村民小组、2902户12718人。各类农作物受灾面积2649.3公顷，成灾面积2501.1公顷，绝产面积528.7公顷，倒损房屋6间，其中倒塌房屋1间，严重损坏3间，一般损坏2间，灾害造成直接经济损失972万元，灾情没有造成人员伤亡。7月26日夜间至28日白天，马莲、偏城、兴隆3个乡（镇）先后出现暴雨天气过程，最大小时降雨量为35.5毫米出现在兴隆镇玉桥村，最大累计降水量为91.8毫米，出现兴隆镇杨茂村，马莲、偏城累计降水量分别为75.9毫米和59.9毫米。据县民政局统计，灾情导致全县3个乡镇、37个行政村、5272户23813人不同程度受灾，遭水毁的各类农作物受灾面积3508.7公顷，成灾面积2980.4公顷，绝产面积154.1公顷。偏城乡双羊套和上马村因灾损坏房屋4户8间，灾害造成直接经济损失523.2万元，灾害未造成人员伤亡。

连阴雨：8月19日至27日，全县范围内出现了连阴雨天气过程，个别乡镇达中到大雨，全县降水在51—150.8毫米之间。据县民政局统计，连续降水使吉强镇、偏城乡、西滩乡、沙沟乡94户455人受灾，导致农户住房及牛羊圈舍遭到不同程度损坏，农作物受灾面积193公顷，成灾面积193公顷；降水造成房屋裂缝25户45间，多处牛羊圈舍围墙倒塌，造成直接经济损失139万元，灾害未有人员伤亡，受灾群众已得到妥善安置，情绪稳定。

【基础业务】 1.综合观测质量稳中有进。年内国家观测站、无人站、区域自动站、土壤水分站运行可靠，传输及时，资料可用性高；对火石寨、田坪的两个骨干站进行了升级，震湖、白城等其余5个骨干站基础建设任务完成；完成土壤水分站送检及UPS电源电池更换工作；完成了站网核查和自动站标校工作，监测网点的布局得到进一步优化。2.气象服务积极主动。2017年气象局针对马铃薯特色产业，大力开展气象服务，并形成专报及时向决策部门、合作社、企业进行服务。全年共制作《气象信息专报》59期、《农用天气预报》70期、《马铃薯气象服务专题》16期、《西芹气象服务专报》3期、《佳立薯业气象服务专报》3期；年内发布气象预警信息101条，服务23.9万人次；雨情信息57条，服务4.3万人次。年内决策服务材料和气象主要文件获领导批示8次；2月根据西吉政协调研组安排，开展抗旱与春耕生产现场测墒服务；8月下旬与农牧局联合开展马铃薯晚疫病调查；1—11月电子屏、大喇叭运行稳定，正常率考核居全区前列。1人被推荐为中国气象局重大气象服务先进个人。

【气象防灾减灾】 1.完善业务流程提高服务效率。汛前完善了业务流程和应急预案。组织全体业务人员学习《基层突发灾害性天气预警服务基本标准规范（试行）》《基层气象台站突发气象灾害临近预警服务业务基本要求》，并制定了《西吉县气象局气象灾害预警信号发布及服务工作制度》，服务过程中注重留痕管理，修订了预警信息发布日志，主动开展叫应服务，提高预警服务的效率。2.实现了决策层、敏感高危行业及气象信息员的灾害预警服务全覆盖。6月印发了《西吉县气象局关于商请确认接收决策气象服务信息的函》，完成服务单位、联络人员信息重新确认，同时将国突平台、短信平台服务对象库进行全面更新；8月对各乡镇对全县信息员进行了培训，培训内容包括信息员职责、气象灾害防御、钉钉软件安装应用等方面的知识，同时建立了西吉县气象应急管理微信群，为今后更好地开展气象服务工作奠定了良好的基础。3.深化部门合作，共享防灾减灾设施和资源。2017年气象局加强了与乡镇及各县直部门的联动，与国土局、水务局、交通局、农牧局、广播电视局等部门签订了合作协议，在灾情收集、预警发布等方面实现了信息共享。4. 人工影响天气工作措施得力、效益显著。全年开展高炮消雹 22 点次，发射人雨弹 381 发；开展火箭增雨 36 点次，发射火箭弹 198 枚；4 月接受了财政部人影绩效评价检查；年内完成火箭架、高炮作业装备的年检及大修工作；8 月配合区、市人影办接受中国气象局人影中心安全检查；10 月配合完成吉强、田坪高炮自动化升级改造工作。

【精准脱贫】 2017 年按“四个一”模式深入推进气象助力精准脱贫工作。一是确立佳立薯业为气象服务示范园，在建设小气候站基础上，安装了高清电子屏，制订周年服务方案，适时发布服务产品，提高种植经营能力；二是围绕“一县一业”特色种植，加大与农牧系统合作，组织专家开展马铃薯晚疫病调查，联合编发《农业气象联合专报》4 期，制作《马铃薯气象服务专题》16 期；三是充分利用气象业务平台，开展气象灾害预警、雨情信息服务；四是选择红耀乡作为气象服务试点乡，将全乡 900 余户建档立建档卡户纳入服务对象，积极开展气象服务。同时，加强与守强薯业合作，建立了马铃薯大田种植气象服务示范基地。2017 年气象局安派专人开展驻村工作，深入基层了解民情，更好地开展气象助力扶贫工作。“六一”为红耀乡大堡村小学生购置运动服务、学习用具；9 月为帮扶村安装太阳能路灯 16 盏；11 月为大堡村配备篮球架 1 副。

【作业点建设】 2017 年人工影响天气能力建设项目一期工程建设顺利实施。项目实施前，政府听取了县气象局的工作汇报，协调国土局及各乡镇完成征地工作，同时在建设过程，加强安全监管，提高施工质量。全县范围内对吉强、红耀、火石寨等 8 个作业点进行了改（扩）建，进一步提高了气象防灾减灾能力。

【地方气象】 2017 年 4 月经政府研究同意，修订印发了《西吉县气象灾害应急预案》（西政办发〔2017〕77 号）；西吉县委、县政府先后 3 次召开常委会听取气象工作汇报、安排气象防灾减灾工作。同时，在全县防汛、森林草原防火会议上，安排气象局通报气候分析和趋势预测。年内由政府办、安委会、农牧局、民政局等单位下发气象防灾减灾通知 11 个。

【社会管理】 2017 年在区局法规处和市局法规科悉心指导下，进一步明晰了社会管理职责，规范了行政检查程序。一是年初与建设部门完成防雷审批事项的移交，11 月县政府专门下发通知再次进行规范；二是通过与县编办、法制办沟通，上报了乡镇气象工作权责清单，并由政府下发了《关于印发西吉县乡（镇）人民政府行政职权事项指导目录的通知》；三是年内完成全县加油、加气站信息收集和整理，开展两次以上的防雷防静电安全监督检查。同时，平时注重对影响探测环境和施放气球行为的巡查。

（杨彭怀）

社会管理

行政审批

【概　况】 根据《自治区编办关于设立西吉县行政审批服务局的通知》（宁编办发〔2016〕366号）精神，2017年5月4日正式设立西吉县行政审批服务局，为县人民政府工作部门。承接、落实自治区、固原市人民政府下放的行政审批事项，取消自治区、固原市和县人民政府取消的行政审批事项，下放西吉县人民政府公布的下放事项。将县水务局、民政局、商务和经济技术合作局、市场监督管理局、教育体育局、城乡建设和环境保护局、林业局、农牧局、发展和改革局、人力资源和社会保障局、交通运输局、民族宗教局、卫生和计划生育局、国土资源局、文化旅游广电局、安全生产监督管理局16个政府工作部门承担的139项行政审批职责和部分带有行政审批性质的行政服务事项划入县行政审批服务局。下设综合办公岗位、效能监察岗位、网络信息化服务岗位、项目投资审批岗位、项目建设审批岗位、市场准入注册登记服务岗位、社会事业服务岗位。县行政审批服务局行政编制22名。其中局长1名、副局长3名。县行政审批服务局编制实行动态管理，按需调整。

【工作业绩】 2017年，全县共办理各类政务服务事项66929件，其中：县政务服务大厅办理60754万件、行政审批服务大厅办理6675件（项

行政审批局收到群众感谢锦旗

目投资审批股97件、市场准入登记服务股5088件、社会事业服务股1366件、项目建设审批服务股124件）。2018年1月24日前，已办理各类行政审批事项586件（项目投资审批股7件、市场准入登记服务股445件、社会事业服务股86件、项目建设审批股28件），正在办理26件（项目投资审批股20件、项目建设审批股6件）。19个乡（镇）民生服务中心和村级为民办事全程代办点办理3.2万件。

【体制机制】 2016年9月，西吉县被自治区确定为首批开展相对集中行政许可权改革试点县以来，县委、县政府高度重视，县委常委会、政府常务会议先后多次专题研究部署推进“放管服”改革、相对集中行政许可权改革、行政审批服务局筹建和不见面审批改革等事宜，积极探索，不断创新，在确保自治区确定的政府机构数额内，按照“撤

一设一”的原则，面对巨大压力、下大决心，于2016年11月22日成立筹建工作领导小组，开展县行政审批服务局筹建工作，2017年5月4日正式设立县行政审批服务局，为县人民政府工作部门，履行相对集中行政许可权职能，将原来分散在建环、卫计等18个部门办理的130项行政许可事项划转到县行政审批服务局统一审批，按照定岗、定员、定责、定质的原则，由4个业务股室集中实施，彻底打破了部门串联审批和按职能设置服务窗口的传统模式，形成了“前台综合受理、后台分类审批、窗口统一出件”的政务服务新模式，基本实现了“一枚印章管审批”和办事群众只进“一个门”，到“一个窗”办成“一件事”目标。县政务服务大厅设置服务窗口43个，进驻单位12个，办理16项公共便民服务事项。19个乡（镇）民生服务大厅均设有计生服务、就业住建、民政残联、农经财务和社会保障5个岗位，集中办理计划生育生殖健康服务证、农村妇女创业小额担保贷款审批、城市居民最低生活保障金申请等28项便民服务事项。村级为民办事全程代办点覆盖率在90%以上，极大地方人民群众办事。

【审批流程】 以县人民政府公布的167项行政许可事项为基础，对全县所有行政许可事项进行了六轮梳理和流程再造，最终确定划转到县行政审批服务局集中审批的事项130项，国务院、自治区和固原市明确取消调整的事项4项，具有专属管辖权不宜划转、保留在原单位办理的事项21项，政策性、专业性较强，暂时委托原单位办理的事项9项，取消县级无审批权限的事项3项。出台县级行政审批事项责任落实机制，进一步明确审批权限层级、现场勘验、技术业务审核时限。130项行政许可事项办理时限由法定时限的7050天压缩为4947天，压缩率达30%。以股室事项梳理规范为单元，对划转事项流程再优化，制定了标准化办理操作规程，精简了审批环节，压缩了办理时限，明确办理责任单位和责任人员，设置了受理员、审批员和审核决定员3个角色，程序相对较简单的事项由原来的受理、初审、审核、审批、发证5个环节3个层级压缩为申请受理、审批发证2个环节1个层级。专业性、技术性较强的事项，按照“窗口受理、内部流转、部门联动、限时办结”的流程联动办理，确保来即能办、办即有人，在提升效率的同时，节约了行政成本。

【基层服务网络】 一是投资200多万元，建立电子政务外网697条，为各级政务服务机构配备高拍仪366台，实现五级贯通。依托宁夏政务服务中心网上办事大厅，按时限要求和规定标准，已完成自治区派发的发展和改革局等10多部门300余项政务服务事项目录清单、实施清单县本级30多要素的规范录入，为不见面审批服务改革奠定坚实基础。二是制订下发了推进不见面审批服务改革实施方案，成立了“西吉县不见面审批服务改革工作领导小组”，提出2017年年底60%以上的政务服务事项实现不见面办理。已梳理公布县本级第一批“不见面、马上办”政务服务事项37项、子项72项，协调社保局做好城乡居民社会保险参保登记等6类社会类业务移交，民政局做好老年优先证等11项民政类事项“不见面”办理。制作政务服务APP客户端宣传海报3幅、宣传牌57块。三是在开展网上办事大厅县级集中培训的基础上，安排专人从9月下旬开始至11月上旬结束，利用两个多月时间，从高拍仪的安装使用、系统运行环境设置、管理员账号分配登录、申请材料电子化上传控件驱动安装、村级代办员网上申请材料提交、乡（镇）窗口服务人员预审办理6个方面对19个乡（镇）、296个行政村逐个开展网上办事大厅和便民服务系统专题培训，对涉及的社保业和民政类“不见面”审批服务事项申报办理逐一进行演示操作。四是为各级政务服务机构配备网上办事大厅登录账号433个、电子签章57枚。

【办公条件】为方便群众办事，将宁夏吉德慈善文化交流中心二楼（政务服务大厅设在一楼）划为县行政审批服务局办公场所。在财力非常紧缺的情况下，县财政积极筹措资金，对办公场所进行了升级改造，划分为便民服务区和业务办理区，设置行政审批服务大厅、婚姻登记大厅、大小型会议室、党建室、文化室、档案室、休息等候室等功能室。审批服务大厅设有服务窗口10个，配备安装电子显示屏、叫号机等信息化设备，采购了桌椅、电脑、高拍仪、制证机、多功能复印机、多功能打印机、投影仪、摄像机、照相机等各类办公设备。构建集行政审批服务大厅与政务服务大厅、婚姻登记大厅为一体的综合性服务体系，场所面积达3400平方米。搭建了无线网络服务平台，实现行政审批服务局和政务服务中心无线网全覆盖，为办事群众创造优质快捷的服务环境。

【业务培训】采取"请进来，走出去"的方式，抓外出考察学习，抓业务礼仪培训，全面提升干部队伍业务素质，增强做好行政审批工作能力。制订了干部职工培训学习计划，举办《中华人民共和国行政许可法》专题讲座、项目审批培训班、不见面审批技术培训班6场次。组织人员多次到银川、吴忠、固原和永宁、贺兰等市（县）考察学习政务服务五级贯通、"不见面审批"、业务办理等做法。赴固原市行政审批服务局跟班实训，有针对性地学习行政许可事项划转、审批流程优化、权限层级划分、审管联动机制运行、现场勘验和技术业务审核、规章制度建设、财务管理等先进经验。结合考察学习，制定了《西吉县开展相对集中行政许可权改革试点方案》《关于西吉县开展相对集中行政许可权改革试点方案的说明》《关于设立西吉县行政审批服务局的请示》等一系列方案，并组织实施。

【集中审批方式】县行政审批服务局运行以来，认真落实"五个一"（即：一枚印章、集中审批，一站办理、高效运转，一套机制、审管联动，一个平台、网上办理，一个大厅、优质服务）的改革举措，各股室主动对接，优化流程，压缩时限，减少环节，最大限度地节省了办理时限。围绕服务全县重心工作，项目投资、建设审批股探索推行"容缺办理"机制，为项目建设单位开辟绿色服务通道，高效快捷办理审批手续，保障了项目的积极争取，助推了项目落地生根，加快了项目建设进度。共办理各类行政许可事项5418件，项目投资审批办理56件，项目建设审批股办理33件，社会事业服务股办理623件，市场准入登记服务股办理4706件，均无拒接、超期等现象发生。

（吴静恬）

民　政

【概　况】西吉县民政局主要承担着专项社会行政事务管理、基层民主政治建设、防灾减灾救灾、社会救助与福利、服务军队和国防建设等方面的工作。2017年有干部职工41人。局属3个事业单位，其中：西吉县老龄办编制4人，西吉县城乡居民最低生活保障管理中心（西吉县社会救助家庭经济状况核对中心）编制15人，西吉县殡葬管理所编制6人；局机关内设综合、社会救助、救灾救济、社会福利与社会事务管理、殡葬管理、地名、优抚安置、基层政权、福利彩票管理9个业务办公室；现有5所中心敬老院，1所儿童福利院，内聘管理服务人员27人。

【社会救助】一是加强对城乡低保、高龄老人、"五保"、孤儿、优抚对象等各类民政救助对象的信息录入及核对工作，进一步健全信息档案，按时发放救助资金。二是按照精准扶贫"五个一批"要求，扎实做好社会保障兜底，积极与扶贫部门协调配合，结合实际完善低保和扶贫对象认定及退出标准，确保实现低保制度与扶贫政策的有效衔接。将精准扶贫对象中卫生部门筛选的3297名因病返贫户，已全部纳入兜底救助范围，在19个乡（镇）卫生院实行医疗救助“一站式”服务。三是制定出台了《西吉县城乡居民最低生活保障分类施保（试行）办法》《西吉县低保专项核查工作实施方案》《关于进一步加强城市居民最低生活保障对象认定工作有关事项的通知》《关于做好城乡低收入家庭认定工作的通知》《西吉县农村低保制度与扶贫开发政策有效衔接实施方案》等制度性文件，严格最低生活保障准入机制和退出机制，实现动态管理下的应保尽保，深入推进分类施保。按照精准扶贫社会保障兜底要求，对无能力发展生产的困难家庭全部实行低保兜底，确保全面实现脱贫摘帽。2017年以来，共清理不符合低保对象8036人，新纳入2900人，并对2017年确定的84个脱贫销号村约0.8万建档立卡特困群众的低保实行兜底，对2014—2016年已脱贫村建档立卡兜底户进行“回头看”，有效保障返贫和漏保特困群众生活。四是按照“救急、救难、公平、简便”的救助原则，做好城乡医疗救助制度与新型农村合作医疗制度无缝衔接，先后出台了《西吉县医疗救助办法》《关于印发西吉县开展“因病致贫因病返贫”农村人口精准医疗实施方案的通知》《关于在各乡（镇）卫生院实施民政大病医疗救助“一站式”同步结算服务的通知》等政策文件，实行日常救助与大病救助相结合的救助新模式。五是加强与公益慈善组织、社会工作服务机构等社会力量的衔接，做好二次救助，多渠道、全方位保障困难群众的基本生活。

【防灾减灾救灾】 一是按照要求成立防灾减灾救灾领导小组，依照《防灾减灾救灾应急预案》，抽调精干力量负责实施救灾具体工作，由主要负责人带班，实行24小时值班制，随时掌握和迅速处理紧急情况，确保灾情发生后第一时间掌握并处置。二是充分利用国家灾情上报系统和移动网络手机报灾终端上报了灾情，并按程序及时续报、核报，确保灾情信息及时上报和救灾应急工作快速有序开展。三是充分利用集中学习日，传达学习防灾减灾救灾工作有关会议精神，并组织干部职工学习救灾工作基本知识，利用“5·12”防灾减灾日宣传周活动等宣传节点大力宣传，提高广大群众的防灾减灾意识和自救能力，从而降低自然灾害损失。四是深入各乡镇、村，对低保户、“五保户”、重点优抚对象等民政服务对象的家庭生活状况等开展灾后安全隐患排查，对发现的隐患问题，及时解决，确保困难群众基本生活不出问题。五是严格按照专款专用的原则，及时拨付19个乡（镇）旱灾救助资金1979万元，用于保障受灾困难群众基本生活。

【优抚安置】 一是按时发放各类优抚资金。2017年，共发放各类优抚资金1247.15万元，其中：优抚对象定期生活补助488万元，优抚对象民族团结奖33万元，现役军人家庭优待金125万元，三等功奖励资金1.4万元，优抚对象医疗救助4.3万元、临时救助3.45万元，退役士兵自主就业补助金368万元，节日慰问金20.4万元，增加收入补助115.3万元，退役士兵技能培训20万元，高原兵奖励金24万元，病故军人遗属一次性抚恤金44.3万元。二是2017年以来共审核上报新增优抚对象96人，其中伤残人员2人，带病回乡1人，60岁以上农村籍退伍军人93人。三是做好优抚对象核查和优抚管理系统运行维护工作，共核查优

2017年7月12日，自治区民政厅厅长杜正斌（前左一）在西吉县调研养老服务机构运行情况

抚对象498人，系统信息核对346人。四是妥善安置退役士兵，9月将8名转业士官安置到县公安和民政系统编外岗工作。五是委托宁夏军宏职业技能培训管理学院开展了为期7天的退役士兵创业培训班，共培训退役士兵100名，全部取得了培训合格证书。六是高度重视信访稳控工作，全力维护社会和谐稳定。共检查办理信访件35件，接待涉军上访人员200多人次。七是完成全国双拥模范单位、中国双拥人物、自治区双拥模范县、自治区双拥模范单位、自治区军（警）寺共建和谐清真寺授牌申报工作。八是在清明节期间组织县直部门（单位）干部职工、驻县部队官兵、小学生代表开展了缅怀革命先烈清明祭扫活动。

【社会福利】 积极应对人口老龄化带来的养老难题，成立了由政府主要领导任组长，民政、财政、人社、老龄等部门为成员的社会养老服务体系建设工作领导小组，出台了“十三五”期间全县养老服务体系建设方案，全面推进社会养老服务体系建设。截至2017年年底，全县拥有各类养老服务机构5处，床位900张；农村幸福院98个，床位298张，居家养老服务站5个，床位16张；农村老饭桌26个、社区日间照料中心3个，床位60张；老年公寓及老年活动中心1所，养老床位120张；全县每千名老年人拥有养老床位数提升到22张，城市社区居家养老服务站点基本实现全覆盖，农村居家养老服务网点建成比例达31.6%。县城中心敬老院二期工程、什字中心敬老院、老年活动中心工程主体已完成。按照《固原市人民政府办公室固原进一步做好2016—2017年度全市老年人意外伤害综合保险工作的紧急通知》精神，为全县6.1万名老年人购买了意外伤害综合保险，参保金额1821150元，参保比例100%。

【社会事务管理】 一是加强社会组织的监督管理。严格按照国务院《社会团体登记管理条例》和《民办非企业单位登记管理条例》等有关规定，指导社会组织依法依规开展各种社会活动。2017年新登记成立社会团体22个，民办非企业单位2个。二是做好第三轮县级区域边界线联检和第二次全国地名普查工作。共完成地名数据库现有词条数9794条，地名普查《图录典志》4部书籍初稿已形成并报审，完成边界联合检查各项工作。三是完成福利彩票销售大厅1117万元，开展“宁夏福彩公益行·圆筑贫困学子梦”贫困大学生支助55名27.5万元。四是婚姻（收养）登记工作规范有序，办件率达100%；设立婚姻登记服务大厅，配备专岗人员，全年提供婚姻登记调解服务。全年共办理结婚登记3794对，离婚登记356对，补办3047对。五是殡葬管理水平进一步提升。多渠道、多形式、多角度对文明丧葬进行广泛宣传，树立文明节俭的丧葬习俗，牢固树立为民便民利民意识，不断提高公共服务水平，汉族公墓项目已完成前期选址、征地、图纸设计等工作。六是农村“三留守工作”扎实开展。研究制定了《西吉县人民政府关于加强农村留守儿童关爱保护工作的实施意见》。挂牌成立“西吉县未成年人保护中心”，对22名监护人无能力监护的孤儿和困境儿童由儿童福利院统一代管；在全县13个行政村建成了留守儿童关爱之家，为每个儿童关爱之家安排资金5万元，购置了电视、电脑和一定数量的图书、文体器材，有效保证了农村留守儿童的文化娱乐需求，为296个行政村全部配备了留守儿童督导员并兼职民政协理员，并选派13名督导员参加了民政厅在固原举办的培训班，确保了“三留守”工作稳步推进。

（王　斌）

扶贫开发

【概　况】 2017年，西吉县扶贫开发办公室共有干部职工66人，内设股室10个：办公室、扶贫开发管理股、贫困监测评估股、互助资金管理股、农田管理股、社会扶贫股、移民搬迁管理股、移民工程管理股、扶贫培训股、督查验收股。2017年农村居民人均可支配收入8400.7元，增长11%。实现62个贫困村脱贫销号，减少贫困人口3.25万人，贫困发生率下降到10.66%。

【产业扶贫】 研究制定了《西吉县农牧业发展扶持政策》及相关配套文件，明确补贴标准，尊重群众种养意愿，把种养的选择权交给群众，由群众根据自身的种养意愿和能力，自由选择产业，政府以奖代补予以扶持。围绕马铃薯、草畜、蔬菜、杂粮四大特色优势富民产业，整合财政涉农资金5.4亿元，对建档立卡贫困户实施19类42项全产业链扶持补贴，户均最高可享受种养补贴1.65万元。在贫困村新建青贮池654座，培育肉牛肉羊养殖专业合作社43个、养殖示范村20个，发展肉牛、肉羊养殖示范户1113户，补贴基础母牛22507头、基础母驴2664头、基础母羊50468只，实现良种母畜“见犊补母”政策全覆盖。种植马铃薯115万亩，建设原种基地1万亩、一级种基地10万亩、推广一级种薯75万亩；种植蔬菜15万亩，建成露地蔬菜示范园区16个、设施蔬菜示范园区7个，培育发展蔬菜种销合作社及蔬菜代办点174个，培育农民经纪人300人，充分发挥新型经营主体资金、技术、市场等优势，带动贫困群众脱贫致富。种植中药材1万亩，小杂粮70万亩；建立苗木产业基地1.5万亩，林下养殖5万只（箱）。选聘800名建档立卡贫困群众为生态护林员，人均年工资1万元。2017年全县主导产业发展良好，特别是牛存栏14.1万头，同比增长8.6%，畜牧业增长了17%，产业扶贫激发了贫困群众脱贫致富的“内生动力”。积极探索农村集体所有制有效实现形式，增强村级集体经济发展能力。2017年，对237个贫困村各投入5万元，为5个壮大村集体经济试点村各投入200万元，重点从资源利用、提供服务、物业管理和股份合作4个方面探索村集体经济发展途径和模式，发展壮大村集体经济。

【金融扶贫】 扎实开展金融扶贫工作，积极创新完善“财政＋金融＋产业”的扶贫长效机制，努力提高扶贫小额信贷、“扶贫保”和村级发展“互助资金”覆盖面。在19个乡镇296个行政村建立了信用协会，完成5.13万户评级授信工作；注入扶贫小额信贷风险补偿金1.2亿元，为建档立卡贫困户发放小额扶贫贷款2.85万户12.27亿元，户均4.3万元，覆盖面达到79.49%；扩大互助资金项目，累计向134个村22851户社员发放借款11778万元；成立了民生信用担保有限公司及农牧业产业化发展服务有限公司，扶持了一批示范带动作用强的种养殖户、家庭农场、农民合作社和加工企业，累计担保贷款16899万元，在保余额12955万元；贫困户特色优势产业保险投入1186万元，参保农户1.48万户，参保能繁母牛4.62万头，能繁母驴3425头，有效降低了贫困户种养殖业意外风险。

【健康扶贫】 将全县“因病致贫、因病返贫”的3967户2万贫困患者全部纳入扶贫救治。建档立卡贫困人口医保参保率、人身意外伤害保险购买率和大病医疗补充保险率都达到了100%。筹措400万元，实现了健康扶贫兜底保障。2017年度，为1806名贫困患者免缴住院预付金262万元；贫困患者大病保险起付线从8100元降低到3000元，1099人受益，大病保险财政补助141.54万元，政府兜底保障948人298.68万元，贫困患者个人自付比例降至8.24%，自付费用不超过5000元。实

2017年10月21日，西吉县脱贫攻坚推进会在县会议中心一会议室召开

施了县乡一体化管理，以县级医院为龙头，组建了县域医联体，将医疗资源下沉，人们能在家门口看常见病，县域内就诊率达到91.42%，群众就医更加方便，负担进一步减轻。实施中医院迁建、县医院妇儿综合楼、妇幼保健计生中心住院部、王民乡卫生院等建设项目，新建标准化村卫生室35所，创建群众满意卫生院9所，实现县域医疗机构全面改造提升；贫困人口家庭医生签约76557人，签约率为92.27%。基本实现了贫困患者“健康有签约服务团队管理，住院有家庭医生转诊，救治有绿色通道会诊，费用有优惠政策兜底，康复有家庭医生护送”的健康扶贫新秩序，为农村贫困人群迈入全面小康社会提供健康保障。

【教育扶贫】 2017年投入助学资金1.9亿元，惠及学生99751人。生源地助学贷款9万人4930万元，实现农村户籍学生从学前到大学资助全覆盖、全保障，县教体局受邀参加山西省生源地贷款交流会，并作了交流发言。实施学前教育普及行动，投入8485万元，新、改（扩）幼儿园69所，学前三年毛入园率73.1%，比上年提高了3个百分点。加大控辍保学力度，建立“三保四包一帮”双线目标责任制，切实做到因辍即返。投入5.49亿元，实施“全面改薄”、义务教育标准化建设、职业基础能力提升、义务教育均衡发展攻坚行动等工程，各学校办学条件明显改善，2017年县域义务教育基本均衡发展工作高标准通过自治区评估验收。西吉职业中学进入“全国职业教育发展与改革示范校”行列；西吉中学斩获第六届全国全民健身操舞大赛“高中组特等奖”；县教体局荣获教育部关工委“全国五好小公民先进集体”荣誉称号。坚持“市场缺什么就教什么，群众需求什么就教什么”，开展订单式技能培训，增强实用性和精准度，使群众创业有了一技之长。开展农村劳动力职业技能培训1.91万人，转移就业11.52万人，创收18.4亿元。

【基础建设】 紧紧围绕贫困村“五通八有”脱贫标准，本着“缺什么补什么”的原则，着力补齐水、路、房等短板，整合财政涉农资金6.43亿元，继续推进84个贫困村基础设施建设。修建通村公路548.6千米，改造农村危房2195户，安全饮水入户9185户（全县建档立卡贫困户自来水入户率达到92%）；新建小塘坝、蓄水池等小型水利设施16处，机修农田4万亩，改造农电103.5千米；投入资金6000万元开展贫困村环境综合整治工作；新建或改扩建村卫生室8个、党员活动室84个、综合服务网点84个；按照“七个一”建设标准，建成综合文化服务中心298个（含2个移民新村）。实现标准卫生室、综合服务网点、文化体育活动场所等全覆盖，贫困村“五通八有”得到了升级达标，贫困人口生产生活设施条件得到明显改善。

【易地扶贫】 结合建档立卡贫困户实际需求，因地制宜、因人制宜，采用就近安置生态移民和政府统一回购房安置劳务移民相结合，建成农村就近安置点45个移民房738套，政府回购分配县城存量房835户；县城劳务移民安置小区3个安置房2263套。向县外的宁东、灵武、金凤区等移民1444户6493人。通过移民搬迁，特别是通过县外移民，有效减轻了本土贫困人口脱贫压力，增加了发展空间，提升了“造血”功能，加快了脱贫进程。同时，不断探索拓宽移民搬迁路径，抓住新疆生产建设兵团“人口发展战略”有利机遇，利用好西吉群众多年来自发向新疆移民的“窗口”效应，积极考察对接，协议向新疆生产建设兵团转移安置职工300户1200人，已分两批转移安置180户729人。

【社会扶贫】 贯彻落实闽宁两省（区）第二十次、二十一次联席会议精神，加强与福建莆田市涵江区的联络协作，扎实推进特色产业帮扶、民生事业改善、智力帮扶等对口扶贫协作工作。落实闽宁协作发展资金970万元，积极协调涵江区援助西吉县对口帮扶资金300万元，用于闽宁示范村、产业园建设、特色产业发展、扶贫车间试点和闽宁返乡农民创业试点；中国商飞公司投入帮扶资金251.8万元，协调项目资金100万元，捐助物资36.1万元，以职工团购的方式，推介西吉特产近145万元。266个帮扶单位、238个驻村工作队、480名干部驻村帮扶，7366名机关干部职工与建档立卡贫困户结对帮扶，实现第一书记、帮扶责任人、驻村工作队“三个全覆盖”，逐村逐组逐户制订扶贫计划，与贫困户一对一开展入户帮扶，面对面宣讲扶贫政策，协调解决困难问题，确保扶贫措施精准到村到户。各级帮扶工作队为贫困村投钱投物累计金额达3412.67万元，协调项目资金21328.8万元。全面推广村级“联合办公日”制度，由乡党委、政府领导、村“两委”班子成员、第一书记及包（驻）村干部每周固定一天，在村委会联合办公，集中回应群众诉求，落实民生事项，把问题解决在家门口。自治区党委常委、固原市委书记张柱在《在群众上访上做减法，在干部下访上做加法——西吉县探索推广“联合办公日”制度》简报上批示：变上访为下访这一做法，要在全市大力推广。建立乡村干部微信群、第一书记帮扶贫困村微信群、干部联户帮扶“1＋5”微信群，开展各个层次的互动交流，在群内宣传解读脱贫政策，释疑答惑，解决群众诉求，既拉近了距离，又联络了感情。在各村组织开展了“学习十九大，脱贫我先行”知识竞赛，脱贫攻坚有奖问答，元旦、春节文体活动等，营造了全县推进脱贫攻坚的良好氛围，提升了帮扶工作群众满意度。

【人才扶贫】 坚持把脱贫攻坚一线作为培养锻炼优秀年轻干部的主战场，选拔296名优秀人才担任村党组织书记，把122名懂技术、善经营、会管理的致富能人和35名大学生村干部充实到村级班子，从机关推荐选拔138名作风扎实的优秀干部担任新一轮驻村第一书记。制定出台了《西吉县脱贫攻坚第一书记联席会议制度（试行）》《西吉县扶贫开发第一书记和工作队员管理暂行办法》，不断强化督查考核管理，使驻村工作队选得准、驻得稳、作用强。全面深化“两个带头人”工程，打破地域、行业、身份界限，把本村培养、跨村带动、联村经营、异地召回等各种渠道都用起来，新培育、培养、招回、引进农村致富带头人376人，带头人总数达1432人。建成返乡人士创业园区、协会、合作社35个，返乡创办经济实体的务工人员达4300人，带动就业近3万人，走出脱贫攻坚示范带动新路子。注重探索脱贫攻坚经验和树立先进典型人物的引领作用，2017年12月16日召开的全国贫困村创业致富带头人现场会，国务院扶贫办领导和全国相关部委和28个省份代表莅临西吉县观摩交流。脱贫攻坚战场上的幕后英雄撒风虎在扶贫战线奋战20年，因劳累过度突发心力衰竭不幸去世，年仅40周岁；西吉县偏城乡烂泥滩村第一书记秦振邦带妻驻村，把一个工作最落后的村带到全乡前列，两年后农民人均纯收入6000元；离村民最近的医生边万忠，行医43年来，背着药箱走遍十里八乡，为贫困群众上门服务，其医德和口碑随着脚步传遍各地。这些平凡人的先进事迹为全县广大党员干部作出了表率、树立了榜样。

【移风易俗】 坚持扶贫与扶志、扶智相结合，进一步加大对脱贫攻坚的正向激励，激发贫困群众内生动力。持续深化社会主义核心价值观“六进”活动，先后建设20余个社会主义核心价值观教育实践基地，依托将台堡红军长征会师纪念园，单家集陕义堂清真寺等红色资源开展革命传统教育。各乡镇集中打造各具特色的文化墙，将核心价值观、传统道德、红色文化、法制教育、孝老爱亲等内容，以群众喜闻乐见、易于接受的农民画、漫画等形式绘制墙面上，做到“一墙一风景，一墙一阵地”，让群众在潜移默化中受到教育，进一步激发贫困群众内生动力。开展了“弘扬西吉精神，培育良好民风”专项行动、“移风易俗构建和谐家庭”主题宣传以及“和谐家庭”“星级文明户”“文明村镇”的评选活动，由各乡镇制定村规民约，成立红白事理事会、道德评议会、村民议事会等群众组织。针对天价彩礼、大操大办等陋习，党员、干部带头开展“抵制高价彩礼、倡导婚嫁新风、树立良好家风、共创文明家庭”为主题的宣传教育活动，引导群众把精力集中到脱贫致富上来。持续加强基层公共文化服务体系建设。着力打造以下范村、金山文化苑和龙泉湾山庄为代表的42个文化大院，发挥民族民俗传承带动作用，引领乡村移风易俗。吉强镇龙王坝村、火石寨沙岗村上榜“中国最美乡村游模范村”，中央电视台《相约》等知名栏目走进西吉，“中国文学之乡”品牌进一步提升。中国作协主席铁凝对西吉的文学成就给予充分评价，称“文学是西吉苗壮的庄稼，西吉是中国文学宝贵的粮仓”。

（海　斌）

人事劳动保障

【概　况】 西吉县人力资源和社会保障局共有正式在编人员30人（含劳动人事争议仲裁院和劳动保障监察执法局）内设办公室、事业单位人员管理室、公务员管理室、工资福利室、社会保障室、人力资源市场管理室、工人档案管理室等7个股室。下设创业就业和人才服务局（副科级）、社会保险事业管理局（正科级）、劳动人事争议仲裁院（副科级）、劳动保障监察执法局（副科级）。

【创业就业】 2017年共培育小企业86个，培养小老板208个，创造新岗位803个。创业带动就业1681人，创业能力培训590人，发放创业担保贷款2646万元。农村劳动力转移就业11.59万人，工资收入达到23.07亿元，城镇新增就业2650人，

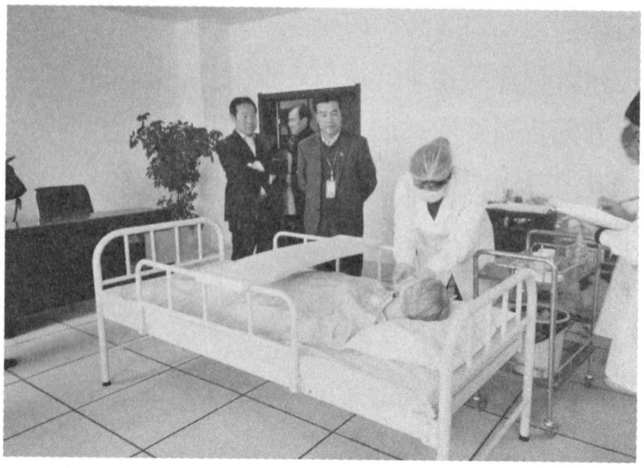

2017年西吉县农民工职业技能大赛

城乡劳动力素质提升培训19117人，取得职业资格证书13147人，培训后实现转移就业17205人。

【社会保障】 2017年企业职工基本养老保险参保12986人（其中参保职工7723人，离退休5263人）；征缴基本养老保险费17902.3万元（其中被征地农民趸缴13257.95万元），按时足额为5263名参保离退休人员发放养老金12718万元；城镇职工基本医疗保险参保16463人，征缴医疗保险费11153万元，支付医疗保险基金4397.5万元；失业保险参保11620人，征缴失业保险费579.5万元；工伤保险参保11895人，征缴工伤保险费480万元，支出工伤保险基金66万元；生育保险参保11710人，征缴生育保险费222万元，支出生育保险基金329万元；统筹城乡居民基本养老保险参保190278人，征缴城乡居民养老保险费1420万元，按时足额为46016名60岁以上城乡居民发放养老金7193万元；统筹城乡居民医疗保险参保420944人，征缴医疗保险费3551.46万元，支付城乡居民医保基金13740万元。累计发放社会保障卡48.8万张，其中城乡居民47.29万张，城镇职工1.51万张。

【人事管理】 一是规范和加强公务员管理。公开招考县乡机关公务员34名，完成2016年度机关事业单位工作人员年度考核工作，推荐县委、县政府给予公务员嘉奖214人，记三等功37人。二是继续深化事业单位人事制度改革。完成事业单

位工作人员公开招聘120人，招聘特岗教师171人，免费师范生2名，农村订单培养医学生13名。招募“三支一扶”人员165名，接收327名大学生到事业单位实习。三是加强专业技术人才和实用人才队伍建设。推荐农业技术推广研究员1人，推荐享受自治区政府特殊津贴专家1人，“青年拔尖”人才4人，推荐评审高中级专业技术职务1125名（其中高级专业技术职务377名、中级专业技术职务748名），推荐人社厅聘用机关事业单位技师12名，高级工28名。四是严格执行工资福利政策。完成西吉县机关单位工作人员正常考核晋升级别岗位薪级工资、机关公务员职务与职级并行及增加基本离退休费工作，完成全县机关事业单位工作人员和离退休人员工作调整。审批机关事业单位工作人员年度考核晋升级别、级别薪级（岗位）工资档次8011人。审批乡镇机关事业单位工作人员乡镇工作补贴979人，办理退休220人，停发死亡待遇93人，核发职工应休未休年假工资报酬4270名和审核批复行政职务晋升增资22人、公务员晋升职级62人。

【监察与仲裁】 一是强化法治宣传，提高劳动者的法治意识。借助“12333”宣传平台，散发宣传资料1万余份，深入乡镇、街道、企业进行宣传，正确引导用人单位守法经营，鼓励劳动者依法维权。二是积极协助企业做好劳动合同的签订工作。通过努力，全县劳动合同签订率达98%、集体合同签订率达98%，均完成了预期的目标任务。建立劳动用工备案制度，全县企业备案率达到98%以上。三是认真开展监察执法。2017年，共受理各类农民工工资投诉案件47件，已办结47件，办结率为100%，依法追回农民工工资2226万元，涉及1172余人。核销2011年硝河乡马昌砖厂因欠薪使用的应急周转金3万元。政府重点监控项目37个，共招用农民工3327人，签订劳动合同3327人，合同签订率100%；缴存农民工工资保证金29个项目，收缴1245.56万元，收缴率93.5%，累计账户余额3730万元。加强劳动人事争议处理工作，2017年共受理仲裁案件42起，其中基层调解组织调解案件30起，本级调解委员会调解案件12件。工伤认定受理11件，现已全部按照程序作出工伤认定决定。

（张　霞）

社会保险

【概　况】 2016年6月，将原西吉县医疗保险事务管理中心和西吉县社会保险事业管理局合并，成立新的西吉县社会保险事业管理局，属全额拨款正科级事业单位。截至2017年年底，在编干部职工33名，设局长1名，副局长2名，内设办公室、财务室、档案室、稽核室和7个业务窗口。

【参保扩面】 全县企业职工基本养老保险参保人数12986人，其中，在职参保职工7723人，离退休5263人，当年新增被征地农民参加城镇职工养老保险2057人；机关事业单位养老保险参保人数12447人，其中在职9143人，退休3304人；失业保险参保人数11620人，城乡居民基本养老保险参保人数190278人；全民参保登记43932人，职工基本医疗保险参保人数16463人，工伤保险参保人数11895人，建筑施工企业参保91家，其中：新建项目84家，在建项目7家，参保人数1899人（农民工）。新建项目1756人，在建项目143人，新建和在建项目参保率均为100%；生育保险参保人数11710人，城乡居民基本医疗保险参保人数为420944人，建档立卡贫困人口应参加城乡居民基本医疗保险156194人，实际参加156194人，应参加城乡居民养老保险78667人，实际参加77958人。

【保险费征缴】 核定应征基本养老保险费18750.31万元，实际征缴职工养老保险费17902.32万元，较上年同期11215.6万元增长6686.72万元。其中：当期征缴收入4378.72万元，被征地农民趸缴13257.95万元，清欠收入265.65万元，至年末累计欠费964.34万元；核定应征失业保险费540万元，实际征缴失业保险费579.5万元，其中：当期征缴收入526.4万元，清理历年欠费53.1万元，至年末累计欠费38.03万元；征缴城乡居民基本养老保险1420万元；城镇职工医疗保险费11153万元、工伤保险费480万元、生育保险费222万元；城乡居民医疗保险费3551.46万元。

【待遇发放】 按时足额为5263名企业参保离退休人员发放养老金12718万元；为3304名机关事业单位离退休人员发放养老金19142万元；为46016名60岁以上城乡居民发放养老金7193万元，养老金全部通过社会保障卡发放；支付城镇职工医保基金4397.5万元、工伤保险基金66万元、生育保险基金329万元；城乡居民医保基金13740万元。

【被征地农民养老保险】 2017年全县被征地农民应参保人数为3868人，实际参保人数为3868人，参保率为100%，其中：参加企业职工基本养老保险人数为3374人，占参保总人数的87.2%，参加城乡居民基本养老保险人数为494人，占参保总的12.8%。累计筹集养老保险费22710.7万元，其中：参加企业职工基本养老保险个人缴费8419.67万元，财政补贴13194.85万元；参加城乡居民基本养老保险财政补贴1096.18万元，资金筹集率为100%。累计支付养老金1289.77万元，其中：累计支付企业职工养老金1280.35万元，月人均养老金为916元；累计支付城乡居民养老金9.42万元，月人均养老金为510元。

【单位养老保险】 根据自治区相关文件精神，一是及时出台了《西吉县关于机关事业单位工作人员养老保险体制改革的实施意见》（西人社发〔2015〕130号）文件，明确了改革目标、范围及具体措施；二是2015年11月27日举办了全县机关事业单位养老保险信息采集培训班，各单位主要负责人、业务骨干共200余参加了培训班；三是与财政、编办部门沟通，完成在职人员的工资和退休人员待遇项目的对比；四是通过网站、手机短信等平台告知即将退休人员及时开通社会保障卡，为机关事业单位养老金社会化发放奠定基础；五是与县财政局、人社局签订《机关事业单位退休人员养老金社会化发放协议》，明确相关责任，确保全县机关事业单位退休人员养老金从2016年6月1日起按时发放，从2017年4月起，退休人员养老金全部通过社会保障卡发放，发放率100%；六是从2016年11月21日起，全县机关事业单位养老保险费用征缴工作正式开始，累计征缴养老保险费52080万元，职业年金8427万元；七是从2017年11月开始，全县机关事业单位基本养老保险基金清算工作开始，清算单位数143个，清算金额15639万元，清算率100%；八是对所有退休人员进行了生存认证，其中对区内80岁以上人员进行上门认证，全县共需生存认证3128人，其中手机APP认证281人，经办机构分三批共认证2847人，认证率达100%；九是举办了全县网上人社（社保）业务培训班，并于2017年12月1日正式启动社保经办网上申报工作，已发放电子印章85枚，此项业务正在有序推进。

【五险合一】 根据《自治区人民政府关于印发宁夏回族自治区社会保险“五险合一”经办体制改革方案的通知》（宁政发〔2015〕56号）精神，县委、县政府高度重视，制定出台相关文件，率先在全市第一个、全区第二个完成“五险合一”经办体制改革，共核定事业编制30名，新社会保险事业管理局在完成资产核查、人员整合、岗位重调后，于2016年7月1日按“五险合一”统一经办养老、医疗、工伤、生育、失业5项社会保险业务。2017年7月，经县委、县政府同意，县编委会报区编办审核，县社保局升格为正科级事业单位，并新增编制7名。8月以来，对部分岗位及人员分工进一步调整优化，并多次选派科室主要负责人、经办专业人员参加全区业务培训。

【跨省异地就医】 为认真贯彻落实《自治区人力资源和社会保障厅办公室关于自治区外异地住院医保支付有关政策的通知》（宁人社办发〔2017〕5号）精神，单位主要负责人亲自督办，全年完成757例异地就医备案，完成目标任务400例的189.3%，并成功上传至国家（部）平台，成功结算71例。

【社会保障卡综合应用】 2017年累计发放社会保障卡48.8万张，其中城乡居民47.29万张，城镇职工1.51万张。社会保障卡发卡到手率为99.4%，社保功能激活率占已制卡总数的比率达95%以上，就医人数使用社会保障卡系统实现报销结算率达98%以上，银行便民金融服务点行政村覆盖率达100%以上。预制卡和临时卡实行专人管理，操作规范，存放安全，补卡收费严格按照《自治区物价局、自治区财政厅关于调整宁夏社会保障卡补卡标准的复函》（宁价费〔2017〕15号）精神执行，账票相符，定期上缴补卡费用。积极和发卡行联合，就社会保障卡功能、激活、挂失、补办、就医等知识通过新闻媒体、电子屏幕、悬挂横幅、印制宣传册等形式进行有效宣传。全县城乡居民、机关事业单位和企业职工养老金全部通过社会保障卡发放，与财政、民政等部门协商，将粮食和农资直补、民政救助、最低生活保障等资金通过社会保障卡发放。

【“一站式”结算】 2016年10月，按照自治区社保局和县委、县政府安排部署，社保局、民政局和财险公司等部门单位实行了“一站式”服务，并且社保局、财险公司和民政局实施了合署办公，缩减了群众办事手续，减少了患者来回跑路，极大地方便了就医患者相关费用的报销。解决患者在出院后报销不及时导致垫付资金压力大的问题，将患者家庭经济影响周期缩短到最小化。2017年，社保部门报销4239人次，报销费用2101万元；居民大病保险报销734人次，报销费用395万元。

【社会保险扶贫】 根据自治区人民政府办公厅《关于推进健康扶贫若干政策的意见》（宁政办发〔2017〕131号）、《关于提高全市农村居民医疗保障水平巩固脱贫成果的意见》（固党办〔2017〕94号）和《关于建立全市重特大疾病补充医疗保险制度的意见》（固党办〔2017〕95号）精神，将城乡居民大病保险筹资标准由2016年的32元/人/年提高至37元/人/年；将城乡居民大病保险起付标准由8100元降低到3000元；报销比例在普惠性的基础上再提高5个百分点，并对患20个特殊病种的报销比例在此基础上再提高2个百分点；贫困患者年度内合规住院医疗费用实际报销比例不低于90%或当年住院自付费用累计不超过5000元；实行商业健康保险兜底政策，参加商业健康保险（20元/人/年）的农村其他居民，年度内合规住院医疗费用实际报销比例不低于90%；城乡居民属重特大疾病病种及发生的符合范围的医疗费用，由重特大疾病补充医疗保险基金按一定比例报销，年度累计最高封顶限额50万元。实现了基本医疗保险、大病保险、大病保险政策倾斜、扶贫保、民政救助、商业健康保险兜底通过医疗保险信息结算平台“一站式”结算，提高了工作效率，方便了参保患者。根据《自治区社保局关于加快推进2017年全区建档立卡人员参加基本医疗保险工作的通知》（宁社保函〔2017〕62号）精神，对自治区比对下发疑似未参加2017年度城乡居民基本医疗保险的5521名建档立卡贫困人口认真进行了核查，其中：死亡278人，查无此人4人，已参加城乡居民或职工基本医疗保险1859人，未参加3380人，改正错误信息1343人。对未参加的3380名建档立卡贫困人员，用扶贫资金为其代缴医疗保险费用30.93万元，确保建档立卡贫困人口100%参保。

【“社保云”】 为提高“社保云”政策知晓率，社保局印制宁夏人社掌上“12333”（手机 APP）使用手册 1 万本，并在社保大厅和政务大厅醒目位置张贴宁夏人社掌上“12333”（手机 APP）下载二维码及使用说明，为社保大厅和政务大厅各配置社保自助终端查询机 1 台，方便参保群众自行查询参保、缴费等情况。要求全体社保经办人员必须安装使用宁夏人社掌上“12333”（手机 APP）、微信，积极引导参保群众通过手机银行、掌上“12333”（手机 APP）缴纳城乡居民医疗保险费用，使群众足不出户就可以办理社保业务，极大方便了参保群众。

【普惠性健康体检】 根据《关于印发西吉县城乡居民 2014 年普惠性健康体检工作实施方案的通知》（西政办发〔2014〕123 号）精神，普惠性健康体检工作完成情况由县卫计局负责向自治区上报完成人数和工作总结，并做分析报告。对各协议医疗机构体检工作进行抽查核实后，及时对账拨付体检经费。2017 年普惠性健康体检 5195 人次，拨付基金 51.95 万元。

【档案管理】 一是加强领导。成立了局长任组长、副局长任副组长、各科室负责人为成员的档案工作领导小组，配备专职档案人员 2 名，在各科室设兼职档案员，并将社保业务档案整理和达标列入今年重点工作，纳入年度考核。做到了岗位职责明确，责任落实到位；二是加大投入。单位在办公三楼专门配置了档案室，面积为 140 平方米，做到库房与查阅、办公三分开，投资 10 万多元，配齐了计算机、复印机、打印机、扫描仪和符合国家统一标准的密集架及卷皮、卷盒等。给档案库房配置了吸尘器、监控器、加湿器、灭火器、装订机、温湿度计等设施，切实达到了防火、防水、防盗、防尘、防光、防虫、防鼠、防有害物质侵害等的“九防”要求；三是加强学习培训。为使专（兼）职档案人员具有较强的业务能力，能够掌握档案整理工作的技术和方法，社保局组织业务人员学习了《社会保险业务档案管理规定（试行）》（人力资源社会保障部、国家档案局 3 号令）、《社会保险业务档案管理规范》（GB/T31599-2015）、《宁夏回族自治区社会保险经办机构业务档案管理办法（试行）》和《宁夏回族自治区社会保险业务档案立卷归档细则（试行）》等资料，并派人参加全国社保业务档案管理负责人培训，使工作人员基本了解和掌握了档案基础知识、档案管理的工作流程和方法，为档案整理工作打下了良好的基础；四是提高档案利用价值。完善了档案的借阅、利用制度，编制了社会保险业务档案手工检索目录、全引目录和案内目录，对室藏档案按照不同门类、载体和保管期限编制了归档目录，提高了档案整理、查询、利用的服务效率。档案库房现存有 2016 年年底前形成的业务档案 3779 卷，共 74197 件，查阅档案人次累计达 156 人次，利用档案 314 卷（件）。

（郭科峰）

劳动就业

【概　况】 西吉县就业创业和人才服务局是隶属于县人力资源和社会保障局参照公务员管理的副科级事业单位，财政全额拨款，编制 19 人，内设办公室、就业培训中心、公共就业服务中心、劳务产业股、全民创业股、失业保险股、财务室等股室。全年培育小企业 86 个，完成目标任务 80 人的 107.5%，培养小老板 208 人，完成目标任务 200 人的 104%，创造新岗位 803 个，完成目标任务 750 人的 107%，创业带动就业 1681 人，完成目标任务 1600 人的 107%，全县共计开展创业培训 455 人，完成培训任务 235 人的 194%。发放创业担保贷款 2539 万元，完成目标任务 2500 万元的 101.6% 以上。城镇新增就业 2650 人，完成目标任务 2045 人的 128.8%，城镇失业人员再就业 998 人，完成目标任务 995 人的 100.3%，就业困难人员实现就业126人，完成目标任务125人的100.8%，城镇登记失业率控制在3.86%以内，城镇居民人均可支配收入23131元。农村劳动力转移就业11.59万人，完成目标任务11.5万人的100.8%，实现工资收入达到23.07亿元的100.3%，农村居民人均可支配收入8361元增长了10.5%，农民人均劳务收入达3678元，占农民人均可支配收入的44%。完成目标任务23亿元的100.3%。城乡劳动力素质提升培训19117人，完成目标任务16500人的115.9%，取得职业资格证书13147人，培训后转移就业17205人。

【素质提升】 成立全县劳动力素质提升培训工程工作领导小组，强化领导责任，各乡镇、牵头培训部门、包扶部门加强配合，广泛宣传培训扶贫政策，提高农村劳动力参与职业技能培训的积极性和主动性。实行劳动力素质提升培训工作督查全覆盖，定期通报培训工作存在问题等情况，提高培训质量和成效。培育打造了西吉清真餐饮（中式烹饪、中式面点、特色小吃）、西吉回乡刺绣（手工编织、民俗雕刻）、西吉家庭服务（育婴师、保育员、养老护理）、西吉工程机械（挖掘机、装载机）等劳务品牌，逐步形成一乡一品、一村一业、一村专业的劳务格局，实现“培训一人，就业一人，脱贫一户”的目标，培训人数、结业人数为历年之最。

【转移就业】 强化“离土”就业扶贫工作，把转移就业作为“离土”就业的最基本任务，不断巩固老基地，拓展务工新基地，积极开展东西部（福建）及长三角、珠三角、京津唐、新疆等区域的劳务合作，加强农村劳动力转移就业经纪人队伍建设，真正实现“市场化运作，企业化管理”的模式，开辟了千人劳务就业基地5个和新疆生产建设兵团转移就业安置职工跨区域就业扶贫基地。2017年被自治区人民政府评为的自治区级转移就业示范县。

（柳　岩）

史志编研

【概　况】 西吉县党史地方志编纂委员会办公室属县政府参照公务员管理事业单位，承担全县县志编纂、党史研究等工作，为全县各级领导、各级组织提供党史方志资料，内设办公室、党史研究室、年鉴编辑室，共有编制10名。2017年10月，西吉县地方志编纂委员会办公室经自治区机构编制委员会审批更名为西吉县党史地方志编纂委员会办公室。

【年鉴编辑】 完成《西吉年鉴（2017）》的资料收集、整理、编纂和出版发行工作。《西吉年鉴2017》全书设概况、统计公报、专载、领导名录、大事记、党委、政府、人大、政协、群众团体、武装、政法、农业和农村经济、经济管理、基础设施建设、商业贸易、财税金融、教育卫生、文化科技、民族宗教、社会保险、乡镇、人物、优秀调研报告、地方重要文献24个部类，143个分目，875个条目。有公益彩色图片95张，黑白插图照120余张，文字约60万字。

【地情信息】 一是组织、引导开发利用地方志资源，指导编写出版贴近现实、方便实用的行业年鉴，为各级党委、政府的中心工作服务，为广大群众的生产生活服务。并高标准、高质量地完成《宁夏年鉴》2017卷、《固原年鉴》2017卷文字资料和图片资料的搜集、整理、设计与制作，提供相关地情资料。二是完成了《中国影像方志》栏目摄制组要求编纂的《西吉影像方志》文字资料编纂工作任务。西吉影像方志资料全面反映西吉自然、社会、历史、经济、文化变迁和取得的巨大成就，展示西吉文明的悠久历史和博大精深，彰显西吉精神。资料约13000字，包括《引言》《地名记》《当代记》《后记》《地理记》《名胜记》《大事记》《名人记》《风俗记》《美食记》10个章节。

【方志宣传】 史志办邀请部分区、市、县党史方志专家来西吉开展专题讲座，组织工作人员为群众宣传西吉县党史地方志知识，推介党史方志书刊，展示党史方志工作成果，营造浓厚的宣传氛围，形成人人关注、全社会参与党史方志工作的局面。

【党史研究】 一是全力做好迎接全国党史部门专家、学者来西吉考察、指导工作。积极配合、协调上级业务部门和地方党委，政府，迎接陪同中央党史室的专家、学者，红二代党史专家、学者，湖南、贵州、陕西等地党史专家、学者到西吉考察调研工作。二是邀请区、市党史专家对西吉将台堡红军长征会师纪念馆布展资料进一步审核把关，承担收集，整理、编纂《红色西吉》资料汇编。邀请区、市党史专家对全县少年开展党史、革命史教育，协助相关部门管理全县“红色遗址”、“红色文物”、纪念标志。

（左　琦）

档案管理

【档案整理】 按照档案工作总体目标要求，加强档案业务指导，结合单位工作实际，2017年先后指导整理了西吉县委组织部、西吉县沙沟乡等部门（单位）和乡镇土地确权档案、业务档案500卷3887盒60617件；并对县审计局2016年所形成的审计档案进行了收集整理，共收集整理审计档案328卷；已全部接收进馆。县档案馆馆藏累计78131卷/盒273708件（其中：文书档案36180卷/盒122744件、婚姻档案1748盒86042件、审计档案2346卷、会计档案32755卷、土地确权档案3387卷/盒57000件、其他医保、图纸、秦巴卫生项目、民国档案1715卷/盒7922件）。

【档案服务】 服务就是档案工作的永恒主题，按照档案行业特点，结合单位工作实际，以便民服务为重点，始终把查阅利用、服务人民作为工作的出发点，列为工作的重中之重。全年为各行各业和广大查阅利用者在婚姻登记、土地纠纷、编纂修志、工龄证明、招工招干、政策依据、城市建设等诸方面提供了大量翔实的原始档案资料。全年共查阅利用档案3056卷次、1653件次，特别在婚姻登记档案管理和查阅利用上深受广大群众的好评。

（苏彩萍）

乡（镇）

吉强镇

【概　况】 吉强镇是全县政治、经济、文化和商贸中心，辖27个行政村，176个村民小组，7个社区居委会。镇域面积254.8平方千米，其中农业用地18.9万亩，林业用地10.8万亩、牧业用地8.2万亩。总人口28345户89589人，其中回族35759人，占42.3%；农业人口43512人，占51.4%。共有脱贫销号村10个。

【精准扶贫】 吉强镇始终把脱贫攻坚作为首要政治任务和第一民生工程来抓，压实责任、精准施策、狠抓落实，坚持一手抓脱贫销号，一手抓巩固提升，顺利完成了大坪村118户556人的脱贫销号任务。精准识别方面：认真组织开展复查复核、查漏补缺“回头看”，进一步完善了“可进可出”的动态管理机制，强化过程记录和动态调整，通过对象核实和数据清理，按照贫困户退出标准和程序，退出贫困户216户960人；按照建档立卡贫困户识别标准和“五看十步法”的精准识别程序进行核实补录，重新识别进入25户102人，纳入易返贫户79户283人；让符合政策条件的“档外”贫困人口入档，严守政策红线，确保不漏一户，不落一人。同时，严格按照标准对全镇17个非销号村和10个销号村的档案资料进行了修改完善。产业扶持方面：紧紧围绕马铃薯、草畜、蔬菜、杂粮四大产业，对建档立卡贫困户实行全产业链扶持补贴，全年共完成“双到”资金政府采购马铃薯、玉米籽种263.5万元，发放马铃薯原原种80万粒、原种0.3万吨、一级种薯0.3万吨，发放地膜6.8万卷，完成精准扶贫养殖资金补贴发放730万元。金融扶贫方面：扎实开展金融扶贫小额信贷，向有劳动能力、发展意愿和资金需求建档立卡贫困户提供1—3年、5万元以下免担保、免抵押、基准利率贷款。全年共为建档立卡户发放金融扶贫贷款2678户1.09亿元，户均贷款4.08万元，金融覆盖率达71%。全面实施“扶贫保”，深化产业保险，解决了因意外事故、因病因灾出现的致贫、返贫问题，全镇扶贫保参保率达到100%。

【特色产业】 大力实施“一村一品”“一村多品”工程，不断培育壮大马铃薯、草畜、蔬菜、杂粮、万寿菊五大特色优势产业，推进“五百工程”提质增效，特色优势产业稳步发展，农业农村工作扎实推进，特色优势产业保持良好发展势头，全镇马铃薯种植9万亩、特色蔬菜2万亩、小杂粮3万亩、万寿菊4000亩，认真实施马铃薯提质增效工程，坚持以覆膜保墒、旱作节水为保障，着力打造了高同、泉儿湾核心区万亩一级种薯繁育基地、万崖马铃薯原种繁育示范基地和马营、芦子沟千亩一级种薯繁育基地；加快推进特色优势产业发展步伐，探索西芹轮作倒茬模式，建设了万崖、杨坊万亩特色蔬菜基地和上堡蒜苗轮作倒茬示范点，西芹、胡萝卜等特色优势产业快速发展；大力实施畜禽养殖扩量工程，着力打造养牛、养羊、养鸡、养驴、养猪示范点建设，培育规模养殖户 21 户，全镇牛存栏 14800 头，羊存栏 18200 只。

【基础设施】 紧紧围绕“两不愁三保障”、贫困村“五通八有”和贫困户“七有”脱贫标准，对标脱贫销号村实际需要，本着“缺什么补什么”的原则，大力实施配套项目建设，着力推进贫困人口生产生活设施条件升级达标。完成自来水入户 1064 户，入户率达到 93%、完成危房危窑改造 446 户、安装太阳能热水器 2600 台，修建村卫生室 10 处，完成文化活动广场建设 25 处、建成综合服务网点 25 处，新建村党员活动室 3 处、维修 11 处；加快农村道路建设，硬化村、组道路 19.5 千米；配合建设、交通等部门完成了 S60 线西吉至会宁高速公路、S204 线海原至西吉公路的征地拆迁任务及棚户区改造建设任务。全面完成葫芦河河道治理征地任务。

【社会事业】 坚持教育优先发展，着力提升教育教学质量，积极发展学前教育，全镇适龄儿童入学率 100%；努力提高卫生服务水平，完善了村卫生室信息化网络建设和镇卫生院远程诊疗系统建设，确保人人享有基本医疗卫生服务。加强基础设施建设，建成 10 个标准化村卫生室，实现全镇标准化村卫生室全覆盖；进一步落实计划生育节育措施，抓重点，攻难点，合理控制人口出生率和自然增长率；持续推进精神文明建设，深化社会主义核心价值观教育实践活动，推动移风易俗树立文明乡风活动，高额彩礼等不良风气得到有效遏制，《乡村大世界》系列节目在吉强镇龙王坝村完成录制，极大地丰富了人民群众文化生活；深入推进文化惠民工程，大力发展文化事业和文化产业，推进基层公共文化服务体系标准化、均等化建设，建成村级综合文化服务中心 25 个，配套实施文化基础建设和各类设备 1125 万元；加大对困难群众救助力度，严格实行救灾救助资金“一卡通”发放政策，认真落实各项支农惠农政策，确保农村转移支付金、退耕还林资金、粮食直补资金农村低保资金拨付到位。全年共发放民政救助资金 125.2 万元，救助困难群众 1564 人，发放民政救灾资金 157.4 万元，救助受灾群众 1967 人；加大低保核查整治力度，审核取消有车、有房、有合作社等不符合条件的城镇低保对象 3737 户 8061 人、农村低保对象 4048 户 5577 人；进一步做好低保户、残疾人、“五保户”的动态管理及各类救助工作，实现应保尽保；认真做好城乡居民养老保险和医疗保险收缴工作，参合率达到 95% 以上，有力地解决了困难群众“看病难”“看病贵”的问题。

【综合治理】 以创建平安乡镇为目标，实施社会治理工程，深化“平安吉强”建设，信访稳控，安全生产等各项工作，通过制订方案，签订目标责任书，建立镇村两级管控体系，确保了全镇治安稳定，没有重特大恶性事件发生；实行主要级领导坐班接访、包案化解和“联调联动”机制，有效化解了一批信访积案；认真落实村级“联合办公日”制度，变“群众上访”为“干部下访”，既畅通了群众诉求表达渠道，理顺了群众情绪，又密切了干群关系。坚持不懈抓安全生产，全面落实安全生产“党政同责、一岗双责”，以道路交通、人员密集场所、非煤矿山等行业领域为重点，全面开展安全专项整治和隐患排查治理，依法严惩违法违规行为，从源头上解决了一大批影响社会和谐稳定的突出问题，群众安全感得到进一步提升；认真开展创建无毒家庭、无毒单位、无毒校园活动，多渠道搞好禁毒宣传教育；开展民族团结进步模范乡镇创建活动，依法加强宗教事务规范化管理，多层次开展宗教教职人员培训，促进了民族和睦、宗教和顺、社会和谐。

【劳务产业】 强化技能培训，大力提升创业就业能力，稳定在 6 个月以上转移就业人数 6500 人，劳务中介组织的输出及劳务经纪人带动转移就业2320人。培育劳务经纪人7人，完成劳动力职业技能培训1766人，劳务技能鉴定（职业资格鉴定）1250人。

【移民安置】 结合建档立卡贫困户实际需求，采用就近安置生态移民和政府统一回购房安置劳务移民相结合的方式。县内移民方面，开工建设就近安置点4个，搬迁安置73户294人。在县城劳务移民安置小区安置建档立卡贫困户65户378人；县外移民完成105户456人的县外搬迁安置任务。

【精神文明】 加强信息宣传和新闻宣传，对脱贫攻坚、环境整治、劳动力转移就业、安全生产、创先争优等重点工作进行大力宣传，全年发送《吉强信息》138期，印制宣传标语120条，制作橱窗和展板12副。在全镇营造了“创先争优”的良好氛围。积极开展社会主义核心价值观教育。“一约四会”制度在全镇27个行政村实现了全覆盖，在抵制高额彩礼、禁赌禁毒、树立文明新风方面发挥了重要作用。广泛开展群众性精神文明创建活动，先后举办了“贯彻十九大、共绘新蓝图”2018元旦联谊晚会，“庆元旦、迎新年”广场舞比赛等，共有12个村举办了冬季篮球运动会，丰富了群众的文化体育生活，传播了“昂扬向上、永争第一”的正能量。

【机关效能】 严格执行区市县关于提高机关效能的各项规定，整改落实问题22项，进一步完善细化镇党委、政府工作制度建设33项，村级工作管理制度23项，制定“三资”清理实施方案，按照“尊重历史、依法依规，因地制宜、妥善处理，维护稳定、促进发展”的原则，对全镇“三资”逐项进行清理核实，做到产权明确，现状清楚。完善了村级会计委派代理协议制度，建立了农村集体资金资产管理制度，各村并成立理财小组、监督小组、评估小组。完善了村级事务民主决策、民主管理、民主监督机制，推行村级事务流程化管理，为推进“阳光村务建设”夯实了基础。认真对照“四风”进行整改，正风肃纪，坚决整治，“三公”经费、会议、文件相对减少，行政权力运行更加规范透明。

【党建工作】 一是抓学习、强素质。坚持党委理论中心组学习制度和“周五”党员干部集中学习制度，认真执行“三会一课”、民主生活会、组织生活会制度，在全镇党员、干部中广泛开展学习中共十九大、自治区第十二次党代会、市委四届二次全会精神等活动。邀请各级领导、专家讲党课5次，镇领导累计上党课20次，各支部书记上党课40余次。撰写心得体会40余篇，专题调研16篇，认真开展党员“冬季轮训”活动，共有360余名农村（社区）党员受训。通过学习，增强了广大党员、全体镇村干部的整治素养和业务能力。二是强服务、惠民生。牢固树立基层党组织为民服务意识、切实增强为民服务能力，认真落实星期一“联合办公日”制度，各包片领导、包村干部、第一书记深入一线，宣传党的各项政策，排查化解矛盾纠纷，研究解决群众最关心、最直接、最现实的利益问题。截至2017年年底，共开展“联合办公日”42期，取得了实实在在的效果。三是强基础、增后劲。以全县开展村级综合文化服务中心建设为契机，整合资源，加强阵地建设。2017年新建村级党员活动室3座，改扩建16座，新建文化戏台5座，硬化活动广场3000平方米。对各村（社区）远程教育设备进行“回头看”，对老化设备进行了维修，对缺失设备进行了补充。确保其正常运行。积极筹措资金为村部配备办公桌椅、电脑等设备。有效提升了村级党组织活动场所硬件水平，为开展各项党组织活动奠定了坚实基础。

【党风廉政】 吉强镇纪委紧紧围绕扶贫涉农惠农项目和资金落实、扶贫救济物资发放、城乡低保和农村危房改造指标分配和干部队伍管理教育等方面，协助党委充分发挥党风廉政建设监督责任，推进党务村务公开，开展案件查办，促进基层干部廉洁用权。2017年，镇纪委全年共受理并初核信访件13件，立案11件，初核了结2件，结案13件；给予党纪处分11人，其中，党内严重警告5人，党内警告5人；取消预备党员资格1人；诫勉谈话2人；批评教育1人。收缴违纪资金3884元。有效发挥了震慑作用。

（段锦伟）

兴隆镇

【概　况】 兴隆镇位于西吉县南端，地处葫芦河道腹地，距县城45千米。西南接壤甘肃省，东南毗邻隆德县。中静省道，好兴公路穿境而过。气候属中温带半干旱半湿润过渡区、年平均气温6.3℃，降水量430多毫米，且集中于夏末秋初。耕地总面积19万余亩，其中水浇地面积4万亩。农作物以冬小麦、马铃薯、玉米、胡麻为主。全镇辖32个行政村1个居委会，171个村民小组，16867户6.9万人。党委下设1个党总支，37个党支部，其中农村党支部32个，现有党员1100名，其中农村党员982名。2017年全镇地区生产总值达到5.02亿元，比上年增长9%；完成社会固定资产总投资1.7亿元，比上年增长13%；全年实现农民人均可支配收入9378.1元，比上年增长11.14%。

【精准扶贫】 按照精准扶贫精准脱贫工作要求，狠抓各项扶贫措施落实，贫困村基础条件日益改善、农民收入持续稳定增加、群众满意度明显提升。一是精准识别程序规范。认真组织开展复查复核、查漏补缺“回头看”，对各村贫困户进行全面摸底和梳理，退出系统不符合规定92户282人，完成脱贫标注88户376人，新识别贫困户36户144人，纳入易返贫困户47户188人，实现精准扶贫到户、到人。二是产业扶贫成效显著。争取产业政策支持，完成14个脱贫销号村建档户种植补贴332.14万元，养殖补贴711.73万元，全镇见犊补母补贴788.16万元。完成贫困户贷款1911户8081万元。三是社会保障扎实推进。对建档立卡中因病残、年老体弱、丧失劳动能力以及生存条件恶劣等原因造成生活常年困难的贫困人口，认真落实民政兜底保障政策，做到了应保尽保，截至2017年年底拟列入低保兜底42户56人。建档立卡贫困户家庭意外伤害险和大病补充医疗保险实现全覆盖。四是基础条件不断改善。紧紧围绕贫困村“五通八有”，贫困户“七有、两不愁、三保障”，以基础设施改善为重点，完成硬化沙化村组道路47千米，完成14个贫困村农网改造及自来水管道进村入户，全年完成危房改造584户，其中建档立卡户366户。五是移民搬迁顺利实施。落实金凤区、兴庆区等县外移民108户539人，完成县城就近转移安置61户319人，落实向新疆生产建设兵团转移安置职工4户。

【主导产业】 始终将主导产业发展作为经济社会发展的重要支撑。草畜产业方面。坚持规模化养殖与分散养殖相结合的思路，在金融贷款的扶持下，全镇肉牛饲养量超过8万头，清真肉牛年屠宰量达5万头，年交易量20万头，牛羊贩运、屠宰、加工、销售为一体的产业化格局逐步形成；一是建成饲草基地，切实夯实养殖饲草储备基础：采购粮饲兼用型先玉335优质玉米种子20余吨，配发地膜5.5万亩，主抓以川口、兴隆、好水3个川区和公易山区10万亩地膜玉米种植，为养殖业提供饲料准备。培育发展下范饲料加工企

2017年6月21日，兴隆镇召开“兴隆镇向新疆生产建设兵团转移就业安置职工工作会议”

业1家，全镇青贮玉米5.7万吨；二是培育示范村，引领草畜产业规模化发展：以新合、陈田玉养牛示范村为抓手，进一步加大金融贷款扶持和科技普及力度，加快产业富民步伐；三是形成产业链，不断提升牛羊肉加工附加值：单家集屠宰厂项目已被列入2018年西吉县确定的10件民生实事，建成后，将形成牛羊贩运、屠宰、加工、销售为一体的产业格局，提升“单家集清真牛羊肉”品牌知名度。马铃薯产业方面。采购原种、一级种薯1100吨、重点用于公易片区8.5万亩马铃薯更新换代，不断提高商品薯品质和产量。特色蔬菜产业方面。通过流转土地、合作社运营，抓好以罗庄、张节子等村为中心区域的2个千亩特色蔬菜基地建设，高标准打造罗庄水肥一体化项目，带动周边群众发展特色蔬菜产业。国土绿化及林业产业方面。通过引进山里红种植专业合作社在范沟村种植千亩大红袍花椒，有效融合生态环境和经济效益，实现了资源共享、优势互补、协调发展的现代生态农业结构模式。

【生态环境】 坚持环境综合整治常抓不懈，始终聚合力、齐心抓，鼓足劲、扎实干，以“爱国卫生日”等活动为载体，开展河道专项治理、集镇基础提升、卫生村庄创建、私屠乱宰4个专项整治行动。一是环境整治成效初显。成立了镇市场搬迁及环境综合整治工作领导小组，联合相关部门（单位），在多次动员的基础上对市场乱搭乱建菜棚进行拆除，并对街道占道经营的菜贩果贩进行规范化、集中化管理，有效解决市场混乱、环境卫生脏乱差等问题；不断加大玉桥沿街占道洗车场（点）、乱设摊点集中整治力度，并对街道辖区内的生活、生产和建筑垃圾进行了彻底清理；同时，由县政府牵头，联合多部门，对202线兴隆段范围内违章建筑进行了集中整治，拆除违章建筑9户，并配合县有关部门关停沙场15家，清理零散煤炭经营场所24家，坚决遏制污染环境的生产活动，为广大群众提供一个干净整洁、环境优美、道路通畅的生产、生活环境。二是美丽村庄有序推进。投资150万元实施了张齐村环境综合整治项目，拆除废弃庄院84户，动员改造危房50户，砂化村道2.5千米，拓宽巷道11条，并开展绿化、亮化工程。三是河道治理全面加强。成立了兴隆镇河长制办公室，制定了河长制工作督导检查等4项管理制度，完成了1500余亩葫芦河治理工程征地任务，确保了河长制工作稳步推进。

【民生保障】 狠抓教育、文化、科技和卫生等惠民政策落实，群众获得感不断增强。教育事业方面：按照区市县关于做好义务教育均衡发展，切实保障全镇适龄儿童少年接受公平的义务教育要求，我镇分阶段、分批次对35所中小学及教学点义务教育基本均衡发展工作进行评估验收，并同步申请县人民政府复验。确保义务教育阶段适龄儿童按时入学率、巩固率达到规定标准，留守儿童在我镇公办学校接受免费义务教育得到保证，残疾少年儿童义务教育普及程度达到规定标准。全镇小学适龄儿童入学率及毕业率达到100%。2017年高考兴隆籍考生一次性二本以上95人。文化体育事业方面：不断健全文化体育基础设施，为32个村配套图书3584册，陈田玉等28个村级综合文化服务中心配备了音响器材、办公桌椅、电脑、电视机、打印机等办公设备；深入开展文化体育活动，成功举办了西吉县“精准扶贫杯”农民运动会，643名运动员在为期15天的比赛中奋力拼搏，一展风采，取得了运动成绩和精神文明双丰收；高度重视文明乡风建设，坚持把法治、德治、村民自治“三治融合”作为深入推进农村移风易俗工作的有效抓手，32个村全部完成了村规民约修订，并做到了村规民约上墙，明确了村民在环境综合治理、民族团结、禁毒防艾、抵制高额彩礼等方面的行为内容。《中国经济日报》、光明网、固原电视台等媒体分别对下范村精神文明建设和王占雄、闫文科等村民婚事新风尚典型事迹进行报道。以“魅力兴隆镇”微信公众平台为基础，建立了政府与企业、政府与群众的互动平台，共发表报道302期，有效提高政民互动，拉近政民距离。组织农民工实用技术培训35班次，培训群众1580人次，深入实施创业就业工作，农村劳动力转移就业达到1.2万人。医疗卫生事业方面：按期完成农村“两险”收缴任务，提高“两险”参合、参保率。扎实开展计划生育工作，全年完成“少生快富”结扎1例、“少生快富”扩面签订合同46例、孕前健康检查580例、办理流动人口婚育证58个。

【社会治理】 加快基本公共服务体系建设，以平安乡镇、和谐寺观、民族团结创建等为抓手，认真落实村联合办公日制度，加大信访、矛盾纠纷排查化解，全年共办理各类群众信访事项30余起，成功化解矛盾纠纷370余起，有效维护了社会和谐稳定。扎实开展安全生产专项整治行动，落实安全生产责任制度，安全生产形势平稳向好。以“民族团结进步宣传月”活动为契机，深入开展以“两个共同”“三个离不开”“五个认同”“五个维护”等为主要内容的民族团结宣传教育“八进”活动，认真开展宗教场所“宗教人士引领促脱贫”等卧尔兹演讲活动；兴隆镇单家集医院顺利迎验全县民族团结观摩团；创建单家集、下范等23个民族团结示范村，31个民族团结示范场所，确保了民族宗教工作以点带面，全面推进。

（王　莉）

平峰镇

【概　况】 平峰镇有行政、事业在编人员数40名，编制42个，缺编2名。行政编制25个，实有行政人员24名，其中公务员21名。事业编制17个，实有事业人员16名。其中专业技术人员10名，工人技术人员6名。下设党政办公室、社会治安综合治理委员会办公室、科教文卫服务中心、民生服务中心、产业服务中心。2017年完成陈滩、平峰、李岔、新堡、西坡5个贫困村481户2270人脱贫销号，贫困人口持续减少，贫困发生率下降到16%。全镇自来水管道铺设入户率达96%，其他4%农户居住范围800米内均有安全取水点，解决了全镇6693户农户，2719户贫困户“吃水难”问题；完成了李岔、平峰等7个村村组道路硬化57千米，铺沙35.7千米，完成2014—2015年销号村村组道路建设“回头看”道路硬化10.5千米，铺沙45.5千米，解决了群众“行路难”问题；2014年至今实施危房改造3264户，2017年完成352户，其中：极贫户30户，四类重点对象（建档立卡户228户，低保户30户，贫困残疾人家庭户9户）共267户，其他户55户。有效解决了群众“住房难”问题。

【精准扶贫】 统筹实施“五个一批”，做到六个精准，减贫1060户4213人，贫困发生率控制在5%以内。压实脱贫责任。深化“两级联动”，执行最严格的脱贫责任制，建立起横向到边的“任务清单”、纵向到底的“工作清单”、可核可查的“进展清单”和直观明确的“问题清单”，建立起自上而下的责任体系，确保脱贫工作务实、脱贫过程扎实，脱贫成果真实。夯实脱贫基础。结合全镇实际，瞄准贫困村、贫困户精准施策，聚焦产业发展、基础设施补齐短板，改造危房510户，建设村组道路45.8千米，有效解决全镇农户安全饮水问题。对2016年已销号的3个贫困村进行“回头看”，保持脱贫攻坚政策延续性，确保补齐短板、稳定退出。厚植富民根基。严格落实产业扶贫政策，给予贫困户多方位、全产业链扶持，落实各类各项种养补贴。培育沿坪、庙坪、陈滩3个肉牛养殖示范村，李岔、高赵、新堡3个中华蜂养殖示范村。夯实金融扶贫支撑，确保贫困户贷款全覆盖。全面开展“先进脱贫户”表彰等活动激发群众内生动力，梳理脱贫光荣良好风尚。加快易地搬迁。全面完成县内移民搬迁安置任务，抓好移民户籍迁转、子女就学、产业培育、技能培训等后续工作，确保“搬得出、稳得住、逐步能致富”。巩固发展好转移就业，加大向新疆生产建设兵团、天元锰业等输送力度，让更多贫困群众走出大山、摆脱贫困。

【创新驱动】 坚定不移走科技推动、创新发展之路，以转变发展方式为主线，以产业结构调整带动经济转型升级。厚植优势，补短板，求突破，构建镇域产业发展新体系，积极探索生态优先、富民为本、绿色发展的新路子，不断增强发展后劲。着力推进产业转型。培育发展循环农业和新型农业，大力发展节水保墒型种植业，积极探索种植高产经济作物，整体提升旱作农业生产水平。大力实施马铃薯提档增值工程、草畜产业扩量提质工程、特色杂粮增效升值工程，推动特色产业提质增效，提升市场竞争力。探索创新发展模式。探索建立村党支部带动、致富带头人带动、混合分散发展等产业发展模式，强力助推脱贫攻坚。鼓励“走出去”“引进来”。实施“教育强镇”战略，努力提高教育教学质量，加大贫困学子救助扶持力度，齐心协力将年轻学子送出去，科教强镇；加强劳动力素质技能培训，鼓励年轻、有劳动力的农户学技术，换思想，“走出去”发展。通过平峰镇优势生态环境、优势塘坝资源招商引资，将优秀人才、创业成功人才尤其是平峰籍优秀人才“引进来”，将成功企业引进来，为全镇发展增添活力，引导全镇产业等各项发展科学化、技术化。

【生态环境】 全力夯实基础设施建设。实施“三山”绿化工程和集镇集中供热、给排水改造工程，争取完成南街开发改造，打造红色生态特色集镇；积极争取庙坪美丽村庄建设项目，申报三合街道美丽村庄建设项目和李营村环境综合整治项目，完善三合集镇给水、排水、绿化、亮化等基础设施建设；申报平峰、西坡、高赵原有2000

2017年3月2日，县政协主席马天英（左五）深入平峰镇指导脱贫攻坚工作

亩经果林水利灌溉等设施配套建设项目；争取实施金塘小流域治理及雷河河道治理项目；完成王堖高标准土地整理3000亩；大力实施生态富民行动。坚持把生态经济贯穿和落实到全镇经济社会全面发展的方方面面，坚持把生态文明建设与全镇脱贫攻坚相结合，探索平峰绿色发展新路子。利用林地和林下资源，大力发展林下种养殖业，悉心经营、巩固平峰村、西坡村和高赵村2000亩现有经果林林地，以红梅杏、山楂、核桃为主，在平峰、高赵、庙坪种植经果林2000亩，巩固建设高赵500亩适合本地树种的育苗中心，发展庭院经济林1000亩，巩固金塘经果林1000亩，全镇达到1万亩。同时探索建立“公司＋合作社＋农户”模式，对中草药、林果等进行加工出售，提高农户收益。

【民生改善】 坚定不移走改善民生、共享发展之路，全面落实区市县民生计划，办好民生实事，不断满足人民美好生活需要。一是优先发展教育事业。加大教育投入力度，不断提升教育教学质量，创建全县一流教育。努力推进教育扶贫，提升义务教育控辍保学水平，切实做到因辍即返，全力普及“雨露计划”助学政策，确保做到应享尽享；着力抓好劳动力技能培训和劳务增收。坚持劳动力技能培训注重实用性，从数量向提升质量转变，切实做到精准安排、精准培训，努力提高培训的针对性和实效性。二是加快“健康平峰”建设。全面落实健康扶贫政策，推进建档立卡贫困患者医疗救助全覆盖。三是加快发展社会保障事业。全面统筹推进农村医疗保险和新型农村社会养老保险，确保农村医疗保险和农村养老保收缴完成100%。深入实施“十三五”老龄事业发展规划，关爱留守儿童，维护妇女合法权益。全面完成平峰养老服务中心建设，实施老年饭桌、民生社区等项目，持续增强群众获得感。全面落实农村低保、高龄、“五保”、孤儿、优抚等各项农村社会保障制度。

【产业升级】 按照种薯繁育，鲜薯外销的思路，推进马铃薯产业提档增质。在平峰村建立2000亩原种繁育田，以张武、中岔为核心，打造与兴平、王民一带联通的2万亩马铃薯集中连片覆膜一级种薯繁育田，积极发展种植大户，加快贮藏窖和马铃薯集散市场建设，争取总产在16万吨以上，贮藏能力在10万吨以上，将平峰建成全县重要的马铃薯种薯基地和鲜薯外销集散地；巩固优质紫花苜蓿着床面积3万亩（包括林间带草），新增5000亩；引进构树种植项目，建成育苗中心100亩，种植2000亩；加快良种基础母畜扩繁和畜禽品种改良，坚持良种母畜“见犊补母”全覆盖。实行“合作社＋农户”模式，合作社负责良畜培育和成品外销；加大养殖示范村建设，建设沿坪、庙坪、陈滩等村肉牛养殖示范村，以蜜源广阔的荞麦、国槐等植物为依托，发展中华蜂养殖产业，李岔、高赵、新堡等村中华蜂养殖示范村，王堖村梅花鹿养殖示范村。

【文化振兴】 弘扬红色文化，广泛开展革命传统教育和爱国主义教育。更加注重中华优秀传统文化传承发展，完善“一约四会”制度，深入推进移风易俗和民风建设，革除大操大办婚丧嫁娶、高额彩礼、低龄婚育等陋习。用好村级综合文化活动中心，广泛开展广场舞比赛等群众性文体活动，丰富群众精神文化生活。培育发展文化产业，打造刺绣、剪纸、手工艺等创意文化旅游产品。

【综合治理】 深化“平安平峰”建设，推进乡村网格化管理。严厉打击传销、非法集资、金融诈骗等违法犯罪活动，强化禁毒管控措施。严格落实“属地管理、分级负责”信访责任制，拓宽网上信访渠道，加大矛盾纠纷排查化解力度，健全重点信访事项化解机制，提高初信初访办结率。持续推进“联合办公日”模式，把问题解决在一线、矛盾化解在一线，努力营造良好的社会发展环境。加强镇域内安全生产隐患排查和整治工作，坚决遏制重特大事故发生。全面贯彻党的宗教工作基本方针，依法依规管理宗教事务，严厉打击非法宗教渗透活动，促进宗教领域和谐稳定。深入开展民族团结进步宣传教育，唱响“共同团结奋斗、共同繁荣发展”时代主旋律。

（王　峰）

将台堡镇

【概　况】 2017年全镇共有编制人员38人，其中行政编制24人，事业编制14人。单位内设党政办公室、社会与经济管理办公室、民族宗教工作办公室、人武部办公室、信访接待室、纪委办公室、档案室等，下设民生、产业、文化3个中心，镇属各单位站所有农业科技服务中心、林业站、派出所、司法所、工商所、变电所、中学、中心校、邮电所、信用社、卫生院、水管所、农行营业所。2017年，在县委、县政府和镇党委的正确领导下，全镇认真学习贯彻中共十九大和区、市、县各类会议精神，以习近平新时代中国特色社会主义思想为指引，严格落实县委、县政府“4156”战略部署，攻坚克难，真抓实干，较好完成了镇十七届人大一次会议确定的各项目标任务，全年完成固定资产投资1.86亿元，增长158.3%；预计农民人均可支配收入达8900元，增长9.3%。

【脱贫攻坚】 严格落实县委、政府精准脱贫“四到”措施，对照贫困村“五通八有”，贫困户“两不愁三保障”标准，积极统筹涉农惠农资金，从贫困村基础设施建设等方面攻坚突破。完成村组道路硬化34.85千米，实施危房改造387户；解决了9个贫困村1145户人畜饮水安全问题；信息和广播电视实现全覆盖，农村客运通达率实现100%。为西坪、明星村累计发放产业补贴资金212万元；为全镇建档立卡户免费投放马铃薯种子835吨，冬小麦种子46吨，补贴发放春覆膜3万余卷。实施县内劳务移民58户304人，建成明星村就近移民安置点3个，安置移民50户225人。向宁东、灵武、青铜峡、银川等地实施县外劳务移民38户183人，移民群众彻底拔掉了“穷根”。成立16个村级信用协会，强化宣传动员、评级授信，为1219户建档立卡贫困户发放金融扶贫贷款5012万元，累计发放妇女创业贷款626户3130万元，群众发展有了“票子”，脱贫也有了“路子”。为建档立卡贫困户高职学生发放雨露计划补助96万元，为贫困大学生发放生活补助18.8万元，确保了困难学生有学上。落实对口帮扶资金64万元，专项扶贫、行业扶贫、社会扶贫“三位一体”大扶贫作用日益彰显。

【产业结构】 大力实施“产业兴镇”战略，坚持以市场发展为导向，以基地建设为依托，以特色产业基地和种薯繁育基地为目标。商源、小义等一批本土特色蔬菜种植合作社不断发展壮大，有力带动了全镇马铃薯、西芹等蔬菜产业发展。注重发展现代农业，在川区大力扶持发展冷凉蔬菜，建成牟荣4000亩特色蔬菜种植创业园，不断提高当年种植量和经济收入。支持发展特色种植，在山区大力发展旱作节水农业，年平均发放春秋覆膜8000亩，促进了山区玉米种植和牛羊养殖，形成了川区种蔬菜，山区养牛羊的产业格局，有效增加了农民收入。延伸农产品产业链条，积极对接引进全国知名企业汇源集团落户将台堡，计划投资10亿元，实施集农副产品加工、现代化养殖为一体的汇源综合扶贫开发项目。截至2017年年底，已完成项目区75%的房屋土地征收。将台堡镇以农副产品加工、物流、商贸三大产业为支撑的城镇产业发展格局初步形成，红色小城镇聚集发展效益日益突显。

【城镇建设】 始终把城镇建设作为发展经济的有效途径，把项目作为拉动投资增长的“助推器”，凝心聚力，合力攻坚。自治区政府批准将台撤乡建镇，加快了会师胜地建设发展步伐。实施将台堡棚户区改造项目，完成房屋征收815户，土地征用1230亩，进一步拓展了城镇发展空间。投资1.38亿元，启动了玫瑰苑、民丰苑安置小区和明台苑商业小区建设，建成安置楼房288套，商品房85套，确保房屋征收群众妥善安置。加快基础设施建设步伐，投资7300万元，建成长征路、秦城路、胜利街等9条道路5.79千米，并配套供排水、地下管廊等附属设施，镇区“五横六纵”道路体系基本形成。投入3200万元，完成会师广场建设和将台堡三军会师纪念园、周边商铺、中学提升改造工程。加大招商引资力度，投资3500万元建成将台堡标准化蔬菜市场，引进红味斋、将台红等一批规模餐饮企业，有力地促进了红色胜地旅游服务业发展。

【环境整治】 认真贯彻绿色发展理念，落实最严格生态环境保护制度，抓生态文明建设的意识和合力进一步增强。坚持建设与管理并重，加大集镇管理力度，组建了县城乡建设监察大队将台中队，及时处理占道、流动经营行为，市场秩序井然有序。扎实开展“城乡环境卫生综合管理提升年”活动，实施环境卫生网格化管理，细化落实长效管理机制，有效整治集镇顽疾。加大乡村环境整治力度，投入环境整治资金1010万元，争取公益性岗位27个，农村环境卫生显著改善。加强将台德盛物业服务有限公司监督管理，进一步提高环境清扫保洁和生活垃圾清运质量。加大对违法建设查处力度，先后组织19次集中拆除违建行动，拆除违章建筑1.7万平方米，乱建、抢建问题得到及时有效遏制。严格落实上级关于河长制工作决策部署，定期召开河长制工作联席会议，积极开展河道巡查，认真梳理解决辖区河库存在的问题。扎实推进葫芦河流域治理工程，完成辖区5个工程标段18.3千米河道整治用地征收工作，拆除沙场9个、河道违建11处，征收土地1464亩，兑现补偿资金2073万元。巩固提升退耕还林还草工程，完成牟荣北山义务植树460亩，村庄绿化美化4200平方米，绿色发展初见成效，生态富民效益初步显现。

【民生福祉】 多措并举，坚持不懈地实施民生改善工程。切实做好国家退耕还林、农资直补等惠农资金发放和管理。坚持计划生育工作常抓不懈，加强计划生育服务，做好基本服务和人口信息化录入工作，确保及时率达到95%。强化民政救助工作，认真落实社保政策，规范养老、低保、“五保”、高龄津贴等申报和资金发放程序。全面完成两险收缴任务，社会保障得到有效加强。加强镇村医生队伍管理，福利待遇不断提高，看病问诊的能力得到提升。认真做好农村土地确权和宅基地审核登记上报工作。坚持做好劳动力素质提升工程，以抓好劳务培训和有组织输出为重点，劳动力就业转移7513人，累计培训1700余人次，务工人员职业技能不断提升。坚持保基本、提质量、促均衡，公共服务日趋完善。

【文化振兴】 加大村级公共文化活动场所和党员活动室建设投入力度，累计投入700余万元，实施了东坡、火集等6个非贫困村和深岔、咀头等9个贫困村文化阵地建设，发展文化大院2个，配备了文化活动及体育健身器材，村村有了集道德法治讲堂、文艺演出等为一体的综合文化活动场所。修整西坪村文化墙7500平方米，制作村庄指示广告牌16座。累计投入经费30万元，大力支持各村开展文体活动，最大限度地支持村级群众性文化体育活动。全年举办文艺演出43场次，体育比赛16场次。全县“六一”儿童节会演在将台举行，“唱响十九大，欢乐过大年系列文体活动”深入开展，各类演出和比赛项目吸引群众达3万人次。中央电视台中文国际频道《记住乡愁》栏目组在将台专题拍摄，有力地宣传了将台堡镇传统历史文化。中央电视台社会与法频道大型电视扶贫行动《决不掉队》栏目在将台堡录制，真实反映了全镇精准扶贫精准脱贫工作成效，社会反响强烈，进一步提升了将台堡知名度和影响力。文化活动的深入开展，精神文明建设的深入推进，提振了干部群众打赢脱贫攻坚战的力量和信心。

将台堡镇新区一角

【综合治理】 深入实施社会治理工程，有效提高人民群众安全感和满意度。深入开展“七五”普法，引导广大群众自觉守法、遇事找法、解决问题靠法。建章立制，上门服务，村部集中研究，推动了联合办公日活动深入开展。科学推进“三调联动”“大调解”工作机制与联合办公日活动有效接轨，妥善处置解决群众矛盾纠纷。全年排查化解各类矛盾98件，化解率100%；接受调处网格化事件36件，化解率100%；受理办结信访件50件，办结率100%。受理投诉案件30件，自接来电11件，成功率达97%，做到了小事不出村，大事不出镇。不断加强政府自身建设，深入学习宣传中共十九大精神，抓好理论学习，认真贯彻落实中央八项规定等纪律要求，加强整治干部“四风”方面存在的突出问题，强化防控措施，规范权力运行。积极推进政务公开，推广应用“331”监管平台，实现行政村电子政务外网全覆盖。严格落实领导干部包抓责任制和“四个清单”制度，促进县委、县政府决策部署落实落地。严格执行领导干部“一岗双责”，全面落实党风廉政建设责任制，积极转变工作作风，精简会议和文件，严肃工作纪律，规范公务接待、强化勤俭节约。强化廉政教育，支持镇纪委案件查办工作，在推进反腐倡廉工作中发挥积极作用，营造了风清气正、干事创业的良好环境。

（王晓霞）

什字乡

【概　况】 什字乡位于西吉县东南部，与原州区、隆德县毗邻，乡政府距离县城60千米，总面积112平方千米，耕地面积13.9万亩，属于干旱贫困半山半川区，下辖16个行政村、84个村民小组，6397户26600人，其中回族5363户22796人。2014年至2017年年底，已有9个村顺利实现脱贫销号。全乡共有建档立卡户1864户8567人，约占全乡总户数的29.1%和总人口的32.2%，其中脱贫1415户6700人。牛羊养殖历史久、数量大、商品率高，是全县肉牛肉羊养殖重点区域。2017年全乡农民人均纯收入达到8445.6元。

【精准扶贫】 全乡10个销号村署区、市、县驻村帮扶，各单位派出结对帮扶工作人员19名、协调物资及资金共计200万元，第一书记讲党课35场次，组织对困难群众、在校学生等慰问7场次。

【项目建设】 2017年争取水利项目资金500万元，用于人饮工程巩固提升，16个行政村自来水主管道全部贯通，其中，10个销号村自来水全部入户。投入1200万元大力实施销号村“村村通”工程，2017年完成北台、玉丰、马沟等村16公里；争取教育基金2225万元，用于强化教育基础设施建设，其中，什字中心小学投入725万元建设杨庄、黄沟等5所幼儿园，维修各村小学，粉刷围墙、教室，亮化、绿化、硬化校园，配置桌椅、实验、体育、图书等教育器材；什字中学投入1500万元建设教学楼、学生宿舍楼各1栋，高标准操场1处；什字中学改（扩）建项目土地征收费用320万元已上报县人民政府审批。积极争取村级综合文化服务中心建设项目资金500万元，2017年16个行政村综合文化服务中心已全部竣工，投入使用。温唐、杨庄村社区建设投入40万，已全部竣工投入使用。全乡16个行政村实现手机信号全覆盖，网络主线全部安装到位。

【草畜产业】 什字乡立足乡情，突出特色，把草畜产业作为调整农村经济结构、转变经济发展方式，大幅增加农民收入，扎实推进新农村建设的一大支柱产业，大力发展舍饲养殖，使草畜产业实现了较快发展，走出一条符合什字乡情实际的“草畜产业发展路子”。2017年养殖专业合作社55家，百头以上的规模户7家，20头以上的58家，10头以上的534家，牛存栏2.1万头，全年饲养量3.5万头以上，青贮玉米近5万亩，年产草总量达到30万吨，青贮玉米饲料6.3万立方米，青贮率30%以上。在马沟村建设2050平方米含分离区、饲养区的标准化大型养牛场1个。人均养殖业收入在4200元以上。

【特色产业】 谢寨村成立洋葱、马铃薯、中药材等种植示范点，种植洋葱500亩、马铃薯300亩、中药材400亩。杨庄村成立万寿菊种植示范点，完成了1300亩万寿菊试点种植。因种植雇佣大量人员，解决了周边村庄部分剩余劳动力，增加了农民收入，逐渐形成了宜养则养宜种则种、因地制宜的产业致富新格局。

【“两个带头人”工程】 一是加强村党组织带头人队伍建设，实施村党组织带头人动态管理，充分利用第一书记、帮扶部门的资源优势，帮扶带动党组织带头人发挥作用，2017年在10名第一书记的带动下，10名党组织带头人落实到项目资金达200余万元。二是培育壮大农村致富带头人群体。年初村委会选举重点把两个致富带头人吸收进来，培育致富带头人队伍 122 人，培训“两个带头人”3 场次 150 人次，培育和储备 50 余名带头人后备人选。致富带头人在种植业、养殖业、劳务用工等方面带动 410 村民在本村务工，带动 500 余户家庭养殖 2000 头牛、1000 只羊，带动 1000 人外出务工，带来直接经济效益 4000 万元。年全乡新注册成立了 4 家合作社，1 家农业发展公司，1 家家庭农场，带动 160 个家庭进行生产生活，大力提升带动了村民充分利用当地资源走上了脱贫致富道路。

【惠民工程】 认真落实计划生育工作责任制，完成少生快富扩面 17 例，孕前健康检查 161 对，置环 222 例，征收社会抚养费 1 万元。累计发放民政救灾救助资金 140 余万元。全乡低保对象 1997 户 2437 人、“五保”对象 52 人、孤儿 76 人、80 岁以上高龄老人 299 人。统筹城乡基本医疗保险和城乡居民养老保险，参保率均达到 100%，社会保险覆盖面不断扩大。教育事业发展良好，积极进行中小学改扩建项目，2017 年争取项目资金 2225 万元，用于强化教育基础设施建设。完成全乡危窑危房改造 398 座，其中极度贫困户 36 户，建档立卡贫困户 122 户。兵役工作不断加强，2017 年完成兵役登记工作。

【综合治理】 2017 年什字乡成立乡综治中心，成立领导小组，成立集中整治校园及周边地区安全隐患工作领导小组，成立开展全乡保障农民工工资支付工作领导小组等组织机构，开展法治宣传月、法律宣传“八进”、安全生产知识进校园、禁毒知识进校园等宣传活动。乡综治中心每月召开“两排查一分析”例会，总结分析本月工作情况，排查交办本月矛盾纠纷，督促矛盾调处完成情况，真正做到一月一排查，一月一交办，一月一通报，2017 年已排查受理矛盾纠纷 152 次，调解矛盾纠纷 152 起，调解率达 100%；综合运用政治、经济、法律、行政、教育等手段，对 2 起进京上访进行化解疏导，解决问题，依法进行处理；全力开展禁毒工作，2017 年全乡共有吸毒人员 23 人，禁毒工作形势严峻。乡综治中心在全乡范围内组织开展了禁毒踏青专项行动，对全乡重点村进行了彻底排查，未发现一处种植毒品原植物违法犯罪行为。狠抓“6·1”《中华人民共和国禁毒法》宣传、“6·3”虎门销烟纪念日宣传活动、“6·26”国际禁毒日宣传活动，并将宣传活动走进校园，对学生进行了禁毒知识授课，组织清真寺阿訇讲卧尔兹宣传吸毒的危害性，整个宣传活动声势浩大、形式多样、内容丰富、深入人心、效果显著。多次召开专题禁毒工作会议，对各村综治工作站禁毒人员进行《宁夏回族自治区禁毒工作条例》等方面的培训。

【民族团结】 为深入开展好全乡民族团结进步创建活动，成立了什字乡民族团结进步创建活动工作领导小组，具体负责全乡创建活动的组织协调工作。认真开展好民族团结进步创建活动，加大对创建活动的宣传力度。一是利用美丽什字微信公众平台大力宣传了党和政府的民族工作方针政策，宣传开展民族团结进步创建活动的重大意义和目标任务，使全乡各级干部、各中心、各支部、各村委会、乡直各单位主动参与到创建活动之中。二是广泛宣传维护民族团结与进步的先进单位，少数民族发展经济、走勤劳致富先进典型事迹，使全乡人民形成了“三个离不开”的良好共识，结合“民族团结月”和“法制宣传月”等

什字乡 2017 年冬季宗教人士培训会

活动，组织各宗教场所开展《抵制毒品、珍爱生命》卧尔兹演讲52次，参加演讲教职人员58人，参加活动群众约11000人，在什字街道及各宗教场所散发《中华人民共和国民族区域自治法》《民族宗教政策》等涉及民族宗教团结创建、宗教知识、抵制邪教方面的宣传单5000多份，在乡政府院内、什字中学、什字南清真寺、杨庄村部制作安装民族团结宣传展板4块，张贴宣传标语48条，悬挂条幅8条。通过大力宣传，全乡群众对民族宗教团结的认识明显提高，维护各民族团结成为共识，取得了良好的社会效果。三是召开3次宗教专题会议，对乡村干部、教职人员、寺管会主任等进行民族团结创建培训，参训人员达500人次，积极推进民族宗教团结创建工作进校园活动，在什字乡中心小学、什字中学等学校开展宗教知识、如何辨别邪教等宣讲会5次，参加听讲的师生1500余人次，县宗教局组织两次宗教人士培训班，参加人数60余人；通过宣传报道、与会陪训的方式，提高了全乡开展创建活动的透明度，使创建活动有效地在全乡开展。

【生态文明】 2017年全乡实施退耕还林1.4万亩，完成机修高标准基本农田4000亩；在环境整治方面：结合全县城乡环境综合整治攻坚月活动，制定环境整治方案，从组织领导、经费保障、考核管理等方面入手，落实村级环卫工人27名，加强网格化、扁平化、精细化管理，加大综合整治力度，完善乡村环境卫生长效管理机制，彻底改变村庄脏、乱、破现状；在森林草原防火方面：建立森林防火、管护动态巡查机制，签订专项目标责任书，明确了主要负责人和专职工作人员3人，生态护林员26人。截至2017年年底，无重大火灾事故的发生。

【产业脱贫】 按照《西吉县2017年农业产业扶贫项目实施方案》和《西吉县农牧业发展扶持政策的通知》文件及相关会议精神，2017年全乡万寿菊种植2000亩，玉米种植5万亩，马铃薯种植1万亩，蔬菜种植500亩，杂粮“油料”稳定在1万亩，紫花苜蓿留床面积达1.5万亩，牛、羊、禽饲养量分别达到5万头、1.5万只，15万只。全面落实“43210”精准扶贫模式，已向北台、唐庄、什字村扶持“双到”马铃薯一级种薯38吨，玉米种子2920袋14600千克。为李海、杨庄两个销号村发放马铃薯一级种署155吨；马铃薯原原种11.5万粒；为全乡建档立卡户发放地膜28830卷。为贫困户制定覆膜、马铃薯、杂粮等种植计划，牛羊养殖计划，帮助贫困户落实农牧业产业扶持项目。兑现杨庄、李海两个销号村建档立卡贫困户种养殖业补贴1897134元，其中：种植业补贴468134元，养殖业补贴1431000元。兑现非建档立卡蜜蜂养殖补贴139600元，兑现见犊补母项目5713头，每头800元共计4570400元，兑现青贮玉米种植补贴资金1321090元，青贮饲料补贴673户634900元，合作社中药材、万寿菊补贴307938元，农资综合补贴2645457元，铡草机补贴211500元。

【金融扶贫】 全乡10个贫困村已全部建立村级信用协会，完成1879户评级授信工作，占全乡贫困户总数的100%。各金融机构为全乡建档立卡贫困户发放小额扶贫贷款1661户7687万元，户均4.63万元，覆盖面93.2%。其中余堡村、李海村、保卫村、新店村、玉丰村金融贷款覆盖率均在100%以上。全乡非建档立卡户获什字信用社贷款共计1906户8752万元。实现10个贫困村农村互助资金管理全覆盖，全乡互助资金贷款共920万元，其中，杨庄、北台等村互助资金已在200万元以上，年创收集体经济收入1万元。妇女创业贷款49户245万元。各村充分利用扶贫资金养牛养羊搞特色种植，在种养殖业上全面发力，全乡基础母牛补栏8000余头，牛犊1万余头；万寿菊、洋葱等特色种植2000多亩。

【技能培训】 按照“应培尽培”的原则，实现建档立卡家庭劳动力职业技能培训全覆盖，掌握1—2门就业技能，实现培训一人、就业一人、脱贫一户。劳动力输出6200人。目前全乡已培训1000余人次，劳动力素质提升已完成886人次，主要在刺绣、家政服务、挖掘机、种养殖业等技术方面进行培训。“雨露计划”中高职业教育助学185人，机动车驾驶技能培训80人，电商扶贫培训人员5人次。

（苏　艳）

王民乡

【概　况】 王民乡位于西吉县城西南部32千米处，地处滥泥河流域下游丘陵山区，东与将台堡、兴隆交界，西与平峰、兴平相连，北和西滩毗邻，南与甘肃原安接壤，地域面积94.14平方千米，耕地总面积78900亩。下辖12个行政村66个村民小组，总人数3299户13592人，其中回族9759人，占总人数的72%。下设党支部14个，共有党员286名。全乡共有建档立卡贫困户1065户4892人，占全乡总人口的36%。2017年全乡未脱贫贫困户516户2232人。

【扶贫开发】 2017年全乡共投入2181.62万元用于发展产业。投入220.44万元对89户贫困户危窑危房进行改造；协调县有关部门投入816.5万元硬化通组道路16.34千米；投入93.15万元，新修通组沙砾路9.32千米，解决群众的出行问题。投入382.9万元解决265户贫困户的自来水入户，实现当年销号村建档立卡贫困户自来水户户通。投入277.1万元，荒山造林2771亩。大力实施电商扶贫，投入90万元建设综合示范服务点6处；截至2017年年底，全乡共发放金融扶贫贷款826户3268万元，户均4.29万元，金融覆盖率为77.56%，部分贫困户的贷款还在进一步发放中。

【计划生育】 始终坚持计划生育这一基本国策不动摇，积极探索创新人口和计划生育工作新思路、新方法，2017年共完成长效节育措施3例，少生快富扩面置环6例，普通置环100例，孕前健康检查73对。

【安全生产】 坚持从源头抓起，认真组织，周密部署，狠抓落实，防患于未然，制定下发安全生产、农机安全、消防安全工作实施方案，与12个村9个站所，14个学校，120名农机驾驶员签订安全生产目标责任书。开展安全生产隐患大排查大整治专项行动，对学校、超市、饭馆等进行了集中检查和整顿，组织各类安全培训8场次，发放宣传册1000册，悬挂安全生产标语12处。

【社会治理】 坚持社会治安综合治理，统一部署、统一检查、统一考核，健全完善“纵向到底、横向到边”的责任落实体系，扎实推动联调联动中心运行规范，2017年内共接待群众来访180余人次，化解矛盾纠纷151次，化解信访积案16件。设立禁毒工作办公室，成立社区戒毒中心，建立健全了14名吸毒人员档案，1名强戒毒人员档案，完成吸毒人员管控系统录入。

【草畜产业】 充分发挥和利用资源优势，推进草畜产业扩量提质。种植高粱、玉米等优质牧草1.5万亩；在二岔马村、小湾村、学杨村等村发展养殖大户15家，科学喂养和良种冷配等先进技术得到了全面推广，产地检疫、动物防疫和耳标标识率均达到100%，全乡牛饲养量达8620头、存栏量5820头、出栏2800头，羊存栏12600只、出栏7400只，人均草畜产业收入860元。

【特色产业】 按照集中连片示范带动的要求，推广种植万寿菊1000亩；建成以周康、小湾为核心的万亩马铃薯一级种薯推广种植示范基地和全县10万亩马铃薯标准化种植产业带小岔马路沟组2000亩建设任务，全乡马铃薯种植面积稳定在2.8万亩以上；扎实开展土地确权“回头看”工作，2017年完成12个村的确权二轮公示。

【生态建设】 新一轮退耕还林完成12000亩测绘工作，兑现了2000—2006年的退耕还林补贴款；扎实开展环境卫生整治工作，有效治理乡村环境脏、乱、差的现象，着力营造干净、整洁、优美、和谐的农村形象；扎实推进封山禁牧专项整治活动，严格落实网络化管理机制，以严管重罚巩固生态环境整治成果。

【民生改善】 强化基础教育，优先发展教育事业，稳步推进教育体制改革，全乡学龄儿童入学率为100％、升学率为100％、巩固率为100％；全乡劳务输转人数达到3380人，创劳务收入4046万元，有组织输出1372人，自谋输出2010人；深入开展劳动力素质提升工程，开班培训349人，鉴定341人，完成2017年培训任务376人的93%，完成培训示范村（三岔村）建设；发放《农村实用技能》小册子200份，举办农机培训1期，累计参加培训32人；不断加大农村“两险”收缴力度，全乡应参加城乡基本医疗保险12596人，实际参保12590人，参保率达到95.2%。全乡应参加农村养老保险5094人，实际参保5090人，参保率达到95.2%，累计为1403名60周岁以上老人发放养老金，发放率达到100%。按照农村最低生活保障分类实施的要求，全乡享受农村低保1491户1980人，其中享受一类农村最低生活保障97户213人，二类最低生活保障279户435人，三类最低生活保障1326户1588人，全乡累计发放低保资金513.6万元，全部实行“一卡通”发放。

【组织建设】 以开展星级基层服务型党组织创建为抓手，坚持围绕存在问题整改抓落实、围绕党建工作责任抓落实、围绕星级服务型创建抓落实、围绕带好队伍抓落实、围绕制度建设抓落实，有力拉开了全乡农村基层组织建设水平。评定三星级党组织3个（其中农村党组织3个）；二星级党组织7个（其中农村党组织7个）；一星级党组织1个（其中农村党组织1个）；0星级党组织1个（其中农村党组织1个），以基层组织建设的实际成效为中心任务的完成提供坚强组织保证。

（李　凯）

西滩乡

【概　况】 西滩乡位于西吉县城南部，距县城18千米，总面积98平方千米，其中耕地9.4亩，境内山峦绵延，沟壑纵横，属干旱半干旱的内陆型黄土丘陵山区。现辖10个行政村65个村民小组，总人口3726户15805人，其中回族人口3659户15535人，占98.3%；汉族67户270人，占1.7%。全乡共有党支部11个，其中：农村党支部10个，机关党支部1个；现有党员266人（预备党员9人）。主导产业是草畜、马铃薯、劳务、旅游。建档立卡贫困户1121户5269人。2017年实现农民人均可支配收入8006.3元，同比增长8.9%。乡人民政府驻地设有派出所1所、司法调解所1所，卫生院1座，学校11所（其中乡村小学有9所，现有教师69名，聘用11人，在校学生947名）。并设有畜牧服务中心、林业站、文化中心、民生服务中心等。

【精准扶贫】 全乡共有建档立卡贫困户1121户5269人，已标注脱贫6个村604户2968人（其中2014年甘岔村脱贫168户785人；2016年庙湾村脱贫125户626人；2017年五岔村、何庄村、吊咀村、西滩村脱贫311户1557人），剩余4村（林家沟村、张村堡村、黑虎沟村、大岔村）建档立卡贫困户517户2301人未标注脱贫。全县精准脱贫工作现场推进会在西滩乡召开。多次召开全乡“扶贫保”工作协调推进会，大力推行“扶贫保”工作（完成基础母牛投保3100头），有效避免“边脱贫、边返贫”现象，为脱贫攻坚保驾护航。

【基础提升】 投资1050万元的西滩乡狗娃岔小型农田水利工程小型水库一座正在开工建设。对西滩、林家沟、五岔、何庄等村进行庄点绿化，计划补植补造710亩；打造了林家沟村经果林（文冠果）示范点，全区林业创建六盘山片区400毫米以下降水线造林绿化工程启动观摩会在西滩乡林家沟村文冠果示范基地举行，目前完成林家沟村文冠果种植3014亩；新建林家沟、西滩、大岔等3个村的党员活动室；投入资金120万元，完成五岔、何庄等7村的党员活动室维修工程，为10个村党支部配备了办公和电教设备。完成文化活动场所建设9处。配合邮政、快递企业在西滩村设立了服务网点2个。积极开展辖区电商网点申报、建设和管理工作，加强保障电商服务设施管理，实现村组电商服务网点全覆盖。投资400万元，建设何庄、大岔、黑虎沟、林家沟、甘岔等村移动基站4个。截至2017年年底，已建成林家沟、甘岔移动基站2个。

【产业升级】 一是推进马铃薯产业提档增质。全乡马铃薯种植面积达3万亩以上，马铃薯产业增加农民人均可支配收入2000元以上。向建档立卡贫困户每户免费发放原原种500粒；建设以西滩村为核心，辐射何庄、五岔、吊咀、林家沟等村的一级种薯推广基地1万亩，主推青薯9号、庄薯3号品种。二是推进草畜产业扩量提质。坚持“家家种草、户户养畜，小群体、大规模”并重的思路，种植牧草3000亩，种植一年生禾草1.5万亩，新建60平方米以上青贮池20座；加快良种基础母畜扩繁和畜禽品种改良，对良种母畜“见犊补母”政策全覆盖。打造了西滩、五岔等村肉牛养殖示范村2个。牛饲养量5055头，羊饲养量6414只。三是推进蔬菜产业优化升级。发挥全乡现有水库、塘坝优势，发展节水灌溉，增加蔬菜种植面积。在吊咀、甘岔、大岔等村种植芹菜、胡萝卜特色蔬菜1000亩。四是推进杂粮产业增效升值。以打造优质小杂粮生产加工强乡为目标，全乡种植杂粮2.3万亩，建设大岔村胡麻标准化示范基地5000亩，辐射带动了庙湾、甘岔等村群众种植胡麻。五是大力发展穆斯林特色产业。依托道堂及回族公墓等资源，成立了穆斯林殡葬协会，现有从业人员30人，人均年收入4万元。

【环境整治】 按照“13101127”环境整治工作思路，以村容村貌环境整治为重点，建设西滩、五岔2个环境整治示范村，推行村组户三级“连片”环境整治示范建设及1名村干部带动至少10户农户联户治理。累计投入资金320万元，实行全天候的包抓责任制，对西滩村实施环境整治文化广场土方、环境整治护坡、填深水沟土方等工程项目，全面开展“四清、四化、四改”环境综合整治工作，拆除违章建筑36处，规范门头牌匾30处，拆除破旧围墙1820米，清除卫生死角140个，清理各类垃圾2140吨，拆除危房380间，清理污水坑30处，组织群众义务修路25处67千米。

【劳务培训】 组织林家沟、五岔、何庄等5个销号村建档立卡贫困户开展了刺绣编织、家政服务、养老服务、工程机械等培训9期570人次，完成任务的100%。以西滩村为中心，对周边群众就工程机械、编织刺绣等开展培训4期200人次，精心打造西滩村劳务培训示范村。打造了甘岔村农村危窑危房改造建工队特色村、西滩村流通运输村等劳务特色村3个。动员经过培训的群众劳务输出到县城及周边，银川、新疆及京津等地，组织转移就业率达90%，劳务输出4650人，劳务收入4050万元。培育发展劳务经济人22名。动员向新疆建设兵团安置职工19户，截至2017年年底已完成搬迁安置1户。

【“两个带头人”工程】 共培育有规模、有带动效益的“两个带头人”队伍156人，在外有企业或个体产业的人员85人，其中村“三委”班子成员25名；带动本乡就业岗位300多个，带动了服务产业的发展。采取以会代训等多种方式加大培训力度，切实增强“两个带头人”能力，对致富带头人开展技能培训30人次，占19.2%。发展专业种养殖合作社26家。

【民生改善】 一是完善社会救助体系建设。全年发放低保资金8319286元；享受“五保”津贴26户34人，累计发放257502.5元；享受高龄津贴

93户93人，累计发放高龄贴417670元；享受孤儿津贴14户18人，累计发放孤儿津贴110400元；享受残疾人生活补贴594人534600元，享受残疾人护理补贴321人310560元。深入开展低保核查和清理退出工作，清理有车、无户等不符合政策享受人员412户583人，二是建设村级文化服务设施。投资220万元，新建甘岔、张村堡、黑虎沟、大岔、西滩、五岔等9个村文化服务中心。在甘岔村成功举办了全乡第一届村民文化艺术节，进一步丰富了全乡人民群众文化生活。三是加强医疗卫生服务救助体系建设。完成“两癌”筛查500人次、长效节育措施200例，开展优生健康检查170例，“三查五登门”服务280人次，办理发放准生证85个；开展精准医疗救助43人20.05万元，“四免一救助”64例2.56万元。

【金融扶贫】 坚持把金融扶贫作为精准扶贫精准脱贫的有力抓手，发动全部力量，对全乡贫困农户开展深入调查，进行建档评级，确定能不能贷、贷多少、怎样贷的问题，精确识别农户的贫困程度，评星定级，严格程序，完成金融扶贫贷款929户4071万元，获贷率87.97%。为有效破解贫困村、贫困户发展资金不足问题，全乡10个行政村已全部注册成立了互助资金合作组织，目前已注入互助资金240万元。

【社会治理】 矛盾化解机制进一步完善。积极开展矛盾纠纷“四张网”建设，力求多渠道畅通社情民意，建立乡级人民调解委员会1个，村级人民调解委员会10个，确定了调解小组56个，十户调解员107名，做到了乡、村、组调解组织全覆盖，组织人民调解员参加集中培训5次。积极落实“两排查一分析”制度，采取“一排二学三转六项制度”工作机制狠抓信访维稳工作，要求村组每周排查一次，乡级每半月排查一次，对排查出的矛盾纠纷，按照类型和风险等级进行分类，普通纠纷村调委会组织调解，重大疑难纠纷及时上报乡综治中心分流办理。每周二开展“联合办公日”活动，进一步拓宽了征求群众意见建议渠道，确保小纠纷不出村，大纠纷不出乡。共排查化解各类矛盾纠纷80余起，接待来信来访群众150余件，接访群众380余人次，开展“联合办公日”活动6次，调处率达100%。举办好家风好家训评议会10场次。公共安全治理体系进一步完善。加大安全教育，提高防范意识，做到人人抓安全、事事讲安全，进一步深化安全生产网格化管理，深入推进安全生产专项行动，扎实开展安全生产责任落实等系列活动。坚持每周进行一次安全大检查，共计发放公共安全宣传资料2800余份，安全知识进校园活动15次。民主法治建设进一步加强。制定了西滩乡“七五”普法五年规划，开展民主法治示范村创建工作；加大法律法规宣传力度，在学校、宗教场所、机关单位组织开展法制讲座11期。组建禁毒管理队伍15人，加强村（组）禁毒责任制的督查和落实。切实加强禁毒宣传的广泛性和多样性，重视对青少年，在校生的禁毒、拒毒宣传，开展宣传38场次，发放宣传彩页2000份。组织宗教人士开展以“防毒禁毒”为主题的“卧尔兹”比赛8场次。

【党风廉政建设】 结合推进“两学一做”学习教育常态化制度化，制订了全乡整治干部作风优化发展环境活动实施方案，建立了整治干部作风问题月报告月通报制度。制定了《西滩乡干部作风整顿每周重点工作责任清单》，有力地推动

2017年4月12日，全区林业创建六盘山片区400毫米以下降水线造林绿化工程启动观摩会在西滩乡林家沟村文冠果示范基地举行

了“整治干部作风优化发展环境活动”深入开展。督查乡干部住乡、第一书记、村干部驻村25次，督查干部在岗上班情况30次。深入贯彻学习自治区第十二次党代会精神和市委四届二次全会精神，制定了全乡学习贯彻中共十九大精神、自治区第十二次党代会精神宣讲工作安排，积极组织开展领导干部带头讲党课活动，由包片领导带头到所包村讲党课24场次，撰写心得体会文章70余篇，撰写新闻简报135期、制作宣传标语牌95块，刷写墙体标语35处。利用微信公众平台、各村公示栏等载体，大力传播社会主义核心价值观，弘扬主旋律，传播正能量，开展“推进移风易俗、树立文明乡风”专项行动。6月和12月分别在全乡开展“党建+脱贫+党风廉政建设+X”观摩活动，对党建及各项重点工作进行了严格考核，并把此次考核结果作为年终星级创建的基础资料，对各村工作任务的落实起到了极大地督促作用。强化举措、集中精力开展软弱涣散党组织整改和“基层党组织星级创建”工作，对被考核为零星级林家沟村党组织和大岔村、张村堡两个一星级党组织村通过抓班子选配、抓集体经济、抓综合治理、抓民主管理、抓服务保障等办法进行了整治，进一步提升了全乡基层组织建设水平。狠抓党风廉政建设和反腐败工作。组织乡村党员干部进行《廉政准则》《纪律处分条例》知识考试。

【民族团结】 一是坚持高位推进创建工作。成立了乡党委书记任组长的民族团结进步创建工作领导小组。制定完善了民族工作例会、学习、宣传、定期走访慰问等制度，强化民族团结进步事业与各项工作一盘棋思想，与经济社会发展同规划、同安排，形成了“党政”班子统一领导、党委书记牵头协调、乡村干部各负其责的工作格局，真正做到了民族团结进步创建工作有人抓、责任明。二是全力构建全民创建格局。着力加强基层党组织建设、党风廉政建设、社会治安综合治理工作等各项重点工作，把民族团结工作贯穿其中，并纳入“平安创建”活动的主要范畴，坚持做到“三必须”。为了把民族团结知识宣传到位，广泛开展《中华人民共和国民族区域自治法》《宗教事务条例》等民族宗教法律法规知识进村入户宣传教育，切实提高了广大群众的法制观念和守法意识。向辖区内群众发放《中华人民共和国民族区域自治法》《民族宗教政策》等民族团结宣传手册资料1500余份；在西滩道堂及乡政府办公楼宣传栏等显要位置制作安装民族团结宣传展板8块，悬挂宣传条幅和张贴宣传标语10多条，刷写标语5条。多次深入西滩道堂和各清真寺进行督导工作，通过查看宗教场所建设调查，有效促进了宗教场所的法治化、社会化管理发展进程。结合“民族团结月”和“法制宣传月”等活动，通过各种形式的宣传使广大群众在耳濡目染中接受了民族团结教育，“三个离不开，四个维护”的思想深入人心。三是不断扩大创建活动的影响力。大力推进“和谐寺观教堂”创建活动和“六进”活动。开展民族团结进步模范单位和个人评选命名活动，共命名表彰了民族团结进步模范村7个、模范宗教场所（清真寺）18处，民族团结创建先进个人30名，充分发挥了典型的示范引领作用，形成了各个领域、各种模式齐头并进、百花齐放的良好局面。

【河长制】 为进一步强化水环境的保护和治理，建立健全河湖（坝、堰）管理保护长效机制，继续保持我乡水环境质量优良稳定，促进经济社会和环境协调可持续发展，一是全面实施“河长制”，推进河道综合治理。二是立足常态长效，建立健全动态跟踪机制。三是全面推进污染治理防治。四是全面强化饮用水源保护工作和水源水质安全管理加快饮用水源保护区范围内污染源清理，完善饮用水水源地环境保护长效管理机制。五是推进水库、坝、堰生态保护工作。

（杨晓龙）

硝河乡

【概　况】硝河乡位于西吉县东南部，距县城20千米，省道202穿境而过，交通便利。全乡总面积131.5平方千米，耕地面积6.9万亩，人均耕地3.56亩，退耕还林面积1.8万亩。全乡辖硝河、隆堡、郎岔、范湾、红泉、关庄、高原、苏沟、新庄、马昌、民联、坟湾12个行政村，82个村民小组，3673户20501人，回族人口占85%。（精准扶贫建档立卡1444户6220人）硝河古城历史悠久，文化底蕴深厚，革命遗址烙印于古城之上，红色文化开发潜力巨大，回乡风情浓郁，发展民族特色产业前景广阔。

【特色农业】2017年全乡种植马铃薯4.85万亩、地膜玉米1.7万亩、蔬菜1.5万亩、杂粮和油料1万亩、其他农作物和饲草料4.5万亩，牛、羊、禽存栏量分别为1.3万头、2.2万只和5万只。全年采购发放原原种73.5万粒（补贴资金29.4万元）、马铃薯（青薯9号）951吨（补贴资金228.24万元）、春覆膜2.7万亩（补贴资金189万元），为红泉、民联、硝河村采购“双到”扶贫马铃薯一级种408吨（补贴资金97.92万元）。在郎岔、范湾村推广薯玉套种3000亩；在关庄村建设养牛示范村，推广青贮玉米2000亩，充分利用关庄村发展壮大村集体试点资金200万元、互助资金75万元、金融贷款209.5万元以及妇女创业贷款等惠农项目，发展10头以上的养牛户100户，使全村牛存栏在1500头以上，实现家家种草、户户养畜、人人增收的目标；在隆堡村充分利用川道区的区域优势，建设永久性蔬菜基地1200亩，油用牡丹育苗基地400亩，大力推广节水灌溉和水肥一体化，加大新技术、新品种应用推广，辐射带动周边村共同发展特色种植。2017年，全乡调制青贮玉米15822.6吨（补贴资金158.23万元），购买铡草机120台（补贴资金17.2万元），全年发放各类补贴719.986万元，农民增收致富的支柱产业初步形成。

2017年9月20，硝河乡组织宗教人士参观将台堡红军长征会师纪念园

【精准扶贫】围绕产业扶贫，对建档立卡贫困户实行全产业链扶持补贴。全年兑现各类补贴648.9万元。围绕金融扶贫，努力扩大扶贫小额信贷、“扶贫保”和村级发展互助资金覆盖面，12个行政村全部建立了信用协会，完成1444户建档立卡贫困户评级授信工作。各金融机构为全乡建档立卡贫困户发放小额扶贫贷款1191户4618万元，户均3.88万元，覆盖面达到82.7%；贫困户购买养殖业扶贫保总保费79.6万元。围绕就业扶贫，采取订单、定向、定标培训模式，积极开展种养技能、工程机械、清真餐饮、回乡刺绣、家政服务等职业工种精准培训。全年累计开展贫困村精准扶贫户劳动力培训1810人。实施建档立卡户家庭劳动力驾驶员培训81人，补贴资金19.28万元。围绕社会保障，全年共为1968户低保户发放低保金和各项补贴890万元，为158户高龄老人发放高龄津贴20.89万元，为67名孤儿发放补贴40.68万元，为839名残疾人发放各类补贴152.8万元，为25名优抚对象发放补贴5.27万元。有效提高了建档立卡贫困户收入，切实解决了贫困户基本生活问题。全年共建成综合服务网点12处，根据“一室多功能”建设原则，配备了农技畜牧服务点、农资经销店、电商扶贫点和金融代办点，服务群众的综合服务网点初步建成并正常运行。投资400余万元建成12个行政村文化体育

活动广场，投资36万元为各村配备了农家书屋和健身体育器材，投资110万元为全乡12个村配备了视频会议设备和电子阅览室，各村文化体育活动有序开展，丰富了群众的精神文化生活。对12个行政村卫生室进行了维修，全部达标并投入使用，基本医疗药品齐全，方便了群众就近就医。为10个贫困村每村注入5万元村集体经济启动资金，用于壮大村集体经济。配合县组织部门调整骨干力量充实第一书记及驻村工作队员，全乡安排13个帮扶单位、10个驻村工作队、288名机关干部职工与1444户建档立卡贫困户建立结对帮扶关系。实现了贫困村有帮扶单位、贫困户有帮扶责任人。探索建立了第一书记联席会议制度，进一步整合各类扶贫资源，提升了脱贫攻坚工作水平。全年各级帮扶工作队协调本单位和社会力量为贫困村投入资金累计165.6万元。第一书记、帮扶责任人认真履职，积极宣传扶贫政策。全年，共发放帮扶手册、宣传资料等5000余份。

【城镇建设】 投资1300余万元，完成关庄、隆堡、范湾、郎岔、高原5个销号村和马昌、坟湾2个村24千米村组道硬化和6千米沙砾路铺设工作，完成2018年销号的新庄和苏沟2个村30千米村组道前期测绘工作；积极争取项目资金200余万元，实施了街道硬化、绿化、亮化等街道提升工程和回乡文化园绿化工程。整合各类资金600余万元，完成硝河村美丽村庄建设，完成道路硬化1.5千米，设置垃圾箱100个，安装太阳能路灯115盏；完成关庄村美丽村庄建设，完成1800平方米的文化广场建设，配备了健身器材，实现了动力电入户，修缮主道路800米，砼路面修补1600平方米，安装护栏1700米，安装警示柱821根，人行道植树1520棵，硬化组道2.3千米，硬化巷道9千米，修建过水路面两处，新建围墙1500米，护坡150平方米，安装太阳能路灯131盏。投资80余万元完成范湾等6个村的村部维修工程和高原社区建设工程。投资32.8万元为10个行政村制作了标识牌。投资95万元实施了马昌安置点排水工程。基础设施更加完善，群众生活质量不断提高。

【生态建设】 一是在新庄村完成机修农田4000亩。二是在郎岔、范湾村完成新一轮退耕还林2030亩。三是建立了环境整治网格化管理长效机制，落实了环境整治责任和经费保障，环境整治效果明显。四是探索建立了封山禁牧“115”模式、河长制“望闻问切”四步法和防治环境污染网格化管理模式。“绿水青山就是金山银山”的理念深入人心。

【社会事业】 深入推进统筹城乡居民社会养老保险和基本医疗保险工作，养老保险参保6256人，医疗保险参保17472人，完成任务的92%和95.9%。进一步健全最低生活保障和大病医疗救助制度，低保、孤儿、高龄和“五保”老人津贴均实现及时足额发放。计划生育工作进展顺利，共结扎3例，扩面36例，孕检230例，置环220例，征收上解社会扶养费1万元。人民武装工作深入开展。认真做好乡人民武装日常工作，完成了全乡民兵整组、预备役、预征对象的登记造册。

【社会治理】 年初，将原乡综治办、信访办、社区戒毒康复工作站和统战民族宗教办公室进行了整合，重新组建了乡综治中心，建立了“1+N”矛盾纠纷多元化解机制，完善了工作制度。“七五”普法工作有序开展，法治宣传教育工作深入人心，法律“八进”活动稳步推进。积极开展村级联合办公会议制度，及时回应解决群众诉求。道路交通安全、汛期安全、食品安全和森林（草原）防火安全三级网格化管理机制初步建立并发挥积极作用，安全生产制度不断完善，安全生产事故持续下降，安全生产工作稳步推进。一年来，全乡信访案件不断下降，社会综合治理工作基础更加牢固，工作力量进一步加强，为全面提升硝河乡社会治理工作水平提供了有效保障。

【民族宗教】 2017年在全乡范围内开展了民族团

结进步创建工作，按照固原市民族团结进步创建“58585”模式，在全乡开展了民族团结“四进”清真寺和民族团结育苗工程进校园等创建工作，开展了宗教界人士学习中共十九大精神和自治区十二次党代会、市委四届二次全会精神专题培训班，组织宗教界人士到西滩道堂、将台堡红军长征会师胜利纪念馆开展观摩学习和红色教育。今年，硝河乡被固原市命名为民族团结进步创建示范乡，关庄村被自治区民委命名为民族团结进步示范村，隆堡村民族团结工作被宁夏电视台进行了专题报道，全乡形成了民族团结、宗教和顺的良好局面。

【组织建设】 顺利完成了村“两委”换届选举工作，24名优秀人才担任村党组织书记和村委会主任。全年共调整2名村党支部书记和副书记、1名村委会主任、1名会计，进一步优化了村级班子结构，增强了整体合力。以推进“两学一做”学习教育常态化制度化为契机，进一步完善了乡村干部理论学习制度，乡干部坚持周一、周五学习制度，村干部通过“三会一课”、村级联合办公日、民主议政日、主题党日等开展学习。乡党委委员、党支部书记、第一书记宣讲党的十九大精神、自治区第十二次党代会精神、市委四届二次全会精神共50场次，邀请县委党校讲师专题辅导3次。

（马晓芳）

兴平乡

【概　况】 兴平乡地处西吉县南部滥泥河流域，距离县城21千米，总面积140.1平方千米，耕地面积13.08万亩。境内梁峁起伏、沟壑纵横，属典型的黄土丘陵沟壑区，平均海拔1800米。区域内暴雨、冰雹、霜冻、大风沙尘等自然灾害多发并发，对农业生产和农民生活影响十分严重。全乡辖12个行政村97个村民小组，现有人口5949户24995人，回族人口占84.7%，是全县回族聚居乡之一。全乡建档立卡贫困户1803户8585人。2017年年底，全乡农民人均可支配收入7800.8元，比2016年增长879.5元，增幅12.7%。

【扶贫开发】 紧扣“贫困户脱贫、贫困村销号、贫困群众增收”3项任务，精准施策、狠抓落实。贫困户有进有出，贫困发生率从2016年的35.2%下降至2017年年底的15.5%。累计整合各类扶贫资金4825.1万元，解决群众行路难、饮水难、住房难等问题。共计兑付产业补贴资金1013.667万元，打造可持续的产业脱贫链条。累计发放金融扶贫贷款1582户7514万元，覆盖率为87.8%。投资2499.73万元，建成就近移民安置点7个，安置贫困人口91户415人。完成县内劳务移民搬迁176户828人，县外生态移民34户165人、劳务移民56户232人。整合各级扶贫力量，落实帮扶责任人361人，实现1803户建档立卡贫困户帮扶责任人全覆盖。

【特色农业】 完成覆膜种植2.5万亩、高产马铃薯5万亩、青贮玉米2万亩、小杂粮2万亩、万寿菊2000亩、中药材1800亩，集中打造了万亩马铃薯示范基地、小杂粮种植示范点、黑山羊养殖示范点各1个。全乡牛存栏1.35万头，羊存栏2.4万只，重点培育和创建了韩堖村肉牛养殖示范村，配套青贮池65座，并与宁夏壹泰牧业有限公司等龙头企业签订优质犊牛收购协议，施行“安

2017年12月7日，兴平乡2017年县内就近安置点搬迁入住仪式在友爱村举行

格斯+秦川牛”“安格斯+西门达尔牛”等良种繁育模式，全力打造优质肉牛繁育基地。以聂家河生态休闲观光旅游、米湾林下经济合作社等为主的立体循环农业、生态休闲农业、立体养殖业已初具规模。扶持产业合作社38个，致富带头人83名。建成综合服务网点12个。

【基础建设】 争取项目资金400万元，集中打造了王湾村美丽村庄1个、王堡村闽宁示范村1个、韩堖村环境整治示范村1个。完成村组道路硬化90千米，实施危窑危房改造227户，完成自来水入户3610户，通水率在95%以上。新开通乡村客运线路4条，12个行政村全部实现通客车。新增退耕还林3000亩，落实生态护林员41名。争取项目资金200万元，集中打造了韩堖环境整治示范村，配套路灯64盏，硬化居民院落168户，落实乡村环卫人员26名。

【民生改善】 全乡基础教育办学条件不断改善，学校功能设施不断完备。建成中央彩票公益金农村老饭桌2个、幸福院5个。成功举办了“兴平乡聂家河第二届生态观光旅游暨休闲垂钓节”活动。2017年共发放低保资金585.7万元，重度残疾人生活津贴158.1万元，孤儿津贴39.6万元，“五保”津贴44.9万元，高龄津贴69.9万元。2017年养老保险参保12785人，医疗保险参保24426人。共落实长效节育措施243例，其中置环242例、结扎1例，孕前优生健康检查222对，完成社会抚养费征收1万元。

【社会治理】 深入推进“平安兴平”建设，扎实开展“七五”普法，群众法治意识明显增强。全面做好信访维稳工作，大力开展“五大一创新”百日攻坚行动。实行乡级领导包案化解和“联调联动”机制，扎实开展安全生产专项整治行动，从严开展安全隐患排查工作。积极推进精神文明建设，以“最美兴平人”为主题，多渠道、多形式评选、宣扬道德模范、致富能人等，突出示范引领，先后表彰最美婆婆、最美媳妇等159人，推荐上报的杨坪村王峰家庭被评为全国最美家庭，马夜子被评为宁夏好人。坚持宗教中国化方向，依法依规管理宗教事务，建立完善民族宗教矛盾纠纷排查调处，以开展民族团结示范乡创建活动为契机，扎实开展“民族团结月”“中华民族一家亲·同心共筑中国梦”等活动。

【组织建设】 深入学习贯彻中共十九大精神，持续推进法治政府建设，优化乡、村两级办公环境，组建兴平乡综治中心，建立健全乡、村干部接访制度，坚持“联合办公日”制度，深入推行阳光政务，健全完善乡村政务、财务公开制度。开展便民利民服务，简化办事程序，畅通政民互动渠道，打造“1+12+X”宣传模式，公开公布信息380条，办理群众合理诉求2500余件。狠抓乡村干部党风廉政建设，以开展廉政警示教育活动为抓手，弛而不息改进“四风”，使得干部作风明显好转，营造了风清气正、干事创业的良好环境。

（陈兵兵）

马建乡

【概　况】 马建乡位于西吉县西部，属滥泥河流域河堖发源地，海拔高度1925米，黄土高原丘陵地段，东临吉强镇、南接震湖乡，西壤田坪乡，北靠红耀乡，乡政府驻地马建村，距西吉县城30千米，乡域总面积174.1平方千米。全乡共辖13个行政村，89个村民小组5446户21986人，属回汉杂居乡，回族人口9449人，占总人口的43%。全乡现有劳动力11847人，耕地面积154965，其中已实施退耕还林（草）45775.1亩，耕地类型分为旱平地和坡耕地两类，其中坡耕地占总耕地面积的70%以上。全乡现有建档立卡贫困人口1812户8115人，占总人口的39%，2017年脱贫销号村为周吴村、台子村、土窝村、马建村、庞湾村，建档立卡贫困户681户3244人，占贫困人口的38.6%；全乡现有初级中学1所，在校学生249人，小学14所，教学点7个，在校学生1209人。小学在编专任教师66人，中学在编专任教师28人。中小学教师学历合格率分别为97.5%和97.7%，任职资格率均为100%。支教、聘用教师共13人，学龄儿童入学率达100%。现有宗教活动场所37个，清真寺22个（6个活动点），庙15个，依法登记活动场所20个。乡党委下设14个党支部，其中农村党支部13个，乡机关支部1个，共有党员396名，预备党员10名，其中农村党员379人，女党员67人。乡人民政府下设乡民生服务中心、科教文卫服务中心、特色产业服务中心3个中心，现有干部（职工）32人。2017年完成马建等5村681户3244人脱贫销号任务，占总贫困人口的40%。2017年，全乡粮食产量达到16818吨，油料950吨，中草药材30吨，蔬菜及食用菌7760吨，牧草72000吨，农业总产值达到1.41亿元，农民人均可支配收入达到7868.4元，比上年分别增长10%和10.94%。

【精准扶贫】 全乡13个建档立卡贫困村共计发放贷款1637户7532万元，建档立卡户贷款覆盖率达到90.3%，户均4.60万元，位居全县乡镇组第三名。产业扶贫：兑现2017年6个销号村868户建档立卡贫困户农业产业扶贫项目补助716.23万元，户均达到7741元，覆盖率达97%。全乡发放马铃薯一级种薯3019吨、马铃薯原原种954500粒，6个销号村发放马铃薯一级种薯939吨、马铃薯原原种469500粒；发放地膜23221亩。移民扶贫：完成搬迁179户972人，其中县内搬迁92户538人，县外搬迁56户293人，就近安置2处31户141人。基础设施：一是危房改造：2017年完成危房改造307户，其中建档立卡户221户，占72%；二是修建村组道路42.6千米，其中硬化道路24.6千米，沙化道路18千米；三是建造高位蓄水室12座，机井4眼，10个村的主管道建设已到村到组，自来水入户2370户，2017年5个销号村自来水入户已全部完成。四是文化建设：全乡13个村文化综合服务中心建设项目全部完成，荣获自治区文化扶贫工程贫困地区村级综合文化服务中心建设先进集体表彰奖励；6个销号村农网改造升级、宽带全贯通，实现“两不愁、三保障”。设立电商综合服务网店7个，台子村建成农民田间学校1所，占地面积118平方米，开展培训4次160人次，有力的助推脱贫攻坚。健康扶贫：乡卫生院系统录入56人，其中大病救助5人，重病兜底保障5人，家庭医师签约服务率100%，精准核实造册入册率100%，服务证发放率50%，分类救治率64%。脱贫保险投保：6个销号建档立卡贫困户923户4157人，2017年年底参加脱贫保险投保339户，投保率达37%。见犊补母：马建乡6个销号村“见犊补母”验收730户730头，每头按800元标准，补助资金584000元。冬小麦免费供种：6个销号免费发放蓝天32号冬小麦种子157.5吨，涉及1335户。

【基础提升】 一是信息化建设：设立马建乡微信公众平台、马建微博，加强信息的宣传；全乡13个行政村光纤全覆盖，通信畅通；设立电商综合服务网店7个，助推脱贫攻坚。二是教育工作：建立健全义务教育均衡发展保障机制，推进义务教育学校标准化建设，均衡配置教师、设备、图书、校舍等资源。对全乡15所学校（教学点）全面进行教育均衡验收，2017年年底验收工作已全面完成。学前教育入学率达71%，小学巩固率100%，初中三年巩固率100%。三是卫计工作：扎实开展农村卫生厕所普查工作，完成5616户基本信息采集录入工作，精准实施“厕所革命·决胜小康”专项行动计划。开展“群众满意基层医疗卫生机构”创建活动，加强乡卫生院软硬件设施建设。结扎3例，少生快富扩面12例，置换120例，孕检130对。四是林业工作：完成人工种草2.5万亩，种植多年生优质牧草4000亩，完成人工造林3000亩。严格落实脱贫攻坚五个一批生态补偿政策，全乡安置建档立卡生态护林员57名，严格落实森林、草原防火责任制。

【产业升级】 全乡马铃薯种植6.9万亩，其中抗旱标准化种植5万亩，覆膜种植1万亩。完成人工种草2.52万亩，种植多年生优质牧草4200亩。培育养殖示范村6个，培育养殖大户6家（饲养牛100头以上、羊300只以上、鸡1000只以上），建设标准化牛羊圈舍900座。牛存栏量达8500头、出栏7300头，羊存栏23000只，出栏22000只。发展马建村乐耕肉羊养殖合作社、张湾村守川黑山羊养殖合作社、刘垴村建元家庭农场。结合全市“两个带头人”工程，协调向张湾村守川黑山羊养殖专业合作社、土窝村海宇养殖专业合作社、大湾村永瑞养殖专业合作社等8家合作社（养殖大户）申报贷款各200万元。马建村建成马铃薯、地瓜套种特色种植百蔬园基地1处，面积90亩；建成中药材种植基地1个，面积100亩；台子村建成5000亩一级种薯示范基地，周吴村建成4000亩小秋杂粮标准化生产示范基地。

【环境整治】 严格落实环境卫生治理网格化、扁平化、精细化管理，加大综合整治力度，实施垃圾、柴草、家畜粪便、污水集中治理，完善乡村环境卫生长效管理机制。结合精准扶贫销号村环境整治项目支持，彻底改变村庄脏、乱、差的现状。开展环境综合整治130多次1800余人次，清理垃圾60吨，栽树1000多棵。台子村环境综合整治项目已开工建设，道路硬化、围墙建设已完工。

【凝心聚力工程】 一是严格落实学习制度。把每周星期二作为全乡各支部学习日和村级联合办公日，以制度落实学习，提升村级办事效率。二是严格落实干部管理：实行村干部驻村，确保村部正常开门办公。严格乡干部驻乡签到制度。三是严格落实基层党建投入。协调资金50多万元，对5个销号村及白虎、张湾村村部党建室、围墙等进行维修，制度重新上墙。四是全乡13个村文化综合服务中心建设项目全部完成。新建文化广场12处，文化舞台7处，文化活动室13处，娱乐器材、健身设备配备到位，活动开展正常。各村开展丰富多彩的文化活动，助力脱贫攻坚。刘垴村举办了首届“黄土地、孕育情”乡村文化艺术节；马建、周吴、张湾、同化等村先后邀请秦腔艺术团来村表演，白台、大坪村举办文体联谊赛。在丰富群众文化活动的同时，开展了“移风易俗、文明新风”“学习十九大、脱贫我先行”有奖知识问答、“十星级文明户”评选等活动，表彰了在扶贫攻坚过程中主动响应国家政策，勤劳致富的贫困户，不断激发群众脱贫致富的内生动力。真正实现了文化工程“八个一”全覆盖，荣获2017年度全区文化扶贫工程综合文化服务中心先进乡镇。五是认真贯彻落实中央和区、市、县民族工作会议精神，深入开展民族团结“三化”（人文化、大众化、实体化）、“四重”（重在平时、重在交心、重在行动、重在基层）、“五联系”（基层党组织联系宗教团体、宗教活动场所、宗教教职人员、宗教活动场所民主管理委员会成员、信教群众）创建活动，争创全县民族团结进步模范乡。六是全面落实党委主体责任和纪委监督责任，强化执纪问责，加大扶贫资金监管和各类职务犯罪的查处力度。给予5名村干部党纪警告处分，约谈20多人。

【社会治理工程】 全面开展基层矛盾纠纷排查化解和信访问题联调联动工作，综治管理平台录入矛盾纠纷82起，化解78起，实现“小事不出村、

2018年2月1日，马建乡举行十八届人民代表大会第二次会议

大事不出乡、矛盾不上交”的工作目标。大力开展信息化平安联防工作。在已有的3个平安联防示范村基础上，新建5个示范村，使受益农户达到1000户，实现“一家报警、多家救助、邻里守望、群防群治”的联动机制。涉农惠农资金监管平台建设。全面推进涉农资金平台建设，目前，全乡APP（手机客户端）下载量13356人，下载率达95%。

【劳动力素质提升】 全乡“雨露计划”补助对象享受者406人，完成6个销号村劳动力素质提升培训874人，参加技能鉴定考试690人，实现“培训一人，就业一人，脱贫一户”的目标，达到稳定就业，加快脱贫致富步伐。2017年培育党组织带头人达到7人，致富带头人86人，种养示范户108户。

【民生改善】 兑现粮食直补、农资综合补贴等涉农资金800多万元，累计发放低保资金553.01万元，惠及2173户2654人；2017年全年发放孤儿救助资金34.4万元；“五保户”生活补贴20.12万元；高龄老人生活补助85.32万元；农村特困户救灾救济资金涉及全乡974户66.9万元；重度残疾人补贴资金78.16万元，惠及738人；农村特困户救灾救济资金66、9万元，涉及全乡974户次。发放互助资金245万元，发放妇女创业贷款100万元。向刘垴、杨路、白台、周吴4个村投放太阳能热水器860台。及时开展两费收缴工作，完成医疗参保19605人，养老参保10561人。严格推进城乡低保“分类施保”全面落实，农村低保户、残疾人、孤儿和弱势群体救助申报兑现工作进一步规范。2017年全乡建档立卡贫困户参加城乡居民基本医疗保险8473人，参保率100%。西吉县2017年公益性岗位安置27人，每月生活补贴643元。

【民族团结】 深入开展民族团结进步模范乡创建活动，全乡成立8个工作组具体负责各项工作，与村两委班子配合，多管齐下，全面管控。印发宣传手册3000份、宣传单6000份。设立创建民族团结进步办公室，做到制度及时上墙。打造民族团结创建示范点4个（1所学校）；为进一步加强民族团结，维护社会稳定，按有关政策要求，经乡党委研究，报县宗教局审批，对大坪等8个清真寺主要教职人员发放生活补助每人每月400元。

（王存军）

震湖乡

【概　况】 震湖乡位于西吉县西南部，距县城32千米，与甘肃会宁县相邻。总面积153.35平方千米，耕地面积12万亩，退耕林地4万亩。全乡辖17个行政村115个村民小组5454户22384人（其中回族550人），建档立卡贫困户1836户7395人，2014—2017年已完成孟湾等13个贫困村1328户5656人的脱贫销号任务，2017年计划完成毛坪村、张撇村134户553人的脱贫销号任务。2017年农村居民人均可支配收入8149.5元，较上年增长12.27%。辖区现有中学1所，在校学生410人，中心小学1所、教学点12所，在校学生694人，学前教育107人，全乡有18个党支部，现有党员576名，其中女党员115名。

【扶贫开发】 全乡上下始终把脱贫攻坚作为首要政治任务和一号民生工程来抓，压实责任、精准施策、狠抓落实，全年完成党岔、河滩、张岔3个贫困村脱贫销号，减少农村贫困人口160户711人。严格按照“九不准”“五看十步法”“五个不得退出”要求新识别符合条件的贫困户64户241人，退出不符合条件的建档户18户72人，确定易返贫26户112人。金融扶贫方面：对全乡17个村1373户建档立卡贫困户发放贷款6243.8万元，户均贷款额4.55万元，贷款覆盖率为74.78%，解决了农户“筹资难”的问题。积极动员建档立卡贫困户购买种养产业保险（其中种植业保险方面小麦1042.5亩、玉米7876亩、马铃薯5408亩、农户自交险费42902.95元，养殖业保险方面牛1518头，驴326头，农户自交险费13211.1元），有效降低了贫困户种养业意外风险。教育扶贫方面：根据贫困户需要，加大种养殖技术培训和技能培训，提升群众脱贫致富能力。全年举办各类培训班40期2000人，完成技能鉴定704人，超额完成培训任务。对建档立卡贫困户中取得B2及以上驾照2人每人补助4000元，取得C1和C2驾照94人每人补助2200元，共计补助21.48万元。积极宣传和落实各类教育扶贫政策，实现政策全覆盖。享受秋季“雨露计划”补助对象403人，补助60.45万元。乡政府筹措资金，为当年考上二本以上的74名大学生，每人发放800元助学金。健康扶贫方面：将全乡“因病致贫、因病返贫”的贫困患者全部纳入扶贫救治范围，建档立卡贫困人口医保参保率、人身意外伤害保险购买率和大病医疗补充保险率均达到100%，并将128户248人低保兜底户全部纳入健康扶贫兜底保障，通过提高救助服务标准和报销比例，减轻贫困户的就医负担，真正享受到健康扶贫政策的实惠。加强乡级卫生院建设，加大村医培训和考核力度，让服务更加周到，贫困户就医更加方便。危房改造方面：全乡累计完成危房改造4219户，2017年危房改造296户（其中建档立卡贫困户危房改造228户），基本实现建档立卡贫困户安全住房全覆盖。移地扶贫方面：“十三五”移地扶贫搬迁80户472人，其中县外移地扶贫搬迁37户225人，县内劳务移民43户247人，向新疆生产建设兵团转移安置3户12人，成功转移劳动力247人，全部实现就业，切实拔掉了穷根。社会帮扶方面：全乡共有14个帮扶单位17个驻村工作队，驻村开展工作，26名乡干部374名机关干部职工与建档立卡贫困户结对帮扶。各村积极与帮扶单位对接争取村级活动场所建设资金51.4万元，帮扶单位和社会力量投入资金1070.9万元，落实扶贫到村到户项目资金130.3万元，用于帮扶工作。移风易俗方面：坚持扶贫与扶志、扶智相结合，各村均成立“一约四会”，积极开展“星级文明户”“好婆婆”“好媳妇”“种养大户”等评选活动，积极开展文明向上的文化体育活动，党员干部带头开展“抵制高额彩礼、倡导婚嫁新风、树立良好家风、共创文明家庭”为主题的宣传教育活动，在李章、蒙集、党岔、孟湾、毛坪等村打造以宣传社会主义核心价值观、尊老爱幼、文明乡风为主的文化墙，积极做好本乡剪纸、皮影、刘家拳的“非遗”传承工作；培育“两个带头人”方面：按照“支部围绕产业转、能人创业示范带、群众致富跟着干、党群共谋致富路”发展思路，选优配强村“三委”班子，通过落实建设场地、“三通一平”、协调贷款、项目扶持、提升业务技能等优惠政策吸引一批本土能人返乡创业，发挥其示范带动作用，切实增强了群众的“造血”能力，为打赢脱贫攻坚战奠定了坚实的基础。截至2017年年底已培育致富带头人101名，创建各类合作社101家，就近就业630余人，带动社员1023户走向脱贫致富之路，成为全乡脱贫攻坚的中坚力量。

【特色产业】 大力倡导黑山羊、珍珠鸡和小秋杂粮为主的特色优势产业，实现全乡牛存栏1.7万头，羊存栏3.5万只（其中黑山羊存栏1万只），

2017年9月27日，中国社会科学院相关专家学者到震湖乡调研脱贫攻坚暨农业农村工作

禽存栏 16.6 万只；全乡种植马铃薯 4 万亩、小秋杂粮 3 万亩，饲用玉米 1.5 万亩，有效拓宽了贫困户的增收渠道。按照宜种则种宜养则养的原则，在养殖业方面：新培育产业扶贫示范村 2 个（其中黑山羊养殖示范村蒙集村，48 户养殖户养殖黑山羊 1032 只，补贴 28.8 万元；珍珠鸡养殖示范村李章村，50 户养殖户养殖珍珠鸡 1 万只，补贴 20 万元）；对堡玉等 5 个销号村 217 户兑现产业扶贫见犊补母项目补助金额共 38.64 万元；产业扶贫（蜜蜂养殖）项目，验收合格中蜂 980 箱，西蜂 179 箱，补助到户资金共 40.1 万元。在种植业方面：全年共发放春、秋覆膜 2.97 万卷；向全部建档户发放一级马铃薯种薯 1855 吨，原原种 44.25 万粒（2017 年销号村常住户）；建设 144 亩中药材、万寿菊基地 3 个，补贴资金 4.3 万元。生态保护补助资金发放方面：全乡面积共 47062 亩，奖励金额共 35.2 万元。农资综合直补方面：根据当地农民种植面积情况，将 93711 亩农资综合直补面积，215.5 万元补助资金，按照旱地 23 元 / 亩的标准全部落实到 4280 户农户。种养殖验收方面：通过种养产业扶持项目验收兑现种植类补贴资金 81.51 万元，户均 2208 元；兑现养殖类补贴资金 188.17 万元，户均 5099.45 元；合作社培育方面：新组建各类农村专业合作组织 15 个，全乡经济合作组织达到 101 家。

【村集体经济】 争取多方资金和支持力度，贫困村村集体经济不断壮大。每个村都有 5 万元发展壮大村集体经济启动资金。立眉、苏堡、孟湾、张撇、河滩 5 个村还有其他村集体经济收入，用于发展壮大村集体经济。立眉村利用发展壮大村集体经济项目资金 200 万元入股义丰养殖专业合作社，每年分红 19 万元；苏堡村利用发展壮大村集体经济收入项目资金 90 万元在西吉县城购买营业房一处，每年收取房租 3 万—5 万元，并注册成立苏堡村农机公司，年收益 5000 元；孟湾村利用发展壮大村集体经济收入项目资金 120 万元建设 623 平方米商品楼一栋，出租给西会高速项目部，年收益 10 万元；张撇村利用村民生银行互助担保基金 50 万元为村民提供信贷担保，通过收取一定的担保费获取收益；河滩村争取帮扶单位自治区教育厅 40 万元发展壮大村集体经济资金，建设珍珠鸡蛋鸡养殖专业合作社，村委会和 62 户建档立卡贫困户签订入股协议，养殖 6700 只珍珠鸡蛋鸡。蒙集村等已申请发展壮大村集体经济收入项目资金 200 万元项目，正在编制项目规划。

【基础建设】 2017 年完成李章—王坪—党岔 21 千米村道硬化，苏堡新农村—震湖中学 1.2 千米街道路面硬化；2017 年 5 个销号村道路 20.62 千米已完成基础和铺沙工作，2018 年全面完成路面硬化；对苏堡新农村 2 千米巷道进行重新硬化，完成西会高速征地拆迁和房屋评估工作，对秋季降雨造成路面损坏的路段积极协调进行维修。水利设施建设：通过整合为民服务资金、帮扶单位帮扶、村民自筹等多种渠道筹措资金打机井 53 口，有效解决了 17 个行政村人畜饮水困难；配合水利部门完成自来水入户工作。2014—2017 年度 15 个脱贫销号村全部通水，对苏堡、党岔、孟湾移民点进行排水改造，有效解决了排水不畅和水渠水毁问题。教育事业发展：义务教育均衡发展验收和控辍保学工作有序开展，对各村小学配备完善教育器材等基础设施，选优配强教师队伍，有效解决贫困代际相传问题，新建成震湖中心幼儿园和河滩、堡玉、张撇、孟湾、王坪 5 个村级幼儿园。城镇化建设：新建 420 平方米的乡文化站，在 17 个村新建、改扩建村级阵地和村综合文化服务中心，按照“七个一”标准，配备相关设备，实现了全乡村综合文化服务中心全覆盖；在孟湾村新建的 623 平方米闽宁返乡农民工创业园已竣工投入使用；争取闽宁示范村扶持资金和环境整治资金约 450 万元，对党岔村环境进行整治，对党岔新农村安置点排水渠进行维修；投资 100 万元建设党岔旅游停车场，村容村貌得到改善；争取资金对乡政府院子进行硬化，重新铺设下水，新建了水冲式厕所和洗澡间，改善了职工生活条件；信息化建设：在陈岔、龙川、蒙集、王坪、红庄、李章、立眉、和平、堡玉9个村新建电信基站，全乡17个行政村115个自然村实现手机信号全覆盖，实现网络宽带、广播电视全覆盖；电商方面，在闽宁返乡农民工创业园建成后，成立专门电商团队，打造电商平台，统一开展电商销售，同时，天合农场、义丰养殖专业合作社等4家企业组建了各自的网络营销团队，通过淘宝等第三方电商平台拓展销售渠道。全乡共布设乡村电商服务站点17个，实现了17个贫困村全覆盖。积极组织人员参加县内举办的网络创业以及电子商务系列培训，并在创业就业方面给予积极扶持。

【环境整治】 不断加强对环境整治的宣传，提高群众的环保意识，与保洁公司签订街道环境卫生管理合同，形成常态化管理机制，结合“爱国卫生日”活动每周五进行集中打扫，新建公共厕所4座，将26个公益性岗位分配到各村的建档立卡户，负责各村公路沿线的环境卫生清扫，并督促各村对本村农用残膜、生活垃圾和环境卫生进行经常性清理；将63名建档立卡贫困户选聘为生态护林员，划分片区，扎实开展森林草原防火和封山禁牧工作；成立震湖乡河长制办公室，健全机构和人员配备，确定乡村两级河长，划定河流界限，明确职责，积极开展水资源保护、河湖岸线管理保护、水污染防治、水环境治理和水生态修复等工作；按照“绿盾”行动要求，对党岔湿地保护区核心区的14家企业下达关停通知书。

【民生改善】 民政救助方面，全年共发放救灾救助资金170万元，累计救助1937人次；对因病返贫的贫困户全部纳入救助范围，完成了低保、高龄、“五保户”民政云信息录入工作，对有房、有车、有营业执照，有财政供养人员享受低保的按照民政局要求及时停发，从2015年震湖乡低保整改以来共去掉不符合享受低保政策的2777人，现在共有低保指标900户1263人，按照动态管理要求，力争做到应保尽保；做好关爱三留守人员和流浪乞讨人员的救助工作；当年完成城乡居民医疗保险和养老保险收缴工作，参保率分别为95%、108%，其中建档立卡贫困户实现城乡居民医疗保险收缴全覆盖；全面落实二胎政策，狠抓长效节育措施，巩固提升“少生快富”再扩面工程。

【社会治理】 整合资源成立乡综治中心，结合周二联合办公制度，积极开展矛盾纠纷排查，全年共化解邻里和婚姻家庭等各类矛盾纠纷240件，化解成功率100%。落实“人防、物防、技防”等防范措施，积极开展“平安震湖”创建工作。深入开展命案防控和预防打击“两抢一盗”犯罪专项治理，扎实开展安全生产大排查大整治，对道路交通、食品安全、非煤矿山等领域开展专项治理行动，进一步抓好拖欠农民工工资突出问题专项治理，加强校园周边社会治安综合治理突出问题专项治理，开展打击传销专项行动，全乡未发生民转刑案件，无重大安全生产事故，无传销蔓延，未发生群体性事件。认真做好“无毒乡镇”创建工作，进行广泛宣传，认真开展震湖乡吸毒人员排查管控工作。大力开展“五大一创新”百日攻坚活动，进一步规范信访接待办理程序，每天确定一名科级领导坐班接访，接待来访群众400人次，实施法律援助5件，受理县信访局转办件8件，均按期办结。加强“七五”普法宣传力度，共印发宣传资料3000份，制作宣传标语34条，利用传统节日，进行法治宣传3场，取得良好效果。

【民族团结】 通过“震湖之韵”微信平台、宣传栏等加大民族宗教政策的宣传，举办60余场“民族团结”广场文化活动，参与群众达2万人次。利用开斋节、古尔邦节等对宗教人士、困难党员群众进行走访慰问，开展第一书记、阿訇民族团结教育讲座，联系乡卫生院在清真寺进行义诊慰问活动。扎实开展民族团结“八进”和“中华民族一家亲·同心共筑中国梦”“讲好民族团结故事”等民族团结创建活动，使“两个共同”“三个离不开”“五个认同”思想扎根各族群众心中。

（王正涛）

田坪乡

【概　况】 田坪乡位于西吉县西部，与甘肃省会宁县接壤，是两省两县六乡交界处，距县城42千米，是西吉的西大门。田坪乡辖12个村民委员会，74个村民小组，共3735户、12815人，（其中农业人口3494户12471人，建档立卡贫困户1182户5102人），系纯汉族乡。行政区域面积171平方千米，人口密度73人/平方千米，农业用地13.6万亩，人均10.6亩。309国道、苏田公路、红田公路贯穿乡境，乡村通等级公路89.965千米，基本达到了村村通公路。乡农贸市场农历二、五、八为逢集日，辐射甘肃会宁的大沟、新源、平头川等乡的部分村和西吉的红耀、马建、震湖等乡的部分村。2017年农民人均可支配收入达到8264.6元，增速11.97%。

【脱贫攻坚】 一是狠抓精准卓有成效。结合全县贫困户建档立卡“查漏补缺”和“动态调整”工作，在全乡范围内扎实开展摸底。对因灾因病致贫的群众进行逐户走访，严格按照“九不准”“五看十步法”标准，重新识别纳入建档立卡贫困户30户128人，返贫8户40人，脱贫264户1212人。全乡12个贫困村全部确定专人负责档案资料规范整理，严格按照程序规范管理档案资料，加大公开公示力度，让脱贫攻坚工作阳光化、透明化，做到工作流程一目了然，群众人人心中有数。利用国务院扶贫系统开放时段，逐户盯对，对建档立卡贫困户系统信息进行更新完善，对因人口增减等原因造成的错误信息进行修改，共完善修改信息3000余条。二是项目实施规范惠民。2017年，大力实施贫困村通畅工程，全乡共完成村、组道路硬化44.8千米，使田坪乡12个行政村、74个村民小组通路全覆盖，极大便利了广大群众生产生活；全乡改造危房206户，拨付专项资金633.9万元；配合水利部门完成11个行政村自来水管道铺设并全部通水，建档立卡贫困户自来水入户877户，基本生活用水得到保障；完成12个村电信基站建设，全乡村组实现手机移动信号和宽带全覆盖，电视信号覆盖率达100%；12个行政村全部通客车，在3千米之内都有就近乘车点；完成移民安置169户798人，建设就近移民安置点3个，安置群众37户166人。三是村集体经济初见成效。2017年，乡村集体经济发展实现从零到一、从无到有的跨越式发展。李沟村成立的“闲置土地储备中心”“李沟村土地股份专业合作社”，在集体创收的同时，通过村集体运行，盘活闲置土地，化解社会矛盾，解决群众生产困难，受到县委、县政府充分肯定，县委政研室《调研参考》第二十二期刊文推广，中央电视台《新闻调查》栏目宣传报道，在全县脱贫攻坚工作中提供了田坪经验。四是金融扶贫全面覆盖。12个村全部成立了村级信用协会，根据贫困户产业发展需求，评级授信，对建档立卡贫困户发放金融扶贫贷款，共发放精准扶贫贷款918户4299.5万元，户均4.68万元，覆盖率为81.5%，贴息87.6万元；妇女创业小额贷款累放额2262万元，其中2017年发放300万元；扶贫保险助力产业发展，2017年全乡马铃薯投保面积2110亩，玉米投保1257亩，基础母牛投保659头，基础母驴投保704头。五是联户帮扶注入动力。通过联系驻村工作队所在单位，带动部门力量参与，形成助推脱贫攻坚的强大合力，各驻村工作队共计协调本单位和社会力量投入帮扶资金279.87万元，落实扶贫到村到户项目资金98万元，协调金融贷款15万元，争取注入村集体经济启动资金112万元，牵头或支持成立合作社12个。按照每人帮扶不超过5户的原则，为贫困户全部结对帮扶责任人，2017年帮扶责任人入户平均6次以上，帮助贫困户理清发展思路，激发群众致富的内生动力。

【特色农业】 一是传统农业提质增产。强力推进马铃薯产业提档增值，通过建立种薯繁育基地、推广双垄沟播和覆膜种植等新技术，使马铃薯种植向脱毒薯和商品薯发展，全乡马铃薯覆膜种植面积明显增加，以南岔村、大岔村、田坪村、腰庄村为中心，打造集中连片万亩马铃薯一级种薯繁育产业带。全乡马铃薯种植面积达到了6万亩，标准化种植技术逐步提高，年产鲜薯12万吨，马铃薯产业人均收入达到1700元；大力推广覆膜玉米节水农业示范引领，通过宣传培训、技术指导等方式进一步改变群众思想观念，全乡地膜玉米种植面积达到3万亩；根据全县产业发展扶持政策，2017年共发放春覆膜18000件，向建档户发放马铃薯一级种薯1700.6吨、原原种20.8万粒；享受种植业补贴资金107.74万元。二是现代农业彰显特色。以大岔、田坪村2800亩杏林为依托，积极争取市科技局和县林业局项目扶持，投资200万元，重点通过整形修剪、嫁接改良、补植补造、除草施肥、棚舍建设、技术指导6个方面，对原有林下经济进行全方位、高品质的提升改造，打造田坪乡经果林及林下经济产业示范带。2017年田坪大接杏喜获丰收，农户最高收入达到2.6万元，田坪大接杏和生态鸡成为对外宣传的重要名片。三是特色产业异彩纷呈。大力推进“三三制”种植模式，实现资源优化配置。充分利用“雨养旱作农业区”的自然优势，采用“企业+合作社+农户”的模式，大力发展杂粮订单农业，增加农作物种类、扩宽增收渠道，延伸产业链条。紧抓劳务输出“铁杆庄稼”，按照“建立三项制度，把握三个精准，推动三个一批，实现三个转变”工作思路，狠抓以“劳动力素质提升工程”为牵动的劳务经济发展，2017年全乡劳务培训10期469人，劳务输出3350人，创收6522.27万元。

【草畜产业】 2017年，全乡牛、羊存栏数量增幅较大，牛（驴）存栏4000头、羊2万只、猪2700头，产业扶持养殖业补贴资金兑现211.4万元；燕李村、赵坪村“全赠半返”项目成效显著，燕李村村集体养殖场已经投入运行；李沟村千头黑山羊养殖场建设完成，进一步推进养殖业向纵深发展。

【环境整治】 以田坪村、腰庄村为重点，在全乡范围内启动环境整治工程，主要针对废弃庄院、垃圾处理场所、村主干道沿线围墙建设、村容美化等方面，统一规划实施，改善村容村貌，提升乡村形象。共拆除废旧庄园100余处，改造建设围墙（包括文化墙）3千米；结合全县城乡环境综合整治攻坚月活动，制订环境整治方案，从组织领导、经费保障、考核管理等方面入手，落实村级环卫人员74名，严格落实网格化、精细化管理，完善乡村环境卫生长效管理机制，加大综合整治力度，彻底改变村庄脏、乱、破现状，引导群众培养良好的生活习惯，努力把村庄建设成为干净、整洁、优美、宜居宜业的美丽乡村；成立市场监督管理小组，重点整治占道经营，规范所有摊位进入市场内指定地点经营，排除道路交通安全隐患，落实街道清扫保洁人员7名，进一步加大清扫保洁力度，提高乡镇整体形象。

2017年3月28日，田坪乡大岔村开展环境整治活动

【危房改造】2017 年，田坪乡共完成危窑危房改造 206 间，累计完成危房改造 2167 间，同时针对部分群众居住分散，孤寡、“五保”老人住房困难等问题田坪乡人民政府遵照群众意愿新建南岔村、碱滩村、三岔村 40 户移民安置点，并积极争取项目完善了水、电、路等基础设施，彻底解决困难群众住房难、行路难的问题。

【基础建设】累计开通村组道路 220 千米，建设完成田坪综合农贸市场、活畜交易市场、建材市场、街道给排水及污水处理工程；在大岔、二岔、三岔等 6 个村全面实施“坡改梯”农田改造项目，完成机修农田 3.5 万亩；建设民生服务大厅及职工宿舍楼改扩建工程；完成 12 个村的自来水入户项目干支管道铺设工程，全乡自来水入户 773 户。

【社会保障】2017 年享受春季“雨露计划”296 人；认真开展因病致贫、因病返贫摸底调查，确保易返贫户脱贫有保障，通过对照“93 种大病”，组织卫生院负责人、包片领导、包村干部和村医入户摸底。截至 2017 年年底，患有大病的 157 人全部纳入医疗保障系统。2017 年全乡共发放“五保”、低保、高龄、残疾等民政资金 940.29 万元，切实做到“应保尽保、应享尽享”。

【科教文卫】实施文化信息资源共享工程，全乡新建文化广场 11 个、新建文化活动室 11 个，配备篮架、健身设施、音响、服装等文化设备，极大丰富广大群众文化生活；维修改造村级活动场所 9 个，着力打造特色鲜明的主题文化，营造积极向上的精神文明氛围。教育教学质量取得新的突破，2017 年田坪乡高考考生二本上线 36 人，一本上线 49 人；田坪乡中学九年级中考人数 112 人，其中 87 人升入高中就读，中考升学率 78%，位居全县第 2 名，其余 25 名学生全部进入西吉县职业中学就读。中考平均成绩位居全县第 2 名。全面落实计划生育工作，全年完成结扎 1 例，置环 105 例，孕检 80 例。

【社会管理】一是全面推开社会管理“网格化”工作机制，在全乡实现了“网格化管理、精细式服务”的社会管理模式。二是全面建立联户帮扶“三留守”运行框架，让“三留守”人员病时有人管，平时有人帮，经常有人陪。三是全面落实基层矛盾纠纷和信访问题联调联动工作机制，乡综治办、派出所、司法所紧密配合，各司其职，加强协调，逐步完善了矛盾纠纷调处从“事后处理”向“事前化解”转变，实现了“小事不出村、大事不出乡、矛盾不上交”的工作目标。四是积极开展信息化平安联防工作，目前已建设 4 个平安联防示范村，受益农户 400 多户，形成了“群众 + 联防长 + 村委会”的综治联动机制，为群众生产生活提供了安全保障。

【人武工作】及时召开 2017 年征兵工作动员大会，安排部署征兵工作，发放宣传资料，认真完成本年度预征对象的登记、筛选、信息录入、上报等工作，向部队输送了 6 名应征适龄青年。狠抓民兵队伍建设，从做好政治思想工作为切入点，定期组织民兵训练，确保民兵组织招之即来，来之能战，战之能胜。及时了解、关心退伍军人的工作、生活状况，将优秀退伍军人培养发展成为致富带头人或后备村干部。

【作风建设】深入推进政务公开，积极打造阳光政府。厉行节约，保持干净干事的工作作风和清正廉洁的政府形象，“三公”经费、会议、文件同比减少 26%、25% 和 20.8%，使资源得到有效利用。深入推行阳光政务，定期实行财政预决算、“三公”经费及政务、财务公开，主动接受社会舆论监督。着力提高执政效率，打造了高效便民的政务环境。强化行政监察和效能监察，严肃查处干部不作为、慢作为、乱作为等行为，对 3 名村干部给予党内严重警告处分，对 5 名村干部进行诫勉谈话。自觉接受人大依法监督、政协民主监督，认真听取各民主党派、社会团体的意见和建议，加强行政执法队伍建设，切实提高依法行政水平。

（蒙亚柏）

红耀乡

【概　况】红耀乡位于西吉县西北部30千米处，与马建、田坪、新营、会宁新源等乡毗邻，总面积143平方千米，海拔1800—2200米。红耀乡党委下设10个农村党支部，1个机关支部，现有中共党员381人。其中农民党员319人；少数民族党员33人，占总数的8%；妇女党员52人，占总数的13.6%；60岁以上老党员98人，占总数的25.7%。红耀乡共辖10个行政村，61个村民小组，户籍人口2823户10031人，常住人口1546户6609人，其中回族1580人，占总人口的15.7%；耕地面积9.6万亩，退耕还林（草）面积4.8万亩。全乡现有低保户931户1253人；享受生活补贴475人，享受护理补贴406人；“五保户”18人，孤儿6户8人，高龄老人130人。乡人民政府下设计生服务中心、民生服务中心、科教文卫服务中心、（特色）产业服务中心4个中心，全乡现有干部（职工）共计32人。全乡经济收入以种植小麦、马铃薯、小秋杂粮、玉米等传统作物、养殖肉牛、肉驴和外出务工为主。2017年农民人均纯收入8247元，增速11.8%。

【脱贫攻坚】坚持脱贫销号和巩固提升两手抓，强基础，补短板，育产业，促增收，实现关儿岔、前庄、驮昌、小庄4个村354户1659人脱贫销号，大堡、小岔沟、井湾村377户1602人巩固提升，新识别27户86人，死亡（搬迁）退出55户203人，贫困发生率由44.23%下降至22.7%。

【马铃薯产业】全乡种植马铃薯5万亩，产量达10万吨，其中覆膜马铃薯种植2.5万亩，最高单产6246.98千克，创全区最高纪录。打造建设了小庄—井湾—大堡、驮昌—关儿岔—前庄两个万亩马铃薯脱毒种薯繁育示范点，建设小庄村抗旱高产创建繁育示范点600亩。完成农业产业扶贫种植业到户项目资金390户109.7万元，户均享受达2814元。新建马铃薯储藏窖828座，其中60吨储藏窖712座、10吨储藏窖116座，有效地促进了全乡马铃薯产业发展。

【草畜产业】全乡种植多年生牧草1.4万亩，其中紫花苜蓿1.2万亩；打造前庄、小庄两个肉驴养殖示范村和驮昌村肉牛养殖示范村，辐射带动了全乡养殖业的快速发展；依托文山养殖专业合作社，通过“托管代养”模式，有效解决了贫困户无人养，无舍养，无饲料等问题，帮助50户贫困户养殖肉驴219头；完成农业产业扶贫养殖业到户项目资金389户386.2万元，户均养殖4头牛（驴），户均享受达9217元；见犊（驹）补母378头3万元。

【基础设施】硬化村、组道路43.68千米，巷道2.6千米；4个销号村饮水主管道全部接通；危房改造97户，驮昌村县内移民安置点22户94人，于12月5日全部入住。

2017年4月13日，市政协领导在红耀乡井湾村对接帮扶工作

【易地扶贫】 生态移民40户167人，新疆劳务移民2户10人，县内劳务移民24户159人，县外劳务移民42户182人，关儿岔村安置点安置31户131人，于11月30日全部入住。

【劳动力素质】 2017年“雨露计划”享受389人；2017年秋季学期固原市教育扶贫项目共资助383人（学前教育60人、三本37人、高职214人、中职72人）；驾照补贴44人，农村实用技术培训474人，城乡劳动力素质提升培训156人。

【金融扶贫】 特色产业保险投保11441.9元，其中牛829头、驴849头。金融扶贫小额贷款784户3639万元，户均贷款额4.63万元，覆盖率达77.7%。小额妇女创业贷款156万元。

【乡村面貌】 为加快“美丽红耀”建设，实现美丽宜居乡村，各村集中组织人员集中对各辖区范围内、主干道沿线、街道的残膜、生活垃圾进行了清理，并拆除残垣断壁、废弃庄院，实现道路绿化27.5千米、村庄绿化210亩，绘制文化墙9600平方米。顺利完成前庄村环境综合整治示范村建设。井湾村在市政协帮扶下成立以村集体控股的农机作业有限公司、驮昌村在市水利局的帮扶下，盘活村集体土地种植50余亩红梅杏。

【社会保障】 2017年，解决农村高龄低收入老年人基本生活津贴65.3万元，发放“五保”生活补助12.7万元，孤儿津贴4.8万元，农村最低生活保障450.8万元，残疾人津贴96万元。养老保险参保人数2731人，参保率达100%，医疗保险参保人数8186人，参保率为95.5%。享受农村养老金1311人。

【文化事业】 举办了井湾村“扶贫先扶志”民俗文化节、小岔沟村“第五届民俗文化节”、大堡村“第五届民俗文化节”、前庄村“脱贫致富杯”农民运动会等系列活动。建成村级综合文化服务中心10个，实现了文化活动场所全覆盖。

【社会治理】 深入推进平安红耀建设，大力开展命案防控、打击非法传销，大力推进禁毒示范乡建设。扎实开展“七五”普法，不断提升群众法制意识。全面做好信访维稳工作，大力开展“五大一创新”百日攻坚行动、矛盾纠纷大排查大化解活动，化解各类矛盾纠纷183件，化解率达100%。严格落实安全生产网格化管理责任制，深入开展安全生产隐患排查专项治理，全乡安全生产工作稳步进行。坚持宗教中国化方向，依法加强宗教事务规范化管理，扎实开展民族团结创建工作，建立领导班子结对民族村组的创新机制，宗教氛围和顺平稳。

【基层党建】 继续加强“两学一做”学习教育指数化常态化建设，扎实开展“三大三强”专项行动。深化“两个带头人”工程，培育致富带头人29人。加强基层阵地建设，翻修建设党员活动室9处，新建前庄村党员活动室。

（田小飞）

新营乡

【概　况】 2004年因撤乡并镇，新营乡由原白城乡和新营乡合并组成，位于西吉县西北部，距县城18千米。总土地面积282.94平方千米。全乡辖21个行政村，141个自然组，有8845户3.2万人，其中回族人口5063人，占总人口的15.8%，在册耕地面积15万亩，退耕还林面积52414.5亩。在全县19个乡镇中地域面积占第一、人口占第三。全乡主要农作物有小麦、马铃薯、豌豆、特色蔬菜等。近年来，乡党委、政府依托当地地理资源优势，因势利导，将马铃薯、特色蔬菜和劳务经济确定为三大支柱产业，进行培育和发展。新营境内地貌为黄土丘陵沟壑干旱区，沟壑纵横、梁峁起伏，海拔2000米以上山峰3座，最高的月亮山海拔2663米，葫芦河发源于月亮山角麓的胡家堖，冬春无水，年平均气温4.5℃，年平均降水量410.8毫米，无霜期120天。407县道（西吉至海原）公路贯穿乡境。境内有新营一处集市。2017年输出劳务6000人以上，农民人均纯收入达到8523元。

【精准扶贫】 完成7个贫困村销号，783户3425人脱贫，贫困发生率由原来的31.7%下降为11.9%。一是压实脱贫责任。结合实际，制定实施《新营乡2017年脱贫销号村项目建设“四制”责任清单》和《新营乡2017年重点工作“四制”责任清单》，将全乡重点工作和脱贫销号村项目建设工作梳理为14类24项，明确了工作任务、完成时限、具体责任人和责任领导，建立《新营乡第一书记联席会议制度》，年内共组织召开第一书记联席会议6次，组织观摩学习2次，达到了交流经验、促进工作的目的。二是筑牢脱贫根基。新修四级通村路19条70.8千米，完成自来水入户4658户，配合完成手机信号塔和光纤宽带网络建设项目，全乡21个行政村实现手机信号、宽带网络全覆盖，所有党员活动室和部分村民用上了宽带网络；全乡2419户建档立卡户广播电视全覆盖；21个行政村在3千米之内都有就近客车乘车点。组织发放马铃薯一级种薯863吨、原原种43.15万粒，发放到位种养殖业补助资金1070.27万元。发展经济合作组织176家，21个行政村综合服务网点、文化体育活动场所、标准化卫生室已全覆盖；每村5万元的村集体经济已全部投入运行，“五通八有”任务基本完成。三是夯实脱贫基础。完成危房改造478户，其中建档立卡户349户，销号村建档立卡贫困户的安全住房问题得到解决；建档立卡贫困户的基本医疗做到了全覆盖；做好控辍保学及留守儿童关心关爱工作，促进教育均衡发展，组织人员对4600多名义务教育适龄儿童进行了全面核查，适龄儿童都能就近入学，义务教育得到了全面保障。四是提振脱贫信心。成立21个村级信用协会，根据贫困户产业发展需求，开展评级授信工作，向全乡21个村2088户建档立卡贫困户发放贷款8396.5万元，户均贷款4.02万元，贷款覆盖率为85.12%。完成县内劳务移民63户、灵武23户、宁东21户的转移安置工作。

【产业布局】 一是马铃薯产业提档增质。按照“种薯繁育、鲜薯外销、淀粉生产、主食开发”的思路，进一步完善脱毒种薯三级繁育体系建设，建成硷滩村500亩马铃薯原种繁育基地，以二府营为核心，辐射洞子沟、陈阳川等村建成10000亩一级种薯繁育基地，主推青薯9号、青薯168品种，全乡马铃薯种植面积达11万亩以上，提供农民人均纯收入在3000元以上。二是草畜产业扩量提质。坚持标准化规模养殖和“家家种草、户户养畜，小群体、大规模”并重的思路，种植牧草3.8万亩以上，加快良种基础母畜扩繁和禽畜品种改良，对良种母畜“见犊补母”政策全覆盖，全乡牛（驴）存栏6386头，羊存栏33110只，草畜产业提供农民人均可支配收入在1600元以上。三是蔬菜产业优化升级。发挥全乡现有水库、塘坝优势，发展节水灌溉，特色蔬菜种植2万亩以上，提供农民人均纯收入在1000元以上。四是杂粮产业增效升值。以打造全县优质杂粮生产加工大乡为目标，建设完成新营乡车路湾村小秋杂粮标准化生产示范基地，推广小秋杂粮种植3000亩以上，提供农民人均纯收入600元。五是劳务产业不断提升。坚持“大劳务、大产业、大输出”战略，年平均劳务输出8372人、

2017年8月26日，县人大常委会主任李聪（左二）在二府营村调研

创收8000万元以上。

【项目建设】 扎实推进项目建设，新营乡小商品批发市场、活禽交易市场、煤炭和建材市场续建完成，旧街区改造工程按期竣工；美丽小城镇建设项目基本完成；乡政府综合办公楼维修、美丽村庄建设、环境整治项目全面完成；腰巴庄、甘沟两村就近安置点如期交工。加大招商引资力度，引进香港中能集团、富民科技有限公司等来新营乡投资光伏发电、油用牡丹种植、生态农业发展，吴家沟村2万亩油用牡丹种植基地受到区、市、县各级领导的关心与关怀，收益后将辐射带动周边5个村2000多户农户就近务工、发展油用牡丹种植，为贫困户脱贫致富开创了一条新路子。

【生态环境】 一是环境质量稳步改善。全面推行河长制，建立乡村两级河长制体系，实施对葫芦河干流等新营境内四条河流、河道绿化净化工程；强力推进大气污染防治，实施秸秆禁烧巡查全覆盖，加大禽畜粪污、农用残膜治理，有效遏制农村面源污染。二是绿色发展初见成效。实施全域绿化行动，全乡植被覆盖率达到45%，在红庄等村继续实施退耕还林工程6000亩，扎实做好公路两旁的环境卫生和村容村貌的整治工作，为广大群众营造一个“山青、水秀、地干净、物整洁、人文明”的美好家园。

【社会保障】 全面落实各项促进民生改善的政策措施，公共服务均等化、群众获得感、幸福值不断提升。完成800多人50岁以上免费健康检查工作，完成结扎8例，置环156例，“少生快富”扩面2例，人口出生率控制在15‰以内，两险收缴任务均达到95%；深入实施教育优先发展战略，在校学生巩固率保持100%。大力实施文化振兴工程，建成了21个村文化广场项目，打造了以金山文化园为代表的特色文化宣传阵地，陈阳川村社火、广场舞等在全区乡村文化中独占鳌头，乡风文明评比奖励机制逐步健全，“美丽家庭”“好媳妇”“好婆婆”不断涌现，全乡民风民俗、群众素质和文化程度明显提高。

【社会事业】 坚持不懈地把依法治理作为全乡经济社会发展的有利保障，创建二府营、上岔等平安联防信息平台，“三调联动”“大调解”工作机制与“大接访”活动有效接轨，落实乡领导信访接待值班制度，乡信访接待工作进一步规范化。2017年接待办理群众来信来访24件，办结24件，其中信访答复20件，初核了结1件，立案3件，受理各类矛盾纠纷51起，调解51起，调处成功率100%。在街道、校园、村委会、寺观教堂等各类人员密集场所开展普法宣传教育和禁毒禁赌宣传9次以上，全乡禁毒人员管控率达100%。扎实推进“两学一做”学习教育常态化制度化，扎实完成党政领导班子民主生活会查摆问题和县委第一巡察组巡察反馈问题整改。持续推进作风效能建设，首次将21个行政村工作情况纳入年终目标考核范围。严格落实“两个责任”和“三重一大”工作制度，严控“三公经费”支出，强化行政监察和审计监督，政府投资项目等重点领域和关键环节的监管全面加强。深入贯彻落实中央民族工作会议精神，节假日期间开展宗教活动场所安全隐患排查、食品排查9次，以金山文化园为阵地，扎实开展民族团结“八进”和“中华民族一家亲·同心共筑中国梦”“讲好民族团结故事”等民族团结创建活动，联合新营、玉皇沟、二府营等5个村跨村联创民族团结。2017年全市民族团结创建观摩在新营乡举行。

（焦燕燕）

火石寨乡

【概　况】 火石寨乡位于北纬36°07′，东经105°46′，地处西吉县城以北25千米处，乡域面积163.3平方千米，现辖9个行政村56个村民小组，总人口3774户14355人，其中回族11169人，占77.8%；汉族3186人，占22.2%。其中建档立卡贫困户1382户5672人，未脱贫493户1837人，贫困发生率12.8%。2017年，全乡农民人均可支配收入突破8473元，比上年增长11.1%。现有可耕种面积8.2万亩，户均22亩；有天然次生林1.2万亩，退耕还林还草5.2万亩。全乡现有党支部11个，其中：村级党支部9个，机关党支部1个，企业党支部1个，中共党员315人，其中：机关党员22名，占7%；农民党员293名，占93%；农民党员中回族212名，占67.3%；女党员47名，占14.9%。全乡有九年一贯制学校1所，完小6所，教学点2处。清真寺14个，其中：哲赫忍耶门宦4个，嘎德忍耶门宦9个，伊赫瓦尼教派1个。共有4个拱北，3个属于嘎德忍耶门宦，1个属于哲赫忍耶门宦。境内有国家AAAA级旅游景区——火石寨国家地质公园和森林公园，位于石山村甘石窑组，最高山脉云台山海拔2450米，红色、紫红色的山崖嶙峋、怪石突兀，地貌景观壮观奇美。

【基础建设】 已形成由潘西公路、景区旅游公路及村级公路构成的交通运输网络，有村级柏油沥青路9条、村组道12条，总长94千米。全乡行政村沥青水泥路通达率100%，从根本上改善了群众的出行条件。完成沙岗村美丽村庄相关配套设施建设，上榜“中国最美乡村游模范村”。遵循“一次规划，分步实施”的原则，一是推进火石寨乡美丽小城镇建设，完成给排水工程3.8千米，硬化巷道1.6千米，铺设人行道3.4千米，修建公厕两处，修建客运站一处，完成幼儿园工程和火石寨中学大门改造工程，修建10000平方米停车场1处，游客接待中心和特色商铺主体工程已完成。总投资2800多万元。小城镇基础功能得到了提升。二是推进美丽村庄建设，在沙岗村新建休闲村庄安置农户162户，硬化道路1.9千米，新建广场2处，公厕2处，配套完善绿化亮化及给排水工程；在大庄村规划旅游村庄建设，完成广场停车场硬化3000平方米，活动室100平方米，全配套给排水及护坡工程和绿化工程。

【马铃薯产业】 年均马铃薯种植面积达到48000亩，其中：原种繁育2000亩，一级种繁殖3万亩，继续扩大“金豆豆”原种繁育合作社和“中禾”一级种繁育合作社的规模，实现了全乡由马铃薯种植大乡向马铃薯种薯繁育之乡的转型过渡。与县工业园区“勇兴”三粉有限公司达成长期合作，使全乡的马铃薯原种繁育、一级种繁殖、合作社储藏销售、三粉加工外销“一条龙”的产业模式初具规模。

【草畜产业】 坚持“生态优先、以种促养、种养结合”和“家家种草、户户养畜”的“小群体、大规模”的发展路子，逐步扩大畜牧养殖规模。以“5·30”养殖为目标，以种草扩畜为抓手，扩大种草规模，引进优良品种，加快紫花苜蓿饲草基地建设，将种草与养畜有机结合起来，充分发挥牛羊养殖示范村、示范户的带动作用，积极配合农牧部门大力实施暖棚圈舍改造工程，在全乡范围内新建标准化牛羊圈舍401座。在沙岗村建设了肉牛、肉羊养殖园区2个。完成标准化养殖暖棚410座，全乡牛存栏5000头、羊13000只、家禽8200只。

【劳务产业】 启动农村劳动力素质提升工程，培训农民360人，转移农村劳动力就业3700人，创收4800多万元。大力实施“大劳务、大输出、大产业”战略，强化信息服务网络，切实做好维权工作；加大劳务技能培训力度，提高务工人员的技能和素质；不断创新和完善输出模式，努力推进劳务输出由体力型向技能型转变，由短期季节型向长年输出型转变，由外出务工向异地就业转变。

【旅游产业】 积极协调实施“须弥山—火石寨”景区旅游专线改扩建工程，进一步改善旅游环境，为全乡的经济发展注入新的活力；依托临近火石寨大景区的优势，围绕“幸福村庄”建设，利用优质的土壤资源、水资源，着力打造以发展农家乐和旅游农产品（马铃薯原种、优质羊肉、粉皮、粉丝、芹菜汁）开发为主，设点收集出售蕨菜、淫羊藿、中药材等纯天然绿色滋补品为抓手，靠景区旅游增加农民收入。

【特色产业】 依托独特优越的地理优势，进一步优化区域分布，引导和扶持以优质胡麻、西芹、胡萝卜、地膜玉米等为主的经济型农业和以中药材、野生天然绿色食品为主的特色产业。用活用足辖区内地势高寒、气候冷凉、土质肥沃、地表水充足、自然隔离条件好等得天独厚的天然优势，完成胡萝卜、西芹等特色种植3500亩，小秋杂粮种植4600亩，优质胡麻种植3000亩，饲草种植12000亩，中药材种植1000亩。

【整乡推进】 积极争取农村安居工程项目，加快农村危窑危房全面改造步伐，不断改善农民居住条件，重点开展人居环境改造工程建设项目，全力实施扶贫开发“整乡推进”工程。采取“乡上争项目送政策、村上抓进度保质量、农户建新房改旧房”的工作机制，严格按照“上下圈梁三七墙、五檩架子三檩房、琉璃红瓦装飞檐、粉白底子彩带装”的建设标准和新建每户补贴22000元的补贴标准，科学规划、合理布局、真功实做、实事细办、积极宣传，完善危房改造档案资料建设，统筹抓好产业扶贫、互助资金、对口扶贫和定点帮扶等后续配套工作，全力实施扶贫开发整村推进工程。2015年全乡完成农村危房改造355户。2016年完成危房改造300户。2017年已完成68户。

【扶贫开发】 积极推进精准扶贫，按照扶贫开发的“四个切实”“五个一批”“六个精准”要求，组织驻村工作组和乡村两级干部进村入户，圆满完成1381户5672人精准扶贫建档立卡以及扶贫云系统信息采集、录入和汇总工作。紧盯2014年和2016年2个销号村项目落实后扩大效益，着力实施2017年新开、沙岗、罗庄、石山村4个销号村脱贫计划，使精准扶贫发挥实实在在的作

“精准医疗”大型义诊活动

用，坚持基础设施到村，产业扶贫到户。兑现产业扶持资金360万元，为966户贫困户发放金融贷款3900万元，户均4.1万元。加快实施“妇女小额担保贷款”项目，发放妇女创业小额担保贷款510万元，惠及群众102户。

【环境整治】 按照“整治见成效、管理上水平、环境大改观”的总体要求，采取以奖代补、奖惩结合、落实责任、强化监督的办法，对全乡“S204线”公路沿线两侧、集镇街道、市场、村组环境逐片逐段一寸一寸地进行整治，配备落实保洁人员56人，中小型垃圾运转车3辆，小型电动车32辆，完成全乡辖区及景区周边魂晶整治工作。同时不断对整治行动进行“回头看”，查漏补缺，巩固整治成果，消除遗留死角，建立了长效管理机制，使环境整治工作常态化、规范化和长效化。

【安全生产】 建立了由各村委会组成的横向网格和乡属各单位、企业组成的纵向网格，全面完成三级网格设置表、信息普查和安全检查，完善了网格化管理工作档案，组织开展隐患排查、日常监管等工作，对全乡19条村组道路、3个塘坝库堰、9所学校定期进行详细全面的排查摸底，对存在安全隐患的加油站点限期进行了整顿，对存在安全隐患的村组道路及时上报了上级有关部门协调解决。年初与各村及农机驾驶员分别签订安全生产责任书，与农户签订《严禁农用车载人责任书》，制定了安全生产事故应急预案，有效预

防了重大安全生产事故的发生。在道路交通危险段点修建宣传墙、提示牌6个。

【民族宗教】 在全乡推行民族团结承包责任制，签订《目标责任书》，明确任务、责任，严格奖惩。紧扣“共同团结奋斗、共同繁荣发展”的民族工作主题，深入开展以“端正教风”为主题的和谐寺观教堂创建活动及“宗教政策法规学习月”“民族团结月”活动，整治打击邪教组织和境外势力渗透活动。建立健全民族宗教工作网络，成立了民族宗教工作领导小组，定期排查不安定因素，达到小事不出村，大事不出乡。提高宗教教职人员的政策水平、宗教学识和执教能力，为促进宗教和顺、社会和谐奠定基础。

【人武工作】 及时召开2017年冬季征兵工作动员大会，安排部署征兵工作，制作宣传横幅35条，发放宣传资料1500份，转发征兵宣传信息380条次，认真完成本年度预征对象的登记、筛选、信息录入、上报等工作。狠抓民兵队伍建设，从做好政治思想工作为切入点，定期组织民兵训练，确保民兵组织招之即来，来之能战，战之能胜。

【科教文卫】 不断加强教学基础设施，全面提升教育教学水平。深入开展“教师达标工程”、“示范学校”创建和校风建设活动，进一步加强学校常规管理，调整优化中小学校长和教师队伍，不断提高了教育教学质量。全乡学龄儿童入学率为100%，升学率在95%以上，巩固率为100%。认真落实“三免一补”政策和学生营养早、午餐工程，使全乡在校学生得到了实惠。积极争取完成了乡中心卫生院新建工作，建筑面积1540平方米，设有综合门诊、妇幼保健、计划免疫等6个科室，共有医护人员14名；有床位6张，B超、心电图、双微显微镜等常规医疗设施齐全。

【社会保障】 大力实施“两险”征缴工作。年均养老保险参保4619人，医疗保险参保12000人，完成年度任务的98%和97.5%。加快实施农村养老服务体系建设，建成农村社区3处，建成老年饭桌2处，加快了社会养老服务体系建设进程。自全县低保核查以来，核查取消不符合低保享受标准人员300户359人，现全乡享受农村低保的户数为1450户1669人，切实做到“应保尽保，应退尽退”。享受农村高龄津贴的人数为113人，其中90岁以上的为17人，享受农村“五保户”待遇的43人，享受孤儿养育津贴的26户39人。有效解决群众看病难、看病贵和老有所养的问题。

【效能建设】 建立健全《火石寨乡干部管理制度》，强化领导，明确责任，开展集中教育，严明干部纪律作风；规范完善政务、村务公开，灵活公开方式；推行“廉政承诺”“民主评廉”“述职述廉”三项制度，强化农村三资管理，从源头上消除农村基层滋生腐败的土壤。为方便群众办事，采取多种措施，简化办事程序，在民生服务大厅建立“一站式”服务窗口，提高服务质量，确保效能建设工作取得更大成效。

（马　彬）

沙沟乡

【概　况】 沙沟乡地处西吉县东北部，属典型的土石山区，海拔1720米，年降雨量400毫米左右，全乡辖11个行政村47个村民小组，有农户4127户17399人，劳动力为10743人，202省道、固海公路横贯全境。乡域总面积191平方千米，耕地84171.15亩，现有建档立卡户1513户6776人。2017年年底，全乡共脱贫901户4228人，剩余建档立卡贫困户612户2548人还未脱贫。2017年末人均纯收入达到7482.8元。有基层党组织13个，其中党委1个，党支部12个，有党员371名，致富带头人56名。沙沟乡是一个纯回族乡镇，历史文化悠久，穆斯林文化浓厚。境内中口村古城遗址，为北宋时期所建“镇羌寨”。沙沟拱北是伊斯兰教哲赫忍耶教派宗教圣地，建于清朝同治年间，陵园南侧建有沙沟清真大寺，肃穆雅静。2016年全乡共有编制人员32人，其中行政编制20人，事业编制12人。单位内设党政办公室、社会与经济管理办公室、民族宗教工作办公室、人武部办公室、信访接待办公室、纪委办公室、综治中心和档案室等，下设民生服务中心、产业服务中心、科教文卫服务中心和人口与计划生育服务中心4个服务中心，乡属各站所有农牧科技服务中心、林业站、水管站、派出所、司法所、中学、中心校、信用社、卫生院、供电所。

【经济指标】 2017年是实施“十三五”规划的重要一年，面对艰巨的工作任务和众多不利因素，在县委、县政府坚强的领导下，在各级领导和各级业务主管部门的大力支持下，乡党委、政府认真贯彻落实自治区十二次党代会、市委四届二次会议精神和县委、县政府“4156”战略部署，以脱贫攻坚统揽工作全局，以改善民生，切实提高群众的幸福感和增强群众的获得感为目标，突出发展这一主题，全乡经济社会各项事业持续向好发展。预计全年完成国民生产总值7150万元，同比增长10%，固定资产投资1.18亿元，同比增长近两倍，人均纯收入达到7482.8元，同比增长11.99%。

【农业布局】 向贫困户投放优质马铃薯种子384吨，原原种25万粒；在陶堡、大寨等4个销号村完成一级种薯示范种植基地1万亩，亩产达2050公斤；在东庄、东沟等村打造千亩优质胡麻示范点1个；全年共发放春覆膜5010卷，以满寺、阳庄为中心，共种植地膜玉米5000余亩；兑付种植业补贴资金149.88万元。

【草畜产业】 按照农牧业扶持计划，全年共补栏良种基础母牛594头、小尾寒羊2588只、黑山羊500只，投放种公羊100只，建成标准化牛羊棚圈舍3345栋，全乡牛存栏9443头，羊存栏18200只，10头以上养牛户108户，50只以上规模养羊户189户9450只，2000只以上蛋鸡养鸡场4家。扶持成立专业养殖合作社8家。全年共向建档立卡贫困户兑付养殖业各项补贴资金339.994万元，为贫困户饲养的1327头基础母牛购买产业保险9753.5元，见犊补母补贴64.16万元。

【劳务产业】 进一步加大培训力度，提高务工技能，拓宽务工渠道，全年共举办挖掘机、装载机和刺绣等劳动力素质提升工程培训班16期，培训学员800人；举办种植、养殖等农村实用技术培训15期754人；积极鼓励意愿的建档立卡贫困人员学习驾驶技术并为91名符合条件的人员申报了补贴，通过技能培训，人均劳务产业收入达2160元。

【危房改造】 大力实施危房改造工程，完成农村危房改造185户，其中建档立卡贫困户改造111户，全面完成了改造任务，确保了困难群众住房安全。

【移民搬迁】 完成县内移民357户1452人，其中2016年开工建设的顾沟、阳庄、东沟等9个县内就近安置点已全部完成移民安置房和附属设施建设并完成入住（除满寺村），共搬迁建档立卡贫困户310户1273人；2017年开工建设的东庄、沙沟等2个县内就近安置点已全面竣工并具备入住条件，计划共搬迁建档立卡贫困户41户146人；向县城搬迁劳务移民6户33人。完成县外移民87户378人。

【民生项目】 积极配合实施固西人畜饮水连通配套工程，2017年年底全乡11个行政村共完成自来水入户3352户（其中建档立卡贫困户1466户），受益人口达15084人，基本解决了全乡人畜饮水困难。积极推广清洁能源项目，全年共实施农村阳光沐浴工程1347户，为群众脱贫致富夯实了基础。

【教育教学】 全乡中小学校均达到了义务教育基本办学标准，11所村级小学全部附设“校中园”或幼儿班，彻底解决了学龄前幼儿“教育难”的问题；实施“全面改薄”和义务教育标准化建设工作，为沙沟中学安装太阳能路灯14盏，征地31亩解决了沙沟中学标准化操场建设和图书室建设用地困难；征地15亩实施了陶堡小学改扩建工程；协调县教育部门在叶河村南套子组投资200余万元修建教学点1所；占地4亩的沙沟二幼建设工程顺利开工建设。为138名贫困家庭大中专在校生申请“雨露计划”助学金共计34.95万元；积极筹措资金对三本以上的24名困难大学生每人资助1000元；筹资1万元对全乡优秀教师进行了表彰奖励；2017年，中考录取率居全县第一名；义务教育均衡发展顺利通过区、市、县评估验收。

【项目建设】 先后实施滨河路绿化亮化工程，共栽植云杉1850棵、漳河柳980棵，安装太阳能路灯100盏；建设完成了沙沟街道标志性建筑建设和东、南、北门；对沙沟街道南入口道路两侧人行道进行改造提升，共铺设面包砖4800平方米。栽植漳河柳56棵、云杉110棵，安装太阳能路灯24盏；积极协调固原市公路分局，争取300多万元资金对街道实施上下水疏通，铺设沥青路面8000多平方米，铺砌路沿石、更换人行道花砖，并完成美化亮化，街道面貌焕然一新。

【精准扶贫】 结合乡情实际，紧盯全乡1513户6776人建档立卡贫困户，全力做好沙沟、东庄、大寨、叶河4个脱贫销号村的扶贫工作；扎实开展建档立卡“回头看”工作，新增贫困户150户677人；组织第一书记、驻村工作队员、包村干部等对全乡11个村的扶贫资料进行了查漏补缺，脱贫攻坚档案资料不断完善。2017年，沙沟、东庄、大寨、叶河等村实现脱贫销号，共脱贫607户2851人。在全乡11个村成立了金融扶贫信用协会，完成1513户建卡档立贫困户评级授信工作，已发放金融扶贫贷款2196户9929万元，其中建档立卡贫困户1117户4844万元，贷款贴息210.7万元，贫困户贷款覆盖率达70.83%。

【社会治理】 认真开展“七五”普法活动；全年开展集中禁毒铲毒4次，严格落实周二联合办公日和民主议政日制度，全乡各村共开展120余次联合办公日活动，群众提出各类诉求670余条，主要涉及民政救助、移民搬迁，危房改造、精准扶贫等内容，现场答复解决540余条，上报乡政府协调解决70余条；通过政策引导与6名重点缠访户签订了息诉罢访协议书。

【安全生产】 严格落实安全生产“党政同责、一岗双责”工作要求，全年开展道路交通、食品、建筑施工和危险化学品等安全巡查10余次，签订农机、食品、交通等安全责任书800余份，配合县安检部门取缔非法加油站2处，安全生产工作得到进一步提升。

【民族宗教】 全年共举办宗教人士培训班2期120人次，组织外出学习1次；在古尔邦节组织召开宗教人士座谈会；全力打造大寨村、沙沟中心校2个民族团结示范基地；新建6000平方米的民族团结广场，安装路灯50盏，栽植树木300株，打造完成200平方米的民族团结展厅，民族团结和宗教和顺的成果得到进一步巩固。

（马小彦）

白崖乡

【党的建设】 牢固树立抓好党建是最大政绩的理念，强化乡党委从严治党的主业主责，把政治建设摆在首位，牢固树立四个意识，营造党内政治生活新常态，努力打造铁心跟党、铁骨克难、铁面守纪、铁肩担责的“四铁型”党员干部。强化班子成员党建联系点制度，加强对基层党员的教育管理，积极开展“双培双带”“双述双评”活动，把优秀分子吸纳到党的组织，全乡今年共培养入党积极分子36名，发展新党员8名，转正党员7名，培养村级后备干部33名。

【廉政建设】 加强以干部作风整顿建设活动为契

机，认真对照“五查五看”，切实解决“为民、务实、清廉”的问题，认真履职尽责，不断提高自身素质。继续实施党务、政务、村务监督，民主管理，全年共受理群众举报案件4件，其中立案1件，调查处理3件。通报批评5人，约谈2人，免职村干部3人，给予纪律处分3人。

【精准脱贫】 认真贯彻落实县委、县政府关于扶贫开发的战略思想，通过“查漏补缺”对建档立卡户进行了精准核查，共取消了53户199人不符合政策标准的建档立卡户资格，重新补进建档立卡户150户。2017年年底，全乡建档立卡贫困户有1597户6723人。2016年已销号3个贫困村（阳洼、泉沟垴、黑窑洞），减少贫困人口447户1734人。

【金融贷款】 2017年，给当年4个销号村和2018年3个计划销号村发放金融贷款2893万元，户均3.5万元，扶持群众购进基础母牛1046头，购进基础母羊760只。

【基础建设】 完成危房改造101户，投入资金303万元；完成交钥匙危房50户，投入资金195万元；硬化组道6.84千米，投入资金342.13万元。通水工程全乡11个村主管道全覆盖，完成入户2880户，占全乡总农户的82%。2015—2017年销号村农户已基本入户到位。投资85万元完成了白崖乡东入口民族广场建设任务和车站扫尾工程。

2018年2月18日，白崖乡“金融扶贫杯”全民健身运动会开幕式

【社会事业】 成立4个经济合作组织，投入资金20万元；建设综合服务网点4处，投入资金60万元；修建文化活动室及文化活动广场10处，投入资金560万元；完成党员活动室及附属设施维修6处，投入资金130万元；修建村卫生室5处，投入资金100万元；投放种公羊150只；发放马铃薯一级种薯414吨，原原种36.7万粒，冬小麦10.5万千克，完成春覆膜15500亩；兑现农业种养殖补助资金266万元；安装太阳能热水器1100台；完成实用技术培训1033人，投入资金20.66万元；筹措资金3.25万元，资助家庭困难大学生65人。优生健康检查159例，征收社会抚养费10300元，人口出生率控制在15‰以内，全面完成县上下达的目标任务。

【移民搬迁】 2017年全乡已搬迁743户2817人（半子沟335户1353人），其中县外生态移民464户1968人、劳务移民35户157人，县内生态移民90户、劳务移民154户692人。

【产业升级】 全乡农作物年播种面积达9万亩，其中马铃薯6万亩（其中一级种薯2000亩），小秋杂粮1.2万亩，胡麻9500亩。一年生牧草种植7500亩，紫花苜蓿留床面积9800亩。新增养殖专业合作社6个，种植专业合作社4个。全乡牛存栏5352头，羊存栏10987只，驴16头。大力实施农村劳动力素质提升工程，实现人员培训和技能鉴定“双到位”。2017年共完成专业技能培训1033人，资格鉴定880人，转移农村劳动力就业4200人，创收5800万元以上。发放妇女创业小额担保贷款400万元。建成村级电子商务服务站8个。

【“两个带头人”工程】 2017年年底，全乡共培养发展农村“两个带头人”48人，其中党员村干部5人。为了切实抓好这项富民工程，乡党委、政府在全乡认真开展农村“两个带头人”摸底工作，通过复核筛选，全乡共确定了15名村党组织带头人和70名村致富带头人。紧盯小秋杂粮、苗木、草畜三大产业，整合政策、资金和培训等优势资源，开设了优惠政策扶持、项目资金倾斜、资源享用优先“三个通道”，利用互助资金、小额信用贷款等，扶持致富带头人，帮助他们创业发展，同时，加大创业宣传力度，营造创业的良好环境，多渠道宣传全民创业理念，宣传创业典型，创业优惠政策，搭建创业平台，做好创业服务。通过一年的帮助培育，全乡85名农村“两个带头人”，每户最少带动3户困难群众发展产业，使他们依靠产业走上脱贫致富道路。

【环境整治】 对白崖街道和白崖中学沿线没有铺设人行道的400米进行了铺设，对白崖中学公路沿线围墙200米进行了粉刷，并喷绘了民族团结进步、移风易俗等图案。对小坡村公路沿线两侧建设了文化墙，对人行道进行了铺设，有效改善了“脏乱差”的现象。同时，对309国道白崖过境段和202省道，以及乡村道路沿线进行了环境综合整治工作。一是净化街道集镇卫生。街道集镇卫生做到“六个好”，就是垃圾解决好、污水处理好、街道路面好、广告管理好、乱搭乱建清理好、门前三包落实好。居民生活垃圾入箱入池，定点存放，定时清运，及时处理。在公路沿线放置垃圾箱75个，街道垃圾日扫日清；建文化墙300平方米，绘制宣传图画150幅，拆除乱搭乱建21处，拆除户外不规则广告牌25个。二是净化乡村道路。对3条主干道及所有乡村公路两侧的生活垃圾，废弃物进行彻底清理、清运。整治干道3条，共45千米，完成公路绿化13.6千米；对干道沿线7个村进行了集中整治和日常管护行动，视野内房屋建筑物全部涂白。逐步延伸到全乡各村各自然庄，农村环境整治步入规范化、制度化、经常化的轨道。三是净化村庄环境。乡政府聘请23名保洁员，每两公里乡村公路配1名保洁员，清理主干道及乡村道路沿线视野内堆放的柴草、塑料、建筑垃圾等；每个村至少聘请3—4名保洁员，加强对村庄道路，庭前院后的环境清理。全体乡村干部积极主动组织、配合，每月对全乡主干道及乡村道路沿线进行一次环境清理。

【民族团结】 全面落实党的民族宗教政策和宗教场所“四进”活动，完成对全乡宗教界人士培训2次104人次。进一步加强民族团结进步创建活动，成立创建领导小组，从完善机制建设入手，推进民族团结进步创建活动工作扎实有效开展。充分利用各种媒体宣传党的民族宗教政策、法律法规及民族团结进步先进事迹，组织召开宗教人士座谈会，认真学习党的民族宗教政策，营造民族团结进步的良好氛围。以建立民族团结进步示范村、示范清真寺为重点，推动民族团结进步活动向基层延伸。完善表彰奖励机制，2017年11月底筹备召开白崖乡民族团结进步创建表彰大会，推动民族团结进步事业进一步深入开展。

（马俊清）

偏城乡

【概　况】 偏城乡位于西吉县东部，北宋明道元年（1032），名“怀元寨”；元、明时称“山城堡”，清以后称“偏城”至今。境内山峦重叠，沟壑交错，东有清水河，西有葫芦河，也是清水河的发源地之一，平均海拔2003米。境内有悠久的古文化遗址，位于偏城村的宋古城址，是自治区第三批重点文物保护单位，位于杏树湾村的战国古墓群面积约15平方千米，是固原市境内目前发现的最大战国古墓群。全乡总面积204.59平方千米，下辖17个行政村，112个村民小组，耕地面积169590亩，退耕地53360亩，2017年年底总户数7980户，总人口30239人，回族人口占85.6%，全乡建档立卡贫困2295户9948人，2017年脱贫622户2791人。2017年农民可支配性人均收入达到7689元，比上年增长13%。

【扶贫攻坚】 坚持以脱贫攻坚统揽工作全局，逐级压实责任，坚持因村施策、精准施策，顺利完

2017 年 6 月 20 日，自治区妇联到西吉县偏城乡双羊套村开展驻村帮扶活动

成了柳林村、涵江村、偏城村、车路村 4 个贫困村销号、625 户 2893 人的稳定脱贫任务，贫困人口持续减少，贫困发生率下降到 7.3%。金融扶贫：扎实开展金融扶贫工作，努力提高扶贫小额信贷、“扶贫保”和村级发展“互助资金”覆盖面。在全乡 17 个行政村建立了信用协会，完成评级授信工作；为建档立卡贫困户发放小额扶贫贷款 1660 户 6041 万元，户均 3.64 万元，覆盖率 72.3%；贫困户特色优势产业保险投入 61.9 万元，参保农户 910 户，参保基础母牛 2527 头，有效降低了贫困户养殖业意外风险。建档立卡贫困户意外伤害保险投保 2359 户，每户 100 元保费；大病补充医疗保险 10234 人，每人保费 45 元，有效降低了贫困户因病、因意外伤害导致返贫的风险。移民搬迁：2016 年完成县内移民安置点 6 个 160 户 604 人，2017 年县内移民安置点 3 个 88 户 366 人；县内劳务移民 35 户 166 人；县外劳务移民 53 户 244 人，县外生态移民 54 户 252 人；向新疆生产建设兵团转移安置 22 户 79 人。易地搬迁作为脱贫攻坚的重要举措，有效减轻了全乡贫困人口脱贫压力，加快了脱贫进程。惠民帮扶：市纪委与市供电局为帮扶的马湾村投资 247 万元，实施户户通动力电；为马湾村明清专业养殖合作社注入资金 50 万元，用于村集体经济发展；通过以奖代补，为 125 户贫困户改造养殖棚圈；市科技局投资 20 万元，建设肉牛养殖科技示范村；市扶贫办投资 5 万元，建成小型养鸡场，引进朝那鸡 1600 只。自治区红十字会为帮扶的花儿岔村争取到“美丽村庄”项目建设资金 100 万元，为花儿岔学校打“爱心井”1 眼，硬化村组道路 5.54 千米，安装太阳能路灯 60 盏，大型垃圾箱 8 个、小型垃圾箱 25 个，配套文化体育设施 2 套，休闲座椅 8 个；争取博爱家园项目资金 15 万元用于生计发展基金。福建省莆田市涵江区为偏城乡涵江村投资 160 余万元实施闽宁协作项目，建成了占地面积 4200 平方米、建筑面积 380 平方米的宽敞明亮、功能齐全的“六个中心”和“七室两超市一广场”综合服务中心，配置了办公设备，提升了基层党组织阵地建设和综合便民服务能力。“两个带头人”及劳动力素质提升工程扎实开展。紧紧围绕脱贫攻坚抓党建、抓好党建促脱贫的总体思路，继续深化农村“两个带头人”培育工程，目前已培育农村致富带头人 49 人，发挥致富带头人的带动引领作用，加快脱贫攻坚步伐。按照“就业一人，脱贫一户”的目标，在脱贫销号村扎实开展劳动力技能培训，重点根据群众意愿，培训养殖、种植、电工、家政服务、民族手工制作等农村实用技能，加大铲车司机、挖掘机司机、机动车辆驾驶培训力度，实现贫困户家庭中主要劳动力掌握一门致富技能，增强自主造血功能。

【特色产业】 草畜产业扩规增效。以花儿岔村武红肉牛养殖繁育基地为中心，辐射带动花儿岔村、柳林村、涵江村大力发展肉牛养殖，培育草畜产业示范村 6 个，建成肉牛养殖专业合作社 16 个，全乡牛、羊饲养量分别达到 1.41 万头，3.6 万只，养殖业提供农民人均可支配收入 2400 元。坚持草畜结合、以草促畜，种植青贮玉米 7730.5 亩，种植饲草 8639 亩。改造圈舍 1800 座，注重防疫、检疫工作，动物防疫密度和标识率均达 100%。种植产业增量增效。坚持以马铃薯、地膜玉米、小秋杂粮种植为主，先后在大庄村、偏城村、高崖村、车路村建设万亩地膜玉米示范点，在涵江村、柳林村、花儿岔村、曹堖村建设万亩小秋杂粮种植基地，在大庄村、马湾村建设5000亩马铃薯种薯繁育示范点2个。争取宁夏九昇生物科技产业开发有限公司在马湾村、曹堖村、柳林村、双羊套村示范推广有机马铃薯种植50亩。全乡种植马铃薯48660亩，地膜玉米32690亩，小秋杂粮28360亩。劳务产业效益明显。坚持“大劳务、大产业、大输出”战略，大力实施劳动力素质提升工程，完成农村劳动力各类技能培训834人次。其中生态移民村劳务培训154人次，年转移就业农村劳动力7300余人次。草畜产业、种植业、劳务产业“三大支柱产业”分别占全乡经济收入的33%、30%、35%。

【环境整治】 开展环境综合整治，实行网格化管理，对全乡重点路段、街道、农贸市场的环境卫生区域划片分段，明确责任领导、责任单位、责任人，完善保洁机制，定期督促检查，切实改变了脏乱差的面貌。整合涉农资金400万元，实施整村推进环境综合整治项目，打造马湾村环境综合整治示范村。完成拆除沿路土墙、土房116处，新建围墙4213米，粉刷围墙6482平方米，安装太阳能路灯200个。争取闽宁示范村机遇，投资100万元，在涵江村实施了基础设施提升工程，贫困村整体面貌发生了根本性的变化。

【社会事业】 优先发展教育事业：实施“全面改薄”、义务教育学校标准化建设等项目，义务教育均衡发展通过自治区验收。新建、改（扩）建幼儿园17所，为全乡17个农村幼儿园512名在园幼儿落实“一免一补”政策，免保教费每年1500元，补助伙食费每年900元。全面落实义务教育“三免一补两餐”、普通高中“一免一助”、中职“三免一补一助”、大学学生资助等政策。加大控辍保学力度，切实做到因辍即返。全面落实雨露计划资助政策，全乡225名中职、高职学生得到资助。按照群众意愿，开展订单式技能培训，增强实用性和精准度，培训机动车驾驶员117人，完成精准技能培训11个班486人，完成农村实用技术培训9个村896人，使群众通过技能培训有了一技之长。注重民生保障：坚持民生保障为先，严格落实各项惠农、支农政策，及时落实退耕还林、草原承包、农资综合直补等惠农资金；累计发放各类民政救助资金369.7万元，对全乡享受低保的3328户3857人进行全面核查，调整351人；对全乡1374名残疾人的服务需求状况进行全面调查，为54名残疾人落实阳光家园计划托养服务，每人受助700元；为聋哑残疾配备助听器16台，配备残疾人辅助工具17台。稳步推行新型农村合作医疗和农村养老保险：城乡居民社会养老和医疗保险参保人数分别达到15750人和27230人，参保率分别达到85%和99.36%。重视发展医疗卫生事业：合并乡卫生院和计生站，提升医疗计生服务水平。

【平安建设】 严格落实党委班子成员坐班接访工作，每天由1名党委班子成员会同2名信访接待人员负责对信访群众进行统一接访，集中化解群众信访诉求。截至2017年年底，接访来信来访群众438人次，化解群众信访诉求239件。平安建设方面：在马湾村落实电话平安联防283户，扎实开展“七五”普法工作，在“3·15”“6·26”等专题宣传日，开展法制宣传2场次，组织干部职工45人参加禁毒警示教育，有效推进无毒乡镇创建步伐。

（马莉莎）

马莲乡

【概　况】 马莲乡位于西吉县东南部，属于葫芦河川道区，距县城35千米，土地面积103平方千米，耕地面积95285亩。主产小麦、豌豆、荞麦、莜麦、玉米、胡麻、马铃薯等作物。境内南北为山峦，平均海拔1890米，最高处古城梁海拔 2165 米。中间为河谷平川，固将公路穿越全境。单位内设党政办公室、政务公开办公室、民族宗教办公室、信访办公室、纪委办公室等，下设民生服务大厅、产业服务中心、科教文卫中心等。乡党委下辖 17 个党支部，现有党员 418 名，四星级党支部 1 个，三星级党支部 8 个。下辖 15 个村民委员会 82 个村民小组，现有人口 5628 户 22625 人，回族占总人口 82%，其中建档立卡贫困人口 1458 户 6119 人。有 17 所学校，其中初级中学 1 所，完小 9 所，初小 7 所。2017 年农村居民人均可支配收入 8964 元。

【精准扶贫】 始终把脱贫攻坚作为首要的政治任务和第一民生工程，坚持激发群众内生动力，紧盯“五通八有”目标，围绕“两不愁三保障”落实，压实责任，精准施策，完成东洼和罗曼沟 2 个销号村的脱贫任务，贫困人口持续减少，贫困面由 26% 下降到 7.4%，全国贫困地区创业致富带头人培育现场会在我乡成功召开。制定全乡脱贫攻坚责任清单，认真开展贫困户复查核查，新识别建档立卡贫困户 24 户 107 人，动态调整家庭成员新增 96 人，调出 50 人，现有建档立卡贫困户 1477 户 6209 人。完成金融贴息贷款 955 户 3690 万元，实施“两个带头人”项目贷款 42 户 4900 万元，完成“金融示范村”养殖大户贷款 66 户 380 万元。累计实施阳光沐浴工程 1500 台，

2017 年 3 月 6 日，马莲乡开展“移风易俗，树文明家风”宣讲活动

实现了全覆盖。大力实施教育扶贫和健康扶贫工程，兑现“雨露计划”学生补助 139 人 41.7 万元，为建档立卡户购买了家庭意外伤害保险和大病补充保险。完成县外劳务移民安置 30 户 133 人，县内劳务移民安置 8 户 44 人，核实政策兜底 92 户 241 人。对全乡 15 个村扶贫档案资料进行了详细核实和全面完善。驻村帮扶工作扎实开展，10 名第一书记与建档立卡贫困户实现结对帮扶，共协调帮扶资金 200 余万元，构建政府主导，帮扶单位、第一书记、企业与贫困群众协同推进的扶贫格局。

【产业结构】 一是大力开展“有土”扶贫，促进种养殖业快速发展。以肉牛养殖、马铃薯、特色蔬菜、小杂粮、旱作节水农业为重点，促进产业增效、农民增收。一方面抓养殖业扩量提质。以打造全县养殖示范乡为目标，加大产业发展扶持政策落实，激发农户发展养殖积极性，投入项目补贴资金 72 万元打造马其沟、张堡塬、南川 3 个养殖示范村，修建 60 吨以上青贮池 144 个；兑现粮改饲项目补贴资金 276 户 380 万元，兑现 2017 年销号村产业扶持资金 179 户 231.7 万元，良种母畜“见犊补母”补贴资金 4085 头 326.8 万元，蜜蜂养殖大户补贴资金 19 户 13 万元。发挥金融扶贫杠杆撬动和“两个带头人”引领致富“火车头”作用，积极引导群众将资金用于产业发展，推动养殖业扩量提质，建成养牛示范园 2 个，养鸡示范园 1 个，养殖专业合作社 123 个，养殖 10 头牛以上的规模养殖户 340 户，全乡牛存栏 17000 头，羊存栏 6400 只，家禽存栏 24000 只。另一方面抓种植业优化升级。积极争取产业扶贫资金，推行运用“覆膜保墒 + 特色种植”，种植覆膜保墒旱作农业 3.5 万亩以上，大力发展马铃薯、特色蔬菜和小秋杂粮种植。实施“双到”扶贫攻坚工程项目 421 户 116 万元，投放“双到”扶贫项目原原种 22 万余粒、一级种薯 1951 吨，建成北坡村马铃薯原种繁育基地 700 亩，建成万

亩川道区一级种薯繁育基地，建成以罗曼沟为中心辐射东洼等村一级种薯推广基地2200亩，建成张堡塬村集中连片马铃薯主食化专用品种基地2000亩。建成推广蒜苗、芹菜为主的特色外销型蔬菜基地1000亩，推广大拱棚标准化蔬菜种植200亩、日光温室100亩。建设以罗曼沟和堡子山为中心小秋杂粮示范点2个，全乡小秋杂粮2.6万亩。打造万亩地膜玉米旱作节水农业基地，全乡种植玉米2.8万亩，实现了全乡15个行政村全覆盖。建成马莲乡北坡村1500亩旱作节水农田整治项目，实施了马莲乡万亩土地整治项目，通过整合项目实施，有力推动产业结构由原来的粗放型向经济型转变，成为群众脱贫致富的“聚宝盆”。二是大力开展“离土”扶贫，促进劳务产业提档增值。以劳动力素质提升为抓手，结合产业定位和群众需求，举办涉及挖掘机、养殖业、刺绣等专业技能的培训12场次1320人。累计培养劳务经纪人240人，带动全乡常年外出务工人员5200人，切实务好“铁杆庄稼”，引导富余劳动力就近在当地企业和合作社务工，实现了农民和企业（合作社）的双赢，增强群众的“造血”功能。马莲乡架子工、钢筋工在宁夏、内蒙古已经形成品牌效应，实现了务工增收。

【基础设施】 按照贫困村“五通八有”、贫困户“两不愁、三保障”标准，抓好到村和到户措施落实。建设马莲乡牛羊交易市场、完成马莲主街道整治和广场道路硬化等基础设施建设，规范统一商户门头牌匾235户。硬化村组道路16.5千米，以固将公路为辐射的公路网络基本建成，群众出行便利。完成危房改造403户（交钥匙工程48户），安全饮水实现全覆盖。建成配套15个村综合文化服务中心。

【民生福祉】 严格落实最低生活保障精准进入机制，开展最低生活保障对象清理核查活动，清理整顿低保410人，实现动态管理下的应保尽保、应退尽退。扎实做好统筹城乡医疗保险和养老保险工作，2017年收缴医疗保险18270人，养老保险8095人，完成健康险理赔928人，村级标准化卫生室全面开放、规范运行，群众基本医疗服务得到大力保障。完成优生健康检查260对，征收社会抚养费0.5万元。推进义务教育均衡发展，劝学返学儿童12人。加大精神文明建设力度，开展多种形式的文化体育活动，推动移风易俗，树立文明新风，乡风民风明显好转，中央电视台“厉害了我的国”西吉电商扶贫行动在马莲乡成功举办。建立健全环境整治、封山禁牧长效化管理机制，全面落实三级网格化管理模式，大力实施生态扶贫，组建生态护林员队伍21名，建立河长制治理体系，明确职责、靠实责任，实现全乡所有河道、水库河长制全覆盖。严格落实安全生产“党政同责、一岗双责”责任制，营造“环境整洁、生态优美、规范有序、文明和谐”的发展环境。

【社会治理】 深入推进“平安马莲”建设，开展校园周边安全整治、“法律七进”、“禁毒”、“禁赌”、“农用车安全”、“森林草原防火”等专项整治行动。做好中共十九大期间的信访维稳工作，坚持领导坐班接访、包案化解机制，排查调处各类矛盾纠纷34件。积极推行周四村级联合办公日制度，切实解决好扶贫开发、低保救助、危房改造等群众关心关注的涉农问题。坚持扶贫等惠民政策落实与村民代表会议制度相结合，对扶贫开发、低保、危房改造等群众普遍关心关注的涉农项目资金，实行“三级备案”“三级审核”，通过“331”监管平台进行网上公示，接受群众监督，确保各项惠民政策落地生根。深入开展民族团结创建活动，创建民族团结示范村4个、学校2所、宗教场所7所、企业1家。全面开展安全生产大整治活动，关停加油站3家，设置道路警示牌30处。

（马　玲）

先进名录

2017年西吉县获奖情况

一、2017年1月，西吉县被自治区人民政府评为“全区卫生和计划生育综合目标管理二等奖”。

二、2017年2月，西吉县被固原市人民政府评为“全市卫生和计划生育目标管理责任考核二等奖”。

三、2017年2月，西吉县被固原市党委、人民政府评为“全市效能目标管理考核综合二等奖”。

四、2017年2月，西吉县被固原市党委、人民政府评为“全市效能目标管理考核实施‘两个带头人’工程奖”。

五、2017年2月，西吉县被固原市委、人民政府评为“全市效能目标管理考核招商引资奖”。

六、2017年2月，西吉县被固原市委、人民政府评为“全市效能目标管理考核农村居民增收单项奖”。

七、2017年3月，西吉县被自治区党委、自治区人民政府评为“2016年度效能目标管理考核山区县三等奖”。

八、2017年4月，西吉县被自治区依法治区领导小组评为“自治区级开展法治政府示范创建单位”。

九、2017年6月，西吉县被交通运输部评为“全国城乡一体化示范县”。

十、2017年7月，西吉县被教育部评为“全国青少年五好小公民主题教育读书活动先进集体”。

十一、2017年7月，西吉县被人民日报社评为“全国十佳基层政务微博”。

十二、2017年8月，西吉县被自治区农村土地承包经营权确权登记颁证工作领导小组评为“全区农村承包地确权等级颁证工作先进集体”。

十三、2017年9月，西吉县被国家体育总局评为“第六届全国全民健身操舞大赛特等奖”。

2017年度全县效能目标管理考核先进集体（个人）名单

一、脱贫攻坚战

1. 乡镇组：

一等奖1名：兴平乡（奖金10万元）

二等奖5名：将台堡镇、红耀乡、什字乡、新营乡、田坪乡（奖金各7万元）

三等奖8名：平峰镇、白崖乡、兴隆镇、马

建乡、震湖乡、马莲乡、火石寨乡、硝河乡（奖金各5万元）

鼓励奖5名：吉强镇、沙沟乡、西滩乡、偏城乡、王民乡（奖金各1万元）

2. 部门组：

一等奖1名：水务局（奖金5万元）

二等奖3名：农牧局、文广局、扶贫办（奖金各3万元）

三等奖5名：县委办、卫计局、财政局、人社局、民政局（奖金各2万元）

鼓励奖20名：组织部、教体局、纪检委、宗教局、公安局、政府办、宣传部、审计局、统战部、统计局、政协办、林业局、人大办、残联、交通局、建环局、发改局、妇联、团委、总工会（奖金各0.5万元）

3. 定点帮扶先进部门（单位）组：

一等奖3名：自治区党委宣传部、固原市水务局、西吉县交通局（奖金各3万元）

二等奖6名：自治区公安厅、自治区体育局、固原市政协办、固原市科技局、县发改局、县教育局（奖金各2万元）

三等奖12名：自治区高级人民法院、银川海关、宁夏红十字会、固原市编办、固原市社保局、固原市委组织部、县人行、县卫生和计划生育局、县市场监督管理局、县建设与环保局、县农牧局、县民政局（奖金各1万元）

鼓励奖39名：县国土局、县宗教局、县委统战部、县水务局、县林业局、县政府办、县委办、县检察院、县委组织部、县文广局、县总工会、县人社局、供电局、县公安局、县农业银行、县人大办、县科协、县纪检监察局、县委团委、县司法局、县农商行、县国税局、县火石寨管理处、县审计局、县法院、县残联、县妇联、县安监局、县统计局、县党校、县行政审批服务局、宁夏吉德慈善园管委会、县政协办、县委政法委、县委政研室、县委宣传部、县编办、县农调队、县气象局（奖金各0.5万元）

4. 驻村优秀第一书记（共65人，奖金各0.1万元）

李涛（吉强镇大坪村）、王鹏（吉强镇杨河村）、李雅娟（吉强镇水岔村）、黄中堂（兴隆镇下范村）、高健荣（兴隆镇张齐村）、杨静云（兴隆镇黑大庄村）、陈继高（兴隆镇马堡村）、李效虎（平峰镇新堡村）、裴京斐（平峰镇平峰村）、窦新伟（平峰镇陈滩村）、常亚军（平峰镇王庆村）、宋守君（平峰镇民和村）、苏震（平峰镇李岔村）、田浩江（平峰镇沿坪村）、张剑（将台堡镇西坪村）、崔浩军（将台堡镇崔中村）、方华兴（震湖乡河滩村）、王东萱（震湖乡蒙集村）、李进海（震湖乡李章村）、高强（震湖乡红庄村）、邓彦辉（马莲乡堡子山村）、高科（马莲乡后庄村）、赵述汉（马莲乡新堡村）、金玉忠（什字乡南台村）、李富虎（什字乡李海村）、董斌（马建乡马建村）、王荣华（马建乡台子村）、韩紫阳（马建乡刘堖村）、陶军（偏城乡花儿岔村）、陈玫（偏城乡双羊套村）、胡巧琴（偏城乡马湾村）、秦振邦（偏城乡涵江村）、杨建富（偏城乡下堡村）、朱耀明（沙沟乡满寺村）、胡振明（沙沟乡东庄村）、苏晓银（白崖乡小坡村）、袁存福（白崖乡白崖村）、魏舜群（兴平乡王湾村）、马德功（兴平乡马沟村）、柯良备（兴平乡高崖村）、张平（田坪乡赵坪村）、慕海利（田坪乡田坪村）、邹国强（田坪乡李沟村）、郑强（田坪乡燕李村）、林莉萍（新营乡庙儿岔村）、张效科（新营乡甘沟村）、柳春梅（新营乡二府营村）、董瑞红（新营乡红庄村）、金宝（王民乡红太村）、李锐（王民乡小湾村）、刘世雄（王民乡下赵村）、虎小伟（红耀乡驼昌村）、高国强（红耀乡前庄村）、李维星（红耀乡小庄村）、周宝林（硝河乡高塬村）、马虎（硝河乡隆堡村）、马秀花（硝河乡关庄村）、喜建平（火石寨乡罗庄村）、卢锦荣（火石寨乡元咀村）、马存林（火石寨乡新开村）、白东城（火石寨乡石山村）、宋小平（西滩乡何庄村）、米文福（西滩乡甘岔村）、薛立斌（西滩乡大岔村）、乔富贵（西滩乡黑虎沟村）

5.脱贫帮扶先进个人（共70人，奖金各0.1万元）

王光复（自治区工商局银川高新开发区工商局驻什字乡杨庄村驻村队员）、马艳彬（自治区团委驻王民乡红太村驻村队员）、杨建兴（自治区食品检测中心驻王民乡三岔村驻村队员）、罗力（固原市人社局驻马莲乡八代沟村驻村队员）、王伟（固原市保密技术检查中心驻马莲乡堡子山村驻村队员）、王钟（固原市供电公司驻偏城乡马家湾村驻村队员）、谢磊（自治区教育厅驻震湖乡李章村驻村队员）、冀林玥（固原市公共资源交易中心驻兴平乡马沟村驻村队员）、苏发国（西吉县伊协驻兴平乡王堡村驻村队员）、王海霞（西吉县事业单位登记管理局驻马建乡刘垴村驻村队员）、王永安（固原市园林管理所驻平峰镇平峰村驻村队员）、李振奇（固原市公积金中心驻硝河乡坟湾村驻村队员）、薛卫华（固原市一中驻将台堡镇韩塬村驻村队员）、卢金强（固原市政协办驻红耀乡井湾村驻村队员）、太惠（固原市水务局驻红耀乡驼昌村驻村队员）、蒋翔（西吉县市场监管局驻田坪乡李沟村驻村队员）、富凯（宁夏体育馆驻新营乡长义山村驻村队员）、马惟军（自治区文联宁夏美协驻新营乡大窑滩村驻村队员）、赵亚雄（西吉县硝河林场驻新营乡车路湾村驻村队员）、田慧芳（西吉县疾控中心驻西滩乡林家沟村驻村队员）、王洋（自治区国资委驻沙沟乡满寺村驻村队员）、马锋（西吉县国税局驻沙沟乡东庄村驻村队员）、吕永革（自治区公安厅驻吉强镇大坪村驻村队员）、贺建华（自治区检察院驻兴隆镇王河村驻村队员）、马彦福（西吉县财政局驻白崖乡白崖村驻村队员）、明耀仙（自治区农投公司驻兴隆镇马堡村驻村队员）、赵红阳（西吉县教育局驻沙沟乡叶沟村驻村队员）、王俊平（西吉县供电局驻新营乡玉皇沟村驻村队员）、沈建学（西吉县民宗局驻兴平乡王堡村）、康成斌（西吉县国土局干部）、王斌（西吉县民政局干部）、朱进学（西吉县林业局干部）、范永强（西吉县人大办干部）、刘红艳（西吉县财政局干部）、马宏（西吉县人行工作人员）、马晓波（西吉县统战部干部）、高鸿（西吉县水务局干部）、张志芳（兴平乡副乡长）、苏鸿瑜（火石寨乡副乡长）、许永军（白崖乡副乡长）、郭春强（马莲乡人武部长）、王富军（新营乡副乡长）、冉泓（什字乡副乡长）、马存平（偏城乡副书记）、杨洁（马建乡副书记）、丁鹏（兴隆镇副镇长）、杨东宏（田坪乡副书记）、户鼎文（震湖乡副乡长）、蒙科（硝河乡副乡长）、姚建生（王民乡人武部长）、王悦（红耀乡副乡长）、王国龙（硝河乡干部）、马锦明（兴平乡干部）、马辉（白崖乡干部）、马玲（马莲乡干部）、王伟（新营乡干部）、闫明睿（马建乡干部）、王晓琴（兴隆镇干部）、辛明（电视台工作人员）、蒙亚柏（田坪乡干部）、铁建林（沙沟乡干部）、王树科（西滩乡干部）、马继红（红耀乡干部）、马志宏（将台堡镇干部）、杨明（偏城乡涵江村干部）、马忠鹏（吉强镇大坪村干部）、马克（沙沟乡东沟村干部）、张霞（平峰镇城滩村干部）、马小利（兴隆镇黄岔村干部）、马玉山（将台堡镇火沟村干部）

6.脱贫先进户（共50名，奖金各0.1万元）

王国强（平峰镇平峰村上庄组）、魏巍（平峰镇李岔村罗湾组）、牛汉斌（平峰镇西坡村东坡组）、南克敦（平峰镇新堡村圪川组）、马志宝（硝河乡关庄村小罗组）、杨德忠（硝河乡关庄村大拐子组）、马荣（偏城乡柳林村牙儿沟组）、苏清明（偏城乡涵江村拱背梁组）、苏存福（偏城乡涵江村大湾组）、张彦刚（田坪乡大岔村）、李长长（田坪乡李沟村）、武定洲（田坪乡三岔村）、杨生满（火石寨乡石山村新庄组）、杨生泉（火石寨乡石山村深湾组）、马东鑫（火石寨乡沙岗村上沙岗组）、何龙（西滩乡何庄村何庄组）、毛金录（西滩乡吊咀村东台组）、苏登成（西滩乡西滩村汪家庄组）、李学文（马建乡台子村台子湾组）、马德禄（马建乡土窝村雀庄组）、牛进义（马建乡马建村庄子沟组）、凌文选（将台堡镇西坪村一组）、高建应（将台堡镇西坪村二组）、杨金保（将台堡镇西坪村三组）、马永海（白崖乡旧堡村东庄湾组）、王永忠（白崖乡小坡村上小坡组）、王俊山（白崖乡泉沟垴村野狐沟组）、伏军元（新营乡腰巴庄村）、胡国雄（新营乡万达川村）、王万荣（新营乡万达川村）、王相清（吉强镇大坪村一组）、杨珍（吉强镇大坪村三组）、马金虎（吉强镇大坪村四组）、苏喜成（吉强镇大坪村六组）、王志福（兴平乡团结村油坊岔组）、王有宁（兴平乡王堡村西山组）、马进成（兴平乡韩垴村南湾组）、杨宗治（什字乡杨庄村一组）、杨成武（什字乡杨庄村一组）、冯强（什字乡杨庄村一组）、李淑庆（震湖乡党岔村上游组）、张勤（震湖乡张岔村中庄组）、蒙永平（震湖乡李章村前川组）、张梅莲（王民乡王民村王民组）、马国民（王民乡下赵村也堡组）、马俩西（沙沟乡沙沟村上甘沟组）、马治华（沙沟乡东庄村后湾组）、马杰（兴隆镇黄岔村三组）、摆海银（兴隆镇洞洞村四组）、赵文忠（兴隆镇新合村三组）

二、基础提升战

1. 乡镇组：

一等奖2名：将台堡镇、红耀乡（奖金各1万元）

二等奖5名：硝河乡、平峰镇、白崖乡、兴隆镇、兴平乡（奖金各0.8万元）

三等奖7名：田坪乡、震湖乡、马莲乡、新营乡、沙沟乡、火石寨乡、什字乡（奖金各0.5万元）

2. 部门组：

一等奖2名：建环局、水务局（奖金各1万元）

二等奖5名：发改局、交通局、教体局、林业局、财政局（奖金各0.8万元）

三等奖7名：国土局、供电公司、电信公司、扶贫办、公安局、政府办、文广局（奖金各0.5万元）

三、项目大会战

1. 乡镇组：

一等奖2名：马莲乡、新营乡（奖金各2万元）

二等奖3名：将台堡镇、兴隆镇、火石寨乡（奖金各1.5万元）

三等奖4名：白崖乡、兴平乡、吉强镇、偏城乡（奖金各0.7万元）

鼓励奖10名：平峰镇、田坪乡、震湖乡、红耀乡、硝河乡、沙沟乡、什字乡、西滩乡、马建乡、王民乡（奖金各0.4万元）

2. 部门组：

一等奖2名：水务局、林业局（奖金各2.5万元）

二等奖6名：文广局、教体局、发改局、建环局、扶贫办、财政局（奖金各2万元）

三等奖9名：卫计局、农牧局、交通局、国土局、民政局、园区管委会、统计局、调查队、公安（奖金各1.2万元）

鼓励奖11名：市场监督管理局、残联、宗教局、县委办、组织部、人大办、宣传部、政府办、政协办、审计局、安监局（奖金各0.5万元）

3. 规范施工单位组（共6名）

兴泰建筑公司、宁夏第二建筑有限公司、固原恒新建筑工程有限公司、吉兴建筑公司、德誉建筑公司、宁夏凯迪公路工程有限公司

四、产业升级战

1. 乡镇组：

一等奖2名：红耀乡、平峰镇（奖金各3万元）

二等奖3名：将台堡镇、兴平乡、兴隆镇（奖金各2万元）

三等奖7名：马莲乡、吉强镇、新营乡、震湖乡、田坪乡、偏城乡、什字乡（奖金各1万元）

2. 部门组：

一等奖2名：农牧局、发改局（奖金各3万元）

二等奖5名：园区管委会、扶贫办、财政局、政研室、文广局（奖金各2万元）

三等奖9名：水务局、气象局、县委办、国土局、政府办、信用联社、林业局、人社局、调查队（奖金各1万元）

3. 龙头企业、合作社、家庭农场和种养大户组

龙头企业（共5名，奖金各0.1万元）

宁夏存录四丰农资有限公司、宁夏佳立马铃薯产业有限公司、西吉县勇兴三粉加工有限公司、西吉县欣光蔬菜产销有限公司、宁夏兴鲜杂粮种植加工基地有限公司

合作社、家庭农场（共10名，奖金各0.1万元）

西吉县文山生态养殖专业合作社、西吉县金鱼马铃薯购销合作社、西吉县牟荣蔬菜育苗中心、宁夏向丰家庭农场、西吉县红耀守强马铃薯购销专业合作社、西吉县义丰养殖专业合作社、宁夏丰谷沃原生态农业发展有限公司、西吉县伊香清真食品有限责任公司、西吉县兴平国辉面粉杂粮加工销售有限公司、西吉县明顺种植专业合作社

种养大户（共20名，奖金各0.1万元）

熊志忠（红耀乡小庄村村民）、代国喜（硝河乡隆堡村村民）、刘永军（兴隆镇川口村村民）、张小龙（吉强镇龙王坝村村民）、李百珍（什字乡玉丰村村民）、张金芳（白崖乡白崖村村民）、姚晓强（平峰镇平峰村村民）、曹志刚（火石寨乡沙岗村村民）李虎（西滩乡大岔村村民）、白如玉（沙沟乡沙沟村村民）、张汉祺（新营乡车路湾村村民）、牛占清（马建乡马建村村民）、王英（田坪乡黄岔村村民）、赵双全（吉强镇大滩村村民）、马德华（兴平乡友爱村村民）、赵德武（偏城乡花儿岔村村民）、谢宏义（将台乡毛沟村村民）、伏明瑞（震湖乡孟湾村村民）、腊银辉（兴隆镇大岔村村民）、李晓峰（平峰镇李堡村村民）

五、环境整治战

1. 乡镇组：

一等奖3名：白崖乡、红耀乡、西滩乡（奖金各1万元）

二等奖8名：马莲乡、兴平乡、王民乡、马建乡、田坪乡、什字乡、火石寨乡、平峰镇（奖金各0.78万元）

三等奖8名：沙沟乡、将台堡镇、硝河乡、震湖乡、吉强镇、新营乡、兴隆镇、偏城（奖金各0.6万元）

2. 部门组：

一等奖1名：火石寨管理处（奖金1万元）

二等奖2名：水务局、国土局（奖金各0.78万元）

三等奖4名：建环局、林业局、交通局、园区管委会（奖金各0.6万元）

六、金融扶贫工程

1. 乡镇组：

一等奖3名：马建乡、兴平乡、什字乡（奖金各1.1万元）

二等奖5名：田坪乡、西滩乡、新营乡、震湖乡、火石寨乡（奖金各0.8万元）

三等奖11名：红耀乡、平峰镇、吉强镇、沙沟乡、王民乡、硝河乡、将台堡镇、偏城乡、兴隆镇、白崖乡、马莲乡（奖金各0.7万元）

2. 部门组：

一等奖1名：扶贫办（奖金0.8万元）

二等奖2名：财政局、农牧局（奖金各0.6万元）

三等奖4名：组织部、公安局、法院、检察院（奖金各0.5万元）

3. 区直部门组：

一等奖2名：农商行、农行

二等奖3名：邮储银行、村镇银行、人保公司

三等奖5名：担保公司、人行、石嘴山银行、财保公司、大地保险

七、凝心聚力工程

1. 乡镇组：

一等奖3名：马莲乡、将台堡镇、白崖乡（奖金各2万元）

二等奖6名：兴平乡、兴隆镇、偏城乡、吉强镇、震湖乡、平峰镇（奖金各1万元）

三等奖10名：新营乡、火石寨乡、硝河乡、红耀乡、什字乡、田坪乡、马建乡、沙沟乡、王民乡、西滩乡（奖金各0.8万元）

2. 部门组：

一等奖10名：文广局、卫计局、市场监管局、检察院、法院、交通局、司法局、宣传部、财政局、公安局（奖金各1万元）

二等奖19名：人社局、纪检委、组织部、政法委、县委办、教体局、人大办、政府办、政协办、水务局、统战部、宗教局、农牧局、发改局、国税局、政研室、林业局、审计局、行政审批局（奖金各0.5万元）

三等奖41名：园区管委会、民政局、国土局、安监局、妇联、运管所、工商联、统计局、火石寨管理处、编办、建环局、伊协、扶贫办、信用联社、科协、党校、团委、总工会、文联、人行、残联、档案局、县志办、老干局、供电公司、调查队、农行、地震局、移动公司、烟草局、电信公司、六盘山水务公司、邮政储蓄银行西吉分行、气象局、供销社、邮政公司、盐业公司、联通公司、人保公司、网络公司、财保公司（奖金各0.2万元）

八、社会治理工程

1. 乡镇组：

一等奖2名：白崖乡、田坪乡

二等奖4名：硝河乡、西滩乡、红耀乡、平峰镇

三等奖13名：王民乡、吉强镇、震湖乡、火石寨乡、马建乡、新营乡、兴平乡、沙沟乡、偏城乡、什字乡、马莲乡、将台堡镇、兴隆镇

2. 部门组：

一等奖4名：公安局、法院、教体局、人社局

二等奖13名：市场监管局、政法委、安监局、组织部、财政局、人大办、检察院、县委办、司法局、政府办、卫计局、民政局、国土局

三等奖53名：宣传部、纪检委、统战部、发改局、政协办、文广局、政研室、编办、团委、宗教局、水务局、妇联、农牧局、审计局、统计局、交通局、林业局、总工会、园区管委会、残联、文联、建环局、扶贫办、科协、伊协、工商联、老干局、党校、火石寨管理处、行政审批局、县志办、地震局、档案局、供销社、邮政公司、电信公司、移动公司、供电公司、国税局、气象局、调查队、信用联社、邮政储蓄银行西吉分行、人行、农行、盐业公司、烟草公司、运管所、网络公司、联通公司、人保公司、六盘山水务公司、财保公司

3. 平安模范乡镇（共6名，奖金各2万元）

白崖乡、田坪乡、西滩乡、红耀乡、平峰镇、王民乡

4. 优秀基层调解组织（共30名，奖金各0.5万元）

吉强镇综治中心、兴隆镇综治中心、将台堡镇包庄村、新营乡综治中心、马建乡综治中心、震湖乡综治中心、兴平乡综治中心、什字乡杨庄村、马莲乡东洼村、硝河乡综治中心、偏城乡马湾村、沙沟乡东庄村、火石寨乡综治中心、教

体局体卫艺股、公安局交管大队、法院民事审判第二庭、公安局新营派出所、民政局临时救助办公室、县社会治安综合治理办公室、公安局指挥中心、卫计局疾控中心、公安局刑侦大队、法院立案庭、司法局新营司法所、人社局劳动监察大队、公安局吉强派出所、建环局城管执法局、司法局普法办公室、检察院侦查监督科、司法局交调委。

5. 先进个人（共 30 名，奖金各 0.1 万元）

马路阔（吉强镇综治专干）、于振国（兴隆镇科员）、张晓萍（平峰镇综治专干）、陈旭升（新营乡党委副书记）、陈志文（将台堡镇禁毒专干）、马林（红耀乡综治专干）、马催强（田坪乡综治专干）、杨洁（马建乡党委副书记）、刘喜君（震湖乡党委副书记）、杨国奇（兴平乡党委副书记）、王志玉（西滩乡人民政府乡长）、马源（王民乡综治专干）、唐建平（什字乡综治专干）、路景阳（马莲乡村党支部书记）、马玉虎（硝河乡党委副书记）、杨明（偏城乡涵江村主任）、马金刚（沙沟乡副乡长）马权武（白崖乡党委副书记）、张茄辉（火石寨乡专干）、杨诚（安监局工作者）、穆明丽（信访局副主任科员）、董学义（发改局科员）、杨梅（综治办副主任）、张志平（市场监督管理局纪检室主任）、沈建学（民族宗教事务局干部）、张国鹏（国土局办公室秘书）、黄达伟（政府法制办副主任）、任万洲（邮政公司总经理）、王晓萍（交通局党委办公室主任）、高旌伸（财政局文秘）

九、"两个带头人"工程

一等奖 3 名：马莲乡、吉强镇、震湖乡（奖金各 2 万元）

二等奖 6 名：兴隆镇、硝河乡、新营乡、将台堡镇、平峰镇、白崖乡（奖金各 1 万元）

三等奖 10 名：兴平乡、火石寨乡、红耀乡、偏城乡、什字乡、田坪乡、马建乡、沙沟乡、王民乡、西滩乡（奖金各 0.7 万元）

十、劳动力素质提升工程

1. 乡镇组：

一等奖 3 名：平峰镇、马莲乡、田坪乡（奖金各 1 万元）

二等奖 5 名：偏城乡、马建乡、什字乡、硝河乡、沙沟乡（奖金各 0.7 万元）

三等奖 11 名：红耀乡、兴平乡、将台堡镇、吉强镇、西滩乡、火石寨乡、新营乡、震湖乡、兴隆镇、白崖乡、王民乡（奖金各 0.5 万元）

2. 部门组：

一等奖 2 名：扶贫办、教体局（奖金各 1 万元）

二等奖 3 名：组织部、人社局、妇联（奖金各 0.7 万元）

三等奖 6 名：发改局、残联、总工会、农牧局、民政局、宗教局（奖金各 0.5 万元）

十一、民生改善工程

1. 乡镇组：

一等奖 3 名：白崖乡、火石寨乡、红耀乡（奖金各 0.8 万元）

二等奖 5 名：将台堡镇、吉强镇、平峰镇、马莲乡、马建乡（奖金各 0.5 万元）

三等奖 11 名：偏城乡、田坪乡、什字乡、沙沟乡、兴平乡、震湖乡、兴隆镇、新营乡、硝河乡、西滩乡、王民乡（奖金各 0.3 万元）

2. 部门组：

一等奖 8 名：卫计局、教体局、扶贫办、财政局、文广局、水务局、建环局、组织部（奖金各 0.3 万元）

二等奖 13 名：县委办、政府办、人大办、发改局、政协办、司法局、公安局、民政局、人社局、宣传部、政法委、审计局、统计局（奖金各 0.2 万元）

三等奖 30 名：交通局、残联、纪检委、国土局　农牧局、统战部、法院、检察院、政研室、园区管委会、安监局、市场监管局、林业局、团委、科协、总工会、编办、党校、行政审批局、老干局、火石寨管理处、妇联、县志办、文联、工商联、地震局、供销社　宗教局、伊协、档案局（奖金各0.1万元）

3. 区、市直属单位组：

一等奖3名：供电公司、调查队、信用联社（奖金各0.3万元）

二等奖5名：电信公司、气象局、国税局、人行、邮政储蓄银行（奖金各0.2万元）

三等奖11名：网络公司、邮政公司、人保公司、盐业公司　六盘山水务公司、运管所、农行、移动公司、烟草局、财保公司、联通公司（奖金各0.1万元）

十二、创建民族团结进步示范县

1. 乡镇组：

一等奖2名：西滩乡、硝河乡（奖金各2万元）

二等奖7名：吉强镇、新营乡、兴平乡、沙沟乡、什字乡、马建乡、白崖乡（奖金各1.5万元）

三等奖5名：马莲乡、王民乡、偏城乡、将台堡镇、兴隆镇、火石寨乡、平峰镇、田坪乡、震湖乡、红耀乡（奖金各0.8万元）

2. 县直部门单位组：

一等奖3名：文广局、教体局、检察院（奖金各1.5万元）

二等奖9名：工商联、市场监管局、人大办、组织部、团委、水务局、文联、宣传部、统战部（奖金各0.8万元）

三等奖30名：政协办、财政局、县委办、政府办、公安局、纪检委、宗教局、交通局、民政局、扶贫办、行政审批局、卫计局、火石寨管理处、司法局、园区管委会、法院、政法委、伊协、国土局、农牧局、党校、发改局、人社局、林业局、科协、建环局、审计局、总工会、残联、政研室（奖金各0.4万元）

鼓励奖9名：老干局、安监局、妇联、统计局、编办、县志办、档案局、地震局、供销社（奖金各0.1万元）

3. 区、市直属单位组：

一等奖2名：供电公司、气象局（奖金各0.9万元）

二等奖5名：人行、信用联社、运管所、调查队、邮储储蓄银行（奖金各0.5万元）

三等奖5名：农行、烟草局、邮政公司、电信公司、人保公司（奖金各0.2万元）

鼓励奖2名：六盘山水务公司、盐业公司（奖金各0.1万元）

4. 示范村、示范社区组（共40名，奖金各0.2万元）

什字乡（什子村、马沟村）、震湖乡（河滩村、张撇村）、西滩乡（黑虎沟、吊咀村）、王民乡（三岔村、二马村）、马莲乡（马蹄沟村、罗曼沟村）、田坪乡（腰庄村、田坪村）、硝河乡（关庄村、隆堡村）、红耀乡（红耀村、前庄村）、平峰镇（庙坪村、李岔村）、沙沟乡（东庄村、叶沟村）、兴平乡（王湾村、堡湾村）、将台堡镇（明台村、火集村）、吉强镇（龙王坝村、怡秀社区）、火石寨乡（元咀村、小川村）、白崖乡（阳洼村、旧堡村）、新营乡（陈阳川村、上岔村、玉皇沟村）、偏城乡（涵江村、上马村）、兴隆镇（马堡村、下范村、王河村、陈田玉村）马建乡（白虎村）

5. 和谐寺观教堂组（共40名，奖金各0.2万元）

什字乡（北堡子西清真寺、温唐清真寺、李庄清真寺、什字南清真寺）、震湖乡（张撇村五云山、党岔村鱼龙山）、西滩乡（大岔清真寺、包家河清真寺、黑虎沟清真寺）、马莲乡（八代沟清真寺、八都沟村赵口清真寺）、王民乡（小岔村清真寺）、硝河乡（马昌村井北沟清真寺、红泉村姚沟清真寺、民联村大狼窝清真寺）、沙沟乡（叶河清真寺、大寨拱北）、兴平乡（马沟西山清真寺、韩堖小岔清真寺）、红耀乡（前庄窦家崖奇龙山、小堡村奇龙山）、将台堡镇（深岔土黄沟堖清真寺、明台丹凤山关帝庙）、吉强镇（夏大路清真寺、酸刺清真寺）、火石寨乡（徐家庄清真寺、小川清真寺）、白崖乡（东庄湾清真寺、二阴沟清真寺、黑窑洞清真寺）、新营乡（盘龙山卧龙山齐佛寺、上岔清真寺、山条川观音寺）、马建乡（白台村叶堡清真寺）、偏城乡（大庄青龙山白云寺、杏湾姚庄清真寺）、兴隆镇（上村清真寺、连咀清真寺、岳岔清真寺、西冶岗清真寺）

6. 模范企业组（共10名，奖金各0.2万元）

宁夏吉兴建筑工程有限责任公司、西吉县兴泰建筑总公司、西吉县香德亨餐饮有限公司、宁夏穆柯寨生态农业集团有限公司、西吉县大维广告公司、西吉县义丰养殖合作社、宁夏天下金盾保安服务管理有限公司、宁夏盛视传媒有限公司、西吉县守强薯业有限公司、西吉县文垚平价农贸市场

7. 模范学校组（共20名，奖金各0.2万元）

兴平乡堡湾小学、兴隆镇公易小学、兴隆镇单民小学、新营乡黑城河小学、硝河乡隆堡小学、西滩乡黑虎沟小学、田坪乡田坪小学、什字乡山庄小学、沙沟乡大寨小学、马建乡大坪小学、吉强镇夏寨小学、吉强镇杨坊小学、火石寨乡石洼小学、偏城乡柳林小学、马莲乡巴都沟小学、马建乡庞湾小学、将台乡崔中小学、白崖乡小坡小学、震湖中学、三合中学

8. 示范军（警）营（共3名，奖金各0.1万元）

消防队、人武部、武警中队

9. 模范个人组（共10名，奖金各0.1万元）

秦振邦（西吉县人行职工驻偏城乡涵江村第一书记）

锁成玉（西吉县西滩乡西滩村清真寺阿訇）

王元明（固原市农牧局驻硝河乡新庄村第一书记）

张永田（西吉县人民医院急诊科主任）

陈进军（西吉县公安局副局长）

刘志勋（西吉县委党校高级讲师）

李占斌（西吉县马建乡九年一贯制学校校长）

田芳（西吉县检察院科员）

杨建国（西吉县火石寨乡元咀村党支部书记）

单云（西吉县兴隆镇单南村党支部书记）

2016年度全县优秀公务员奖励名单

一、嘉奖（214人）

张生宏　吉强镇党委副书记
周　丽　吉强镇党委委员、纪委书记
马明云　吉强镇党委委员、副镇长
王志芳　吉强镇人民政府科员
王银科　吉强镇人民政府科员
杨海云　吉强镇人民政府科员
哈晓明　兴隆镇人民政府科员
马淑芳　兴隆镇人民政府科员
马伯韬　兴隆镇人民政府科员
马利娅　兴隆镇人民政府科员
王晓琴　兴隆镇人民政府科员
王顺奎　平峰镇人民政府科员
张晓萍　平峰镇人民政府科员
朱萧杰　平峰镇党委委员、副镇长
尹廉明　平峰镇党委委员、人武部部长

马宏雄　马建乡党委委员、人武部部长
杨军良　马建乡人民政府科员
王晓琴　西滩乡人民政府科员
赵永明　西滩乡人民政府科员
王树科　西滩乡人民政府科员
冀晓华　红耀乡党委副书记
高君琴　红耀乡党委委员、人武部部长
马小丽　红耀乡人民政府科员
吴振刚　偏城乡党委委员、副乡长
焦宁宁　王民乡人民政府科员
苏　瑞　王民乡人民政府科员
刘　强　兴平乡党委副书记、主任科员
柯良贵　兴平乡党委委员、纪委书记
张志芳　兴平乡党委委员、副乡长
陈兵兵　兴平乡人民政府科员
冉　泓　什字乡人民政府副乡长
苏发明　什字乡人民政府科员
杨东宏　田坪乡党委副书记
董向红　田坪乡党委委员、人武部部长
沈　洋　田坪乡人民政府科员
单泽民　马莲乡党委副书记
马　伟　马莲乡人民政府科员
张晓明　马莲乡人民政府科员
马　玲　马莲乡人民政府科员
高　峰　白崖乡人民政府科员
许永军　白崖乡党委委员、副乡长
柯占花　沙沟乡党委委员、人大主席
王文宁　沙沟乡党委委员、副乡长
马学武　沙沟乡人民政府科员
铁建林　沙沟乡人民政府科员
陈晓宁　震湖乡党委委员、人武部部长
王正涛　震湖乡人民政府科员
杜富洲　火石寨乡党委委员、人大主席
马继智　火石寨乡人民政府副主任科员
曹　丽　火石寨乡人民政府科员
杨国奇　将台堡镇党委副书记
伏正强　将台堡镇党委委员、组织委员
王晓霞　将台堡镇人民政府科员
陈旭升　新营乡党委副书记
邓　智　新营乡党委委员、人武部部长
杨君成　新营乡人民政府科员
焦燕燕　新营乡人民政府科员
李红霞　新营乡人民政府科员
刘芳芳　硝河乡党委委员、人大主席
杨小红　硝河乡人民政府科员
杨宗盛　硝河乡人民政府科员
蒙彦峰　县法院纪检组组长、正科级审判员
董立新　县法院审判监督庭庭长、正科级审判员
苟志军　县法院立案庭庭长、正科级审判员
马忠成　县法院行政审判庭庭长、正科级审判员
马占山　县法院民事审判第一庭庭长、正科级审判员
李　闯　县法院执行局局长、正科级审判员
辛小强　县法院震湖法庭庭长、正科级审判员
马承贤　县法院主任科员
蒲建军　县法院民一庭副庭长、副科级审判员
温军刚　县法院兴隆法庭副庭长、副科级审判员
马　莉　县法院政工科科长
马文芳　县法院科员
袁学文　县法院科员
王宝军　县法院科员
马三忠　县检察院纪检组组长、正科级检察员
苏正清　县检察院正科级检察员
李固萍　县检察院副科级检察员
刘鹏博　县检察院科员
马　蓉　县检察院科员
田　芳　县检察院科员

王亚斌　县检察院科员
单　宁　县检察院科员
马小路　县检察院科员
范永强　县人大办公室主任
石亚东　县人大办公室科员
赵常炜　县人大办公室科员
李维东　县委办公室副主任、主任科员
程林林　县委办公室副主任科员
刘　斌　县委办公室科员
李　萧　县政协办公室主任
李　保　县政协农业农村与资源环境委主任
周玉平　县委政法委常务副书记、综治办主任
马雪松　县委统战部副部长、工商联常务副主席
马一林　县委统战部副部长
张茂祥　县委组织部副部长、主任科员
罗黎媛　县委组织部档案室科员
陈进军　县纪委监察局副局长、正科级纪检员
雷　平　县纪委常委、监察局副局长
杨孟虎　县纪委党风政风监督室主任
海永峰　县委宣传部科员
火　霞　县编办科员
陈海君　县政研室副主任、主任科员
孙晓娟　县总工会副主任科员
马晓军　县外事办公室主任、政府办公室副主任
李　杰　县政府办公室副主任
马忠祎　县政府办公室副主任科员
丁怀远　县政府办公室科员
张继增　县人力资源和社会保障局科员
马富春　县人力资源和社会保障局科员
王　蕊　县人力资源和社会保障局科员
靳巧红　县安监局副局长
张军良　县审计局科员
马栋林　县民宗局副局长、主任科员
王百灵　县水务局副局长
马　存　县水务局主任科员
母养花　县交通运输局科员
马建安　县司法局党组书记、局长
马金福　县司法局矫正办科员
李学锋　县司法局白崖司法所所长
马学礼　县司法局科员
王强强　县司法局科员
陈晓军　县司法局科员
胡玉萍　县司法局科员
李效虎　县统计局副局长
马国荣　县文广局党委副书记、局长
金玉山　县林业局副局长、主任科员
安　晖　县林业局副局长、主任科员
薛鼎琳　县财政局纪检组组长、副局长、主任科员
赵玉德　县财政局科员
张振刚　县财政局科员
杨映文　县农牧局党委书记、纪委书记
张　兰　县农牧局副主任科员
吴静恬　县农牧局科员
穆建华　县国土资源局科员
马天峰　县商务和经济技术合作局科员
任晓霞　县商务和经济技术合作局科员
郭　强　县商务和经济技术合作局科员
马秀奇　县公安局纪委书记、政治委员、副处级侦察员
马明学　县公安局国内安全保卫大队大队长、正科级侦察员
马春香　县公安局硝河派出所副所长
张继扬　县公安局将台派出所教导员
单国锋　县公安局马莲派出所副所长
马玉仁　县公安局什字派出所副所长
王鹏举　县公安局王民派出所副所长
蒙　曦　县公安局田坪派出所教导员

禹长平　县公安局白崖派出所副所长
郭瑞譞　县公安局科员
王　辉　县公安局科员
李永辉　县公安局科员
陶　宁　县公安局科员
龚宏伟　县公安局科员
雷　旭　县公安局科员
田苗苗　县公安局科员
杨建河　县公安局科员
于　江　县公安局科员
马江涛　县公安局科员
马　涛　县公安局科员
苟　成　县公安局科员
柯占强　县公安局科员
张学武　县公安局科员
吕　雄　县公安局科员
孙　海　县公安局科员
王　升　县公安局科员
马斌兴　县公安局科员
王建军　县公安局科员
石宝奇　县公安局科员
张　鑫　县公安局科员
马小荣　县公安局科员
姚永明　县公安局科员
王晓强　县公安局科员
赵红雨　县公安局科员
陈晓虎　县公安局科员
牛满银　县公安局交管大队科员
杨建伟　县公安局交管大队科员
高子强　县公安局交管大队科员
李万军　县公安局交管大队科员
马春华　县公安局森林派出所科员
海　斌　县扶贫办科员
李明灿　县发改局科员
杨国勋　县发改局科员
李九定　县建环局副局长

杨青鸿　县卫生和计划生育局党委副书记、局长
戴玉聪　县卫生和计划生育局党委书记、纪委书记
吴　慧　县卫生和计划生育局副主任科员
樊学舞　县教育体育局纪委书记、主任科员、局工会主席
马学红　县教育体育局副局长
王凤奇　县市场监督管理局副局长
张志平　县市场监督管理局副主任科员
韩继祖　县市场监督管理局副主任科员
成进贤　县市场监督管理局副主任科员
余忠孝　县市场监督管理局副主任科员
魏来平　县市场监督管理局药械科科员
罗　玲　县市场监督管理局吉强所科员
宋琴英　县市场监督管理局东关所科员
苏相军　县市场监督管理局将台所科员
梁志高（参公）县委组织部电教中心主任
陈永宁（参公）县委组织部电教中心科员
李智忠（参公）县老龄委常务副主任
米万宝（参公）县老龄委科员
马存林（参公）县残联副理事长
李春燕（参公）县文联科员
张　勇（参公）县科协主席
李秀莲（参公）县党校副主任科员
马存龙（参公）县劳动保障监察大队科员
姜聚海（参公）县劳动保障监察大队科员
冯正斌（参公）县人事争议仲裁院院长
蔡英霞（参公）县档案局科员
石志成（参公）县地震局副局长
赵红军（参公）县就业创业和人才服务局局长
张万明（参公）县就业创业和人才服务局科员
慕海利（参公）县就业创业和人才服务局科员

蒙玉琼（参公） 县政府教育督导室科员
刘文强（参公） 县志办主任

二、三等功（37人）

丁　鹏　兴隆镇党委委员、人武部部长
吴小红　平峰镇人民政府科员
穆　原　马建乡人民政府科员
马存平　偏城乡党委副书记
秦福成　偏城乡人民政府科员
吴卫和　王民乡党委委员、纪委书记
苏晓铮　什字乡党委委员、副乡长
何成玉　田坪乡党委委员、纪委书记
马权武　白崖乡党委副书记
王宏武　白崖乡人民政府科员
赵志杰　震湖乡党委委员、政府副乡长
刘治斌　震湖乡党委委员、组织委员
高　佼　新营乡人民政府副主任科员
郭建宁　红耀乡党委委员、人大主席
苏效忠　县法院科员
毛宗鹏　县检察院科员
姚旭斌　县检察院科员
马秀山　县人大办公室科员
黄　武　县老干部局副局长
马小龙　团县委科员
高东升　县司法局科员
韩世霞　县司法局科员
陈占宏　县司法局科员
宋继宏　县司法局科员
拜晓东　县财政局科员
马　灵　县公安局科员
王　辉　县公安局科员
刘建奇　县公安局交管大队教导员
陈　乾　县公安局偏城派出所所长
张建斌　县发改局科员
王吉安　县市场监督管理局副主任科员
杨晓娟　县市场监督管理局科员
姚旭君　县市场监督管理局科员
卢　明　县人力资源和社会保障局科员
康淑英（参公） 县妇联副主席
朱　梅（参公） 县事业单位登记管理局科员
赵玉娥（参公） 县残联主任科员

2017年西吉县先进基层党组织和优秀共产党员优秀党务工作者名单

一、全县先进基层党组织（30个）

红耀乡党委
白崖乡党委
县文化旅游广电局党委
县国税局党总支
新营乡二府营村党总支
兴隆镇小段村党支部
兴平乡赵垴村党支部
平峰镇平峰村党支部
将台堡镇保林村党支部
马建乡刘垴村党支部
硝河乡硝河村党支部
什字乡玉丰村党支部
马莲乡马蹄沟村党支部
偏城乡马湾村党支部
火石寨乡元咀村党支部
王民乡小湾村党支部
西滩乡甘岔村党支部
田坪乡田坪村党支部
震湖乡孟湾村党支部
沙沟乡东庄村党支部
吉强镇万崖村党支部

县检察院党支部
县林业局机关党支部
吉强派出所党支部
红耀乡九年一贯制学校党支部
县公路管理局党支部
县农业机械安全监理站党支部
县中医医院党支部
县城乡建设监察大队党支部
明星客运汽车出租有限公司党支部

二、优秀共产党员（70 名）

马志雄　兴隆镇下范村党支部书记
马正军　兴隆镇王河村党支部书记
哈银德　兴隆镇岳岔村党支部书记
米正清　兴隆镇单北村党支部书记
马　雄　兴平乡政府副乡长
王　英　兴平乡兴平村村委会主任
朱成华　平峰镇八岔村党支部书记
王建军　平峰镇庙坪村党支部书记
郝金鹦　平峰镇人民政府科员
马明录　将台堡镇深岔村党支部书记
侯建军　将台堡镇人武部部长
王鹏云　马建乡产业中心主任
李银珍　马建乡马建村原党支部书记
马秀花　硝河乡关庄村第一书记
喜占君　硝河乡高原村党支部书记
杨进财　什字乡杨庄村村委会主任
苏广前　什字乡人武部部长
王如林　马莲乡纪委书记
郭春强　马莲乡人武部部长
秦福成　偏城乡党政办主任
赵　强　偏城乡人武部部长
王富军　新营乡政府副乡长
杨君成　新营乡政府科员
雷兵兵　红耀乡党政办主任
姬永明　红耀乡井湾村党支部书记
苏鸿瑜　火石寨乡政府副乡长
杨　霖　火石寨乡红庄村党支部书记
蔡　娟　王民乡红太村党支部书记
马艳彬　王民乡红太村驻村工作队员
张成福　西滩乡西滩村党支部书记
李生俊　田坪乡李沟村党支部书记
李学健　田坪乡党委组织委员
王正涛　震湖乡党政办主任
蒙儒勇　震湖乡蒙集村党支部书记
刘东阳　沙沟乡政府乡长
冯　焘　农商行沙沟支行行长
王宏武　白崖乡民生服务中心主任
王永平　白崖乡白崖村党支部书记
李海珍　吉强镇团结村党支部书记
马小东　吉强镇水岔村党支部书记
袁敬霆　吉强镇高同村党支部书记
李晓斌　县电视台党支部书记、副台长
闫雪洁　县文化旅游广电局会计
郭银霞　田坪乡中心小学教师
马固荣　偏城中学教师
张志学　新营乡白城一贯制学校教师
雷薇薇　玉桥中学教师
韩佩杰　县汽车运输公司党支部书记、副经理
李　辉　县公路建设管理中心工作人员
宋永红　县农牧局办公室主任
苏林富　县马铃薯产业服务中心主任
苏　华　县人大机关离退休干部党支部书记
梁玉成　县疾控中心主任
伏天鹏　县卫计综合监督所医疗监督科科长
李　静　县城乡建设和环境保护局机关党支部书记
伏　栃　县兴泰建筑总公司党支部书记
哈　伟　县城乡建设监察大队大队长
董学义　县发展和改革局科员
吴松学　县公安局政工监督室副科级侦查员
王　科　县公安局将台派出所副所长
赵亚雄　硝河林场党支部书记

马　俊　县林木检疫站党支部书记

苏相锋　宁夏向丰农业开发有限公司总经理

陈海堂　宁夏天下金盾保安服务有限公司党支部书记

路京桥　县政府办公室秘书

穆小斌　县财政局金融办办事员

马　麟　县民政局基层政权与社会组织办主任

王兴珍　县水务局水利工程质量监督站站长

张志宏　县水务局兴平水利工作站站长

马维杰　县人力资源和社会保障局科员

三、优秀党务工作者（50名）

宋兆璐　县委办公室主任

李　景　震湖乡党委书记

蒙彦瑞　白崖乡党委书记

张茂祥　县委组织部副部长、机关工委书记

王军江　兴隆镇党委组织委员

马淑芳　兴隆镇党政办主任

马少连　兴隆镇街道社区党支部书记

刘　强　兴平乡党委副书记

马树林　兴平乡友爱村党支部书记

王学景　平峰镇党委副书记

曹　荣　平峰镇党委副书记（挂职）

赵文斌　平峰镇党委组织委员

刘　娜　将台堡镇党政办秘书

韩彦国　将台堡镇明荣村党支部书记

杨　洁　马建乡党委副书记

杨　俊　硝河乡党委组织委员

马玉虎　硝河乡党委副书记

杨奋珍　什字乡南台村党支部书记

单泽民　马莲乡党委副书记

王亚龙　马莲乡党政办秘书

马存平　偏城乡党委副书记

高士平　偏城乡党委组织委员

陈旭升　新营乡党委副书记

焦燕燕　新营乡党政办主任

冀晓华　红耀乡党委副书记

李和明　红耀乡关儿岔村党支部书记

曹　丽　火石寨乡党政办主任

杨德宝　火石寨乡罗庄村党支部书记

李　锋　王民乡党委副书记

马如林　王民乡下赵村党支部书记

马成龙　西滩乡何庄村党支部书记

杨东宏　田坪乡党委副书记

高长明　震湖乡苏堡村党支部书记

马学武　沙沟乡党政办主任

马俊清　白崖乡党政办主任

苏兴林　吉强镇党委组织委员

马金林　吉强镇党政办主任

杨雄德　吉强镇怡秀社区党支部书记

张万胜　宁夏吉德慈善产业园管委会办公室主任

马会田　县文化旅游广电局机关党支部书记、党政办公室主任

郭文佺　袁河中学党支部书记、校长

何金林　兴平中心小学党支部书记、校长

王晓萍　县交通运输局党委办公室主任

王彩凤　县农牧局党委办公室主任

任巧卓　县人民医院党支部书记

马文雍　县城乡建设和环境保护局副局长

刘建奇　县公安局交通管理大队教导员

马志清　县民政局社会组织工委专职副书记

者亚慧　县法院党总支组织委员

张志平　县市场监督管理局副主任科员

2017年西吉县优秀农村致富带头人名单

王维军　西吉县天裕蔬菜销售专业合作社（兴隆镇）

樊宝龙　西吉县宝康养殖专业合作社理事长（兴隆镇）

冶一山　西吉县兴惠农农机作业服务有限公司经理（兴隆镇）

海　孝　兴海粉条加工厂厂长（兴隆镇）

米少龙　西吉县米湾林下经济专业合作社理事长（兴平乡）

马金虎　西吉县雄飞家庭农场场长（兴平乡）

李晓峰　西吉县平峰镇绿源种植专业合作社理事长（平峰镇）

董成璧　西吉县银丰畜草制作专业合作社理事长（平峰镇）

赵彦宁　西吉县平峰镇彦宁牛羊养殖种植专业合作社理事长（平峰镇）

杨天祥　天祥养殖场社长（将台堡镇）

谢宏义　宁夏本生生态农业有限公司经理（将台堡镇）

张　斌　通达加油站、通达宾馆经理（将台堡镇）

刘守川　张湾村守川黑山羊养殖合作社社长（马建乡）

牛占清　马建村养殖大户（马建乡）

代国喜　西吉县绿发蔬菜种植专业合作社理事长（硝河乡）

苏祥羽　西吉县德尚养殖专业合作社理事长（硝河乡）

马金虎　西吉县振邦建材有限公司董事长（硝河乡）

杨小强　西吉县明顺种植专业合作社理事长（什字乡）

苏永强　六六养殖专业合作社理事长（什字乡）

苏俊清　俊娃肉牛养殖专业合作社理事长（什字乡）

马生有　西吉县将台堡镇马生有煤炭销售点（马莲乡）

吴志军　武平种植专业合作社理事长（马莲乡）

安发银　尚云养殖专业合作社理事长（马莲乡）

赵志红　西吉县武红养殖专业合作社理事长（偏城乡）

苏维虎　西吉县鑫岳专业养殖合作社理事长（偏城乡）

李永智　西吉县永智养殖专业合作社理事长（新营乡）

李学龙　西吉县新营乡佳航养殖专业合作社理事长（新营乡）

李金山　西吉县新营乡金山文化园理事长（新营乡）

熊志忠　鑫馨马铃薯种薯繁育专业合作社理事长（红耀乡）

晏守强　守强马铃薯种薯繁育专业合作社理事长（红耀乡）

曹志刚　西吉县中禾种植专业合作社理事长（火石寨乡）

卢学龙　西吉县震坡滑雪场总经理（火石寨乡）

李兴林　西吉县兴林肉牛养殖场经理（王民乡）

苏　程　宁夏丰谷沃园生态农业发展有限公司经理（王民乡）

苏红杰　西吉县云杰养殖专业合作社理事长（西滩乡）

马小萍　宁夏鼎鸿盛泰商贸有限公司经理（西滩乡）

李　雄　西吉县金鱼马铃薯购销专业合作社理事长（田坪乡）

王　英　西吉县阳坪种植专业合作社理事长（田坪乡）

冯晓宁　宁夏山屲屲孔雀生态养殖有限公司经理（震湖乡）

李　昭　西吉县安宁生态鸡养殖专业合作社理事长（震湖乡）

李森林　西吉县震湖乡森林养殖专业合作社理事长（震湖乡）

王国福　西吉县海峰养殖专业合作社理事长（沙沟乡）

苏德贵　西吉县沙沟乡德贵牛羊养殖专业合作社理事长（沙沟乡）

王顺天　西吉县顺天养殖专业合作社理事长（白崖乡）

马维忠　西吉县白崖乡阳洼村养殖大户（白崖乡）

马义锋　西吉县长青农林合作社理事长（白崖乡）

焦建鹏　宁夏西吉心雨林下产业专业合作社理事长（吉强镇）

韩　鹏　西吉县水岔湾生态种植专业合作社理事长（吉强镇）

马成宝　西吉县成宝马铃薯专业合作社理事长（吉强镇）

雷具鹏　西吉县吉泰养殖专业合作社理事长（吉强镇）

2017年西吉县优秀驻村帮扶工作者名单

王　东　兴隆镇小段村第一书记

马　强　兴隆镇大岔村第一书记

魏舜群　兴平乡王湾村第一书记

柯良备　兴平乡高崖村第一书记

裴京斐　平峰镇平峰村第一书记

苏　震　平峰镇李岔村第一书记

赵文福　将台堡镇甘岔村第一书记

桑建政　将台堡镇西坪村第一书记

王荣华　马建乡台子村第一书记

程旭杰　硝河乡坟湾村第一书记

王元明　硝河乡新庄村第一书记

宝永林　什字乡杨庄村第一书记

高　科　马莲乡后庄村第一书记

邓玉平　马莲乡八代沟村第一书记

秦振邦　偏城乡烂泥滩村驻村工作队员

殷茂勇　新营乡万达川村第一书记

柳春梅　新营乡二府营村第一书记

虎小伟　红耀乡驮昌村第一书记

黄占刚　红耀乡井湾村第一书记

范东明　火石寨乡沙岗村第一书记

李　锐　王民乡小湾村第一书记

宋小平　西滩乡何庄村第一书记

张　平　田坪乡赵坪村第一书记

王东宣　震湖乡蒙集村第一书记

高剑锋　震湖乡堡玉村第一书记

朱耀明　沙沟乡满寺村第一书记

丁建华　白崖乡鹞子川村第一书记

袁存福　白崖乡白崖村第一书记

虎永勇　吉强镇水岔村驻村工作队员

李　涛　吉强镇大坪村第一书记

2017年西吉县县级文明村名单

吉强镇：上堡村　杨坊村　酸刺村

兴隆镇：玉桥村　单南村　兴隆村　张节子村

平峰镇：王庆村　李岔村　王塬村

红耀乡：大堡村　井湾村　前庄村　托昌村　小庄村

田坪乡：大岔村　黄岔村　碱滩村　田坪村　燕李村

火石寨乡：大庄村　沙岗村　石山村　元咀村

将台堡镇：包庄村　明荣村　明台村　西坪村

马莲乡：巴都沟村　路家沟村　马莲村　张堡塬村　罗曼沟村

偏城乡：大庄村　花儿岔村　马湾村

王民乡：三岔村　红太村　小湾村　学杨村　二口村

西滩乡：大岔村　林家沟　庙湾村

新营乡：大窑滩村　甘沟村　甘井村　蒿子湾村

兴平乡：马沟村　王湾村

震湖乡：苏堡村　李章村

沙沟乡：东沟村　东庄村

白崖乡：半子沟村　红套村　泉沟塬村　阳洼村

什字乡：什字村　玉丰村

马建乡：刘塬村　台子村　同化村

硝河乡：硝河村　高原村　关庄村

2017年受市厅级及以上部门（单位）表彰奖励的先进集体表

表1

获奖单位	荣誉称号	授奖单位	授奖时间
国网西吉县供电公司田坪乡供电所	2017年度全区先进乡镇供电所	国网宁夏电力有限公司	2018年2月
国网西吉县供电公司兴隆镇供电所	2017年度全区先进乡镇供电所	国网宁夏电力有限公司	2018年2月
国网西吉县供电公司震湖乡供电所	2017年度全区先进乡镇供电所	国网宁夏电力有限公司	2018年2月
国网西吉县供电公司马莲乡供电所外勤一班	2017年度全区先进班组	国网宁夏电力有限公司	2018年2月
国网西吉县供电公司红耀乡供电所内勤班	2017年度全区先进班组	国网宁夏电力有限公司	2018年2月
国网西吉县供电公司平峰乡供电所内勤班	2017年度全区先进班组	国网宁夏电力有限公司	2018年2月
国网西吉县供电公司兴隆供电所公易营业站内勤班	2017年度全区先进班组	国网宁夏电力有限公司	2018年2月
国网西吉县供电公司火石寨乡供电所外勤二班	2017年度全区先进班组	国网宁夏电力有限公司	2018年2月
国网西吉县供电公司兴坪乡供电所外勤二班	2017年度全区先进班组	国网宁夏电力有限公司	2018年2月
西吉县国家税务局	全区“五四”红旗团支部	共青团宁夏回族自治区委员会	2017年4月

续表1

获奖单位	荣誉称号	授奖单位	授奖时间
西吉县国家税务局	全区营改增嘉奖	宁夏回族自治区国家税务局	2017年7月
西吉县畜牧水产技术推广服务中心	2017年基层畜牧（草原）技术推广示范站	全国畜牧总站	2017年11月
西吉县农牧局	全区驻村帮扶工作先进单位	宁夏回族自治区扶贫开发领导小组	2017年2月
西吉县农村合作经济经营管理站	全区农村承包地确权登记颁证工作先进集体	宁夏回族自治区农村土地承包经营权确权登记颁证工作领导小组办公室	2017年8月
西吉县农业综合执法大队	自治区农业综合执法示范窗口	宁夏回族自治区农牧厅	2017年11月
共青团西吉县委员会	2017年“五四”系列活动最具影响力团组织	共青团宁夏回族自治区委员会	2017年6月
共青团西吉县委员会	新媒体工作先进团组织	共青团宁夏回族自治区委员会	2017年9月
西吉县卫生和计划生育局	全区卫生计生工作综合目标管理考核二等奖	宁夏回族自治区人民政府	2018年2月
西吉县卫生和计划生育局	全市卫生计生工作综合目标管理考核二等奖	固原市人民政府	2018年2月
西吉县卫生和计划生育局	2012—2016年全区机关干部“下基层”活动先进单位	宁夏回族自治区党的建设领导小组	2017年3月
西吉县人民医院	自治区巾帼建功先进集体	宁夏回族自治区妇女联合会	2018年3月
西吉县疾控中心	2017年度鼠疫联防工作先进监测点	甘宁两省（区）三市五县（区）鼠疫联防领导小组	2017年11月
西吉县财政局	2017年全区财政支农政策培训先进集体	宁夏回族自治区财政厅	2018年1月
西吉县财政局	2016年度全区部门决算工作二等奖	宁夏回族自治区财政厅	2017年11月
西吉县财政局	2016年度全区财政总决算工作三等奖	宁夏回族自治区财政厅	2017年11月
西吉县财政局	2017年度全区财政预算执行分析工作三等奖	宁夏回族自治区财政厅	2017年11月
中国人保财险西吉支公司	2017年度全区经营单位三等奖	中国人保财险宁夏分公司	2018年2月
西吉法院	全国文明单位	全国精神文明建设指导委员会	2017年11月
西吉法院	全区档案工作规范化达标单位	宁夏回族自治区高级人民法院	2017年1月
西吉法院	2016年度宁夏政法宣传工作先进单位	宁夏日报报业集团　宁夏法治报社	2017年5月
西吉法院	2016年度全市法院工作考核一等奖	固原市中级人民法院	2017年1月
西吉法院	审判实务与理论研讨会优秀组织奖	固原市中级人民法院	2017年12月
西吉县气象局	全国气象工作先进集体	中国气象局	2018年2月
国家统计局西吉调查队	2017年度宁夏调查队系统综合考核先进单位	国家统计局宁夏调查总队	2018年1月
国家统计局西吉调查队	2017年度宁夏调查队系统信息考核先进单位	国家统计局宁夏调查总队	2018年1月
西吉县伊斯兰教协会	全区信息调研工作先进单位	宁夏回族自治区伊斯兰教协会	2017年12月
西吉县伊斯兰教协会	全区教务工作先进单位	宁夏回族自治区伊斯兰教协会	2017年12月
西吉县妇联	全区实施妇女儿童发展规划先进集体	宁夏回族自治区人民政府妇女儿童工作委员会	2017年2月
西吉县红祥蔬菜种植专业合作社	自治区巾帼创业创新基地	宁夏回族自治区妇女联合会	2017年4月

续表 1

获奖单位	荣誉称号	授奖单位	授奖时间
西吉县第三中学	自治区“巾帼建功”先进集体	宁夏回族自治区妇女联合会	2017 年 4 月
西吉县工商联	全国“五好”县级工商联	中华全国工商业联合会	2017 年 12 月
西吉县关心下一代工作委员会	第三届全国“关爱明天、普法先行—青少年普法教育活动优秀组织奖”	中国关心下一代工作委员会、中华人民共和国司法部、中央社会治安综合治理委员会办公室	2017 年 8 月
宁夏吉德慈善产业园管理委员会	全区招商引资考核一等奖	宁夏回族自治区人民政府	2017 年 2 月
宁夏吉德慈善产业园管理委员会	产值 50 亿元以下园区考核良好等次第一名	宁夏回族自治区委员会办公室	2017 年 2 月
西吉县社会主义新农村办公室	农村全面小康建设先进集体三等奖	宁夏回族自治区社会主义新农村办公室	2018 年 2 月
西吉县教育体育局	全国青少年五好小公民主题教育读书活动先进集体	教育部关心下一代工作委员会	2017 年 7 月
西吉县教育体育局	第十二届全国青少年五好小公民“阳光校园我们是好伙伴”主题教育读书活动优秀组织奖	教育部关心下一代工作委员会	2017 年 7 月
西吉县教育体育局	宁夏首届青少年科学节优秀组织单位	宁夏回族自治区科学技术协会 宁夏回族自治区教育厅	2017 年 1 月
西吉县教育体育局	《宁夏教育》教育宣传先进集体	宁夏回族自治区教育厅	2017 年 11 月
西吉县教育体育局	宁夏教育电视台 2017 年度优秀记者站	宁夏教育电视台	2017 年 11 月
西吉县教育体育局	固原市文明单位	固原市精神文明建设指导委员会	2017 年 6 月
西吉县教育体育局	固原市民族团结进步创建活动示范机关	固原市民族团结进步创建活动领导小组	2017 年 3 月
西吉县科学技术协会	2017 年度县级科协工作先进单位	宁夏回族自治区科学技术协会	2017 年 12 月
西吉县林业局	全区森林防火先进集体	宁夏回族自治区林业厅	2017 年 12 月
西吉县民政局	全区老年人意外伤害保险工作优胜奖	宁夏回族自治区民政厅 宁夏回族自治区老龄工作委员会 中国人寿宁夏分公司	2017 年 12 月
西吉县水务局	2017 年度全区农田水利基本建设“黄河杯”竞赛获三等奖	宁夏农田水利基本建设指挥部	2018 年 1 月
西吉县司法局	舞蹈“中华情”获全市司法行政系统专场文艺会演“法治生活进万家 喜迎党的十九大”三等奖	固原市依法治市领导小组	2017 年 8 月
西吉县司法局	群口快板“司法赞歌”获全市司法行政系统专场文艺会演“法治生活进万家 喜迎党的十九大”一等奖	固原市依法治市领导小组	2017 年 8 月
西吉县司法局	固原市司法行政系统专场文艺会演“法治生活进万家——喜迎党的十九大”组织奖	固原市依法治市领导小组	2017 年 8 月
西吉县统计局	全区效能目标考核二等奖	宁夏回族自治区统计局	2018 年 3 月
西吉县统计局	自治区第三次全国农业普查先进集体	宁夏回族自治区第三次全国农业普查办公室	2018 年 3 月
西吉县文化旅游广电局	全区民族团结进步创建活动先进集体	宁夏回族自治区民族事务委员会	2017 年 11 月
西吉县文化旅游广电局	党的十九大安全保障先进集体	宁夏回族自治区新闻出版广电局	2017 年 12 月
西吉县公安局	西吉县公安局国保大队荣立集体二等功	宁夏回族自治区公安厅	2017 年 1 月
西吉县公安局	全国维护妇女儿童权益先进集体	中华全国妇女联合会	2017 年 2 月

续表1

获奖单位	荣誉称号	授奖单位	授奖时间
西吉县公安局一大队	全国优秀公安基层单位	中华人民共和国公安部	2017 年 5 月
西吉县公安局	党的十九大安保工作先进集体	宁夏回族自治区公安厅	2017 年 11 月
西吉县公安局	西吉县公安局集体三等功	宁夏回族自治区公安厅	2017 年 1 月
西吉县公安局	公安机关 2015—2016 年度全国青年文明号创建活动成绩突出单位	公安部	2017 年 4 月
西吉县人民检察院	全国文明单位	中央精神文明建设指导委员会	2017 年 11 月
西吉县人民检察院	全国检察文化建设示范院	最高人民检察院	2017 年 12 月
西吉县人民检察院	全区检察文化建设示范院	宁夏回族自治区人民检察院	2017 年 1 月
西吉县人民检察院	宁夏法治宣传先进单位	宁夏日报报业集团　宁夏法制报社	2017 年 5 月
西吉县人民检察院	固原市文明单位	固原市精神文明建设指导委员会	2017 年 6 月
西吉县市场监督管理局	民族团结进步创建示范单位	固原市民族团结进步创建活动领导小组	2017 年 4 月
宁夏天下金盾保安服务有限公司（西吉）	全区优秀劳务中介组织	宁夏回族自治区人民政府	2018 年 1 月
西吉县心雨林下经济创业园	第三批自治区级创业孵化示范基地	宁夏回族自治区人民政府	2018 年 1 月
西吉县闽宁返乡农民工创业园	固原市市级创业孵化示范基地	固原市人民政府	2017 年 11 月
邮储银行西吉支行	全区邮储银行系统先进党支部	中共邮储银行宁夏分行委员会	2017 年 6 月
西吉县委政法委	2013—2017 年度社会治安综合治理先进集体	宁夏回族自治区综合治理委员会	2018 年 2 月
西吉县烟草局	自治区文明单位	宁夏回族自治区精神文明建设指导委员会	2017 年 4 月
西吉县综合治理办公室	党的十九大安保维稳工作先进集体	宁夏回族自治区综合治理委员会	2017 年 12 月
西吉县什字乡北台村	全市信用示范村	固原市人民政府	2017 年 8 月
西吉县将台堡镇	2014—2016 年周期计划生育五星级乡镇	宁夏回族自治区人民政府	2017 年 1 月
西吉县十字乡、田坪乡、平峰镇	全市 2016 年度信用示范乡镇	固原市人民政府	2017 年 8 月

2017 年受市厅级及以上部门（单位）表彰奖励的先进个人表

表2

姓名	工作单位	荣誉称号	授奖单位	授奖时间
谢国勇	国网西吉县供电公司	全区营销基础管理提升工作先进个人	国网宁夏电力有限公司	2018 年 2 月
马占仓	国网西吉县供电公司	全区电力系统优秀共产党员	国网宁夏电力有限公司	2017 年 6 月
刘志刚	西吉县国家税务局	全区驻村帮扶工作先进个人	宁夏回族自治区扶贫开发领导小组	2017 年 2 月
谢国玉	西吉县农牧局	全国农业工作先进个人	中华人民共和国农业部	2017 年 3 月
王占俊	西吉县农业机械化服务中心	全区驻村帮扶工作先进个人	宁夏回族自治区扶贫开发领导小组	2017 年 2 月
柯良备	西吉县动物疾病预防控制中心	全区驻村帮扶工作先进个人	宁夏回族自治区扶贫开发领导小组	2017 年 2 月
苏占雄	西吉县农村合作经济经营管理站	全区农村承包地确权登记颁证工作先进个人	宁夏回族自治区农村土地承包经营权确权登记颁证工作领导小组办公室	2017 年 8 月
张　欣	西吉县人民医院	宁夏首届“医植汇”杯药师风采演讲大赛二等奖	宁夏医院管理协会	2017 年 11 月
石志翼	西吉县中医医院	全区驻村帮扶工作先进个人	宁夏回族自治区扶贫开发领导小组	2017 年 2 月

续表 2

姓名	工作单位	荣誉称号	授奖单位	授奖时间
李红锋	西吉县疾控中心	鼠防先进工作者	甘宁两省（区）三市五县（区）鼠疫联防领导小组	2017 年 11 月
李正军	西吉县疾控中心	鼠防先进工作者	甘宁两省（区）三市五县（区）鼠疫联防领导小组	2017 年 11 月
伏天鹏	西吉县卫生计生综合监督所	全国卫生计生综合监督论文优秀奖	中国卫生监督协会	2017 年 11 月
田　毅	西吉县财政局	全区文化扶贫工程贫困地区村综合文化服务中心建设先进个人	宁夏回族自治区党委宣传部 宁夏回族自治区财政厅 宁夏回族自治区文化厅 宁夏回族自治区新闻出版广电局 宁夏回族自治区教育体育局	2017 年 12 月
张　伟	西吉县财政局	2017 年全区财政支农政策培训先进个人	宁夏回族自治区财政厅	2018 年 1 月
刘　丽	西吉县安监局	2017 年度全国安全生产监管监察先进个人	国家安全监管总局 国家煤矿监管总局	2018 年 1 月
张尚祎 董立新	西吉县人民法院	“民族地区多元化纠纷化解机制的实践研究”获“全区法院 2014—2016 年度优秀调研文章”二等奖	宁夏回族自治区高级人民法院	2017 年 1 月
张尚祎 董立新	西吉县人民法院	“基层法院以审判为中心相关问题研究”获“全区法院 2014—2017 年度优秀调研文章”三等奖	宁夏回族自治区高级人民法院	2017 年 1 月
王俊国	西吉县人民法院	《伴我成长的“双模法院”》被评为 2016 年度宁夏法院十大好故事	宁夏回族自治区高级人民法院	2017 年 1 月
赵啟喆	西吉县人民法院	全市法院征集书法摄影等法律文化元素作品活动三等奖	固原市中级人民法院	2017 年 5 月
董立新	西吉县人民法院	全区法院先进个人	宁夏回族自治区高级人民法院	2017 年 1 月
董立新	西吉县人民法院	全市法院征集书法摄影等法律文化元素作品活动三等奖	固原市中级人民法院	2017 年 5 月
董立新	西吉县人民法院	《西吉法院家事审判改革的实践与探索》获得“贯彻落实十九大精神推进法治固原建设”会议征文活动三等奖	中国行为法学会	2017 年 11 月
苏文兵	西吉县人民法院兴隆法庭	全国优秀法官	最高人民法院	2017 年 1 月
马文芳	西吉县人民法院	《（2016）宁 0422 刑初 22 号判决书》被评为“2016 年度全区法院优秀裁判文书”	宁夏回族自治区高级人民法院	2017 年 1 月
王宝军	西吉县人民法院	三等功	固原市中级人民法院	2017 年 1 月
袁学文	西吉县人民法院	全市庭审裁判文书评比活动三等奖	固原市中级人民法院	2017 年 12 月
马　静	西吉县人民法院	庭审裁判文书评比活动三等奖	固原市中级人民法院	2017 年 12 月
马文雍	西吉县城乡建设和环境保护局	全区住房和城乡建设工作先进个人	宁夏回族自治区住房和城乡建设厅	2018 年 2 月
哈　伟	西吉县城乡建设和环境保护局	全国“强基础、转作风、树形象”专项行动突出个人	中华人民共和国住房和城乡建设部	2017 年 11 月
朱剑霞	西吉县城乡建设和环境保护局	自治区优秀村镇规划管理员	宁夏回族自治区住房和城乡建设厅	2018 年 2 月
杨彭怀	西吉县气象局	全国重大气象服务先进个人	中国气象局	2018 年 2 月
杨彭怀	西吉县气象局	全区重大气象服务先进个人	宁夏气象局	2018 年 2 月

续表 2

姓名	工作单位	荣誉称号	授奖单位	授奖时间
陈　岩	国家统计局西吉调查队	全国统计系统先进工作者	国家统计局	2017 年 12 月
姜　涛	国家统计局西吉调查队	2017 年度宁夏调查队系统信息工作先进个人	国家统计局宁夏调查总队	2018 年 1 月
姜　涛	国家统计局西吉调查队	2017 年度优秀公务员	国家统计局宁夏调查总队	2018 年 1 月
姜　涛	国家统计局西吉调查队	全区第三次农业普查先进个人	国家统计局宁夏调查总队	2018 年 1 月
王彦龙	中国邮政集团公司西吉分公司	全区邮政系统先进工作者	中国邮政集团公司宁夏分公司	2017 年 12 月
马秀梅	西吉县沙沟乡政府	自治区巾帼建功标兵	宁夏回族自治区妇女联合会	2017 年 4 月
王　峰家庭	西吉县兴平乡	全国最美家庭	中华全国妇女联合会	2017 年 7 月
王　英家庭	西吉县田坪乡黄岔村	自治区最美家庭	宁夏回族自治区妇女联合会	2017 年 7 月
马秀花家庭	西吉县西滩乡	自治区最美家庭	宁夏回族自治区妇女联合会	2017 年 7 月
马彦红家庭	西吉县白崖乡	自治区最美家庭	宁夏回族自治区妇女联合会	2017 年 7 月
赵啟喆家庭	西吉县人民法院	自治区最美家庭	宁夏回族自治区妇女联合会	2017 年 7 月
杨国奇	西吉县兴平乡政府	全国第三届“关爱明天　普法先行”青少年普法教育活动先进个人	中国关心下一代工作委员会 中华人民共和国司法部 中央社会治安综合治理委员会办公室	2017 年 8 月
翟中华	西吉县林业局	全区森林防火先进个人	宁夏回族自治区林业厅	2017 年 12 月
杨淑萍	西吉县林业局	全区森林防火先进个人	宁夏回族自治区林业厅	2017 年 12 月
单　辉	西吉县人力资源和社会保障局	2013—2017 年度全区社会治安综合治理先进工作者	宁夏回族自治区社会治安综合治理委员会	2018 年 2 月
单　军	西吉县水务局	2017 年度全市脱贫攻坚工作先进个人	中共固原市委员会　固原市人民政府	2018 年 3 月
胡世权	西吉县水务局	2017 年全区水利安全生产先进个人	宁夏回族自治区水利厅	2018 年 2 月
熊志荣	西吉县水务局	2017 年度全市安全生产先进个人	固原市人民政府	2018 年 2 月
陈晓军	西吉县司法局偏城司法所	全国模范人民调解员	司法部	2017 年 5 月
王晓海	西吉县文化旅游广电局	全区党的十九大安全保障先进个人	宁夏回族自治区新闻出版广电局	2017 年 12 月
苏占杰	西吉县文化旅游广电局	全区党的十九大安全保障先进个人	宁夏回族自治区新闻出版广电局	2017 年 12 月
李志会 刘力群	西吉县文化旅游广电局	全区文化扶贫工程贫困地区村综合文化服务中心建设先进个人	宁夏回族自治区党委宣传部 宁夏回族自治区财政厅 宁夏回族自治区文化厅 宁夏回族自治区新闻出版广电局 宁夏回族自治区教育体育局	2017 年 12 月
田　芳	西吉县人民检察院	《蝶恋花》荣获宁夏检察机关摄影作品手工类三等奖	宁夏回族自治区人民检察院	2017 年 8 月
姚旭斌	西吉县人民检察院	《山水风光》荣获摄影作品摄影类二等奖	宁夏回族自治区人民检察院	2017 年 8 月
姚旭斌	西吉县人民检察院	《临〈圣教序〉》荣获书画摄影作品展览书法类优秀奖	宁夏回族自治区人民检察院	2017 年 8 月
马福成	西吉县人民检察院	入选全区青年检察人才库	宁夏回族自治区人民检察院	2017 年 4 月
刘鹏博	西吉县人民检察院	入选全区青年检察人才库	宁夏回族自治区人民检察院	2017 年 4 月

续表2

姓名	工作单位	荣誉称号	授奖单位	授奖时间
马福成	西吉县人民检察院	2016年度宁夏政法宣传工作先进个人	宁夏日报报业集团 宁夏法制报社	2017年5月
张世坤	西吉县人民检察院	2016年度宁夏政法宣传工作先进个人	宁夏日报报业集团 宁夏法制报社	2017年5月
田莉莉	西吉县人民检察院	固原市检察机关优秀公诉人三等奖	固原市人民检察院	2017年6月
马学义	西吉县委宣传部	全区文化扶贫工程贫困地区村综合文化服务中心建设先进个人	宁夏回族自治区党委宣传部 宁夏回族自治区财政厅 宁夏回族自治区文化厅 宁夏回族自治区新闻出版广电局 宁夏回族自治区教育体育局	2017年12月
马爱萍	西吉县委宣传部	全国网络安全宣传周先进个人	中央网信办	2017年11月
张亚萍	西吉县委办公室	党的十九大安保维稳工作先进个人	宁夏回族自治区综合治理委员会	2017年12月
张恩礼	西吉县委政法委	2013—2017年度社会治安综合治理先进工作者	宁夏回族自治区综合治理委员会	2018年2月
陈志明	西吉县兴隆镇公易村村民	全区“关爱明天、普法先行”青少年普法教育活动先进个人	宁夏回族自治区关心下一代工作委员会 中国共产党宁夏回族自治区委员会 宁夏回族自治区教育厅 宁夏回族自治区财政厅 宁夏回族自治区公安厅 宁夏回族自治区司法厅 宁夏回族自治区依法治区协调小组 宁夏回族自治区社会管理综合治理委员会	2017年12月
马玉忠	西吉县火石寨乡石山村村民	优秀劳务经纪人	宁夏回族自治区人民政府	2018年1月
谢续昌	西吉县王民乡红太村村民	优秀劳务经纪人	宁夏回族自治区人民政府	2018年1月

附 录

2017 年西吉县国民经济和社会发展统计公报

2017 年，全县上下在以习近平同志为核心的党中央坚强领导下，紧紧围绕县委、县政府“4156”的决策部署，凝心聚力、锐意进取、攻坚克难、靠实责任、强化督查，克服各种不利于经济增长的因素，顶住了经济下行压力，全县经济总体实现了平稳增长。

一、综合

初步核算，2017 年，全县实现地区生产总值 61.5 亿元，比上年增长 7.8%（见图 1）。其中：第一产业增加值 15.1 亿元，增长 4.6%；第二产业增加值 14.57 亿元，增长 11.5%；第三产业增加值 31.83 亿元，增长 7.7%。

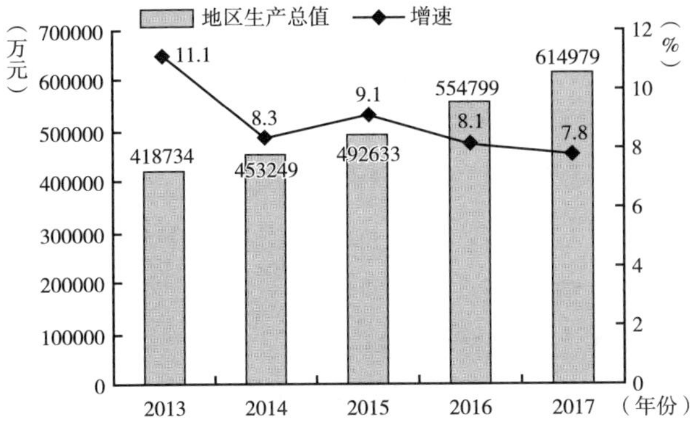

图 1　2013—2017 年国内生产总值及其增长速度图

第一产业增加值占全县地区生产总值的比重为 24.5%，第二产业增加值占全县地区生产总值的比重为 23.7%，第三产业增加值占全县地区生产总值比重为 51.8%（见图 2）。2017 年，人均地区生产总值 17723 元，比上年增长 10.3%。三次产业对经济增长的贡献率分别为 14.6%、33.6% 和 51.8%，分别拉动经济增长 1.2 个、2.6 个和 4 个百分点。

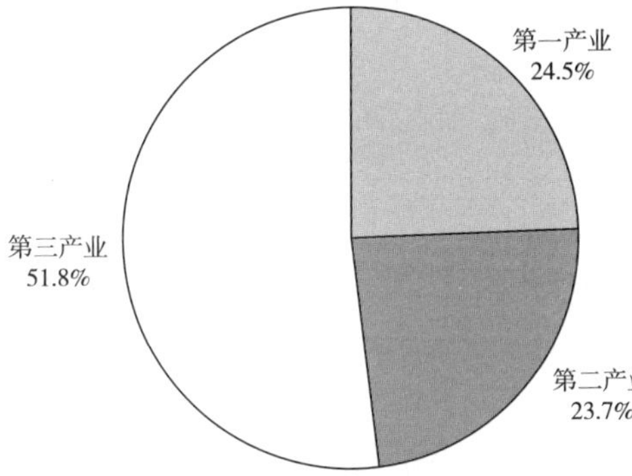

图 2　2017 年三次产业增加值占地区生产总值比重图

年末全县户籍总人口 495768 人。其中：城镇人口 72066 人，占总人口的 14.5%；乡村人口 423702 人，占总人口的 85.5%。汉族人口 203841 人，占总人口的 41.1%；回族人口 291751 人，占总人口的 58.8%。

年末全县常住人口 347376 人。其中，城镇人口 88164 人，占总人口比重为 25.38%；乡村人口 259212 人，占总人口的比重为 74.62%（见表 3）。人口出生率为 16.09‰，比上年下降了 0.83 个千分点，死亡率为 4.64‰，比上年下降了 0.83 个千分点，人口自增率为 11.45‰，比上年提高了 0.01 个千分点。

2017 年年末全县户籍总人口数及其构成表

表 3

指　标	年末人数（人）	比重（%）
全县总人口	495768	100.0
其中：城镇	72066	14.5
乡村	423702	85.5
其中：男	257035	51.9
女	238733	48.1
其中：0—18 岁	157625	31.8
18—35 岁	143815	29.0
35—60 岁	139888	28.2
60 岁及以上	54440	11.0

全年全县一般公共预算收入 1.68 亿元，增长 32.4%。全县一般公共预算支出 51.23 亿元，增长 14.3%（见图 3）。其中：财政八项支出 33.08 亿元，增长 17.3%。

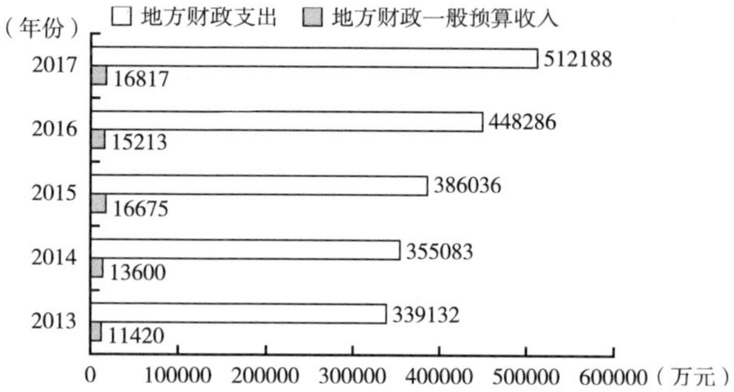

图 3　2013—2017 年全县一般公共预算收入图

二、农业

2017 年，全县完成农业总产值 33.24 亿元，同比增长 4.5%。其中：农业产值 23.77 亿元，同比增长 4.3%；林业产值 0.41 亿元，同比下降 18.8%；牧业产值 7.15 亿元，同比增长 7.2%；渔业产值 0.07 亿元，同比增长 4.6%；农林牧渔服务业 1.84 亿元，同比增长 3.2%。

全年粮食种植面积 161.1 万亩，同比增长 0.2%，全年粮食总产量为 284933 吨，同比增长 5.3%（见图 4）。其中：夏粮播种面积 40.3 万亩，夏粮总产 49564 吨；秋粮播种面积为 120.8 万亩，秋粮总产 235369 吨。

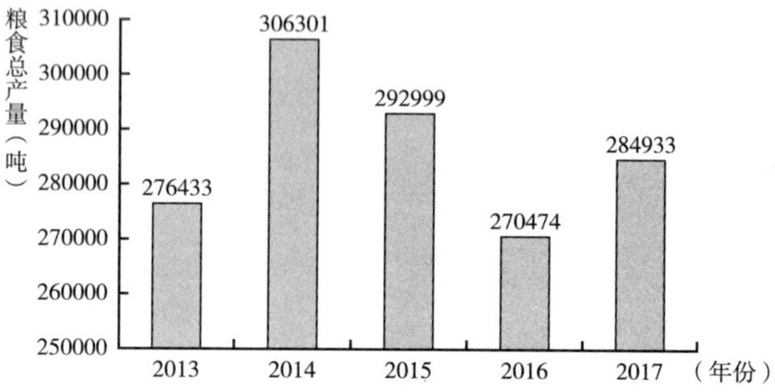

图 4　2013—2017 年全县粮食产量图

全年猪牛羊禽等肉产量 25534 吨，比上年增长 12.2%。生猪存栏 40775 头，比上年增长 3.3%，牛存栏 140957 头，比上年增长 8.4%，羊存栏 340876 只，比上年下降 7.9%。

三、工业和建筑业

全年全部工业增加值 43282 万元，同比增长 6.5%。其中：规模以上工业增加值 1.3 亿元，同比增长 20.5%。

四、固定资产投资

全年累计完成固定资产投资 82.04 亿元，同比增长 15.2%（见图 5）。其中：厅局及农户完成投资 25.46 亿元，同比下降 15.0%；完成地方投资 43.69 亿元，同比增长 55.8%；完成房地产投资 12.89 亿元，同比下降 2.5%

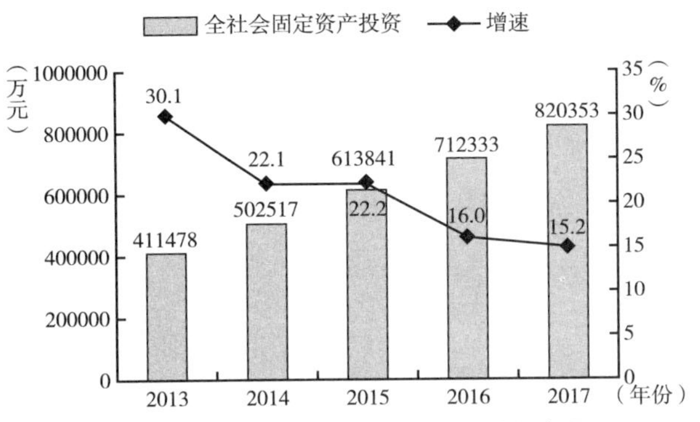

图 5　2013—2017 年全社会固定资产投资图

五、商贸、住餐业

全年全县实现社会消费品零售总额 16.28 亿元，比上年增长 7.5%（见图 6）。从销售地区看：乡村消费品零售额实现 5.76 亿元，增长 6.9%，城镇消费品零售额实现 10.52 亿元，增长 7.9%。从行业看：全县批发业实现销售额 2.36 亿元，增长 7.2%；零售业实现销售额 6.62 亿元，增长 7.4%；住宿业实现营业额 0.54 亿元，增长 13.3%；餐饮业实现营业额 6.75 亿元，增长 7.3%。

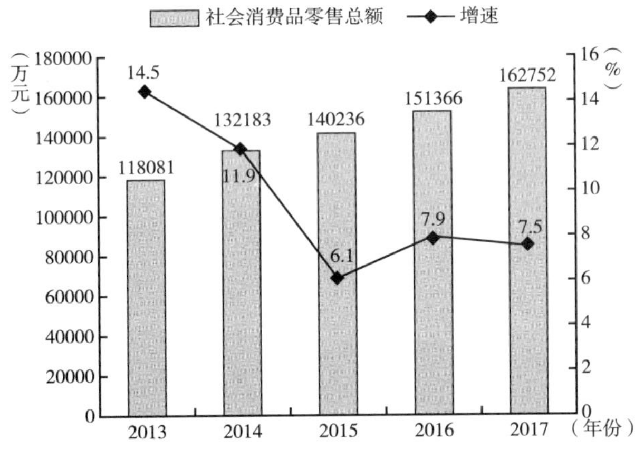

图 6　2013—2017 年社会消费品零售总额及增速图

六、金融

年末全县金融机构各项存款余额为 101.37 亿元，同比增加 13.37 亿元，增长 15.19%；全县金融机构各项贷款余额为 45.35 亿元，同比增加 10.07 亿元，增长 28.54%。

七、人民生活

全县城镇居民人均可支配收入 23240 元，同比增加 1829 元，增长 8.5%（见图 7）；农村居民人均可支配收入 8404 元，同比增加 835 元，增长 11.0%（见图 8）。

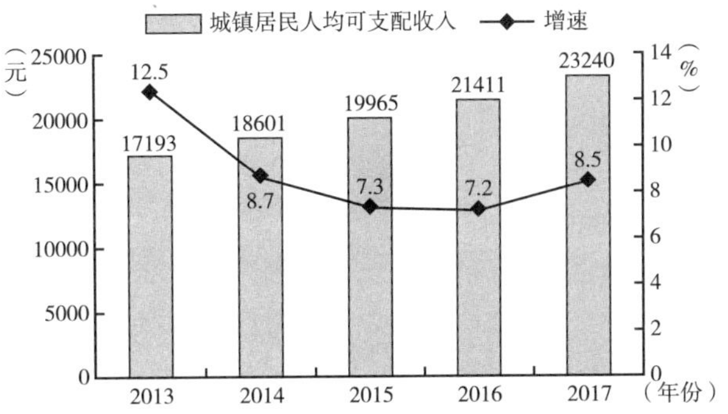

图 7　2013—2017 年城镇居民人均可支配收入及其增长速度图

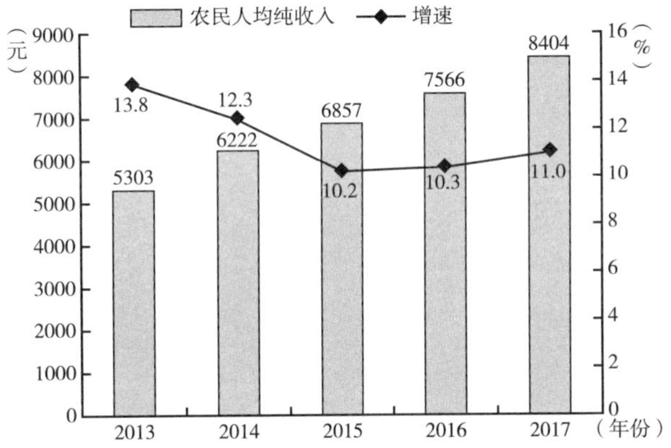

图 8　2012—2016 年农村居民人均可支配收入及其增长速度图

八、教育与文化

年末全县各类学校 349 所，教职工 4805 人。其中：普通中学教职工 2311 人，小学教职工 2494 人。中等职业学校 1 所，教职工 226 人。小学学龄儿童入学人数 34276 人，其中女童 16585 人。学龄儿童入学率 100%。

年末全县艺术表演团 1 个，从业人员人员 36 人，公共图书馆 1 个，藏书 120000 本，从业人员 36 人，文化馆 1 个，从业人员 47 人；乡文化站 19 个，从业人员 85 人。

九、卫生和社会服务

年末全县共有医疗卫生机构 390 个，其中：医院 34 个（县及县以上医院 3 个），门诊部、所 333 个，疾病预防控制中心 1 个，妇幼保健机构 1 个。卫生技术人员 996 人，其中：医生 517 人。每千人拥有卫生技术人员 2.2 人，每千人拥有医生 1.4 人，医疗卫生机构病床数 934 张。

十、安全生产

2017 年，亿元地区生产总值生产安全事故死亡人数为 0.26 人，同比下降 9.72%；工矿商贸企业就业人员 10 万人，生产安全事故死亡人数为零，同比持平；道路交通万车死亡人数为 1.42 人，同比持平。全县安全生产形势保持总体稳定。

附：2017 年全县主要经济指标完成情况一览表（见表 4）。

2017 年全县主要经济指标完成情况一览表

表 4

指　标	单位	2017 年	增速（%）
一、地区生产总值	亿元	61.50	7.8
#第一产业	亿元	15.10	4.6
第二产业	亿元	14.57	11.5
工业	亿元	4.33	6.5
#规上工业	亿元	1.3	20.5
建筑业	亿元	10.25	13.7
第三产业	亿元	31.83	7.7
二、全社会固定资产投资总额	亿元	82.04	15.2
三、社会消费品零售总额	亿元	16.28	7.5
四、财政收支			
地方公共财政预算收入	亿元	1.68	32.2
公共财政预算支出	亿元	51.23	17.3
五、人民生活			
城镇居民人均可支配收入	元	23240	8.5
农民人均纯收入	元	8404	11.0